O PROCESSO DE REFORMA E REORGANIZAÇÃO DA IGREJA NO BRASIL (1844 – 1926)

DILERMANDO RAMOS VIEIRA

O PROCESSO DE REFORMA E REORGANIZAÇÃO DA IGREJA NO BRASIL
(1844 – 1926)

EDITORA SANTUÁRIO
Aparecida-SP

DIRETORES EDITORIAIS:
Carlos da Silva
Marcelo C. Araújo

EDITORES:
Avelino Grassi
Márcio F. dos Anjos
Roberto Girola

COORDENAÇÃO EDITORIAL:
Denílson Luís dos Santos Moreira

REVISÃO:
Ana Lúcia de Castro Leite
Leila Cristina Dinis Fernandes
Lígia Maria Leite de Assis

DIAGRAMAÇÃO E CAPA:
Juliano de Sousa Cervelin

Vidimus et approbamus ad normam Statutorum Universitatis
Roma e Pontifícia Universidade Gregoriana
2 fevereiro de 2005
R. P. Prof. Alberto Gutiérrez SI
R. P. Prof. Fernando de Lasala Claver SI

Dados Internacionais de Catalogação na Publicação (CIP)
(Câmara Brasileira do Livro, SP, Brasil)

Vieira, Dilermando Ramos
O processo de reforma e reorganização da Igreja no Brasil (1844-1926) / Dilermando Ramos Vieira. – Aparecida, SP: Editora Santuário, 2007.

Bibliografia.
ISBN 978-85-369-0108-4

1. Igreja – História – Período moderno, 1844-1926 2. Igreja Católica – Doutrinas 3. Igreja Católica – História 4. Reforma I. Título.

07-6115 CDD-270

Índices para catálogo sistemático:

1. Cristianismo: História da Igreja 270

Composição em CTcP, impressão e acabamento:
EDITORA SANTUÁRIO - Rua Padre Claro Monteiro, 342
Fone: (12) 3104-2000 — 12570-000 — Aparecida-SP.

Ano: 2010 2009 2008 2007
Edição: **8 7 6 5 4 3 2 1**

"Nunca o bastante será lembrada a memória daqueles homens e de sua obra grandiosa de tanto valor para a Igreja, e de cujo heroísmo está ela colhendo os frutos. Lançaram eles as bases para o desenvolvimento religioso, que hoje tão prometedor desperta. E lembrar os seus feitos é lembrar mais um triunfo da divina Providência na direção dos povos e da sua Igreja.

Francisco de Macedo Costa
Lutas e Vitórias, 1916

SIGLAS E ABREVIATURAS

AAEESS	Affari Ecclesiastici Straordinari
ACMSP	Arquivo da Cúria Metropolitana de São Paulo
AEAM	Arquivo Eclesiástico da Arquidiocese de Mariana
AHI	Arquivo Histórico do Itamarati
AI	Autor Ignorado
AN	Arquivo Nacional
APCLA	Arquivo do Pontifício Colégio Pio Latino-americano
Art.	Artigo
ASNA	Archivio di Stato di Napoli
ASPF	Archivio Storico di Propaganda Fide
ASV	Archivio Segreto Vaticano
ATT	Arquivo da Torre do Tombo
BA	Bahia
BN	Biblioteca Nacional
CE	Ceará
CM	Congregação da Missão
Col.	Coluna
Coord.	Coordenador
Doc.	Documento
Dr.	Doutor
ES	Espírito Santo
EUA	Estados Unidos da América do Norte
Fasc.	Fascículo
Fl.	Folha
Fr.	Frei
GO	Goiás
MA	Maranhão
MG	Minas Gerais
Mons.	Monsenhor
MT	Mato Grosso

O. C.	Obra, artigo ou referência arquivística citada
OFM	Ordem dos Frades Menores
OP	Ordem dos Pregadores
OSM	Ordem dos Servos de Maria
OSU	Ordem de Santa Úrsula
p.	Página, páginas
PB	Paraíba
Pe.	Padre
PE	Pernambuco
PI	Piauí
Pos.	Posição
PR	Paraná
P.R.	Partido Republicano
REB	Revista Eclesiástica Brasileira
RIHGB	Revista do Instituto Histórico Geográfico Brasileiro
RJ	Rio de Janeiro
RN	Rio Grande do Norte
RS	Rio Grande do Sul
RSCJ	Religiosas do Sagrado Coração de Jesus
S.A.R.	Sua Alteza Real
SC	Santa Catarina
SC	Scritture Riferite Nei Congressi
SD	Sem Data
SDB	Salesianos de Dom Bosco
SE	Sergipe
SI	Societas Iesu
S.M.I.	Sua Majestade Imperial
SNT	Sem Notas Tipográficas
SP	São Paulo
STF	Supremo Tribunal Federal
S. V.	Signoria Vostra
V.A.R.	Vossa Alteza Real
V. Ex.ª	Vossa Excelência
Vol.	Volume
V. Rev.ma	Vossa Reverendíssima
V.S.	Vossa Senhoria

INTRODUÇÃO GERAL

A Igreja Católica no Brasil, tal como se nos apresenta hoje, é herdeira do processo de reforma e reorganização levado a cabo de 1844 a 1926, que rompeu com a tradição regalista transmitida por sua antiga Metrópole. Este fato se insere numa problemática complexa, pois não se deve esquecer que, depois de desembarcarem no Brasil aos 22-4-1500, e iniciarem o processo regular de colonização a partir de 1530, os portugueses não instituíram estruturas eclesiásticas fortes na imensa possessão que tinham na América. Por isso, quando a independência aconteceu aos 7-9-1822, a situação da Igreja não era nada alentadora: o clero provinha de uma formação deficiente, e num país continental se distribuía em apenas sete dioceses (Salvador, Rio de Janeiro, Olinda, São Luís, Belém, Mariana e São Paulo) e duas prelazias (Cuiabá e Goiás). Nenhuma universidade existia, e os religiosos, depois da experiência pombalina, há muito haviam perdido a antiga vitalidade. Quanto ao povo, na sua imensa maioria composto de analfabetos, o conhecimento doutrinário estava longe do rudimentar; enquanto que, entre numerosos membros da classe política e dirigente, idéias maçônicas, galicanistas e certos resquícios jansenistas grassavam livremente.

Durante o primeiro império e a regência, eclesialmente falando, pouco mudou; mas, certas iniciativas então adotadas, associadas a outras contingências políticas, estabeleceram as bases para a profunda transformação levada a cabo no período sucessivo. Foi a partir de 1844, com a posse de Dom Antônio Ferreira Viçoso como bispo de Mariana, MG, que as mudanças, até então parciais, gradualmente se afirmaram, não obstante isso tenha provocado uma série de conflitos, que contribuíram para a desagregação do Estado confessional, consumada com a proclamação da República aos 15-11-1889. A separação permitiria enfim à Igreja reorganizar-se, aumentando o quadro das jurisdições diocesanas, e renovando a vida religiosa e a piedade popular. O ano de 1926 de certa forma fechou o ciclo, pois nessa data, a reestruturação eclesial, amadurecida, e dotada de suficiente força, lançara já as bases do almejado reconhecimento oficial que enfim aconteceria na década sucessiva.

Em que pese a inegável importância de tão grande transformação, o assunto comumente é abordado "em relação a", faltando uma análise complexiva do acontecido "em si". O presente trabalho ambiciona suprir tal lacuna, servindo-se para tanto de fontes arquivísticas ou publicadas, algumas das quais reproduzidas no apêndice documental. Ainda com relação às fontes, considerando a ausência de uma linha divisória clara entre o temporal e o espiritual em boa parte da época abordada, também foram citados diversos documentos jurídicos, parlamentares e constitucionais de então, para uma melhor compreensão da conjuntura que os produziu, e das conseqüências que aportaram.

O argumento se desenvolve ao longo de cinco capítulos. O primeiro deles apresenta os elementos e as circunstâncias que levaram a Igreja no Brasil a assumir um caráter semi-nacional, atendo-se, sobretudo, em torno à personagem que teria uma importância determinante para isso durante quase um século e meio: o Marquês de Pombal. Em seguida, discorre sobre o modo com que o regalismo se estabeleceu e se desenvolveu até se tornar de normal aceitação no Império brasileiro. Particular atenção também é dada aos pressupostos teóricos e à legislação cerceadora que legitimava a submissão do Altar ao Trono, o mesmo fazendo em relação à decadência do clero, às vicissitudes envolvendo os religiosos, às tendências autocefalistas encabeçadas por Feijó, e ainda, ao início do Segundo Império, quando, sob a égide de Dom Pedro II, a tendência cerceadora atingiu seu apogeu.

No tocante ao segundo capítulo, a instauração de um novo modelo eclesial, marcadamente "ultramontano", é o tema central, e a terminologia – ultramontanismo – e afins, usada de forma pejorativa por maçons e anticlericais os mais diversos, é nele e nos demais capítulos assumida de forma positiva, como componente essencial do projeto de reforma efetuado. Para elucidar o fenômeno se aborda o trabalho dos precursores, passando pela involuntária contribuição da política para a mudança, e os esforços empreendidos pelas sucessivas gerações episcopais para que a realidade eclesial no Brasil se aproximasse das diretrizes romanas. O papel dos religiosos é igualmente evidenciado, bem como as resistências que os defensores do velho sistema interpunham à transformação em marcha. O capítulo se encerra permitindo antever que a incompatibilidade entre uma Igreja ávida de liberdade, e um Estado imperial sequioso da manutenção do seu domínio sobre o clero, inexoravelmente levaria a um confronto aberto.

Essa perspectiva se tornará fato, desencadeando um conflito de que o terceiro capítulo analisará dos seus antecedentes às suas seqüelas. As tomadas de posição dos personagens centrais da querela são vistas à luz dos documentos e informações disponíveis, o que de per si inclui desde o parecer de certos maçons, desejosos de manter as intrusões regalistas como garantia de seu próprio predomínio ideológico; bem como a militância em contrário de clérigos e leigos católicos "engajados". Oportunamente, evidencia-se a formação de uma nova mentalidade sócio-eclesial, em que, ao término da fase aguda do conflito, tornaria possível encontrar algo raro no Catolicismo do século XIX: a novidade de clérigos "ortodoxos" e fiéis convictos, que para salvaguardar a própria identidade religiosa e seu espaço de liberdade, já se predispunham a tolerar o Estado leigo como recurso extremo.

Tal tendência consentirá que, após a proclamação da República, a secularização do Estado viesse a ser aceita sem traumas, conforme consta do quarto capítulo. Os aspectos conexos, isto é, os decretos laicizadores, as incompreensões recíprocas, e as tentativas fracassadas dos anticlericais de manipularem a Constituição de 1891, também são analisados e interpretados de acordo com as fontes oportunamente citadas. Conjuntamente, o reverso da medalha, isto é, certas reações da religiosidade popular, pouco disposta a enquadrar-se nos novos tempos, e que redundariam em conflitos sangrentos são ao mesmo tempo tomadas em consideração, na medida em que demonstram quão delicada foi a evolução havida.

Por fim, o quinto e último capítulo trata da árdua tarefa da reconstrução eclesial, iniciada como foi imediatamente após a queda do Império, até a sua consolidação nos tempos da presidência do mineiro Artur Bernardes, quando o clero e o laicato católico organizado já se sentiam bastante fortes para exigirem um reconhecimento oficial. Ligados ao tema, assuntos vários são abordados, entre os quais a multiplicação vertiginosa de dioceses e de religiosos, com o respectivo disciplinamento do clero; e o novo laicato, com destaque particular para os convertidos célebres e para as mulheres. Paralelamente, as novas formas de espiritualidade e ação social, e a opção "embranquecedora" dos religiosos, são igualmente abordadas.

Todo esse trabalho se desenvolve por meio de um método indutivo, que articula a argumentação a partir dos documentos impressos e manuscritos encontrados em certos arquivos brasileiros, no Arquivo da Torre do Tombo de Lisboa, e noutros tantos presentes em Roma, como o Arquivo Secreto Vaticano, o Arquivo de Assuntos Eclesiásticos Extraordinários, e também o

Arquivo Histórico da *Propaganda Fide*. As informações contidas nesta farta documentação é enriquecida com as fontes publicadas, sobretudo cartas pastorais dos bispos citados, ao lado de vários estudos de diversos autores, constituídos majoritariamente de brasileiros, mas incluindo igualmente portugueses, italianos, hispânicos e de alguma outra nacionalidade. Saliente-se que, dada a abundância de informativos editados nas primeiras décadas do século vinte, fez-se necessário priorizar certas publicações, penalizando, sobretudo, a abundante quantidade de periódicos disponível, que, por razão de espaço, em boa parte dos casos deixou de ser mencionada.

Malgrado tais limites, a preocupação de dar a objetividade possível ao tema analisado foi uma constante, e a liceidade de determinadas afirmações podem ser confirmadas nos apêndices transcritos no final. Numerados cronologicamente, trata-se de uma pequena coletânea de documentos de notável importância para a história da Igreja no Brasil, que se espera possam facilitar a compreensão do assunto.

OS CAMINHOS DA MUDANÇA ECLESIAL DE 1844 a 1926

Durante o segundo império do Brasil (1841-1889), a Igreja levou a cabo profunda reforma interna, ao mesmo tempo em que estabelecia as bases da futura reestruturação. O pontificado de Pio IX (1846-1878), ao lado de outros fatores, foi particularmente importante para tanto, principalmente entre as minorias católicas esclarecidas, que assumiram a conhecida convicção que, sendo a Revelação um fato consumado e irreversível, e estando as bases doutrinárias fixadas pelos grandes doutores, a Igreja havia atingido a necessária estabilidade. Nada mudaria: os concílios e o papado já haviam organizado as estruturas eclesiásticas, a liturgia etc. A defesa da jurisdição universal do Papa era outra componente desta visão eclesial, popularizada na época como "ultramontanismo".[1]

[1] O vocábulo "ultramontanismo", ou "transmontanismo" como prefere alguns, é de origem francesa, derivado da associação de duas palavras latinas (ultra + montes), significando "para além dos montes", isto é, dos Alpes. O termo começou a ser usado no século XIII, para designar papas escolhidos no norte dos Alpes. Seis séculos depois, olhando da França, "para além dos Alpes", correspondia estar voltado para as idéias emanadas de Roma, ou seja, concordando com os posicionamentos da Santa Sé (Zeno Hastenteufel, *Dom Feliciano na Igreja do Rio Grande do Sul*, nota 18, p. 88).

Os que se opunham a tal tipo de idéias no Brasil, vinculavam-se principalmente às hostes liberais ou aos sequazes do galicanismo político, sistema que adotara uma denominação particular ao ser encarnado num homem, como o "josefismo" de José II da Áustria, que, como se sabe, lutou para afrouxar os laços da Igreja austríaca com a Santa Sé, em vista de submetê-la ao seu controle.[2]

O conflito entre posturas tão opostas atingiu seu ponto alto quando o Concílio Vaticano I, aos 18-7-1870, através da constituição dogmática *Pastor Aeternus*, proclamou a infalibilidade papal nos pronunciamentos *ex cathedra* em matéria de fé e costumes. Os anticlericais brasileiros entraram em polvorosa e Joaquim Nabuco afirmou que "a definição dogmática da infalibilidade é uma agressão ao nosso século!"[3] A reação católica, dentro e fora do país, veio à altura, e, o curioso é que toda essa movimentação acabaria convencendo muitos fiéis da necessidade de separar a fé que professavam dos condicionamentos políticos circunstantes. Anseios espirituais, somados ao desejo de afirmação da própria identidade, exigiam instâncias livres de manifestação, o que afinal aconteceria por força de um fator externo: a instauração da República laica em 1889.

[2] No Brasil um dos defensores do josefismo foi o cônego maçom Joaquim do Monte Carmelo, que reproduziu com visível satisfação a desaforada resposta dada por José II ao Cardeal de Viena, Migazzi. Isto aconteceu quando o Cardeal fez a seguinte observação ao Soberano: "Não pode ser contestado que a Igreja toda reconheceu sempre na Santa Sé o direito e o poder que ela exerce", ao que ele respondeu: "Falsidade; é uma jurisdição que nem o próprio Cristo sobre a terra reclamou jamais; não pode ser tolerada por soberano algum prudente, que cure dos interesses dos seus estados, mormente quando todas estas jurisdições só fazem exportar o dinheiro do país" (Joaquim do Monte Carmelo, *O Brasil e a Cúria Romana ou análise e refutação do Direito Contra Direito do Sr. D. Antônio de Macedo Costa*, p. 13).

[3] Joaquim Nabuco, *A invasão ultramontana*, p. 17.

I

O ALTAR SOB O TRONO: A HERANÇA COLONIAL E SUA EVOLUÇÃO NO BRASIL

Única Monarquia de longa duração das Américas, o Brasil conservou a tradição portuguesa do intervencionismo de Estado no âmbito eclesiástico, que com o tempo superaria em rigor a própria ex-Metrópole. Dom Pedro de Bragança, primeiro Imperador do Brasil e zeloso mantenedor de suas raízes bragantinas seria um convicto defensor da continuidade de tal política; a qual, para além das inevitáveis paixões que seus excessos suscitam, torna-se compreensível se se recorda os antigos antecedentes que lhe forneceram as bases ideológicas.

As relações entre os poderes temporal e espiritual em terras portuguesas começaram a se definir ainda no século X, momento em que o sentimento nacional do futuro país lentamente despontava em meio às lutas contra os mouros pela reconquista ibérica. A emancipação política, oficialmente reconhecida pelo Papa Inocêncio III e por Alfonso VI de Castela na Conferência de Zamora, realizada em 1143, não resolveu problemas internos prementes, mas a peculiar posição geográfica do nascente país – isolado entre o oceano Atlântico e os reinos hostis que comporiam depois a Espanha – foram fatores de peso para que a sua identidade se afirmasse. Também deu notável colaboração para tanto o influxo das ordens religiosas militares, sucessoras da "Ordem dos Pobres Cavaleiros de Cristo" (mais tarde denominados "Templários"), instituída em Jerusalém em 1118, e introduzida em Portugal no ano de 1125. Depois que o Papa Clemente V, cedendo às pressões de Felipe, o Belo, aos 3-4-1312 suprimiu os Templários no concílio de Viena, o Rei português, Dom Diniz, reuniu os filiados do solo pátrio na "Ordem da Cavalaria de Nosso Senhor Jesus Cristo", assegurando assim a integridade do patrimônio e a segurança dos seus membros. Esta transformação foi aprovada pelo Papa João XXII, pela bula *Ad ea ex quibus cultus*, de 14-3-1319.[4]

O exemplo da Ordem de Cristo inspiraria o surgimento de outras ordens militares, como a de Santiago e de Avis, que partilhavam igualmente do caráter de cruzada permanente que os lusitanos davam às suas empresas. Tanto o esforço das ditas ordens militares, quanto o empenho declarado dos soberanos na luta contra o Islã, eram bem-vistos pelo papado, que reconhecido, concedia-lhes sucessivos encômios e privilégios. Essa opção bem cedo demonstrou seus riscos, pois, o que era simples concessão começou a ser concebido como direito. Uma das primeiras manifestações do que estava por vir ocorreu aos 23-5-1361, quando o capítulo 32 das cortes de Elvas (impropriamente chamadas de "Évora" por Pimenta Bueno) afirmou a existência da prerrogativa nacional do *exame prévio* dos documentos papais a serem publicados no Reino. Era um esboço do que viria a ser o *exequatur* ou *beneplácito*, que, bem mais tarde, ganharia contornos precisos no livro segundo da *Ordenação Alfonsiana*, em cujo título 12 constava "das leis que vem da Corte de Roma, que não sejam publicadas sem carta de El Rei".[5]

Nesse ínterim, a Ordem de Cristo continuou sua marcha: da sede original de Castro Marim transferiu-se em 1356 para o castelo de Tomar; e, aos 26-10-1434, por meio de carta, o Rei Dom Duarte lhe concedeu a jurisdição espiritual sobre o arquipélago da Madeira, poder este que Dom Afonso V, aos 7-6-1454, estendeu às terras conquistadas, o mesmo fazendo o Papa Calisto III no ano seguinte através da Bula *Inter Caetera*. A metamorfose ocorria contemporânea à grande expansão marítima lusitana, que se serviu dos recursos da sobredita Ordem, que era rica, para custear armadas e expedições. Daí o esforço dos soberanos que tanto procuraram, e afinal conseguiram, obter para si o seu grão mestrado, o que se efetivou aos 3-3-1516, quando o Papa Leão X estendeu o direito universal do padroado a todas as terras sujeitas à Coroa lusitana. Algum tempo depois ficaram vacantes os mestrados das ordens de Santiago e de Avis pela morte de Dom

[4] Walter F. Piazza, *A Igreja em Santa Catarina, notas para sua história*, p. 22.
[5] José Antônio Pimenta Bueno, *Beneplácito e recurso à Coroa em matérias de culto*, p. 5-7.

Jorge, mestre-governador e administrador delas, e o Papa Júlio III, ciente de que o Rei Dom João III era "zelador da justiça e acérrimo defensor da fé católica", para prover as imensas despesas das campanhas que movia pela dilatação da fé na África, aos 30-12-1551, por meio da Bula *Praeclara Carissimi*, reuniu perpetuamente sob a Coroa de Portugal as ordens de Cristo, Santiago e Avis, autorizando o Soberano a tomar posse de todos os seus bens.[6]

Essa mudança do *status* monárquico trazia no seu bojo os elementos de numerosas querelas futuras, pois, considerando que as terras descobertas ficariam sob o senhorio da Ordem da qual o rei se tornou chefe, o que de per si incluía as igrejas que nelas se erigisse, a eclosão de infindáveis problemas era mera questão de tempo. Um exemplo: quem dava o terreno – no caso necessariamente o Rei –, edificava e dotava uma igreja, adquiria o direito de padroeiro, e esse direito comportava apresentar os clérigos ao benefício, proceder nas solenidades, defender a Igreja, e, no caso de indigência, receber alimentos;[7] mas daí, como assegurar a liberdade de ação da hierarquia eclesiástica?

Sem levar em conta este particular, já antes da última bula mencionada, a Coroa vinha erigindo bem articulados mecanismos de controle, entre os quais a "Mesa de Consciência e Ordens", fundada em 1532, que vinculou toda a vida clerical e religiosa ao trono, reservando à Santa Sé somente a confirmação das decisões tomadas. A seu modo, porém, originalmente era um organismo de intenção confessional, e por isso não impediu que a reforma de Trento fosse completamente recebida no reinado de Dom Sebastião, tanto durante a sua menoridade como depois. A inversão de tendência começou a se verificar após o prematuro falecimento do jovem rei na batalha de Alkácer Kibir, no Marrocos, em 1578, sem deixar herdeiros diretos. Dois anos depois a sucessão caiu nas mãos de Felipe II da Espanha e, como Trento não havia sido recebido com a mesma latitude entre os espanhóis, os "Áustria" reinantes procuraram neutralizar o efeito daquela aceitação, organizando uma reforma que tinha dupla intenção: apagar na legislação o nome dos monarcas portugueses, e plantar um modelo político centralizador que, em relação à religião, entre eles era muito mais pronun-

[6] José Joaquim da Cunha D'Azeredo Coutinho, *Cópia da análise da bula do Santíssimo Padre Júlio III*, p. 8, 26.

[7] Diogo de Vasconcelos, *História do bispado de Mariana*, p. 9-10.

ciado que no país vizinho. O novo contesto também ensejou a articulação das bases teóricas do regalismo, com destaque para Gabriel Pereira de Castro, autor do tratado *De manu regia*, obra condenada pela Santa Sé em 1640.[8] Nesse mesmo ano Portugal se separou da Espanha, mas o autor da façanha, Dom João IV de Bragança, preferiu manter a doutrina dos Filipes, declarando-o formalmente aos 29-1-1643, no prólogo do primeiro volume das *Ordenações e Leis do Reino de Portugal*:

> Vendo que depois da recopilação dos cinco livros das Ordenações (que o Senhor Rei Dom Manuel, meu Progenitor e trisavô, de gloriosa memória, mandou fazer), sucedendo-se fazerem-se depois muitas leis, que andavam fora das Ordenações, se fez nova recopilação e reforma das ditas Ordenações no ano de 1595, publicadas no ano de 1603, pelos Reis Católicos de Castela meus primos (tendo ocupada esta Coroa, Reinos e Senhorios dela com violência), das quais se usou até o presente. Logo ao tempo de minha legítima aclamação, restituição e juramento solene, e posse destes meus Reinos, e coroa de Portugal, tendo principalmente presente, com o cuidado da defesa dele com as Armas, o zelo da boa administração da Justiça na paz, e sossego da República, que prefiro a todo outro respeito, houve por bem de mandar, por Lei geral, que tudo o que estava ordenado, feito e observado até o princípio de dezembro de 1640 (em que fui aclamado, e restituído à legítima sucessão desta Coroa), se cumprisse e guardasse, como se por mim, e pelos Senhores Reis naturais, meus predecessores, fora feito, enquanto não ordenasse o contrário.[9]

Como se não bastasse, no século seguinte, o absolutismo que se impunha na Europa não excluiu a velha Lusitânia, e também lá, gradualmente, o Papa foi sendo colocado à margem dos cálculos da política, e sua ação sobre o clero continuamente cerceada. No reinado de Dom José I – que

[8] Miguel de Oliveira, *História eclesiástica de Portugal*, 2ª ed., p. 199.

[9] *Ordenações e Leis do Reino de Portugal, confirmadas e estabelecidas pelo Senhor Rei Dom João IV*, livro primeiro, p. I.

governou o país de 1750 a 1777 –, entraria em cena um personagem destinado a levar o intervencionismo do Estado na vida interna da Igreja ao seu apogeu: Sebastião José de Carvalho e Melo, futuro Conde de Oeiras e Marquês de Pombal.[10]

[10] Sebastião José de Carvalho e Melo (1699-1782), possui uma biografia cheia de pontos obscuros, dando margem inclusive para que se dissesse ser ele neto do padre da Mata Escura e da escrava Marta Fernandes, coisa jamais comprovada. De seguro sabe-se que era natural de Lisboa, sendo seus pais Manuel Carvalho de Ataíde e Dona Teresa Luiza de Mendonça e Melo, e que teve três irmãos (Francisco, Paulo e José Joaquim) e duas irmãs, ambas religiosas (Dona Maria Madalena e Dona Luiza de Mendonça). A dúvida reaparece quando se deve abordar a sua trajetória: alguns historiadores sustentam que ele foi aluno dos jesuítas, tendo cursado depois direito na universidade de Coimbra; outros, ao contrário, negam esta versão, sob o argumento de que teria ingressado muito jovem no exército. Também se presta a infindáveis especulações as razões da fulgurante ascensão que teve. Para os que o defendem, foi isso merecido fruto dos seus dons naturais; para os detratores, apenas o resultado de uma maquiavélica e bem manejada política de subserviência aos donos do poder. Uma terceira teoria associa parcialmente elementos das duas precedentes, argumentando que a escalada de Carvalho e Melo teria resultado tanto do talento pessoal e caráter forte, quanto também da providencial ajuda dos laços de parentesco. Esse segundo ponto encontra um bom fundamento no fato que, em 1738, ao morrer Marco Antônio de Azevedo Coutinho, embaixador em Londres, ele, na condição de sobrinho do falecido, prontamente o substituiu. Segundo se crê, foi durante o período de permanência na capital inglesa que o antijesuitismo do futuro Marquês começou a florescer, e a isso se juntaria a mentalidade autocefalista adquirida junto à Corte de Viena, onde atuou entre os anos de 1743 a 1748. A vida pessoal de Carvalho é igualmente controvertida. Aos 16-1-1723, ele se casou, para desgosto da família, com a viúva D. Teresa Noronha e Bourbon Mendonça e Almada (1668-1739), mas uma ordem régia impediu-o de levá-la à Inglaterra. D. Teresa ficou recolhida no convento de Santos, falecendo aos 27-3-1739, tendo deixado ao marido todos os bens de sua casa. Pombal se casaria de novo em Viena aos 16-12-1745 com Leonor Ernestina Eva Wolfanga Josefa, condessa de Daun, dama de parcos recursos financeiros, apesar de pertencer à família nobilíssima. O casal veio para Lisboa em 1749, pois Dom João V, que devotava profunda aversão ao diplomata, não o nomeou para nenhuma função. Ele ficaria oito meses sem ocupação na capital portuguesa até que, adoecendo o Soberano, a rainha viúva, Dona Maria Ana, assumiu a regência. Austríaca, a regente era amiga da sua esposa, e por isso o reintegrou, designando-o como secretário dos negócios estrangeiros e da guerra aos 2-8-1750. Em pouco tempo o novo secretário se destacou nos conselhos do jovem Soberano Dom José I, até se converter no elemento número um do seu governo. Quando declarou guerra à Companhia de Jesus, já então como Conde de Oeiras, Carvalho e seus seguidores lançaram mão das mais veementes acusações: os jesuítas eram "murmuradores, comerciantes, escravistas, desencaminhadores e contrabandistas de ouro, rebeldes aos reis e aos bispos, e por fim, regicidas. Eram também, segundo ele, instigadores de revoltas, afugentadores de índios, engenheiros disfarçados, professores sem capacidade, oficiais de artilharia, hereges, monstros, e causadores de todos os males do tempo". Ele conseguiu suprimir a Companhia do Reino, mas os resultados dessa medida no Brasil foram desastrosos. Os jesuítas da colônia americana eram 590, distribuídos em duas jurisdições, que abrangiam 113 residências: a província do Brasil, ao sul, elevada a tal em 1553, com 445 religiosos (228 sacerdotes), e a do Maranhão, erigida em 1615, primeiro dependente da do Brasil, mas tornada autônoma em 1727, e que contava com 145 (88 sacerdotes). As primeiras deportações (no início parciais) ocorreram no Pará, onde o governador

Paralelamente, o iluminismo proveniente da França se consolidava nos meios políticos e intelectuais, com seu ativismo aliciante, divulgando doutrinas sedutoras, que ganhavam adeptos entusiastas entre elementos da nobreza, do clero e das pessoas influentes, abrindo perspectivas que abalavam as bases de estruturas consolidadas. Claro que a "ilustração" portuguesa tinha características muito próprias, deixando de lado o espírito revolucionário, anti-histórico e irreligioso francês, e assumindo feição progressista, reformista, nacionalista, humanista, e, naturalmente, regalista. O resultado geral foi que os iluministas católicos lusitanos aceitavam a supremacia da Coroa sobre a Igreja, enfatizavam em alguns casos a primazia do Concílio sobre o Papa, punham em evidência notícias de autonomias das antigas dioceses portuguesas, atacavam os jesuítas, promoviam a teologia positiva baseada na Escritura e na Tradição em detrimento do aristotelismo, empenhavam-se na denúncia do fanatismo religioso e das superstições; e davam-se à depuração de falsos milagres e santos inexistentes. Também preferiam uma religiosidade austera, por vezes dessecante, à festividade e oratória barroca; enquanto que outros, indo mais longe, afastavam a interpretação divina dos fenômenos naturais.[11]

O reformismo pedagogista do clero lusitano encontrou seu ponto de apoio nos padres da Congregação do Oratório, fundada por São Felipe Néri, que desde sua chegada, em meados do século XVII, passaram a reclamar uma renovação dos métodos de ensino, em franca oposição à *Ratio Studiorum* dos jesuítas. Em 1750, eles inauguraram na sua casa de Nossa Senhora das Necessidades um importante colégio, servindo-se dos proces-

era irmão de Pombal, para daí se agilizar: no Rio de Janeiro, a 15-3-1759 embarcaram 125 padres e irmãos; na Bahia, a 19 de abril do mesmo ano, em dois navios, 124; no Recife, a 1º de maio, outros 53; no Pará, os últimos 115. Os noviços permaneceram no Brasil porque já haviam sido forçados a deixar a Companhia. A brusca saída de tantas pessoas que exerciam os mais variados ministérios, segundo Eduardo Prado, fez com que a civilização recuasse centenas de léguas. De fato, o ministro não possuía pessoal qualificado para manter os 33 colégios-igrejas, 6 seminários, 127 aldeias, 21 fazendas, 12 engenhos, além de hospícios e centros de catequese que os padres controlavam nas mais diversos rincões brasileiros. Resultado: a colônia ficou à míngua, e seriam necessários 13 anos para que começasse a aparecer substitutos. (A.I., *O assassino dos Távoras*, p. 3; Serafim Leite, *História da Companhia de Jesus no Brasil*, tomo VII, p. 337-363; p. 99; Guilherme Schubert, *A província eclesiástica do Rio de Janeiro*, p. 99; Joaquim Veríssimo Serrão, *História de Portugal*, vol. VI, pp. 46, 184; Pontifícia Commissio Pro América latina, *História da evangelização da América*, p. 257).

[11] Carlos Moreira Azevedo et alii, *Dicionário de história religiosa de Portugal*, vol. II, p. 418.

sos didáticos iluministas, que tiveram grande repercussão. O fenômeno, no entanto, acabou tendo desdobramentos não previstos, que atingiram inclusive os rincões brasileiros. Como observa José Ferreira Carrato, "sobre a seara das almas mais sensíveis, mesmo até ali, o século semeara o pólen sutil de sua dúvida e de seu racionalismo, e o que mais florescera fora uma fé tíbia e acomodada, fenômeno novo do Cristianismo moderno, a preparar o campo para a indiferença religiosa dos nossos dias".[12]

1.1. O projeto "pombalino" e a "nacionalização" eclesial no reino português

Estruturada sobre os princípios do mercantilismo e da ilustração, a política pombalina teve primeiramente de colocar em prática as decisões tomadas a respeito dos limites das colônias sul-americanas na Amazônia e na região do Prata. Isso pôde ser tentado porque, após longas tratativas, aos 13-1-1750, os monarcas Dom João V de Portugal e Fernando VI da Espanha aceitaram o "Tratado de limite das conquistas", mais conhecido por "Tratado de Madrid", cujos artigos 15 e 16 estabeleciam uma permuta: a Colônia do Sacramento seria entregue por Portugal aos espanhóis enquanto que os segundos dariam os Sete Povos das missões aos portugueses. Conjuntamente também foram revistos os limites na região amazônica.[13]

A questão era que das sete missões jesuíticas localizadas na região mencionada – São Nicolau, São Lourenço, São Luís Gonzaga, São Miguel, São João, Santo Ângelo e São Francisco de Borja – onde atuavam dezessete missionários (nove espanhóis, seis alemães, um húngaro e um italiano),[14] apenas três (São Borja, São Luís Gonzaga e São Lourenço) aceitaram a mudança. Os demais povos julgaram intolerável a idéia de abandonar às pressas sua terra ancestral e todos os seus pertences justamente para entregá-los aos portugueses, os piores inimigos que tinham. Por isso, aos 27-2-1753, quando um grupo de demarcadores atingiu a região de Santa Tecla (nas proximidades da atual Bagé) pertencente à

[12] José Ferreira Carrato, *Igreja, Iluminismo, e escolas mineiras coloniais*, p. 88, 123, 125, 127, 134-135.

[13] *Tratado de Limites das Conquistas entre os muito Altos e Poderosos Senhores Dom João V Rei de Portugal e Dom Fernando VI de Espanha*, p. 29 - 30.

[14] Sílvio Palacios e Ena Zoffoli, *Gloria y tragedia de las misiones guaranies*, p. 377.

missão de São Miguel, foi barrado pelos indígenas, liderados por Sepé Tiaraju e Miguel Taimacay.[15]

Depois desse episódio terminaram-se as negociações, e no dia 15 de julho seguinte, os altos comissários coloniais, reunidos na Ilha de Martin García, resolveram declarar guerra às missões, se dentro de um mês não se iniciasse a mudança dos povos. Foi o estopim da *Guerra Guaranítica*,[16] terminada com o célebre e horrendo massacre indígena. Além disso, tal desfecho terminou sendo habilmente manipulado pelo governador do Rio de Janeiro, Gomes Freire de Andrada, para alimentar o antijesuitismo: "Eu não posso ir a ponto de reprimir estes padres, tal é o ascendente das máximas impressas nos corações dos seus convertidos, que estes preferem a morte à mudança do domínio deles. [...] É impossível submeter os selvagens sem primeiro haver submetido os seus vencedores. O primeiro golpe deve ser dado na Europa", sentenciou ele.[17]

No norte do Brasil a demarcação na Amazônia sequer teve início, e o encarregado da mesma, Francisco Xavier de Mendonça (irmão de Pombal), acusava os padres de má vontade e falta de apoio à obra, e de sonegarem os indígenas canoeiros e os mantimentos que as suas aldeias deviam fornecer, além de serem contrários à organização e ação da companhia enquanto tal. Ainda durante o ano de 1755 ele expulsou três jesuítas: os portugueses Pe. Teodoro da Cruz e Pe. Antônio José, e o alemão da Baviera Pe. Roch Hundertpfund. Antecipando o que estava por vir, aos 28-11-1757 outros cinco jesuítas foram forçados a deixar o Maranhão e, quase contemporaneamente, mais dez missionários seriam expulsos do Pará (o reitor do colégio local, seis padres portugueses e três padres alemães).[18]

Ao ser informado dos episódios do Norte do Brasil, Padre José Moreira, confessor do Rei e de sua esposa, tentou interceder pelos seus junto ao Soberano, mas Dom José recusou-se a ouvi-lo, e por volta da meia-noite enviou o moço da câmara, Pedro José Botelho, comunicar-lhe que tanto ele quanto os demais padres da Companhia estavam despedidos do Paço. Com esta medida, às 4h da madrugada seguinte (21-9-1757), Pe. José, ladeado pelo Pe. Jacinto da Costa, confessor do infante Dom Pedro; Pe. Timóteo

[15] Arthur Ferreira Filho, *História Geral do Rio Grande do Sul*, p. 37.

[16] Aurélio Porto, *História das missões orientais do Uruguai*, p. 428-429.

[17] ASNA, Reale Segreteria e Ministero degli Affari Esteri, "Rapporto sul Brasile", in: Pasta 178 (Brasile), p. 48.

[18] Anselmo Eckart, *Memórias de um jesuíta prisioneiro de Pombal*, p. 19, 26, 29.

de Oliveira, confessor e preceptor da princesa Maria; Pe. José de Araújo, confessor do infante Dom Manuel; e Pe. Manuel Matos, confessor do infante Dom Antônio, abandonaram a residência real.[19] Aproximava-se o crepúsculo da Companhia de Jesus em Portugal.

Carvalho e Melo sentia-se bastante forte para tomar medidas rígidas, pois desde 1757 tornara-se, de fato, o primeiro ministro de um Monarca absoluto, que acreditava haver recebido imediatamente de Deus a autoridade que de seu *moto próprio* e ciência certa legislava. Assim, após fracassadas pressões sobre Roma, seguida de uma frustrante nomeação por parte do Papa do Cardeal Francisco de Saldanha como interventor na Companhia de Jesus, dito ministro deu total apoio ao alvará de 3-9-1759, por meio do qual Dom José I suprimiu a Companhia de Jesus no reino. Dito documento declarou estarem os jesuítas desnaturados, proscritos e expulsos de Portugal e seus domínios "para neles mais não poderem entrar", ao tempo em que proibia toda e qualquer relação dos patrícios com eles.[20]

A esta altura, o Cardeal Saldanha, que fora elevado a patriarca de Lisboa em 1758, agia como se fosse chefe da Igreja de Portugal, havendo desligado alguns jesuítas dos votos simples sem estar autorizado para tanto. No dia 5-10-1759, indo mais longe, publicou uma *Pastoral* endossando a decisão real de expulsar a inteira Companhia, alegando que "por direito divino e direito das gentes, [os súditos] devem amar o seu Soberano, respeitar os seus decretos e obedecer a todas as suas leis".[21]

As relações com a Santa Sé foram rompidas, e o *beneplácito* régio para os documentos pontifícios tornou-se lei, em termos definitivos aos 5-5-1765. Contemporaneamente, o impedimento do recurso a Roma estava criando múltiplos problemas, sobretudo porque começaram a faltar rescritos e dispensas. Carvalho e Melo tomou mais uma das suas medidas discricionárias, a qual, na prática, fez dele o verdadeiro chefe da Igreja lusitana: as decisões que até aí se iam buscar na Cúria romana, foram concedidas aos bispos; dispensas matrimoniais, provisão de beneplácito, sagração de novos diocesanos, tudo se tornou de competência do episcopado nacional. O Cardeal Patriarca, longe de opor, assumiu a novidade e, aos 24-2-1768,

[19] Francisco Butiña, *Vida del Padre Gabriel Malagrida de la Compañia de Jesús, quemado como hereje por el Marqués de Pombal*, p. 326.

[20] ATT, *Leis originais*, maço 6, n. 20.

[21] *Coleção dos negócios de Roma no reinado de El-Rei Dom José I*, p. 121-122.

em plena quaresma, tomou a liberdade de conceder a inédita dispensa aos fiéis de poder consumirem ovos e laticínios.[22] O clero atingiu, por conseguinte, o máximo da autonomia religiosa da história do reino, mas teria de retroceder porque a população sentia-se ligada ao trono pontifício e reagiu negativamente a tais inovações. Por isso, diante de dispensas como aquela dada pelo Patriarca Saldanha na quaresma, a massa simplesmente desobedeceu. Este seria um fator decisivo para a manutenção de Portugal na comunhão com a Igreja de Roma.[23]

Por outro lado, tendo amordaçado a nobreza, expulsado os jesuítas, "nacionalizado" a Igreja e eliminado os inimigos políticos, Carvalho e Melo atingiu o ápice do seu poder. Prisões e exílios passaram a fazer parte da ordem do dia, e mesmo colaboradores chegados como o Cardeal Saldanha eram descartados sem mais aquela. Em 1767, pela primeira vez o Cardeal fez restrições às decisões do Ministro, sendo ameaçado com a pena de desterro. Surpreendentemente não cedeu, ainda que tenha tido de se retirar para a sua casa de campo. Ele voltaria a Lisboa algumas vezes a pedido do próprio Dom José, mas nunca mais procurou os favores de Pombal e passou a deplorar a ingerência que ele exercia. Amargurado com a situação a que a Igreja havia sido relegada, desabafou com o cura de São Julião: "Não, não, eu não sou nem Cardeal, nem Patriarca, nem Arcebispo; tudo é Pombal, tudo ele invadiu". Faleceu no dia 1-11-1776.[24]

Nesse ínterim, o novo Papa Clemente XIV já havia recebido o embaixador português, que lhe entregara dois documentos reservados para Oeiras com propostas de conciliação; e, em janeiro de 1770 negociações haviam sido concluídas, levando ao restabelecimento das relações diplomáticas. Um novo Núncio foi nomeado para Portugal – Dom Inocenzo Conti, Arcebispo de Tiro –, que foi recebido em Lisboa em julho do mesmo ano com grandes manifestações oficiais e regozijo popular. Apesar das aparências, o representante da Santa Sé assumia em condições humilhantes, pois o Conde só lhe restituiu os breves depois que ele, por escrito num compromisso a parte, reconheceu como válidas as práticas regalistas até então levadas a efeito. Dom José, da sua parte, que por escrúpulos de consciência, não gos-

[22] ATT, *Coleção de livros e impressos* – série preta, n. 3560, p. 597-598.

[23] Antônio de Souza Pedroso Carnáxide, *O Brasil na administração pombalina*, p. 33.

[24] Francisco Butiña, *Vida del Padre Gabriel Malagrida de la Compañia de Jesús*, p. 453-454, 485-486.

tava nem desejava andar desgarrado da Igreja Romana, satisfeito com uma solução tão vantajosa para a Coroa, aos 17-9-1770 agraciou seu ministro com o título de Marquês de Pombal.

Contemporaneamente, havia sido levada a cabo a reforma escolar, que tantas marcas deixaria em gerações sucessivas de luso-brasileiros. Um sutil jansenismo era incutido desde a infância, uma vez que a tradução do *Catecismo de Montpellier* de Charles Joachim Colbert, elaborada pelo bispo de Évora, Dom João Cosme da Cunha,[25] foi transformada em livro básico de aprendizado dos meninos. E, não obstante fosse mais que sabido que tal catecismo havia sido condenado pela Igreja em 21-1-1721, o alvará de 9-10-1770, publicado na chancelaria-mor o oficializaria, com o objetivo das crianças irem "aprendendo os princípios da religião, em que os mestres os devem instruir com especial cuidado e preferência a outro estudo".[26]

Da escola básica logo se passaria à reforma universitária de Coimbra. Aos 25-9-1771, um Aviso mandou suspender os estatutos existentes, seguido de uma carta régia datada de 28 de agosto do ano seguinte conferindo a Pombal a precedência de reformador oficial e visitador da secular universidade, "com jurisdição privativa, exclusiva e ilimitada". Dentre as inovações instituídas constou a adoção em Portugal dos postulados teóricos do josefismo austríaco, fazendo com que a secular universidade se convertesse em defensora erudita dos propósitos de intervenção dos Bragança no âmbito eclesiástico. Das cátedras universitárias passou-se a advogar que o poder da Igreja se circunscrevia "à vida espiritual", e isso seria amplamente difundido nas colônias.[27]

Iniciava-se um longo período de ideologização pró-autocefalia no mundo de língua portuguesa. Os pontos mais polêmicos defendidos por Pombal e seus seguidores de Coimbra foram os seguintes:

1. O desprezo declarado pelo Concílio de Trento: o Ministro assegurou que o recebimento das decisões tridentinas em toda a monarquia portuguesa fora "obra dos jesuítas", e que, portanto, eram nulas.

[25] Heliodoro Pires, *A paisagem espiritual do Brasil no século XVIII*, p. 101.

[26] ATT, *Leis - livro 11*, p. 24-25.

[27] A mentalidade favorável à autonomia da Igreja do Brasil ante Roma era amplamente defendida por setores políticos do Primeiro Império, os mesmos que empreenderam violenta campanha contra o celibato clerical e as ordens religiosas. Em 1826, o deputado baiano Antônio Ferreira França ("Francinha") diria sem meios termos: "Que o nosso clero seja casado e que os frades e freiras acabem entre nós" (Zeno Hastenteufel, *Dom Feliciano na Igreja do Rio Grande do Sul*, p. 225).

2. A mudança da concepção eclesiológica vigente: Até então se ensinara que a Igreja era "a sociedade dos fiéis reunida debaixo de um só chefe, que é Jesus Cristo, pela comunhão de crenças e participação aos sacramentos, sob direção de seus legítimos pastores, principalmente o Pontífice Romano". Pois bem, com o pombalismo, o Código de Coimbra para os professores passou a afirmar o seguinte: "A Igreja é uma congregação de homens unidos em Cristo pelo batismo para que vivendo todos conformes a norma estabelecida no Evangelho, e proclamada pelos Apóstolos em todo o mundo, e debaixo da direção e governo de uma cabeça visível, e de outros pastores legítimos, possam honrar bem o verdadeiro Deus; e por meio desse culto conseguir a bem-aventurança eterna."[28]

O que mais irritou nessa definição, é que, quando se referia aos batizados sequer definia a sua confissão religiosa; e, a expressão "governo de uma cabeça visível" tampouco deixava claro quem seria tal personagem, cuja dubiedade consentia supor que podia ser tanto o Papa como o Patriarca cismático de Moscou.[29]

Sem ter alguém que pudesse criticar suas atitudes, Carvalho e Melo marcou o último ano do seu governo com um ato particularmente brutal: o massacre da Trafaria. Aconteceu em 1777, quando, na iminência de uma nova contenda com a Espanha, um grupo de jovens pobres procurou escapar ao recrutamento militar, escondendo-se naquela comunidade de pescadores. Ao sabê-lo, o Marquês prontamente ordenou que o intendente da polícia, Diogo Inácio de Pina Manique (1733-1805), à frente de trezentos soldados, cercasse e incendiasse o vilarejo. Resultado: na noite de 23 de janeiro milhares de pessoas morreram asfixiadas e queimadas, e, quem procurava escapar era alvejado pelos arcabuzes.[30]

Malgrado a veemência de tais fatos, via de regra os historiadores leigos enquadram o conjunto das medidas pombalinas na perspectiva do assim chamado despotismo "esclarecido", o que de per si as tornariam justificáveis no contexto em que se deram. A questão é que os iluministas do século

[28] Cândido Mendes de Almeida, *Direito civil e eclesiástico brasileiro antigo e moderno em suas relações com o direito canônico*, tomo I, primeira parte, p. 107.

[29] Cândido Mendes de Almeida, *o. c.*, p. 108.

[30] A.I., História de Portugal nos séculos XVIII e XIX, p. 302-303; Francisco Butiña, *Vida Del Padre Gabriel Malagrida*, p. 486-489.

XVIII não consideravam Pombal um dos seus, e por razões compreensíveis: a ele faltavam os dotes literários, a *finesse* dos salões ou a erudição dos "bem-pensantes", coisas tão apreciadas pelos "homens das luzes". Alega-se em defesa do Marquês que ele não podia agir com critérios da nova filosofia, estando a serviço de um rei devoto. É uma tese arriscada, pois não existem elementos que a sustentem: Pombal tudo fez não para instituir um estado laico, mas uma Igreja sob controle; e depois, autocrata inveterado como ele era, demonstrou por todos os modos que princípios caros aos "iluminados", como a liberdade de consciência, jamais fizeram parte dos seus propósitos. Tampouco se pode negar que as medidas rudes e sangüinárias levadas a cabo no período, se realmente tiveram o consentimento de Dom José I, quase sempre aconteceram por iniciativa do todo-poderoso ministro. São fatos demonstrativos da distância que separava o autoritarismo lusitano das pretensões de refinamento de um Frederico II da Prússia. É por essa razão que, nem Voltaire nem os enciclopedistas, apesar da guerra que moviam aos jesuítas, aplaudiram os eventos acontecidos em Portugal. Os documentos emanados na Corte de Lisboa pareciam-lhes ridículos na forma e desastrados no conteúdo. Como já se disse, "tanta crueldade contrastava com os costumes de uma sociedade já motejadora, mas elegante. Teve-se compaixão das vítimas, zombou-se do algoz, riram-se todos com a sua invocação às idéias da idade média, desse período da história que a moda também reprovava então".[31]

1.1.1. O crepúsculo de um homem e a preservação de uma mentalidade

Mudanças políticas impediram que a situação se degenerasse ainda mais: o estado de saúde de Dom José piorou continuamente, e a rainha teve de assumir a regência aos 29-11-1776. Pombal conservou as prerrogativas políticas que tinha, mas suas horas estavam contadas, pois o Soberano viu-se tomado de remorsos no leito de morte, e buscou os consolos da religião. Com isso, o novo Cardeal, Dom João Cosme da Cunha e Távora, nomeado regedor das justiças, inquisidor geral e ministro assistente, passou a gozar de crescente influência nas disposições tomadas na antecâmara régia. Não

[31] A. I., *História de Portugal nos séculos XVIII e XIX*, vol. I, p. 219.

por acaso, três dias antes de expirar, Dom José ordenou que o bispo de Coimbra, Dom Miguel da Anunciação, preso por combater as obras jansenistas e febronianas, fosse libertado.

Quando o moribundo cerrou os olhos aos 24-2-1777, os rancores antipombalinos eclodiram. A mudança ganhou contornos públicos um dia após o funeral, realizado no dia 27 de fevereiro no jazigo da igreja do mosteiro de São Vicente de Fora, quando a ordem real supracitada foi cumprida, abrindo caminho para uma revisão radical das demais prisões políticas. Em princípios de março, o juiz da inconfidência, José Antônio de Oliveira Machado, pediu ao comandante do forte de São Julião os nomes de todos os prisioneiros, inquirindo ao mesmo tempo qual era a sua culpa. Recebeu a lista, mas com uma surpresa: o comandante lhe informava que simplesmente não conhecia o motivo da prisão dos jesuítas que ali se encontravam. No dia 10 do mesmo mês, o juiz em pessoa decidiu pôr um ponto final no arbítrio e por este mister, passados dezoito anos, terminou o cativeiro dos membros da Companhia de Jesus.[32]

Setenta e um jesuítas (ou cento e vinte e três, segundo Eckart, que inclui entre as vítimas também os que morreram nas viagens marítimas e em outras circunstâncias atrozes), entre os quais o ex-confessor do Rei, Pe. José Moreira, haviam sucumbido nas enxovias; mas, oitenta remanescentes se viram, enfim, livres. Como eles, das fortalezas de Pedrouços, Junqueira, Barreiro, Cacilhas, Belém, Limoeiro, e dos conventos transformados em penitenciárias saíram centenas e centenas de pessoas andrajosas e esqueléticas, descrevendo horrores do seu cativeiro. A maioria dos prisioneiros, contudo, não pode ser libertada, pois se calcula que, dos presumíveis 9.640 encarcerados (3.970 dos quais sem acusação alguma), apenas um quarto tenha conseguido sobreviver. As antipatias e inimizades cultivadas pelo Marquês passaram a se manifestar abertamente, e pouco depois da morte de Dom José, quando ele foi à câmara régia, o Cardeal Dom João Cosme da Cunha, Arcebispo de Évora, comunicou-lhe friamente: "Vossa Excelência já aqui não tem o que fazer".[33]

O incontestável poder que até então Pombal desfrutara desabava, e, para complicar, encontrava-se envelhecido, doente, e já não podia contar

[32] Anselmo Eckart, *Memórias de um jesuíta prisioneiro de Pombal*, p. 222.
[33] Damião Peres, *História de Portugal*, vol. VI, p. 252.

com seus dois irmãos e colaboradores fiéis: Francisco Xavier de Mendonça falecera aos 15-11-1769 e Paulo Carvalho de Mendonça tinha expirado em 17 de janeiro seguinte. Começava a "viradeira". Sem renunciar ao salário, no dia 4-3-1777, o ex-todo-poderoso Ministro se demitiu. Ao clamor dos ex-prisioneiros, alguns dos quais punidos pelo simples fato de não se fazerem simpáticos ao homem forte, se uniu os desejos de vingança dos opositores. Para acalmar a indignação pública, primeiro a rainha Dona Maria I (1734 – 1816), filha e sucessora de Dom José I, ordenou em 1779 uma investigação, e no dia 16 de agosto do mesmo ano, por meio de um decreto declarou o Marquês réu e "merecedor de exemplar castigo". A soberana perdoou ao Marquês as penas corporais, mas exilou-o na Quinta de Pombal.[34]

Ali o colheu morte pavorosa um ano depois: ficou quase todo entrevado e, entre diarréias e dores lancinantes, assistiu à decomposição do próprio corpo, consumido pelas pústulas purulentas que o cobriram. No transcorrer das fadigas diárias, mal conseguia dormir por duas horas. A sua segunda esposa, a Condessa de Daun, mulher piedosa, debalde insistiu para que recebesse os sacramentos, mas ele preferiu continuar impenitente. Suas últimas palavras foram: "Eu morro sem remédio, porque vejo a morte em figura de um pintainho". Sem nenhum sinal de arrependimento cerrou os olhos aos 8-5-1782. No dia 12 de agosto seguinte, o corpo foi transportado para a igreja do convento de Santo Antônio da Vila de Pombal, pertencente aos capuchinhos, onde, embalsamado, foi posto em depósito. Os parentes quiseram transportá-lo para Lisboa, mas o novo Ministro, Visconde de Vila Nova de Cerveira, inimigo visceral do falecido, que não lhe consentira sepultar o próprio pai (de igual título) quando este morrera na prisão de São João da Foz, vingou-se, negando a permissão. O cadáver ficaria sem sepultura regular por setenta anos. Em 1811, durante o período da invasão francesa, o sarcófago foi arrombado, o esqueleto despojado, e os ossos jogados por terra. Uma mão piedosa juntou os despojos e cerrou a lousa novamente.[35] E lá continuou até que, em 1829, os jesuítas retornaram, erigindo a Missão Portuguesa, sob a dependência direta do seu Geral, Pe. João Roothaan. O primeiro superior nomeado foi o belga Pe. Filipe José Delvaux, que chegou a Lisboa no dia 13 de agosto daquele ano, juntamente com outros sete irmãos de Ordem: José Barrelle, José

[34] Antônio Pedroso de Souza Carnáxide, *O Brasil na administração pombalina*, p. 48-50.
[35] José Lúcio de Azevedo, *O Marquês de Pombal e sua época*, p. 386, 390.

Bukacinski, Alexandre Mallet, João Pouty, Jorge Rousseau; e os coadjutores Francisco Baron e Inácio Monnier.[36] Em 1832, num desses acontecimentos inexplicáveis para uma lógica puramente humana, Pe. José Delvaux indo para Coimbra acabou passando por Pombal. Ao chegar, encontrou o pobre esquife, coberto com um pedaço de pano preto ordinário, num dos cantos da capela. Ele celebrou uma missa pela alma do Marquês, tomando as providências para que se realizassem as exigências da caridade cristã.[37]

Quanto à política portuguesa, a rainha Dona Maria I se dedicou a obras de reparação pessoal, reabilitando a memória dos injustiçados. Ela também permitiu aos mosteiros de todo o reino de acolherem novamente noviços,[38] e aos 5-4-1777 aboliu a suspensão das faculdades que ainda pesava sobre os oratorianos.[39] Por sua vez, o sucessor do Cardeal Saldanha, Dom Fernando de Souza e Silva, mandou reintroduzir no *Breviário* a orações próprias de Santo Inácio e de São Francisco de Borja, suprimidas em 1758, ao tempo em que o Núncio Apostólico se encarregou de restaurar a disciplina eclesial. Assim, os superiores religiosos não eleitos terminaram depostos, sendo que um deles, Dom Manoel de Mendonça, superior dos Bernardos, primo de Pombal, foi parar na prisão por determinação sua. Também a irmã de Pombal, Maria Madalena de Mendonça, dominicana, prioresa do convento de Santa Joana, temida, mas não amada pelas demais religiosas, teve igualmente de deixar o ofício.[40]

No novo governo, os idosos jesuítas sobreviventes das prisões não foram molestados e alguns dos seus confrades exilados puderam regressar, sendo estabelecido um subsídio de 100.000 cruzados anuais para aqueles que continuaram na Itália. Aos estrangeiros foi consentido partir e quase todos retornaram aos seus países de nascimento. Para muitos dos jesuítas do reino foram concedidas pensões, a exemplo do antigo professor da Rainha, que percebia 200.000 réis por ano. Porém, o pedido que fizeram, de poderem viver juntos numa casa foi indeferido, e eles acabaram sendo divididos em diferentes conventos do reino, pertencentes a outras ordens religiosas, o que de fato acabou se transformando numa dissolução.[41]

[36] Acácio Casimiro, *Fastos da Companhia de Jesus restaurada em Portugal*, p. 9.

[37] José Manuel de Madureira, "A Companhia de Jesus", em: *RIHGB*, vol. IV, p. 339-341.

[38] Celso Neves et alii, *Mosteiro de São Bento de São Paulo*, p. 14.

[39] Jacinto Palazzolo, *Crônica dos capuchinhos do Rio de Janeiro*, p. 115.

[40] Anselmo Eckart, *Memórias de um jesuíta prisioneiro de Pombal*, p. 228-229.

[41] A. I., *História de Portugal nos séculos XVIII e XIX*, vol. II, p. 6.

A inteira obra restauradora da Soberana foi, afinal, extremamente limitada. Um exemplo típico: o bispo de Coimbra morreu apenas dois anos depois de deixar a prisão, sendo sucedido pelo notório regalista Francisco de Lemos Farias. E não só: este último lutou e conseguiu que as linhas-mestras do ensino da universidade de Coimbra fossem mantidas.[42] Tampouco era possível apagar os efeitos de vinte e cinco anos de governo pombalino, cujas idéias tinham continuidade em toda uma geração que crescera e se formara dentro da nova mentalidade. Sintomaticamente, foi em 1778 que teve a fundação da primeira loja maçônica de Coimbra que funcionou até 1792.[43] O enlouquecimento de D. Maria I ocorrido naquele ano, com a conseqüente regência do filho, o inábil príncipe Dom João (1767-1826), foram outros fatores de peso para que idéias e leis de outrora sobrevivessem. Por isso, o Núncio, Cardeal Bartolomeu Pacca, elaborou um quadro bastante pessimista a respeito da situação corrente:

> Assumindo o trono no ano de 1777 depois da morte do pai, [Maria] fez cessar o jugo tirânico, porque ao seu dom natural da beleza, unia uma amabilidade de caráter, um amor materno por seus súditos, e um grande espírito de religião. Operou muitas coisas boas, mas não se viu, com efeito, realizado quanto com razão se esperava de uma princesa tão virtuosa. O motivo foi que a boa Maria mantida até então distante do conhecimento e do manejo do ofício, não teve súbito ao seu lado pessoas de mente e conselho, que a assistissem bem nos primeiros anos de seu reinado. Os ministros escolhidos por ela, ainda que contrá-

[42] Manuel Augusto Rodrigues, *A universidade de Coimbra e os seus reitores – para uma história da instituição*, p. 160.

[43] Já se disse que a primeira loja maçônica de Portugal foi fundada em Lisboa no ano de 1728, sendo constituída quase que exclusivamente por protestantes ingleses, donde resultou ser chamada de "Loja dos Hereges Mercantes". Em 1733 teria aparecido uma outra, desta vez fundada e composta por católicos irlandeses, denominada "Casa Real dos Pedreiros Livres da Lusitânia". Cândido Mendes, porém, afirma que a maçonaria entrou em Portugal em 1735, por intermédio do inglês Jorge Gordon, enviado pela grande loja de seu país. O certo é que a ascensão de Pombal daria fôlego aos maçons, que atingiram seu grande momento após a Revolução Francesa. Nem tudo foi satisfatório nesta trajetória, pois no início do século XIX sofreriam inúmeras restrições, sendo acusados de "libertinos" e "estrangeirados" (Alexandre Mansur Barata, *Luzes e sombras. A ação da maçonaria brasileira (1870 – 1910)*, p. 56 – 58; Cândido Mendes de Almeida, *Resposta ao protesto da maçonaria da Bahia*, p. 17).

> rios à pessoa de Carvalho, ou não eram homens de mente elevada e de grande conselho, ou tinham sido alunos da pervertida universidade de Coimbra; e por isso, embebidos das máximas contrárias à potestade eclesiástica. [...] A isto se acrescenta que não teve então a Santa Sé em Lisboa um ministro de atividade, que na entronização da rainha Maria soubesse aproveitar daquela oportuna e favorável circunstância. Por isso, também sob o reinado de Maria continuou nas coisas da Igreja o sistema de um coberto anglicanismo. [...] Nos sete anos que lá morei não soube que saísse obra alguma que defendesse os direitos e a autoridade da Sé Apostólica. [...] Caiu a boa Soberana numa grave crise de loucura. [...] Dom João, príncipe regente, não tinha luzes e conhecimento para poder discernir e examinar por si próprio aquelas matérias; por isso foi melhor adiar e recomendar ao céu a situação, esperando melhores circunstâncias que afinal nunca vieram, e agora no Portugal dos revolucionários se colhe quanto foi então perfidamente semeado.[44]

O "pombalismo" se tornara deveras uma componente da política portuguesa, e até em alguns segmentos do alto clero tal pensamento tinha adeptos, sendo um dos exemplos mais conhecidos Dom Frei Caetano Brandão, Arcebispo primaz de Braga entre 1790 e 1805. Antônio Caetano Amaral, que com ele conviveu, ao redigir sua biografia, afirmou que "quando se tratava dos direitos do episcopado ele não cedia jamais". O significado dessa afirmação tornava-se claro quando o autor reproduzia um dos pronunciamentos do prelado: "Roma deve conservar a ordem antiga das igrejas e não alterá-la com privilégios, que só podem ter razão na *complacência* (o grifo é nosso) dos príncipes".[45]

1.2. O desenvolvimento do regalismo no Brasil

Os eventos da Metrópole influenciaram profundamente o Brasil, apesar das resistências iniciais, uma vez que dentre os sete bispos da colônia,

[44] Bartoloemo Pacca, *Notizie sul Portogallo con una breve relazione della Nunziatura di Lisbona*, p. 17-25, 62-66.

[45] Antônio Caetano Amaral, *Memórias para a história da vida do venerável Arcebispo de Braga, Dom Frei Caetano Brandão*, tomo II, p. 65-80.

somente dois – Dom Antônio do Desterro, prelado do Rio de Janeiro, e Dom Miguel de Bulhões, diocesano de Belém – aceitaram substituir o *Catecismo Romano* pelo *Catecismo de Montpellier*.[46] O tempo, entretanto, conspirava em favor do regalismo, e assim, a literatura pombalina e, principalmente, o tratamento que as autoridades leigas dispensavam aos padres e religiosos sedimentaram uma mentalidade, ou um modo político de se comportar, que criaria raízes, vindo a se tornar causa de um contínuo descrédito para o clero da Colônia e do Império que a sucederia. Como Minas Gerais, a causa das suas riquezas auríferas havia se constituído durante o século XVIII na capitania mais populosa e próspera do Brasil, foi lá que o governo português concentrou sua vigilância e interesse. A metrópole, obviamente, tudo fazia para não enriquecer e desenvolver a colônia, como medida preventiva em favor do predomínio da mãe pátria.[47]

Essa dependência se estendeu ao campo das idéias, pois tampouco se consentia na criação de escolas superiores em terras brasileiras. Ainda assim, Minas conseguiu formar certa cultura urbana em centros florescentes como Vila Rica (hoje, Ouro Preto), Mariana, Sabará, São João Del Rei e São José Del Rei (atual, Tiradentes). Ali se desenvolveram, ao lado de um barroco tardio e autônomo, algumas bibliotecas, dotadas das principais obras dos ideólogos e enciclopedistas franceses, dando origem ao que José Carlos Rodrigues qualificou de "crise da consciência mineira".[48]

As pessoas de certa categoria, ou ignoravam as coisas da religião, ou assumiam um ar de superior complacência ante o que lhe dizia respeito. Aqueles que tinham sido investidos da autoridade leiga concebiam a Igreja como sua e os padres como subalternos seus, não titubeando em submeter sacerdotes e até bispos a constrangimentos e humilhações. Foi o caso do governador da Capitania de Minas, Dom Luís da Cunha de Meneses, que destratou publicamente o bispo de Mariana, Dom Frei Domingos da Encarnação Pontavel O.P. Ainda que com menos impacto, casos análogos de impiedade dos altos funcionários que a Metrópole enviava se repetiram, devido ao ambiente fortemente anticlerical que passou a predominar na Corte portuguesa.[49]

[46] Heliodoro Pires, *A paisagem espiritual do Brasil no século XIX*, p. 102.

[47] A. I., *História de Portugal nos séculos XVIII e XIX*, vol. I, p. 119.

[48] José Carlos Rodrigues, *Idéias filosóficas e políticas em Minas Gerais no século XIX*, p. 23-24.

[49] José Ferreira Carrato, *Igreja, Iluminismo, e escolas mineiras coloniais*, p. 76-82.

Antes de resistirem, muitos foram os padres e até bispos brasileiros que aderiram ao antijesuitismo e à ilustração. Livre de impedimentos, o Governo português procurou consolidar seu sistema primeiro nas cidades mais desenvolvidas e populosas, fazendo a novidade ser sentida principalmente nas academias então fundadas, e nos cursos de filosofia para o clero secular e regular. A primeira casa a sentir os efeitos da mudança de perspectiva foi o seminário de Mariana, MG, fundado por Dom Frei Manoel da Cruz no ano de 1750. O prelado faleceu em 1764, e no ano de 1772, estando ainda a diocese vacante, o "ilustrado" cônego Luís Vieira foi nomeado professor de filosofia. A Metrópole, no entanto, se surpreenderia com um fruto inesperado da sua opção, pois a elite que a ela aderiu passou a pretender a independência e a instituição de um regime político em consonância com as "luzes". Assim, a capitania citada se converteu num foco de idéias revolucionárias, e, quando a "Inconfidência Mineira" foi abortada em 1789, descobriu-se que sete padres estavam envolvidos.[50]

1.2.1. Diocese de Olinda: um centro liberal e regalista por excelência

Fora dos confins das Gerais, também se destacariam na nova tendência as casas dos beneditinos e franciscanos do Rio de Janeiro e, antecedendo aquele que acabaria sendo o comportamento da maioria dos prelados do Brasil na primeira metade do século XIX, Dom Tomás da Encarnação da Costa e Lima (1723 – 1784), bispo diocesano de Olinda de 1774 até o ano de sua morte, tornou-se o primeiro prelado a tomar uma posição pública em favor do regalismo na Colônia. Demonstrou-o já no ano da sua posse, através de uma pastoral que fez publicar, atribuindo ao Soberano um poder realmente pontifício:

[50] Eram eles: Pe. Manuel Rodrigues da Costa, José da Silva de Oliveira Rolim, José Lopes de Oliveira, cônego Luís Vieira da Silva, Carlos Corrêa de Toledo e Melo, Manuel Eugênio da Silva Mascarenhas e Matias Alves de Oliveira. Os cinco primeiros terminaram presos e degredados, mas os dois últimos escaparam às devassas levadas a cabo em Barbacena. O futuro dos cinco condenados seria variado: O cônego Luís Vieira, depois de passar longos anos num calabouço de Lisboa, recolheu-se num convento da capital portuguesa onde faleceria sem nunca mais voltar ao Brasil; Manuel Rodrigues ficou preso por treze anos; mas ao sair retornou a Minas Gerais, onde fundou uma fábrica de tecidos em Barbacena, além de plantar uvas e videiras. Viveu o bastante para assistir à emancipação política do Brasil, tendo sido eleito, em 1823, membro da Assembléia Constituinte e da primeira Assembléia Legislativa Nacional. Os outros três – Oliveira Rolim, Corrêa de Toledo e José Lopes de Oliveira morreriam na prisão (Soares de Azevedo, *Brado de alarme*, pp. 104-105).

> A Igreja universal, congregada em Calcedônia, diziam os Padres daquele quarto Concílio Ecumênico, deve respeitar a presidência de um e outro poder, sacerdotal e régio. [...] Se os Padres dos primeiros séculos, por tradição constante recebida do Apóstolo, recomendavam aos primeiros fiéis orações públicas por seus Príncipes, ainda que heréticos, e clamavam que não resistissem às suas ordens, porque era o mesmo que resistir e desobedecer às determinações de Deus, que os tinha destinado para o governo dos povos; quanto mais nós, por um Monarca Pio e fidelíssimo à Igreja, por o nosso Soberano e senhor, que atende com tanto zelo para estas conquistas seu Real Padroado e Domínio? Ele, como Grande Mestre da Ordem de Cristo, é nosso Pastor e Prelado: a Ele, pelos Sumos Pontífices Eugênio IV, Nicolau V, Calisto III e outros, foi dado o poder espiritual nas terras que os Senhores Reis, seus predecessores, conquistaram. Nós somos seus vigários e coadjutores, chamados para cultivar esta vinha que foi entregue ao seu grande Magistério. Que aflição não será a nossa, se entre vós houver aquele espírito de orgulho, de soberba, ambição e escândalo, que divida e lacere um rebanho que deve ser um só em sua cabeça Temporal e Espiritual?[51]

O segundo sucessor de Dom Tomás, Dom José Joaquim da Cunha d'Azeredo Coutinho (1742-1821), parente de Pombal e de D. Francisco de Lemos de Farias, reforçaria, ainda mais, esta tendência. Membro da maçonaria,[52] Dom Coutinho havia partido para Portugal em 1775, onde fora acolhido por Lemos de Farias, que era seu tio, e que naturalmente o encaminhara para o curso de teologia coimbrense. Depois da ordenação, foi nomeado bispo de Olinda em 1794, mas para aceitar o ministério impôs como condição que se lhe fosse criado um seminário. Dona Maria I con-

[51] *Coleção das Letras Apostólicas em forma de Breves dos Sumos Pontífices Benedito XIV e Clemente XIV expedidas para o Reino de Portugal desde 23 de agosto de 1756 até 22 de abril de 1774 e das Pastorais que o Eminentíssimo Cardeal Patriarca de Lisboa e os Excelentíssimos Arcebispos e Bispos do Reino de Portugal têm publicado nas suas dioceses desde 24 de fevereiro de 1770 até 13 de setembro de 1774* (miscelânea), p. 2-4.

[52] *Anais do Parlamento Brasileiro – Câmara dos Deputados, sessão de 1873*, tomo I, p. 163.

tentou-o, doando para a diocese de Olinda, através do alvará de 22-3-1796, o prédio do ex-colégio dos jesuítas. O bispo em pessoa tratou de elaborar os estatutos internos da futura casa de formação, que ao ficarem prontos em 1798 espelhavam com fidelidade as diretrizes lusitanas. O documento já se abria com uma inequívoca alusão jansenista: "A natureza humana, corrompida pela primeira culpa, é em extremo propensa para o erro e para os deleites terrenos..." O conteúdo restante, porém, era sóbrio, discorrendo sobre vários aspectos disciplinares e acadêmicos. Era nesse segundo particular que as intenções regalistas se tornavam visíveis, pois a gramática adotada era a de Luís Antônio Verney e não se fazia menção de nenhum autor escolástico para o curso de filosofia.[53]

Compreensivelmente, ao começar a funcionar aos 16-2-1800, apesar de ser oficialmente denominado Seminário Episcopal de Nossa Senhora da Graça, a instituição logo seria apelidada de "Nova Coimbra". De fato, no afã de reproduzir as linhas mestras daquela universidade, Dom Coutinho chegou ao ponto de haver formado um corpo docente com professores vindo diretamente dos quadros escolares coimbrenses.[54]

O que o Império Português não imaginava é que o liberalismo do Pernambuco imitaria o exemplo anterior de Minas Gerais, aderindo ao fervor revolucionário. Assim, ao eclodir no dia 6-3-1817 uma rebelião independentista e republicana na capitania, descobriu-se que contava com a participação de 57 sacerdotes (boa parte deles, maçons), razão pela qual dito movimento passaria à história como "Revolução dos Padres". O bispo diocesano se afastou da sua sede durante a contenda, mas, o deão de Olinda, Pe. Bernardo Luís Ferreira Portugal, que o substituiu interinamente, apoiou os insurgidos, e por meio de uma carta pastoral subscrita por todo o cabido, afirmou que eles em nada haviam ofendido o Evangelho.[55]

A suspeita de que Dom Coutinho fomentara de algum modo o clima de exaltação do Pernambuco levou o representante português a escrever a Dom João VI pedindo-lhe que não permitisse o seu retorno à sede dioce-

[53] José Joaquim da Cunha D'Azeredo Coutinho, *Estatutos do seminário episcopal de Nossa Senhora da Graça da cidade de Olinda de Pernambuco, ordenados por Dom José Joaquim da Cunha de Azeredo Coutinho*, p. 1-2, 50-62.

[54] David Gueiros Vieira, *O protestantismo, a maçonaria e a questão religiosa no Brasil*, p. 30; João Francisco Velho Sobrinho, *Dicionário biobibliográfico brasileiro*, p. 697-698.

[55] Hans-Jürgen Prien, *La historia del Cristianismo en América latina*, p. 363-364.

sana: "'Senhor', instava ele, 'devo dizer à Vossa Real Majestade que não devia mandar para esta capital o Bispo que está nesta Corte, pois tem aqui grande partido, e contra Vossa Majestade'".[56]

A solicitação foi ignorada e, embora não haja elementos que autorizem a formular uma associação, fica a certeza de que a violenta repressão não eliminou o liberalismo exaltado da região, que reaparecia depois da independência, ao eclodir a Confederação do Equador em 1824. Os líderes, as circunstâncias e inclusive as propostas não eram exatamente as mesmas; mas, uma coisa se repetiu: a participação de clérigos, com destaque para o carmelita frei Joaquim do Amor Divino Rabelo e Caneca, fuzilado no Recife aos 13-1-1825, e para o Pe. Gonçalo de Albuquerque Mororó, executado em Fortaleza, CE, na manhã de 30 de abril seguinte.[57]

Alguns desses padres acabariam se convertendo em heróis nacionais, mas, no exercício do seu ministério sacerdotal, a atuação que tiveram foi no mínimo discutível. Frei Caneca (1779-1825), o mais célebre deles, teve, por exemplo, uma biografia cheia de aspectos controvertidos. A começar pela sua vida pessoal, é fato conhecido que ele teve três filhas ilegítimas – Carlota, "Joaninha" e "Aninha" – a quem escrevia como "padrinho", e chamando-as de "minhas afilhadas". Numa das cartas para "Aninha", ele inclusive se traiu, chamando-a de "afilhada das minhas entranhas".[58] No tocante à sua vida pública, as restrições não são menores, pois se sabe que a mesma se pautou mais pelo ardor político que pela piedade mística. E, o que causa mais desconforto: dito frade era maçom! Foi ele, aliás, quem ajudou a estabelecer as bases da cândida versão de uma instituição maçônica virtuosa, progressista, e em perfeita harmonia com o Cristianismo. Da sua pena saiu o famoso artigo em que ele, sob o pseudônimo "Pítia", afirmava: "A maçonaria não é oposta ao Cristianismo, nem tem cousa alguma com as diferentes formas de governo, pois que ela se acha estabelecida e floresce em nações republicanas, aristocráticas e monárquicas".[59]

[56] BN – Seção de manuscritos, *Ofício de Rodrigo José Ferreira Lobo dirigido a SM em que acusa ao governador Caetano Pinto de Miranda Montenegro de não ter providenciado para evitar a revolução, e roga que seja impedida a volta do Bispo de Olinda àquela capital* (27-5-1817), n. I-31, 33, 4.

[57] Soares de Azevedo, *Brado de alarme*, p. 101 – 104, 171.

[58] Joaquim do Amor Divino Rabelo e Caneca, *Obras políticas e literárias*, p. 139-140.

[59] Joaquim do Amor Divino Rabelo e Caneca, *o. c.*, p. 402, 405-406, 409.

Viriato Corrêa formulou sobre o polêmico frade um juízo que não pode ser ignorado: "Os assuntos terrenos preocupavam-no muito mais que os assuntos do céu. [...] o seu deus não era o Deus cristão, e sim um deus diferente – a Pátria – que era o Brasil". A questão era justamente esta: a militância dos clérigos políticos ou revolucionários acabava obscurecendo o específico do seu ministério. Soube intui-lo Francisco da Silva Rabelo, pai de frei Caneca, que em meio ao seu desespero, ao encontrar-se no pátio do Convento do Carmo com frei Carlos de São José, provincial da Ordem, que também esperava o cadáver, repreendeu-o: "V. Rev.ma é o culpado da morte de meu filho! O culpado sim, porque não o reteve aqui no convento para impedir que ele se metesse em política".[60]

1.2.2. Dioceses de São Paulo e Rio: a adesão ao pensamento da Metrópole

Por algum tempo São Paulo manteve distância do que acontecia em Olinda, porque o primeiro bispo que a governou, entre 1749 e 1769, foi Dom Antônio da Madre de Deus Galrão, amigo dos jesuítas e indiferente às "luzes pombalinas"; mas, sob o sucessor, Dom Frei Manoel da Ressurreição, isto é, entre 1774-1789, as coisas mudaram. Depois de tomar posse, ele transformou o ex-colégio dos jesuítas em palácio episcopal, e lá instalou uma concorrida biblioteca com 1.548 volumes, repleta de livros controvertidos. E, dita biblioteca era aberta ao público, recebendo personagens como José Bonifácio. Não possuía obras de Santo Tomás de Aquino, mas abundava em livros contrários à Companhia de Jesus, como a *República Jesuítica*, as obras de Luís Antônio Verney e as de Dom Frei Manuel do Cenáculo, bem como as dos jansenistas Antoine Arnauld, Pierre Nicole e Isac le Maistre (dito de Sacy). As atitudes de Dom Manoel provocaram reação até no governador Martim Lopes Lobo Saldanha, que se insurgiu contra as ordenações que realizou, segundo ele, levianamente. De fato, em três anos foram ordenados mais de 200 candidatos...[61]

A situação de São Paulo complicou-se mais ainda no período de vacância que se seguiu, entre 1789 e 1794, quando ocorreu um "período

[60] Viriato Corrêa, *História da liberdade no Brasil*, p. 151-154.
[61] Augustin Wernet, *A Igreja paulista no século XIX*, p. 30-35.

oportuno para a infiltração de abusos na formação e na disciplina do clero, e também de desorientação intelectual". Dom Mateus de Abreu Pereira (1742-1824) foi o bispo seguinte, e durante o longo pontificado que exerceu, de 1794 até sua morte, popularizaram-se as obras de Heinecke, Van Espen, Febronius e, especialmente, o *Catecismo de Montpellier* e a *Theologia Lugdunensis*. As duas últimas eram inclusive indicadas como leituras básicas para a admissão às ordens sacras.[62]

Sem grande resistência, consolidou-se afinal, em expressiva parcela do clero paulista e de outras capitanias, uma mentalidade pró-iluminista, que tentou a conciliação possível da teologia católica com os postulados da razão emancipada e autônoma, a mesma que renegara a tradição e a autoridade, na convicção de que a verdade era apenas o que a própria inteligência e a experiência descobrissem. Acontece que os sequazes das luzes, como ressalta o professor Augustin Wernet na obra *A Igreja paulista no século XIX*, conseqüentes com seus pressupostos teóricos, reduziram Deus a um "grande relojoeiro", que depois de dar o impulso que pôs o universo em movimento, de construir o maravilhoso relógio da vida terrestre, se retirou para a inatividade, para dar às criaturas o usufruto da livre vontade que Ele, na sua sabedoria infinita, lhes concedeu. Com isso, a função da religião foi reduzida à educação moral dos fiéis, e os setores do clero que de alguma forma abraçaram semelhante modo de pensar, sem a convicção da necessidade e importância dos ritos e dos sacramentos para o contato com o divino, fatalmente esvaziavam-nos do seu significado, colaborando para a laicização da cultura religiosa e clerical.[63] A maçonaria se tornou o ambiente ideal para este tipo de clérigo, e, o extremo a que alguns deles chegavam, foi testemunhado em 1826 por um sacerdote inglês, cuja identidade atualmente se desconhece:

> Foi aqui no Brasil onde primeiramente vi a *impiedade* (os grifos são do autor) e a maçonaria com as mãos dadas. [...] Chegando a uma das províncias deste país, com vistas de restabelecer a minha saúde neste delicioso clima, achei nela vários maçons, e fui proposto para filiação em uma das lojas

[62] Augustin Wernet, *A Igreja paulista no século XIX*, p. 35-36.
[63] Augustin Wernet, *o. c.*, p. 28-29, 68.

da dita província e nela me filiei. [...] E, qual não foi a minha grande surpresa! Que a maçonaria brasileira nada era mais, nem menos, que o *Deismo puro*! [...] Estando eu presente à iniciação de um padre e *vigário*, perguntaram-lhe segundo o costume qual era a sua religião. E qual se julga foi a resposta do perverso? *Religião nenhuma*!!! Seguiu-se um atônito silêncio, porque até os irmãos não esperavam por uma tão ímpia violação do seu ritual; e por um padre! Disse-lhe o irmão que o conduzia, que deveria ter respondido – a católica – o que então fez; porém, teimando sempre (tanto medo tinha de passar por fanático), que para um homem de *idéias liberais* todas as religiões eram igualmente boas; e quando disse não ter alguma, queria dizer nenhuma em particular. [...] Achando-me presente noutra ocasião, o orador, [...] entre muitas blasfêmias, disse que *a instituição maçônica era cousa tão perfeita, que não era precisa ao homem religião alguma*!!! Foi nesta ocasião que abjurei por uma vez à Maçonaria brasileira, perfeitamente convencido que era incompatível com a religião que tinha novamente abraçado.[64]

Em contrapartida, personagens que jamais haviam manifestado uma particular simpatia pelo Catolicismo, como o viajante inglês John Mawe (1764-1829), elogiavam o clero do Brasil de então. Em 1812, na obra *Travels in the interior of Brazil*, Mawe descreveria a situação dos diocesanos de São Paulo com os mais desusados louvores: "O Clero [paulista], incluindo toda a categoria de ordens religiosas, pode ser avaliado em 500 indivíduos. São em geral bons membros dessa sociedade, livre dessa 'carolice e falta de liberdade', tão 'reprováveis' nas colônias vizinhas".[65]

O "pombalismo" clerical atingiu seu ponto alto quando Dom frei José Caetano da Silva Coutinho (1767-1833), um português de Caldas da Rainha, ligado à maçonaria, tomou posse como bispo do Rio de Janeiro aos 28-4-1808. Bacharelado em cânones pela universidade de Coimbra, durante o longo pontificado que exerceu até 1833, ocupou vários car-

[64] A.I., *Exposição franca sobre a maçonaria por ex-maçom que abjurou à sociedade*, p. 5-6, 14.
[65] John Mawe, *Viagens ao interior do Brasil* (tradução), p. 64.

gos políticos, tais como presidente da Assembléia Vitalícia do senado do Império de 1827 a 1831. É possível encontrar autores que ressaltem "seu modo de agir tão nobre, tão dele mesmo, no desempenho de suas funções..." Sob certo aspecto era realmente assim: entre os tais gestos "tão dele mesmo" a catilinária pombalina era freqüente, incluindo até a repetição do consentimento, dado décadas antes por seu colega lisboeta, de permitir o consumo de carne na quaresma, observando apenas "certas restrições e comedimento..."[66]

1.3. Os influxos indiretos do regalismo sobre a religiosidade popular

O "pombalismo" não foi diretamente responsável pelas singularidades da religiosidade popular no Brasil, que, adaptando com extrema liberdade celebrações e demonstrações de piedade, ao final escapava quase por completo à intenção litúrgica original. Mesmo assim, contribuiu para a consolidação do quadro religioso existente, na medida em que, ao inibir o trabalho catequético, colaborou decisivamente para a consolidação duma religiosidade que de per si "era o culto, exteriorização, e prática devocional externa". Em função disso, não era o dogma, o ato de fé, fruto da razão e do assentimento racional, que obrigaria o culto conseqüente. Na mais populosa e rica capitania da Colônia, Minas Gerais, "todo o aparato doutrinário sobre o magistério divino da Igreja era coisa tão ausente, e essa ausência tão natural, que escusava de ser lembrado". Os fiéis se agrupavam, via de regra, em irmandades de brancos, pardos e negros, sob as mais diversas invocações. A nobreza local preferia principalmente as do Santíssimo e do Senhor dos Passos, enquanto a fina flor da sociedade professava nas Ordens Terceiras do Carmo e de São Francisco de Assis. A atitude de cada uma dessas associações para com a hierarquia eclesiástica variava segundo a sua etnia e gradação social. Com relação à irmandade de Nossa Senhora do Rosário de Salvador da Bahia, frei Agostinho de Santa Maria deixou um relato particularmente comovente sobre a capela homônima que os negros construíram na paróquia de Nossa Senhora da Conceição da praia:

[66] Gérson Brasil, *O Regalismo brasileiro*, p. 25-26.

> Esta capela foi feita graças às custas dos pretos angolas e crioulos da terra, os quais concorrem com muita liberdade e grandeza para todos os gastos e despesas, o que é muito para admirar, que sendo pobres e andando nus ou quase despidos, para servirem à sua Senhora, são ricos; porque têm a sua capela adornada de peças preciosas. [...] Finalmente, servem à Senhora do Rosário com muita grande devoção e fazem as suas festividades com grande solenidade. ["...] À sua festividade, realizada no dia 24 de dezembro, todos vão visitá-la e venerá-la".[67]

Nem todas as irmandades eram tão piedosas ou reverentes ante a hierarquia, sobretudo as da classe alta, que iniciaram uma prática que traria enormes conseqüências futuras: a de decidir os conflitos entre as associações poderosas na magistratura civil, e não no foro eclesiástico, julgado "incompetente" para resolver questões do gênero. Esse mesmo Catolicismo laico, comandado pelas elites brancas, em sintonia com a mentalidade regalista, não apenas se sobrepunha à autoridade episcopal, como também intervinha em assuntos meramente religiosos. Fatos assim permitiram à Igreja no Brasil, como bem analisou Maria Graham, de se transformar numa instituição perfeitamente "adaptada", o que significou reduzir-se à "mais simples forma de religião". Isso se consolidara de vez depois que a exceção à regra – os jesuítas e seus colégios – foi suprimida por Pombal, deixando um vácuo não preenchido.[68]

No tocante aos padres, além do esvaziamento do sentido profundo do ministério sacerdotal, as limitações impostas pelas imensas distâncias geográficas, aliadas às dificuldades econômicas do país, foram um motivo a mais para que a fé do povo, onde negros e mestiços eram maioria, seguisse livremente seu curso. François Louis Tollenare, em pleno século XIX, relatou que os negros traficados ainda eram batizados em massa antes de embarcar, ou quando chegavam, após o aprendizado de algumas fórmulas de rezas ou de certos gestos de devoção, sem que se lhes desse uma instrução religiosa propriamente dita. Muitas vezes eram os próprios africanos

[67] Agostinho de Santa Maria, *Santuário mariano e história das imagens milagrosas de Nossa Senhora*, tomo IX, p. 92-93.

[68] José Ferreira Carrato, *Igreja, Iluminismo, e escolas mineiras coloniais*, p. 24, 31, 73-75, 89-90.

que procuravam ser batizados, pois os pagãos sentiam-se desprezados pelos demais escravos. O que se seguia era uma "catequese" dirigida por um velho negro livre, que a transmitia como podia, até por meio de línguas africanas.[69] O mais comum era que alguém da "casa grande" assumisse o encargo catequético, levando a efeito um ensino religioso mais devocional que doutrinário, no qual se dava um particular acento à figura da Virgem Maria. Em alguns casos raros, o devocionismo chegou a verdadeiros excessos, como pôde ouvir Thomas Ewbank da boca de um cativo: "Trabalhar, trabalhar, durante todo o dia, e rezar, rezar, durante toda a noite. Nenhum negro resiste a isso".[70]

Ainda assim, a maioria dos escravizados aderia à nova fé que se lhes era imposta, inclusive porque a Igreja acabava se constituindo num dos seus poucos consolos. Também contribuíram as formas exteriores do culto cristão, que produziam uma impressão irresistível nos filhos da África.[71] O culto à Virgem Maria sintetizou, de certa forma, a piedade negra e parda, pois foi a partir das Nossas Senhoras madrinhas dos meninos que se criou as primeiras ligações espirituais, morais e estéticas desta com a família e a cultura circundante, o que se estendia por outras etapas da vida. O escrúpulo religioso chegou a se tornar tão grande, que mesmo durante o carnaval, na hora da Ave, Maria todos os divertimentos paravam.[72] Também existia a prática de pedir a bênção de Deus e de Nossa Senhora antes das refeições e do trabalho,[73] bem como de adornar as paredes das casas de negócio com imagens da Virgem. Até nos cortejos para levar a extrema-unção aos doentes, a escravaria ia entoando intermináveis litanias à Mãe de Deus.[74]

O contraponto de tudo isso foi o sincretismo. Desde os tempos da Colônia, quando os africanos entravam em contato com a Igreja, mesmo nos casos de conversão sincera, tinham forçosamente de passar por estágios intermediários, em que elementos da religiosidade precedente e do Catolicismo popular encontravam-se presentes no pensamento e atitudes religiosas. A mescla era inevitável, e o pesquisador Jean Ferdinand Denis,

[69] Louis François Tollenare, *Notas dominicais* (tradução), p. 62, 110, 166.

[70] Thomas Ewbank, *Vida no Brasil* (tradução), p. 65.

[71] Johann Moritz Rugendas, *Viagem pitoresca e histórica através do Brasil*, p. 200.

[72] Jean-Baptiste Debret, *Viagem pitoresca e histórica ao Brasil*, vol. I e II, p. 300, 168, 188, 200.

[73] Aires da Mata Machado Filho, *O negro no garimpo em Minas Gerais*, p. 73.

[74] Thomas Ewbank, *o. c.*, p. 263.

observando a situação dos habitantes das localidades distantes, não deixou de anotar: "Nenhuma instrução os vem procurar em seus desertos, e eles terminam por se achar estranhos às mais simples noções de moral e religião, tornando a sua região pátria de advinhos e feiticeiros".[75]

Por isso, os muitos feiticeiros negros existentes, chamados popularmente "mandingueiros" (por serem originários de Mandingas, perto do Senegal) puderam tornar pública sua condição sem maiores incômodos.[76] A ponte religiosa entre estes e o mundo dos brancos foi a medicina natural. Muitos deles eram ervanários habilidosos e conheciam receitas africanas que usavam no tratamento dos pacientes que não eram tratados pelos frades.[77] A própria educação religiosa recebida pelas jovens brasileiras colaborou, pois muitas vezes era associada ao uso de uma grande quantidade de preventivos e curativos misteriosos nos diversos vegetais, sobretudo nos galhos de arruda.[78]

Nesse "encontro", deve-se ter presente que as crenças africanas transplantadas, quase todas de povos sudaneses e bantos, eram muito variadas, conseguindo sobreviver porque cada grupo racial se servia de numerosos artifícios e disfarces. Desconhecendo as danças rituais africanas, e desejosos de que os escravos trabalhassem mais e se procriassem, os senhores lhes permitiam de se "divertirem" nas tardes, feriados e dias santos, segundo o costume de cada "nação". Por motivos semelhantes, como observou Jean Baptiste Debret, verdureiras negras puderam conservar tranqüilamen-

[75] Jean Ferdinand Denis, *Brasil* (tradução), p. 384.

[76] Robert Walsh, na sua obra *Notícias do Brasil*, foi um dos primeiros a registrar a presença de tais feiticeiros. No século XX surgiram outras explicações para o termo "mandingueiro". Edson Carneiro afirma que tanto "mandinga" quanto "mandingueiro" derivam do vocábulo "mandês", relacionado com os negros muçulmanos do Brasil, e ficariam conhecidos por seus dons de feitiçaria. Os historiadores, por sua vez, dão outra explicação que geralmente é a mais aceita, segundo a qual, os "mandingas" ou "malinkês" eram povos que habitavam um dos reinos islâmicos do Vale do Níger por volta do século XIII: o reino do Mali. Laura Melo e Souza aponta ainda para uma outra variante do nome desenvolvida no Brasil: as "bolsas de mandingas" ou "patuás". Popularíssimas nas mais diversas regiões do Brasil desde o século XVIII, elas se tornaram a combinação perfeita de crendices portuguesas, africanas e indígenas. Basicamente eram (são) amuletos em forma de bolsinhas costuradas, contendo dentro orações "fortes", onde objetos cristãos como fragmentos corporais e sangüíneos, e até hóstias roubadas eram incorporados (Robert Walsh, *Notícias do Brasil* (tradução), vol. I, p. 158; Édson Carneiro, *Religiões negras, negros bantos*, p. 29-33; Laura de Melo e Souza, *O diabo e a terra de Santa Cruz*, p. 210-224).

[77] Thomas Ewbank, *Vida no Brasil*, p. 189.

[78] Jean-Baptiste Debret, *Viagem pitoresca e histórica ao Brasil*, vol. II, p. 59.

te seus amuletos e era comum que uma cativa, com um cesto de frutas à cabeça, ao encontrar uma vendedora que supunha inimiga se benzesse exclamando: "Cruz, Ave, Maria, arruda!"[79] Isso acontecia praticamente sem restrições, e não era um caso isolado, pois também as numerosas procissões, animadas por fogos e até máscaras, mais pareciam grandes folguedos que manifestações piedosas. Um parecer de Aguste de Saint-Hilaire resume o que sentiam os europeus que passavam pelo país: "Na Igreja brasileira não há o que possa causar espanto: está fora de todas as regras".[80]

A ingerência estatal não poupou sequer a vocação religiosa. Como a vida regular propriamente dita vivia sob controle férreo – não era permitida a ereção de nenhum convento no interior do país –, quem se sentia chamado a vivenciá-la teve de buscar modelos alternativos, tipo "recolhidas" e "ermitões". Os eremitas do século XVIII – que desapareceriam no século seguinte –, geralmente eram homens de poucas letras, porém fervorosos, que se organizaram numa vida religiosa sem votos. Alguns construiriam magníficos santuários, gozando de grande estima popular. Dentre tais figuras enigmáticas, porém respeitáveis, destacou-se o irmão Lourenço (sobre quem certa tradição afirma ter sido um fugitivo português dos tempos de Pombal), e que deu início às obras do Caraça, e que, com sua vida exemplar, acabou inspirando seguidores, transformando o lugar em centro de peregrinação. Outro ainda foi um emboaba que, ao ficar doente e pobre, fundou o santuário de Bom Jesus de Matosinhos de Congonhas do Campo. Ao lado desses, merece ser igualmente citado Félix da Costa, o célebre "Ermitão de Macaúbas", venerável fundador do Recolhimento de Nossa Senhora da Conceição na mesma localidade.[81]

1.4. O Brasil independente e a política cerceadora do Primeiro Império (1822-1831)

Quando o Príncipe Regente Pedro proclamou a independência do Brasil aos 7-9-1822, o episcopado, apesar da presença maciça de portugueses, aceitou tranqüilamente a emancipação política do Brasil, motivo pelo qual,

[79] Jean-Baptiste Debret, *Viagem pitoresca e histórica ao Brasil*, vol. II, p. 60, 184.

[80] Auguste de Saint-Hilaire, *Segunda viagem do Rio de Janeiro a Minas Gerais e a São Paulo (1822)*, p. 80.

[81] Manoel Altenfelder Silva, *Brasileiros heróis da fé*, p. 167.

em Minas Gerais, o bispo de Mariana, Dom Frei José da Santíssima Trindade (natural do Porto), tomou parte do triunvirato que assumiu o governo local. E, isso acontecia ao mesmo tempo em que, no Mato Grosso, também o cônego José da Silva Guimarães era colocado à frente da administração. Oposição mesmo, apenas uma: a de Dom Joaquim de Nossa Senhora de Nazaré (1776-1851), bispo do Maranhão, que, fiel à monarquia lusitana, opôs-se abertamente a Dom Pedro, renunciando à diocese em junho do ano seguinte e regressando à ex-Metrópole, entre assomos de patriotismo.[82]

O jovem Imperador era, a seu modo, um homem profundamente crédulo, mas vivia a sua fé dentro de uma concepção regalista estreita. Significativo que antes mesmo da independência ser proclamada, a partir de 1821 bispos e párocos tenham começado a serem considerados e tratados como agentes do poder. Não foi por acaso, portanto, que no dia 20-10-1823, Dom Pedro I mandou guardar e observar toda a legislação portuguesa, para assim subsistir em sua integridade a herança do passado regime, até que a soberania nacional pelos seus órgãos competentes viesse a traçar as normas que a regeriam.[83]

Com o regalismo do Imperador faziam coro numerosos políticos, formados nos princípios galicanistas e anticlericais da França e de Coimbra, que olhavam a Santa Sé com desconfiança e hostilidade.[84] "Usurpações da Igreja" era uma das frases preferidas de muitos deles, que assim justificavam a realidade contrária: as usurpações do Estado. Um outro elemento também os empurrava nessa direção: as idéias maçônicas correntes.[85] O

[82] Arlindo Drumond Costa, *A nobreza espiritual de Dom Aquino Corrêa*, p. 112.

[83] Manoel Tavares Cavalcanti, "Relações entre o Estado e a Igreja", em: *Revista do Instituto Histórico e Geográfico Brasileiro*, (tomo especial - 1922), p. 303-304.

[84] Zeno Hastenteufel, *Dom Feliciano na Igreja do Rio Grande do Sul*, p. 87.

[85] A maçonaria no Brasil permaneceu sem organização regular até o final do século XVIII, e somente em 1801 seria aberta em Niterói a loja "Reunião", filiada a uma obediência francesa de rito "Adoniramita" (13 graus), sob a presidência do "irmão" Laurent. Quando o Grande Oriente Lusitano tomou conhecimento da sua existência nomeou em 1804 três delegados com poderes plenos para submetê-la à jurisdição portuguesa e também para criarem novas lojas no Brasil. A "Reunião" não se submeteu, mas um dos delegados portugueses, o "irmão" Francisco José de Araújo, conseguiu instituir as lojas regulares "Constância" e "Filantropia e Emancipação". A "Reunião" acabaria se reunindo às demais, possibilitando assim a inauguração do primeiro "Grande Oriente" do Brasil, que teve como grão-mestre interino Antônio Carlos Ribeiro de Andrada Machado e Silva (1773-1845). Não durou muito, porque em 1806, ao chegar o novo vice-rei - Dom Marcos de Noronha e Brito, 8.º Conde dos Arcos - todas as lojas maçônicas foram temporariamente fechadas. Nesse meio tempo haviam surgido "Oficinas Maçônicas" na Bahia a partir de 1802, enquanto que em

certo é que, depois de um governo impopular, no dia 7-4-1831, Dom Pedro I abdicou. O episcopado recebeu a notícia sem demonstrações de pesar, e em Mariana, no dia 19 de abril seguinte, Dom Frei José da Santíssima Trindade citou com frieza o fato, ao estabelecer as normas de procedimento para o novo período que se abria:

> Fazemos saber que, havendo Sua Majestade Imperial, o Senhor Dom Pedro Primeiro, o Imperador do Império do Brasil, abdicado à coroa no seu Augusto Filho, o Senhor Dom Pedro segundo, ausentando-se para fora do Império, deixando suas Augustas filhas como fiadoras à sucessão do trono imperial, cumpre suspender a fórmula da coleta nas missas particulares e solenes que até agora se praticara, à qual deverá substituir nas súplicas da Igreja pela prosperidade do Imperador Reinante e do Império.[86]

A sua partida não eliminou a influência das decisões religiosas tomadas, e que se constituiriam num dos maiores entraves para o desenvolvimento da Igreja nas décadas seguintes.[87]

Pernambuco, depois do fechamento do "Aerópago de Itambé" em 1801 (de tendência republicana), surgiram diversas lojas maçônicas e academias secretas. Nada a estranhar pois, que dos 317 réus da revolução de 1817 levados a julgamento, 62 fossem acusados de pertencerem à maçonaria. Em represália, Dom João VI, por meio do alvará de 30-3-1818 decretou o fechamento de todas as lojas maçônicas do Brasil. No ano seguinte, porém, João Mendes Viana, capitão do corpo de engenheiros, reuniu na surdina os antigos filiados. Regressando Dom João para Portugal, a loja "Comércio e Artes" do Rio de Janeiro rapidamente viu aumentar o número dos seus membros, entre os quais Joaquim Gonçalves Ledo (1781-1847). Finalmente, a assembléia de 17-6-1822, presidida pelo mesmo João Mendes reinstalou o "Grande Oriente", que teve como novo grão-mestre o conselheiro José Bonifácio de Andrada e Silva (1763-1838). Estava-se já às vésperas da independência, e naquele momento o moderno rito francês continuava a imperar absoluto. Somente mais tarde apareciam "grandes lojas" do rito escocês (Carlo Pace, *Resumo histórico da maçonaria no Brasil*, p. 6-10; Brasil Bandecchi, *A Bucha, a Maçonaria e o espírito liberal*, p. 14, 20; Alexandre Mansur Barata, *Luzes e Sombra*, p. 59-60).

[86] AEAM, *Carta Pastoral de Dom Fr. José da Santíssima Trindade (19-4-1831)*, em: Governos episcopais, 2.2.2.

[87] Regressando para Portugal, Dom Pedro I enfrentou e derrotou o irmão, Dom Miguel, e assumiu a coroa com o nome de Dom Pedro IV. Ele tomou contra a Igreja lusitana medidas ainda mais duras que aquelas que levara a cabo no Brasil. Assim, aos 30-5-1834, por meio de um decreto seu e do ministro da Justiça do seu governo, Joaquim Antônio de Aguiar, suprimiu todos os conventos, mosteiros, colégios, hospícios, e quaisquer casas de religiosos de todas as ordens e congregações (Jerônimo Lemos, *Dom Pedro Maria de Lacerda, último bispo do Rio de Janeiro no Império [1868-1890]*, p. 399).

1.4.1. As limitações impostas pela Constituição de 1824

Efetivada a independência, cem deputados eleitos foram convocados para a Assembléia Constituinte. Dezenove dentre eles eram clérigos.[88] Uma reunião preliminar com 52 parlamentares, realizada às 9h do dia 17-4-1823, elegeu Dom José Caetano da Silva Coutinho (1768-1833), bispo do Rio de Janeiro, para a presidência mensal, o que se repetiria em agosto. Dita Assembléia exerceu as funções legislativas decorrentes da natureza cumulativa de suas atribuições, motivo pelo qual, aprovou várias medidas, uma em particular, apresentada pelo deputado cearense João Antônio Rodrigues de Carvalho na sessão de 7 de maio, destinada a trazer enormes conseqüências futuras: a revogação do alvará de 30-3-1818 que proibira as sociedades secretas.[89]

Dom Pedro seguia com atenção os trabalhos desenvolvidos, e visitava com alguma regularidade a assembléia. No dia três de maio, deixara claro que não comungava com o liberalismo exaltado que grassava na Europa, criticando duramente as novas cartas magnas revolucionárias do Velho Mundo, por não terem feito, como deviam, a felicidade geral; mas sim, depois de uma licenciosa liberdade, submeterem os povos a todos os horrores da anarquia.[90]

A incompatibilidade entre o Governo forte e a câmara desconfiada crescia e, aos 12-11-1823, o Imperador ordenou a dissolução da Constituinte. Treze deputados que se opuseram à medida foram presos, quatro dos quais eram sacerdotes: Belchior Pinheiro, José de Alencar, Muniz Tavares e Venâncio Henrique de Rezende.[91] Ato contínuo, Dom Pedro I

[88] Dos 19 clérigos eleitos, dois, Antônio Manoel de Souza do Ceará e Virginiano Campelo do Mato Grosso não tomaram assento. Os empossados de cada província foram: 1) Goiás: Silvestre Álvares da Silva; 2) Pernambuco: Monsenhor Francisco Muniz Tavares, Ignácio de Almeida Fortuna, Venâncio Henriques de Rezende, Nuno Eugênio de Locio e Seilbitz, Francisco Pereira Barreto; 3) Ceará: José Martiniano de Alencar (foi senador), Manoel Pacheco Pimentel, José Joaquim Xavier Sobreira, Manoel Ribeiro Bessa de Holanda Cavalcanti: 4) Mato Grosso: José Ferreira Nobre; 5) Alagoas: José Antônio Caldas; 5) Minas Gerais: Belchior Pinheiro de Oliveira, Manoel Rodrigues da Costa, José Custódio Dias (foi senador), Antônio da Rocha Franco; São Paulo: Francisco Agostinho Gomes (*Anais do Parlamento Brasileiro – Assembléia Constituinte – 1823*, tomo primeiro, p. 4-6).

[89] Paulo Bonavides e Pais de Andrade, *História Constitucional do Brasil*, p. 45.

[90] *Anais do Parlamento Brasileiro – Assembléia Constituinte – 1823*, tomo I, p. 16.

[91] José Honório Rodrigues, *A Assembléia Constituinte de 1823*, p. 206, 222-223.

elaborou e fez outorgar aos 25-3-1824 a primeira Constituição do Brasil independente, data em que esta começou a vigorar em todo o país.[92]

A referida Carta Magna antecedia seus dispositivos com um chamativo "Em nome da Santíssima Trindade!" Era composta por 179 artigos e estabeleceu que o governo seria unitário e o Estado, monarquia hereditária. Uma criação artificiosa – o "Poder Moderador" –, definido no título 5º ("Do Imperador"), artigo 98, como "chave de toda organização política e delegado privadamente ao Imperador", consentia ao Ocupante do trono exercitar legalmente atos discricionários, intervindo nos demais poderes. Nos 65 anos em que permaneceu vigente, a Constituição de 1824 manterá esse estranho hibridismo de absolutismo bragantino com liberalismo burguês. A mesma mentalidade autoritária, revestida de retórica liberal, seria aplicada em relação à Igreja, razão pela qual, apesar de ter reconhecido o Catolicismo como religião oficial do país, fez com que o jurisdicionalismo régio permeasse vários dispositivos, como segue:

> Artigo 5: A religião católica apostólica romana continuará a ser a religião do Império. Será permitido a todas as outras religiões seus cultos domésticos ou privados em casas para este fim destinadas sem forma alguma exterior de templo.
>
> Artigo 92: São excluídos de votar nas assembléias paroquiais: [...] §4 Os religiosos e quaisquer que vivam em comunidade claustral.
>
> Artigo 102: O Imperador é o Chefe do poder executivo, e o exercita pelos seus ministros de estado. São suas principais atribuições: [...] §2 Nomear bispos e prover os benefícios eclesiásticos. [...] §14 Conceder ou negar beneplácito aos decretos de concílios e letras apostólicas, e quaisquer outras constituições eclesiásticas que não se opuserem à Constituição; e procedendo aprovação da Assembléia, se tiverem disposição geral.
>
> Artigo 103: ...O Imperador jurará manter a religião católica romana.
>
> Artigo 106: O Herdeiro presuntivo, em completando 14 anos de idade, prestará nas mãos do Presidente do Senado,

[92] Pedro Calmon, *História do Brasil*, vol. IV, p. 206-207.

> reunidas as duas Câmaras, o seguinte juramento – Juro manter a Igreja Católica Apostólica Romana, observar a Constituição Política da Nação Brasileira, e ser obediente às Leis e ao Imperador.
>
> Artigo 179, [...] § 5 Ninguém pode ser perseguido por motivo de religião, uma vez que respeite a do Estado.[93]

O primeiro ponto que causou controvérsia foi o artigo 5º, afirmando que a religião Católica Apostólica e Romana "continuaria" a ser a religião do Império. Não bastasse a total ausência de diálogo prévio com a Santa Sé, ali se legitimava a tutela que o Estado estava impondo sobre a Igreja, em nome da legitimação de um fato e de um "direito" preexistentes. Isso inclusive seria proclamado décadas depois na imprensa anticlerical:

> O pensamento dos autores da Constituição foi fundar entre nós uma Igreja nacional, que vivendo na unidade católica, tivesse certa independência da centralização romana, que sujeita ao Papa nos pontos de doutrina, não fosse nas decisões contrárias ao espírito do Cristianismo, aos cânones recebidos e aos costumes dos nossos pais, esse privilégio da Igreja galicana. Por isso o legislador constituiu o Imperador a primeira autoridade eclesiástica do país, nesse sentido – que lhe pertence não só a escolha do pessoal, a formação da hierarquia da Igreja, como o julgamento supremo de todas as leis e decretos dos papas e dos concílios.[94]

O preconceito institucionalizado produziu situações paradoxais, em que até parlamentares que viviam circundados de escravos, adotavam a Igreja como alvo preferido, quando se tratava de defender a causa da "liberdade". O anticlericalismo fácil foi denunciado inclusive por protestantes, como a inglesa Maria Graham, preceptora dos filhos do Imperador Dom Pedro I, que faria uma crítica veemente: "Dos poucos [brasileiros] que lêem assuntos políticos, a maior parte é discípula de Voltaire e excede-

[93] *Constituição política do Império do Brasil (1824), seguida do Ato Adicional (1834)*, p. 5-9, 62, 79, 91, 94, 145.

[94] Joaquim Nabuco, *O Partido Ultramontano e suas invasões, seus órgãos e seu futuro*, p. 9.

se nas suas doutrinas sobre política, e igualmente em desrespeito à religião; por isso, para a gente moderada, que tenha passado pela experiência das revoluções européias, suas dissertações são às vezes revoltantes".[95] O mais grave é que, a mesma mentalidade estabeleceria as bases para as numerosas medidas anticlericais que se verificariam nos anos seguintes. Geralmente, a escusa mais usada para tanto era que a ação de Roma nada mais seria que uma intromissão na ambiência da Corte brasileira, e que o Papa era "um Soberano estrangeiro".[96]

1.4.2. A imposição da versão imperial do padroado em 1827

Apesar de tudo, é certo que o Estado reconhecia à Santa Sé o direito de conceder padroados, pois, seis meses após o texto constitucional ser outorgado, isto é, aos 7-8-1824, foi organizada uma missão diplomática para ir a Roma sob o comando de monsenhor Francisco Correia Vidigal. Acompanhava-o seu secretário, Vicente Antônio da Costa, e o jovem Bernardo Rangel. A escolha em si mesma já era ambígua, se se considera que Vidigal aplicava as máximas liberais no campo religioso, fazendo uma nítida distinção entre Igreja e papado, nutrindo contra este último um espírito de desconfiança.[97]

Por isso a missão que encabeçava tinha dois objetivos: que Roma aceitasse e legitimasse o novo país como nação independente, e que o Papa confirmasse os "direitos" imperais. Neste segundo ponto, dita confirmação deveria ser de acordo com a interpretação que dava o Ocupante do trono, e que implicava em institucionalizar o "direito" daquele à indicação dos titulares de bispados, dos cabidos e de outros benefícios; o "direito" à placitação de bulas de decretos pontifícios, regulamentação da atividade missionária, execução do regime de *mão-morta* sobre as propriedades da Igreja e das ordens religiosas; e o exercício do recurso do clero à Coroa nas questões ocorrentes no foro eclesiástico. Para tanto, o ministro dos negócios estrangeiros, Aloísio José de Carvalho e Melo, futuro Visconde

[95] MARIA GRAHAM, *Diário de uma viagem ao Brasil e de uma estada neste país durante parte dos anos de 1821, 1822, 1823*, p. 162.

[96] FLÁVIO GUERRA, *A questão religiosa do Segundo Império brasileiro*, p. 34.

[97] CARLOS MAGALHÃES AZEREDO, *O reconhecimento da independência e do Império do Brasil pela Santa Sé*, p. 3-6.

da Cachoeira, em nome do Imperador, aos 28-8-1824, muniu Vidigal de detalhadas *Instruções*, compostas de 33 parágrafos, onde o febronianismo e o galicanismo político eram mais que evidentes. O documento também fazia expressa recomendação de recusar a todo transe quaisquer concordatas que cerceassem o poder imperial. O oportunismo das circunstâncias alimentava esta pretensão: a situação do pontificado, ainda sob efeito das seqüelas deixadas pelo vendaval napoleônico, era delicada, e o Imperador queria tirar proveito do fato, pressionando a Santa Sé.[98]

Com as *Instruções* em mãos, e investido de plenos poderes, Vidigal chegou em Roma aos 5-1-1825. Conhecedor da língua italiana – havia estudado teologia lá –, no dia 13 seguinte ele foi recebido pelo Cardeal Giulio Maria della Somaglia, Secretário de Estado, que o tratou cortesmente, mas sem aceitar as credenciais que trazia. O motivo era que Portugal, inconformado com a perda da principal colônia que tinha, através do seu Ministro junto aos Estados Pontifícios, Dom Domingos de Souza Coutinho, Conde de Funchal, lutava para que a referida missão fracassasse, inclusive ameaçando represálias contra a Cúria Romana. Tendo presente a delicadeza da situação, o Cardeal Secretário de Estado sequer consentiu ao representante brasileiro de figurar como encarregado oficial do Brasil junto à Santa Sé, motivo pelo qual ele permaneceu um ano em Roma esperando uma solução que não chegava. Apesar de tudo, sua situação era mais confortável que a dos representantes das nascentes repúblicas hispânicas, pois Funchal não conseguiu expulsá-lo da cidade, ao contrário do embaixador espanhol, que conseguira expelir dos Estados Pontifícios o embaixador especial da Grã-Colômbia, Ignacio Sánchez de Tejada, enviado por indicação de Simon Bolívar.[99] O impasse duraria até 1825, mas, graças à intercessão do Cardeal Bartolomeu Pacca que conhecera Dom Pedro I quando menino, e à decisão

[98] Sem rodeios, foi recomendado a Vidigal: "V. Il.ma servir-se-á do argumento mais poderoso que há para obrigar a Santa Sé a que ajuste quanto antes as relações eclesiásticas com o Império do Brasil; convém saber: no estado perigoso de faltarem bispos à Igreja do Brasil, se verá S. M. Imperial na rigorosa obrigação de nomear os bispos e fazê-los imediatamente sagrar pelos Metropolitas para evitar a falta total destes prelados, que produziria dano ao bem espiritual dos povos. Este perigo deve Sua Santidade atalhar para não concorrer para a falta de pasto espiritual dos povos, nem ver praticada a sagração dos Metropolitas com prejuízo das prerrogativas de que está de posse, o que todavia deseja S. M. I. que não aconteça jamais, e que S. M. I. mandará praticar no último extremo..." (João Dornas Filho, *O Padroado e a Igreja brasileira*, p. 41-42)

[99] Carlos Magalhães de Azeredo, *O reconhecimento da independência e do Império do Brasil pela Santa Sé*, p. 21-23; Hans-Jürgen Prien, *La historia del Cristianismo en América latina*, p. 399.

de Portugal de aceitar a perda da sua possessão sul-americana, a situação se resolveu.[100]

No dia 13-1-1826 o representante do Brasil pôde afinal apresentar as credenciais, mas seu trabalho seria árduo, pois o Soberano insistia que fosse conseguida para si e seus sucessores a transferência do grão mestrado das ordens militares do Reino português. Sem chegar a um acordo concordatário, Leão XII, através da bula *Praeclara Portugalliae*, datada de 15-5-1827, criou para o Brasil as ordens de Cristo, Santiago e Avis, conferindo ao Soberano do novo reino o padroado e benefícios do Império:

> Recolhemos com peculiar benevolência as suas súplicas; e pelas presentes Letras de perpétuo vigor, declaramos que Dom Pedro I, e a quem existir como Imperador do Brasil, grão mestrado nas sobreditas ordens unidas ou da Ordem Militar de Cristo; de modo que, tanto Dom Pedro, como aqueles que para o futuro lhe sucederem no Império do Brasil como mestres perpétuos e administradores da mesma ordem gozem de todos os privilégios e direitos que por Autoridade dos Nossos Predecessores possuíam ali os reis de Portugal, na qualidade de mestres da dita Ordem, e os possam livremente exercer sobre as igrejas e benefícios pertencentes à dita Ordem, sobre os quais os mencionados reis podiam legitimamente exercê-los.
>
> Pela qual razão o direito de apresentação e nomeação aos bispados e outros benefícios, de deputar preceptores para as preceptorias, comendadores para as comendas, regedores para os conventos e congregações da Ordem, ministros para a boa arrecadação e administração dos rendimentos, assim como outras prerrogativas que foram deixadas ao grão mestre da Ordem Militar de Cristo, depois de expedidas as bulas de Leão X, que principiam –

[100] Portugal reconheceu a independência do Brasil em tratado firmado aos 29-8-1825, por meio do qual o Brasil obrigava-se a indenizar a ex-Metrópole em dois milhões de libras, e assumia o compromisso de quitar um empréstimo contraído pelo Reino em Londres no ano de 1823. Bruno de Almeida Magalhães interpretou o fato como "vergonhoso", ou, como dizia ele, "uma bofetada vibrada na face dos brasileiros". Fundamenta sua crítica explicando que, pelo dito tratado, "Dom João VI doou o Brasil para o seu filho, com a condição deste pagar à Inglaterra o empréstimo contraído pelo doador para combater a independência do novo Império" (Bruno de Almeida Magalhães, *O Visconde de Abaeté*, p. 23).

Dum fidei constantiam e *Proexellenti* –, depois pela bula de União de Júlio III, que principia – Praeclara charissimi –, e reunidas em uma passaram para os reis de Portugal; e se estes direitos ou privilégios foram alguma vez exercidos pelos mesmos reis da região brasílica, declaramos que todos eles ficam pertencendo ao Imperador Dom Pedro I, e aos seus sucessores no Império, e podem ser exercidos por eles como grãos mestres da Ordem de Cristo.[101]

Antes que a dita bula chegasse ao Brasil, um outro evento permitiu antever qual seria o seu desfecho. No ano precedente, Vidigal também apresentara uma nota ministerial datada de 8-6-1826, em que se pedia ao Papa elevar à categoria de dioceses as duas prelazias de Goiás, GO, e Cuiabá, MT, ao passo que, numa segunda nota, com data de 19 de junho seguinte, se assegurou ao Romano Pontífice que seria estabelecida côngrua dotação para as catedrais e os seminários das mesmas. Tomando como verdadeiras tais palavras que não foram ditas como promessas, mas como certezas, Leão XII, por meio da bula *Sollicita Catholici Gregis Cura*, atendeu à solicitação imperial. Verificando, porém, que os dotes das novas dioceses eram simbólicos, indicou novos índices, mas sem deixar de estender a Dom Pedro I a concessão de poder apresentar os nomes dos dois prelados. Assim que a referida bula chegou, o Imperador submeteu-a ao exame da Comissão Eclesiástica formada por quatro notórios clérigos regalistas, que eram Antônio da Rocha Franco, Miguel José Reinault, José Bento Leite Ferreira de Melo, e Diogo Antônio Feijó. A primeira observação que fizeram foi que o Imperador do Brasil, pela Constituição do Império, tinha como prerrogativa própria a nomeação de bispos e promoção aos benefícios eclesiásticos, devido ao "incontrastável direito de padroado". Sendo assim, a concessão papal não podia ser admitida, porque, além de desnecessária, era "perigosa e funesta". Nesse pressuposto, o parecer emanado por dita comissão no dia 1-6-1827 recomendou a Dom Pedro I dar o seu *beneplácito* à bula papal somente na parte relativa à ereção dos dois episcopados, rejeitando o resto.[102]

[101] Leo XII, Bulla "Praeclara Portugalliae, Algarbiorumque Regum", em: *Bullarium Romanum* (tradução), tomo 17, p. 59.

[102] ASPF, "Parecer da Comissão Eclesiástica sobre as Bulas Pontifícias com as quais o S. Padre Leão XII erigiu em bispados as prelazias de Goiás e Mato Grosso", em: *América Meridional*, cód. 6 (1826 -1842), fl. 90.

Dom Pedro seguiu à risca tal sugestão, e no dia três de novembro do mesmo ano aprovou apenas o que o parecer lhe recomendara, ainda que respeitasse os nomes dos prelados indicados pelo Papa. A Regência completará a afronta, por meio de um decreto do ministro da justiça – Feijó –, baixado aos 27-8-1831, destituindo abruptamente o indicado para Cuiabá, frei José Maria de Macerata, OFM cap. A alegação foi que, sendo ele estrangeiro, não podia exercer nenhum "emprego público" no Império.[103]

Enquanto isso, a bula mais importante, a do padroado, também fora remetida em cópia ao Brasil por Francisco Correa Vidigal no dia 9-7-1827. Como no caso precedente, assim que chegou, entregaram-na para ser examinada, mas, dessa vez, por duas comissões reunidas, a de Constituição e a de Negócios Eclesiásticos. Primeiro elas contestaram – mas omitindo que fora o Ocupante do trono quem solicitara ser investido com as prerrogativas das tais ordens militares – a não atuação da Ordem de Cristo no Brasil, motivo principal que direcionava o documento examinado. Tratava-se de uma evidente contradição, pois o mesmo argumento havia sido exaustivamente usado por funcionários pombalinos para provar que o clero não passava de um simples corpo de funcionários do Rei de Portugal. Disso dera explícita demonstração o Desembargador Teixeira, quando acusara o bispo de Mariana de usurpação dos direitos pertencentes ao mestrado da Ordem de Cristo, na censura que moveu contra os oficiantes da igreja de Antônio Dias que haviam se insurgido contra o despotismo do governador. Suas palavras eram contundentes: "As igrejas ultramarinas [entre as quais as igrejas do Brasil] são sujeitas à Ordem de Cristo". Isso porque, segundo ele, "a Ordem de Cristo é verdadeira religião, e dela é Sua Majestade Fidelíssima, Grão Mestre e Prelado Regular e Ordinário, sujeito somente à Sé Apostólica, com jurisdição ordinária, visitações, correção e superioridade nas pessoas e bens da mesma Ordem".[104]

O Primeiro Império conhecia e valorizava essa tradição, tanto assim que a bandeira nacional que se adotou após a independência, idealizada por José Bonifácio e desenhada por Jean Baptiste Debret, ostentava no brasão central nada mais nada menos que a cruz da Ordem de Cristo! E mais:

[103] Orlando Gomes, *Carta Pastoral – centenário do Seminário da Conceição de Cuiabá, Mato Grosso*, p. 7; Modesto Rezende de Taubaté e Fidélis Motta de Primerio, *Os missionários capuchinhos no Brasil*, p. 176-177.

[104] José Ferreira Carrato, *Igreja, Iluminismo, e escolas mineiras coloniais*, p. 78-79.

num parecer emitido pela Mesa de Consciência e Ordens aos 22-11-1822, Antônio José Miranda e José Albano Fragoso defenderam veementes a sujeição da Igreja no Brasil ao mestrado da Ordem de Cristo exercido pelo Soberano, porque, segundo eles, a Dom Pedro I, na condição de príncipe primogênito e herdeiro do trono português, por legitimidade de sucessão, cabia o natural exercício de tal Grão mestrado, "existente, incorporado, e encravado inteiramente no Brasil".[105]

Descartando as evidências históricas, os examinadores demonstraram que seu real interesse consistia em salvaguardar a supremacia do Estado sobre a Igreja, coisa que fizeram de forma acintosa, inclusive ao se referirem ao Papa: "Pode-se jamais sancionar-se o princípio que a bula parece querer-se consagrar, de que é lícito levar-se desolação e fogo à casa daqueles que não crêem no que nós não cremos? [...] Tem porventura o Papa algum depósito de poder temporal, com que possa mimosear os monarcas seus amigos?". Dessa premissa, a "conclusão" não fez mais que repetir o que já se dissera em relação à ereção dos bispados de Goiás e Cuiabá: Não, o Papa não possuía poderes para conceder o padroado, pela simples razão de que tal regime era um "direito" imperial próprio! Esse direito natural era "essencialmente inerente à soberania conferida pela unânime aclamação dos povos do Império e lei fundamental". Sendo assim, a bula era "ociosa", porque tinha "por fim confirmar o direito de apresentação de bispos e benefícios, que, aliás, o Imperador tem por títulos mais nobres".[106]

De novo o Governo acatou o parecer, e, por meio da Decisão n. 103, emanada no Paço Imperial aos 3-11-1827, rejeitou a bula papal porque "continha disposição geral manifestamente ofensiva à Constituição e aos direitos do Imperador, por cujo motivo não podia ser aprovada pelo legislativo".[107] O direito do padroado, entretanto, permaneceu em vigor em toda a sua plenitude, não pelo caráter oficialmente cristão do Brasil, mas por força da Constituição imperial, então considerada como única norma legítima de agir, digna de ser observada inviolável. O Governo dava tão pouca importância à opinião da Santa Sé sobre o assunto que, por sua própria conta, encerrou a questão no dia quatro do mês seguinte com a Decisão de

[105] ASV, "Parecer dado pela Mesa de Consciência e Ordens aos 22-11-1822", em: *Nunciatura Apostólica no Brasil*, fasc. 10 (Governo Imperial), doc. n 3, fl. 5-6.

[106] João Dornas Filho, *O Padroado e a Igreja brasileira*, p. 46-48.

[107] *Coleção das decisões do Governo do Império do Brasil de 1827*, p. 196.

n. 115, emanada da pasta da Justiça. Em tal documento – um longo aviso de Lúcio Soares Teixeira de Gouveia –, sem sequer abordar o fato diretamente, ao responder à consulta feita pela Mesa de Consciência e Ordens sobre o modo de prover à dignidade de Arcediago em Recife, aproveitou-se do ensejo para confirmar a institucionalização da supremacia do Estado. Grosso modo, o conteúdo nada mais era que uma síntese dos dispositivos da Carta de 1824 e das críticas das comissões examinadoras, afirmando abruptamente que ao Soberano competia nomear os Bispos e prover os benefícios eclesiásticos pela Constituição do Império, porquanto revestido de todos aqueles poderes que exercitavam os reis portugueses, sem necessidade de observar os ditames do grão-mestrado, e "sem dar quartel a doutrinas em contrário".[108]

A Santa Sé nunca deu seu aval às pretensões do Trono, como se torna evidente pela absoluta ausência de documentos pontifícios que as legitimassem. O privilégio concedido, em 1827, não foi retirado; mas, como aquilo que se institucionalizou no Primeiro Império não era por Roma reconhecido, de fato, o padroado no Brasil inexistia. Para impedir um desfecho imprevisível, os Pontífices seguintes evitaram a polêmica aberta, mas as bases de numerosos problemas futuros estavam bem estabelecidas. Ironizando o ocorrido, Cândido Mendes diria que o sistema vigente no Brasil era tão-somente um "padroado imposto à força".[109]

1.4.3. A sedimentação do aparato controlador do Estado

Já antes de a Constituição de 1824 ser outorgada, mas sobretudo depois da sua proclamação, sem que existisse uma concordata com a Santa Sé, o Império fez constante uso dos seus "direitos". Por isso, aos 13-1-1824, a portaria n. 22 da Justiça, expedida por Clemente Ferreira França aos bispos diocesanos, impôs que não ordenassem pessoa alguma, sem precedente licença especial.[110] Cinco meses mais tarde, no dia 28 de maio, um novo comunicado da Justiça, de n. 121, firmado novamente por Ferreira França, informou ao prelado de Goiás que as Bulas de confirmação e sagração

[108] *Coleção das leis do Império do Brasil de 1827*, parte segunda, p. 205-206.

[109] Manuel Barbosa, *A Igreja no Brasil*, p. 25; Cândido Mendes de Almeida, *Direito civil e eclesiástico brasileiro antigo e moderno*, p. 278.

[110] *Coleção das leis do Império do Brasil de 1824*, p. 14-15.

não podiam ter efeito sem primeiro receberem o imperial beneplácito.[111] Sempre nesta perspectiva, aos 5-11-1827, outro decreto da Justiça, de n. 105, firmado pelo Conde de Valença, ordenou que não fossem admitidos a despacho os breves ou quaisquer outros rescritos pontifícios sem a prevenção da licença obtida para as impetrar.[112] Decretos sucessivos, leis, e decisões, fizeram a Igreja no Brasil perder um a um, todos os privilégios de que até então gozara: foro eclesiástico com jurisdição contenciosa e feitos civis, alternativa dos testemunhos (lei de 27-8-1830), e outros mais.[113] A antiga política lusitana em relação aos dízimos eclesiásticos, entretanto, foi mantida. Como até então não existira nenhuma clareza entre a colaboração dos fiéis para a manutenção do culto e o fisco do Estado, o Governo optou pela solução que lhe era mais cômoda: assenhorou-se de tudo! Alegava-se que bispos e párocos eram sustentados por côngruas, e que para pagá-las, o Governo necessitava perceber aqueles dízimos. Entretanto, a exemplo do que ocorrera no período colonial o Estado jamais manteve os clérigos, uma vez que o valor da côngrua estipulada nas folhas do Tesouro era tão irrisório, que os sacerdotes, premidos pela penúria econômica, sobreviviam taxando os sacramentos ou dedicando-se conjuntamente a outras profissões. A Ordem, a essa altura, tornara-se tão pouco atraente, que a Igreja viu-se na contingência de admitir negros nos seus quadros, como bem observou o inglês Robert Walsh, no decorrer dos anos de 1828 e 1829:

> O clero nativo [brasileiro], de forma geral, não é constituído por homens cultos, pois não possuem meios para se educarem. A pobreza dos bispos é um obstáculo ao estabelecimento de seminários eclesiásticos numa escala suficientemente ampla ou liberal a ponto de oferecerem aos candidatos os meios ou oportunidades de uma educação mais apurada. Os atrativos que a Igreja oferece são tão poucos e a remuneração tão limitada, que os homens de famílias prósperas ou de mais cultura sempre preferem uma ocupação mais atraente e proveitosa; ninguém, a não ser pessoas de classes inferiores, consagra seus filhos a ela. Aqui a Igreja não fornece recursos

[111] *Coleção das leis do Império do Brasil de 1824*, p. 87.
[112] *Coleção das decisões do Império do Brasil de 1827*, p. 197.
[113] Raimundo Trindade, *Arquidiocese de Mariana – subsídios para a sua história*, vol. I, p. 357.

> aos membros mais jovens das famílias de bem como faz em outros países. Em parte isso pode ser responsável pela admissão de negros nas Ordens Sagradas, os quais celebram nas igrejas junto com os brancos. Eu próprio vi três padres numa mesma igreja, na mesma hora; um era branco, outro mulato, e o terceiro, negro. A admissão de pessoas pertencentes a essa pobre raça desprezada, a fim de exercerem a mais alta função que um ser humano pode realizar, demonstra claramente a maneira como é considerada em diferentes lugares. [...] No Brasil vêem-se negros celebrando as missas e brancos recebendo o sacramento de suas mãos.[114]

Enquanto isso, as medidas anti-eclesiásticas prosseguiam, e, ainda em 1828, duas importantes mudanças seriam introduzidas: a extinção do Tribunal de Bula de Cruzada, com a entrega de seus papéis ao Tesouro e de suas causas ao juízo dos Feitos da Fazenda, e o fechamento dos Tribunais das Mesas do Desembargo do Paço e da Consciência e Ordens. Entre os autores da iniciativa estavam três padres deputados citados acima: Feijó, Ferreira de Melo e Reinault. Para extinguir a bula de cruzada alegaram dois motivos: defesa do interesse nacional, porque, segundo eles, sob o manto da religião a referida bula era um decreto de tributo sobre a nação brasileira; e para salvaguardar as prerrogativas do episcopado, pois a mesma bula também seria atentatória à disciplina e autoridade dos bispos. Com isso, passou a ser negado à Santa Sé a prerrogativa que tinha de receber do Império, por direito de bula, por ele próprio solicitada, a contribuição prometida anualmente para o óbolo de São Pedro.[115] A segunda medida, mandando fechar os Tribunais das Mesas do Desembargo do Paço e da Consciência e Ordens, também trouxe enormes conseqüências, pois marcou o início da secularização das causas canônicas. Com isso, a justiça comum assumiu as atribuições daqueles tribunais, entre as quais se incluíam cartas de legitimação de filhos ilegítimos, confirmação de adoções, sub-rogação de bens, e anulações de eleições de irmandades.[116]

[114] Robert Walsh, *Notícias do Brasil (1828 – 1829)*, vol. I, p. 158-159.
[115] Júlio César de Morais Carneiro, *O Catolicismo no Brasil (memória histórica)*, p. 144-145.
[116] Gérson Brasil, *O Regalismo brasileiro*, p. 55.

A mesma política, que relegava a Igreja a um departamento da instituição leiga, e procurava limitar cada vez mais a autoridade do Sumo Pontífice, legitimou tranqüilamente a transformação das paróquias em células administrativas do sistema eleitoral vigente. As votações, precedidas por missas solenes ao Espírito Santo, eram realizadas dentro das matrizes, ocasião em que se invocava a graça divina para que iluminasse a todos. Ali se reuniam tanto os votantes, eleitores de primeiro grau, que escolhiam diretamente os vereadores e juízes de paz, bem como os eleitores que, nas eleições de segundo grau, elegiam os deputados provinciais e gerais.[117]

O ambiente era propício para o desenvolvimento do anticlericalismo radical, e ele viria à tona aos 12-7-1827, data em que Bernardo Pereira de Vasconcelos (1795-1850) apresentou um projeto propondo que a disciplina da Igreja ficasse a critério da nação brasileira, a Câmara regulasse o direito do padroado, e o Arcebispo primaz ficasse investido de poder para desmembrar dioceses, confirmar bispos, secularizar dioceses etc. Ele tampouco hesitou em afirmar convicto: "Se a Corte de Roma se recusar a uma 'tão ortodoxa' como interessante negociação, o Governo observará a disciplina dos bons séculos da Igreja".[118] Antes que o ano terminasse, ele foi ainda mais longe, propondo abertamente: "Cuidado! A Cúria Romana nos avassala. Formemos a nossa Igreja brasileira, enxotemos os jesuítas do Brasil, onde eles são a fonte principal de insondáveis desastres".[119]

Os padres deputados assistiam e ou participavam desses debates, e o episcopado nada podia fazer: em 1830, o Governo declarou que os "empregados eclesiásticos", para assistirem às sessões de assembléia, de que fizessem parte, ficavam isentos de exercer os cargos da Igreja.[120]

1.4.3.1. As medidas contra os religiosos

Mais delicada que a situação do clero secular era a do regular, subtraído que estava, desde 1760, à autoridade dos seus superiores gerais em Roma e tutelado pelo Estado.[121] El-Rei inclusive havia mandado homens

[117] Augustin Wernet, *A Igreja paulista no século XIX*, p. 69.
[118] Otávio Tarquínio de Sousa, *Bernardo Pereira de Vasconcelos e seu tempo*, p. 169.
[119] Ubaldino do Amaral Fontoura, *Saldanha Marinho – esboço biográfico*, p. 116.
[120] Júlio César de Morais Carneiro, *O Catolicismo no Brasil*, p. 144.
[121] Ismael Martinez Carretero, *Exclaustración y restauración del Carmen en España*, p. 512-513.

armados prender e expulsar a todos os religiosos que haviam professado no estrangeiro, proibindo a sua readmissão sob penas severas. Fê-lo para conservar o aspecto "nacional" das ordens, e, naturalmente, controlar o patrimônio dos conventos.[122]

Além de se inspirar nessa estratégia após a independência, o Império, com o pretexto de que era necessário combater o estado de relaxamento de algumas famílias religiosas, tudo fez para impedir a entrada de novas ordens ou a possível restauração daquelas já presentes. As Instruções dadas a Vidigal em 1824 já recomendavam a obtenção de medidas no sentido de que as ordens religiosas não ficassem sujeitas aos superiores de Portugal; que não facultasse mais à ordem dos capuchinhos, nem a qualquer outra, estabelecer-se no Brasil, que "não tinha necessidade de frades estrangeiros, nem de aumentar as suas profissões".[123]

A Santa Sé recusou-se a conceder a separação das ordens religiosas de seus superiores de Portugal, e só o fez quando os próprios regulares o pediram. Os primeiros a solicitá-lo foram os beneditinos, atendidos por meio da bula *Inter gravissimas curas*, de 7-7-1826. O Governo, no entanto, tinha pressa em nacionalizar os regulares, e já vinha criando uma série de obstáculos à sua ação, vedando aos não brasileiros o direito de ocupar qualquer benefício. Numa inexorável seqüência, ano após ano, as medidas restritivas contra as distintas ordens se sucederam. Em 31-1-1824, alegando "motivos justíssimos", Dom Pedro I, com a Decisão n. 36, comunica que no dia 13 anterior havia enviado portaria ao bispo do Rio de Janeiro e a outros prelados, proibindo a admissão de noviços nas ordens, até decisão em contrário. Menos de um mês depois, aos 5 de fevereiro, outra medida imperial, de n. 41, confirma a necessidade de licença imperial para a recepção de noviços, alertando os bispos a que empreguem "uma eficaz vigilância, a fim de que se cumpra a risca esta decisão". Em março, no dia 11, através do decreto n. 66, expedido por João Severiano Maciel da Costa, o Imperador ordena a supressão das ordens dos frades terésios descalços e dos missionários apostólicos italianos da Bahia (agostinianos) "por serem os membros delas estrangeiros, inimigos do país, ao qual fizeram guerra no campo de batalha, no púlpito

[122] ASV, "*Correio da Manhã* – A república e os frades" (1-6-1903), em: *Nunciatura Apostólica no Brasil*, caixa 110, fasc. 545, doc. 3, fl. 16.

[123] Júlio César de Morais Carneiro, *O Catolicismo no Brasil*, p. 155.

e no confessionário, e cuja presença na cidade [de Salvador] é perigosa e nociva".[124]

Foi o prenúncio do que se seguiria, uma vez que a lei de 9-12-1830 declarou textualmente: "Fica extinta a congregação de São Felipe Néri, estabelecida em Pernambuco". Pouco depois, por meio da resolução de 25-8-1831 a Regência extinguiu os carmelitas descalços e os capuchinhos italianos de Pernambuco, e com uma outra lei, baixada aos 8-3-1835, o mesmo fez com os carmelitas de Sergipe. O pior foi que o exemplo sergipano terminou imitado pela Bahia, cujo presidente, Thomaz Xavier Garcia de Almeida, através da lei n. 129, aos 2-7-1840, declarou abolida a ordem dos carmelitas descalços naquela província.[125]

Essas medidas só não foram ainda mais duras, porque certas propostas apresentadas no parlamento terminaram rejeitadas. Uma delas foi a emenda de Bernardo de Vasconcelos propondo que ninguém pudesse professar com menos de cinqüenta anos de idade, ao tempo em outros sugeriam que a profissão só pudesse ser feita com expressa autorização do Governo, na presença de um juiz de paz nomeado. O antijesuitismo, ainda que muitos deputados jamais houvessem conhecido um único membro da Companhia de Jesus, era outra componente da retórica parlamentar, e essa anomalia propiciava opiniões das mais estapafúrdias. Não é por outra razão que Raimundo José da Cunha Matos (1776-1839) afirmava que os jesuítas e os amigos dos jesuítas eram "os mais ferozes monstros" que oprimiam nações e estados; ou, como dizia Manoel Odorico Mendes (1799-1884), introduzir padres da Companhia no Império brasileiro seria o mesmo que introduzir "uma peste"! Havia ainda uma outra intenção nessa crítica ferrenha: os apelativos jesuíta e jesuitismo serviam de artifício para achincalhar a todos os regulares e inibir a sua presença no Brasil. Foi essa intenção que moveu Bernardo de Vasconcelos a apresentar em 1827 outra fracassada *indicação*:

> Proponho que se recomende ao Governo a execução das leis, que para sempre aboliram no Império do Brasil a sociedade chamada de Jesus. [...] Que se peçam informações ao Governo se têm vindo para o Império alguns membros da So-

[124] *Coleção das leis do Império do Brasil de 1824*, p. 25-26, 28, 49.

[125] Cândido Mendes de Almeida, *Direito civil eclesiástico brasileiro*, tomo primeiro, terceira parte, p. 1105-1115.

> ciedade de Jesus, *seja qual for a sua denominação* (o grifo é nosso), e se pertencem à dita sociedade os frades chamados capuchinhos recentemente chegados, a que vieram estes frades, e se é certo que o Governo pretende dar-lhes casas e meios de subsistência.[126]

Apesar da política hostil, muitos religiosos tentaram manter os vínculos com seus superiores na Europa; mas, receberiam o golpe final em 1831. Naquele ano, ao ser sancionado o *Código Criminal do Império do Brasil*, dois artigos consolidaram a "nacionalização":

> Artigo 79 – Reconhecer, o que for cidadão brasileiro, superior fora do Império, prestando-lhe efetiva obediência. Penas – da prisão por quatro a seis meses.
>
> Artigo 80 – Se este crime for cometido por corporação, será esta dissolvida; e se seus membros tornarem a se reunir debaixo da mesma, ou diversa denominação, com a mesma ou diversas regras. Penas – as chefes de prisão de dois a oito anos, aos outros membros, de prisão de oito meses a três anos.[127]

Os regulares se submeteram e isso acentuou ainda mais uma decadência de per si grande. A reflexão posterior feita pelo padre Luigi Lasagna resume com amargura o acontecido:

> ... Independentes dos seus Gerais residentes em Roma e com própria administração e vivendo por si. Pobrezinhos! Desde então foram como um ramo amputado do tronco. Os abusos agigantaram e toda reforma foi impossível. A gula, a avareza e a luxúria fizeram horríveis devastações. Muitos apostatavam, muitos prosseguiam a cobrir com o hábito religioso vícios torpíssimos, e os poucos bons eram condenados a gemer e chorar em segredo a inevitável ruína das suas ordens no Brasil. Assim estes soldados de Cristo foram vencidos ou desarmados pelo demônio, e apodreci-

[126] *Anais do Parlamento Brasileiro, Câmara dos Deputados, sessão de 1827*, tomo V, p. 188.
[127] *Código Criminal do Império do Brasil*, p. 10.

dos na inobservância, empestaram o ar em torno a si, quando eram chamados por Deus para perfumá-lo com as suas virtudes.[128]

1.4.3.2. As investidas do Pe. Feijó contra o celibato e as restrições instituídas na última fase do governo de Dom Pedro I

Três padres, todos eles provenientes de uma formação deficiente ou irregular, destacar-se-iam na militância anti-romana: Pe. Diogo Antônio Feijó (1784-1843), o mais exaltado de todos; Pe. Antônio Maria de Moura (1794-1842), e Pe. Manuel Joaquim do Amaral Gurgel (1797-1864). Pe. Moura era natural da Vila Nova da Rainha de Caeté, comarca de Sabará, MG, donde, aos oito anos, transferiu-se para São Paulo. Ali acabou indo residir no palácio episcopal de Dom Mateus de Abreu Pereira, local em que fez seus estudos de filosofia racional e moral. Matriculou-se em seguida na improvisada teologia local, que durava três anos, vindo a ordenar-se presbítero em 1877. Em 1819 foi mandado para Coimbra, formando-se em cânones no ano de 1824. No mesmo ano regressou ao Brasil, e em 1829 começou a ensinar na faculdade paulistana do Largo de São Francisco. Em 1830 entrou na política (onde se destacaria por suas propostas polêmicas), tornando-se conhecido, não obstante tivesse defeitos físicos.[129]

A situação do Pe. Amaral Gurgel tampouco primava pela regularidade. Seus estudos teológicos foram iniciados no convento do Carmo de São Paulo e completados no Rio de Janeiro, consentindo que fosse ordenado sacerdote aos 19-9-1817 com apenas 20 anos de idade. Em 1828 matriculou-se na controvertida faculdade de direito paulista, vindo depois a tornar-se a catedrático da mesma, de 1834 a 1854. Destacou-se por um particular: enquanto seus amigos e colegas de idéias criticavam os papas e o papado de forma genérica, ele faria mais tarde uma crítica pessoal a Gregório XVI, o que provocaria o seu afastamento do ministério sacerdotal por longos anos.[130]

[128] Luigi Lasagna, *Epistolário* (tradução), vol. II, p. 73.

[129] ASV, "Processo de Antônio Maria de Moura, Bispo do Rio de Janeiro", em: *Nunciatura Apostólica no Brasil*, fasc. 73, doc. 2, fl. 15, 25.

[130] A crítica foi proferida em 1834, contra a encíclica *Mirari vos* publicada aos 15-8-1832. Caracterizava-se, na verdade, por uma superficialidade berrante, mas, mesmo assim, era acintosa demais, para passar despercebida: "Pode merecer uma peça em que se declama contra as universi-

Dos três, era Feijó quem possuía a biografia mais controvertida. Filho de pais ignorados – supõe-se que seus genitores fossem o vigário de Cotia, mais tarde cônego do cabido paulistano, Pe. Manuel da Cruz Lima, e a mãe, uma irmã do Pe. Fernando Lopes de Camargo, de nome Maria Joaquina, que na época contava com 23 anos de idade –, ainda recém-nascido foi abandonado dentro de uma cesta na soleira da casa do Pe. Fernando citado acima, que o recolheu e adotou. Em 1800, já adolescente, mudou-se para a Vila de São Carlos (atual Campinas), onde começou a estudar retórica com o professor régio Estanislau José de Oliveira (vulgo "Gica retórica"), um intransigente defensor das idéias pombalinas e que o marcaria profundamente. Foi também nesse período que o jovem Diogo começou a dar-se conta dos limites impostos pela sua condição de bastardo, manifestando pouco depois desejo de se tornar padre. O pesquisador Alfred Ellis Júnior interpretaria este fato como uma fuga. Ou seja, não por vocação, mas por falta de opção, Feijó teria escolhido a carreira sacerdotal, seguramente por ser aquela a única forma que ele encontrou para vencer os preconceitos de seu tempo e ascender socialmente.[131]

O certo é que, depois de feita a escolha, ele será mandado para o seminário da mesma Campinas, o qual, para dizer a verdade, de "seminário" bem pouco tinha. O que lá existia era apenas uma casa de escola primária, dotada de alguns livros eivados com o jansenismo e o galicanismo de Coimbra. Autodidata por força das circunstâncias, o jovem seminarista, havia recebido o atestado de filosofia em setembro de 1808, e com a mesma parcimônia concluído seus conhecimentos de dogma, moral e direito canônico. Ordenado diácono naquele mesmo ano na capela particular do palácio episcopal de São Paulo por Dom Mateus de Abreu Pereira, em 1809 se tornaria presbítero.[132] Entrando na política, a sua posse na primeira legislatura da Câmara dos Deputados aconteceu aos 3-3-1826, como suplente do Visconde de São Leopoldo, escolhido para senador naquele ano. Ao chegar à capital federal para exercer o mandato, trazia pronto um projeto para adequar a Igreja do país ao modelo que ele e seus pares julgavam

dades e academias, em que se diz que a liberdade de consciência é um erro, a liberdade de imprensa execranda e detestável, e os liberais e outros tantos Begnardos e Begninos, filhos de Belial?" (Olegário Herculano de Aquino e Castro, *O Conselheiro Manoel Joaquim do Amaral Gurgel*, p. 100).

[131] Alfred Ellis Júnior, *Feijó e sua época*, p. 51-55.

[132] Luiz Talassi, *A doutrina do Pe. Feijó e suas relações com a Sé Apostólica*, p. 34.

conveniente, conforme testemunhou Dom Romualdo Seixas (na época padre) em suas *Memórias*:

> Em 1826 vinham chegando das províncias os respectivos deputados, entre os quais, o Pe. Diogo Antônio Feijó, deputado de São Paulo. Era um homem de poucos conhecimentos, bem que hábil e resoluto. Aspirando à glória de reformador da Igreja de seu país, ele pretendeu não só dotá-la com as doutrinas da *Constituição Civil do Clero* de França, mais ainda, mimosear os nossos padres com a permissão do casamento, sua mania preferida, e que sustentou com todo calor possível. [...] Logo que este padre chegou ao Rio de Janeiro, fez o obséquio de visitar-me, o que se repetiu mais algumas vezes, e numa dessas entrevistas deu-me a ler uma espécie de código ou constituição eclesiástica, que ele havia organizado, pedindo-me que a cerca dela lhe comunicasse francamente a minha opinião; assim o fiz, dizendo-lhe, com toda delicadeza e urbanidade, que eu não podia aderir à maior parte das idéias do seu manuscrito. Não gostou, mas nem por isso deixaram de continuar entre nós mui amigáveis relações.[133]

A negativa do Pe. Romualdo não desanimou o denodado paulista, que tentaria efetivar seu projeto assim que foi eleito para as comissões de Instrução Pública e Negócios Eclesiásticos da Câmara Federal. Encontrou o pretexto que desejava no dia 10-10-1827, quando o deputado e médico baiano Antônio Ferreira França, vulgo "Francinha" (1771-1848), elaborou proposta de lei abolindo o celibato clerical no Brasil. Sem esperar o parecer dos colegas da Comissão Eclesiástica, Feijó apresentou um *voto separado*, no qual, além de apoiar a iniciativa, atribuía ao Estado a competência de legislar livremente sobre a disciplina interna da Igreja. Em defesa da mudança, ele opinava que o celibato era injusto, um "despotismo horroroso", estando em vigor porque a Igreja alterara a disciplina dos séculos apostólicos. A aceitação da continência seria apenas fruto da ignorância bebida nos livros cheios de máximas ultramontanas, mas que tudo podia

[133] Romualdo Antônio de Seixas, *Memórias do Marquês de Santa Cruz*, p. 43-44.

ser resolvido pela Assembléia do Brasil que tinha o direito e a obrigação de levantar tal proibição. Sem considerar a possibilidade de uma regeneração dos costumes do clero, se servia dos exemplos de prevaricação de que estava ao par justamente para legitimar a mancebia: "São fraquezas da humanidade, mas convém por isso mesmo não advogar contra ela, porque todos somos homens..."[134]

Feijó chegou ao ponto de instrumentalizar uma verdade – "o Concílio Tridentino não decidiu a questão dogmaticamente" –, para legitimar uma ideologia completamente estranha ao mesmo Concílio; isto é, afirmou que a assembléia conciliar "sustentou sim um direito de que a Igreja estava de posse a séculos, seja por concessão, ignorância ou permissão, do poder temporal". Suas referências eram os teólogos proscritos: "Neste sentido é que, ainda depois da publicação do Concílio, grandes teólogos e canonistas têm sustentado este direito dos soberanos, tais são entre outros muitos Van Espen, Henrequim, M. Tolon, Tambuirini, etc". Apesar de tudo, aceitava a necessidade de se comunicar – não discutir – o fato com a Santa Sé, mas apenas para que esta reconhecesse o "direito" do Estado intervir na questão, para daí concluir:

> É portanto o meu parecer:
>
> 1º Que se autorize ao Governo para obter de Sua Santidade a revogação das penas espirituais impostas ao clérigo que se casa, fazendo saber ao mesmo Santíssimo Padre a necessidade de assim praticar, visto que a Assembléia não pode deixar de revogar a lei do celibato.
>
> 2º Que o mesmo Governo marque ao nosso plenipotenciário prazo certo, e só o suficiente, em que deve definitivamente receber da Santa Sé o deferimento desta súplica.
>
> 3º Que, no caso da Santa Sé recusar-se ao requerido, o mesmo plenipotenciário declare a Sua Santidade mui clara e positivamente, que a Assembléia Geral não derrogará a lei do celibato, mas suspenderá beneplácito a todas as leis eclesiásticas disciplinares que estiverem em oposição aos seus decretos;

[134] ASV, "Voto do Deputado Diogo Antônio Feijó como membro da Comissão Eclesiástica sobre a Indicação do Sr. Deputado Ferreira França, em que propõe que o clero do Brasil seja casado", em: *Nunciatura Apostólica no Brasil*, fasc. 10, caixa 3, doc. n. 4, fl. 9-15b.

> e que o Governo fará manter a tranqüilidade e o sossego público por todos os meios que estiverem ao seu alcance.[135]

Pe. Romualdo Seixas – que seria sagrado bispo no ano seguinte – estava no parlamento no momento em que a proposta foi apresentada e percebendo que se tratava de uma questão pessoal do autor, retrucou: "Deixemo-nos de casamentos de padres, e vamos tratar de coisas que possam ser úteis e profícuas à prosperidade da pátria". Feijó, porém, insistiu, e propôs que o seu voto fosse impresso e a opinião pública, sondada.[136]

Atenderam-no, mas o efeito foi exatamente o contrário do que imaginava: Dom Romualdo soube explorar com êxito as fraquezas do autor e do seu documento, e entre uma ironia cáustica e outra, perguntava se quando Feijó afirmara que "afinal somos homens", não estaria advogando em causa própria. A partir daí, usando de uma dialética persuasiva e inteligente, abria os olhos dos colegas, ao tempo em que a figura do controvertido clérigo paulista ia caindo na boca do povo, e se tornando o tema preferido das rodinhas maldizentes.[137] A parte diretamente interessada, isto é, os padres, tampouco se entusiasmou com a idéia. Em São Paulo, alguns anticelibatários até que aproveitaram para criarem um silogismo: "O casamento é melhor que a mancebia. Ora, os clérigos do Brasil usam da mancebia. Logo, é melhor que se casem"; mas, tiveram de enfrentar consistente grupo opositor, que revidou: "A Igreja impõe o celibato aos que recebem ordens sacras. Ora, muitos não querem observar o celibato. Logo, não devem receber ordens sacras".[138]

Feijó saiu em campo para defender seu *voto separado*, e fê-lo com tanta paixão, que cogitou até mesmo na possibilidade de um cisma, se fosse necessária para salvar a "prioridade nacional". Dizia-se liberal, mas suas referências eram as do absolutismo português:

> Dom João IV não temeu o cisma quando ameaçou a Sé de Roma de restituir à Igreja lusitana a antiga disciplina. Não temeu Dom José I quando esteve resolvido à mesma coisa.

[135] ASV, "Voto do Deputado Diogo Antônio Feijó", em: *Nunciatura Apostólica no Brasil*, fasc. 10, caixa 3, doc. n. 4, fl. 16b-17.

[136] *Anais do Parlamento Brasileiro – Câmara dos Deputados, sessão de* 1827, tomo V, p. 120.

[137] Osvaldo Orico, *O demônio da regência*, p. 47, 56-65.

[138] Arlindo Rubert, *A Igreja no Brasil*, vol. IV, p. 32.

> Não temeu Dom João VI quando mandou romper com a Cúria Romana, se recusasse a passar letras de confirmação sem cláusulas a um bispo por Ele nomeado; e protestar que faria estabelecer a antiga disciplina nos seus Estados. Estes monarcas católicos, que apenas principiavam a conhecer a autoridade do poder temporal em matéria de disciplina eclesiástica, não temeram cisma; e temerá a Nação Brasileira, certa, como está, de seu poder ilimitado em matérias temporais, e que de nenhuma sorte podem ofender o essencial da Religião que professa?[139]

Como a resistência às suas idéias não diminuísse, no ano seguinte – 1828 – ele escreveu outra obra de nome *Demonstração da necessidade da abolição do celibato clerical pela Assembléia Geral do Brasil e da sua verdadeira e legítima competência nesta matéria*, insistindo em cada ponto que havia dito. O livro em questão se dividia em proposições, e a primeira delas permitia antever o seu conteúdo geral: "É da privativa competência do Poder Temporal estabelecer impedimentos dirimentes do matrimônio, dispensar neles e revogá-los". A segunda proposição – "Da necessidade de abolição do impedimento da ordem" – aparecia como conseqüência da anterior. Vale dizer, sendo o celibato injusto, propiciador da imoralidade do clero, e além disso, inútil, o poder temporal, pela competência que tinha, podia e devia aboli-lo como impedimento para a recepção do sacramento da Ordem. No resultado final da sua argumentação, ele inclusive deixou claro que ao Estado cabia estabelecer o que era justo ou injusto nos cânones, pouco importando se se tratasse exclusivamente de ministros ordenados:

> É doutrina corrente hoje entre os mesmos canonistas: – *Que todas as vezes que uma lei eclesiástica pode ser nociva à sociedade, deixa de ser religiosa; e que por isso mesmo, ao Poder Temporal compete embaraçar a sua execução* (o grifo é do autor). Ora, sendo certo que a lei do celibato, por uma experiência não interrompida de 15 séculos, tem produzido a

[139] Diogo Antônio Feijó, *Resposta às parvoíces, absurdos, impiedades e contradições do Sr. Pe. Luiz Gonçalves dos Santos na sua intitulada defesa do celibato clerical contra o voto separado do Pe. Diogo Antônio Feijó, Membro da Conissão Eclesiástica da Câmara dos Deputados*, p. 18.

> imoralidade numa classe de cidadãos encarregados no ensino da moral pública; e que por esta causa, seu ofício, além de inútil, se torna prejudicial.[140]

Como se verá no capítulo seguinte, foi nessa ocasião que ele teve de enfrentar seu mais temível opositor: o Pe. Luiz Gonçalves dos Santos. Também conhecido como "Padre Perereca", devido à sua particular compleição física, este sacerdote juntou-se ao Visconde de Cairu, e ao carmelita frei Perez, e abriu um combate sem tréguas às idéias contidas no *voto separado*. Feijó perdeu: a Comissão Eclesiástica, na pessoa de José de Souza Melo, rejeitou de forma decidida tanto o projeto de Francinha quanto ao seu parecer, por julgá-los ofensivos à doutrina e à Constituição.[141]

O irrequieto padre não desistirá da sua luta, mas a crise interna com que se debatia o Primeiro Império desviou a atenção, sem eliminar a instauração de novos entraves, com destaque particular para o *Código Criminal do Império do Brasil*, anteriormente citado. Entre outras coisas, dito código estabelecia penas para quem negasse a existência de Deus ou a imortalidade da alma; mas, como não especificava de qual Deus se tratava, de per si assegurava a faculdade de se atacar livremente a doutrina da confissão que o Estado adotara como sua. Mais clamoroso era o artigo 81, que proibia severamente "recorrer à 'autoridade estrangeira', residente dentro, ou fora do Império, sem a legítima licença, para interpretação de graças espirituais, distinções ou privilégios da hierarquia eclesiástica, ou para autorização de qualquer ato religioso". Penas previstas para quem infringisse a norma: "prisão por três a nove meses".[142] Conseqüência óbvia: se porventura um brasileiro fosse eleito Papa, antes da entronização, necessariamente deveria pedir o consentimento do Soberano. Outra obviedade é que, mais uma vez, essas eram sempre medidas unilaterais, tomadas sem que Roma jamais fosse sequer consultada.[143]

[140] Diogo Antônio Feijó, *Demonstração da necessidade de abolição do celibato clerical pela Assembléia Geral do Brasil e da sua verdadeira e legítima competência nesta matéria*, p. 66.

[141] Heliodoro Pires, *Temas de história eclesiástica do Brasil*, p. 371.

[142] *Código Criminal do Império do Brasil*, p. 10.

[143] Cândido Mendes de Almeida, *Direito civil e eclesiástico brasileiro antigo e moderno*, tomo primeiro, terceira parte, p. 1070.

1.4.4. O estabelecimento de cultos protestantes

Uma realidade religiosa, esquecida até então do imaginário brasileiro, banida que fora junto com os holandeses após a rendição da Campina da Taborda firmada aos 26-1-1654, sorrateiramente voltou a marcar presença no século XIX: o Protestantismo. De certo modo, o terreno estava preparado, pois a escassa influência que tivera Trento, em decorrência da vigilância constante do regalismo, e a divulgação de livros jansenistas, como os catecismos de Lyon e Montpellier, tolheram parcialmente ao Catolicismo os meios de defesa ante a eventualidade de tal infiltração.[144]

A vinda da Família Real, em 1808, seguida da abertura dos portos brasileiros às "nações amigas", no dia 25 de novembro do mesmo ano, também auxiliou essa penetração. Muitos comerciantes estrangeiros, ingleses em sua grande maioria, eram protestantes, sobretudo anglicanos, e Lord Strangford, diplomata nascido na Escócia, que acompanhara os Bragança na travessia, esposaria a causa deles. Em 1810, por seu intermédio foram estabelecidos dois tratados entre Portugal e Inglaterra, um de comércio e navegação e outro de amizade; sendo que o primeiro, datado de 19 de fevereiro, continha dois artigos concedendo a liberdade de culto privado para os britânicos.[145]

O Núncio Apostólico, Dom Lorenzo Caleppi reagiu veemente contra essas concessões, mas o bispo do Rio de Janeiro, D. José Caetano de Souza Coutinho, numa das suas tiradas características, se limitou a dizer: "Os ingle-

[144] Cf. Émile G. Léonard, *O Protestantismo no Brasil*, p. 39.

[145] Os artigos controvertidos eram os seguintes: Artigo 12: Os vassalos de Sua Majestade Britânica residentes nos territórios e domínios portugueses não seriam "perturbados, inquietados, perseguidos e molestados por causa da sua religião" e teriam "perfeita liberdade de consciência", bem como "licença para assistirem e celebrarem o culto divino em honra do Todo-Poderoso Deus, quer dentro de suas casas particulares, quer nas suas particulares igrejas e capelas" sob as únicas condições de que estas externamente se assemelhassem a casas de habitação, e também que o uso dos sinos não fosse permitido "para o fim de anunciarem publicamente as horas do serviço divino", e que os vassalos britânicos e quaisquer outros estrangeiros de comunhão diferente da religião dominante nos domínios de Portugal não seriam "perseguidos ou inquietados por matéria de consciência, tanto nas suas pessoas como nas suas propriedades", enquanto se conduzissem "com ordem, decência e moralidade e de uma maneira conforme aos usos do País e ao seu estabelecimento religioso e político" sendo-lhes vedado, entretanto, pregar ou declamar contra a religião Católica ou procurar fazer prosélitos ou conversões. Artigo 23: Seria permitido em Goa, e suas dependências, "a livre tolerância de todas e quaisquer seitas religiosas" (Boanerges Ribeiro, *Protestantismo no Brasil monárquico*, p. 15-17).

ses realmente não têm uma religião, mas são um povo orgulhoso e teimoso. Se nos opusermos aos seus intentos eles não somente persistirão, mas farão disto questão de infinita importância. Se, portanto, acedermos às pretensões deles, construirão sua capela e não mais irão lá". Assim, os britânicos passaram a celebrar seus cultos em navios de guerra ancorados no porto do Rio ou em residências particulares, entre as quais a do próprio Lord Strangford. Em 1818 chegou um capelão anglicano, Rev. Robert C. Crane, e, aos 18-8-1819 seria lançada a pedra fundamental do primeiro templo protestante do Império, localizado à Rua dos Barbonos (atual Evaristo da Veiga), inaugurado no dia 26 de maio do ano seguinte. Mais tarde seriam organizadas outras igrejas anglicanas em Niterói, São Paulo, Santos e Recife; mas, o anglicanismo no Brasil não floresceu: seu culto era celebrado somente em língua inglesa e os ministros não desenvolveram qualquer atividade missionária.[146] E, muitos dos que freqüentavam o templo da Rua dos Barbonos faziam-no mais pela oportunidade de manter contato com seus concidadãos que por real interesse religioso. O desalento que reinava ali era tão grande, que James Cooley Fletcher (1823-1901), ao visitar o local décadas mais tarde, afirmaria: "Comparada com todas as igrejas inglesas que visitei, em muitas terras estrangeiras, a do Rio de Janeiro é a menos freqüentada".[147]

Nesse ínterim, grupos cristãos reformados de outras nacionalidades, entre os quais norte-americanos, suecos, dinamarqueses e escoceses, também começaram a imigrar, mas, como os primeiros, tampouco criaram raízes. Foi o caso dos luteranos suecos e alemães, contratados por Dom João VI para trabalharem na Real Fábrica de Ferro de São João de Ipanema, em Sorocaba, SP, criada pela Carta Régia de 4-12-1810, cuja identidade religiosa não tardou a ceder ante as influências do meio. Os poucos que permaneciam fiéis à própria tradição religiosa tendencialmente se isolavam, razão pela qual, ao ser proclamada a independência aos 7-9-1822, ainda não se celebrava nenhum culto protestante em português no Brasil. Esse fato consentiu a deputados como José da Silva Lisboa (1756-1835) e João Severiano Maciel da Costa (1769-1833) posicionarem-se contra a liberdade de cultos durante os trabalhos da Assembléia Constituinte em 1823, porque, como eles diziam, a nação brasileira "tinha a felicidade de

[146] Carl Joseph Hahn, *História do culto protestante no Brasil*, p. 70-72.
[147] Júlio Andrade Ferreira, *Galeria evangélica*, p. 47.

não contar no seio de sua grande família nem uma só seita, das infinitas que há, de protestantes".[148]

O comportamento inusitado ficou por conta do padre Francisco Muniz Tavares (1793-1876) que, em nome da liberdade de consciência, advogou a causa dos acatólicos.[149] Assim, de maneira consciente e deliberada, ele e seus pares abriram o Brasil ao protestantismo, dado que, em certa medida, algumas das idéias que defendiam acabaram sendo incorporadas ao texto constitucional. A Carta Magna de 1824 legitimou o culto privado dos dissidentes, justamente num período em que a presença dos luteranos ganhava reforços no país. Dentre os novos a chegar estavam muitos dos 334 alemães, boa parte dos quais provenientes de Kirnberherbach, Hesse renano. Com eles também veio o pastor Friedrich Oswald Sauerbronn (1784-1864) e juntos, aos 3-5-1824, ocuparam a colônia Neu-Freyburg (Nova Friburgo), interior do Rio de Janeiro, quase abandonada por seus povoadores suíços originários, fundando pouco depois uma comunidade eclesial.[150]

A massa dos imigrantes germânicos, porém, seria canalizada pelo Governo para as províncias meridionais. Por isso, cerca de 4.800 deles se estabeleceram em território gaúcho entre 1824 e 1830. A mais antiga comunidade que ali criaram foi a de São Leopoldo – assim denominada em homenagem à Imperatriz Leopoldina –, onde aqueles que eram luteranos tiveram como primeiro pastor Johann Georg Ehlers (1779-1850), que atuou na região entre 1826 a 1844. No caso, o próprio Imperador ordenara ao Presidente da Província, José Feliciano Fernandes Pinheiro (1774-1847), recebê-los e acomodá-los na Real Feitoria do Linho-Cânhamo, que fora à bancarrota. Em seguida, os recém-chegados foram distribuídos em lotes de terra doados, tendo o grupo crescido graças às levas subseqüentes.[151]

Novas comunidades eclesiais luteranas foram organizadas em Três Forquilhas, RS (atual Itati), em 1826, e mais tarde nas cidades catarinenses de Blumenau, no ano de 1850, e Dona Francisca (atual Joinville), em 1851. A proliferação só não foi maior porque já nos primeiros anos a oposição parlamentar limitou a imigração alemã. Fê-lo não por motivos religiosos, mas porque muitos políticos eram escravocratas, e não lhes interessava a

[148] *Anais do Parlamento brasileiro – Assembléia Constituinte – 1823*, tomo V, p. 91.
[149] Cf. José Honório Rodrigues, *A Assembléia Constituinte de 1823*, p. 142-144.
[150] Hans-Jürgen Prien, *La historia del Cristianismo en América latina*, p. 727.
[151] Cf. Ida Teresa Ceron, *Consciência viva*, p. 404-405.

entrada de brancos livres no país. Por isso, a verba que subsidiava a instalação dos imigrantes terminou abolida.[152]

A absoluta falta de assistência religiosa, por outro lado, colaborou para que muitos dos núcleos protestantes instalados noutros pontos do Império se dissolvessem. A pobreza da maioria dos imigrantes, sem meios para sustentar um pastor, contribuiu igualmente para que comunidades inteiras fossem absorvidas pela religião dominante.[153] No caso específico dos seguidores de Lutero, somente bem mais tarde, no ano de 1886, conseguirão instituir um sínodo próprio no país, sediado no Rio Grande do Sul, tendo como primeiro presidente Wilhelm Rotermund (1843-1925).[154]

Houve, decerto, algumas tentativas de impedir a dissolução, como aquela levada a cabo por treze pessoas, sob a presidência do Cônsul da Prússia, Wilhelm von Theremin, que no dia no dia 25-7-1827 organizaram uma igreja alemã-francesa, aglutinando luteranos e calvinistas provenientes da França, da Alemanha e da Suíça. O Consistório da igreja de Brandemburgo apoiou economicamente a construção de um templo para eles na rua Matacavalos (atual Riachuelo), e anualmente ajudava a pagar o ordenado do pastor. O primeiro a assumir tal encargo foi um certo Ludwig Neumann, de Breslau, que celebrou o culto inaugural aos 21-5-1837. Posteriormente, dita igreja se converteria no "Sínodo Evangélico do Brasil Central",[155] de escassa ressonância popular.

A rigor, nenhuma confissão do período teve sucesso entre os brasileiros. Os luteranos, por exemplo, na maioria dos casos, conservaram a liturgia em alemão até o século XX, e depois, também se deve ter presente que, desde o século XVIII o protestantismo europeu vinha perdendo fôlego. A guerra dos trinta anos (1618-1648), o pietismo e a forte influência racionalista reduziram o culto a um mero conjunto de doutrinas morais, e a própria Genebra calvinista se transformara num dos centros do racionalismo reformado. Por tudo isso, em 1834 um padre secular diria: "Não me consta que brasileiro algum tenha abraçado o protestantismo, antes, pelo contrário, riem-se com desprezo da mesquinhez e simplicidade de se-

[152] Carlos Albino Zagonel, *Igreja e imigração italiana*, p. 25.

[153] Cf. Boanerges Ribeiro, *Protestantismo no Brasil monárquico*, p. 18-19, 29, 97.

[154] Jean-Pierre Bastian, *Le protestantisme en Amérique latine*, p. 80.

[155] Duncan Alexander Reily, *História documental do protestantismo no Brasil*, p. 63.

melhante culto".[156] Faltava, porém, uma resistência doutrinariamente bem articulada, motivo pelo qual a perspectiva mudará, a partir do momento em que os cultos reformados adotarem nova metodologia.

1.5. A problemática no período da Regência (1831-1840)

O artigo 121, da Constituição de 1824, estabelecia que o Imperador seria menor de idade até aos 18 anos. Dom Pedro II estava com menos de seis quando o pai abdicou, e não tinha nenhum parente próximo com a idade mínima de 25 anos, fixada pela Carta, que o pudesse temporariamente substituir. A solução foi aplicar o artigo 123 que previa tal situação: "Se o Imperador não tiver parente algum que reúna estas qualidades, será o Império governado por uma Regência permanente, nomeada pela Assembléia Geral, composta de três Membros, dos quais, o mais velho em idade será o Presidente".[157]

Acontece que Dom Pedro I renunciou ao trono num período em que o parlamento estava em férias e, para remediar a situação, os seis senadores e os trinta e seis deputados que se encontravam no Rio de Janeiro, reuniram, no edifício do senado às 10h30min do dia da renúncia (7-4-1831), e elegeram uma Regência Trina Provisória, composta pelo Brigadeiro Francisco de Lima e Silva, e pelos senadores Nicolau de Campos Vergueiro e José Joaquim Carneiro de Campos (Marquês de Caravelas), para responder pelo Governo até a escolha apropriada. Isso seria feito no dia 18 de junho seguinte, quando a Assembléia Geral, reunida no Paço do Senado, elegeu a Regência Trina Permanente, integrada pelo mesmo Brigadeiro Francisco de Lima e Silva, mais os deputados José da Costa Carvalho (depois Marquês de Monte Alegre) e José Bráulio Muniz.[158]

Em meio às intempéries políticas, a maçonaria rapidamente se rearticulou, e um novo "Grande Oriente" começou a funcionar no dia 23-11-1831, tendo José Bonifácio como grão-mestre reeleito. O grupo nascente, porém, não conseguiu superar certas desavenças internas, dividindo-se pouco depois em duas agremiações. Francisco Ge Acaiaba de Montezuma, Viscon-

[156] AAEESS, "Resumo histórico da introdução da religião católica ano Brasil", em: *Brasil*, fasc. 145, pos. 22, fl. 55.

[157] *Coleção das leis do Império do Brasil de 1824*, parte 1ª, p. 24-25.

[158] *Coleção das leis do Império do Brasil de 1841*, segunda parte – aditamento, p. 5-7, 13.

de de Jequitinhonha (1794-1870), tentou a reunião; mas, não conseguindo, criaria ele próprio em 1833 um terceiro "Grande Oriente" de rito escocês de 33º grau, após receber uma carta de autorização do Supremo Concílio Belga. Nem assim a situação tranqüilizou, pois, o seu círculo acabaria se dividindo em três corpos.[159] Por causa dessas dissensões, dois anos mais tarde já haviam se formado dois "Grandes Orientes" e quatro "Supremos Conselhos"; e, como se não bastasse, a Grande Loja da Inglaterra começou a dar cartas de autorização a lojas de língua inglesa no Brasil. Somente a partir de 1842, já no Segundo Império, a situação começou a se definir, pois o Grande Oriente n. 2 uniu-se com o Supremo Concílio n. 2, e rejeitou o "rito moderno francês".[160] Foi o início da grande escalada maçônica no Brasil, cujos quadros já incluíam personagens como o italiano Giuseppe Garibaldi (1807-1882), então residente no Rio Grande do Sul, que se iniciara nos rituais maçônicos no ano de 1836.[161]

No tocante à Igreja, a Regência manteria a mesma política de outrora. Por isso, aos 25-8-1831, foram suprimidos os carmelitas descalços e os capuchinhos do Pernambuco.[162] O esbulho dos bens dos regulares também continuou: as ordens mais fracas a princípio, e depois com artifícios e cautelas as mais poderosas, e que poderiam reagir, viram seus patrimônios serem considerados bens nacionais e os próprios regulares reduzidos a meros administradores de bens que o Estado, não só se assegurava quanto à posse futura, mas ia desde logo tirando, mediante pesadíssimos impostos, a porcentagem a que julgava no direito, como "legítimo proprietário". A lei, de 23-10-1832, impôs às ordens religiosas o pagamento das décimas sobre seus prédios, não obstante a comutação dos legados pios, *ex-vi* de leis portuguesas, adotadas no Império, da competência do Papa.[163]

Igual que nos tempos de Pombal, muitos padres continuavam a esposar abertamente idéias cismáticas, liberais, maçônicas e do jansenismo político. A disciplina clerical e o celibato encontravam-se relaxados, e os santuários colocados sob administração de autoridades seculares. E, não obstante o cânon VI da sessão XIV do Concílio de Trento houvesse impos-

[159] Carlo Pace, *Resumo histórico da maçonaria no Brasil*, p. 17-22.
[160] David Gueiros Vieira, *O protestantismo, a maçonaria e a questão religiosa no Brasil*, p. 45.
[161] José Castellani, *Os maçons e a questão religiosa*, p. 33.
[162] *Coleção das leis do Império do Brasil de 1831*, p. 80-81.
[163] Júlio César de Morais Carneiro, *O Catolicismo no Brasil*, p. 156.

to aos clérigos o uso constante da batina, cabendo aos bispos o direito e a obrigação de fazê-la observar,[164] em muitas regiões do país o costume havia sido completamente abandonado. O padre de então "participa na vida econômica e política do país, e os seus valores não são diferentes dos seus contemporâneos. Torna-se mesmo soldado e, por vezes, conspirador e líder político. Servidor de Deus e da Igreja, é-o cada vez menos".[165]

1.5.1. As novas polêmicas do Padre Feijó

Assim que foi definida a situação política da Regência, nomeou-se o Gabinete, e a pasta da Justiça foi ocupada pelo Pe. Diogo Antônio Feijó aos 4-7-1831. A presença de Feijó num alto escalão do poder não só facilitou e estimulou o reascender das polêmicas anteriores, como trouxe consigo questões novas. A bem da verdade, a celeuma tinha sido reaberta antes mesmo da sua posse, uma vez que, nos dias 17 de maio e 11 de junho precedentes, ele, juntamente com o Pe. Antônio Maria de Moura e outros regalistas, articulou três polêmicos projetos que de nenhum modo poderiam ser – e de fato não foram – aceitos pela Santa Sé: o da "caixa eclesiástica", o do "presbitério" e um último sobre o matrimônio.[166]

O Internúncio se opôs frontalmente a todas essas propostas por considerá-las altamente lesivas aos interesses e à disciplina da Igreja. O projeto do "presbitério" em questão tinha um ranço "paroquialista", e foi visto como uma tentativa de substituir os capítulos, destituindo-os da sua função de coadjuvar os bispos na condução das dioceses. A idéia da instituição das "caixas eclesiásticas" desagradou ainda mais, pois, segundo dito projeto, seria criada uma em cada província, estando todas elas submetidas ao Tesouro. Ditas "caixas" recolheriam taxas, contribuições e legados pios, que seriam encaminhados ao culto. O projeto era tão minucioso que previa a criação de subsidiárias das "caixas" em cada paróquia, sob a administração de um fabriqueiro, sempre nomeado, obviamente, como nas demais instâncias, pelo Tesouro. O montante apurado iria para o culto divino, que assim

[164] *Conciliorum Oecumenicorum Decreta*, p. 716.

[165] Márcio Moreira Alves, *A igreja e a política no Brasil*, p. 26; Scott Mainwaring, *Igreja Católica e política no Brasil*, p. 45.

[166] ASV, "Lettera di Francesco Cappacini al Incaricato d'affari della Santa Sede a Rio de Janeiro", *Nunciatura Apostólica no Brasil*, fasc. 18, caixa 4, doc. 82, fl. 233; Idem, doc. 84, fl. 265.

supriria o déficit que houvesse graças às rendas provinciais. Isto, para o Internúncio, além de danoso, dissimulava o desejo não declarado de fixar e coordenar todas as rendas eclesiásticas a partir do erário público.[167]

A Comissão Eclesiástica em exercício ignorou a oposição do representante de Roma, e com o aval dos padres que nela atuavam – José Bento Leite Ferreira de Melo, Antônio Maria de Moura e Francisco de Brito Guerra – não só acatou as duas propostas e lhes deu encaminhamento, como adotou igual postura em relação à terceira e mais polêmica delas: aquela que versava sobre o contrato matrimonial, e que abolia impedimentos e sujeitava as causas do julgamento aos magistrados seculares. Um importante destaque foi contemplado neste particular: o celibato não seria mais uma qualidade necessária para o exercício do ministério sacerdotal. Lido o parecer da comissão no plenário da câmara, na sessão de 26-7-1831, reacenderam-se as discussões. De novo, nenhum dos três projetos teve prosseguimento porque uma questão política mais urgente teve de ser abordada: a tutoria do Príncipe herdeiro. O Ministro Feijó mandara prender José Bonifácio, acusado de rebelião, e pediu autorização ao legislativo para exonerá-lo da função de tutor de Dom Pedro II. O acusado era membro da poderosa família Andrada, e seus irmãos, liderados por Martim Francisco, tudo fizeram para defendê-lo; mas, aos 30-7-1832, a comissão da justiça criminal condenou-o por 45 votos contra 31. Faltava ainda o parecer do senado, e ali a situação se inverteu: pela diferença de apenas um voto José Bonifácio foi mantido no cargo. Sentindo-se agredido moralmente, Feijó pediu demissão no dia dois de agosto seguinte e regressou a São Paulo.[168]

Lá, tendo sempre como fiel aliado o Pe. Manoel Joaquim do Amaral Gurgel, reiniciaria a luta contra o celibato, tentando convencer o bispo diocesano, Dom Manuel Joaquim Gonçalves de Andrade, a suprimir a continência obrigatória na sua jurisdição. Feijó defendia seu projeto, baseando-se sobretudo em dois argumentos: “Os bispos em suas dioceses podem tudo o que pode o Sumo Pontífice na Igreja Universal; e a lei do celibato não é senão disciplinar, dispensável por qualquer bispo, argüindo-se daí que o bispo de São Paulo pode e deve, nas presentes circunstâncias, dispensar os seus padres da lei do celibato”. Pego de

[167] Cf. ASV, Carta do Internúncio ao Cardeal Bernetti, em: *Nunciatura Apostólica no Brasil*, fasc. 13, caixa 3, doc. 98, fl. 212.

[168] Alfred Ellis. Júnior, *Feijó e sua época*, p. 228-248.

surpresa, o ordinário de lugar, que não era exatamente um homem de energia, esquivou-se de tomar uma atitude, submetendo a questão ao Governo central. A Santa Sé, conforme consta de uma carta do Cardeal Bernetti ao seu encarregado no Brasil, teria ficado constrangida com a fraqueza de caráter do prelado de São Paulo, e o próprio Papa o repreenderia por haver dado ouvidos aos anticelibatários, ao invés de cumprir seu dever, rejeitando uma proposição que feria a disciplina geral da Igreja.[169]

O Internúncio Scipione Fabbrini, por sua vez, aos 18-2-1834, escreveu ao ministro dos negócios estrangeiros, Conselheiro Aureliano Coutinho, futuro Marquês de Sepetiba, pedindo explicações e providências. O ministro respondeu-lhe com extrema rudeza;[170] mas, não sendo versado no assunto, antes de submeter dita *Representação* ao conhecimento das Câmaras, expediu um *Aviso* a três de março, pedindo com urgência a Dom Romualdo o seu parecer. O primaz não gostou nada da solicitação, e na resposta que deu, aos 14-6-1834, fez questão de manifestá-lo:

> É sobremaneira doloroso ter de pronunciar um juízo, ou emitir uma opinião a cerca da Representação do Conselho Geral de São Paulo, [...] quando o mesmo Conselho parece querer prevenir e como intimidar os que não pensam como ele, reduzindo-os a um punhado de rudes e ignorantes, e mimose-

[169] ASV, "Carta do Cardeal Bernetti ao Encarregado da Santa Sé no Rio de Janeiro" (28-5-1835), em: *Nunciatura Apostólica no Brasil*, fasc. 18, caixa 4, doc. 57, fl. 145.

[170] Na carta, o Internúncio solicitava o seguinte: "Sr. Ministro: O 'Correio Oficial' acaba de publicar que o Conselho Provincial de São Paulo tomou as seguintes resoluções: 1) Que os bispos em suas dioceses têm os mesmos direitos que o Santo Padre em toda a Igreja Católica; 2) que a lei do celibato é simplesmente disciplinar. Conclusão: os bispos poderão dispensar em suas dioceses os cânones disciplinares dos Concílios gerais e podem permitir o matrimônio do clero em suas dioceses. Consta-me que o bispo de São Paulo e o Conselho Geral submeteram esse papel ao julgamento do Governo, e eu, como delegado da Santa Sé, tomo a liberdade de endereçar a Vossa Excelência esta carta confidencial para saber a opinião do Governo a respeito. Fico, Excelência, na doce esperança de obter uma resposta que tranqüilize o coração do Santo Padre. Aproveito a ocasião para renovar à Vossa Excelência a segurança de minha alta consideração". A resposta de Aureliano Coutinho nada fez para ocultar o desprezo das autoridades do Governo pelas preocupações da Santa Sé: "Em resposta à nota de 18 deste mês, na qual manifestais o desejo de conhecer o pensamento do Governo sobre a questão do celibato dos padres agitada em São Paulo, tenho a honra de vos dizer com toda franqueza que o Governo de Sua Majestade está convencido de que o celibato dos padres constitui um ponto de disciplina que os Soberanos, em seus podem alterar

ando-os com os odiosos epítetos de *superstição a mais estúpida, ou da mais refinada imoralidade* (o grifo é do autor).[171]

Ainda assim, ele anexou o parecer pedido, por entender que, por uma questão de consciência, um bispo não podia ficar mudo, quando via a verdade em perigo. Tampouco perdeu a oportunidade de criticar as penosas condições em que vivia o clero do país:

> Pode o Soberano revogar nos seus Estados a Lei do Celibato Clerical? Parece-me, que a afirmativa só poderá ser sustentada por quem pretender com Bayle e Rousseau, que a Religião é apenas um ramo da administração pública, que o soberano pode alterar, ou modificar ao seu arbítrio, acumulando a supremacia espiritual com o Sumo Império, bem como o Rei da Inglaterra ou Imperador da Rússia. [...] Nem diga o Conselho Geral que, a extinção do Celibato fará entrar no clero muitos cidadãos virtuosos, e pais de família, que ora deixam de abraçar o Estado Eclesiástico por causa da Lei do Celibato. [...] A não ser uma sublime dedicação, não sei que motivo poderia mover esses pais de família a buscar um estado incapaz de melhorar sua sorte, e de seus filhos. Não é o Celibato que torna deserto o santuário; mas sim a pobreza, a miséria, a falta de socorros para conseguir a necessária instrução, a impossibilidade enfim de manter aquela independência, que é indispensável a um Pastor, para não sacrificar a santa liberdade do seu ministério aos respeitos e considerações humanas. Querer que casem os padres com o mesquinho e vergonhoso dote de duzentos mil réis, é querer de propósito, e à custa da antiga e veneranda disciplina da Igreja, aumentar a imoralidade pública.[172]

a vontade, em benefício de seus súditos, O Governo sabe que o celibato do clero no Brasil não existe de fato, e esse estado de coisas favorece enormemente a imoralidade pública. Deve, por isso, tomar medidas enérgicas e apropriadas às circunstâncias. E como o negócio é muito sério, o Governo não fará conhecer publicamente o seu pensamento, mas enviará à Câmara dos Deputados com aquele desejo de marchar para sempre de acordo e na esperança de que ela encontrará um remédio para sanar o mal que tanto dano causa à Igreja" (João Dornas Filho, *O Padroado e a Igreja brasileira*, p. 69-70).

[171] Romualdo Antônio de Seixas, *Coleção das obras do Excelentíssimo e Reverendíssimo Senhor Dom Romualdo Antônio de Seixas*, tomo II, p. 349.

[172] Romualdo Antônio de Seixas, *Coleção das obras do Excelentíssimo e Reverendíssimo Senhor Dom Romualdo Antônio de Seixas*, tomo II, p. 351, 357-359.

A resposta do Arcebispo foi levada a sério, fazendo a proposta cair. Amaral Gurgel, na desesperada tentativa de inverter o veredicto, publicou uma réplica à *Representação* de Dom Romualdo, alertando para o "risco" que representava essa nova "usurpação" do clero:

> Que ao Soberano compete determinar quais os impedimentos do matrimônio, é hoje doutrina tão corrente, que não sei como chamar-se à dúvida. [...] Logo, como se pode negar ao Governo do Brasil este direito? [...] É para obstar as pretensões do Poder Eclesiástico, para reprimir a audácia com que, a pretexto de Religião, tem querido interferir em negócios puramente temporais, que aos Imperantes compete mesmo o direito de examinar, e dar o seu "Praz-me" às próprias bulas dogmáticas. [...] O Brasil está tranqüilo fazendo as suas reformas constitucionais, e que melhor ensejo para fazer também uma reforma em uma lei disciplinar? [...] Van Espen diz mui terminantemente que aos Bispos compete dispensar o rigor dos cânones, quando assim pedir a necessidade, ou utilidade do seu bispado.[173]

O escrito passou quase que ignorado, e o Primaz do Brasil, sem sequer citá-lo, anos mais tarde se resumiria a contar, não sem certa ironia, a reação que tiveram os "padres noivos", no momento em que a sua *Representação* foi lida no parlamento, encerrando a questão:

> O empenho e paciência dos "noivos", e seu procurador, obrigaram o dito Ministro da Justiça a dirigir-me novo Aviso, instando pelo mencionado parecer. Nada, porém, foi mais cômico e interessante que a cena que se passou na Câmara dos Deputados, onde também me achava, no momento de abrir-se e anunciar-se a minha resposta. [...] Pe. Joaquim do Amaral Gurgel disse que já estava de casamento marcado e cobriu de injúrias o Arcebispo. [...] O projeto caiu "com grande mágoa e desespero dos noivos".[174]

[173] Manoel Joaquim do Amaral Gurgel, *Análise da resposta do Ex.mo Arcebispo da Bahia sobre a questão da dispensa do celibato, pedida pelo Conselho Geral de São Paulo*, p. 3-4, 8-10, 25-27.

[174] Romualdo Antônio de Seixas, *Memórias do Marquês de Santa Cruz*, p. 84-85.

O episódio evidenciou ainda outros dois fatos: o tratamento político que as autoridades deram ao caso, e o alinhamento de parte da hierarquia eclesiástica ao "status quo".[175] Ou seja, não foi a situação moral do clero nem a observância da disciplina estabelecida em Trento que provocaram o desfecho, mas a conveniência: Feijó e seus pares não tiveram suficientes argumentos para contrastarem opositores mais cultos, ou cooptar o apoio da maioria. No tocante à acomodação de um segmento do clero ao regalismo tampouco há motivo de espanto: muitos deles eram simples sacristãos, que depois de acolhidos "progrediam" como fosse possível ao longo dos anos, até receberem a tonsura, e por fim, o diaconato e o presbiterado. E tudo isso quase sempre sem fazerem estudos ou passar em exames.[176] Não por acaso, o inglês Richard Francis Burton afirmaria mais tarde que a hierarquia eclesiástica do Brasil havia passado por "mudanças notáveis" em relação ao seu centro legítimo.[177]

1.5.2. A questão da vacância da diocese do Rio de Janeiro e o ostracismo final dos "dignitários" regalistas

A mais grave crise religiosa da Regência se abriria quando se fez necessário encontrar um sucessor para o prelado do Rio de Janeiro, Dom José Caetano da Silva Coutinho, falecido aos 27-1-1833. No dia 22 de março seguinte, o brigadeiro Francisco de Lima e Silva, na condição de membro da Regência Trina Permanente, por meio de um decreto cometeu a temeridade de indicar o Pe. Antônio Maria de Moura, provocando a reação imediata do Encarregado Pontifício, que, no mesmo dia, advertiu Honório Hermeto, Ministro da Justiça e Negócios Eclesiásticos, que o fato do referido padre haver subscrito os três projetos rejeitados se constituiria numa grande dificuldade para uma eventual instituição canônica.[178]

[175] Segundo Monsenhor Ezequias Galvão de Fontoura: "Infelizmente, o nefando regalismo, que havia contaminado horrivelmente a Igreja portuguesa, já estava invadindo a jovem Igreja brasileira. Raríssimo era o bispo ou sacerdote que estava isento desse verme roedor da autonomia do poder eclesiástico. Esse despotismo, por longos anos, exercido sobre a Igreja brasileira, entorpeceu a sua marcha progressiva" (Paulo Florêncio da Silveira Camargo, *A Igreja na história de São Paulo (1851-1861)*, vol. III, p. 111).

[176] Márcio Moreira Alves, *A igreja e a política no Brasil*, p. 25.

[177] Richard Burton, *Viagem do Rio de Janeiro a Morro Velho*, p. 333.

[178] ASV, Breve memória histórica anexa à nota dirigida ao Senhor Drumonnd, Encarregado dos negócios do Brasil, em: *Nunciatura Apostólica no Brasil*, fasc. 18, caixa 4, doc. 83, fl. 299.

Dois anos depois, também Feijó seria nomeado prelado de Mariana, mas, prudentemente declinou a oferta. Pe. Antônio Moura, ao contrário, mal soube da citação do seu nome, aceitou-a de boa vontade. O que ele não contava é que a imprensa transformaria essa pretensão num clamoroso escândalo. No dia 29-3-1833, o jornal carioca *O Carijó*, atacaria abertamente a escolha feita, recordando que o indicado, Moura, na condição de filho ilegítimo de Paulo Fernandes Viana, segundo o estabelecido pelo Concílio de Trento, estava canonicamente impedido de se tornar bispo, sendo mais que provável que Roma rejeitasse "tal sujeito".[179] Quatro dias depois, o satírico periódico *O Par de Tetas* diria ferino que o novo critério para se nomear bispo tinha se tornado vestir-se à moda de "pelintra" antes que de padre, ser membro de alguma comissão defensora do casamento dos sacerdotes, e embebedar bastante. "Que desgraça...", concluía.[180] O jornal *O Permanente Constitucional* também se ocuparia do assunto, mas, nenhuma publicação fez mais estrago ao sonho de Moura que o número seis da *Arca de Noé*, que chegou ao público no dia treze daquele mesmo mês de abril. O autor, como era próprio do estilo, fê-lo de forma anônima, mas a posteridade o identificaria: era José Bonifácio, que chegou a tanto por puro desejo de vingança. Isto porque, após a queda de Feijó, a Regência o reintegrara na função de tutor de Dom Pedro II, para pouco depois, através duma proclamação lacônica, pontuada de acusações vagas, humilhá-lo com uma demissão sumária:

> Brasileiros, [...] uma conspiração acaba de ser pelo Governo descoberta, a qual tem por fim deitar abaixo a Regência, que em nome do Imperador governa, e quiçá destruir a Monarquia Representativa na Terra de Santa Cruz. [...] A Regência está vigilante. [...] Ela acaba de suspender o tutor de Sua Majestade Imperial e de Suas Augustas irmãs, o Doutor José Bonifácio de Andrada e Silva, o homem que servia de centro, e de instrumento aos facciosos; havendo nomeado para substituí-lo, enquanto a Assembléia Geral Legislativa se não determinar o contrário, o Marquês de Itanhaém. [...] Viva a

[179] A. I., (artigo sem título), em: *O Carijó* (29-3-1833), n. 45, p. 4.
[180] A. I., (artigo sem título), em: *O Par de Tetas* (17-4-1833), p. 4.

Santa Religião; viva a Constituição; viva o Imperador, o Senhor Dom Pedro II.[181]

Conhecendo as reais limitações do indicado para o Rio, José Bonifácio viu nele a grande oportunidade de desforra contra os regentes, e assim, no artigo supracitado, explorou com crueza todas as suas mazelas. Sem medir palavras, ele deixava bem claro que a Regência e o Ministro que lhe referendara o nome sabiam muito bem que "o Sr. Antônio Maria de Moura, membro da comissão eclesiástica da câmara dos deputados, organizara com seus dois 'dignos' colegas os escandalosos e heterodoxos projetos", um dos quais nada mais queria que "acabar com a religião de Cristo que todo o povo do Brasil sinceramente ama e quer, à exceção desses inovadores, heréticos e libertinos". O maçom Bonifácio, parafraseando o "Santíssimo Padre Gregório XVI", sublinharia que "a nossa Sé Romana de São Pedro, sobre quem Cristo pôs os fundamentos da Igreja, é assaltada de todas as partes, e os laços de unidade de dia em dia cada vez mais se enfraquecem e dilaceram".[182]

O Governo, minimizando os efeitos do artigo sensacionalista e a advertência do Representante Pontifício, no dia 3-5-1833 enviou do Rio para Roma o processo para a confirmação episcopal de Moura. Os documentos chegaram à Santa Sé no dia 29 de junho seguinte, mas, quando Luís Moutinho Álvares e Silva, representante do Brasil junto aos Estados da Igreja, apresentou o pedido do Conselheiro Bento da Silva Lisboa, então Ministro dos Estrangeiros, pedindo a postulação do Pe. Moura, não recebeu a esperada confirmação.[183] O Papa havia sido informado dos eventos do Brasil, e por isso, na audiência que concedeu dia 10 de setembro ao secretário da Sagrada Congregação dos Negócios Eclesiásticos, ordenou que por meio da Secretaria de Estado fosse enviada nota confidencial ao representante da Santa Sé junto à Corte brasileira e também a Luís Moutinho, explicando as razões por que não era possível dar instituição canônica ao candidato do Brasil. A referida nota, datada de 14-9-1833, vinha assinada pelo Cardeal Tommaso Bernetti, e alegava que Moura não possuía "as qualidades exigidas nas pessoas eclesiásticas, especialmente naquelas a serem promovidas

[181] Francisco de Lima e Silva et alii, *Proclamação* (página única).

[182] [José Bonifácio de Andrada e Silva], (artigo sem título), em: *A Arca de Noé* (13-4-1833), p. 1-2.

[183] Jerônimo Lemos, *Dom Pedro Maria de Lacerda, último bispo do Rio de Janeiro no Império*, p. 44.

à dignidade episcopal". Isto, devido a quatro motivos principais: ele estava impedido canonicamente (fora ordenado padre em São Paulo sem as dimissórias do bispo de Mariana, seu prelado de origem); não era dotado de sã doutrina (havia subscrito os três projetos heterodoxos); tinha "defeitos de natal" (era filho bastardo) e "defeitos de corpo" (encontrava-se afetado de paralisia parcial na tenra idade de 39 anos), e era imputado de "outras graves coisas" (entre as quais, a embriaguez, tanto explorada na imprensa da época).[184] Assim sendo, solicitava-se a Moutinho de pedir ao Imperador brasileiro que apresentasse outro candidato para que a Igreja do Rio "fosse solicitamente provista de digno pastor".[185]

Luís Moutinho sem desistir, respondeu dois dias depois, tentando minimizar o teor das acusações, mas a Santa Sé no dia 27 do mesmo mês rebateu com outra nota seca:

> Malgrado o seu zelo usado em tal objeto para diluir, isto é, as acusações ao De Moura, não poderá V. S. Ilma não convir de fato que as subscrições adjuntas aos três conhecidos projetos apresentados às Câmaras da Comissão Eclesiástica; e sobre a difamação feita por ele através das folhas públicas do Brasil. Por este motivo, restando firme nos artigos que obrigaram, contra a sua vontade, o Santo Padre a não dar continuidade a tal nomeação, não pode S. S. Mudar a determinação tomada.[186]

A essa altura, a Cúria Romana julgava a pendência liquidada, mas o representante brasileiro ainda voltaria a insistir com uma nota oficial no dia 13 de outubro. De novo foi desatendido, e daquela data até dezembro de 1834, nada se fez, cessando inclusive a correspondência. Nesse ínterim, aos 21-2-1834, Aureliano Coutinho substituiu Bento Lisboa na pasta dos estrangeiros, e também Moutinho cedeu seu lugar em Roma a José Joaquim da Rocha. O novo representante do Brasil conseguiria do Sumo Pontífice a promessa de concessão da bula, mas com uma condição: que o

[184] ASV, "Cópia confidencial", em: *Nunciatura Apostólica no Brasil*, fasc. 13, caixa 3, doc. 39, fl. 91.

[185] ASV, "Breve memória histórica", em: *Nunciatura Apostólica no Brasil*, fasc. 18, caixa 4, doc. 83, fl. 239b.

[186] ASV, "Breve memória histórica", em: *Nunciatura Apostólica no Brasil*, fasc. 18, caixa 4, doc. 83, fl. 240.

Pe. Antônio Moura, mesmo sem uma retratação formal, subscrevesse "conveniente declaração" afirmando a sanidade da sua doutrina.[187]

Isso não acontecerá, porque a tendência predominante na política brasileira era aquela de enrijecer em relação à Igreja, como ficou demonstrado durante a aprovação do *Ato Adicional* à Constituição aos 12-8-1834. Dito documento substituiu a Regência trina pela Regência una, mas também afetou as estruturas eclesiásticas, agravando ainda mais a situação do clero. Dentre outras disposições, o artigo 10º §1 do referido documento deu às Assembléias Provinciais a atribuição de legislar sobre a divisão eclesiástica, e sobre conventos e quaisquer associações religiosas; enquanto que o §7 estabeleceu que todos os eclesiásticos que recebiam a minguada côngrua das folhas do Tesouro ficavam oficialmente reduzidos a funcionários públicos. E, para dar o toque final ao férreo cerco que se montava, no dia 7-4-1835 o pleito nacional para o Regente único elegeu Pe. Diogo Antônio Feijó, a quem foram dados 2.828 votos, contra 2.251 recebidos pelo seu opositor, o nordestino Francisco de Paula Hollanda Cavalcanti de Albuquerque.[188]

Antes mesmo que Feijó assumisse, o deputado maranhense, Estevão Rafael de Carvalho (1800-1846), tomou a iniciativa de "resolver" a problemática da vacância do Rio e de toda a Igreja do Brasil, propondo aos 6-6-1835 um cisma unilateral. O episódio, reproduzido integralmente nos *Anais da Câmara dos Deputados*, fala por si:

> O Sr. Rafael de Carvalho, declarando que as ordens do presbitério não constituem impedimento civil, [...] julgando também que este projeto contêm a reforma constitucional, é proposto ao apoiamento, e sendo apoiado pela terça parte dos membros presentes desta Câmara, fica sobre a mesa para passar pelo processo determinado na Constituição.
>
> A Assembléia Geral Legislativa resolve:
>
> Artigo 1° – A Igreja Brasileira fica desde já separada da Igreja Romana.
>
> Artigo 2° – O Supremo sacerdócio fica devolvido ao Governo.

[187] ASV, "Nota verbal do Cardeal Bernetti" (10-9-1835), em: *Nunciatura Apostólica no Brasil*, fasc. 18, caixa 4, doc. 28, fl. 67.

[188] José Francisco Rocha Pombo, *História do Brasil*, vol. III, p. 388.

> O Sr. Presidente [Pedro de Araújo Lima], ao ler-se este projeto, convida o Sr. Vice-presidente para ocupar a cadeira, e pedindo a palavra, observa à Câmara que não pode deixar de mostrar a sua oposição e indignação, ao ver que se está tratando dos objetos mais sagrados, quais a religião e a constituição, por semelhante modo! [...] O ilustre orador, continuando a discorrer sobre o projeto, mostra a santa indignação de que se acha possuído à vista do projeto que se oferece, que por sua natureza nunca devia aparecer, e conclui declarando que o respeito à religião de nossos pais não consente que ele deixe de exprimir os seus sentimentos nesta matéria com toda a energia; que já em outra ocasião se vira em luta com alguns senhores deputados, apesar de saber que o projeto a que se refere muitos poucos votos terá em seu favor, mas que julga que convêm que a Câmara repila tais tentativas de um modo não ordinário; que julga agora do mesmo modo, e que deixa à consideração de cada um a alta importância do objeto.
>
> O Sr. Rafael de Carvalho, defendendo o seu projeto, e mostrando que ele deve ser posto ao apoiamento, declara que mais sagrados são os direitos da Nação, que os direitos do Pontífice. [...] Posto ao apoiamento, só se levantou o autor do projeto, e outro Sr. Deputado [Pe. Antônio Ribeiro Bhering, da província de Minas Gerais], e por conseguinte, não é apoiado.[189]

Eliminar o perigo de um cisma não era ainda a solução, pois o Pe. Moura, pressionado pelos homens do Governo, se negou a fazer qualquer reconsideração, tendo inclusive feito publicar no dia 16 de junho do mesmo ano sua negativa no *Correio Oficial*. Ali, ele não somente afirmou que rejeitava a sugestão da Santa Sé, como acrescentava estar intimamente convencido que os projetos que subscrevera não continham erros nem em ponto de fé nem em ponto de disciplina geralmente recebida, e por isso, concluía categórico: "Eu não tenho do que retratar-me, estando muito tranqüilo com o testemunho da minha consciência,

[189] *Anais do Parlamento Brasileiro – Câmara dos Srs. Deputados*, sessão de 1835, tomo I, p. 154-155.

a qual não me acusa de me haver afastado dos princípios ortodoxos que constantemente segui".[190]

E foi assim que se chegou ao dia 24-8-1835, data em que Antônio de Meneses Vasconcelos Drumond, novo Ministro brasileiro em Roma, em uma conferência que teve com o Cardeal Secretário de Estado, lhe declarou de haver recebido resposta à correspondência que mandara em fevereiro para o Rio, a qual continha instruções para pedir em termos peremptórios a instituição canônica de Moura. No caso de o Papa se recusar, informou, devia pedir os passaportes e romper relações diplomáticas com a Santa Sé. Drumonnd ainda não havia recebido o *Correio Oficial*, e, quando teve em mãos a declaração do candidato à vacante diocese carioca, compreendeu que já não havia negociação possível. Assim, enviou uma nota à Cúria no dia 23 de setembro, pediu seus passaportes e declarou que esperaria a resposta em Nápoles até 23 de novembro, dia em que as relações diplomáticas do Brasil com a Santa Sé seriam rompidas de modo cabal, a menos que o Papa não houvesse organizado expressamente um consistório para dar a instituição canônica requerida. Se tal não ocorresse, seria oficializada a separação da Igreja do Brasil.[191]

A posse do padre-regente acontecida no dia 12 de outubro parecia ser o último passo para a consumação de um cisma irremediável, inclusive porque ele havia se tornado maçom. Acontecera dois anos antes, quando se iniciara na loja "Amizade", na qual viria a atingir nos anos sucessivos o grau n. 18.[192] O agora neófito da maçonaria, fiel ao antigo propósito de estabelecer no Brasil seu próprio modelo eclesial, recomendava expressamente aos bispos que só fizessem nomeações de vigários depois de ouvido o voto dos paroquianos (entenda-se a exígua parcela privilegiada – justamente onde a maçonaria tinha seu principal reduto –, e que era dotada da "capacidade eleitoral") porque, segundo ele "os empregados públicos" nos governos democráticos devem ser do contento "do povo". Razão tinha Raimundo Trindade, quando afirmou que "nunca se abusou tanto do *Ius Patronatus*, no Brasil, como na época da Regência".[193]

[190] ASV, "Breve memória histórica", em: *Nunciatura Apostólica no Brasil*, caixa 4, fasc. 18, doc. 83, fl. 245.

[191] ASV, "Breve memória histórica", em: *Nunciatura Apostólica no Brasil*, caixa 4, fasc. 18, doc. 83, fl. 245.

[192] José Castellani, *Os maçons que fizeram a história do Brasil*, p. 47.

[193] Raimundo Trindade, *Arquidiocese de Mariana – subsídios para a sua história*, vol. I, p. 357.

E, como Pe. Moura era amigo e colega de idéias do neo-empossado, Feijó, num dos seus arroubos habituais, ameaçou: "Quanto ao Doutor Moura a questão é outra. Faço o máximo empenho na confirmação desse titular da Igreja. E para tal vou até a separação da Igreja brasileira da de Roma". Ele simplesmente não aceitava que a Santa Sé pudesse questionar qualquer atitude do Estado, e via nisso puro e simples desacato ao poder imperial. Demonstrou-o quando o Núncio Apostólico, Monsenhor Scipione Domenico Fabbrini, numa tentativa de dar uma solução negociada para crise, ofereceu ao regente o máximo que sua condição permitia: "O Pe. Moura vai para Mariana, e o Sr. Ficará como bispo no Rio". A resposta que dele recebeu foi a demonstração cabal do espírito superior que certos homens políticos mantinham em relação à Igreja: "Não se trata de pessoas, trata-se de prerrogativas do Governo imperial".[194]

O Regente, no entanto, cometeu o erro fatal de subestimar a reação que provocaria em Roma e no Brasil. Sem se intimidar com as ameaças recebidas, no dia 28 de novembro seguinte a Secretaria de Estado da Santa Sé enviou ao encarregado brasileiro uma resposta duríssima, rebatendo todas as suas objeções:

> A carta desta nota surpreendeu tanto o Cardeal Secretário de Estado, que se ela não dissesse respeito a um objeto eclesiástico, e um ponto delicado da consciência do Santo Padre, e se a Santidade Sua, do qual V. Il.ma falou na última audiência acontecida, não houvesse previamente autorizado o subscrito a recebê-la, ele teria estado no dever de mandá-la de volta ao senhor, e esperar uma outra que ao menos fosse escrita naquelas formas respeitosas, que os Gabinetes usam entre eles, mesmo nas comunicações mais desagradáveis.
>
> O objetivo principal da nota de V. S. Ilma, colocadas de lado pelo momento as cismáticas doutrinas que contêm, e tudo o que contêm de hostil e de injurioso à Santa Sé, se reduz a sustentar que o Papa não possui em caso algum o direito de recusar a instituição canônica de um episcopado a um Eclesiástico nomeado e apresentado a uma diocese; e que se existe

[194] Alfred Ellis Júnior, *Feijó e sua época*, p. 336, 345-346.

alguma dúvida sobre a idoneidade do mesmo, deve depô-lo sobre a simples assertiva de quem o nomeou. O erro de um tal propósito para todo aquele que professa a Religião Católica é evidente em direito e em fato.

Um dos principais deveres do Sumo Pontífice é aquele de vigiar atentamente para pôr no governo de cada igreja bons e idôneos pastores. [...] Em tal caso a situação se reduz a ponto de consciência, a qual pela sua natureza não pode jamais revestir o caráter de negócio entre Governo e Governo, ou seja, de diplomática discussão; e, se bem seja verdadeiro que a Santa Sé consinta e admita a apresentação e a nomeação dos Pastores que se faz à mesma da parte de alguns Príncipes Soberanos, isso por outro lado não é que por indulto, privilégio e concessão dela, de maneira que a nomeação deva recair nos sujeitos dotados das prerrogativas desejadas pelos SS. Cânones, assim como adverte o mesmo Concílio de Trento. [...] Fazendo agora em breves linhas a aplicação destes conhecidos princípios ao propósito que forma a base da queixa expressa na nota de V. S. Ilma, torna-se evidente o quanto a querela da Regência seja injusta e injuriosa à Santa Sé. [...] O especioso pretexto que a Regência apresenta para se justificar sobre o ter impedido que o De Moura si prestasse, quando também tivesse desejado, a fazer ao S. Padre a declaração que lhe fora pedida sobre algumas doutrinas é o seguinte:

- As doutrinas que a Santa Sé considera como contrárias à doutrina da Igreja estão contidas em alguns projetos, os quais, se bem que subscritos pelo De Moura na qualidade de membro da Comissão Eclesiástica, pertencem, porém, à Câmera dos Deputados; [...] e ao De Moura como Deputado não é permitido de dar explicações da sua conduta parlamentar sem violar a Constituição.

Mas, a insubsistência deste pretexto é tão evidente, que não valeria sequer a pena de apoiar toda a nota de V. S. Il.ma. As relações do Santo Padre com o De Moura não são as relações de uma autoridade qualquer, ou de um particular com um deputado das Câmaras do Brasil. São relações da Igreja com um eclesiástico em matéria eclesiástica, são relações de consciência, as quais nada têm que ver com as câmaras, nem com os Deputados, nem com a conduta parlamentar, nem com forma de Governo, nem com a inviolabilidade constitucional. E se um Deputado nas Câmeras se demonstrasse luterano ou calvinista, e em seguida fosse apresentado ao Papa para fazer dele um bispo, deveria o Papa conferir-lhe a instituição canônica. Segundo o raciocínio da nota de V. S. Ilma, o Papa não poderia se recusar. [...] Mas tem mais, a Regência, com um inaudito exemplo ameaça ao Santo Padre de provocar um cisma se Ele não trai a sua consciência e não vê que se o Papa, por impossível hipótese se prestasse aos desejos do senhor, viria a admitir, e de certo modo a sancionar, as cismáticas doutrina expressas na nota de V. S. Il.ma.[195]

Entre os brasileiros as reações não foram menos iradas, cabendo de novo a Dom Romualdo Seixas a primazia de, sem perda de tempo, aglutinar em torno de si todas as numerosas inimizades que o Regente possuía, entre as quais, os influentes Honório Hermeto e Bernardo Pereira de Vasconcelos. Este último, não obstante houvesse desejado um cisma em 1827, dizia-se convertido, conforme relatou o próprio Primaz:

> Chegava da província de Minas Gerais o deputado Bernardo Pereira de Vasconcelos, já inteiramente convertido, a ponto de declarar-me, na primeira entrevista, que ele vinha disposto a combater a heresia e a anarquia. Fossem quais fossem suas intenções, e os motivos que provocaram tão inesperada mudança, não se podia desprezar um aliado tão poderoso, e que já tinha dado imensas provas de sua habilidade parlamentar.[196]

Surpreendido pela reação compacta, Feijó mudou de tática, tentando induzir o legislativo a consolidar o cisma que o executivo não conseguira. Assim, na *fala do trono* de 3-5-1836, dirigindo-se às duas câmaras, conclamou:

[195] ASV, Resposta da Secretaria de Estado ao Cavalheiro Drumonnd (18-11-1835), in: *Nunciatura Apostólica no Brasil*, fasc. 18, caixa 4, doc. 80, fl. 193-203.

[196] Romualdo Antônio de Seixas, *Memórias do Marquês de Santa Cruz*, p. 45, 95.

> Não posso, contudo, ocultar-vos que Sua Santidade, depois de dois anos de explicações recíprocas, resolveu não aceitar a representação imperial do Bispo eleito dessa diocese. O Governo tem a seu lado a lei e a justiça, mas Sua Santidade obedece à sua consciência. Depois dessa decisão, julgou-se o Governo desonerado de ter condescendência com a Santa Sé, sem, contudo, faltar jamais ao respeito e à obediência ao Chefe da Igreja universal.
>
> Em vossas mãos está livrar o católico brasileiro da dificuldade, e, muitas vezes, impossibilidade de mendigar recursos que não lhe devem ser negados dentro do Império.
>
> É tão santa a nossa religião, tão bem calculado o Governo do sistema eclesiástico que, sendo compatível com toda a casta de Governo civil, pode sua disciplina ser modificada pelo interesse do Estado, sem jamais comprometer o essencial da mesma religião. Não obstante esta colisão com o Santo Padre, nossas relações amigáveis continuam com a Corte de Roma.[197]

Não convenceu, e os próprios representantes brasileiros no exterior, ainda que igualmente regalistas, sentiam-se constrangidos com as atitudes grosseiras do Regente, incapaz que era de assumir uma compostura digna de um Chefe de Governo. Esta deficiência de Feijó, e os desencontros de método com seus pares, seria explorada por um anônimo da época, que, depois de alfinetar o jeito "assaz desairoso" da última *Fala do Trono*, salientou sarcástico que a polidez e a conveniência não eram "certamente desprezíveis entre nações civilizadas..."[198]

À parte as ironias do gênero, o parlamento é que era o real problema para o Regente, e foi lá que Bernardo de Vasconcelos atacou o Governo de forma implacável, acusando-o de não se portar com a dignidade e urbanidade que o caso exigia; e que as notas do Brasil não tinham sequer polidez, em contraste com as de Roma, escritas em linguagem nimiamente delicada. Além disso, salientou que o encarregado de negócios em Roma

[197] *Anais do Parlamento Brasileiro – Câmara dos Deputados, sessão de 1836*, p. 13.

[198] A. I., *Reflexões imparciais sobre a Fala do Trono e as Respostas das Câmaras Legislativas de 1836 na parte relativa ao Bispo eleito desta diocese e à Santa Sé Apostólica*, p. 14-15.

(Vasconcelos de Drumond), na polêmica nota enviada à Santa Sé aos 23-9-1835, tinha plagiado vergonhosamente aquela que Lord Stanford enviara ao Grão Turco no dia 11-8-1823, substituindo apenas Inglaterra por Brasil e Constantinopla por Santa Sé, e frases como "a sublime porta está em erro" por "a Santa Sé está em erro"... "A fala do trono considera a câmara com poderes para examinar o Evangelho, e parece-lhe convidá-la à heresia, a romper a unidade da Igreja Católica, e estabelecer uma Igreja distinta", sentenciou. Tais palavras provocavam reações hilariantes, mas, a certa altura o deputado Francisco de Paula Araújo e Almeida (1799-1844) recordou uma proposta que o próprio Vasconcelos apresentara aos 12-7-1827, que praticamente institucionalizava um modelo eclesial galicano no Brasil. Velha raposa política, o mineiro se defendeu como pode, alegando que não tinha "orgulho de ser infalível", e que, no momento presente, estava "melhor informado", e que se emendava, "proscrevendo o erro".[199] Falsas ou verdadeiras que fossem suas motivações, não havia como negar que a oposição crescia, e ele se sentiu bastante forte para desafiar: "quando a oposição se torna maioria, é dever imperioso entregar-lhe o Governo".[200]

Em outubro de 1836, o Ministro da pasta dos estrangeiros, José Inácio Borges, teve de recuar, ordenando a Drumonnd conservar-se em Nápoles, mas sem romper relações com Roma. Mesmo cedendo um pouco e deixando de ameaçar Roma com a consumação do cisma através da ordenação forçada do Pe. Moura, a atitude de afronta à Santa Sé permanecia. Tratava-se de uma estratégia equivocada: Roma se mostraria inamovível e o governo regencial de Feijó, com seus gestos bruscos, apenas complicava a situação. Isso será reconhecido por Vasconcelos Drumonnd, num ofício que enviou a Gustavo Adolfo d'Aguilar Pantoja:

> A nota do nosso Gabinete, em resposta à de Fabbrini de 8 de maio passado, fez aqui grande sensação, foi tomada por hostil e cismática. [...] Este novo incidente anulou completamente a segurança em que estava a Cúria, de que o Governo Imperial procurava ganhar tempo, para esquecer azedumes e nomear outro bispo, pensamento que leio por extenso na própria nota de Fabbrini. [...] Não admira pois, que cresça a indisposição contra nós. À vista disto, permanece o negócio

[199] *Anais do Parlamento Brasileiro – Câmara dos Deputados, sessão de 1836*, p. 34-35, 43-44.
[200] Osvaldo Orico, *O demônio da regência*, p. 156.

> da expedição das bulas do bispo eleito no mesmo estado em que estava antes.[201]

Enquanto isso, cientes da própria força, os oposicionistas não se cansavam de denunciar que havia algo de "particularmente estranho e aberrante nesse padre que se insurgia contra a disciplina da Igreja, confundindo as causas do país com a da própria rebelião". A questão foi resolvida ainda em 1836, com a derrubada por ampla maioria dos projetos apoiados pelo Regente. Na câmara, tal decisão foi tomada numa sessão presidida por Araújo Lima:

> A Câmara dos deputados lamenta o estado de colisão em que se acha colocado o Governo Imperial com Sua Santidade, e espera que, sem ofensa das regalias da Coroa, e sem comprometimento dos interesses nacionais, o mesmo Governo conseguirá evitar que se alterem as nossas relações com o Chefe da Igreja universal, e por isso entende que por agora não lhe compete tomar alguma outra medida.[202]

O senado, noutra sessão presidida pelo Conde de Valença, adotou postura idêntica:

> É doloroso para o Senado saber que a melindrosa consciência de Sua Santidade não lhe consente confirmar a apresentação do Bispo para esta Diocese. Todavia, a certeza que Vossa Majestade Imperial dá de que continuam as relações amigáveis com a Corte de Roma, o respeito e a obediência que Vossa Majestade Imperial protesta (como era de se esperar) ao Santo Padre, como Chefe visível da Igreja universal, dão ao Senado fundadas esperanças de que a prudência e a sabedoria de Vossa Majestade Imperial ainda acharão meios suaves que, sem

[201] AHI, *Ofício n. 4 de Antônio Meneses Vasconcelos de Drumonnd a Gustavo Adolfo d'Aguilar Pantoja (18-3-1837)*, em: Legação Nápoles, seção ofícios (1827-1844), 228, 4, 1.

[202] ASV, Resposta da Câmara dos Srs. Deputados, em: *Nunciatura Apostólica no Brasil*, fasc. 71, caixa 16, doc. 4, fl. 65.

> mágoa da dignidade da Nação, conciliarão esta discordância, dispensando assim o Senado de propor, por agora, medidas eficazes para sustentar o decoro e direitos do Trono de Vossa Majestade Imperial.[203]

A situação de Feijó tornara-se deveras insustentável, e para complicá-la ainda mais uma febre perniciosa abateu, aos 12-5-1837, Evaristo Ferreira da Veiga, seu mais fiel e hábil aliado. Na segunda metade daquele mesmo ano, a oposição dominou a cena, ganhando sempre mais terreno. Afinal, com o prestígio completamente desgastado, aos 19 de setembro do mesmo ano, ele renunciou. Em seu lugar assumiu interinamente Pedro Araújo Lima, presidente da câmara dos deputados, e tido como conciliador. Em abril de 1838 seria eleito regente único. No ano seguinte, no discurso da Coroa, ele anunciou oficialmente o reatamento das relações com a Santa Sé, dando por encerrada a embaraçosa questão da nomeação dos bispos.[204]

Nesse meio tempo, através de uma carta datada de 1-10-1838, enviada a Bernardo de Vasconcelos, então ministro da justiça, Pe. Moura já havia renunciado à indicação episcopal. Na referida missiva, depois de declarar seus mais pios e retos sentimentos, ele fez uma afirmação insólita: "Sempre recebi e abracei as disposições disciplinares do Concílio de Trento, e jamais aconselhei, e antes sempre me opus, à abolição do celibato eclesiástico, cuja lei até por escrito reconheci como santa e justa".[205]

O motivo que o teria levado a pronunciar na renúncia as mesmas palavras que recusara dizer quando da solicitação de Roma, foi tão-somente o resultado de mais um engodo da política. Segundo consta, com o objetivo de resolver uma pendência que se arrastava sem solução, o Governo prometeu ao polêmico padre que, se renunciasse, teria insistido de novo junto à Santa Sé para obter as bulas de sua nomeação. Sem se dar conta que as autoridades governamentais apenas procuravam se desembaraçar de um problema, Moura seguiu fielmente a recomendação, e, por algum tempo até continuou a se vangloriar de ser o bispo da capital federal. Foi então

[203] ASV, Resposta do Senado, em: *Nunciatura Apostólica no Brasil*, fasc. 71, caixa 16, doc. 4, fl. 65b.

[204] Jacinto Palazzolo, *Crônica dos capuchinhos do Rio de Janeiro*, p. 140.

[205] AAEESS, Carta do Pe. Antônio Maria de Moura a Bernardo Pereira de Vasconcelos (1-10-1838), em: *América I* (Brasil), pos. 36, fasc. 155, fl. 22.

que teve o desgosto de descobrir que o indicado para tal ministério havia sido o Pe. Manoel do Monte Rodrigues Araújo.[206] Derrotado definitivamente nas suas pretensões, ele teve de regressar para São Paulo, onde reassumiu a cátedra de que era titular na faculdade local, caindo em seguida no anonimato, no qual faleceu aos 12-3-1842.[207]

Algo semelhante aconteceu com Feijó. Ainda em 1838 também ele faria uma retratação pública,[208] mas não era sincero, pois quase em seguida deixou claro que continuava fiel às mesmas idéias de outrora. A prova foi o projeto de realização de um concílio nacional que ele, na condição de "senador perpétuo", apresentou no dia 30 de outubro do ano seguinte:

> A Assembléia Geral Legislativa resolve:
> Art. 1. – O Governo convocará um concílio nacional que deverá reunir-se na Corte dentro de 12 meses depois da presente, no tempo que o Governo designar. [...]
> Art. 4. – O objetivo dos trabalhos do concílio é a reforma dos costumes, a extirpação dos abusos, e estabelecer a uniformidade da disciplina em toda a Igreja brasileira, restabelecendo a antiga autoridade do Metropolita, quanto for necessário para este fim.[209]

[206] AAEESS, Carta do Núncio Fabbrini à Cúria Romana (14-10-1839), em: *América I* (Brasil) pos. 36, fasc. 155, fl. 27.

[207] Cf. Octaciano Nogueira e João Sereno Firmo, *Parlamentares do Império*, p. 300.

[208] A discutível retratação do Pe. Feijó foi feita por meio de uma declaração datada de 10-7-1838, publicada oito dias depois no jornal *O Observador Paulistano*: "Tendo eu escrito alguma coisa sobre diferentes pontos de disciplina eclesiástica, havendo também pronunciado alguns discursos na Câmara dos deputados sobre o mesmo objeto: *ainda que esteja convencido da mesma doutrina* (o grifo é nosso) e tudo fizesse persuadido que zelava da mesma Igreja Católica, de que sou filho e ministro, e que atentava a bem da salvação dos fiéis; contudo, constando-me que algumas pessoas estranharam, não só as minhas opiniões, como algumas expressões pouco decorosas à mesma Igreja e ao seu Chefe; não querendo eu em nada separar-me da Igreja Católica, e ainda menos escandalizar a pessoa alguma: por esta declaração revogo e me desdigo de tudo quanto pudesse direta ou indiretamente ofender a disciplina eclesiástica, que a mesma Igreja julgar dever ser conservada, ou a pessoa alguma. Esta minha declaração é espontânea, filha unicamente do receio de haver errado, apesar das minhas boas intenções; e é tanto mais desinteressada que, há pouco, acabei de declarar ao Governo de S. M. I. de que eu nunca aceitei a nomeação de bispo de Mariana, nem a carta de apresentação que então se me quis entregar. Deus queira que, se algum escândalo hei dado por causa de tais discussões e escritos, cesse com esta minha ingênua declaração" (Otávio Tarquínio de Souza, *Diogo Antônio Feijó*, p. 260-261).

[209] AAEESS, "Projeto de Concílio nacional" (1839), em: *América I* (Brasil) fasc. 155, pos. 37, fl. 71.

O desejo de restabelecer "a antiga autoridade do Metropolita" obedecia a uma intenção simples e conhecida: aumentava-se o poder dos bispos, porquanto nacionais, os quais, súditos pelo território, legitimariam o regalismo civil. Rejeitada a proposta pelos senadores, Feijó não desistiu e, substituindo alguns termos como "concílio nacional" por "concílio provincial", a reapresentou. Bernardo de Vasconcelos estava atento, e se encarregou de refutá-la ponto por ponto, alegando sempre que o Governo não possuía poder para decidir nessa matéria.[210]

A derrota silenciou por algum tempo o "campeão do regalismo" brasileiro; mas, não obstante a saúde debilitada, em breve retornaria à seara política. Sua última proeza de relevo foi a participação na malograda Revolução Liberal de 1842, da qual inclusive se tornou um dos líderes. Derrotados os rebeldes, ele foi preso em Sorocaba e deportado para Vitória, ES. Depois da anistia, continuou atuando no Senado, mas se transformara numa figura secundária no cenário nacional, vindo a morrer no ostracismo em São Paulo na madrugada de 10-11-1843. A imprensa deu escassa importância ao fato, mas Feijó ainda contava com alguns admiradores. O Pe. Pedro Gomes de Camargo, nas exéquias celebradas em sua honra na capela do convento de Nossa Senhora do Monte do Carmo, dedicar-lhe-ia uma oração fúnebre repleta de elogios: "Um homem simples, desinteressado, um cidadão tão importante, tão virtuoso. [...] Despido de orgulho e vaidade, levando o seu desinteresse até ao desprezo dos bens caducos da terra; religioso sem superstição ou fanatismo, [...] sua elevação, sua glória, em nada alteraram a bondade de seu coração".[211]

Bem diversa, obviamente, era a versão de Bernardo de Vasconcelos: "O Sr. Feijó é hoje só lembrado apenas como um furacão que deixou ruína, como um terremoto, que abalou o Império, que ele recebeu unido e abandonou lacerado".[212] Com ele fazia coro Dom Romualdo Seixas, que nas suas *Memórias* definiu Feijó como inimigo de sua classe, isto porque "ele procurou despojá-la de sua independência, e nunca se serviu do poder

[210] Arlindo Rubert, *A Igreja no Brasil*, vol. IV, p. 44.

[211] Pedro Gomes de Camargo, *Oração fúnebre que por ocasião das exéquias feitas de corpo presente ao Ex.mo e Rev.mo Sr. Diogo Antônio Feijó, grã-cruz da imperial ordem do cruzeiro e senador do Império, na igreja do convento de Nossa Senhora do Monte do Carmo da imperial cidade de São Paulo, aos 15 de novembro de 1843*, p. 4-5.

[212] Alfred Ellis Júnior, *Feijó e sua época*, p. 365.

e influência que granjeou, para prestar-lhe o menor auxílio ou favor. [...] Faltou-lhe o amor e espírito do seu espírito sacerdotal".[213]

Independentemente das opiniões favoráveis ou contrárias ao falecido, a maioria daqueles que partilhavam das suas idéias, por diversas razões, também acabou saindo de cena. Um deles, o padre-senador José Bento Leite Ferreira de Melo (1785-1844), concubinário público, pai de uma filha chamada Possidônia nascida depois da sua ordenação, e que assumiu posição contrária à entrada dos missionários capuchinhos italianos no Brasil, terminou assassinado em circunstâncias misteriosas em Minas Gerais;[214] enquanto que outro notório regalista, Pe. Manoel Joaquim do Amaral Gurgel, perdeu toda e qualquer evidência pública. Razões não faltaram para tanto: afora os desentendimentos com Dom Romualdo Seixas, Amaral Gurgel criticara às claras a encíclica *Mirari Vos* de Gregório XVI, o que o impossibilitou continuar a exercer funções sacerdotais. Ainda colaborou por certo tempo na política, mas já não era o mesmo, e por isso, ao eclodir o movimento revolucionário de 1842, se absteve. Outros desentendimentos com os colegas aconteceram, e ele acabou excluído da lista do partido liberal. Em 1846 resolveu voltar ao púlpito, mas se passaram ainda alguns anos antes que fosse reintegrado. Quando isso aconteceu, assumiu a capelania do recolhimento de Santa Teresa e mudou de vida. Retratou-se publicamente, e se dedicou exclusivamente ao sacerdócio. Nunca mais despiu as vestes talares, e doou as alfaias e paramentos preciosos que tinha às religiosas a quem atendia. E na sua vida reservada continuou até a morte, acontecida às 4h30min do dia 15-11-1864.[215]

Avaliando o que se passou no período da Regência, deve-se reconhecer que não foram os padres regalistas – Diogo Antônio Feijó à frente – a única fonte dos problemas da Igreja. Feijó já havia renunciado quando o regulamento especial do Conselho do Estado, aos 19-2-1838, infringiu mais um rude golpe contra os bispos. Nesta data foi baixado um novo decreto, outorgando aos juízes de direito, no regulamento n. 10 §13, o poder de restituir os clérigos suspensos de ordens e absolvê-los, inclusive no tocante a quaisquer censuras prelatícias:

[213] Romualdo Antônio de Seixas, *Memórias do Marquês de Santa Cruz*, p. 44.

[214] AAEESS, "Sobre o assassinato do padre-senador José Bento Leite Ferreira de Melo", em: *América I* (Brasil) pos. 43, fasc. 157, fl. 15-16.

[215] Olegário Herculano de Aquino e Castro, *O Conselheiro Manoel Joaquim do Amaral Gurgel*, pp. 110, 112-115.

> Cabe, nos limites da jurisdição dos Juízes de Direito, o respeito do cumprimento das sentenças mencionadas, declarar na forma delas, sem algum efeito as censuras e penas eclesiásticas que tiverem sido impostas aos recorrentes providos pelas Relações; proibindo e obstando a que a pretexto delas se lhes faça qualquer violência, ou cause prejuízo pessoal, ou real; metendo-os de posse de quaisquer direitos e prerrogativas, ou reditos, de que houvessem sido privados; e procedendo e responsabilizando na forma da lei os desobedientes, e que recusarem a execução.[216]

Justo num momento em que o clero vivia um dos seus momentos mais agudos de decadência, quebrou-se a disciplina eclesiástica e desmoralizou-se o episcopado.[217] O mais grave é que isso se repetiria em outras situações. Tanto assim que, no dia 11 de julho seguinte, o Regente Araújo Lima sancionou o decreto n. 18, aprovado pela Assembléia Geral Legislativa, estabelecendo que os párocos do Rio de Janeiro podiam passar as certidões do seu ofício (batismos, casamentos e óbitos), independentemente de despacho da autoridade eclesiástica.[218]

1.5.3. A segunda tentativa protestante

Ao lado das intempéries políticas, a Igreja também teve de enfrentar uma nova tentativa de infiltração protestante, desta vez proveniente da América do Norte. O primeiro a chegar foi o pastor metodista Foutain Elliot Pitts, enviado pelo bispo James Osgood Andrew (1794-1871), que desembarcou no Rio de Janeiro aos 19-8-1835. Permaneceu por lá pouco tempo, pois sua meta final era Buenos Aires; mas, antes de partir, no dia 2 de setembro seguinte, escreveu à sua igreja, recomendando-a atuar no Brasil. A sugestão foi aceita, e no dia 29-4-1836, proveniente de New York, chegou ao Rio Justin Spaulding, seguido no ano seguinte por Daniel Kidder (1815-1891), ambos com suas respectivas famílias. Kidder, enquanto distribuía versões protestantes da Bíblia em português, facilmente repetiu

[216] *Coleção das leis do Império do Brasil de 1838*, tomo 1, parte 2, p. 93.
[217] Flávio Guerra, *A questão religiosa do Segundo Império brasileiro*, p. 80.
[218] *Coleção das leis do Império do Brasil de 1838*, tomo 1, parte 1, p. 8.

os lugares-comuns da retórica dos cultos reformados: "Os sermões [dos padres] raramente contêm alguma cousa mais que o elogio das virtudes de um determinado santo, com exortações para que seu exemplo seja tomado como paradigma..."[219] Como o teor da sua crítica chegou ao conhecimento do clero, o Pe. Luiz Gonçalves dos Santos o replicaria de igual modo por meio de um opúsculo intitulado *Desagravo do clero e do povo católico fluminense*, em que, ao lado de numerosas recriminações o qualificaria de "fanático, impostor, e velhaco de primeira ordem".[220]

O certo é que a experiência metodista no Brasil foi breve: a esposa de Kidder faleceu, e ele, sozinho com duas crianças para criar, em 1840 preferiu regressar. Também Spaulding retornou aos Estados Unidos no ano seguinte, e o ministério metodista se ausentou do país até 1867. O que permaneceu foi a atitude política de favorecer oficiosamente os acatólicos. Por esse motivo, Porter Smith qualificará depois o governo regencial de Feijó (1835-1837) como "a time of oportunity" ("o momento da oportunidade"). Não que o regente manifestasse simpatia pelos princípios doutrinários protestantes (entre outras coisas, ele era um devoto sincero da Virgem Maria); mas, o desinteresse que demonstrava em defender a Igreja a que pertencia, era-lhes providencial. Recorda-se, entre outras coisas, que foi por iniciativa de Feijó que, em 1835, solicitou-se ao Marquês de Barbacena providenciar a vinda de irmãos morávios protestantes para "civilizarem os índios". A medida acabou rechaçada, sob protestos do Primaz do Brasil:

> Para que buscar exemplos estranhos, quando os temos domésticos e da maior evidência? [...] Se o mesmo Governo parece reconhecer esta verdade, quando atribui o abandono em que se acham os índios à extinção dos Jesuítas, que sem dúvida deixaram nesta parte um vazio imenso; e, como diz Chateaubriand, não se levantou mais a educação, depois da queda dessa famosa Sociedade; como é que o mesmo Governo, abrindo mão de meios já abonados pela experiência, recorre a um outro, que além de perigoso para a Religião do Estado não oferece iguais possibilidades de feliz resultado no que diz respeito à catequese e civilização dos índios? Se o Governo não queria chamar os

[219] Daniel Parish Kidder, *Reminiscências de viagens e permanências no Brasil*, p. 260.
[220] Luiz Gonçalves dos Santos, *Desagravo do clero e do povo católico fluminense*, p. 19.

> Jesuítas, não acharia ele outras Corporações de Missionários igualmente dignos deste nome, como por exemplo, os Padres denominados da Missão, que eu menciono como especialidade, como herdeiros do zelo Apostólico do Imortal S. Vicente de Paolo, que mereceu as simpatias dos Filósofos, até colocarem o seu Busto entre os dos seus Heróis, com a inscrição – Vicente de Paulo, Filósofo do século XVII?[221]

O descaso da política oficial para com a religião de Estado, no entanto, continuou, e isso não era exclusividade da alta cúpula da Regência. Na Bahia, naquele mesmo ano de 1835, o pragmatismo liberal manifestou-se na sua forma mais crua após sufocar com sangue a "Revolta dos Malês" (de Mali). Dita rebelião tinha sido levada a cabo por grupos de muçulmanos escravizados, que permaneciam fieis às doutrinas do Alcorão. Depois de dominados, ao invés de propor um eficaz trabalho de evangelização, os políticos fizeram uma recomendação grávida de conseqüências: que a religiosidade africana transplantada no Brasil fosse tolerada, como meio de extirpar completamente a influência islâmica.[222]

No que diz respeito aos protestantes, quando Feijó renunciou aos 19-9-1837, o resultado absolutamente nulo do trabalho que desenvolveram fizera o interesse deles pelo Brasil arrefecer. Continuavam a contar, porém, com dois suportes: o fluxo migratório, ainda que pequeno, de pessoas ligadas a cultos reformados que prosseguia, e o arcabouço jurídico que igualmente pesava em seu favor, pois, ao contrário do que ocorria em relação ao Catolicismo, o sistema não intervinha nas suas organizações internas. Assim, não obstante as limitações à pregação pública (facilmente burladas) e a proibição de que seus locais de cultos possuíssem aspecto exterior de templos continuasse vigente, sentiam-se seguros uma vez que o parágrafo quinto do artigo 179 da Carta Magna continha um dispositivo tranqüilizador: "Ninguém pode ser perseguido por motivo de religião, uma vez que respeite a do Estado e não ofenda a moral pública".[223]

[221] Romualdo Antônio de Seixas, *Coleção das obras do Excelentíssimo e Reverendíssimo Senhor Dom Romualdo Antônio de Seixas*, tomo III, p. 287- 288.

[222] Décio Freitas, *Escravos e senhores de escravos*, p. 77.

[223] *Constituição política do Império do Brasil, seguida do Ato Adicional*, p. 145.

1.6. O Segundo Império: liberalismo político, tradicionalismo regalista (1840-1889)

Bartolomeu Mitre (1821-1906), que durante anos se refugiou no Brasil para escapar às agitações da Argentina, de onde fora proscrito, afirmou tranqüilamente que o Segundo Império brasileiro era uma "democracia coroada". De fato, a política "possibilista" do segundo Imperador, além de conseguir transformar o Poder Moderador numa adaptável lei costumeira, foi tão condescendente com a liberdade de opinião, que até a propaganda pela mudança do regime desenvolveu-se e se avultou, na capital e nas províncias, sob a garantia do seu espírito tolerante.[224]

A Igreja foi a exceção, pois a formação ministrada ao segundo Imperador não lhe forneceu particulares experiências místicas. Dom Pedro II cresceu sendo instruído por um religioso, frei Pedro de Santa Mariana, mas as influências mais decisivas sobre seu caráter foram outras. José Bonifácio de Andrada e Silva, antigo grão-mestre maçom, que fora nomeado por Dom Pedro I seu tutor legal aos 6-4-1831, isto é, na véspera da abdicação,[225] mesmo que por breve período, foi bem mais marcante. Quando as intrigas políticas palacianas fizeram com que fosse exonerado da tutoria aos 14-12-1833, a orientação pedagógica que adotara não se alterou, pois o sucessor foi Manuel Inácio de Andrade Souto Maior Pinto Coelho, Marquês de Itanhaém (1782-1867). Quinquagenário, educado segundo os princípios do enciclopedismo do século XVIII, o novo tutor era "um fidalgo honesto e cético na sua cultura sem profundeza, e na sua virtude sem misticismo". Da formação transmitida por semelhantes tutores, resultou um jovem sóbrio e culto, mas que olhava a Igreja com polido respeito antes que com filial amor. Da sua vida privada, sabe-se, por exemplo, que, quando menino, um dos seus brinquedos preferidos era imitar satiricamente missas, o que teria, na idade madura, continuidade no pouco apreço que demonstrava pela simbologia católica.[226]

No dia 23-7-1840, quando contava com quatorze anos de idade, o adolescente Pedro II foi declarado "maior", jurando a Constituição.

[224] Carlos Magalhães de Azevedo, *Dom Pedro II – traços de sua fisionomia moral*, p. 28-29.

[225] *Coleção das leis do Império do Brasil de 1831*, primeira parte, p. 4.

[226] Flávio Guerra, *A questão religiosa do Segundo Império brasileiro*, p. 71; Pedro Calmon, *O Rei filósofo – vida de Dom Pedro II*, p. 37.

Ele se manteve no trono até 15-11-1889, período este que não foi nada tranqüilo para o Catolicismo no Brasil. Basta recordar que, ainda em 1843, o Império declarou que o "direito" de padroado "era de competência do Imperador, sem dependência da concessão pontifícia"; e, com a mesma sem-cerimônia, aos 19-8-1846, a lei n. 387 institucionalizou o costume herdado da Regência, transformando em norma legal a designação das igrejas matrizes para nelas se realizarem as eleições.[227] Isso era visto com tanta naturalidade, que o artigo 42 da referida lei definiu até a função do padre, e o modo como o templo seria arrumado em tais circunstâncias:

> No dia aprazado, reunido o povo pelas 9 horas da manhã, celebrará o Pároco Missa do Espírito Santo, e fará, ou outrem por ele, uma oração análoga ao objeto. Terminada a cerimônia religiosa, posta no corpo da igreja uma mesa, tomará o Presidente assento à cabeceira desta, ficando à esquerda o escrivão, e de um e outro lado, os eleitores e suplentes.[228]

Outras iniciativas cerceadoras se seguiram, as quais, juntando-se com a já repressiva legislação precedente, enquadraram a religião oficial do Brasil num "cárcere de ouro". Para Pe. Júlio Maria, a emaranhada rede de alvarás, consultas, resoluções, avisos e regulamentos tornou o sistema vigente tão opressivo, que, "em consciência, ninguém dirá ter sido ele menos hostil à Igreja do que foi na Prússia o josefismo".[229]

Para levar a cabo tal política religiosa, foi montada uma poderosa engrenagem, em cujo topo se encontrava o Ministério da Justiça. O episcopado, salvo um ou outro protesto, apenas assistia ao desenrolar dos fatos pois, diversamente do Imperador, que podia exercer direito de abuso e inspeção contra os eventuais excessos da Igreja, a Igreja, em contrapartida, não possuía nenhum instrumento legal para recorrer contra os excessos que porventura Sua Majestade praticasse. Quanto a isso, o artigo 99 da Carta

[227] Antônio de Macedo Costa, *ofício de S. Ex.ª Rev.ma o Sr. Bispo do Pará ao Ex.mo Sr. Ministro do Império indicando várias medidas importantes*, p. 12.

[228] *Coleção das Leis do Império do Brasil de 1846*, tomo VII, parte I, p. 21.

[229] Júlio César de Morais Carneiro, *O Catolicismo no Brasil*, p. 139, 146-147.

Magna era claro: "A pessoa do Imperador é inviolável e sagrada: ele não está sujeito a responsabilidade alguma".[230]

A questão de fundo é que, como se viu, o Soberano "sagrado" jamais foi um católico particularmente zeloso. O máximo que se permitia era a manutenção de uma atitude respeitosa para com a fé recebida, por considerá-la indispensável por seu valor e sua força social e de moralização.[231] "Sou religioso", dizia, "porque a moral, condição da inteligência, é a base da idéia religiosa". Ou seja, um moralismo vago, com forte ranço deísta, era no que consistia a sua fé.[232] Na condição de estudioso infatigável das ciências, para Dom Pedro o padre era útil enquanto mestre-escola e professor universitário. Segundo análise posterior de Jackson de Figueiredo, "ignorante da alta missão do sacerdote, o espírito do Soberano, de mais a mais trabalhado pelas idéias revolucionárias da enciclopédia e pela mania de oferecer ao mundo o modelo de um príncipe visceralmente democrata, liberal, pode ser facilmente conquistado pelos inimigos da Igreja, servindo inconscientemente aos seus intentos".[233]

Paradoxalmente, como se verá adiante, o segundo Imperador do Brasil aceleraria as mudanças internas da Igreja, que sempre recusou a admitir. Isso não exclui o fato que "a realidade eclesiástica brasileira foi marcada pela autonomia da Igreja 'protegida', controlada e dirigida pelo Estado esclarecido" (palavra que possui o mesmo sentido atribuído aos monarcas filósofos do século precedente).[234] Igualmente verdadeiro é que, por detrás das aparências, o sistema imperial tinha seus pontos falhos, que o corroíam por dentro. Uma realidade que a reforma eclesiástica ajudaria a pôr a nu.

[230] *Constituição política do Império do Brasil (1824), seguida do Ato Adicional (1834)*, p. 70.

[231] João Camilo de Oliveira Torres, *O Positivismo no Brasil*, p. 54.

[232] Antônio Carlos Villaça, *História da questão religiosa no Brasil*, p. 32-33.

[233] João Capistrano de Abreu et alii, *Livro de ouro comemorativo do centenário da Independência do Brasil e da Exposição Internacional do Rio de Janeiro*, p. 80.

[234] Émile G. Léonard, *O Protestantismo no Brasil*, p. 39.

II

A AFIRMAÇÃO DE UM NOVO MODELO ECLESIAL NO BRASIL

A partir de 1844, ano em que foi sagrado bispo de Mariana o religioso lazarista, Pe. Antônio Ferreira Viçoso, a reforma da Igreja no Brasil tornou-se sistemática, tanto em nível de clero, quanto em nível de laicato. As mudanças puderam ser implantadas e desenvolvidas, também porque se apoiavam em numerosos antecedentes. Afora os esforços empreendidos pelos primeiros Núncios de estreitarem os laços da Igreja do Brasil com a Santa Sé, aos 13-5-1818, havia sido nomeado para a diocese de Mariana o primeiro bispo declaradamente "ultramontano" da história da Igreja no país, e que marcaria época. Seu nome: Dom Frei José da Santíssima Trindade.[1]

Dom José, durante sua gestão combateria por todos os meios o liberalismo e as obras que considerava perniciosas, tais como *O espírito das leis* de Montesquieu e *O Contrato social* de Rousseau, pois o espírito tridentino que o movia se tornara público desde a sagração episcopal. Um

[1] Dom Frei José da Santíssima Trindade, cujo nome de batismo era José Leite, era português do Porto, onde nasceu aos 4-6-1762. Entrou muito cedo para a observância franciscana reformada, e com 16 anos tomou o hábito, e veio para o Brasil. Feita a profissão perpétua no convento Santo Antônio de Salvador, BA, aos 6-2-1780, exerceria várias funções naquela província religiosa. Foi nomeado bispo pelo aviso régio de 13-5-1818, confirmado por meio de Bula papal datada de 27-9-1819, e sagrado no mesmo ano no Rio de Janeiro, por Dom José Caetano da Silva Coutinho. Quando assumiu Mariana, a diocese contava com 600 sacerdotes, que exerciam o ministério em 71 paróquias, 95 capelas curadas e 217 não curadas. Reabrindo o seminário que estava fechado, em 15 anos de atuação, Dom José ordenou 140 sacerdotes. Dom Frei José faleceu aos 28-9-1835. (Remigius Ritzler e Pirminus Sefrin, *Hierarchia catholica*, vol. VII, p. 253; Raimundo Trindade, *Arquidiocese de Mariana – subsídios para a sua história*, vol. I, p. 281-294).

ano depois, enquanto fazia uma visita pastoral ao Serro, jurou perante a câmara, as bases da Constituição portuguesa, mas fazendo restrições a quatro artigos, que eram justamente aqueles mais apreciados pelos liberais da época, por se referirem à livre manifestação do pensamento e à liberdade de imprensa. Essa postura logo renderia ao novo bispo sucessivos dissabores com certos políticos e com alguns membros do clero, mas ele conseguiu manter um governo firme por 15 anos. Após seu passamento, no entanto, seguiu-se longo período de vacância, no qual, segundo afirma Raimundo Trindade, a obra de reforma decaiu, devido ao "governo calamitoso do cabido regalista, desvirtuado, e inteiramente desprestigiado como corporação eclesiástica".[2]

Nem tudo, porém, se perdeu: se é certo que os franciscanos trazidos no período para ensinar no seminário local acabaram não resistindo às pressões sofridas, e abandonaram suas funções em 1832; os lazaristas que assumiram o colégio do Caraça persistiram, transformando a instituição num verdadeiro baluarte da reforma da Igreja no Brasil. O fundador da missão lazarista foi o supracitado Pe. Antônio Ferreira Viçoso, o qual, entre outras coisas, era contrário ao envolvimento de padres em partidos políticos e movimentos sediciosos. Ele se opôs à rebelião liberal de 1842; e, terminado o conflito, recebeu a nomeação para bispo de Mariana. Depois da sua posse, ocorrida em 1844, a mudança de rota da Igreja no Brasil se afirmaria de vez.[3]

[2] Raimundo Trindade, *Arquidiocese de Mariana – subsídios para a sua história*, vol. I, p. 291, 296.

[3] Pe. Antônio Ferreira Viçoso (1844-1875) nasceu nos arredores da Vila de Peniche, próxima a Lisboa, filho de Jacinto Ferreira Viçoso e Maria Gertrudes. Era o mais moço de cinco irmãos, e um deles, José Antônio Ferreira Viçoso, também se tornaria sacerdote. Seu pai era protetor do convento de Olhalve e entregou o filho aos cuidados do Prior, que lhe deu a educação primária. Daí seguiu para o curso de humanidades de Santarém, donde passou para a Congregação dos Padres da Missão. Antônio Viçoso tomou o hábito de São Vicente de Paulo ("Lazarista") aos 25.07.1811, professou aos 26.07.1813, e ordenou-se sacerdote aos 07.03.1818, sendo logo destacado para professor de filosofia em Évora. Emigrou para o Brasil no ano seguinte, vindo a trabalhar no Colégio do Caraça e depois em Campo Belo, interior de Minas Gerais. Eleito superior da sua Congregação, foi nomeado bispo pelo Império aos 7 de janeiro de 1843, sendo confirmado pelo Papa Gregório XVI aos 24 de janeiro de 1844. Foi sagrado no Mosteiro de São Bento do Rio aos 5 de maio do mesmo ano, pelo bispo D. Manuel do Monte Rodrigues de Araújo. Fez sua entrada triunfal na diocese de Mariana em 16 de junho de 1844. Seu nome se tornaria um dos maiores símbolos da reforma eclesiástica no Brasil (Manuel Alvarenga, *O Episcopado Brasileiro*, p. 65; Augusto Vitorino Alves Sacramento Blake, *Dicionário bibliográfico brasileiro*, vol. I, p. 166-168).

2.1. Os precursores de uma grande transformação

O recrudescimento da defesa da "reta doutrina" e do Romano Pontífice ameaçado pelas convulsões revolucionárias européias refletiram sobre o clero do Brasil; e muitos sacerdotes, ao entrarem em contato com a novidade tentariam implantá-la no solo pátrio. Alguns padres-deputados da Constituinte de 1823 e das eleições parlamentares de 1826 e seguintes já se manifestavam por ela, e contemporaneamente a escolástica, até então esquecida, reapareceu. Na primeira parte do século XIX já era possível encontrar tomistas convictos como o padre português Patrício Muniz e o italiano Gregório Lipparani, que haviam estudado em Roma. Padre Muniz ainda era um clérigo de transição, motivo pelo qual seu escolasticismo seria depois posto em dúvida; mas, o mesmo não se pode dizer dos padres Luís Gonçalves dos Santos (Padre "Perereca"), cônego e professor no Rio de Janeiro, e seu grande aliado, Pe. Willian Paul Tilbury, um inglês radicado no Brasil. Juntos, eles redigiram uma obra apologética intitulada *Antídoto católico*, e também foram os primeiros a cometer a proeza de condenar abertamente a maçonaria. Em 1826, Pe. Tilbury fez editar a *Exposição sobre a maçonaria*, enquanto o "Pe. Perereca" (1767-1844) publicava nos jornais do Rio de Janeiro cartas contra as Lojas e o jornal maçônico da época, de nome *Despertador Constitucional*.[4] Estas cartas seriam depois reunidas e publicadas num livro intitulado *Antídoto salutífero contra o Despertador Constitucional, e exorcismos contra o mesmo*. Erudito, dominando também o latim, o grego, o francês, o inglês, o italiano e o espanhol, além de algumas noções de hebraico, "Pe. Perereca" usaria todo o seu saber, temperado com impagáveis tiradas sarcásticas, para fustigar os que julgava inimigos da Igreja. Célebre foi a zombaria que fez ao Pe. Feijó: "Entendi muito bem a V. S. o que o Sr. Padre Deputado quer é casar. [...] Não grite tanto, não derrame tantas lágrimas, não faça tantas caramunhas, nós bem percebemos a que fim elas se dirigem. Case-se Sr. Padre".[5]

Essa, aliás, foi a mais renhida contenda entre padres do primeiro Império. Ela teve início depois que o *voto em separado* dado por Feijó contra o celibato em 1827 – conforme o próprio pretendia – ganhou publicidade.

[4] David Gueiros Vieira, *O protestantismo, a maçonaria e a questão religiosa no Brasil*, p. 34-35.
[5] Otávio Tarquínio de Souza, *Diogo Antônio Feijó*, p. 99.

Um anônimo, provavelmente um eclesiástico, que se autointitulava "amigo da humanidade" esposou sua causa, e se serviu das páginas da *Astrea*, para apoiá-lo. Pe. Luís rebateu-o com uma resposta dada no dia 18 de outubro daquele ano, sem se esquecer de acrescentar um apêndice contra o tal *voto*. Sentindo-se particularmente ofendido, Pe. Feijó publicou uma carta violenta no *Diário Fluminense*, mas teve de enfrentar o contrataque de Pe. Luís que editou a *Réplica católica à resposta que o Reverendo Senhor Deputado Padre Diogo Antônio Feijó deu ao Padre Luís Gonçalves dos Santos*. O replicado, ainda mais agressivo, lançou outro livrinho em que atacava o rival já a partir do título: *Resposta às parvoíces, absurdos, impiedades e contradições do Sr. Pe. Luiz Gonçalves dos Santos na sua intitulada defesa do celibato clerical*. Sobre este mesmo assunto, Feijó ainda redigirá a *Demonstração da necessidade da abolição do celibato clerical pela Assembléia Geral do Brasil, e da sua verdadeira e legítima competência nesta matéria*; mas Pe. Luís não lhe daria trégua. Em 1829 ele liquidaria os argumentos do seu opositor com *A voz da verdade da Santa Igreja Católica confundindo a voz da mentira do amante da humanidade sobre o celibato clerical*, que foi considerada sua melhor obra teológica. Tratava-se de uma coleção de dezesseis cartas em que reunia com grande atenção todos os argumentos históricos em favor da continência.

As atenções do Pe. Luís também se voltariam para a defesa dos regulares, motivando-o a escrever em 1828 a veemente *Apologia dos bens religiosos e religiosas do Império do Brasil*, mas, uma das suas maiores intuições foi aquela de não se converter num combatente solitário. Além de amigos tradicionais como o Pe. Tilbury, ele agregou em torno de si um informal grupo de apoio, que pôde ser visto como a primeira "resistência ultramontana" organizada pela Igreja no país. Do referido grupo, um dos destaques foi José da Silva Lisboa, Visconde de Cairu (1756-1835). Mesmo professando idéias quiçá excessivamente generosas a respeito da realidade eclesiástica européia, Cairu era suficientemente hábil para defendê-las, tendo demostrado seu talento na obra *Causa da religião e disciplina eclesiástica do celibato clerical*. Ao lado dele atuou também frei Antônio Dias, irritado tanto pela agressividade quanto pela presunção com que Feijó falava em nome de todo o clero. Ele manifestou seu descontentamento no livro *Dictame ou parecer sobre os dois papéis públicos dados à luz pelos Reverendos Senhores Padres Luiz Gonçalves dos Santos e Diogo Antônio Feijó, nos quais se defende o celibato clerical e religioso de uma parte, e se impugna pela outra*, no qual não poupou o rival paulista por querer impor que "os clérigos e sacerdotes pensem ou devam pensar como ele".[6]

A ação desses pioneiros foi deveras ampla, e Pe. Luís voltaria à carga outra vez em 1835, para rebater a *Análise* do Pe. Manoel Joaquim do Amaral Gurgel contra o celibato clerical. Com este objetivo, ele compôs o *Exame ortodoxo que convence de má fé, de erro e de cisma, a análise da Resposta do Ex.mo e Rev.mo Sr. Arcebispo da Bahia*, pulverizando os argumentos do amigo de Feijó, e ao mesmo tempo aproveitou para investir contra o regalismo institucionalizado no país. Incansável, sequer pouparia alguns folhetos que circularam no Rio, durante o "caso Moura", um dos quais pretendendo demonstrar a necessidade de se convocar um concílio nacional para dar instituição canônica aos bispos no Brasil, isentando-os da jurisdição do Papa. Contra ele o padre-mestre traduziu em 1838 o *Discurso do Cardeal Iguanzo, arcebispo de Toledo, sobre o direito do Papa em confirmar os bispos*, com uma introdução a propósito, aplicada ao estado em que então se achavam os negócios eclesiásticos no país.

Em nível de episcopado, entre os precursores teve inegável peso o Arcebispo primaz, Dom Romualdo Antônio de Seixas (1787-1860), paraense de Cametá, e que foi sagrado bispo aos 28-10-1827.[7] Quando tomou posse na arquidiocese de Salvador aos 31-1-1828, a situação eclesial era deplorável, mas ele, sendo um homem de fibra, atuou firme e, por sua influência, o clero foi isento de funções civis ou quaisquer outras que não condissessem com o seu caráter, tais como o júri e guarda nacional. Para dar uma formação adequada aos futuros clérigos, também fundou o primeiro seminário da Bahia, no qual se formariam os futuros bispos reformadores das dioceses de Goiás, Pará e Rio Grande do Sul. À medida que o tempo passou, tornou-se cada vez mais "ultramontano", e para tanto a sua experiência no parlamento parece ter contribuído de forma decisiva. Famoso foi o questionamento que lhe fez o deputado do Piauí Francisco de Souza Martins (1805-1857), quando recordou que a doutrina que defendia, de relativização da autoridade da Santa Sé em relação à Igreja universal, era a que havia aprendido nos compêndios que se usava nas universidades em

[6] Antônio Dias, *Dictame ou parecer sobre os dois papéis públicos dados à luz pelos Reverendos Senhores Padres Luiz Gonçalves dos Santos e Diogo Antônio Feijó, nos quais se defende o celibato clerical e religioso de uma parte, e se impugna pela outra*, p. 5-6.

[7] Remigius Ritzler e Pirminus Sefrin, *Hierarchia catholica medii et recentioris Aevi*, vol. VII, p. 331.

que estudara. Assim sendo, objetava, se tais doutrinas eram falsas, cabia ao Primaz, na condição de Arcebispo, de interpor a sua autoridade junto ao Governo, para mandar retirar das aulas ditos compêndios. Tenha-se presente que o referido deputado não assumia uma atitude rebelde, e se declarava "em conformidade com a Igreja Católica", em cujo seio afirmava viver e onde pretendia morrer.[8]

As contendas com Feijó e Amaral Gurgel também fizeram parte dessa experiência, tendo forçado o Primaz a definir sua posição. Por isso, em 1834, ele redigiu um escrito denominado *Reflexões à Câmara dos Deputados* em que rejeitou categórico a insinuação de que o Metropolita podia agir autonomamente na jurisdição eclesiástica que governava, e que também os bispos "tudo podiam nas suas dioceses", mesmo que o Papa fosse de parecer contrário.[9] Além disso, conseguiu igualmente evitar que o Governo financiasse a vinda de dois irmãos morávios protestantes para missionarem entre os índios, criticando abertamente a contradição desta escolha, pois ao mesmo tempo se mantinha "pasmosa intolerância contra os missionários e missionárias católicos". Foi o primeiro passo para que assumisse a defesa dos religiosos em geral, criticando asperamente um padre deputado que propunha que cada missionário católico estrangeiro pagasse na alfândega o imposto de 1.000$000, ou a proposta do deputado Clemente Pereira, que propunha a alienação da quarta parte dos bens dos religiosos beneditinos e a conversão do seu produto em apólices da dívida pública. Nesta, como em tantas ocasiões, sairia vencedor, pois dita proposta foi derrubada na Câmara.[10]

2.2. A dinâmica do processo renovador do clero

Em que pese as iniciativas renovadoras, no início do Segundo Império as perspectivas não eram das mais otimistas para a Igreja no Brasil, considerando que tanto a situação geral do clero, quanto a religiosidade popular, continuavam distantes do que Roma almejava. Particularmente preocupantes eram os aspectos intelectual, doutrinário, disciplinar e econômico dos

[8] *Anais do Parlamento Brasileiro – Câmara dos Deputados, sessão de* 1836, p. 42.

[9] Romualdo Antônio de Seixas, *Coleção das obras do Excelentíssimo e Reverendíssimo Senhor Dom Romualdo Antônio de Seixas*, tomo II, p. 392-393, 397-398.

[10] Romualdo Antônio de Seixas, *Memórias do Marquês de Sant Cruz*, p. 128.

padres. Financeiramente falando, a maioria do clero secular sobrevivia na penúria, pois as côngruas que recebiam, além de simbólicas, permaneciam inalteradas por décadas, sem levar em conta o aumento constante do custo de vida.[11] Ao lado disso, a formação intelectual da maioria dos sacerdotes e a vivência do celibato tampouco eram modelares. Mesmo depois de iniciada a reforma eclesial, os casos de prevaricação eram de conhecimento público, como pode comprová-lo, entre outros, o casal de pesquisadores Luís e Elizabeth Cary Agassiz.[12]

Sem ignorar a acusação de etnocentrismo que sempre pesou sobre os escritos de muitos dos viajantes estrangeiros do século XIX, suas opiniões tornam-se dignas de crédito na medida em que inúmeras tradições populares as confirmam. Cheias de casos pitorescos e "picantes", ditas tradições orais, codificadas depois por folcloristas como Luís da Câmara Cascudo, geralmente têm como personagens centrais mulheres que viravam "mulas sem cabeça" por pecarem com os "homens de Deus", o mesmo acontecendo com seus pares, "cavalos sem cabeça" – padres prevaricadores – que por castigo se "encantavam". A referida "mula sem cabeça", ou "burrinha de padre" é a manceba que na Quinta-feira Santa se metamorfoseia e corre furiosa pelos campos entre tormentos atrozes. A solução que o povo criou para que o "encanto" não se realizasse demonstra claramente o que pretendia: "o padre não deve nunca se esquecer de amaldiçoá-la, antes de celebrar a Santa Missa..."[13] Ao "cavalo sem cabeça", sua versão masculina, tampouco eram reservadas palavras amenas: "Esse... nem é bom falar! Que Deus o perdoe... Diz-se que foram os padres que andaram torcendo as mulheres dos outros..."[14]

A desmoralização do clero acabou virando assunto até de literatos de talento, como Manoel Antônio de Almeida (1831-1861), que satirizará com crueza os padres concubinários na obra *Memórias de um sargento de milícias*. Publicada inicialmente em forma de fascículos no suplemento do jornal *Correio Mercantil*, a partir de 1854 dita obra ganhou edição única, e ali, em meio às aventuras dos personagens principais, eram citados de modo burlesco o caso de dois sacerdotes que sucessivamente mantinham

[11] David Gueiros Vieira, *O protestantismo, a maçonaria e a questão religiosa no Brasil*, p. 27.

[12] Louis Agassiz e Elizabeth Cary Agassiz, *Viagem ao Brasil (1865-1866)*, p. 590.

[13] André M. Araújo e Valcyr J. Taborda, "Estórias e lendas de São Paulo, Paraná e Santa Catarina", em: *Antologia ilustrada do folclore brasileiro*, tomo I, p. 40.

[14] Luiz da Câmara Cascudo, *Geografia dos mitos brasileiros*, p. 249.

relações com uma cigana. O segundo deles teve a identidade descoberta por um outro pretendente leigo, e a atitude assumida por aquele ao abordar sua pretendida – sem excluir o objetivo libidinoso que o movia – dava uma noção exata da mentalidade corrente no meio popular a respeito dos padres amancebados:

> – Pois um padre!?... dizia ele; é preciso que eu salve aquela criatura do inferno, onde ela está se metendo já em vida.
>
> E começou de novo em tentativas, em promessas, em partidas para a cigana, que a cousa alguma queria dobrar-se. Um dia que a pilhou de jeito à janela abordou-a, e começou *ex-abrupto* a falar-lhe deste modo:
>
> – Você já está em vida no inferno!... pois logo um padre!?[15]

Também obras de autores românticos testemunharam esse sentimento popular, e isso explica por que a história da tal mula sem cabeça foi, mais de uma vez, recordada pelo personagem Eugênio no romance *O Seminarista* de Bernardo Guimarães. Os bispos estavam ao par do descrédito corrente, coisa que o prelado de São Paulo, Dom Antônio Joaquim de Melo, lamentaria amargamente: "Sendo este crime (concubinato) tão ordinário, é o que mais nos nodoa, e nos faz ser a fábula do povo, e que mais males tem feito à Igreja".[16]

No que diz respeito ao aspecto doutrinário, salvo exceções, mais que combater uma oposição intelectualmente fundamentada, a grande luta seria erradicar a velha mentalidade pombalina que pouco a pouco se tornara de comum aceitação. O jansenismo prático de certos setores do clero era uma das suas manifestações. Deixando de lado as disputas teológicas, os jansenistas brasileiros o eram quase que exclusivamente em certos aspectos, principalmente no espírito de desconfiança em relação a Roma e aos jesuítas. Um dos raríssimos casos em que o jansenismo assumiu forma "institucional" no Brasil, aconteceu em Itu, SP, na comunidade dos "Padres do Patrocínio". O fundador foi um artista barroco pardo e pobre, Jesuíno

[15] Manuel Antônio de Almeida, *Memórias de um sargento de milícias*, p. 114.

[16] ACMSP, Antônio Joaquim de Mello, *Carta pastoral dando um regulamento da conduta externa do clero*, São Paulo 23-11-1852, p. 2.

do Monte Carmelo, que depois de viúvo, construiu a bela igreja de Nossa Senhora do Patrocínio, e na casa que tinha ao lado, estabeleceu uma espécie de cenóbio, em que com seus dois filhos (os padres Elias e Simão), um sobrinho por afinidade (Pe. João Xavier), e mais um seu protegido (Pe. Manuel da Silveira), constituiu o núcleo do que se transformaria numa confraria de ascetas. O próprio Jesuíno seria ordenado padre por Dom Mateus de Abreu Pereira, e, outros sacerdotes seculares, como os padres Diogo Antônio Feijó (a partir de 1818) e Antônio Joaquim de Melo (futuro bispo de São Paulo) se uniriam à sua experiência, fazendo a comunidade crescer. Como observaria o cônego Fernandes Pinheiro, os princípios da escola *galicana*, largamente difundidos no Brasil, misturados a certas concepções jansenistas, infiltraram-se na comunidade, ainda que, como salienta, a retidão de alguns, a exemplo do Pe. Antônio Joaquim de Melo, tenha se mantido intacta. Mesmo assim, ele não hesitou em qualificar a inteira experiência como a "Port Royal do Brasil".[17]

Mário de Andrade se alinha com essa explicação, salientando que no Patrocínio os padres se entregavam a ardores místicos exaltadíssimos, a disciplinas ferozes, em que Feijó era dos mais ardentes, deixando muitas vezes o chão maculado de sangue pecador. A experiência, contudo, foi breve: depois da morte do Pe. Jesuíno em 1819, alguns membros da comunidade, principalmente Feijó, tendo se tornado conhecidos, se deixaram seduzir pela política liberal, e procuraram aliciar o clero da comarca para as idéias em voga. Nem todos seguiram a nova orientação, motivo pelo qual Pe. Antônio Joaquim de Melo se retirou para Piracicaba. O colapso final aconteceu quando Feijó, cujos conhecimentos não iam além do rudimentar, cometeu a temeridade de aceitar o desafio de frei de Santa Justina para um debate aberto sobre filosofia e teologia. O frade o derrotou de forma humilhante, e a comunidade, desmoralizada, se dissolveu.[18] Outras formas rústicas de jansenismo, no entanto, sobreviveriam, como aquele estranho costume de determinados padres, que desaconselhavam a participação constante à comunhão, por ser algo "abusivo", recomendando-a só na hora da morte.[19]

[17] Joaquim Caetano Fernandes Pinheiro, "Os padres do patrocínio ou o Porto Real de Itu", em: *RIHGB*, tomo XXXIII, p. 31-32, 14-143.

[18] Mário de Andrade, *Padre Jesuíno do Monte Carmelo*, p. 21, 25, 29, 39-40, 43-44.

[19] Antenor de Andrade Silva, *Os salesianos e a educação na Bahia e em Sergipe – Brasil, 1897-1970*, p. 32.

O novo episcopado desejava ardentemente inverter essa situação, e a opção que encontraram para tanto foi aquela repetida por Dom Luís Antônio dos Santos aos 28-2-1862: "Os bispos devem pôr toda a sua esperança na criação de [um] novo [clero], educado convenientemente".[20] A tarefa seria penosa, se se recorda que, ao iniciar o século XIX, a única casa formativa diocesana propriamente dita, funcionando regularmente em todo o país, era o Seminário São José, do Rio de Janeiro, não obstante os seminários de Mariana e Olinda se mantivessem de forma precária.[21] Por isso, cada prelado teria de fazer verdadeiros malabarismos para construir novas casas de formação, enfrentando recursos escassos, mais a carência crônica de professores qualificados. Quando enfim ditas casas estavam organizadas, para mantê-las, a contragosto se incorporava a elas a função de educandários masculinos particulares. Nem isso cobria todas as despesas, e então se recorria à beneficência pública e ao patrocínio financeiro dos governos locais. Em troca, dava-se educação gratuita a certo número de meninos pobres, correndo o risco, naturalmente, de sofrer certa interferência da classe governamental.[22]

E, tal intromissão continuava a ser "o" problema da Igreja no Brasil, uma vez que, com base no *Ato Adicional* de 1834, "erigia-se uma freguesia, ou dividia-se, por um decreto de assembléias provinciais, tal como se pro-

[20] ASV, Carta de Dom Luís Antônio dos Santos ao Internúncio (28-2-1862), em: *Nunciatura Apostólica no Brasil*, fasc. 142, caixa 32, doc. 3, fl. 4.

[21] Até meados do século XVIII não havia seminários diocesanos no Brasil. A formação se fazia nos colégios dos Jesuítas, mas a maioria dos padres vinha de Portugal já ordenados. Um grande seminário era o da Bahia, fundado em 1747, mas havia também outros como o da Paraíba, erigido em 1745; São Paulo, em 1746; Mariana, 1748; Pará, 1749; e Maranhão, em 1752. Todos eles foram fechados em 1759, ao ser suprimida a Companhia de Jesus. O único que permaneceu funcionando foi o Seminário São José da Lapa, do Rio de Janeiro, porque não estava vinculado à Companhia. Fora fundado, em 1739, pelo quarto bispo do Rio, Dom Frei Antônio de Guadalupe. O único seminário criado na segunda metade do século XVIII foi o de Olinda, em 1798, por Dom José Coutinho, mas só começou a funcionar em 1800. No século XIX alguns outros foram abertos: Maranhão, em 1805; Bahia, em 1816; e Mariana, em 1821. O estudo era o mais simplificado possível: humanidades, retórica, e uma rudimentar teologia que se resumia ao *Catecismo de Montpellier* e ao *Manual de Teologia de Lyon*, ambos jansenistas e condenados por Roma. A freqüência não era obrigatória, e bastava um exame de conhecimentos, bastante indulgente. Mariana era a exceção, pois seu bispo mantinha um curso sério e exigia provas de penitência. Muitos dos candidatos rejeitados por ele iam para São Paulo, onde Dom Mateus de Abreu Pereira, ordinário de lugar de 1797 a 1824, facilmente os ordenava, sem dar maior atenção aos ordenamentos canônicos (Zeno Hastenteufel, *Dom Feliciano na Igreja do Rio Grande do Sul*, p. 270-271).

[22] Manoel Isaú Souza Ponciano Santos, *Luz e sombras*, p. 89.

cedia na criação de uma escola; capelas e até matrizes se erguiam por um despacho tão sem-cerimoniosamente como se tratasse da construção de um chafariz".[23] O Imperador em pessoa era contrário a qualquer mudança, e o manifestaria constantemente. Iria fazê-lo de novo ao abordar a questão do ensino religioso. Ele o admitiu tranqüilamente nas escolas do Império, livre, mas com uma importante ressalva: "sujeito à inspeção da autoridade".[24]

2.2.1. A involuntária contribuição da política para a mudança

Certos fatores em jogo forçariam a política oficial a rever algumas das suas máximas. Para começar, Dom Pedro II, antítese do que fora seu pai, conseguiu preservar a própria imagem durante o longo reinado que exerceu, evitando os escândalos públicos. O relaxamento dos costumes dos padres o aborrecia, e ele avaliava com extremo escrúpulo a idoneidade dos sacerdotes que indicava para o ministério episcopal. A isso juntou-se um outro motivo, nada secundário: a política. Era fato conhecido que os sacerdotes formados em seminários liberais facilmente aderiam aos movimentos revolucionários, porque a pouca estima que tinham pelo ministério papal se estendeu a outras formas de autoridade, monárquica inclusa. Não por acaso, a participação de padres em revoluções era freqüente e, ainda que todas elas tenham sido debeladas, o risco que representavam para a estabilidade do sistema monárquico brasileiro era real. Pe. Feijó, afinal, fora um dos líderes paulistas da revolução liberal de 1842, e este movimento causaria particular ressentimento no Imperador, conforme consta da sua *Fala do Trono* de 1-1-1843: "A profunda mágoa que me causou a rebelião declarada em Sorocaba e Barbacena foi apenas mitigada pelas provas, que deram os brasileiros, de sua dedicação às instituições do Império e de afeição à Minha Augusta Pessoa".[25]

O Imperador e seus principais conselheiros se convenceram afinal de que o clero "ultramontano" era um dos meios para a construção de fundamentos sólidos para o regime, e daí para frente tornar-se-ia regra básica nomear bispos defensores do "princípio da autoridade".[26] Por isso, ciente

[23] Raimundo Trindade, *Arquidiocese de Mariana*, p. 431-432.

[24] Heitor Lyra, *História de Dom Pedro II*, p. 356.

[25] *Fala com que Sua Majestade o Imperador, o Senhor Dom Pedro II, abriu a primeira sessão da quinta legislatura da Assembléia Geral Legislativa no dia 1-1-1843.*

[26] Augustin Wernet, *A Igreja paulista no século XIX*, p. 52.

ou não das conseqüências, Dom Pedro II fez uma opção: descartou os padres de moral duvidosa, mesmo que anti-romanistas, e passou a indicar os disciplinados e moralmente irrepreensíveis, ainda que alinhados com a Santa Sé. Assim, a partir de 1850 predominaram os bispos que tinham sido escolhidos por serem "homens cuja vida privada não fosse maculada por uma política sectária ou por um comportamento imoral". O contraponto é que ditos prelados ilibados eram justamente aqueles mais afinados com as diretrizes de Pio IX. Resultado: em 1872 havia no Brasil pelo menos cinco bispos que favoreciam Roma e que tinham estudado na Europa.[27]

2.2.2. A influência decisiva do Seminário São Sulpício e do Colégio Pio Latino-americano

Dois centros de formação se constituíram em referência obrigatória – mas não exclusiva – para a renovação do clero brasileiro nas últimas quatro décadas do século XIX: o Seminário São Sulpício ("Saint Sulpice") e o Colégio Pio latino-americano. O primeiro era um seminário maior francês, sob direção dos Padres Sulpicianos, fundado em Paris no ano de 1642 pelo venerável Jean-Jacques Olier, e que se transformou num centro de erudição teológica para formandos de diversos países, inclusive do Brasil. Ali se estudava filosofia, teologia escolástica, moral positiva e também controvérsias para que os formandos soubessem fundamentar a própria fé. A instituição dependia do abade de Saint Germain, que por sua vez dependia diretamente do Papa.[28]

Um dos seus expoentes brasileiros seria Antônio Gonçalves de Oliveira, que mais tarde, ao tornar-se capuchinho, adotou o onomástico Vital, apelativo que o celebrizaria depois de aceder ao episcopado.[29] Outro brasileiro formado no São Sulpício – com destaque, em virtude dos seus dotes intelectuais – foi o futuro bispo de Belém do Pará, Antônio de Macedo Costa.[30] A admiração que muitos brasileiros sentiam pelo renomado colégio era enorme, como atesta o depoimento do Cônego Dr. Joaquim Caetano Fernandes Pinheiro:

[27] Márcio Moreira Alves, *A igreja e a política no Brasil*, p. 32.

[28] Luis Medina Ascensio, *Historia del Colegio Pio Latino Americano*, p. 17.

[29] Félix Olívola, *Dom Frei Vital Gonçalves de Oliveira*, p. 20-21.

[30] Jerônimo Lemos, *Dom Pedro Maria de Lacerda, último bispo do Rio de Janeiro no Império (1868-1890)*, p. 138.

> Penetrando os umbrais do grande Seminário São Sulpício em Paris, ficamos edificados ao ver o recolhimento que ali reinava: dir-se-ia um santuário, e não uma casa habitada por mancebos. A voz grave e pausada dos professores dirige-se a um auditório modesto e estudioso: não se perde uma sílaba das suas sábias explicações. Os duzentos e vinte alunos, que em novembro do ano passado (1851) seguiam os seus cursos, eram todos destinados ao sacerdócio, e formavam, como crisálidas desse clero francês, tão justamente célebre pela sua ciência e virtudes, e que tão grandes serviços há em todos os tempos prestado à Igreja e ao Estado. As aulas não são abertas ao público; e assim deve ser: porque pensamos com o ilustre superior, o Sr. Cônego Carriere, que o contato das casacas com os gabinardos e batinas não é dos mais úteis. O moço que vive ocupado no estudo e meditação dos livros santos não deve ser distraído por idéias profanas; não deve largar o Evangelho para ler o jornal do dia, que ocultamente lhe traz algum mundano e complacente colega.[31]

Religiosos europeus também partilhavam dessa opinião, e, em 1876, Pe. Luigi Lasagna, SDB, faria questão de ressaltar a dignidade e o refinamento dos ex-alunos dos "bons padres do São Sulpício".[32] Apesar do inegável prestígio do venerando colégio francês, a maior parte dos brasileiros que foi cursar as "Sacras Ciências" na Europa formou-se numa outra instituição, inaugurada pelo Papa Pio IX aos 21-11-1858: o Pontifício Colégio Pio latino-americano. A direção da casa, tanto material quanto espiritual, estava a cargo dos jesuítas, sendo que o primeiro reitor foi o espanhol Pe. José Fonda, e os estudos eram assim distribuídos: humanidades se cursava dentro do próprio colégio, e filosofia e teologia se estudavam no Colégio Romano (rebatizado a partir de 1873 como Pontifícia Universidade Gregoriana).[33]

[31] Joaquim Caetano Fernandes Pinheiro, *Apontamentos religiosos*, p. 33-34.

[32] Luigi Lasagna, *Epistolario*, vol. I, p. 80.

[33] Laurita Pessoa Raja Gabaglia, *O Cardeal Leme*, p. 16-17.

No momento da sua abertura, o Pio Latino contava com dezessete formandos, nenhum dos quais brasileiro. Os quatro primeiros filhos da "América Portuguesa" chegariam no ano seguinte (1859), sendo eles João Batista Fialho, RS, Francisco Herculano, BA (morto de febre antes de concluir os estudos), Tibério Rio de Contas, BA, e José Raimundo da Cunha, MA.[34] Nos anos sucessivos o número dos brasileiros cresceria em proporção geométrica, e, segundo o confiável estudo de Pedro Maina, S.I., dos cento e cinqüenta e nove formandos que por ali passaram, da fundação até 1869, oitenta e quatro eram provenientes do Brasil.[35] Nem todos os formandos seriam considerados aptos para o estado eclesiástico, e também houve os que desistiram por iniciativa própria; mas, a contínua chegada de brasileiros não diminuiu. Tanto é verdade que o "quadro sinótico" preparado pelo Pe. Tommaso Ghetti, SI, reitor da instituição, atestou que outros 51 jovens provenientes do Brasil por lá passaram entre os anos de 1872 e 1882.[36]

A brasileira Laurita Pessoa Raja Gabaglia salienta que a formação do referido colégio não era isenta de problemas, uma vez que o formalismo e a rigidez dos seminaristas europeus chocavam a sensibilidade dos brasileiros, boa parte dos quais jovens provincianos de um país ainda agrário. Isso, segundo a autora, chegava a criar recalques difíceis de reparar, cujas conseqüências posteriores no apostolado jamais foram devidamente avaliadas. Ela também recorda que a convivência comunitária era delicada, marcada certas vezes por pequenos incidentes domésticos, inclusive porque, para os recém-chegados do Brasil, os hábitos e a língua dos formandos dos países vizinhos, ao mesmo tempo tão parecidos e tão diversos, não colaboravam para uma rápida integração.[37]

Mesmo assim, resta sempre o fato que o Pio Latino foi fiel ao seu propósito de elevar o nível do clero latino-americano, e dele saíram alguns dos nomes mais célebres da renovação eclesial brasileira, tanto no Império quanto na Primeira República. Dentre estes merecem ser citados o Cardeal Arcoverde e o Cardeal Leme, além de bispos como Dom Jerônimo Tomé

[34] APCLA, Catálogo (manuscrito), C. 19/2, fl. 6.

[35] APCLA, Pedro Maina - *Memórias del Pontifício Colégio Pio Latino-americano* (1858-1958), tomo I, B2/1, fl. 107.

[36] AAEESS, Exposição do Pe. Tommaso Ghetti S.I. ao Papa Leão XIII, em: *Brasil*, fasc. 13, pos. 225, fl. 18b.

[37] CF. Laurita Pessoa Raja Gabaglia, *O Cardeal Leme*, p. 16-21.

da Silva (titular de Belém e depois Arcebispo Primaz do Brasil) e Dom Eduardo Duarte da Silva (bispo de Goiás), entre outros.[38]

2.2.3. O progressivo prevalecer do pensamento "ultramontano"

Ainda que o fenômeno ocorresse de forma desigual, a aproximação com a Santa Sé, a adoção dos princípios tridentinos, e a adesão às assim chamadas idéias "ultramontanas", gradualmente, se impuseram. Por certo tempo conviveram dois tipos de padres: os antigos, que mesmo admoestados nem sempre ou dificilmente abandonavam seus costumes anteriores, e os da nova geração que se iam formando, imbuídos do espírito reformador, em que o zelo sacerdotal pela cura das almas era a tônica. Afinal acabou prevalecendo o padre asceta, espiritual, escrupuloso, e apóstolo pastoral.[39] A ferocidade com que Joaquim Nabuco criticou tal mudança, em 1873, demonstra o quanto ela se tornara visível:

> É que hoje a Igreja é uma milícia. A verdadeira nobreza do episcopado, se se pode dizer, o seu *ponto de honra* (o grifo é do autor), é acompanhar Pio IX nos dias de seu extraordinário infortúnio. Assim, um sacerdote, mal é elevado às honras de diocesano, torna-se logo um soldado do Papa. Os párocos são hoje de privativa confiança dos ordinários, cuja tendência é destruir a perpetuidade do benefício que constitui a independência do funcionário. A jurisdição dos prelados tornou-se assim sem limites.[40]

Foi um ataque inútil, pois a formação seminarística no Brasil prosseguiu nas suas mudanças, tal como separar os seminaristas dos demais alunos, para dar ênfase à preparação ao ministério sacerdotal.[41] O escrúpulo na observância doutrinária e a retidão disciplinar tornaram-se tão exigentes, que Dom Vital ia ao seminário de Olinda duas vezes por semana para certificar-se das suas necessidades e se as ordens que dava estavam sendo

[38] Cf. Luis Medina Ascensio, *Historia del Colegio Pio Latino Americano*, p. 74, 81.

[39] Augustin Wernet, *A Igreja paulista no século XIX*, p. 165.

[40] Joaquim Nabuco, *O Partido Ultramontano e suas invasões, seus órgãos e seu futuro*, p. 12-13.

[41] Antenor de Andrade Silva, *Os salesianos e a educação na Bahia e em Sergipe - Brasil, 1897 - 1970*, p. 28.

cumpridas. Além disso, assistia aos exames dos seminaristas, a fim de que mestres e formandos compreendessem a importância e as exigências da Igreja, no que toca "à sua própria honra e o bem das almas".[42]

Em contrapartida, a aversão ao aspecto "nacional" da Igreja do Brasil produziu verdadeiros excessos. Os lazaristas do Seminário da Prainha, no Ceará, por exemplo, certa vez desejaram transformar o 7 de Setembro, Dia da Independência, num comum dia letivo, provocando a reação irada dos alunos, que em protesto recusaram-se a comparecer.[43] Os bispos, no entanto, viam-nos com olhos complacentes, pois o modelo formativo do Velho Mundo que encarnavam era tido como o ideal. E não lhes faltavam motivos para tanto, pois os clérigos diplomados na Europa, ao regressarem, tornavam-se eficientes professores nos seminários e consultores do clero. Além disso, era de lá que também saíam muitos dos novos bispos, alcançando com sua intercessão bom auxílio para as dioceses.[44]

2.3. A primeira geração de bispos francamente reformadores e os acontecimentos conseqüenciais à sua ação

Uma das maiores prioridades dos novos bispos foi a de resgatar a autoridade episcopal e estabelecer certa autonomia da Igreja ante o Governo. Em 1853, diria Dom Romualdo de Seixas:

> Não queremos furtar-nos ao sagrado dever de subordinação e lealdade a um poder instituído pelo mesmo Deus; o que só queremos é que haja mais escrúpulo em estremar os limites do Sacerdócio e do Império, e que a ação dos pastores seja mais livre e desimpedida de mil embaraços e restrições, que a cada passo estorvam a marcha de sua administração, deixando entrever certo espírito de desconfiança ou de mal entendido ciúme, que os faz acanhar e muitas vezes diminuir sua força moral. Queremos que a Igreja seja também admitida e tenha parte no banquete da liberdade.[45]

[42] Félix Olívola, *Dom Frei Vital Gonçalves de Oliveira*, p. 48.

[43] Antenor de Andrade Silva, *Os salesianos e a educação na Bahia e em Sergipe - Brasil, 1897 - 1970*, p. 28.

[44] Alípio Ordier Oliveira, *Traços biográficos de Dom Silvério Gomes Pimenta*, p. 26.

[45] Flávio Guerra, *A questão religiosa do Segundo Império*, p. 12.

O Papa Pio IX estimulava os novos prelados a prosseguirem nas mudanças, e numa carta que enviou ao recém-ordenado bispo de São Paulo aos 28-11-1852, fez-lhe uma admoestação precisa: "Nada, porém, deveis estimar tanto, venerável irmão, como o defender, e sustentar, segundo o vosso ofício episcopal, corajosa e constante, e prudentemente, a causa da Igreja Católica e sua doutrina, direitos, e liberdade".[46] Um ano depois, perante o Cardeal Presidente da *Propaganda Fide* e de outros prelados, ele externaria sua satisfação com os novos rumos do clero no país: "Os bispos do Brasil são bons, nomeadamente o de Mariana (Dom Viçoso), o Arcebispo da Bahia (Dom Romualdo de Seixas) e o bispo de São Paulo (Dom Antônio Joaquim de Melo)".[47]

A estima era recíproca, como ficaria demonstrado em 1860, num tratado de Dom Antônio de Macedo Costa intitulado *Pio IX, Pontífice e Rei*, em defesa do poder temporal do Romano Pontífice, então ameaçado pelo movimento da unificação italiana. Cinco anos mais tarde, a realidade eclesiástica brasileira se alterara visivelmente. A conseqüência não prevista por Dom Pedro II, foi que, além de privilegiarem a moral elevada e a cultura teológica, os prelados reformadores também questionariam o regalismo dominante. Dom Viçoso foi um dos primeiros a fazê-lo, enviando a José Liberato Barroso, ministro do império, uma carta datada de 10-3-1865, pedindo liberdade de ação para o clero com inusitada clareza.[48] Dita carta não teve maior repercussão, mas o clero insistiria firme, pois, como diria Dom Antônio de Macedo Costa em 1866, "nesta regra [dar a Deus o que é de Deus] está a distinção, a independência dos dois poderes, está a ordem, está a liberdade".[49]

2.3.1. A atuação de Dom Viçoso em Mariana (1844-1875)

O português da Vila de Peniche, distrito de Leiria, Dom Antônio José Ferreira Viçoso (13-5-1787 – 7-7-1885), Conde da Conceição e bispo de

[46] Ezequias Galvão da Fontoura, *Vida do Ex.mo e Rev.mo D. Antônio Joaquim de Melo*, p. 94.

[47] Ezequias Galvão da Fontoura, *o. c.*, p. 85.

[48] Dizia a carta: "Requeiro principalmente para a Igreja a liberdade que lhe deu seu divino Instituidor, reconhecida pelo governo e de que ela goza, até nos governos protestantes". Seguia-se um conjunto de queixas, e ao final, uma petição incisiva para remediar os males: "1º que se proíba estudar-se por livros que São Pedro proíbe ou quem tem tanta autoridade como São Pedro. 2º que se proíba aos estudantes das academias alistarem-se em sociedades secretas que são 'opera Tenebrarum' - e cujo fim último (como publicamente se escreve) é precipitar os tronos e despedaçar os altares" (Belchior J. Silva Neto, *Dom Viçoso, Apóstolo de Minas*, p. 102-105).

[49] Valeriano Altoé, *A Igreja e a abolição – uma posição conservadora*, p. 18.

Mariana, foi sagrado no mosteiro de São Bento do Rio de Janeiro, aos 5-5-1844, e no mesmo dia imprimiu sua primeira carta pastoral, com um conjunto de admoestações ao clero e fiéis que bem demonstrava os rumos que viria a imprimir na sua jurisdição.[50]

Mariana estava vacante desde a morte de Dom frei José da Santíssima Trindade ocorrida em 1835, e foi com grandes festas que recebeu seu novo prelado em 16-6-1844. Rapidamente o recém-chegado se deu conta que a situação de sua jurisdição não era das mais animadoras: ainda que o clero de lá fosse, para os padrões brasileiros, superior ao de muitas outras dioceses, não eram poucos os sacerdotes esquecidos de suas obrigações e das normas da continência. "Uma parte do clero tem sido pouco edificante, para não usar de outra expressão mais seca",[51] desabafaria o neo-prelado; e não lhe faltavam motivos para dizê-lo, se se recorda que inclusive boa parte dos padres do cabido vivia publicamente amasiada. Isso para não falar dos numerosos curas que haviam se envolvido na revolução liberal de 1842, e de outros tantos desleixados do ministério. Resultado: a religião ficara reduzida a atos externos de devocionismo, a prática dos sacramentos era pequena, e ocorria, sem controle, uma invasão do poder civil no domínio eclesiástico.[52]

Dom Viçoso, nos trinta e um anos em que exerceu o ministério episcopal em Mariana, submeteu-a a uma verdadeira metamorfose. Ele fez questão de percorrer a imensa diocese em intermináveis visitas pastorais, realizando pregações diárias para o povo e encontros privados com os padres. Aproveitava também a ocasião para colher esmolas junto aos fiéis para a reforma, ampliação e melhoria do seminário. O furacão revolucionário tinha sido fatal para a casa de formação diocesana: os alunos debandaram e as aulas foram suspensas. O próprio prédio do seminário acabou sendo usado como quartel, deteriorando

[50] A primeira pastoral de Dom Viçoso era incisiva: "Os cônegos têm a obrigação de dar exemplo de modéstia e silêncio. [...] Vós reverendos párocos, que conosco participais do ofício pastoral, tendo havido tantos exemplos funestos, tantos escândalos políticos, lembremo-nos de que Nosso Senhor nos diz: 'Comíeis o leite e vos vestíeis de lã, matáveis o que estava gordo, mas não apascentáveis meu rebanho'. [...] Ah! Companheiros do nosso ministério, que responderemos a Deus, quando nos lançar no rosto tanto descuido, tanta prevaricação, tanta dissipação?" (Silvério Gomes Pimenta, *Dom Antônio Ferreira Viçoso*, p. 66-67)

[51] ASV, Carta de Dom Viçoso ao Internúncio (4-9-1847), em: *Nunciatura Apostólica no Brasil*, fasc. 29, caixa 7, doc. 11, fl. 161.

[52] Silvério Gomes Pimenta, *Dom Antônio Ferreira Viçoso*, p. 89-94.

visivelmente suas dependências. Em 1845 as reformas foram concluídas e Dom Viçoso entregou seu regulamento interno, que ele próprio compusera.[53] O texto, de inspiração rigidamente tridentina, era composto de 25 regras básicas, que eliminavam qualquer traço de laxismo ou ocasião de desvio.[54]

Foi também ele quem edificou o palácio episcopal, mas não descuidou do seu projeto inicial de disciplinar o clero, e com este intuito passou a exigir exames prévios tanto para ordenação quanto para a concessão das dimissórias a quem desejasse se ordenar noutra diocese. Foi essa exigência que produziu o primeiro confronto direto com a autoridade civil. Aconteceu assim: um jovem, parente de Honório Hermeto Carneiro Leão, Marquês do Paraná, o então poderoso Presidente do Conselho de Ministros do Segundo Império, quis por força ordenar-se, mas teve sua solicitação recusada. Ele recorreu ao Marquês que afirmou desafiador: "Com dimissórias ou sem dimissórias, meu afilhado irá ordenar-se em outra diocese. Na qualidade de ministro tenho poder de fazer até bispos, quanto mais padres!" Em resposta, recebeu do bispo uma negativa não só surpreendente como, para o contexto em que se deu, impensável: "Sr. Ministro, nossa aprovação este moço não terá. Não queremos carregar nossa consciência, facultando-lhe um péssimo e desgraçado sacerdócio!"[55] E dava a questão por encerrada.[56]

Não satisfeito com a severa disciplina que passou a imperar na sua casa de formação, Dom Viçoso começou a enviar sacerdotes para Roma, pois agradava-lhe sobremaneira ver os jovens da sua diocese beber na "fonte pura das ciências divinas". Os esforços empreendidos não eliminaram a carência de recursos do seminário episcopal, e o bispo viu-se forçado a

[53] Jerônimo Lemos, *Dom Pedro Maria de Lacerda, último bispo do Rio de Janeiro no Império (1868-1890)*, p. 30.

[54] Entre outras coisas ficou decidido que os seminaristas fariam 5 dias de exercícios espirituais todo ano, participariam diariamente da Santa Missa, observariam com atenção a ordem do dia, manteriam o respeito aos superiores, evitariam amizades particulares, não tomariam bebidas "espirituosas", nada poderiam comprar ou vender sem licença do reitor, não admitiriam ninguém nos dormitórios, ficavam proibidos de se envolver em jogos de carta e jogos de azar, montar em animais encontrados nos pastos, passar férias fora do seminário e andar sem batina. A moral não poderia ser mais severa: se alguém ofendesse a castidade, "mesmo com palavras", seria expulso (Silvério Gomes Pimenta, *Dom Antônio Ferreira Viçoso*, p. 106-108).

[55] Belchior J. Silva Neto, *Dom Viçoso, Apóstolo de Minas*, p. 90.

[56] Entretanto, mesmo sem dimissórias, o rapaz acabou sendo realmente ordenado em São Paulo. Mas, seu destino foi trágico: após envolver-se em sucessivos escândalos, morreu assassinado (Silvério Gomes Pimenta, *o. c.*, p. 176).

pedir a ajuda de 3 contos ao Governo. O Governo provincial cedeu então professores para as aulas de filosofia, retórica e latim, mas quando Dom Viçoso percebeu que isso podia significar alguma forma de interferência, renunciou ao benefício. Mais tarde, quando o ministro Eusébio de Queirós Matoso Câmara se prontificou a encontrar bons professores no sul da Itália, novamente recusou. Por esse motivo, o seminário de Mariana jamais sofreu interferência estatal, e quando já se encontrava perfeitamente disciplinado, em 1855, com seus 150 seminaristas, foi entregue aos cuidados dos 5 padres congregados da missão (João Montiel, Tito Chavet, João Gabet, João Batista Cornaglioto e Domingos Musci), com mais três colaboradores, cujo contrato definitivo foi selado em 1859. A partir daí, seria atacada, com rigor renovado, a questão da disciplina eclesiástica.[57]

O prestígio do bispo ultrapassara a essa altura os limites da sua diocese, e até o inglês Richard Francis Burton, um protestante extremamente crítico com relação ao Catolicismo, não pôde ocultar a admiração que o prelado lhe suscitou.[58] Na mesma época da visita de Burton, chegaram da Europa 12 irmãs de caridade, juntamente com os padres congregados, para auxiliarem nas obras assistenciais diocesanas. Entrementes, a ignorância do clero passou a ser firmemente combatida. Dom Viçoso não titubeou em mandar os padres menos instruídos retomar os estudos, ao tempo em que o ensino dos ritos sagrados e das cerimônias era amplamente difundido.

No afã renovador que se apossou de Mariana, nenhuma luta foi mais renhida, e bem-sucedida, que a que se empreendeu em prol da moralização do clero. Nessas ocasiões, Dom Viçoso advertia, exigia com pertinácia, e, caso o padre não se corrigisse, valia-se de medidas mais enérgicas, como a suspensão de ordens. Jamais transigiu nesse particular. E, o seu poder de mover as consciências nas ocasiões em que admoestava os transgressores era simplesmente extraordinário. Entre os muitos casos incríveis, porém

[57] Silvério Gomes Pimenta, *Dom Antônio Ferreira Viçoso*, p. 114-119.

[58] "O venerando religioso tinha o olhar brilhante e inteligente, e o rosto calmo e intelectual", escreveu Burton. E acrescentava: "O Reverendíssimo é muito conceituado, e muito tem feito pela educação eclesiástica, nesta e em outras províncias. Ele ensinou filosofia em Évora, e teologia, matemática e línguas em Angra dos Reis, onde foi vigário, no Rio de Janeiro e no Caraça. Foi feito bispo por Gregório XVI. Já ungiu dois de seus discípulos do Caraça como bispos do Pará e do Ceará, e, recentemente, esteve em Diamantina, para fazer a mesma coisa ao seu diocesano. Mais de uma vez, gastou de seis ou sete meses, mesmo na época das chuvas, visitando sua diocese, pregando, confessando e administrando a crisma. Podemos, sem medo de errar, juntar a nossa à prece geral: Deus conserve seus dias!" (Richard Burton, *Viagem do Rio de Janeiro a Morro Velho*, p. 276)

retidos como verdadeiros, consta que um certo padre, que vivia "escandalosamente desgovernado", a ponto de freqüentar bailes de reputação duvidosa, foi repreendido em particular. Dom Viçoso, em lágrimas, deu-lhe tal descompostura, que o infeliz, mortificado pelo sentimento de culpa, saiu de lá "destrocado". Mudou de paróquia e, segundo se diz, terminou seus dias dando demonstrações de piedade, sem nunca mais tornar pé atrás.[59]

A eficácia do ordinário de Mariana granjeou-lhe notoriedade, e freqüentemente era consultado sobre os candidatos ao episcopado. Por outro lado, tanto rigor não deixou de trazer-lhe conseqüências indesejadas: as ordenações sacerdotais diminuíram, e as pendências com os políticos aumentaram. Como de costume, ele não recuou, mas também a situação que desfrutava – e isso certamente era mérito seu – nunca chegou a ser das mais delicadas. Recorde-se, por exemplo, que, se o número de padres ordenados baixou, nunca chegou a ser realmente pequeno, pois, em 31 anos ele ordenou 318 sacerdotes, o que dava uma média de 10 novos padres por ano, o que não era pouco. Também em relação à política, foi ele o prelado da primeira geração integralmente "ultramontana" que com mais autoridade desafiou o sistema político brasileiro. Um dos casos mais rumorosos em que pôde demonstrar seu prestígio foi o do Pe. João de Souza e Silva Roussin. Vigário coadjutor de Sabará e diretor de colégio, este padre vivia amasiado e tinha, com o conhecimento de todos, uma filha. Como as leis do império estabeleciam que era necessário concurso para entrar para o cabido da catedral, ele tentou três vezes, sendo sempre derrotado. Porém, insistiu em tentar desta vez contra o Pe. Joaquim Antônio de Andrade, companheiro de Dom Viçoso nas suas visitas pastorais. Estava tudo preparado quando, de súbito, chegaram da Corte os papéis de recomendação do "ilustre sacerdote Roussin". O prelado de Mariana não aceitou semelhante intromissão, e escreveu à Corte para manifestar sua oposição. O Conselho de Estado imperial se reuniu e, por oito votos a três, decidiu em dois artigos propor:

1º – Nova e formal apresentação do sacerdote Pe. José de Souza e Silva Roussin;

2º – que lhe seja dada, com urgência, a devida colocação na vaga do Canonicato da Sé episcopal marianense.[60]

Sem ceder ante tal deliberação, Dom Viçoso escreveu uma carta incisiva ao Ministro da Justiça para dizer que não a acatava: "Não posso

[59] Silvério Gomes Pimenta, *Dom Antônio Ferreira Viçoso*, p. 170-172.
[60] Silvério Gomes Pimenta, *Dom Antônio Ferreira Viçoso*, p. 175-195.

satisfazer a segunda parte da vossa carta, nem ir de encontro às leis da Igreja, no Concílio Tridentino, sessão 25, cap. 9 *De Reformat*, como já tenho apresentado a Sua Majestade". E acrescentava: "Se o governo de Sua Majestade assenta que sou desobediente, faça de mim o que bem lhe parecer, pois confio na misericórdia de Deus, que me dará ânimo para sofrer o cárcere, o desterro e o mais, lembrando-me que foi sempre a sorte da Igreja de Deus sofrer em silêncio". O Conselho de Estado se reuniu novamente, considerou o prestígio de que gozava o prelado e, após avaliar a tremenda responsabilidade de qualquer medida violenta, retrocedeu. O Visconde do Uruguai, que regressara da Europa, foi um dos que mais influiu para essa decisão, fazendo ver aos membros do conselho que era temerário desatender o bispo. Foi uma tremenda vitória moral de Dom Viçoso, ao contrário do Pe. Roussin que caiu em desgraça, vindo mais tarde a aceitar todos os princípios que o prelado defendia.[61]

Convocado a participar do Concílio Vaticano I, devido à idade e aos achaques, Dom Viçoso pediu para ser dispensado e foi atendido. Em 1875, depois de uma viagem ao Caraça, sentiu-se mal, e pediu que o levassem para a Quinta da Cartuxa, situada a 3Km de Mariana. Numa quarta-feira, 7-6-1875, faleceu. Seu enterro foi apoteótico: religiosos, autoridades civis e militares, entre as quais o próprio presidente da província, ao lado de uma multidão de fiéis, acompanharam o corpo.[62] O enorme legado do seu trabalho lhe sobreviveria, inclusive no governo de três jovens bispos, que perpetuariam para além-fronteiras de Mariana, as orientações recebidas. Eram eles:

1. Dom João Antônio dos Santos (1818-1905): nasceu em São Gonçalo do Rio Preto, Minas Gerais, e fez seus primeiros estudos no seminário do Caraça (1835-1842), mudando-se para Congonhas do Campo quando, em conseqüência da Revolução de 1842, foi obrigado a ir para lá cursar filosofia e teologia. Ordenado presbítero por Dom Viçoso aos 12-1-1845, logo depois foi nomeado cônego da catedral e reitor do seminário de Mariana. Em 1848 partiu para Roma, onde doutorou-se em direito canônico na Pontifícia Universidade Gregoriana. Mudou-se para Paris, e aprofundou-se em grego e hebraico. Voltou para o Brasil em 1852, fixando novamente re-

[61] Belchior J. Silva Neto, *Dom Viçoso, Apóstolo de Minas*, p. 99-100.
[62] Silvério Gomes Pimenta, *Dom Antônio Ferreira Viçoso*, p. 290-306.

sidência em Mariana, onde dirigiu por quatro anos o Ateneu São Vicente de Paulo. Escolhido para bispo de Diamantina pelo decreto de 4-3-1863, foi confirmado por Pio IX aos 28 de setembro do mesmo ano. A 1° de março do ano seguinte tomou posse. Fundou o seminário diocesano, um orfanato para meninas e o estabelecimento industrial de Biribiri aos 6-1-1876, para auxiliar o trabalho das classes pobres. Percorreu em visita pastoral toda a diocese, e aderiu ao abolicionismo, fundando aos 17-7-1870 a "Sociedade de Nossa Senhora das Mercês" para a libertação dos escravos. A exemplo de Dom Viçoso, lutaria com afinco para disciplinar os padres maçons e amancebados, fazendo do seminário o grande instrumento para formar um novo clero. Conseguiu: após quinze anos sob os cuidados dos lazaristas, a instituição ordenou cinqüenta novos sacerdotes, ao tempo em que o clero do velho modelo perdeu completamente a visibilidade. Em 1882, com base nas informações que tinha, o Internúncio Mário Moceni endossaria a afirmação de que Dom João era um bispo "pio, instruído, zeloso e devoto à Santa Sé".[63] Sem cair de conceito, o prelado de Diamantina faleceu em 1905, após um longo episcopado de 40 anos.[64]

2. Dom Luís Antônio dos Santos (1817-1891): fluminense de Angra dos Reis, iniciou seus estudos no seminário São José do Rio de Janeiro, transferindo-se para o Caraça em 1837, onde concluiu o curso teológico. Foi ordenado presbítero em 1841, no Rio de Janeiro. Retornou a Minas, exercendo os cargos de professor e reitor do seminário de Mariana, além de cônego da catedral. Em 1848 foi enviado para Roma, vindo a doutorar-se em direito canônico no ano de 1851. Novamente em Mariana, reassumiu seus antigos cargos. Indicado para o bispado do Ceará pelo decreto de 1-2-1859, e apresentado por carta de 28 de setembro do mesmo ano, foi confirmado pelo Papa Pio IX aos 27-9-1860. Dom Viçoso o sagrou no dia 14-4-1861, e aos 28 de setembro do mesmo ano fez sua entrada solene na catedral de Fortaleza. Seguiu à risca os passos do seu ordenante: fez visitas pastorais constantes, fundou o seminário diocesano, e preocupou-se com a educação feminina, instituindo um colégio para meninas. Em 1881 foi promovido a Arcebispo de Salvador, e sua obra foi reconhecida por próprio

[63] AAEESS, Ofício de Monsenhor Mário Moceni ao Cardeal Secretário de Estado (28-6-1882), em: *Brasil*, fasc. 11, pos. 214, fl. 57.

[64] Manuel Alvarenga, *O Episcopado brasileiro*, p. 73-74.

Dom Pedro II que o agraciou com o título de Marquês de Monte Pascoal. Em 1890, idoso e doente, renunciou ao cargo. Faleceu na Bahia no dia 14 de março daquele mesmo ano.[65]

3. Dom Pedro Maria de Lacerda (1830-1890): sagrado bispo do Rio de Janeiro aos 10-1-1869, pela importância que teve, será tratado a parte um pouco adiante.

2.3.2. As renovações de D. Antônio Joaquim de Melo em São Paulo (1852-1861)

São Paulo foi uma das derradeiras dioceses do Brasil a conservar um bispo português em exercício. Tratava-se de Dom Manuel Joaquim Gonçalves de Andrade (1796-1847), prelado de tendência iluminista, formado segundo os cânones de Coimbra, que, durante o longo governo diocesano que exerceu, de 1827 até a sua morte, seguiu fielmente as pegadas do antecessor Dom Mateus de Abreu Pereira. Dom Manuel vivia como seu clero: fazendeiro, dono de escravos, apaixonado caçador, teve destacada atuação política em São Paulo. Era membro militante e um dos chefes do partido conservador. Várias vezes foi vice-presidente da província de São Paulo, membro do Conselho Geral da Presidência, deputado à Assembléia Geral e Provincial, e candidato ao senado. Não raro usava da autoridade episcopal que tinha para influir politicamente no clero paulista. Já se disse que, no seu tempo, a Igreja de São Paulo atingiu uma das fases mais agudas da sua decadência. Frei Alfonso de Rumelly OFM Cap. diria sem meias palavras que a diocese estivera "sob custódia de um mercenário, para não dizer de um lobo rapaz".[66]

A história eclesiástica paulista só mudará de rumo ao ser nomeado bispo o Pe. Antônio Joaquim de Melo (29-9-1791 – 16-2-1861), o primeiro brasileiro a exercer ali este ministério, e que tomou posse aos 14-7-1852. Conhecendo o ambiente diocesano em que deveria ir trabalhar, no início ele relutou em aceitar, sobretudo porque estava ao par de que vários cônegos do cabido eram concubinários públicos; mas, no final, se dobrou. Persuadido de que a reforma devia começar pela edu-

[65] Augustin Wernet, *A Igreja paulista no século XIX*, p. 33-34.

[66] AAEESS, "Breves notícias sobre a diocese de São Paulo", em: *América I (Brasil)*, fasc. 175, pos. 121, fl. 31.

cação do clero, Dom Antônio deu início à construção de um seminário diocesano; e, enquanto fazia incessantes viagens pastorais pela diocese, corrigindo eventuais desvios, aproveitava para angariar recursos para as obras da casa de formação diocesana. Evitou assim a intromissão estatal, ao tempo em que assegurou a retidão de doutrina, solicitando ao próprio Pio IX religiosos capuchinhos para serem os novos professores. Quando o seminário foi inaugurado aos 9-11-1856, oferecia conjuntamente educação primária e secundária à mocidade em geral,[67] e não tardou a atrair tanto vocacionados quanto a juventude leiga. Ali se estudava teologia, história eclesiástica, filosofia, matemática, astronomia, história física, retórica, latim, inglês, francês, geometria e aritmética,[68] com um novo corpo docente, dado que as lições anteriormente ministradas na escola da sé por notórios regalistas como o cônego Ildefonso, professor de teologia dogmática, e pelo arcipreste Joaquim Anselmo de Oliveira, professor de teologia moral, ambos amancebados, foram completamente abandonadas.[69] Como o próprio bispo salientava, Joaquim Anselmo mordeu-se de raiva; e seu colega, o ex-beneditino Joaquim do Monte Carmelo, passou a se comportar como um verdadeiro possesso, era o "botafogo".[70]

Nada, porém, inverteu a marcha dos acontecimentos. No início, os seminaristas propriamente ditos eram quinze, tendo como reitor e vice-reitor os frades Eugênio de Rumelly e Firmino Centelhas. Pouco depois os capuchinhos voltaram à Europa, regressando com mais dois confrades, frei Francisco de Vibonnati e um frade irmão leigo, frei Crispim. Outros religiosos chegariam nos anos seguintes: frei Gonçalo, frei Ambrósio, frei João Batista, frei Justo, frei Teodoro, frei Calisto, da província capuchinha de Chambéry, na França; e frei Tomás, da Itália. Com tantos reforços, a formação diocesana se normalizou[71] e o currículo teológico foi rigidamente revisto. O número dos seminaristas cresceu rapidamente: eram 29 em 1857, e no seguinte aumentaram para 62. Sucessivamente, tornaram-se 145

[67] [Joaquim do Monte Carmelo], *O Arcipreste de São Paulo, Joaquim Anselmo D'Oliveira e o clero do Brasil*, p. 61, 65.

[68] Eugênio Egas, *Galeria dos presidentes de São Paulo*, p. 301.

[69] AAEESS, "Breves notícias sobre a diocese de São Paulo", em: *América I (Brasil)*, pos. 121, fasc. 175, fl. 131b.

[70] ASV, "Memória" (1856), em: *Nunciatura Apostólica no Brasil*, fasc. 131, caixa 29, doc. 16, fl. 35.

[71] Ezequias Galvão da Fontoura, *Vida do Ex.mo e Rev.mo D. Antônio Joaquim de Melo*, p. 235.

em 1860, 180 em 1861, e 229 em 1862, forçando inclusive o seminário a contratar mais professores.[72]

Disposto a moralizar o clero, e adequá-lo às normas tridentinas, aos 22-8-1852 Dom Antônio editou uma segunda carta pastoral, dirigida diretamente aos padres, em que advertia: "É tempo de começarmos as reformas por nós mesmos. São Paulo nos exorta que nossos costumes sejam limpos, como os vestidos daquele que anda na praça pública". Em vista disso, na mesma ocasião baixou um rigoroso estatuto para os sacerdotes, em cuja primeira parte, dividida em seis subtítulos, determinava com detalhes como deveria ser o estilo de vida formativo. Duas exigências inéditas passaram a ser feitas aos ordenandos: acatar as comunicações papais não placitadas pelo Império, e, conforme constava no *Regulamento*, não se filiar em lojas maçônicas. Com relação a esta segunda disposição, foi inclusive instituído um juramento em que os futuros sacerdotes declaravam já ter abjurado à maçonaria, ou de jamais se ligarem a ela.[73]

A reação dos padres regalistas, de modo particular os cônegos do cabido, foi ferrenha, o que, aliás, era até previsível, considerando o desapontamento que tiveram ante a certeza de que o "espírito" do novo bispo não era o deles. As murmurações tiveram início quando Dom Antônio ainda estava no Rio de Janeiro preparando-se para a sagração episcopal, aumentando depois da posse, uma vez que este não os tratou com a esperada deferência, e passou a tomar decisões sem consultá-los. Polemizavam sempre, e para não observarem o *Regulamento*, alegaram que o mesmo não fora publicado dentro do cabido, nem havia recebido o *placet*! Além disso, tampouco demonstravam qualquer interesse em adotar o uso da batina, há quarenta anos abandonado. Joaquim do Monte Carmelo, maçom desde 1843, guiava a resistência, e o fazia de forma provocatória: andava com roupa de secular, lenço ao pescoço, procurando passar por onde o bispo estava para que o visse assim trajado; repetidas vezes zombou dele, ora dando risadas no meio do ato religioso, ora mostrando as fivelas de ouro nos sapatos; além de adotar outras atitudes insólitas. Não contava decerto com a determi-

[72] Augustin Wernet, *A Igreja paulista no século XIX*, p. 115-116.

[73] ASV, "Reclamação de Dom Pedro Maria de Lacerda, atual Bispo de São Sebastião do Rio de Janeiro, contra o que seu respeito disse, embora entre louvores, a Consulta da seção dos negócios do Império do Conselho de Estado de 23 de maio de 1873, acompanhada de numerosas considerações sobre diferentes tópicos da mesma consulta a cerca de negócios eclesiásticos e de cousas relativas à Maçonaria", em: *Nunciatura Apostólica no Brasil*, fasc. 210, caixa 45, doc. stampato n. 4, fl. 190.

nação do diocesano, que afinal o venceria. O referido cônego dirigia ou controlava um recolhimento, no qual, gozando da inteira confiança de duas ricas e idosas recolhidas, se enriquecera. Dom Antônio o destituiu tempestivamente, provocando nele uma mágoa que conservou até seus últimos dias. O prelado estava ciente, mas sem se intimidar, limitou-se a dizer: "entre mim e os cônegos da catedral jamais haverá união".[74]

Paralelo às desavenças internas, o conjunto de reformas episcopais enfrentou outras resistências. No campo intelectual, a formação seminarística chocou-se com a Academia Jurídica, que fora fundada, juntamente com a do Recife, no ano de 1827, e que funcionava no largo de São Francisco. Enquanto o seminário adotou uma moral rígida e procurava regenerar o país por meio da religião, não fazendo concessões ao liberalismo, no seu sentido amplo, a academia assumia um estilo de vida folgazão, professando uma fé convicta no progresso oriundo da razão e das luzes. Dom Antônio a qualificava como "foco de imoralidades", e sugeria fosse transferida para o Rio de Janeiro. A academia retrucava acusando o prelado de sonhar com o "absolutismo e as idéias jesuíticas".

As preocupações de Dom Antônio não eram infundadas. Mais que as alegres noitadas vividas por José Maria da Silva Paranhos e seu grupo, quando este era estudante em São Paulo, no ano de 1862,[75] e outras tantas histórias do gênero, o centro da polêmica era a orientação agnóstica e anticlerical que direcionava os estudos acadêmicos. O ambiente ali chegou por vezes a ser tão hostil, que o estudante mineiro Ferreira de Rezende, quando desejou se confessar, teve de fazê-lo secretamente, para não ser ridicularizado pelos colegas.[76] Grande parte dos políticos anticlericais seriam filhos dessa formação, entre os quais merecem ser citados Rui Barbosa, Tristão Araripe, Tavares Bastos, Silveira Martins, Campos Sales, e Joaquim Nabuco. A sinceridade do testemunho deixado por Nabuco elimina qualquer dúvida a respeito:

> Quando entrei para a academia [em 1866], levava a minha fé católica virgem; sempre me recordarei do espanto, do desprezo, da comoção com que ouvi pela primeira vez tratar

[74] ASV, "Memória" (1856), em: *Nunciatura Apostólica no Brasil*, fasc. 131, caixa 29, doc. 16, fl. 35.
[75] Aluisio Napoleão, *O segundo Rio Branco*, p. 12, 33.
[76] John D. Wirth, *Minas Gerais, o fiel da balança*, p. 207.

da Virgem Maria em tom libertino; em pouco tempo, porém, não me restava daquela imagem senão o pó dourado da saudade... Ao Catolicismo só vinte e tantos anos mais tarde me será dado voltar por largos circuitos.[77]

O bispo não teve como impedir o anticlericalismo da academia, mas, até certo ponto, saiu vencedor, porque as acusações que dita escola lhe fazia não convenceu muitas famílias cultas e ricas de São Paulo, que continuaram a confiar a educação de seus filhos aos professores do seminário episcopal.[78] As próprias autoridades governamentais se curvaram ante os méritos do seminário, e, no tempo da gestão do presidente provincial João Jacinto de Mendonça (1861-1862), o governo paulista subvencionou a instituição com a verba de 3.412$540. Isso possibilitou a admissão de alunos pobres, pois 25 deles estudavam gratuitamente, outros 40 tinham abatimento, e 15 eram pensionistas do vigário capitular pagos pela caixa pia.[79] Restou a oposição principal: o cabido.

Na diocese de São Paulo conviviam duas tendências entre o clero: a maioria, sobretudo no interior, e tendo Itu como referência principal, praticava um catolicismo "espiritual", que sem grande resistência aderiu ao modelo reformado, e o clero da capital, mais refratário, principalmente entre os padres que haviam estudado na Academia Jurídica. O cabido se alinhava com a segunda tendência, mas quando começou a resistir às reformas levadas a cabo, Dom Antônio se apoiou no clero das vilas, e para ofuscar os cônegos, através do edital de 11-3-1853, permitiu a todos os vigários de vara o uso de anel, solidéu, cabeção, banda, cinto e meias, tudo de cor roxa. As punições efetuadas contra padres recalcitrantes, desobedientes e envolvidos em política tornavam a convivência particularmente delicada, tendo atingido seu clímax no natal de 1854.[80] No dia 5 de dezembro anterior, o cônego Joaquim do Monte Carmelo fora suspenso das faculdades de confessar e pregar, por havê-lo feito sem concessão episcopal, e, inconformado com a punição, fizera publicar uma carta ao vigário geral, justificando sua atitude. A imprensa aproveitou para tecer críticas contra a obra

[77] Joaquim Nabuco, *Minha formação*, p. 6-7.
[78] Augustin Wernet, *A Igreja paulista no século XIX*, p. 117.
[79] Eugênio Egas, *Galeria dos presidentes de São Paulo*, p. 301.
[80] Augustin Wernet, *A Igreja paulista no século XIX*, p. 145-153.

e a pessoa de Dom Antônio, e os ressentimentos recíprocos eram visíveis. Um mal-entendido na precedência da recitação do hino levou o bispo a repreender Monte Carmelo em público durante a cerimônia natalina, o qual retirou-se, em meios a murmúrios dos circunstantes. O prelado, descendo do trono e, diante da capela-mor, reprovou o cabido pela afronta, e ao povo pelo tumulto, e mandou que se iniciasse a Missa.[81]

No dia seguinte o cabido lhe dirigiu um ofício expondo suas razões a respeito do incidente. Receberam uma resposta áspera, e reagiram, apresentando um *recurso* ao Imperador. Com a denúncia em mãos, Dom Pedro II escreveu a Dom Antônio pedindo explicações. Ele enviou a sua versão dos fatos, e em fevereiro de 1855 saiu em visita pastoral para fazer uma nova coleta em favor do seminário. Retornou algumas semanas depois, e percebeu que o Governo nenhuma atitude havia tomado. O mesmo não acontecia com os cônegos, que, por meio do quinzenário *O Amigo da Religião* (fundado e dirigido por Joaquim Anselmo), escrevia sucessivos artigos contra sua pessoa. Joaquim do Monte Carmelo, por sua vez, continuava a provocá-lo, com suas roupas seculares e ironias contra o *Regulamento*. A este ponto, o cabido decidiu recorrer àquela mesma Roma cuja autoridade tanto discutia, enviando para lá Joaquim Anselmo, que partiu secretamente levando consigo pesadas denúncias. Foi um fracasso total, e o próprio Governo informaria Dom Antônio que ele sequer conseguiu uma audiência com o Papa.[82] Isto, aliás, era previsível, pois o representante pontifício no Brasil, Monsenhor Marino Marini, no dia 19-1-1855 havia escrito ao Cardeal Secretário de Estado descrevendo o acontecido, ao que acrescentava um questionamento que Roma não podia ignorar: "Se o cabido há justos motivos de lamentar-se do bispo, porque não invocou a autoridade da Santa Sé, e se apelou invés ao Imperador, reconhecendo nele um poder que não tem?"[83]

Enquanto isso, Dom Antônio perdeu a paciência, e enviou uma representação ao Dom Pedro II jogando uma cartada decisiva: ou o Governo o apoiava, não obstruindo seu propósito de afastar por força Joaquim Anselmo de Oliveira e Joaquim do Monte Carmelo do cabido, ou ele renunciava.

[81] Augustin Wernet, *o. c.*, p. 153-155.

[82] AAEESS, "Breves notícias sobre a diocese de São Paulo", em: *Brasil*, fasc. 175, pos 121, fl. 42 - 43.

[83] AAEESS, "Escandaloso conflito entre o bispo diocesano de São Paulo, Antônio Joaquim de Melo, e o seu Cabido", em: *Brasil*, fasc. 170, pos. 103, fl. 9.

Acrescentava oportunamente um particular extremamente importante: o da conveniência. Para tanto, afirmou que, se o espírito de rebeldia reinante não fosse contido, o povo de São Paulo também seria rebelde, como já fora antes em relação ao poder temporal. Convenceu: o Governo se posicionou oficialmente, apoiando-o e consentindo na punição dos cônegos.[84] Rapidamente o prelado obrigou Monte Carmelo a licenciar-se, e submeteu a processo, com posterior condenação no foro eclesiástico, Joaquim Anselmo (que, aos motivos de ordem doutrinária, foi também acusado de tentativa de homicídio, pois dera uma facada no cônego Xavier Ferreira). Livre enfim de impedimentos, o trabalho doutrinador na diocese de São Paulo prosseguiu seu ritmo, com a catedral, o cabido e os formadores regalistas sendo devidamente ignorados: "Nenhum ordenando freqüentou mais a Sé, nenhum procurou mais estudar nas aulas de teologia e de moral pagas pelos cofres da província..."[85]

Ao mesmo tempo, o bispo sempre insistia na "necessidade do cumprimento da confissão e da comunhão pascal, na obrigação de ensinar o catecismo aos meninos e aos escravos e na regularização dos concubinatos", incluindo nesta última categoria também os negros cativos. E, para evitar alusões jansenistas na catequese, proibiu o *Catecismo de Montpellier* e fez editar um outro em 27-7-1859, que tornou obrigatório. De outra feita, apesar do respeito recíproco existente entre ele e o Imperador, Dom Antônio jamais foi um aliado do trono, uma vez que se opunha ao liberalismo revolucionário por razões puramente religiosas. Estas mesmas razões, entretanto, o levavam a opor-se igualmente ao intervencionismo de Estado:

> Precisamos é que o governo temporal nos deixe; [...] que se acabem os recursos à Coroa, que tenhamos ação sobre corporações religiosas, sobre legados pios, sobre o ensino elementar, sobre os compêndios; [...] é necessário que se faça uma concordata com a Santa Sé. O primeiro passo ao meu ver é: todos os Bispos, como um só homem, pedir ao Imperador que restitua nossos direitos usurpados.[86]

[84] AAEESS, "Breves notícias sobre a diocese de São Paulo", em: fasc. 175, pos. 121, fl. 70b-71.

[85] [Joaquim do Monte Carmelo], *O Arcipreste de São Paulo, Joaquim Anselmo D'Oliveira e o clero do Brasil*, p. 61.

[86] ASV, "Memória" (1856) em: *Nunciatura Apostólica no Brasil*, fasc. 131, caixa 29, doc. 16, fl. 37.

O prelado de São Paulo faleceu em 16-2-1861. O cabido, que tinha fechado seu livro de *Acórdãos e Resoluções da Mesa Capitular* desde 1855, reabriu-o, para noticiar o fato. A linguagem, polida e fria, comprovava em definitivo que o ideal de reforma do prelado era um fato consumado: "Verdadeiro sacerdote da religião, S. Ex.a arrostou todos os obstáculos que se opunham à realização dos seus desígnios e por meio de longas peregrinações, rodeado de imensos sofrimentos, ele conseguiu levantar esse monumento em cujas pedras se lerá através dos séculos o nome imortal de seu ilustre fundador".[87] Ficou a herança histórica do modelo eclesial que implantou, com destaque para o seminário diocesano, donde sairiam vários bispos, que estenderam o projeto do seu fundador para as mais diversas localidades do Brasil. Entre estes, destacaram-se:

a) Dom Joaquim José Vieira (1836-1912): natural de Itapetininga, ingressou no seminário de São Paulo em 1857, sendo ordenado em Itu, no dia 25-3-1860. Em 1883 foi nomeado bispo do Ceará, sendo sagrado por um bispo cearense, Dom Lino Deodato (que se tornara Ordinário de São Paulo). Tomou posse em 1884, e deu continuidade à obra do primeiro bispo reformador da diocese, Dom Luís Antônio dos Santos, que fora transferido para Salvador. Como Dom Antônio Joaquim de Melo, empreendeu prolongadas viagens pastorais pelo sertão, e convocou em 1888, o primeiro sínodo diocesano, para estabelecer uma legislação eclesiástica comum. Intransigente em doutrina, recorreu ao Santo Ofício para condenar Pe. Cícero Romão Batista. Convidou os capuchinhos para empreenderem missões populares, e abriu dois colégios para a educação feminina: o Externato São Vicente de Paula e o Colégio Jesus Maria José.

b) Dom Antônio Cândido de Alvarenga (1836-1903): pertenceu à primeira turma dos alunos do seminário de São Paulo, sendo ordenado padre em 1860, também em Itu, juntamente com Joaquim José Vieira. Lecionou vários anos na casa em que estudara, até ser nomeado bispo do Maranhão, sendo sagrado por Dom Lino em 1878. Rígido, um dos seus primeiros atos foi a reforma do seminário, dispensando todos os professores seculares que lá ensinavam a maioria das disciplinas. Medida análoga adotou com relação aos cônegos do cabido. Fez muitas visitas pastorais, e chamou os

[87] Augustin Wernet, *A Igreja paulista no século XIX*, p. 285-287.

capuchinhos de São Paulo para auxiliarem nos trabalhos diocesanos. Em 1898, já velho e alquebrado, foi transferido para a capital paulista, onde faleceu, em abril de 1903.

c) Dom José Pereira da Silva Barros (183-1898): bispo de Olinda de 1881 a 1893, foi um dos primeiros diocesanos formados pelos capuchinhos em São Paulo. Ordenado presbítero em Alfenas, MG, aos 27-12-1858, tornou-se em seguida professor do seminário paulistano e vigário colado de Taubaté, sua cidade natal. Deputado provincial em várias legislaturas, conseguiu que em 1879 as Irmãs de São José de Chambéry assumissem o Colégio do Bom Conselho local. Aos 7-1-1881 veio a ser nomeado bispo de Olinda, restaurando a catedral e o palácio episcopal. Em 1891, transferiu-se para a capital federal, então sede vacante, mas aos 27-4-1892, quando o Rio foi elevada a arquidiocese, com amargura recebeu um aviso oficial do Cardeal Mariano Rampolla comunicando-lhe que tal ministério seria ocupado por outro titular. Com a saúde combalida, ele se retirou em Taubaté, vindo a falecer aos 15-4-1898.[88]

2.3.3. Dom Feliciano: as inovações do primeiro bispo de Porto Alegre (1853-1858)

Aos 7-5-1848, pela bula *Ad oves dominicas rite pascendas*, o Papa Pio IX criou a diocese de Porto Alegre, desmembrando-a da distante Rio de Janeiro. O primeiro bispo diocesano foi Dom Feliciano José Rodrigues de Araújo Prates (13-7-1791 – 27-5-1858), de 71 anos de idade,[89] que ao assumir, aos 3-7-1853, encontrou uma igreja local formada por 60 padres, e inúmeros problemas, conforme o próprio reconheceria contristado. A primeira questão aberta que teve de ser enfrentada foi a herança farroupilha. A revolução havia terminado há apenas três anos (à qual ele se opusera por ser fiel à Coroa) e significativo número de sacerdotes se envolvera. Outra

[88] Cf. Remigius Ritzler e Pirmino Sefrin, *Hierarchia Catholica*, vol. VIII, p. 240, 424, 507.

[89] Dom Feliciano José Rodrigues de Araújo Prates (1853-1858) era gaúcho de nascimento. Apresentado bispo pelo decreto imperial de 10 de abril de 1852, foi confirmado pelo Papa Pio IX aos 27 de setembro de 1852, sendo sagrado bispo aos 29 de maio do ano seguinte. A cerimônia aconteceu na igreja do Mosteiro de São Bento do Rio de Janeiro, sendo oficiada por Dom Manuel do Monte Rodrigues de Araújo. Dom Feliciano faleceu em Porto Alegre (Remigius Ritzler e Pirminus Sefrin, *o. c*, , vol. VIII, p. 450; Manuel Alvarenga, *O Episcopado brasileiro*, p. 147).

pendência grave eram as seqüelas deixadas pelo cisma ocorrido aos 22-6-1838, quando um padre, Francisco das Chagas Martins Ávila, foi nomeado "Vigário Apostólico" da "República Rio-grandense", e aceitou o cargo. As circunstâncias em que o fato se deu são intricadas, mas o dito cisma foi apenas jurídico, sem implicações doutrinárias e morais, e parece haver sido motivado por razões políticas. Isto porque, a separação política do Governo central do país impunha, na visão dos revolucionários, também uma separação eclesiástica, mas parece que o Pe. Chagas pretendia ser reconhecido pela Santa Sé, assim que a situação do "novo país" se normalizasse. A revolução seguia seu curso e, aos 24-2-1839, foi-lhe decretado tratamento de "Excelência Reverendíssima", passou a receber côngrua de dois contos de réis, e recebeu o mesmo tratamento que tinham os bispos do Império, nomeando curas e vigários para as freguesias vagas, dispensando impedimentos matrimoniais, administrando o Crisma e concedendo graças espirituais. Intimamente ligado com os revolucionários, o novo "Vigário" estabeleceu-se inicialmente em Piratini, depois em Caçapava, segunda capital dos Farroupilhas, e por último em Alegrete, derradeira capital republicana. O movimento revolucionário, no entanto, aproximava-se do seu fim, e, em 1842, o Barão de Caxias veio à Província em missão de Paz. O Pe. Chagas foi credenciado para gerenciar o armistício, que ele e o Barão assinaram ao 1-3-1845, em Bagé. Findas as negociações de paz, o "Vigário" retirou-se para Porto Alegre, onde passou a viver recolhido, sem uso de ordens, até se retratar em 1845.[90]

Nem tudo estava resolvido, pois o escasso conhecimento doutrinário do povo, que até mesmo um leigo – Caxias – descreveria em 1846 como desalentador, continuava sem solução. Em meio a tudo isso, durante seus cinco anos de episcopado, Dom Feliciano fez o que pôde para fundar cemitérios, construir igrejas e capelas, munidas de alfaias e paramentos "para uma digna celebração dos sacramentos"; sem deixar de lado a moralização e disciplina do clero "farroupilha", e a formação de novos sacerdotes. Também combateu a participação dos padres na política; mas, a sua obra maior foi a organização do seminário diocesano, orientado segundo as "determinações do Concílio de Trento, e unido ao Bispo e à Igreja de Roma".[91] Ao falecer em 1858, Dom Feliciano deixou uma igreja normalizada, cujas

[90] Zeno Hastenteufel, *Dom Feliciano na Igreja do Rio Grande do Sul*, p. 56-66.
[91] Zeno Hastenteufel, *Dom Feliciano na Igreja do Rio Grande do Sul*, p. 27, 72, 181, 279, 295.

reformas seriam consolidadas no governo de seu sucessor, Dom Sebastião Dias Laranjeira (1861 – 1888).[92]

2.4. A segunda geração episcopal reformadora e seus expoentes

O processo de mudança atingiu o ápice depois de 1870 quando a segunda geração de prelados, já formada inteiramente no novo espírito que dominava a Igreja no Brasil, por ser majoritária, sentiu-se em condições de exigir mudanças mais drásticas. Os nomes mais conhecidos dessa fase, que coincidirá com o início da decadência monárquica, são Dom Vital Maria Gonçalves de Oliveira, que com apenas vinte e sete anos de idade foi nomeado para a diocese de Olinda, e Dom Antônio de Macedo Costa, que aos trinta anos tornou-se bispo de Belém do Pará. O trabalho de ambos, no entanto, já havia sido antecipado por seus predecessores. No caso da diocese de Olinda, um dos primeiros a manifestar desconforto ante a situação corrente foi Dom João da Purificação Marques Perdigão (1779 – 1864). Titular da referida diocese a partir de 1833, ele tivera o *exequatur* da sua bula de confirmação recusada pelo então ministro da justiça, Pe. Diogo Feijó, só conseguindo-o quando o Marquês do Paraná substituiu o controvertido padre paulista.[93] No seu tempo, a capital pernambucana começou, pela primeira vez, a possuir manifestações claramente anti-regalistas, como bem o demonstram a *Memória histórica e biográfica do clero pernambucano*, de Lino do Monte Carmelo Luna, editada em 1857, que não poupava críticas ao Pe. Feijó. Também pertence ao período de Dom Marques Perdigão o início do envio de seminaristas pernambucanos para serem formados na Europa. O jovem Antônio (futuro Dom Vital), entrando no seminário de Olinda em 1861, acabará se tornando o nome mais célebre dessa mudança de rota, e não foi outro, senão o prelado diocesano, quem o convenceu a concluir os estudos no Seminário São Sulpício, para onde partiu aos 21-10-1862.[94]

[92] Dom Pedro II nomeou o segundo bispo da diocese de Porto Alegre aos 23-3-1860, conforme consta de uma sua decisão existente no Arquivo Nacional: "*Atendendo às virtudes e mais partes que concorrem na pessoa do Padre Sebastião Dias Laranjeira, hei por bem nomeá-lo bispo da diocese do Rio Grande do Sul, vaga pelo falecimento de Dom Feliciano José Rodrigues Prates*" (AN, Ministério do Império, códice 507, folha 11).

[93] Manuel Alvarenga, *O Episcopado brasileiro*, p. 132-133.

[94] Teodoro Huckelmann et alii, *Dom Vital in memoriam*, p. 60.

2.4.1. O trabalho desenvolvido pelos prelados de São Paulo e do Rio de Janeiro

Dom Lino Deodato Rodrigues de Carvalho (1826-1894) assegurou à diocese de São Paulo a consolidação do trabalho reformador iniciado por Dom Antônio Joaquim de Melo e continuado por Dom Sebastião Pinto do Rego (1802-1868). Ele era natural do Ceará, tendo se ordenado padre em 1850. Sagrado bispo aos 9-3-1873, durante seu episcopado seria vencida a desgastante questão do colégio dos jesuítas em disputa com o Governo Imperial,[95] os salesianos se estabeleceram na capital paulistana, começou-se o trabalho de assistência aos imigrantes, sobretudo italianos, e as novas devoções então em voga na Europa foram particularmente valorizadas. Com relação a este último ponto, a inteira diocese paulista foi consagrada ao Coração de Jesus em 1884, numa atitude que, além de piedosa, tinha intenção claramente apologética, pois, como ele próprio afirmava, dita devoção devia se opor "às vociferações e blasfêmias da incredulidade nestes últimos tempos"[96]

Ao contrário de São Paulo, o caso do Rio de Janeiro se revelaria muito mais complexo. À frente da diocese carioca estivera Dom Manuel do Monte Rodrigues de Araújo, Conde de Irajá (1798-1863), cujo longuíssimo ministério episcopal, que durou de 1839 até a sua morte, conservou praticamente intocada a situação precedente. O representante da Santa Sé no Brasil, Monsenhor Marino Marini, não o poupava: "Este bispo é sumamente indolente em tudo!"[97] Pior ainda era quando ele se metia a escrever livros, como aconteceu com os *Elementos de Direito Eclesiástico Público e Particular* e o *Compêndio de Teologia Moral*, ambos considerados "censuráveis e reprováveis" por Vecchiotti, consultor da Santa Sé.[98]

[95] Apolônio Nóbrega, "Dioceses e bispos do Brasil", em: *RIHGB*, vol. 222, p. 166.

[96] Lino Deodato Rodrigues de Carvalho, *Carta Pastoral do Ex.mo e Rev.mo Sr. Bispo de São Paulo anunciando ao Reverendo Clero e a todos os fiéis, seus jurisdicionados, a solene consagração da diocese ao Sagrado Coração de Jesus, e designando o dia 8 de setembro, do corrente ano de 1884, para esse ato na igreja catedral e na capela do mesmo Sagrado Coração na sede do Bispado*, p. 13-18.

[97] AAEESS, "Gravíssimas desordens no episcopado e no clero brasileiro, especialmente na diocese do Rio de Janeiro", em: *Brasil*, fasc. 170, pos. 106, fl. 104.

[98] AAEESS, "Observações a respeito da obra intitulada Elementos de Direito Eclesiástico, do defunto bispo do Rio de Janeiro, Monsenhor Manuel do Monte Rodrigues, e da obra do mesmo autor intitulada compêndio de Teologia Moral" (tradução), em: *Brasil*, fasc. 184, pos. 153, fl. 22-29.

Por todos esses motivos, quando o prelado do Rio faleceu no dia 11-6-1863, em que pese as solenes exéquias celebradas em sua honra na capela imperial,[99] seguidas de um sepultamento não menos pomposo no Palácio da Conceição no dia 14 seguinte, o legado histórico que deixou se revelaria pesadíssimo. Basta lembrar que, entre outras coisas, geralmente Dom Manuel é considerado o último bispo regalista no Brasil.[100]

O seu sucessor, Dom Pedro Maria de Lacerda (1830-1890), que assumiu em 1869, era um clérigo de formação secular, que havia ido a Roma em 1848, onde cursara filosofia, teologia, e depois, direito canônico. Regressando ao Brasil, ordenou-se presbítero aos 10-8-1852, sendo nomeado cônego da catedral de Mariana. Residia no seminário, onde ensinava filosofia, quando foi nomeado bispo do Rio de Janeiro. Confirmado por Pio IX aos 24-9-1868, tomou posse aos 31-1-1869 por meio de um procurador, até que, no dia 8 de março do mesmo ano fez a entrada solene na catedral. Grandes dificuldades o aguardavam, pois os seis anos de vacância precedentes haviam contribuído para reforçar ainda mais o estado de descalabro em que a diocese se encontrava. O novo prelado iniciou a reforma pelo seminário diocesano São José, demitindo todos os antigos professores, sem poupar o reitor e o vice, confiando a direção da casa aos padres lazaristas. A administração econômica do estabelecimento, contudo, confiou ao ex-vice reitor, cônego José Gonçalves Ferreira, cuja idoneidade era reconhecida.[101]

A mudança propiciaria o primeiro de uma série de conflitos, pois um sacerdote regalista, ex-lente da instituição, sob o pseudônimo de "Pe. Lutero" acusou Dom Lacerda nos jornais de estar entregando o primeiro estabelecimento de instrução do Rio a "uma congregação mercenária".[102] Ele, não apenas ignorou tais invectivas, como, em 1878, através de uma *Carta Pastoral*, criticou abertamente seu predecessor: "Dom Manuel do Monte, bispo, Conde de Irajá, fez seus primeiros estudos em livros e autores galicanos; daí os laivos de galicanismo de que estão salpicadas algumas

[99] ASV, "Missiva do Cônego Bernardo Lira da Silva ao Internúncio Sanguigni" em: *Nunciatura Apostólica in Brasile*, fasc. 189, caixa 41, doc. 2, fl. 6.

[100] Augustin Wernet, *A Igreja paulista no século XIX*, p. 88-89.

[101] Antônio Secioso Moreira de Sá, *A sombra de Lutero alarma a Igreja Brasileira Católica Apostólica Romana*, p. 5-6.

[102] ASV, "A Igreja fluminense humilhada", em: *Nunciatura Apostólica no Brasil*, fasc. 189, caixa 41, doc. 28, fl. 109.

páginas de suas obras, hoje proibidas até que se corrijam e seja aprovada a correção".[103]

Do governo de Dom Lacerda merece ainda ser citada sua participação no Concílio Vaticano I, e a pouca energia que demonstrou ao eclodir a questão religiosa. A ele, porém, coube o mérito de ordenar três prelados que marcariam época na história da Igreja no Brasil: Dom Vital Maria Gonçalves de Oliveira, ordenado bispo de Olinda em 1871 na catedral de São Paulo; Dom Silvério Gomes Pimenta, ordenado bispo de Mariana no Rio de Janeiro, em 1890; e, também Dom João Esberard, que naquele mesmo ano seria igualmente ordenado como novo bispo da diocese olindense. O prelado do Rio acumularia ainda as funções de prelado doméstico do Papa e assistente ao trono pontifício. Foi agraciado pela Princesa Isabel com o título de Conde de Santa Fé, tendo falecido na capital federal aos 12-11-1890.[104]

2.4.2. Os jovens bispos de Olinda e os primeiros conflitos de grande repercussão

O sucessor de Dom Perdigão em Olinda foi o cearense Dom Manuel do Rego de Medeiros (1830 – 1866), e a partir da sua posse a reforma eclesial recobraria ânimo naquela diocese. Ex-aluno do Seminário São Sulpício, ele fixara depois residência em Roma, onde tinha se doutorado em direito civil e canônico, recebendo o grau de doutor pela *Sapientia* de Roma. Relutara ante a nomeação episcopal, mas devido às instâncias do Papa Pio IX, acabou aceitando-a, sendo sagrado no dia 12-11-1865. Um mês depois embarcou para o Brasil, tomando posse em Olinda no dia 21 de janeiro do ano seguinte.[105]

Dom Antônio de Macedo Costa vibrou de alegria ante o acontecido, tanto pelas virtudes do jovem prelado, quanto por reconhecer nele um aliado a mais no processo de reforma em marcha. Por esta razão proclamou confiante: "Ele não há de se curvar às pretensões do regalismo de quem tem soberano horror".[106] Estes mesmos predicados, no entanto, colocariam

[103] Pedro Maria de Lacerda, *Pastoral anunciando a exaltação do SS. Padre o Papa Leão XIII anunciando a união e obediência à Santa Sé Apostólica*, p. 30.

[104] Augustin Wernet, *A Igreja paulista no século XIX*, p. 50-51.

[105] BN, "*Apontamentos biográficos sobre o Padre Manoel do Rego de Medeiros pelo Dr. Antônio Manoel de Medeiros*", em: seção de manuscritos, n. I-31, 24, 14.

[106] ASV, Carta de Dom Antônio de Macedo Costa ao Internúncio Sanguigni (22-5-1865), em: *Nunciatura Apostólica no Brasil*, doc. 29, fasc. 192, caixa 42, fl. 94b.

Dom Manuel na mira dos padres regalistas assim que a confirmação do seu nome veio a público. Destacou-se neste particular o deão Joaquim Francisco de Faria, que escreveu ao Internúncio Sanguigni para dizer que "muita gente" havia se surpreendido com a indicação do novo bispo, ainda que a ele tal escolha não houvesse desagradado.[107] Mentia: estava irritadíssimo, e extravasou sua ira com verdadeiro escândalo ao recusar a decisão do prelado nomeado, que escolheu como substituto interino até sua posse, o cônego João Crisóstomo de Paiva Torres. Fê-lo no dia 15 de dezembro quando, servindo-se da sua condição de presidente do cabido, impediu dito cônego de assumir.[108] O que torna essa medida ainda mais arbitrária foi o fato de ela ter sido totalmente pessoal: os outros nove cônegos presentes não assinaram a ata, e inclusive se retiraram em protesto da reunião, ofendidos porque a questão não havia sequer sido votada.[109] Mesmo assim, Faria se manteve firme na negativa, apoiando-se num motivo insólito: considerava normal o jurisdicionalismo régio! Um dos poucos que o apoiou foi o Pe. Joaquim Pinto de Campos, e pela mesma razão: as bulas de apresentação estavam sem o *placet* imperial, o que para ele – mesmo declarando-se não amigo do deão –, era uma ocorrência de "mau agouro".[110]

Quando, no dia 30-11-1865, o jornal *Esperança* publicou a primeira pastoral do bispo nomeado sem dar satisfações aos cônegos, a cólera de Faria, que se também dizia vigário geral, atingiu o apogeu. Ele vociferou que Dom Manoel não tinha o direito de tomar semelhante atitude, sem sua ciência e consentimento, e também porque ainda não havia apresentado as bulas da sua confirmação com o *exequatur* imperial.[111] Por isso, no momento da chegada do novo prelado diocesano, ele sequer se apresentou para lhe entregar as chaves do palácio episcopal. Foi tudo inútil: o bispo recém-empossado não só manteve admirável compostura, como, sem fazer caso da oposição, deu início a uma série de medidas que julgava necessárias. Assim, no dia 16-5-1866, para melhor governar o imenso território da

[107] ASV, Carta do deão Joaquim Francisco de Faria ao Internúncio Sanguigni (6-5-1865), em: *Nunciatura Apostólica no Brasil*, doc. 29, fasc. 192, caixa 42, fl. 96c.

[108] ASV, Carta do Cônego João Crisóstomo de Paiva Torres ao Internúncio (17-12-1865), em: *Nunciatura Apostólica no Brasil*, fasc. 193, caixa 42, doc. 4, fl. 33.

[109] José do Carmo Baratta, *História eclesiástica de Pernambuco*, nota 132, p. 98.

[110] ASV, Carta de Joaquim Pinto de Campos ao Internúncio (21-12-1865), em: *Nunciatura Apostólica no Brasil*, fasc. 193, caixa 42, doc. 5, fl. 36.

[111] ASV, Carta do Deão Faria ao Internúncio (6-12-1865), em: *Nunciatura Apostólica no Brasil*, fasc. 193, caixa 42, doc. 7, fl. 53-54.

jurisdição que lhe fora confiada, reorganizou-o completamente, instituindo um vicariato geral que compreendia quatro arciprestados (Alagoas, Paraíba, Rio Grande do Norte e o do das comarcas de Brejo, Garanhuns, Flores, Boa Vista, Cabrobó e Taracatu), subdivididos por sua vez em 26 vicarias forâneas.[112] Ao mesmo tempo, procurou disciplinar o clero segundo as normas de Trento, e por isso baixou uma portaria proibindo aos padres, sob pena de suspensão *ipso facto incurrenda*, o "abusivo costume" de andar sem batina, "disfarçados de leigos, como que envergonhando-se de trajar o hábito significativo de seu nobre caráter e santa profissão".[113]

E não parou por aí: quando ainda se encontrava na Santa Sé, obteve da Companhia de Jesus que alguns dos seus sacerdotes da província de Roma viessem para o Pernambuco. Os padres chegaram aos 17-2-1866, e, isso lhe permitiu intervir com mão de ferro no seminário diocesano (a "nova Coimbra"), demitindo todos os professores maçons e jansenistas, e substituindo-os com os regulares há pouco desembarcados. Também por iniciativa sua, doze seminaristas foram enviados ao Colégio Pio latino, estando entre estes dois destinados a se tornar bispos de renome: Joaquim Arcoverde de Albuquerque Cavalcanti e Francisco do Rego Maia.[114]

A reação veio quase imediata: os defensores do velho modelo, deão Faria à frente, através de uma série de artigos nos jornais – as anônimas *Cartas de Alípio* – passaram a criticar veementes os novos rumos que a diocese estava tomando. O ambiente era particularmente tenso, quando o prelado viajou para o Rio de Janeiro na companhia do Pe. Razzini SI. Ao regressar, sucedeu-lhe algo atípico: após participar de uma refeição com alguns passageiros do navio, assim que retornou aos seus aposentos foi acometido por um súbito mal-estar. Os sintomas eram estranhos, dando espaço a suspeitas de envenenamento: o estômago inflamou-se e todo o corpo tornou-se febril. Pe. Razzini tentou pedir ajuda, mas recebeu como resposta apenas indiferença. O estado de saúde de Dom Manuel piorou rapidamente, e, após confessar-se, faleceu em Maceió, AL, no dia 16-9-1866. Contava com apenas trinta e seis anos de idade.[115]

[112] ASV, "Portaria", em: *Nunciatura Apostólica no Brasil*, fasc. 193, caixa 42, doc. 3, fl. 15-16.

[113] ASV, "Portaria proibindo aos clérigos de apresentarem-se em público disfarçados de leigos", *Nunciatura Apostólica no Brasil*, fasc. 193, caixa 42, doc. 2, fl. 11-12.

[114] José do Carmo Baratta, *História eclesiástica de Pernambuco*, p. 100.

[115] Teresa Sommariva e Maria Marguerite Masyn, *Memórias a cerca da venerável Serva de Deus Paula Frassinetti e do Instituto por ela fundado*, p. 178, 181-185.

A estranheza da sua morte não passou desapercebida nos altos escalões da política, e no senado Cândido Mendes denunciou o caso a viva voz;[116] mas foi Dom Manoel Joaquim da Silveira, Primaz de Salvador, quem deu maior clamor ao caso. Isso aconteceu quando se negou a reconhecer a eleição do deão Faria como vigário capitular de Olinda até a nomeação de um novo bispo, porque um fato em particular o havia forçado a tomar tal decisão:

> É com efeito extraordinário que tendo o Deão Doutor Joaquim Francisco de Faria recebido participação oficial da morte do Exmo. e Revmo. Sr. Bispo do Pernambuco no dia 19 de setembro último, e tendo nesse mesmo dia convocado o Cabido que se reunisse para deliberar sobre a vacância da Sé, [...] me viesse dizer no seu ofício datado do Palácio da Soledade em Pernambuco aos 28 do referido mês de setembro, que somente no dia 20 do mesmo dia aí tinha chegado a notícia da morte do Prelado![117]

Apesar da irregularidade flagrante, o Ministério dos Negócios do Império confirmou a eleição de Faria. O deão, entretanto, pouco desfrutaria do cargo, e três medidas tomadas pelo prelado falecido não só resistiriam à sua passagem, como estavam destinadas a possuir uma enorme repercussão futura: o convento das Irmãs de Santa Dorotéia fundado em 1866, o Colégio São Francisco Xavier dos jesuítas em Recife, e o grupo de doze seminaristas diocesanos que estavam no momento estudando em Roma no Pio Latino.[118]

Foi então que chegou o novo bispo: o rosminiano Dom Francisco Cardoso Aires (1821-1870). Ele tomou posse no dia 12-7-1868, e o primeiro sintoma do que viria foi a polêmica suscitada pelo fato de o jornal *O Católico* haver reagido contra o notório anticlericalismo que dominava a imprensa recifense. Desabituados a isso, os anticlericais revidaram, e Aprígio

[116] BN, "*Apontamentos biográficos sobre o Padre Manoel do Rego Medeiros*", em: sessão de manuscritos, n. I-31, 24, 14.

[117] ASV, Carta de Dom Manoel ao Internúncio (24-201866), em: *Nunciatura Apostólica no Brasil*, fasc. 193, caixa 42, doc. 16, fl. 75.

[118] Apolônio Nóbrega, "Dioceses e bispos do Brasil", em: *RIHGB*, vol. 222, p. 175.

Guimarães passou a concitar o bispo a deixar seus "castelos rosminianos". A ira de certos políticos e de setores da imprensa liberal aumentou mais ainda quando faleceu José Inácio de Abreu e Lima (1796-1869), o "general das massas". Filho do Pe. Roma (antes que este se ordenasse), José Abreu tinha sido forçado a assistir à execução do pai, condenado pelo Conde dos Arcos por haver participado da revolução de 1817. Os bens da sua família também foram confiscados, e ele fugiu do Brasil juntamente com o irmão Luís. Estabelecendo-se na Venezuela, ofereceu seus serviços a Simon Bolívar, tornando-se capitão de artilharia e depois, general, por promoção pessoal daquele. Entretanto, a Colômbia se desagregou em 1830, e no dia 9 de agosto do ano seguinte, ele e todos os oficiais estrangeiros foram expulsos por meio de um decreto baixado pelo Ministro da Guerra de Nova Granada. De volta ao Brasil em 1832, primeiro José Abreu residiu no Rio de Janeiro, e a partir de 1844 em Recife. Aderindo às teses do socialismo utópico de Charles Fourier, em 1855 transformou tais idéias em livro, cujo título era justamente *O Socialismo*. Em meio a tantas aventuras, apostatou da fé católica, e foi isso, e não apenas a sua tomada de posição em favor da liberdade de culto, a indispô-lo com o clero. A questão é que a defesa pouco religiosa que fez do protestantismo o colocou em evidência, porque a obra que publicou em 1867, intitulada *As Bíblias falsificadas ou duas respostas ao Sr. Cônego Joaquim Pinto de Campos pelo cristão velho*, foi colocada no *Index Librorum Prohibitorum* no dia nove de junho do ano seguinte.[119]

Malgrado tudo, quando ele caiu enfermo, Dom Cardoso Aires visitou-o, tentando fazê-lo reconsiderar. Baldadas foram as suas tentativas: o general permaneceu irredutível, negando categoricamente a Santíssima Trindade e a validade do sacramento da confissão. Como os cemitérios encontravam-se na época sujeitos à gestão da autoridade eclesiástica, quando o moribundo expirou, aos 8-3-1869, Dom Aires negou o chão sagrado para a sua sepultura. Foi o que bastou para que fosse destratado como ultramontano e reacionário, amigo e comensal dos jesuítas.[120] Até no parlamento o assunto chegou, dando a oportunidade para que José Liberato Barroso, no dia 4 de abril seguinte, vociferasse contra o "bafo peçonhento da superstição e do jesuitismo".[121]

[119] Cf. João Francisco Velho Sobrinho, *Dicionário biobibliográfico brasileiro*, p. 39.

[120] Theodoro Huckelmann, *Dom Francisco Cardoso Aires*, p. 74, 79-80.

[121] José Liberato Barroso, *Conferência Radical*, p. 6.

Outros episódios desagradáveis perturbariam o exercício do seu ministério episcopal, mas ele se manteve coerente ao projeto reformador. Por isso, aos 8-3-1869, lançou uma *Circular*, lamentando o estado de decadência em que o clero vivia: "O modo de vida eclesiástica, geralmente falando, em nossa Diocese, não é aquele que se requer no ministério do Santuário. [...] A pregação do Evangelho e o ensino do catecismo são por conseguinte a exceção e não a regra. Daí vem o descrédito da Igreja e todos esses males morais que a sociedade lamenta".[122] Para minorar tal situação, Dom Aires convocou um retiro coletivo diocesano a realizar-se entre os dias 19 e 24 de abril daquele ano na Igreja do Convento de Santo Antônio, sob a direção de jesuítas europeus, liderados pelo Pe. Carlo Caccia. Foi um rebuliço: a diocese nunca havia realizado nada do gênero, e logo pessoas de confiança, inclusive padres, advertiram o prelado que uma parte do clero era contrária. A razão era a tradicional: o velho carrancismo pombalista antijesuíta, que continuava muito vivo. Dom Aires não desistiu, e na data combinada, 80 sacerdotes, entre os 110 convidados, compareceram. Alguns dos ausentes, de novo tendo o deão Joaquim Francisco de Faria à frente, articulavam a reação. No dia seguinte ao início do retiro, um grupo de insuflados se reuniu à porta do convento, querendo entrar à força. Ante o recrudescimento da violência, o chefe da polícia teve de intervir. O bispo se viu forçado a dissolver o retiro, e saiu, destemido, em meio à turba, ouvindo vozes de cólera e de morte aos jesuítas.[123]

Ele não recuaria dos seus propósitos por causa desse incidente, mas, como o antecessor, teve uma atuação breve: quando participava das primeiras sessões do Concílio Vaticano I, uma febre fulminante (tifóide ou malária, não se sabe ao certo) o acometeu, provocando sua morte três dias depois (14-5-1870). Das exéquias realizadas na igreja nova dos filipinos participaram 57 bispos conciliares. Como o Primaz do Brasil, Dom Manuel Joaquim da Silveira, não pôde celebrá-la, a missa pontifical do dia 16 seria cantada por um bispo que em breve se celebrizaria: Dom Antônio de Macedo Costa. As palavras que ele proferiu em homenagem ao falecido provariam todo o seu significado num futuro próximo: "Foi-lhe dado pouco tempo para o trabalho; mas

[122] Francisco Cardoso Aires, *Circular do Ex.mo Bispo Dom Francisco Cardoso Aires aos Veneráveis e Reverendos Párocos desta diocese*, p. 4.

[123] Theodoro Huckelmann, *Dom Francisco Cardoso Aires*, p. 62-65.

abriu o seu sulco, e no sulco ficou a semente imortal que desabrochará em seu tempo".[124]

De fato, a transformação em marcha tornou-se visível no dia 8 de junho seguinte, data em que a diocese de Olinda foi informada da morte do seu prelado diocesano. À parte as demonstrações de pesar, no dia 14 do mesmo mês o cabido se reuniu, e, ao escolher o novo vigário capitular, descartou eventuais candidatos regalistas, elegendo o austero cônego João Crisóstomo de Paiva Torres.[125] Por isso, ao chegar o bispo sucessor, Dom Vital Maria Gonçalves de Oliveira OFM Cap. (1844-1878), o terreno já estava preparado para que a obra de reforma retomasse fôlego. Natural de Pedras do Fogo, lugarejo posteriormente incorporado ao município de Pilar, PB, Dom Vital sentira aos 16 anos de idade o chamado religioso, ingressando no seminário de Olinda. Ali estudou o primeiro ano de teologia, sendo em seguida enviado para a França. Partiu no dia 1-10-1862, e pouco depois de chegar, no dia 22, foi matriculado no Colégio São Sulpício. Permaneceu por lá um ano, mas se sentiu cada vez mais atraído pela vida regular, tornando-se capuchinho. Ingressou no convento de Versailles aos 16-7-1863, de onde seguiu para as demais etapas formativas em Perpignan e Toulouse. Trocou na ocasião o nome de batismo Antônio pelo onomástico que o tornaria célebre, emitindo os primeiros votos aos 16-7-1863. Seguiu-se a profissão solene em 1867, e a ordenação presbiteral aos 2-8-1868. Regressou ao Brasil em outubro do mesmo ano, fixando residência em São Paulo, onde a partir de 31-3-1869 se tornou professor do seminário diocesano. Dali foi transferido para o Colégio Nossa Senhora do Patrocínio, de Itu, e lá se encontrava quando recebeu de João Alfredo o decreto do Imperador datado de 21-5-1871, comunicando que fora escolhido para bispo e que aguardava o seu consentimento para apresentá-lo ao Sumo Pontífice. Tinha então 26 anos, distante, portanto, da idade mínima de trinta prevista nos cânones, e só cedeu devido à pressão do seu superior capuchinho no Brasil, frei Eugênio de Rumelly. Este particular foi admitido pelo próprio frei Eugênio numa carta que enviou a Mons. Di Pietro aos 30-6-1871:

[124] Antônio de Macedo Costa, *Notícia biográfica do finado Bispo de Pernambuco Dom Francisco Cardoso Ayres extraída de vários documentos pelo Bispo do Pará*, p. 35-36.

[125] José do Carmo Baratta, *História eclesiástica de Pernambuco*, p. 103.

> Frei Vital é um religioso muito exemplar, bastante instruído, de muito boa índole e educação, e dotado de uma prudência e circunspeção muito acima da sua pouca idade. Hesitou muito a sujeitar-se; porém julguei – visto a distância em que nos achamos dos nossos superiores – que era o meu dever declarar-lhe que não o julgava livre de recusar.[126]

Sagrado em São Paulo por Dom Pedro Maria de Lacerda aos 17-3-1872, teve de assumir o governo de uma diocese imensa que, além do Pernambuco compreendia as províncias de Alagoas, Paraíba e Rio Grande do Norte. Dom Vital, no entanto, conseguiu impor-se ao clero pela sua coragem, dotes religiosos e também pela grande atividade eclesiástica.[127]

2.4.3. As transformações na diocese de Belém do Pará

A diocese de Belém do Pará passou por mudanças semelhantes. Dom Romualdo de Souza Coelho (1762-1841), que a governou de 1833 até o ano de sua morte, foi o iniciador da transformação. Ele se formara com os frades Mercedários, e logo fez restrições às idéias liberais livremente esposadas por expressivo número de padres diocesanos. Tampouco lhe agradava o *Catecismo de Montpellier*, adotado anteriormente por Dom frei Miguel de Bulhões, e tudo fez para eliminar sua influência. Governou a diocese por vinte anos, período em que lançou-se a um grande trabalho de "espiritualização", mantendo distância e procurando afastar o clero de movimentos revolucionários como a "Cabanagem", que por cinco anos ensangüentou a Amazônia. Seu sucessor foi Dom José Afonso de Morais Torres (1805-1865), que ao tomar posse em 1844, deu continuidade ao esforço iniciado.[128] Após a morte deste, as mudanças até então parciais se tornaram predominantes, por mérito do

[126] ASV, Carta de fr. Eugênio de Rumelly a Mons. Di Pietro (30-6-1871), em: *Nunciatura Apostólica no Brasil*, fasc. 243, caixa 52, fl. 2.

[127] Antônio Carlos Villaça, *História da questão religiosa no Brasil*, p. 11-12.

[128] Cf. Arthur César Ferreira Reis, *A conquista espiritual da Amazônia*, p. 72-74, 80.

bispo seguinte: Dom Antônio de Macedo Costa, que assumiu a diocese aos 11-8-1861.[129]

Dom Antônio (1830-1891), era baiano, nascido aos 7-8-1830, no Engenho do Rosário, localizado nas proximidades de Maragogipe. Abraçando o ideal sacerdotal, permaneceu no Seminário de Santa Teresa, na Bahia, de 1848 a 1852. Foi enviado depois para o Colégio São Celestino de Bourges, França, de onde seguiu aos 6-10-1854 para o São Sulpício de Paris. Ali demonstraria ser um aluno excepcionalmente brilhante, a ponto do reitor Pe. Icard dizer que naquela escola, ele, juntamente com Félix-Antoine-Philibert Dupanloup (1802-1878), futuro bispo de Orleans, e Louis-Edouard-Désiré Pie (1815-1880), futuro bispo de Poitiers e Cardeal, serem os maiores destaques. Recebeu a tonsura na catedral de Notre Dame de Paris aos 2-6-1855, e por fim, o Cardeal Mercier conferiu-lhe o presbiterado no dia 19-12-1857. Partiu então para Roma, doutourando-se em direito canônico na academia Santo Apolinário no ano de 1859. Regressou ao Brasil nesse mesmo ano, tornando-se conhecido pela sua eloqüência. Lecionou no Ginásio Baiano, até ser nomeado bispo de Belém por Dom Pedro II. Sagrado aos 21-4-1861, já na primeira carta pastoral que publicou, por ocasião da posse no dia 1 de agosto seguinte, deixou claro que obedecer aos ditames papais seria a sua prioridade:

> Parece-nos ver essa constelação brilhante de Pontífices e de Apóstolos zelosos nos conjurarem do alto céu a continuar sua obra, a reatar este campo feracíssimo, que produz ao cêntuplo os mais belos frutos da salvação, a regenerar esta numerosa Gentilidade, que por opróbrio de nosso século, ai de nós! subsiste ainda mergulhada nas sombras de morte, à espera de quem lhes deve a luz do Evangelho, o princípio da civilização e da vida.[130]

[129] O decreto de nomeação de Dom Antônio de Macedo Costa foi emanado pelo Ministério do Império no dia 23-3-1860, em conjunto com o de Dom Sebastião Dias Laranjeiras. O conteúdo também primava pela semelhança: "*Atendendo às virtudes e mais partes que concorrem na pessoa do Padre Antônio de Macedo Costa, hei por bem nomeá-lo Bispo da diocese do Pará, razão pela resignação que dela fez Dom José Afonso de Morais Torres*" (AN, Ministério do Império, códice 507, folha 11).

[130] Antônio de Macedo Costa, *Carta Pastoral do Ex.mo e Rev.mo Sr. Bispo do Pará por ocasião da sua entrada na diocese (1-8-1861)*, p. 3-4.

Quando tomou posse, teve, porém, a decepção de constatar que, apesar dos esforços dos seus antecessores, o seminário maior estava vazio, o clero era reduzido e pouco idôneo, e a maçonaria havia penetrado profundamente nas estruturas eclesiais. Não menos delicada era a situação da massa dos fiéis: a confissão e a comunhão haviam sido praticamente abandonadas, e a água benta tomava o lugar dos sacramentos.[131] Dom Antônio se tornaria um bispo-símbolo da renovação eclesial no Brasil, também devido à luta que moveria junto ao prelado de Olinda contra o regalismo vigente. Ele, aliás, participou da celebração de ordenação episcopal de Dom Vital, e os dois travaram profunda amizade com admiração recíproca. O comentário deixado pelo bispo de Belém sobre seu colega de episcopado resume o alto conceito em que o tinha: "É o soldado que sabe vai ser esmagado e que fica no seu posto, imóvel, imperturbável, porque assim exige a honra. Uns dizem: É um temerário! Outros dizem: – É um imprudente! A história se levanta e diz: É um herói!"[132]

2.5. O predomínio ultramontano no episcopado

Em 1866, já se dizia publicamente que o episcopado estava renovado, com sacerdotes que foram beber em Roma as sãs doutrinas do Catolicismo sem mescla, escoimado do antigo servilismo galicano.[133] Isso ficaria mais que comprovado entre 1869/70, quando todos os sete bispos do Brasil (dentre os trinta latino-americanos), presentes no Concílio Vaticano I, apoiaram a viva voz a definição da infalibilidade papal, no que se destacou Dom Antônio de Macedo Costa, reconhecidamente o brasileiro mais atuante na assembléia conciliar. Pouco depois, quando Roma foi conquistada em 1870 pelas tropas do rei Vitttorio Emanuele II, forçando a interrupção dos trabalhos, Dom Pedro Maria de Lacerda, que presenciou o fato, escreveu uma *Carta Pastoral* em protesto, ao tempo em que pedia aos fiéis católicos ajuda para a manutenção do Sumo Pontífice.[134]

[131] Henrique Wennink, *Os Espiritanos no Brasil*, p. 44.

[132] Ramos de Oliveira, *O conflito religioso-maçônico de 1872*, p. 52.

[133] Boanerges Ribeiro, *Protestantismo no Brasil Monárquico*, p. 47.

[134] Pedro Maria de Lacerda, *Carta Pastoral do Bispo de São Sebastião do Rio de Janeiro anunciando a suspensão do Concílio Vaticano por ocasião da tomada de Roma a 20 de setembro de 1870 e pedindo esmola para o Santo Padre Pio IX*, p. 3, 6, 12, 14-14, 20.

A união em torno ao Papa era um sentimento comum no episcopado, e por isso, reunidos na Bahia ao retornarem de Roma, no dia 2-2-1871, os bispos assinaram um documento de nome *Contra a usurpação de Roma e dos restantes Estados da Igreja*, que apresentaram a Dom Pedro II, pedindo a sua solidariedade. Tão estreita se tornara a comunhão de idéias dos prelados com o Papa, que até num elogio feito no dia 1-10-1871 por Dom Pedro Maria de Lacerda à lei 2.040 ("Lei do ventre livre"), aprovada no dia 28 de setembro precedente, a situação vivida por Pio IX seria ressaltada:

> Tudo isso é belo, é enternecedor, é cristão e enche de vivíssima alegria a Santa Madre Igreja Católica Romana. [...] E vós, brisas americanas do Atlântico, levai ligeiras esta grata notícia ao inocente e Augusto cativo do Vaticano, Pio Magno, Prisioneiro de filhos ingratos: não demoreis uma nova que pode dar lenitivo às mágoas de seu terno coração.[135]

2.6. O alinhamento da vida religiosa com as diretrizes romanas

De maneira discreta, porém cada vez mais sentida, os religiosos também colaboraram no processo da reforma eclesial. Tratou-se, é verdade, de uma influência limitada, porque o número de membros das ordens e congregações no Brasil era extremamente reduzido. Compreensível: D. Pedro II jamais manifestara simpatia pelas ordens contemplativas, apesar de aparentar certa consideração por algumas de vida ativa, como os lazaristas, chegados em 1819. O que ele deixava transparecer é que queria religiosos que cuidassem de escolas e hospitais – apenas. Por outro lado, abandonadas a si mesmas, as ordens tradicionais atingiram o ápice da decadência. Os seus conventos até que conseguiam ser focos de cultura para os acanhados padrões intelectuais da época, mas neles, antes que virtudes evangélicas, o que prevalecia era o apego aos gozos materiais, "em que a gula não era o único pecado". Havia decerto religiosos que se destacavam pela devoção e moralidade; outros, pela operosidade e saber, a exemplo de oradores sacros como Sampaio e Monte Alverne, botânicos como Conceição Veloso e Leandro do Sacramento, e eruditos como Custódio Alves Serrão e Camilo

[135] Pedro Maria de Lacerda, *Carta Pastoral do Bispo de São Sebastião do Rio de Janeiro anunciando a lei n. 2.040 de 28 de setembro de 1871*, p. 5.

Monserrate. Eram, porém, exceções, uma vez que o ideal dos primeiros tempos há muito havia arrefecido. Por isso, a catequese dos índios, centro das atenções dos jesuítas nos séculos XVI e XVII, já não atraía os frades do século XIX, e as tentativas de reforma levadas a cabo nas décadas de trinta e quarenta pelos Internúncios faliram. Até leigos dotados de um certo senso religioso, como o embaixador do Reino das Duas Sicílias, apontariam o Governo como sendo o grande responsável para que nada se fizesse. Num relatório enviado ao seu Soberano em 1842, ele lamentaria a não realização da reforma dos beneditinos e dos carmelitas programada em 1833, que, no seu entender, teria sido "tão útil".[136]

Como nada se fez, o espírito de independência e de livre discussão nos conventos se acentuou, em prejuízo da disciplina e da obediência. A escolha dos vocacionados tampouco era criteriosa, e além disso a presença e estreito contato com escravos nos conventos e nos mosteiros, a administração dos latifúndios confiada a religiosos que, distantes da supervisão dos superiores, contraíam os vícios que podem nascer do manejo e da abundância de dinheiro e da coabitação com mulheres, especialmente com escravas, completaram o quadro da corrupção.[137]

O Governo, por sua vez, tratava o assunto com extrema ambigüidade: de uma parte seus expoentes políticos faziam crítica cerrada contra a degeneração da vida regular; mas de outra, impediam que as autoridades eclesiásticas adotassem corretivos. A cobiça dos órgãos oficiais parecia falar mais alto, e tinha fundamento, pois, religiosos como os monges de São Bento possuíam propriedades e rendas de notável substância. E, o patrimônio deles crescia sempre graças aos donativos de benfeitores que os procuravam, buscando redimir seus pecados.[138] A espoliação se moveu por etapas, e um dos meios de que se serviu foi o de enrijecer as disposições da lei de 8-12-1830, com uma outra mais dura, de n. 369, datada de 18-9-1845, seguida do decreto n. 655 de 28-11-1849. Este último, firmado por Eusébio de Queirós, entre as suas minúcias, encerrava-se no artigo oitavo confirmando mais uma vez a sujeição do patrimônio dos religiosos ao bem querer do Estado: "São nulos, e sem efeito, os contratos celebrados pelas ordens regulares, sem que tenha precedido licença do Governo, com todas

[136] ASNA, Ministero degli Affari Esteri, pasta 178 II, lettera n. 8, Rio de Janeiro 11-2-1842.

[137] Luigi Lasagna, *Epistolario*, vol. II, p. 17.

[138] Manoel de Oliveira Lima, *O Império brasileiro*, p. 438.

as cláusulas que ficam prescritas".[139] Avisos subseqüentes reiterariam a restrição.[140] O ataque final não tardaria.

2.6.1. A supressão "branca" das antigas ordens religiosas remanescentes

O golpe de misericórdia contra as velhas ordens brasileiras aconteceu aos 19-5-1855, por meio de uma *Circular* de Joaquim Aurélio Thomaz Nabuco de Araújo, ministro da Justiça, pasta à qual ainda estava vinculada a administração dos cultos. Nessa data, usando como ardil a necessidade de purificar a vida religiosa, a morte lenta dos antigos regulares foi decretada: "Sua Majestade o Imperador há por bem cassar as licenças concedidas para a entrada de noviços nessa Ordem Religiosa até que seja resolvida a concordata que a Santa Sé vai ao Governo propor".[141]

O ministério assumia não ser de sua competência atuar em matéria dessa natureza, reconhecendo tratar-se de medida transitória, mas a concordata prevista para regularizar a questão jamais se consumou. As condições impostas pelo Governo brasileiro eram intoleráveis para a Santa Sé, e as tratativas entre o Barão de Penedo e Monsenhor Ferrari, tendo começado ainda antes da referida *Circular* ser baixada, arrastaram-se por anos, redundando em absoluto fracasso. O Governo mostrava-se disposto em colocar-se de acordo sobre os pontos com menos obstáculos, mas era claro que a possibilidade de acordo consensual tornara-se inverossímil. Como bem salientava Figueiredo, a Santa Sé não podia deixar de consignar numa concordata certos princípios fundamentais determinados pelos sagrados cânones e pelo Concílio Tridentino, os quais tinham sido admitidos em todas as concordatas celebradas com outros países. Roma tampouco estava disposta a conceder ao Brasil, inclusive tendo em vista o perigoso precedente que abriria, o que havia negado às mais importantes nações católicas do mundo, e que poderiam exigir as mesmas vantagens.[142]

[139] ASV, "Decreto n. 655 de 28-11-1849", em: *Nunciatura Apostólica no Brasil*, fasc. 378, caixa 77, fl. 8.

[140] Francisco José de Lacerda Almeida, *A Igreja e o Estado – suas relações no direito brasileiro*, p. 197-198.

[141] Joaquim Nabuco, *Um Estadista do Império*, tomo I, p. 306.

[142] Carlos Magalhães Azeredo, *O reconhecimento da independência e do Império do Brasil pela Santa Sé*, p. 67-70.

Enquanto isso, o Imperador manteve sua intransigência em relação às antigas ordens, e ignorou o apelo que lhe fez, pouco antes de morrer, frei Monte Alverne, para que autorizasse a reabertura do noviciado. Essa simples possibilidade o aborrecia, e demonstrou-o com impaciência quando de novo lhe pediram para consentir na reabertura do noviciado no convento franciscano de Santo Antônio do Rio de Janeiro: "Qual!" retrucou, "a época dos frades já passou!" Frei Fidélis d'Avola OFM Cap., presente ao rompante imperial, respondeu-lhe com ironia: "Majestade, não diga assim; porque aí andam também a dizer que o tempo das testas coroadas já passou!"[143]

Daí que em poucos anos os conventos se esvaziaram, e Monsenhor Manoel dos Santos Pereira pôde testemunhar os efeitos devastadores da *Circular* sobre os religiosos da província carmelita da Bahia:

> Da Ordem Carmelita nesta província restam apenas sete religiosos, dos quais somente três vivem intra-claustra. [...] A decadência a que chegou esta Ordem, que tanto floresceu entre nós, principiou da data em que foi proibida a admissão de noviços. Daí para cá, as mortes, as secularizações e as deserções foram despovoando o claustro, a ponto de não poder haver eleição para os cargos.[144]

Igual destino se abateu sobre os demais regulares, e os beneditinos, somente na década de 50, perderam por motivo de morte vinte monges, alguns bastante jovens, seguidos de outros 14 que faleceram entre 1860 e 1870. Em meio à ruína crescente, o Abade Geral bem que tentou paliativos, a exemplo do seu veemente e não escutado pedido feito, aos 9-8-1861, de poder admitir ao menos alguns noviços, porque, conforme então salientava, "por falta de monges, já não há coro na casa provincial, e quando uma Ordem Religiosa chega a este ponto está perdida".[145] Em 1868, os beneditinos ainda conservavam 11 mosteiros, mas o número complexivo dos membros da Ordem já se reduzira a 41, e apenas duas abadias conseguiam

[143] Flávio Guerra, *A questão religiosa do Segundo Império*, p. 73.

[144] ASV, Carta de Monsenhor Manoel dos Santos Pereira ao Internúncio Rocco Cocchia (29-7-1884), em: *Nunciatura Apostólica no Brasil*, fasc. 321, caixa 66, doc. 9, fl. 38.

[145] Otávio Cirillo Bortoluzzi, *Documentário*, p. 417.

manter, com dificuldade, a vida regular monástica: a do Rio de Janeiro, que contava com 15 membros, e a da Bahia, com 11. Em Olinda havia apenas 4 e nas demais abadias e presidências, somente um ou dois. Tentou-se então uma nova saída, enviando vocacionados para Roma. A iniciativa partiu do abade do Rio, frei José da Purificação, que escreveu ao abade do mosteiro de São Paulo em Roma, Dom Francisco Leopoldo Zella, pedindo-lhe para acolher e formar jovens brasileiros na sua abadia. O pedido foi aceito, e os três primeiros vocacionados, Francisco Vilaça, carioca, Hermógenes do Coração de Maria Borges Sampaio, mineiro, e José de Santa Escolástica Faria, paranaense, partiram para a Itália.[146] A estes se previa o envio de outros, mas, aos 27-10-1870, um aviso do Ministro João Alfredo proibiu taxativamente a iniciativa em curso:

> Consta oficialmente ao Governo imperial, que apresentou-se em Roma fr João de Santa Gertrudes, do mosteiro desta Corte, acompanhado de três jovens brasileiros, chamados Francisco José Ferreira Vilhaça, José Tomás de Faria e Hermenegildo de Araújo Sampaio, os quais entraram como noviços na Ordem dos Beneditinos, sendo por conta do referido mosteiro as despesas que por eles se farão. Não pode o Governo Imperial nem deseja, impedir que os súditos brasileiros, dirigindo-se a países estrangeiros, professem nas ordens religiosas que existem, se a legislação respectiva o permita; mas devo declarar a Vossa Ex.ª Reverendíssima que, estando anuladas com a circular de 19 de maio de 1855, as licenças concedidas às ordens religiosas do Império, seria completamente revogada, se fosse lícito aos brasileiros que professem em ordens religiosas estrangeiras de fazer parte das comunidades existentes no Brasil. Portanto, Sua Majestade o Imperador ordena que se declare a V. Ex.ª que tais brasileiros que fizerem profissão em Roma na Ordem Beneditina não poderão, voltando ao império, fazer parte do mosteiro do qual V. Ex.ª é abade.[147]

[146] Joaquim G. de Luna, *Os monges beneditinos no Brasil*, p. 36-37.

[147] ASV, Aviso do Ministério do Império ao Abade Geral da Ordem Beneditina (27-10-1870), em: *Nunciatura Apostólica no Brasil*, fasc. 345, caixa 71, doc. 8, fl. 64.

Para impedir que outras ordens tentassem iniciativas do gênero, o Governo enviou cartas aos demais superiores, comunicando que aquela decisão valia para todos. Foi por isso que, frei João do Amor Divino Costa, vigário provincial da província franciscana da Imaculada Conceição, recebeu aviso oficial, cientificando-o que os brasileiros professos no estrangeiro não teriam exercício no Brasil, para não ficar sem efeito a proibição do noviciado.[148]

O interesse de se assenhorar dos bens das velhas ordens não fazia concessões, e ainda, no dia 15-3-1853, o Aviso 81 já havia proibido aos conventos de se desfazerem de qualquer bem sem licença expressa do Governo, porque, "em conformidade com a legislação em vigor sobre vagos", estes seriam "incorporados ao domínio do Estado".[149] A questão retornou em 1865, ao iniciar a dispendiosa Guerra do Paraguai. No ano em que o conflito terminou – 1870 – as autoridades governamentais enviaram a Roma Pe. Pinto Campos para tratar com a Santa Sé a transformação dos bens dos religiosos em títulos destinados à sustentação dos seminários diocesanos, dos hospitais e de outros institutos de caridade, das missões entre os indígenas e da catequese. Era o ano da abertura do Concílio Vaticano I, e a Santa Sé antes de se pronunciar ouviu o parecer de Dom Antônio de Macedo Costa e de Dom Pedro Maria de Lacerda que se encontravam em Roma. Ambos, em linha de máxima, foram favoráveis ao projeto, mas Dom Lacerda se opôs ao encameramento dos bens dos monastérios femininos. Chegou-se afinal a um acordo em que o Brasil e a Santa Sé criariam uma comissão paritária nomeada pelo Internúncio e pelo Governo imperial, sob a presidência do primeiro. A função dessa comissão seria indicar quais conventos deveriam ser reformados e quais não. No caso dos conventos que se julgasse conveniente não conservar, dever-se-ia também determinar o como proceder para o confisco dos seus bens. O Governo imperial se comprometia a reabrir o noviciado nos conventos reformados.[150]

O projeto se converteu na lei de n. 1764, artigo 18, aprovada no dia 28-6-1870 pelo Gabinete do Visconde de Itaboraí,[151] e nela ficou garantido que os conventos ainda habitados e os escravos que tivessem, não sofreriam

[148] Basílio Röwer, *História da província franciscana da Imaculada Conceição do Brasil*, p. 300.
[149] Otávio Cirillo Bortoluzzi, *Documentário*, p. 418-419.
[150] Luigi Lasagna, *Epistolario*, vol. II, p. 18.
[151] Cf. Joaquim Nabuco, *Um Estadista do Império*, vol. I, nota 1, p. 321.

os efeitos legais. Nada, porém, foi feito para levá-la a cabo, até que o ministro Francisco Antônio Maciel, por meio do decreto 9.094, baixado aos 22-12-1883, tentou torná-la operativa, e com um importante acréscimo: as disposições tornavam-se extensivas às monjas. As novas congregações não seriam afetadas, e também ficaram isentos os bens destinados ao uso de cemitérios, de hospitais, de orfanatos, de asilos da mendicância, dos institutos de menores abandonados e de qualquer outro tipo de instituto de caridade ou de educação que possuísse patrimônio suficiente para o seu fim. Além disso, para ultrapassar a proposta original, logo se procedeu à expropriação dos bens das religiosas do Convento da Ajuda, no Rio de Janeiro. Dom Pedro Maria de Lacerda denunciou a violação, mas o Governo reagiu com represálias: primeiro derrogou os decretos de 24 de outubro e de 9 de novembro em que outorgara o beneplácito aos breves da nunciatura; e em seguida, ordenou prosseguir ao inventário das bibliotecas dos mosteiros de São Bento, do Carmo, da Ajuda, e do convento de São Francisco. Assim sendo, no dia 5-2-1884, Eduardo de Andrade Pinto, presidente da comissão de embargo dos bens das ordens religiosas, intimou os seus superiores para, no prazo de quinze dias, comparecerem ante a Secretaria de Estado de Negócios do Império para assistirem "à desamortização, sob pena de seqüestro", e exibissem inventário de seus bens, livros e títulos.[152] As monjas do Mosteiro do Carmo contestaram o Governo pelos meios legais, e o Dr. Lopes Diniz que as representou realizou uma defesa tão convincente, que aos 24-4-1884 o juiz Miguel Calmon da Pine Almeida lhes deu ganho de causa, e condenou o Governo a pagar as despesas do processo. A derrota provocou a queda do Gabinete em exercício, e em 1885 terminou sendo definitivamente abandonada a idéia do encameramento.[153]

A *Circular* de 1855 continuava, porém, em vigor, com a conseqüente usurpação das casas religiosas vazias. Além disso, a diminuição dos religiosos teve como efeito colateral a concentração de riquezas. Entre os beneditinos, a cota de cada monge gradualmente ficou substanciosa, e no começo alegou-se que se tratava da concessão de uma anuidade para a aquisição de roupa branca e outros objetos indispensáveis. Era muito mais: tratava-se do início do relaxamento da pobreza monástica. Como conseqüência, em 1863, o capítulo geral fixou tal anuidade em 200 mil réis, pas-

[152] Juan E. Belza, *Luis Lasagna, el obispo misionero*, p. 295-296.
[153] Luigi Lasagna, *Epistolario*, vol. II, p. 18-19.

sando aos poucos para 300, 600 e, enfim, para um conto de réis. E isso não foi tudo: os capítulos foram ficando "generosos" na concessão de licença para a visita a parentes não só no Brasil, mas também em Portugal. Até licenças de seis meses para saúde seriam permitidas.[154]

Somente nos últimos anos do Império a legislação contra as ordens "brasileiras" se flexibilizou. Mesmo assim, uma mudança de perspectiva só aconteceria após a instauração da República e da laicização do Estado.[155]

2.6.2. Um caso muito particular: os capuchinhos

A Ordem dos frades capuchinhos forma um caso singular na história da Igreja no Brasil: cronologicamente se trata de uma fundação do período colonial, mas, religiosamente, se manteve refratária a todas as pretensões do juridiscionalismo régio. Dois fatores foram determinantes para isso: os capuchinhos sempre mantiverem estreitas relações com a *Propaganda Fide*, e seus fundadores ou refundadores não eram portugueses. Ao longo do século XVIII o número de religiosos europeus cresceu e os trabalhos se diversificaram; e, segundo a terminologia então usada para as fundações em vias de desenvolvimento na Ordem, os frades foram organizados em três prefeituras, algo semelhante a vicariatos, que eram as seguintes: Bahia (1712), Pernambuco (1725), e Rio de Janeiro (1737).[156]

Nas primeiras décadas do século XIX, a Ordem também atuava em cinco missões: São Fidélis, em Campos dos Goitacazes, RJ; São José de Leonissa ou Aldeia da Pedra, nas margens do rio Paraíba, RJ; São Pedro de Alcântara, BA; Aldeia de Baixa Verde, PE; e Albuquerque, MT; mas, as suas perspectivas não eram boas. Os motivos principais foram a morte de muitos missionários, e a difícil situação das províncias irmãs do Velho Mundo, que, em meio às convulsões políticas e revolucionárias que sacudiam a Europa, deixaram de socorrer os confrades no Brasil. O eclipse duraria até 1840, quando o regente Pedro Araújo Lima, após reatar as relações com a Santa Sé, determinou ao representante brasileiro em Roma promover a vinda de novos missionários da Ordem para algumas províncias do Império. Para concretizar o pedido, no dia 5-2-1840, o referido ministro

[154] Michael Emílio Scherer, *Frei Domingos da Transfiguração Machado*, p. 40.
[155] Cf. Otávio Cirillo Bortoluzzi, *Documentário*, p. 419.
[156] Rovílio Costa e Luís A. de Boni, *Os capuchinhos do Rio Grande do Sul*, p. 14.

pediu a colaboração do Internúncio Fabbrini, e, feitos os primeiros contatos enviou-lhe no dia 12 de maio seguinte um Aviso estipulando que "o Governo se obrigava a pagar a passagem aos missionários e a passar-lhes, a cada um, a diária de quinhentos réis".[157]

A *Propaganda Fide* organizou naquele mesmo ano o envio de sete frades, composto do superior fr. Fidelis de Montesano, e dos freis Agostino de Barberino, Francesco Ângelo de Taggia, Pietro Maria de Bra, Doroteo de Dronero e Luigi de Alba Pompéia. O grupo desembarcou no Rio de Janeiro no dia 14 de setembro, sendo hospedado primeiramente no Mosteiro de São Bento, onde permaneceu até 18-8-1842, quando se transferiu para o Morro do Castelo, ocupando duas casas junto à igreja de São Sebastião, antiga Sé. Tanto as construções quanto o terreno adjacente foram doados à Ordem pelo Governo, através do ministro e secretário de Estado dos Negócios da Fazenda, Miguel Calmon Du Pin e Almeida, Visconde de Abrantes.[158]

Entre 1841 e 1842, chegaram outros 22 missionários; mas bem cedo os regalistas, por meio de dois decretos consecutivos, tentaram enquadrá-los na lógica do sistema. O primeiro decreto, de n. 285, baixado 21-6-1843, autorizava o Governo a mandar vir da Itália missionários capuchos, distribuí-los pelas províncias em missões, adquirir prédios e igrejas para eles, e arcar com toda e qualquer despesa extraordinária que fosse indispensável para o bom funcionamento das ditas missões. Não era uma ajuda, pois quando o Internúncio Ambroggio Campondonico, tendo presente que os missionários eram enviados pela *Propaganda Fide*, desejou distribui-los pelas frentes missionárias, o Governo Imperial, no dia 30 de junho do ano seguinte, baixou outro decreto, de n. 373, definindo "as regras que se devem observar na distribuição pelas províncias dos missionários capuchinhos" em que praticamente autorizava o Império a controlar a atividade dos frades, vetando inclusive que pedissem qualquer coisa ao Prior Geral que tinham em Roma.[159]

Por meio desse artifício, desejou-se fazer com os capuchinhos o mesmo que fora feito com os demais religiosos, mas os superiores da Ordem no Brasil logo manifestaram às autoridades toda a insatisfação que sentiam.

[157] Jacinto Palazzolo, *Crônica dos capuchinhos do Rio de Janeiro*, p. 140-141.
[158] Jacinto Palazzolo, *o. c.*, p. 141-142.
[159] ASPF, "Estado da missão de 1840 a 1847", em: SC *América Meridional*, cód. 9, fl 94b.

O Internúncio Campodonico também foi envolvido na questão, e aos 18-8-1843 protestou junto ao Ministro dos Negócios Exteriores, Pedro Teixeira França. Valeu, pois o Governo acabou recuando. A bem da verdade, o fez por conveniência, pois não queria correr o risco de ficar sem a colaboração dos frades, ciente como estava de que os religiosos eram os únicos a enfrentarem com disponibilidade – e eficiência – questões delicadas como os aldeamentos indígenas, que depois, obviamente, se transformavam em cidades, bem integradas à "civilização".

Contemporaneamente a missão foi reestruturada, e às três prefeituras existentes – Rio de Janeiro, Bahia e Pernambuco – se acrescentaram outras novas cinco vice-prefeituras: Goiás, Mato Grosso, Paraná, São Paulo e Minas Gerais. Os frades se faziam respeitar também devido à sua conduta irrepreensível, e à firmeza com que coibiam eventuais desvios internos. E, a vasta atividade que desenvolviam em diversas partes do Brasil abrangia da "cura d'almas" (numerosas missões populares e paróquias, como a de São Francisco, MA) à formação nos seminários diocesanos de São Paulo e Bahia, ao lado de numerosas missões indígenas. Dentre as muitas missões que instituíram, duas tiveram uma particular importância na história do Brasil, a saber:

a) *Missão de Nossa Senhora do Bom Conselho*: Tudo começou aos 5-3-1847 quando chegou da Itália um novo grupo de oito frades, entre os quais, frei Mariano de Bagnaia (1820-1888). Frei Mariano, depois de passar dois meses estudando a língua portuguesa, foi destinado, juntamente com seu confrade fr. Antônio de Molinetto, para a missão mato-grossense. Primeiro eles pregaram missões populares em Cuiabá, após o que ambos foram catequizar os índios do Alto Paraguai. Fr. Mariano se estabeleceu na aldeia dos nativos Kinikinaos, a três léguas de Albuquerque, na confluência dos rios Taquari e Mondengo, e ali ergueu a capela de Nossa Senhora do Bom Conselho, denominação esta que acabou sendo estendida a toda a missão. Ao mesmo tempo, frei Antônio levava a cabo o aldeamento dos índios Terenos, perto de Miranda, apesar de dever enfrentar dificuldades de todo gênero.[160]

Por encargo do bispo de Cuiabá, Dom José Antônio dos Reis, a partir de 23-10-1859, frei Mariano também passou a dirigir a paróquia de Vila

[160] Modesto Rezende de Taubaté e Fidélis Motta de Primério, *Os missionários capuchinhos no Brasil*, p. 201-204.

de Miranda, onde construiu uma magnífica matriz; e uma das poucas dificuldades que encontrou foi a de convencer os neo-convertidos a andarem vestidos – inclusive dentro da igreja! Ele acumulou ainda a função de diretor civil dos índios, nomeado pelo próprio presidente provincial, Major Dr. José Joaquim de Oliveira. O trabalho progredia, quando tudo mudou devido à Guerra do Paraguai. Em 1865, O ditador Francisco Solano Lopez enviou o comandante Resquim para dominar o local,[161] o que ele fez com particular truculência: Miranda foi invadida e destruída, e a população foi feita prisioneira ou fugiu,[162] conforme documentou Alfredo d'Estragnolle Taunay na obra *A retirada de Laguna*.[163] Na mesma ocasião frei Mariano foi preso, e escoltado por 23 homens armados, levado para Nioac, e sucessivamente para as margens do rio Apa. Depois de seis meses de exaustiva viagem chegou a Assunção, onde já se encontrava encarcerado seu colega frei Ângelo de Caramanico. Ele pensou em pedir ajuda ao bispo diocesano, mas, qual não foi sua surpresa ao constatar que o prelado local, Dom Manuel Antônio Palácio, havia abandonado o ministério para seguir Lopez no campo de batalha. Os brasileiros porém avançavam e a própria Assunção capitulou no dia 5-1-1869. Resgatado pelos aliados no dia 16 de agosto seguinte, frei Mariano precisou de tempo para se recuperar. Quando se sentiu melhor, retomou o ritmo incansável de antes, vindo a morrer em Lençóis, província de São Paulo, no dia 9-8-1888.[164]

A sua ordem, no entanto, ao contrário do Paraguai, que se viu reduzido a escombros após a morte de Lopez em Cerro Corá no dia 1-3-1870, encontrava-se num período de particular prestígio. Os sete frades que haviam trabalhado como capelães militares – frei Fidélis d'Avola, capelão-mor, frei Salvador de Nápoles, frei Gabriel da Barra, frei Jerônimo de Montefiorito, frei Gregório de Prato, frei Joaquim de Canicatti e frei José de Montefiorito – haviam conquistado áurea de heróis, motivo pelo qual, depois da queda de Assunção, o governo provisório que se instalou deu apoio total à nomeação de frei Fidélis d'Avola como "vigário forâneo apostólico interino" da Igreja

[161] ASV, Carta de frei Mariano de Bagnaia ao Internúncio Domenico Sanguigni (30-8-1869), em: *Nunciatura Apostólica no Brasil*, fasc. 198, caixa 43, doc. 16, fl. 39.

[162] Alfredo Sganzerla, *A presença do frei Mariano de Bagnaia na Igreja do Mato Grosso no século XIX*, p. 32-33, 36, 43.

[163] Alfredo d'Estragnolle Taunay, *A retirada de Laguna*, p. 33-34.

[164] ASPF, Relatório apresentado por frei Serafim e frei Ângelo ao Cardeal Prefeito de Propaganda Fide (30-1-1889), em: SC, *América Meridional*, cód. 15, fl. 351.

paraguaia. Ele, coadjuvado dos seus confrades, sobretudo do fr. Salvador de Nápoles, ocuparia tal função até 1873; mas, como a Constituição do país proibia a estrangeiros de acederem ao episcopado, o novo presidente, Salvador Jovellanos, enviou a Roma Gregório Benitez para pedir a Pio IX que nomeasse um sacerdote nativo para tal ministério.[165] Roma acatou a solitação, e os capuchinhos retomaram suas habituais atividades no Brasil.

b) *Missões nos vales do Mucuri e São Mateus*: Paralelo aos eventos do Paraguai, no nordeste da província de Minas Gerais, os frades capuchinhos estavam levando a cabo uma vasta atividade missionária, iniciada por frei Estevão de Veneza, juntamente com frei Joaquim de Canicatti em dezembro de 1871, quando conseguiram aldear 180 índios na localidade de Santa Maria de São Félix (atual Santa Maria do Suaçui), remediando o infindável ciclo de violência que envolvia nativos e brancos da região. Por isso, o ministro dos negócios da agricultura, comércio e obras públicas, Barão de Itaúna, através de portaria baixada aos 7-6-1872, encarregou o austríaco frei Serafim de Gorizia de realizar tal empresa, ao mesmo tempo em que requisitava ao frei Caetano de Messina, então comissário geral da Ordem no Brasil, mais dois novos missionários para a mesma obra.[166]

Acordo feito, em junho de 1872, frei Serafim, ao lado do italiano das Marcas, frei Ângelo de Sassoferrato, chegaram a Filadélfia (hoje Teófilo Otoni), hospedando-se num primeiro momento na antiga fazenda "liberdade", pertencente ao Capitão Leonardo. No dia 29 de outubro do mesmo ano, o bispo de Diamantina, D. João Antônio dos Santos, confiou a frei Serafim a paróquia local enquanto esta estivesse vacante; mas o frade, coerente com seu intento original, logo tratou de fazer viagens de reconhecimento. Ao se embrenhar nas matas que circundavam o rio São Mateus, ele encontrou 200 botocudos, que amigavelmente lhe indicaram o vale do rio Itambacuri como lugar adequado para sediar seu trabalho, e de fato, o local, localizado 36km ao sul de Filadélfia, correspondia às suas expectativas. Assim, não obstante os filadelfianos desejassem que os frades continuassem a servi-los, eles optaram por Itambacuri, onde se estabeleceram aos 12-2-1873. Logo trataram de conquistar a amizade dos nativos e de

[165] AAEESS, "Relação atinente à assunção do sacerdote Fidel Maiz na administração da diocese do Paraguai", em: *América I (Paraguai)*, pos. 9, fasc. 135, p. 57-58.

[166] Jacinto de Palazzolo, *Nas selvas dos vales do Mucuri e do Rio Doce*, p. 32-40.

catequizá-los, formando lentamente um grande aldeamento, distribuído por vários núcleos, que cobriam uma área de cerca de 200 km. Ali foram congregadas etnias como os Botocudos, Aimorés, Potés, Arauás, Urucus, Pampanazes, Puntuns, e outros mais. O ensino da doutrina e a sacramentalização dos neófitos aconteciam segundo a nova mentalidade eclesial, havendo a piedade seguido a mesma diretriz. Por isso, desde 1876 na bela igreja de Nossa Senhora dos Anjos que havia sido construída, priorizou-se a "tríplice devoção", isto é o Sagrado Coração de Jesus e Maria e o patrocínio de São José. Em 1887, segundo relatório elaborado pelos freis Serafim e Ângelo, haviam 872 catecúmenos indígenas e 950 nacionais.[167]

Uma grande inovação acontecera em 1884 quando, de acordo com a Congregação de *Propaganda Fide*, se decidiu que as frentes que assumissem seriam confiadas diretamente às distintas províncias da ordem, de modo que aquela que o solicitasse, teria sob seus cuidados uma missão, sempre, naturalmente, em colaboração com os superiores gerais.[168] Assim, ao serem promulgados os Estatutos das Missões em 1887, cada uma das "prefeituras" existentes no Brasil foi confiada a uma jurisdição italiana. Por este mister, dois anos depois a de São Paulo foi assumida pela província de Trento, e, já no período republicano, em 1892 a província das Marcas assumiria a Bahia, e Milão o Maranhão. Em 1896 Sabóia ficou com o Rio Grande do Sul, o mesmo fazendo Siracusa em relação ao Rio de Janeiro.[169] Não é exagerado afirmá-lo: durante todo o Segundo Império, os capuchinhos foram a mais importante expressão da vida religiosa no Brasil, e, quando a monarquia caiu, fundações missionárias como Itambacuri já possuíam bastante maturidade para não se sentirem perturbadas.[170]

2.6.3. Os pioneiros da instauração de uma nova forma de vida religiosa no Brasil

A quase ausência de protestos dos bispos reformadores – exceção feita ao prelado do Rio Grande do Sul que desejava o prévio estabelecimento

[167] ASPF, "*Missão dos padres capuchinhos junto ao rio Itambacuri no Brasil*", em: SC *América Meridional*, cod. 15, fl. 360-365.

[168] Ennio Tiacci et alii, "I Cappuccini umbri in Amazzonia", em: *Voci Serafica di Assisi*, n. 3-5, p. 17.

[169] Carlos Albino Zagonel et alii, *Capuchinhos no Brasil*, p. 337.

[170] Cf. Jacinto Palazzolo, *Nas selvas dos vales do Mucuri e do Rio Doce*, p. 16, 173.

de uma concordata – ante o que acontecia com os velhos regulares não era casual. Os motivos eram sobretudo dois: as ordens remanescentes do período colonial haviam se integrado ao sistema regalista (e é por isso que Monte Carmelo tentava protegê-las, enquanto execrava as congregações recém-chegadas), e as tentativas feitas para reformá-las fracassaram miseravelmente. Debalde Dom Viçoso havia procurado elevar o nível da vida religiosa dos carmelitas e dos franciscanos,[171] e, por razões semelhantes, outros bispos passaram a duvidar da real possibilidade de uma mudança. O pior era que certas atitudes de alguns dos velhos regulares tampouco contribuíam para despertar solidariedade. No Recife, Dom José Pereira da Silva Barros necessitava de um prédio para acomodar seus seminaristas, e pensava poder utilizar o do convento abandonado que os carmelitas lá possuíam. Para impedir que ele assim procedesse, em 1884 os frades doaram – gratuitamente – parte da casa ao Governo, para que ali fosse instalada a biblioteca da faculdade de direito. Ressentido, Dom José escreveria ao Internúncio Rocco Cocchia para dar vazão às suas mágoas:

> Os religiosos [carmelitas], em número de cinco, residem aqui nesta capital, mas não têm nem fogão nem mesa, nem ato algum religioso de comunidade; e por isso, a eles não lhes incomoda que o Governo ocupe o convento. O que eles decididamente não querem é que possa a igreja ou o convento ter ocupação útil à diocese.
>
> Roma não poderá compreender bem até onde chega a falta de espírito cristão dos religiosos brasileiros, mas V. Ex.ª Rev. ma, que tem visto os fatos, compreenderá que não sou exagerado ou injusto.[172]

Um outro fato veio a comprometer, ainda mais, a imagem dos religiosos brasileiros: os três monges beneditinos que haviam ido se formar em Roma (e que motivaram João Alfredo a estabelecer a proibição de que quem professasse no exterior pudesse exercer o ministério no Brasil), foram posteriormente acolhidos no mosteiro português de São Martinho de

[171] Valeriano Altoé, *A Igreja e a abolição – uma posição conservadora*, p. 44.

[172] ASV, Carta de Dom José ao Internúncio Rocco Cocchia (11-11-1884), em: *Nunciatura Apostólica no Brasil*, fasc. 321, caixa 66, doc. 12, fl. 44.

Cucujães, localizado na diocese do Porto, e o Internúncio Rocco Cocchia acreditou que o seu retorno seria uma oportunidade reformadora para a vida monástica no país. Com a notória negligência das autoridades nacionais, dois deles – Hermógenes do Coração de Maria Borges Sampaio e José de Santa Escolástica Faria –, de fato regressaram em 1885, mas a decepção que tiveram foi tão grande, que ambos pediriam pouco depois para retornarem a Cucujães. O pedido acabaria sendo atendido, pois as motivações que o moviam eram consistentes.[173] Na carta enviada por José de Santa Escolástica ao Internúncio no dia 6-6-1886, por exemplo, ele afirmava categórico que não podia de modo algum continuar a residir na abadia do Rio de Janeiro, a qual acusava de não possuir nem coro nem observância monástica. Tão convicto estava, que repetiria o pedido no dia 13 de dezembro seguinte, movido pelo mesmo motivo da primeira "súplica".[174]

Daí por que os prelados diocesanos preferiam convidar congregações européias, ao invés de insistir numa reativação das antigas ordens "brasileiras". Os novos regulares também tinham a vantagem de estarem isentos de "impurezas" doutrinárias, o que os levava a apoiarem as propostas reformadoras do episcopado. A eles igualmente muito se deveu o reforçar da tendência de substituição gradual da devoção aos santos pela ênfase na doutrina e nos sacramentos. Nem todas as solicitadas, no entanto, aceitaram vir. Os "ligoristas" (redentoristas) recusariam o convite mesmo quando este partiu do Governo em 1870, que os chamou para trabalharem com os índios. Tanto antes quanto depois disso, no entanto, outras congregações optaram pelo Brasil, vindo a marcar decisiva presença nas missões, na pastoral, e no ensino. Favoreceu-as, em relação a este último aspecto, a lei de 1850, que aboliu o monopólio estatal na escola e tornou o ensino religioso obrigatório em todas as escolas primárias do Império.[175] Os novos regulares que se estabeleceram no país foram os seguintes:

a) *Lazaristas*: chegaram ao Brasil aos 27-9-1819, e a eles Dom João VI confiou pouco depois a propriedade do Caraça, em Minas Gerais, que

[173] AAEESS, Despacho do Internúncio Rocco Cocchia ao Cardeal Secretário de Estado da Santa Sé (13-1-1887), em: *Brasil*, fasc. 18, pos. 259, fl. 39.

[174] ASV, Carta de frei José de Santa Escolástica ao Internúncio Rocco Cocchia (6-6-1886), em: *Nunciatura Apostólica no Brasil*, fasc. 322, caixa 66, doc. 10, fl. 36.

[175] Lúcia Lippi Oliveira, *A questão nacional da Primeira República*, p. 53.

o Irmão Lourenço de Nossa Senhora, ao falecer em Catas Altas, MG, aos 95 anos de idade, deixara em testamento para que fosse transformado em hospício para residência de missionários ou num seminário.[176] Os Padres da Missão assumiram dito estabelecimento aos 15-4-1820, iniciando o período português da congregação que duraria até 1848, época em que foram substituídos pelos confrades franceses. Com o tempo os padres estenderam a sua atividade ao Santuário de Bom Jesus de Matosinhos em Congonhas do Campo, onde permaneceriam até 1860, tendo também aberto uma comunidade em Campo Belo no ano de 1834.[177] A Revolução Liberal de 1842 forçou-os a abandonarem temporariamente o Caraça; mas, era a inteira congregação que se encontrava numa situação incômoda. Isto porque, ainda em 24-1-1824, havia sido declarado que o Caraça estava obrigado a considerar-se "de todo desligado e independente da subordinação ao seu antigo superior de Lisboa". Este fato entravou o desenvolvimento dos Lazaristas no Brasil, uma vez que em 3-12-1838 foi formalizado o desmembramento jurídico da província e sua ereção como "Congregação da Missão Brasileira", ainda que, de fato, os contatos com os irmãos de congregação no estrangeiro não tivessem jamais cessado. Somente em 1845, quando era superior geral Pe. Jean-Baptiste Étienne, foi restabelecida a união.[178] Na segunda metade do século XIX, os Padres da Missão tornaram-se os grandes formadores dos seminaristas brasileiros, apesar da direção da casa formativa da Bahia ter sido abandonada em 1862. A atuação continuou, porém, noutras frentes: em 1864 assumiram o seminário diocesano da Prainha em Fortaleza, CE (onde permaneceriam até 1963), seguido dos seminários de Diamantina (1866-1964), São José do Rio de Janeiro (1869-1901), e seminário menor de Crato (sucursal de Fortaleza entre 1875 e 1878). Em 1882, por determinação de Dom Antônio de Sá e Benevides, os seminaristas da diocese de Mariana abandonaram o Caraça e retornaram à sede da diocese, mas o prestígio da instituição se manteve. Por outro lado, no ano de 1888 a Congregação voltou ao Seminário da Bahia (onde ficariam até 1948), e, a convite de Dom Carlos D'Amour, assumiriam, por pouco tempo, a direção do seminário de Cuiabá (1890-1894).[179] Um problema não

[176] José Evangelista de Souza, *Província Brasileira da Congregação da Missão*, p. 15, 19.
[177] José Evangelista de Souza, *Província Brasileira da Congregação da Missão*, p. 22, 25-27.
[178] José Evangelista de Souza, *o. c.*, p. 33- 38, 61.
[179] José Tobias Zico, *Congregação da Missão no Brasil*, pp. 71, 78, 80, 82, 97, 103, 107.

resolvido foi a questão das vocações. Os religiosos franceses, convencidos que a escassa perseverança verificada no período precedente decorria da falta de critérios rigorosos na seleção dos candidatos, e da pouca formação humana e teológica dos formadores, tornaram a admissão e a formação dos candidatos particularmente severas. Como conseqüência o número de profissões e ordenações diminuiu sensivelmente. Isso não interrompeu a obra dos lazaristas, porque certo número de franceses continuaria a chegar regularmente todos os anos.[180]

b) *Jesuítas*: assim que puderam regressaram ao Brasil, levando a cabo uma refundação cheia de peripécias. Os motivos remontam à perseguição movida pela política espanhola, que dissolveu a Companhia em 1835, confiscando-lhe os bens. A província jesuítica local, entre 1834-1852, dividiu-se em três grupos: um ficou disperso na península ibérica, outro migrou para o estrangeiro, e o terceiro foi para a Argentina. Este último grupo logo se desentendeu com o caudilho Juan Manuel Rosas e se transferiu para o Brasil. Os padres da Companhia partiram para Porto Alegre em 20-7-1842, mas uma tormenta arrastou o navio até Santa Catarina, e lá tiveram de desembarcar no dia 7 de agosto. Dali seguiram a pé por setenta léguas até o seu destino, onde foram acolhidos pelo pároco. Assim, no dia 15-10-1842, 83 anos após a expulsão, fundou-se a primeira casa jesuítica do Brasil imperial. Nesse primeiro momento, o trabalho concentrou-se no ministério apostólico na cidade, nas missões rurais e na catequese dos indígenas remanescentes. No dia 25 de setembro seguinte eles abriram o primeiro colégio da Companhia de Jesus restaurada no Brasil, mas, um surto de febre amarela ocorrido em 1853 vitimou três alunos e seis religiosos, forçando o fechamento da casa. O trabalho continuava, contudo, noutras frentes, e, para contornar a dificuldade de comunicação com os colonos germânicos no Rio Grande do Sul, convidaram confrades de língua alemã, que ali chegaram no ano de 1849. Mais tarde, devido à *Kulturkampf* de Otto von Bismarck, que expulsou os jesuítas da Alemanha, o número de padres daquele país no sul do Brasil aumentou. Isso consentiu que a assistência às colônias teutônicas de Dois Irmãos, São José do Hortênsio, São Leopoldo e Santa Cruz dos Sinos pudesse se expandir. Foi justamente

[180] José Evangelista de Souza, *Província Brasileira da Congregação da Missão*, p. 61-62.

a partir da atuação junto ao Rio dos Sinos, que os padres da Companhia puderam assistir os alemães de Porto Alegre (onde assumiriam residência permanente a partir de 1867) e da colônia de São Lourenço, pertencente a Pelotas. Em 1866, a pedido de Dom Manuel de Medeiros, aceitaram trabalhar no Recife, ainda que usando cautelosamente o nome de Padres de São Francisco Xavier, e lá abririam, aos 19-3-1867, um colégio de igual nome. Eles ficariam ali até serem expulsos durante a questão religiosa. Em todas as atividades que exerciam, os jesuítas sempre tiveram de se enfrentar a oposição cerrada dos regalistas, que os acusavam de estarem no Brasil de forma clandestina, uma vez que o país, por não haver abolido a legislação portuguesa após a independência, ainda conservava o Alvará de 1759 em pleno vigor.[181] Apesar dos ataques, a obra jesuítica no país não parou de crescer. Ainda em 1867, outro educandário havia sido fundado em Itu, SP, e dali a Companhia passaria para a província do Rio de Janeiro, abrindo em 1886 o "Internato Anchieta" de Nova Friburgo, ao qual se seguiu, em 1903, o colégio "Externato Santo Inácio" na capital federal. Também internamente importantes mudanças haviam acontecido, uma vez que, a partir de 1850, a Espanha reabrira suas portas aos jesuítas, e pouco a pouco os ibéricos foram se retirando.[182] Em 1867, eles já haviam sido completamente substituídos pelos italianos e alemães, e isso, aliado a outros fatores, fez a inteira organização da Companhia no Brasil sofrer alterações. Vale dizer, até 1862, seu "status" era de missão dos padres espanhóis, incorporada à missão ou vice-província da Argentina, Uruguai e Chile (destacar que, em 1855, a missão chilena e argentina se separaram); mas agora assumiria nova configuração, até porque em 1864 a fundação brasileira se separou da Argentina. De 1869 até o ano de 1911, as missões se tornaram oficialmente duas: a germânica, no Rio Grande do Sul, e a romana, nos demais estados brasileiros.[183]

c) *Dominicanos*: provenientes da França, estabeleceram-se em Uberaba, MG, no ano de 1881, e logo expandiram seu raio de ação, tendo aberto 600 km mais além, na cidade de Goiás, capital da província homônima, uma

[181] Benícia Flesch, *Seguindo passo a passo a caminhada*, vol. I, p. 34.

[182] Aristides Greve, *Subsídios para a história da restauração da Companhia de Jesus no Brasil*, p. 26, 59.

[183] Pedro Américo Maia, *Crônica dos jesuítas do Brasil centro-leste*, p. 26-27.

nova casa. Em 1886, a 900 km dali, em Porto Imperial (mais tarde rebatizada como Porto Nacional), norte da diocese, erigiram um novo convento que foi a ponte para a abertura de outras frentes. Os frades realizavam numerosas missões populares, onde davam grande importância à celebração dos sacramentos. Juridicamente, nas primeiras décadas de sua presença no Brasil, a Ordem dos Pregadores permaneceu sob estreita dependência da província-mãe, situação esta que se manteve até a primeira guerra mundial. Foi um período em que se priorizava o atendimento às populações da zona rural, mas não se conseguiu ultrapassar os limites geográficos da diocese de Goiás. Ao interno da mesma, no entanto, a Ordem continuou a se expandir no sentido norte-sul, e já no período republicano seriam abertos novos conventos em Conceição do Araguaia (1896) e Formosa (1905).[184]

d) *Salesianos*: estabeleceram-se na diocese do Rio de Janeiro, a pedido de Dom Pedro Maria de Lacerda em 1882. Abriram em seguida o colégio Santa Rosa em Niterói, o qual, porém, começou a funcionar de fato somente a partir do dia 14-7-1883, porque um surto de febre amarela sacudiu a baía de Guanabara, adiando a inauguração.[185] Os salesianos apresentarão notável desenvolvimento nos anos seguintes, principalmente na área educativa. A segunda casa que abriram foi o colégio Sagrado Coração de Jesus de São Paulo, inaugurado aos 24-6-1884, com a bênção de Dom Lino Deodato Rodrigues de Carvalho. O número de alunos cresceu rapidamente, e após poucos anos, o colégio ganhou um prédio portentoso, funcionando conjuntamente com um santuário, cujas obras se iniciariam em 1890. Enquanto isso, no ano anterior havia sido montada uma tipografia no instituto de Niterói, com o objetivo de imprimir "bons livros" entre o povo. Surgiria daí um grande trabalho de impressão e divulgação visando a "dissipar das mentes as trevas da ignorância e do erro".[186] Além do aspecto intelectual e paroquial, o trabalho missionário foi igualmente priorizado. Por isso, o Pe. Marcelino foi para Guarapari, ES, dar assistência espiritual aos imigrantes italianos dali, que em vão haviam pedido um padre ao bispo de Cremona. Quando, em 1890, os Salesianos abriram o prestigioso colé-

[184] José Barraldo Barquilla e Santiago Rodríguez, *Los dominicos y el Nuevo Mundo – Siglos XIX – XX. Actas del V Congreso Internacional Querétaro* (4-8 septiembre 1995), p. 571.

[185] Paolo Albera, *Monsignore Luigi Lasagna*, p. 162, 168.

[186] Paolo Albera, *o. c.*, p. 240.

gio São Joaquim em Lorena, no vale do Paraíba, a congregação mostrou que já havia conquistado bastante solidez para a grande expansão que se verificaria nas décadas subseqüentes.[187]

2.6.4. A contribuição das congregações religiosas femininas

Na impossibilidade de viver de modo particular o carisma religioso, muitas moças devotas reproduziram no Brasil certa experiência que possuía precedentes em Portugal: os recolhimentos. Neles, as "recolhidas" adotavam um estilo de vida comunitário organizado à maneira de convento, mas sem votos, ligações formais com outras casas do gênero, ou vínculos canônicos com a hierarquia. Houve também, é mister que se diga, alguns recolhimentos criados não por mulheres, mas por homens, e que funcionavam como se fossem casas de correção. João Francisco Muzzi, em duas telas que ofertou ao vice-rei Dom Luís de Vasconcelos, documentou o incêndio e o início da reconstrução de um desses reformatórios. Tratava-se do Recolhimento de Nossa Senhora do Parto, no Rio de Janeiro, onde viviam segregadas as mulheres que ousavam desagradar o pai ou o marido, e que foi quase completamente destruído aos 23-8-1789.[188]

Portanto, num senso estrito, a vida religiosa feminina no Brasil imperial, até meados do século XIX, ainda se restringia a pouquíssimos monastérios, entre os quais dois das Ursulinas na Bahia. Ambas as casas sofreriam os efeitos devastadores da política regalista brasileira, e estavam agonizantes ao ser proclamada a República. Somente em 1895 a congregação retomaria fôlego, com a chegada de irmãs francesas provenientes de Bordeaux.[189] Além delas, havia ainda as religiosas do mosteiro da Luz, em São Paulo, e de alguns outros mosteiros no Rio de Janeiro, como aquele pertencente às Carmelitas descalças, no Bairro de Santa Teresa, e o de Nossa Senhora da Ajuda, das Irmãs Concepcionistas. Este último ocupava um vasto casarão de grossas paredes bem no centro da capital imperial (local em que atualmente se situa a Praça Marechal Floriano). As religiosas ali eram poucas, integradas na mentalidade escravista corrente, até porque provinham de famílias nobres e ricas. Quase todas dispunham de uma escrava negra para

[187] Luiz Marcigaglia, *Os salesianos no Brasil*, p. 13-45.
[188] Eduardo Silveira Matos et alii, *Arte no Brasil*, p. 116-117.
[189] Marie-Benedicte Rio, *Storia e spiritualità delle Orsoline*, p. 363-364.

auxiliá-las nos trabalhos caseiros, e certamente se surpreenderam em 1849 quando, tendo abrigado um grupo de irmãs recém-chegadas da Áustria (e que no Brasil dariam origem à congregação do Imaculado Coração de Maria), recebeu delas o pedido de poderem cozinhar para si mesmas, lavarem suas roupas e efetuarem trabalhos de agulha e costura.[190] Consentiram-no, mas a situação das monjas se arrastou intocada por anos, até que, em 1870, Dom Pedro Maria de Lacerda foi até lá, e organizou um capítulo comunitário que elegeu uma nova abadessa, normalizando a situação.[191]

Foi então que, a pedido dos bispos reformadores ou de religiosos de carisma semelhante, algumas congregações religiosas femininas européias começaram a se instalar no Brasil, destacando-se sobretudo nas áreas de saúde e educação. Os exemplos mais significativos foram:

a) *Filhas da caridade*: iniciaram seu trabalho em Mariana, MG, aos 3-4-1849, atendendo ao apelo feito por Dom Antônio Ferreira Viçoso. O primeiro convento que abriram foi a humilde Casa da Providência, próxima à igreja do Carmo,[192] a partir do qual as atividades se expandirão, a ponto das Filhas da Caridade vir a se constituírem na maior e mais importante instituição religiosa feminina do Brasil imperial. A chegada mais trinta irmãs em 1852, possibilitaria no ano seguinte que fundassem novas casas, como o Colégio Imaculada Conceição, no Rio de Janeiro, e assumirem a Santa Casa e o Asilo dos Alienados também no Rio. Outras fundações se seguiriam: Salvador (1853), o hospital de Desterro, SC (de 1856 a 1864), e o Hospital Pedro II do Pernambuco (1857).[193] Passados apenas nove anos (1849-1858), a congregação já possuía 17 casas, marcando presença em cinco províncias: Minas Gerais, Rio de Janeiro, Bahia, Santa Catarina e Pernambuco. E a expansão prosseguiu: em 1858 assumiram a direção do Colégio de Santa Teresa em Olinda, e, em 1865, fundaram o Colégio do Imaculado Coração de Maria de Fortaleza, ao que se seguiu, em 1868, o Colégio Santa Isabel, de Petrópolis.[194] Vocações nativas também desponta-

[190] Otávio Cirillo Bortoluzzi, *Documentário*, p. 246-247.

[191] Antenor de Andrade Silva, *Os salesianos e a educação na Bahia e em Sergipe – Brasil, 1897 – 1970*, p. 26.

[192] Eponina da Conceição Pereira, "Commemorazione del 150º anniversario dell'arrivo delle Figlie della Carità in Brasile", em: *Echi della Compagnia*, n. 6, p. 227-231.

[193] José Tobias Zico, *Congregação da Missão no Brasil*, p. 63, 65, 70-71.

[194] Laércio Dias de Moura, *A educação católica no Brasil*, p. 88-89.

ram, e como a obra inteira não parava de crescer, aos 22-8-1860, foi constituída a primeira província da congregação no Brasil, com sede no Colégio da Providência, no Rio.[195]

b) *Irmãs de São José de Chambéry*: o primeiro grupo composto por sete religiosas veio para o Brasil a pedido do bispo de São Paulo, Dom Antônio Joaquim de Melo, e se instalou em Itu, no ano de 1859. Madre Maria Teodora Voiron (1835-1925) seria um destaque dentre as recém-chegadas, manifestando seu desvelo principalmente no cuidado para com as pequenas escravas que as irmãs atendiam num orfanato gratuito que instituíram ao lado do colégio para moças que dirigiam. Outras obras seriam assumidas nos anos sucessivos: a direção da Santa Casa de Itu (1867), o Seminário Nossa Senhora da Glória para a formação das órfãs de militares (1871), e a administração da irmandade da Santa Casa de Misericórdia de São Paulo (1872). Madre Teodora foi também uma grande propulsora das novas devoções no Brasil, organizando em todas as casas da congregação a guarda de honra do Sagrado Coração de Jesus, a comunhão reparadora, o ato de desagravo da primeira sexta-feira do mês. No Colégio do Patrocínio, especificamente, estabeleceu a entronização do Sagrado Coração, e, numa iniciativa destinada a florescer rapidamente, fundou a congregação leiga das Filhas de Maria, agregando-a à primária de Roma.[196]

c) *Irmãs de Santa Dorotéia de Frassinetti*: as primeiras seis religiosas vieram para o Brasil, respondendo à solicitação do bispo de Olinda, Dom Manuel do Rego de Medeiros. Desde o início elas se viram na mira dos regalistas, particularmente, do deão Faria. Ainda assim conseguiram abrir um colégio feminino, contando com o apoio providencial da madre fundadora que lhes enviou sucessivamente, aos 14-3-1867 e aos 11-2-1868, dois grupos de irmãs como reforço, perfazendo um total de 9 novas religiosas.[197] A questão religiosa eclodida em 1873 quase colocou em risco a continuidade da congregação no Brasil; mas, passada a fase aguda do conflito, em 1878, com a ajuda do cônego Francisco do Rego Maia, que havia

[195] Maria Amélia Ferreira Ribeiro et alii, *150 anos de presença das Filhas da caridade de São Vicente de Paulo no Brasil*, p. 32.

[196] Carlos Coelho Faria, *Vida e obra de Madre Teodora*, p. 40, 95, 213.

[197] Marisa Vita Finzi, *Figlie di Paola, figlie della Chiesa*, p. 25-26.

sido secretário de Dom Vital, o educandário entrou numa segunda fase de crescimento. Nesse meio tempo, atendendo um pedido de Dom Antônio de Macedo Costa, aos 3-9-1875, as irmãs também já haviam aberto uma outra casa em Belém, assumindo o asilo-orfanato Santo Antônio, habitado por 44 meninas. As alunas logo começaram a afluir, mas, a irmandade da Ordem Terceira de São Francisco, que havia sido antes interditada por Dom Antônio, e que se reunia na Igreja anexa ao convento, desentendeu-se com as irmãs, gerando uma longa pendência que só se resolveria após a reconciliação da dita confraria com o prelado diocesano.[198]

d) *Irmãs franciscanas da penitência e da caridade cristã*: Esta congregação de origem holandesa (1835) que se irradiara em território alemão, teve em 1868 a sua colaboração solicitada para trabalhar no Brasil pelo superior jesuíta das missões riograndeses, Pe. Guilherme Feldahus, que desejava religiosas para assistirem às crianças e jovens, na maioria dos casos filhas de imigrantes alemães, em São Leopoldo, RS. A superiora geral, madre Aloísia Lenders, das franciscanas de Heythuysen, Holanda, que residia temporariamente na Alemanha, hesitou ante o pedido, mas um personagem externo contribuiria para que mudasse de opinião. Seu nome: Otto von Bismarck.[199] O *Kulturkampf* (luta cultural), promovido pelo "chanceler de ferro", faria a congregação rever sua atitude, e por isso, em 1872, o primeiro grupo de irmãs se instalou em Porto Alegre. Dedicaram-se ao ensino, e, malgrado muitas delas adoecessem no novo ambiente, graças a contínuos reforços da Alemanha a obra prosseguiu.[200] Quatro anos após o início das atividades, também foi possível organizar o noviciado, e isso permitiu, aos 22-6-1876, que seis jovens, todas elas filhas de alemães, recebessem o hábito franciscano. Contemporaneamente, as iniciativas da congregação rapidamente se multiplicavam no Rio Grande do Sul, como o Ginásio Sagrado Coração fundado em Santa Cruz do Sul (1874); a Escola Nossa Senhora dos Anjos em Porto Alegre (1881); o Orfanato Nossa Senhora da Piedade também em Porto Alegre (1888) e o Asilo de órfãs Nossa Senhora da Conceição em Pelotas (1889). Já nos tempos da República

[198] Teresa Sommariva e Maria Marguerite Masyn, *Memórias acerca da venerável Serva de Deus Paula Frassinetti e do Instituto por ela fundado*, p. 429-434.

[199] Benícia Flesch, *Seguindo passo a passo uma caminhada*, vol. I, p. 40.

[200] A. I., *Poliantéia comemorativa do 75º aniversário da chegada das Irmãs Franciscanas no Rio Grande do Sul*, p. 11-17.

assumiriam a direção da Santa Casa de Porto Alegre (1893), e abririam novos conventos em Bagé (1905) e Cruz Alta (1914), entre outros.[201]

e) *Dominicanas de Nossa Senhora do Rosário de Monteils*: instalaram-se em Uberaba, MG, no ano de 1885. Ali abriram um colégio e assumiram atividades variadas, tais como a de prestar assistência aos doentes que ocupavam as demais dependências da Santa Casa, e outros tantos em suas residências. Em 1895 transferiram seu educandário para um prédio próprio,[202] e já contavam com outra casa na cidade de Goiás, GO (1889), à qual se seguiria novas fundações em Conceição do Araguaia, PA (1902), e Porto Nacional, também no estado de Goiás (1904).[203]

O "novo espírito" predominante na realidade eclesial brasileira inspirou igualmente o surgimento ou a renovação das três primeiras congregações femininas do país, que foram as Religiosas do Sagrado Coração de Jesus, as Irmãs do Imaculado Coração de Maria, e as Franciscanas de Nossa Senhora do Amparo.

2.6.5. O triunfo do novo modelo religioso e as resistências enfrentadas

Os membros das ordens e congregações masculinas e femininas anteriormente citadas tinham consciência – e desejavam – colaborar para a consolidação de um novo modelo eclesial no país. As Irmãs Dorotéias, por exemplo, educavam as moças suas alunas "a crescerem na piedade verdadeira e sólida", o que de per si supunha "eliminar dos seus tenros espíritos certos preconceitos contra a Santa Sé, principalmente contra o Vigário de Cristo, em cuja augusta pessoa, em vez de um pai, se considerava não raramente um opressor dos povos". Além disso, na medida do possível, tentavam envolver também as mães, que não raro procuravam-nas depois de ouvirem em casa as filhas: "E as irmãs aproveitavam a ocasião para instruir aquelas senhoras que escutavam reverentemente aqueles ensinamentos e procuravam com todo o empenho pô-los em prática e melhorar sua vida".[204]

[201] Carlos Albino Zagonel, *Igreja e imigração italiana*, p. 81.

[202] Maria Antonieta Borges Lopes e Mônica M. Teixeira Vale Bichuette, *Dominicanas: cem anos de missão no Brasil*, p. 39-41.

[203] Zélia Rezende Morais et alii, *Dominicanas de Monteils – Província Nossa Senhora do Rosário*, p. 8-10.

[204] Teresa Sommariva e Maria Marguerite Masyn, *Memórias a cerca da venerável Serva de Deus Paula Frassinetti e do Instituto por ela fundado*, p. 190-191.

Os membros das novas fundações geralmente mantinham boa convivência com os bispos reformadores, mas não raro olhavam com visível desagrado para os remanescentes das ordens tradicionais, como bem o demonstra uma carta do Pe. Luigi Lasagna a Pe. Giulio Barberis, seu superior salesiano em Turim, na Itália, aos 7-8-1883:

> Recorde-se caríssimo que o clero aqui se encontra num estado de abandono que causa espanto. As velhas ordens religiosas dos Carmelitas, Beneditinos, Mercedários e Franciscanos, para extinguir-se, e *esta é uma coisa boa* (o grifo é do autor), já que elas não possuem espírito [religioso]. Nadam na opulência e na depravação, com rendas fabulosas, com milhares de escravos (que horror!) aos seus pés, e, no entanto, quase às portas da capital, na província do Espírito Santo, existem centenas de tribos de índios Caboclos e Botocudos terríveis, antropófagos, que vivem como feras, e ninguém pensa em evangelizá-los.[205]

Em relação à autoridade leiga, o comportamento assumido pelos novos religiosos era cordial, aberto à colaboração, mas independente. Por isso, quase sempre eram criticados em bloco tanto pelos regalistas quanto pela maçonaria. A oposição cresceu ainda mais nos anos que se seguiram à publicação do *Syllabus*, como demonstra a acusação feita pelo grão-mestre maçom, Joaquim Saldanha Marinho:

> Daí vem que o Vaticano, "não confiando no clero nacional" brasileiro, despeja de Roma para aqui uma quantidade espantosa de Barbadinhos, de Jesuítas, de Lazaristas e das inseparáveis Irmãs de Caridade, seus dóceis instrumentos, e como eles, iniciadas nos tenebrosos mistérios de Roma para a depredação e para o poder!
>
> E, essa terrível imigração fradesca, que em coisa alguma nos vem coadjuvar, é pelos bispos criminosos e escravos de Roma espalhada no interior das províncias, aonde vão esses padres corrompidos plantar o fanatismo, enredar o povo, pro-

[205] Luigi Lasagna, *Epistolário* (tradução), vol. II, p. 156.

> clamar o *Syllabus* e o poder do Papa, e aconselhar a resistência às leis e poderes do Estado![206]

Não deixa de ser significativo que em 1873 as "grandes lojas" do Brasil tenham comemorado festivamente a supressão da Companhia de Jesus.[207] O culto do passado, no entanto, apenas escondia os receios do presente, pois se sabia que os novos religiosos colaboravam ativamente para a consolidação da reforma eclesial, e que isso já estava produzindo efeitos visíveis, um dos quais era justamente a restrição contra a infiltração maçônica na vida interna da Igreja. Ciente do fato, Monte Carmelo, maçom e regalista público que era, clamaria contra a inovação: "Em vez de pedirem honras e privilégios ao estudo e ao merecimento, como os pediam os religiosos de outros tempos, [os atuais] compravam-nos com o próprio dinheiro dos conventos aos internúncios, que para aqui tem mandado Pio IX e os seus predecessores!"[208]

O rigor moral e a estima pelo celibato na formação que os novos regulares implantaram tampouco escaparão das críticas. A expressão mais célebre disso foi o romance *O Seminarista* de Bernardo Guimarães (1825-1884), um ex-estudante do colégio dos lazaristas de Campina Verde,[209] publicado em 1872, num momento em que já se preanunciava a questão religiosa. O personagem central da trama era o jovem Eugênio, filho do fazendeiro Francisco Antunes, retratado como vítima de uma vocação forçada, que o levaria à loucura. Servindo-se de uma linguagem sóbria e envolvente, o autor sutilmente induzia o leitor à única conclusão possível: a obra formativa dos lazaristas era opressiva e o celibato torturante. No capítulo IX a acusação se generalizava, sem deixar espaço para exceções:

> A educação claustral é triste em si mesma e em suas conseqüências: o regime monacal que se observa nos seminários é mais típico para formar ursos do que homens sociais. Dir-se-ia que o devotismo austero, a que vivem sujeitos os educandos, abafa e comprime, com suas asas lôbregas e geladas naquelas almas tenras, todas as manifestações espontâneas do espírito,

[206] Joaquim Saldanha Marinho, *O confessionário*, tomo II, p. 12.
[207] Vital Maria Gonçalves de Oliveira, *Abrégé historique de la question religieuse du Brésil*, p. 31.
[208] [Joaquim do Monte Carmelo], *Carta à sereníssima Princesa Regente*, 1ª parte, p. 41, 230.
[209] José Tobias Zico, *Caraça, ex-alunos e visitantes*, p. 14.

todos os vôos da imaginação, todas as expansões afetuosas do coração.

O rapaz que sai de um seminário depois de ter estado ali alguns anos, faz na sociedade a figura de um idiota. Desazado, tolhido, desconfiado, por mais inteligente que seja, não sabe dizer duas palavras com acerto e discrição, e muito menos com graça e afabilidade. E se acaso o moço é tímido e acanhado por natureza, acontece muitas vezes ficar perdido para sempre.[210]

Dom Pedro II fez "ouvidos de mercador", pois sabia reconhecer a erudição e a idoneidade onde as encontrava e, por isso, até elogiava certas instituições religiosas. Tanto assim que, quando visitou o colégio dos jesuítas de Santa Catarina, fundado em 1845, não escondeu sua satisfação; e mais tarde, em outubro de 1886, juntamente com a imperatriz Teresa Cristina, também fez questão de conhecer o liceu dos salesianos em São Paulo, mostrando vivo interesse pelo progresso apresentado pela instituição.[211]

2.7. As diretrizes inovadoras do clero reformado

Consolidando-se a reforma da Igreja no Brasil, houve um forte acento na piedade, na austeridade da vida interior, e na comunhão com a Igreja universal, o que, como se viu, foi levado a cabo enfrentando a oposição declarada tanto dos padres do velho sistema, desejosos de conservarem hábitos inveterados, quanto de certos expoentes políticos, nada dispostos a abrirem mão do controle que o Estado exercia na ambiência eclesial. Como os dois grupos via de regra se apoiavam, a maioria dos membros do novo clero se convenceu que os vícios do modelo político vigente é que propiciavam tal situação. Como diria o Internúncio, em 1863, o sistema constitucional brasileiro era em si mesmo a causa permanente da ruína do clero, pois dos seus dispositivos derivavam "tristes conseqüências". Citava como exemplo o caso do seminário do Pará, onde Dom Antônio de Macedo Costa tivera de suspender três professores – cônegos Eutíquio Pereira da Rocha, Ismael de Sena Ribeiro Nery e Manoel Inácio da Silva Espíndola –, devido às suas idéias e atitudes pouco condizentes à função que exerciam.

[210] Bernardo Guimarães, *O seminarista*, p. 91-92.

[211] Pedro Américo Maia, *Crônica dos jesuítas do Brasil centro-leste*, p. 26.

Sem se retratarem, os três, aliados da classe política liberal da província, partiram para o escândalo jornalístico, provocando a reação indignada do Internúncio: "Aqueles desgraçados, não há injúria que não lhe lancem nas folhas públicas, chamando-o de ultramontano, defensor dos jesuítas e opressor dos brasileiros".[212]

O clero reformado, no entanto, também possuía aliados no parlamento e por isso, após anos de desgastante pendência, no dia 11-1-1867, a seção de negócios do Império indeferiu o recurso interposto pelos cônegos supracitados. A decisão definitiva sobre o caso, emanada no dia 24 de agosto do mesmo ano, confirmaria o parecer da seção, afirmando não haver recurso à Coroa do ato pelo qual o bispo demitia professores do seminário, segundo a interpretação que se dava das normas existentes: "Não é recebido o presente recurso porque o reverendo bispo não fez mais do que usar do direito que lhe confere o artigo 7º do decreto n. 3.073 de 22-4-1863".[213]

Paralela à luta pela "purificação dos costumes do clero", toda uma série de iniciativas foi tomada para disciplinar a piedade popular, considerada igualmente "mundana". A tarefa não era fácil: a religiosidade que chegara intacta até iniciar-se a ação dos bispos reformadores encontrava-se impregnada pelas devoções domésticas e pelo culto exterior, com destaque para as grandes procissões e as missas festivas. Desenvolvida fora do controle das estruturas eclesiásticas, ou à sombra das debilidades e ausência daquelas, essa Igreja dominada pelos "grandes" da terra, onde a construção de templos e capelas acontecia por iniciativa de irmandades e chefes de família, não traçava limites entre o sagrado e o profano, e tampouco tinha a "sã doutrina" como uma das suas preocupações primeiras. De acordo com Nelson Werneck Sodré, "nessas cerimônias públicas, expandia-se a alma das populações. Era diversão única. As procissões, as missas, as festas internas ou externas, as cerimônias de culto constituíram, para todas as camadas da sociedade, uma evasão...".[214] Mas, tanto para os padres liberais quanto para a Igreja popular festiva as medidas disciplinadoras viriam. Para ficar.

[212] ASV, Carta ao Cardeal Antonelli, em: *Nunciatura Apostólica no Brasil*, fasc, 183, caixa 40, doc 5, fl. 46b.

[213] *Consulta do Conselho de Estado sobre negócios eclesiásticos, compilada por ordem de Sua. Ex.a, o Sr. Ministro do Império*, p. 87-111.

[214] Nelson Werneck Sodré, *Panorama no Segundo Império*, p. 110.

2.7.1. O refluxo das "batinas liberais" e revolucionárias

Graças à ação do episcopado reformador, movimentos insurrecionais, com ampla adesão de sacerdotes praticamente desapareceram na segunda metade do século XIX, e também a presença de padres no parlamento caiu drasticamente. Tratou-se deveras de uma metamorfose fenomenal, se se recorda que, apenas no ano de 1828, dos 103 deputados eleitos, 22 eram eclesiásticos, número que subiria para 23 na legislatura de 1834-1837; isto para não falar das relações promíscuas que existiram entre eles e os membros das lojas maçônicas, e que também tiveram de ser combatidas. Como se não bastasse, certos clérigos-parlamentares gozavam de má reputação, e isso valia inclusive para alguns dentre os mais célebres deles. José Martiniano de Alencar (1794-1860), que sintetizou com perfeição o estereótipo do padre revolucionário, regalista e concubinário, e do político de idéias liberais, mereceu de Monsenhor Marino Maurini, aos 16-3-1855, um comentário nada complacente:

> José Martiniano de Alencar, que conheci casualmente, é oriundo da província do Ceará, agora elevada a diocese. [...] Ele tomou parte nos primeiros movimentos políticos do Brasil, é senador desde 1832, e foi presidente da sua província. Sendo já sacerdote, estreitou relações com uma sua prima [de nome Ana Josefina de Alencar], da qual teve muitos filhos. [...] Mora em companhia de sua concubina e dos seus filhos numa casa de propriedade sua num subúrbio desta capital. Possui uma fortuna. [...] Faz tempo que não exercita mais o ministério. [...] O seu concubinato é do conhecimento de todos.[215]

A Igreja não estava mais disposta a tolerar esse tipo de padre, inclusive por motivos práticos: o modelo eclesial tridentino, que os bispos desejavam implantar, tornava-se impraticável com um clero desprezado, e que abandonava as freguesias para se dedicar a assuntos seculares. O desvelo de bispos como Dom Antônio Ferreira Viçoso no combater esta

[215] AAEESS, Carta de Monsenhor Marino Marini ao Cardeal Secretário de Estado da Santa Sé (16-3-1855), em: fasc. 170, pos. 106, fl. 86-87.

situação jamais arrefeceu, e suas palavras, exigindo que os padres tomassem distância dos partidos políticos, calavam fundo entre os vigários dos grotões das Gerais. Nas demais regiões do Brasil, outros bispos tomavam atitude semelhante, sendo Dom Antônio Joaquim de Melo um dos que fechou questão sobre o assunto:

> Nada tem desmoralizado mais o clero, depois que pela forma do nosso Governo é necessário haver partidos, do que sua influência em eleições. É voz geral, que se apartem os sacerdotes de cabalas eleitorais. Nós temos sido testemunhas do odioso, que sobre eles tem recaído por sua malvada influência. Desde que o sacerdote é influente, uma maldição se entranha até seus ossos; sua voz é a de um metal; sua missão fica sem efeito saudável. Mandamos, portanto, que dado o seu voto para onde levar sua simpatia, ou consciência, nenhum outro passo dêem, deixando aos mortos enterrar seus mortos. Os nossos Rvds. Vigários da Vara devem, com todo zelo, vigiar sobre o cumprimento deste mandamento, e sabendo por três testemunhas contestes, que um padre trabalha em eleições, deve ouvi-lo e suspendê-lo, se não se justificar.[216]

A segunda geração de bispos reformadores continuaria a insistir nesse ponto, e por isso Dom Antônio de Macedo Costa, aos 1-8-1861, na sua primeira carta pastoral advertiu o clero diocesano de Belém:

> Sacerdotes de Jesus Cristo, sede santos como Ele foi santo!
>
> Não nos impliqueis nos negócios seculares. Vosso grande negócio, vosso único negócio é a salvação das almas – Ministros de Jesus Cristo, nós vos dizemos: nosso lugar não é no foro tumultuoso da política, mas na calma augusta do santuário. Lá está o vosso trono; de lá podeis reinar sobre toda a terra. [...] Bem sabemos que não é absolutamente proibido a um eclesiástico tomar certa parte nos negócios políticos, mas sabemos também que, nas circunstâncias infelizes em que nos

[216] Antônio Joaquim de Melo, *Carta Pastoral do Ex.mo e Rev.mo Bispo de São Paulo dando um regulamento ao clero da sua diocese*, p. 5.

achamos, não se pode, em geral, fazê-lo, sem comprometer a augusta dignidade do caráter sacerdotal.[217]

Cinco anos depois da posse, Dom Antônio também enviará um longo ofício ao ministro do Império pedindo medidas contra a utilização das paróquias como centros de votação, porque, segundo ele, tal profanação não podia mais continuar.[218]

O Governo restou indiferente, mas a própria Igreja, com a autoridade moral que ia conquistando, conseguiu impor limites aos excessos mais visíveis das práticas denunciadas. A influência do Papa Pio IX também interferiu profundamente nessa opção, conforme demonstra a denúncia de um regalista do período: "Pio IX não quer que os bispos nem os padres tomem assento entre os legisladores do seu país. Para Sua Santidade e seus admiradores, os ultramontanos da França e do Brasil, de toda parte, é motivo de *severa reprimenda* (o grifo é do autor) um bispo sentar-se nos bancos senatoriais de sua pátria".[219]

Os padres parlamentares não desapareceram, mas seu número decresceu, e muitos deles abandonaram os postulados liberais, passando a defender os interesses da Igreja nas suas proposições. Nas assembléias provinciais a novidade era ainda mais visível, conforme ficou patente na atuação do jovem sacerdote de Taubaté, Pe. José Pereira da Silva Barros (futuro bispo de Olinda e do Rio de Janeiro).[220] A cura d'almas, por este mister, tornou-se a primeira prioridade, tendo encontrando no cearense de Sobral, Pe. José Antônio Pereira Ibiapina (1805-1883), um dos seus exemplos me-

[217] Antônio de Macedo Costa, *Carta Pastoral do Ex.mo e Rev.mo Bispo do Pará por ocasião da sua entrada na diocese (1-8-1861)*, p. 4-5.

[218] Antônio de Macedo Costa, *Ofício de S. Ex.a Rev.ma, o Sr. Bispo do Pará, ao Ex.mo Sr. Ministro do Império, indicando várias medidas importantes*, p. 12-19.

[219] [Joaquim do Monte Carmelo], *Carta à sereníssima Princesa Regente*, 1ª parte, p. 49.

[220] Diferentemente dos seus antecessores do período regalista, Dom José, como deputado, sempre defendeu os interesses da religião que representava. Seu pronunciamento na sessão de 21-03-1868, em defesa do ensino religioso católico, é exemplar: "Quando a nossa Constituição estabeleceu a religião Católica Apostólica Romana como a do Estado, não fez mais que escrever o que estava na consciência pública, o que estava no coração dos habitantes que vinham formar o império de Santa Cruz. Se antes da Constituição já o povo brasileiro já era católico apostólico romano, nós, que somos filhos dessa religião, devemos fazer esforços para que a geração futura herde esses mesmos princípios em toda a sua pureza. V. Ex.as sabem que aqueles que não professam os princípios do livre exame, porém pertencem à Igreja Católica onde há um corpo ensinante, verdadeiramente organizado, devemo-nos sujeitar a esta regra geral – que o ensino religioso deve ser dado especialmente pelos ministros da religião" (Félix Guisard Filho, *Dom José Pereira da Silva Barros*, p. 162-163).

ritórios. Ibiapina, que havia sido juiz de direito da comarca de Quixeramobim em 1834, e que, ao demitir-se naquele mesmo ano de tal função, fora eleito deputado na legislatura 1834-1837, tudo deixara para servir à Igreja. Depois de ser ordenado por Dom João da Purificação aos 3-6-1853, nunca mais se envolveu com querelas políticas, abrindo exceção apenas quando saiu em defesa dos bispos implicados na questão religiosa. Sua atenção se voltou para a missão junto à população do interior nordestino, e isso acabou gerando uma obra monumental, que incluiu desde numerosas "casas de caridade", a matrizes, cemitérios e hospitais.[221]

Outros ainda, como o Pe. João Manuel de Carvalho, deputado pelo Rio Grande do Norte, apesar de continuarem atuantes no parlamento, assumiam projetos políticos diversos daqueles dos seus antecessores. Pe. João Manuel, no caso, ganharia notoriedade por, na 11ª sessão parlamentar, realizada aos 11-6-1889, haver se tornado o primeiro a clamar pela mudança do regime.[222] Mesmo posturas assim estavam cada vez mais isoladas. A Igreja havia entrado numa nova fase.

2.7.2. O início da normalização da piedade popular

A "piedade popular festiva", anteriormente citada, com o tempo havia se constituído no elemento social de maior poder aglutinador do Brasil. Nela, o culto doméstico, com seus oratórios privados, prevalecia sobre liturgia, e nas cidades, os fiéis se reuniam em irmandades, que promoviam numerosas festas religiosas, procissões e romarias. A miscigenação racial e a alforria deram o toque final para a solidificação dessa original forma de ser Igreja, que se tornou popular porque soube preencher lacunas pastorais. Explica-se: o católico brasileiro não lia a Bíblia, pouco participava dos sacramentos (exceção feita ao batismo), e assistia esporadicamente à missa, celebrada em latim, incompreensível para a quase totalidade dos presentes, em que pese a áurea de respeito que circundava o ritual solene. Coube então às procissões e novenas a função de darem o caráter

[221] José Teixeira Oliveira, *Dicionário brasileiro de datas históricas*, p. 83-84.

[222] "Não tardará muito", proclamou audacioso Pe. João Manoel, "que, neste vastíssimo território, no meio das ruínas das instituições que desmoronam, se faça ouvir uma voz nascida espontânea do coração do povo brasileiro, repercutindo em todos os ângulos deste grande país, penetrando mesmo no seio das florestas virgens, bradando enérgica, patriótica e unanimemente: Abaixo a Monarquia e viva a República" (João Manuel de Carvalho, *Reminiscências sobre vultos e fatos do Império e da República*, p. XV).

vivencial à religião, motivo pelo qual, além das formas tradicionais – em que a devoção ao "Bom Jesus" se destacava –, seriam inventadas várias outras, muito participadas, sobretudo quando se relacionavam com a paixão do Senhor.[223]

O episcopado reformador logo trataria de resgatar o valor central das verdades de fé e o próprio papel da hierarquia, editando continuamente pastorais sobre os mais variados aspectos da fé do povo, ao tempo em que se estimulava ao máximo o estudo da doutrina e a participação aos sacramentos.[224] O projeto disciplinador não pouparia os leigos afinados com a velha religiosidade popular de corte lusitano, que se viram diante de duas alternativas, ou se submetiam, ou eram substituídos. Para aquela maioria que permanecia, nada seria mais como antes, pois a convivência com o clero assumia outro tom: agora, os párocos não só dirigiam os santuários e as capelas, como também interferiam diretamente nas associações piedosas, podendo inclusive confirmar ou não os seus líderes eleitos. As mudanças em curso se converteriam em conflito quando atingiram a mais poderosa herança do Catolicismo colonial – as irmandades – que eram justamente as organizações leigas mais infiltradas por maçons e regalistas.[225] Nada disso faria a hierarquia eclesiástica recuar, provocando o gradual, mas inexorável, fim daquilo que o francês Auguste de Saint-Hilaire, no primeiro quartel do século XIX qualificara de "Igreja acima de todas as regras".[226]

Na segunda metade do século em questão, as normas para enquadrar a religiosidade popular se sucederam uma após outra, a exemplo da *Carta Circular* de Dom Viçoso, datada de 24-6-1873:

> Temos sabido que em certas festividades e procissões, e com especialidade no mês de Maria, tem havido abusos que é necessário eliminar, para não se ofender o Senhor, quando se

[223] João Camilo de Oliveira Torres, *História das idéias religiosas no Brasil*, p. 58, 76, 87-88.

[224] Thales Azevedo, *Igreja e Estado em tensão e crise*, p. 144-146.

[225] Via de regra, as irmandades eram de dois tipos: as "irmandades de misericórdia", destinadas à construção e à manutenção de hospitais e abrigos para indigentes, e as "confrarias" de fins culturais e devocionais. Estas últimas, de acordo com seus estatutos, tiveram como finalidade principal, mas não exclusiva, o culto do santo patrono. Algumas irmandades chegaram a ter um poder tão grande, que muitos padres eram seus "contratados", e os compromissos e estatutos das mesmas proviam até o valor do salário que o sacerdote devia receber (Augustin Wernet, *A Igreja paulista no século XIX*, p. 19-20; 57).

[226] Auguste de Saint-Hilaire, *Segunda viagem do Rio de Janeiro a Minas Gerais e a São Paulo (1822)*, p. 80.

> pretender obsequiar sua Santíssima Mãe. Portanto, das igrejas e procissões observem-se os antigos costumes e nada de novo se invente arbitrariamente com especialidade a respeito da posição do sexo feminino. As mulheres não podem acompanhar as procissões à noite; a Constituição do Bispado lhes proíbe debaixo de pena de excomunhão. Fiquem elas no seu lugar na igreja, e sem necessidade não ocupem a capela mor. Não peguem nas tochas, nem nos andores, ou varas do pálio. Não entrem no corpo da procissão, mas vão atrás dela, inteiramente separadas dos homens. É este o antigo costume de que não é lícito arredarmo-nos. Zelem os Reverendos Párocos estes costumes, e não permitam que se falte a eles. Melhor será não fazer procissões que fazê-las com tais abusos.[227]

Dom Antônio Joaquim de Melo também insistirá na defesa da sobriedade e da introspecção, como meios que conduzissem à decência do culto e ao esplendor da religião. Por isso, houve por bem remover tudo que fosse minimamente profano e não respirasse piedade e devoção. Assim sendo, recomendava que os mestres de capelas de toda a diocese de São Paulo "tomassem sob sua imediata inspeção as músicas que tivessem de executar nas igrejas, nas diferentes solenidades do ano, e não permitissem preencher os intervalos das cantorias com pedaços de contradanças, tão impróprias de Deus e do seu templo".[228]

Os dispositivos de Trento se tornaram uma das referências obrigatórias dos novos bispos, e os documentos que editavam sobre os mais diversos assuntos, normalmente aludiam ao Santo Concílio Tridentino. Estando assim as coisas, as medidas corretivas tornaram-se sempre mais vistosas. Novamente Dom Antônio Ferreira Viçoso foi um dos pioneiros, e estimulou tenazmente a regularização dos casais não casados, provocando uma verdadeira onda de matrimônios. Em visitas pastorais, insistia veemente para que os fiéis se confessassem, e sacramentalizava ele próprio, incontáveis uniões. Alguns casos deram resultados fulminantes: ao visitar a povoação de Itatiaia, Dom Viçoso conseguiu que todos os casais amasiados dali se esposassem! A luta que empreendeu em favor da sacramentalização

[227] AEAM: "Circular", em: Governos episcopais – Dom Viçoso, 2.1.3.
[228] Paulo Florêncio da Silveira Camargo, *A Igreja na história de São Paulo*, vol. VII, p. 89.

chegou a usar como meio a própria irrisão pública: certa vez, no meio de uma imensa multidão, com brados de protesto ("Olha aquele lá"...) apontou um impenitente que vinha com a manceba na garupa do cavalo. Valeu: o pobre homem prontamente aceitou se casar...[229]

Paralelo a isso, um conjunto de obras piedosas, muito apreciadas na Europa, começou a ser difundido, como o *Guia dos confessores da gente do campo,* de Santo Afonso Maria de Ligório, para os padres, e outras devocionais para o povo em geral, tais como: *Missão abreviada* de Frei Luís de Granada, *Tesouro da paciência* de Teodoro de Almeida, *Imitação de Maria Santíssima* do Pe. Marchttallense, e o *Memorial dos discípulos de Cristo* de Arvlsenet. Havia ainda aquelas de cunho apologético (como contra o casamento civil) para os fiéis mais ilustrados, destacando-se *Das leis civis relativas ao matrimônio dos cristãos*, do Pe. Antônio Rosmini, e a *Apologia do Cristianismo*, do Conde de Samodães. Teve também início enorme difusão de cânticos espirituais, rosários, coroas meditadas em verso e máximas rimadas, tudo para o efeito de "promover o conserto dos bons costumes, ou ao menos despertar santos afetos".[230]

No restante do Brasil, com diferentes nuances, o processo caminhava igualmente firme, e em São Paulo, as recolhidas não demoraram a sentir seus efeitos. Na capital paulista existiam dois recolhimentos: Santa Teresa e Nossa Senhora da Luz. Ao visitá-los em 1852, Dom Antônio verificou que a clausura não era muito respeitada, o capelão do Santa Teresa era desleixado, e, ao contrário de tudo quanto ele apreciava, dentro do recolhimento se organizara uma enorme orquestra com rabecas, rabecões e pianos. Sua atitude foi típica: mandou fechar a clausura e retirar dela todos os instrumentos. As irmãs se encolerizaram, e muitas abandonaram o claustro com o seu consentimento. Os ressentimentos chegaram a tal ponto que os dois prédios acabaram incendiados, mas nem assim a decisão foi revogada. No tocante a certas manifestações religiosas do povo, as medidas não seriam menos severas. A devoção a Nossa Senhora Aparecida foi, até certo ponto, uma das poucas exceções, mas também sobre ela Dom Antônio fez uma advertência clara: "Visitamos a casa dos milagres e achamos muita pintura que não convém, ainda mais as gravadas em papel. Nós proibimos

[229] Belchior J. Silva Neto, *Dom Viçoso, Apóstolo de Minas*, p. 111.

[230] Silvério Gomes Pimenta, *Dom Antônio Ferreira Viçoso*, p. 158-168; Joaquim Silvério de Souza, *Vida de Dom Silvério Gomes Pimenta*, p. 47.

com pena de culpa ao capelão que consinta mais pintura em papel, consumindo desde já todas que existem". Um conjunto de medidas outras alterou o cotidiano dos fiéis: aboliram-se os sepultamentos à noite ("para não se cometer irreverência dentro das igrejas"), proibiu-se aos amasiados ou penitentes que não se confessavam há mais de três anos a faculdade de serem padrinhos, foram cassadas todas as licenças de oratórios particulares, e vetou-se a "devoção mal-entendida para imagens de casas particulares". Para esta última, a alternativa era clara: "ou o seu dono a colocava na Igreja, ou os fiéis nada entregariam de esmolas ao proprietário da mesma". Outras medidas disciplinadoras se seguiram: proibiu-se as festas de Santa Cruz à noite misturadas com toques e danças, institui-se um sistema de precedência nas irmandades (em paróquias onde elas eram muito populares, com conseqüência nos atos de culto), eliminaram-se os juizes, fogos e rojões na devoção do terço pelas ruas, e foi regulamentada a "subversão hierárquica" da festa do divino (coordenada pelos líderes leigos, reservando aos padres um papel secundário), resgatando para os clérigos o seu devido posto.[231]

A renovação da piedade popular iniciada pelos bispos encontraria seus colaboradores mais preciosos e fiéis nas ordens e congregações religiosas que paulatinamente iam se instalando no Brasil. Estas, além de reforçarem o papel da hierarquia eclesiástica, tudo fariam para difundir as devoções que lhes eram próprias. Surgiram assim as "Luizas", "Luizinhas", "Juventude Marial Vicentina", "Associações das Filhas de Maria Imaculada", "Damas da Caridade", e "Conferências Vicentinas", fundadas e ou estimuladas pelos padres lazaristas e pelas irmãs "vicentinas". Em certos casos, o controle dos padres acabou se tornando tão severo, que por causa dele, a irmandade do Caraça desapareceu em 1885.[232]

As missões populares eram o instrumento privilegiado desse trabalho transformador. Pe. Miguel Sípolis CM, numa carta que enviou ao seu superior em Paris no ano de 1881, explicou-lhe que na sua congregação (lazaristas) as missões duravam quatro semanas, começando e terminando num domingo. A congregação custeava a viagem e os párocos geralmente forneciam a hospedagem. Quanto à alimentação, "não eram de peso a ninguém", porque a população, sobretudo os pobres, contribuía. Ele acentuava um fato que se transformaria na marca registrada de quase todas as

[231] Paulo Florêncio da Silveira Camargo, *A Igreja na história de São Paulo*, vol. VII, p. 89, 97, 122, 145.
[232] José Evangelista de Souza, *Província brasileira da Congregação da Missão*, p. 67.

missões, das mais diversas ordens: a insistência no ensino da doutrina, e na participação freqüente aos sacramentos. O trabalho para a conversão dos maçons era um dos mais dedicados, a ponto de o padre descrever que ele e os seus prolongaram numa região o trabalho por oito dias, até receber a abjuração de 21 maçons e assistirem ao fechamento da loja, que não mais se abriu. O otimismo que este trabalho suscitava pode ser medido nas palavras finais do Pe. Sípolis: "É certamente às missões populares que se deve a prosperidade de nossas outras obras. O Colégio do Caraça tem tido, nestes últimos anos, quatrocentos alunos, e o Seminário Maior tem 60. Depois de uma missão, os pais de família não querem confiar os seus filhos senão aos padres santos".[233]

Enquanto isso, devoções provenientes da Europa, sobretudo da Itália e da França, ganhavam cada vez mais espaço, também porque o fenômeno coincidia com o recrudescimento da imigração de europeus, o que, como se sabe, alteraria notavelmente a conformação étnica e cultural do país. Os jesuítas não mediriam esforços para que os recém-chegados não se "contaminassem" ou se perdessem, tendo inclusive fundado o "ministério das colônias". A satisfação manifestada pelo Pe. Ferdinando Jacoby aos 6-11-1878, ao salientar a afluência do povo na matriz durante os domingos e dias de festa, demonstra o sucesso da estratégia. Como ele dizia, então, "aqui a freqüência dos sacramentos é muito regular, e talvez comparável à regularidade européia".[234]

Curiosamente, a mais difundida devoção do período – o Sagrado Coração de Jesus – chegara ainda nos tempos da Colônia. Revigorada por mérito de Pio IX, que em 1856 oficializou seu culto, ganhará sempre mais espaço, até que Leão XIII fez publicar um decreto em 1889, estimulando-a. Sua propagação no Brasil foi insistentemente difundida pela Companhia de Jesus a partir de 1861,[235] que ressaltava o significado teológico de tal invocação. Ou seja, no Sagrado Coração se concebia a tradução do mistério da redenção, que na decisão das Três Pessoas Divinas, o Coração traspassado, o Coração aberto, anunciava os novos tempos. Assim, a expressão "coração aberto", presente no evangelista São João,

[233] José Tobias Zico, *Congregação da Missão no Brasil*, p. 83-85.

[234] ASV, Carta do Pe. Ferdinando Jacoby ao Internúncio Luigi Matera (6-11-1878), em: *Nunciatura Apostólica no Brasil*, caixa 50, fasc. 236, doc. 1, fl. 6.

[235] Bóris Fausto et alii, *O Brasil republicano*, vol. II, tomo III, p. 47.

era entendida como coração em ação, do Filho do Homem que reconciliava céu e terra.

No Brasil, a exemplo de outros países, quando Pio IX se declarou prisioneiro no Vaticano após a ocupação de Roma em 20-9-1870, o reinado do Coração Sagrado de Cristo ("o coração de um mundo sem coração") passou a significar e a inspirar uma reação organizada em torno ao Romano Pontífice, contra o que supunha fosse uma conspiração das forças do mal. Além disso, como bem recorda Pedro Américo Maia: "Confessar com a Igreja de Cristo que o amor se fez coração tornou-se testemunhar a verdade da Escritura, eliminando tentações gnósticas".[236] Nada a admirar, portanto, que tenham sido maçons e liberais os que mais se opuseram a tal devoção, como bem demonstra a implacável crítica de Rui Barbosa:

> No século XIX a infâmia do jesuitismo não parou de crescer. Todas as invocações ímpias, com que a Cúria tem paganizado o Catolicismo, desde o culto materialista do Sagrado Coração de Jesus, inaugurado nos fins do século passado, até a devoção do Sagrado Coração de Maria, todo esse misticismo supersticioso, com que se tem propagado, em detrimento do culto de Deus, a mariolatria e a adoração abusiva de imagens, tudo isso é artefato deles.[237]

O mesmo contexto também ajuda a entender porque Dom Vital, da sua prisão na fortaleza de São João, não tenha se esquecido de dedicar ao Coração Sagrado de Cristo o mês de junho.[238] Outros clérigos tomaram medidas afins, como o fez Dom Viçoso, que à mesma invocação, "fonte das maiores graças", consagrou a inteira diocese de Mariana. Seu sucessor, Dom Antônio Maria Correia de Sá Benevides (1836-1896) foi além, tornando-se um apóstolo incansável na divulgação do Coração Sagrado de Jesus, dando total estímulo para que lhe fosse estabelecida a guarda de honra em quase todas as paróquias, seguida do Apostolado da Oração.[239]

[236] Pedro Américo Maia, *Crônica dos jesuítas do Brasil centro-leste*, p. 112.
[237] Rui Barbosa, *O Papa e o Concílio*, p. 29.
[238] Félix Olívola, *Dom Frei Vital Gonçalves de Oliveira*, p. 119.
[239] REB, vol. 4, fasc. 2, 1944, p. 393.

Todas essas medidas afirmaram progressivamente a autoridade dos clérigos, pois eram eles que conduziam o processo disciplinador; mas, certos segmentos das elites, habituados a conviver não com um clero influente, mas sob sua influência, resistiriam obstinadamente às inovações. O grão-mestre maçom Joaquim Saldanha Marinho foi um deles. Percebendo o afluxo do "belo sexo" aos confessionários, aos 21-3-1874, denunciou:

> É nele que os Jesuítas e ultramontanos encontram o principal elemento do seu poder! A mulher! É a primeira e principal vítima desse artifício fraudulento. [...] Esses abutres da consciência têm estudado a índole da mulher, compreendem quanto poder ela tem no seio da família e, abusando do caráter sagrado que sem cessar malbaratam, empenham-se em iludi-la, prometendo-lhe o reino do céu em prêmio de sua perdição, acenando-lhe com o inferno se ousar permanecer digna e fiel e resistir ao sofisma torpe, com que pretendem arrastá-la a seus fins. [...] Atendam as senhoras ao que tem vindo do "castelo", quartel general do fanatismo!
>
> Estudem refletidamente as doutrinas que ali se ensinam, os conselhos malévolos que ali se dão; avaliem as conseqüências a que necessariamente chega quem se deixa iludir por essas sereias barbadas, e abandonarão toda a falange de Roma, que com tanta "devoção" trabalha na obra maldita do obscurantismo.[240]

Saldanha Marinho sentia tanta aversão ao novo papel que a Igreja estava assumindo na formação das consciências no país, que repetiria a denúncia no dia 25 de março do mesmo ano, alegando que "a Igreja de Roma fez do confessionário obrigado o lugar mais cômodo ao diabo para exercer seu encargo. [...] O confessor, dirigindo o espírito do seu penitente, toma a maior ascendência sobre ele e a aproveita oportunamente. [...] O confessionário é a principal arma política de Roma!..."[241]

2.7.3. A opção abolicionista

O protesto dos anticlericais e regalistas se repetirá em muitas outras circunstâncias, mas nada podiam contra a expansão da reforma eclesiás-

[240] Joaquim Saldanha Marinho, *O Confessionário*, p. 3-5.
[241] Joaquim Saldanha Marinho, *o. c.*, p. 4, 9, 12.

tica, que de tão profunda acabaria questionando uma das mais antigas e arraigadas instituições brasileiras: o cativeiro dos negros. Foi uma decisão complexa e tardia, dificilmente analisada com a devida isenção, quer seja por amor à crítica fácil, quer seja pelo peso do libelo acusatório contido no livro *O Abolicionismo*, de Joaquim Nabuco, publicado em 1883. Ignorando as evoluções porque passou o pensamento do autor, e sem levar em conta as circunstâncias em que dita obra foi escrita, esta se converteu para muitos em verdadeiro ponto de referência quando se trata de analisar a relação Igreja-escravidão. Isso equivale a uma condenação *a priori*, porque o tom usado por Nabuco não poderia ser mais execratório:

> Em outros países, a propaganda da emancipação foi um movimento religioso, pregado do púlpito, sustentado com fervor pelas diferentes igrejas e comunhões religiosas. Entre nós, o movimento abolicionista nada deve, infelizmente, à Igreja do Estado; pelo contrário, a posse de homens e mulheres pelos conventos e por todo o clero secular desmoralizou inteiramente o sentimento religioso de senhores e escravos. No sacerdote, estes não viam senão um homem que os podia comprar, e aqueles a última pessoa que se lembraria de acusá-los. A deserção, pelo nosso clero, do posto que o Evangelho lhe marcou foi a mais vergonhosa possível: ninguém o viu tomar a parte dos escravos, fazer uso da religião para suavizar-lhes o cativeiro, e para dizer a verdade moral aos senhores. Nenhum padre tentou nunca impedir um leilão de escravos, nem condenou o regimen das senzalas. A Igreja Católica, apesar do seu imenso poderio em um país ainda em grande parte fanatizado por ela, *nunca* (grifo é do autor) elevou no Brasil a voz em favor da emancipação.[242]

Quando se situa esse parecer no seu devido contexto, verifica-se que o mesmo, por força, harmoniza-se perfeitamente com outros pronunciamentos feitos pelo autor no período. Vivendo o auge do seu anticlericalismo, Joaquim Nabuco na época se declarava, e de fato era, seguidor do radical

[242] Joaquim Nabuco, *O Abolicionismo*, p. 18.

liberalismo francês, demonstrando-o em diversas ocasiões. Aos 15-5-1879, falando da tribuna do parlamento, após reduzir o Catolicismo a uma religião da consciência, e um grande sentimento da humanidade, advogou a venda dos bens dos conventos para que o Governo, com o produto, acudisse às despesas religiosas do orçamento. Foi justamente o ministro da Fazenda, Afonso Celso, quem o reprovou com dureza: "É um bom liberalismo este: apropriar-se dos bens alheios e viva a liberdade".[243]

Aos 16 de julho do ano seguinte, ele admitiu ser acusado de querer liberdade para tudo e para todos, menos para os católicos, mas isso de modo nenhum era uma reconsideração. Muito pelo contrário: assumiu que não andava no aprisco do Santo Padre, porque não confundia Catolicismo com clericalismo, nem misturava a totalidade do país "com a milícia estrangeira a serviço de Roma". Sarcástico, recordava que o Imperador do Brasil era "um verdadeiro papa", com direito de impor um veto caprichoso aos documentos pontifícios. Levando suas opiniões às últimas conseqüências, atacou a prática dos sacramentos tanto insistida pelo novo clero, acrescentando que a doutrina de Jesus havia sido convertida na doutrina de uma seita. Concluiu dizendo, ou melhor, ameaçando, correr à tribuna toda vez que aquela casa abordasse assuntos religiosos.[244]

Interessante que, pouco depois, ele começou a se reaproximar da instituição que tanto combatera, e isso produziu reflexos imediatos nas suas obras. O pontificado de Leão XIII teve certamente grande influência nessa mudança, que ultrapassaria com o tempo o limite da simples adesão, a ponto do ex-aguerrido opositor transformar-se num verdadeiro neo-escolástico: "Hoje sinto a grandeza da filosofia católica, e coloco São Tomás de Aquino entre Aristóteles e Platão", diria. Em processo de transformação, ele, que também era abolicionista, não titubeou de ir a Roma pedir apoio ao Papa para a sua causa. Na ocasião, enviou uma carta ao Cardeal Mariano Rampolla del Tindaro, cujo conteúdo estava em aberto contraste com o que afirmara anos antes em *O Abolicionismo*: "No Brasil latino e católico, é preciso dizê-lo em honra da nossa religião e da nossa raça, não se achou um único indivíduo, como nos Estados Unidos protestantes se achou um povo inteiro, para defender o princípio da escravidão".[245]

[243] Carolina Nabuco, *A vida de Joaquim Nabuco*, p. 69.

[244] Joaquim Nabuco, *Discursos parlamentares (1879-1889)*, p. 102-118.

[245] Soares de Azevedo, *Brado de alarme*, p. 204-205.

Recebido pelo Pontífice aos 10-02-1888, o encontro resultou extremamente cordial, e Leão XIII o abençoou e apoiou sua causa, tendo inclusive escrito a carta *In Plurimis* condenando a escravidão. Parlamentar astuto, Joaquim Nabuco percebeu a importância do evento, e traduziu e divulgou o conteúdo da entrevista no Brasil (meses antes da sua publicação oficial, que só se daria após a abolição), causando grande impressão.[246] Meses mais tarde, a importância dessa encíclica seria questionada, porque parlamentares alegaram que nela o Papa não citava a questão principal, e que, sendo datada de 5 de maio, não podia ter relação com a *Lei Áurea*, firmada no dia 13 daquele mês. O próprio Nabuco, aos 24-9-1888, tratou de defendê-la, e, o que é mais surpreendente, associou o episcopado à corrente que apoiava o abolicionismo:

> A verdade é que, quando Sua Santidade se manifestou sobre o procedimento do clero brasileiro em relação à abolição, ele estava perfeitamente informado da parte que o mesmo clero tinha tido naquele movimento. [...] Eu mesmo tive a honra de apresentar ao Cardeal secretário de Estado as pastorais dos nossos bispos, que foram devidamente vertidas para o italiano; as quais foram examinadas com aquele minucioso cuidado que é o desespero de quantos recorrem à Santa Sé, pois ela costuma examinar todas as matérias em que tem que fazer interferir a sua autoridade com o maior exemplo. Foi, por conseqüência, um documento pronunciado *ex informata conscientia*, no sentido literal da frase; a consciência do Santo Padre estava perfeitamente informada de todo o movimento abolicionista; não há que separá-lo nisto do episcopado.[247]

Foi assim que, no ano de 1898, o novo Nabuco, na obra *Minha Formação*, ao retomar a questão da Igreja e a escravidão, insistiria sobre o particular que quinze anos antes omitira – a postura diversa que o episcopado reformado assumira em relação aos seus predecessores: "Eu sempre tinha lastimado a neutralidade do clero perante a escravidão, o indiferentismo do seu contato com ela... Por fim, porém, a voz dos bispos se fez ouvir num

[246] Pedro Calmon, *A Princesa Isabel, "A Redentora"*, p. 178-179.
[247] Joaquim Nabuco, *Discursos parlamentares (1879-1889)*, p. 336-337.

momento de inspiração". Além disso, com admirável honestidade, também reconheceu que o regalismo e o anticlericalismo haviam sido componentes da sua reflexão anterior:

> Nesse tempo, e durante anos, o radicalismo me arrasta; eu sou, por exemplo, dos que tomaram parte ativa na campanha maçônica de 1873, contra os bispos e contra a Igreja. Entro até nas idéias de Feijó, de uma Igreja nacional, independente da disciplina de romana; faço conferências, escrevo artigos, publico folhetos.[248]

Um importante elemento deve ser evidenciado: mais que "um momento de inspiração", a mudança de atitude dos bispos foi fruto de uma nova consciência que se formou, de modo lento e tardio – como de resto a própria reforma eclesiástica –, e em consonância com esta. Ou seja, a rejeição da escravidão cresceu junto com a reforma eclesiástica. Para aqueles que abraçaram a nova tendência, o cativeiro aparecia como coisa degenerante, que afastava os escravos da reta doutrina e moral cristãs. Não deixa de ser significativo que foi justamente entre os membros do grupo que combatia Feijó que se levantaram as primeiras vozes a criticar publicamente a escravidão. Ainda em 3-7-1827, Dom Romualdo Seixas faria no parlamento um violento discurso contra a prática, abrindo caminho para outras tomadas de posição do gênero:

> E haverá quem diga que os meios fornecidos pelo comércio de escravos não são injustos, ou que este comércio não é ilícito, vergonhoso, degradante da dignidade do homem, antisocial, oposto ao espírito do Cristianismo, e somente próprio para retardar os progressos da civilização da espécie humana? [...] Sempre estive persuadido que a palavra escravidão desperta a idéia de todos os vícios e crimes; assim como que o doce nome de liberdade desperta as sensações e idéias de todas as virtudes e de todos os bens; sempre entendi que a escravidão é um estado violento, que abate o espírito, embo-

[248] Joaquim Nabuco, *Minha formação*, p. 25, 221.

> ta as faculdades do entendimento, perverte o coração, destrói o brio e toda a emulação da virtude; sempre lastimei finalmente a sorte dos tenros meninos brasileiros que, nascendo e vivendo entre os escravos, recebem desde os seus primeiros anos as funestas impressões dos contagiosos exemplos desses seres degenerados; e Oxalá que eu me enganasse! Oxalá que fossem mais raros os triunfos da sedução, e os naufrágios da inocência! Oxalá que tantas famílias não tivessem deplorado a infâmia e a vergonha em que as tem precipitado a imoralidade dos escravos! Convenho que muitos pretos e pardos se fazem credores da maior estima; eu não avalio o homem pela cor da pele, mas pelo seu comportamento e caráter. O escravo, porém, não tem caráter; ele não é mais que um instrumento das vontades do seu senhor: um escravo virtuoso é um prodígio da ordem moral.[249]

O mesmo problema será abordado pelo Visconde de Cairu em 1828, quando propôs o casamento e a boa educação dos cativos em vista de sua gradual emancipação, inclusive por achar que isso propiciaria à nação "uma clerezia ilustrada e uma população robusta, subordinada e progressiva".[250]

Com o passar dos anos, na mesma proporção em que clero ultramontanista ia ganhando visibilidade, a crítica à escravidão se acentuou. Observantes e defensores da moral rígida, tanto os padres que chegavam da Europa, quanto aqueles que se formavam em seminários dirigidos por severos religiosos também vindos do Velho Mundo, olhavam com crescente oposição a superficialidade doutrinária dos cativos, e mais ainda as relações lascivas existentes entre a senzala e a casa grande. Reconhecendo que os vícios da escravidão eram um empecilho para a regeneração dos costumes que se desejava realizar, a crítica subiu de tom. Os bispos passaram a denunciar a má influência que a escravidão exercia sobre a piedade, e principalmente a pouca participação dos escravos nos sacramentos. Eles simplesmente não se conformavam em ver a prática

[249] Romualdo Antônio de Seixas, *Coleção das obras do Excelentíssimo e Reverendíssimo Senhor Dom Romualdo Antônio de Seixas*, tomo III, p. 76-78, 81-83.

[250] José da Silva Lisboa, *Causa da religião e disciplina eclesiástica do celibato clerical defendida da inconstitucional tentativa do Padre Diogo Antônio Feijó*, p. 15.

da religião reduzida a atos externos, como conseqüência de haverem os escravos se tornado "rudes".[251]

De fato, não havia como defender a integridade da moral cristã e a sacralidade do matrimônio sem se indispor com os velhos costumes do Império: além do concubinato ter se convertido há tempos numa verdadeira instituição nacional, a sífilis fizera do Brasil a terra venérea por excelência. Antes mesmo da independência, entre 1817 e 1820, os alemães Carl Friedrich Philipp von Martius e Johann Baptist von Spix denunciaram alarmados a sifilização do país.[252] Pouca alteração ocorrera nas décadas seguintes, e muitos viajantes estrangeiros, ou mesmo brasileiros, apontavam uma causa comum para isso: a escravidão. E, não era difícil entender o porquê: nos tortuosos caminhos do cativeiro, os negros eram as grandes vítimas de um modo de pensar em que o uso de pessoas se estendera ao campo sexual. Exceções existiam, como provam as pinturas de Jean Baptiste Debret, retratando casamentos entre escravos, sobretudo entre aqueles pertencentes às famílias urbanas e ricas;[253] mas é fato comprovado que o poder quase ilimitado de que dispunham os senhores sobre seus subordinados facilitava em todos os modos a prevaricação. Havia uma lógica perversa em tudo isso, que ultrapassava a própria libidinagem: a "flexível" moral vigente tinha como preocupação primeira o fruto do trabalho escravo, fazendo vista grossa às suas práticas licenciosas, que, como se sabe, resultavam em novos rebentos. Ressalva feita a certas demonstrações de preconceito que profere, o depoimento de Robert Walsh é um dos mais veementes libelos contra tal situação:

> Os pobres escravos, utilizados apenas como bestas de carga são, de longe, entre todas as classes humanas, os mais desamparados e humilhados. Empregados somente como ani-

[251] Silvério Gomes Pimenta, *Dom Antônio Ferreira Viçoso*, p. 93.

[252] "Como médicos", relatam Spix e Martius, "tivemos sobretudo, oportunidade de observar a incrível difusão da sífilis e as suas incalculáveis conseqüências no físico e no moral dos habitantes. Não só a generalização do contágio vai reduzindo bastante a população, mas também o despudor, com que dela se fala abertamente, oferecendo o sentimento moral, além de lesar os direitos do sexo feminino, ao qual não é permitido exercer influência sobre o modo de pensar dos homens, nem pode fundamentar a fidelidade conjugal. Estas tristes condições, que são a mancha mais sombria na pintura do caráter brasileiro, ainda mais se agravaram pelo grande número de escravas negras e concubinas (mulheres de cama) manteúdas" (Johann Baptist von Spix e Carl Friedrich Philipp Martius, *Viagem pelo Brasil (1817-1820)*, vol. I, p. 197-198).

[253] Cf. Jean-Baptiste Debret, *Viagem pitoresca e histórica ao Brasil*, vol. II, p. 200.

> mais inferiores, sem o menor respeito à sua condição de seres dotados de raciocínio, eles trabalham o dia todo e só a noite são liberados, quando, por uma grande incongruência, têm permissão de praticar os atos mais licenciosos e irrefreados.[254]

Em tudo isso, coube à escrava o papel mais ingrato: importava-se mais homens que mulheres, e certos proprietários não hesitaram em suprir a carência de negras por meio do inusitado costume de reservar uma cativa para cada grupo de quatro homens, deixando a critério destes a forma de "arranjar-se".[255] Isso naturalmente sem se esquecerem que as ditas escravas continuavam propriedade do seu dono, que delas poderia "dispor" (e geralmente "dispunha"!) quando bem lhe aprouvesse.[256] Sob um outro prisma, o resultado mais visível desse imenso intercurso sexual entre os senhores brancos e suas concubinas negras foi a formação de uma multidão de mestiços que alterou progressivamente a configuração étnica do Brasil. Infelizmente, ser pardo nem sempre revertia em benefício, tornando-se comum a existência de escravos de cor clara. Os estrangeiros que passavam pelo Brasil se sentiam perplexos, e o relato do francês, Conde de Suzannet, é um misto de indignação e estupor: "Muitas vezes acontece que um senhor, tendo abusado de uma jovem cativa, vende-a quando engravida; outros ainda mais desavergonhados conservam os próprios filhos como escravos".[257]

Às razões de ordem moral e doutrinária, os austeros membros do novo clero também ajuntaram aspectos humanitários. Consta que Dom Antônio Ferreira Viçoso começou a se indispor com a instituição escravista quando ainda trabalhava no Caraça. Em dado momento, ele refutou as tentativas teológicas de se legitimar o cativeiro, e advogou a causa dos escravos, indo contra o parecer do seu confrade, Pe. Leandro Rabelo de Castro, então diretor do colégio, que defendia os direitos dos senhores.[258] Sua atitude foi ainda mais longe: baseando-se numa encíclica do Papa Gregório XVI, escreveu um opúsculo contra a escravidão, além de se insurgir contra as "horrorosas mancebias" livremente praticadas. Essas atitudes lhe granjearam grande simpatia entre os negros escravos,

[254] Robert Walsh, *Notícias do Brasil (1828-1829)*, vol. I, p. 127.
[255] Jean-Baptiste Debret, *Viagem pitoresca e histórica ao Brasil*, vol. I, p. 268.
[256] Sérgio Buarque de Holanda, *História geral da civilização brasileira*, p. 123.
[257] Conde de Suzannet, *O Brasil em 1845*, p. 47.
[258] Silvério Gomes Pimenta, *Dom Antônio Ferreira Viçoso*, p. 48.

que fizeram questão de saudá-lo assim que tomou posse. No dia seguinte à sua chegada, com grande surpresa, ao abrir as janelas da sacada do palácio episcopal, ele viu uma imensa multidão de negros que também tinham vindo trazer-lhe suas oferendas. Os presentes eram tudo o que a miséria da condição em que viviam permitia-lhes ofertar: simples feixinhos de lenha enfeitados com flores. A reação do bispo foi inédita para a época: comovido e em lágrimas, ele saiu à rua, cumprimentou-os e deu a cada um deles uma pequena imagem de Nossa Senhora.[259] Ainda em Mariana, Pe. Silvério Gomes Pimenta, ele próprio negro, se bateria igualmente contra a escravidão pelas mesmas razões: o cativeiro era fonte de imoralidade e degradação humana e também contribuíra para a pouca instrução religiosa dos escravos.[260]

A partir daí, a posição da hierarquia alterou-se rapidamente, também devido à influência externa. Não passara despercebida a atitude dos bispos franceses da província de Bordeaux, que, ao se reunirem no sínodo de La Rochelle em 1853, haviam feito solene declaração em favor da emancipação dos escravizados nas possessões do seu país. Além disso, de 1859 para frente já não existia escravidão em nenhum país europeu, e os sucessivos documentos dos prelados do Velho Mundo apoiando a causa da abolição começaram a ser difundidos com alarde no Brasil. Particular impressão causou a carta pastoral de Dupanloup, bispo de Orleans, lançada no domingo da paixão, 6-4-1862, e que o Visconde de Jequitinhonha fez questão de traduzir e publicar em 1865:

> Depois do Divino Mestre, apregoava São Paulo, um dos seus mais fervorosos discípulos, ao mundo pagão esta sublime máxima: "Não há mais senhor nem escravo, todos nós somos irmãos em Jesus Cristo".
>
> E bem? Ainda hoje, depois de dezoito séculos de Cristianismo, depois daquelas palavras de Jesus Cristo, depois daquele sublime pregão de São Paulo, há, em terras cristãs, ainda escravos![261]

[259] Belchior Silva Neto, *Dom Viçoso, Apóstolo de Minas*, p. 61, 69, 71.

[260] Alípio Ordier Oliveira, *Traços biográficos de Dom Silvério Gomes Pimenta*, p. 28.

[261] Félix-Antoine-Philibert Dupanloup, *Carta do Ex.mo e Rev.mo Bispo de Orleans ao clero de sua diocese sobre a escravidão*, p. 6.

A tendência da Igreja universal seria assumida por vários bispos do Segundo Império, que se declararam abertamente abolicionistas, entre os quais Dom João Antônio dos Santos (bispo de Diamantina); o sucessor de Dom Viçoso em Mariana, Dom Antônio Correa de Sá e Benevides; e o bispo do Rio de Janeiro, Dom Pedro Maria de Lacerda. Ainda em 1846, Dom João Antônio dos Santos condenara o "infame tráfico de carne humana, como se vivêssemos no centro da África, nas matas entre selvagens ou no tempo de barbárie",[262] e, em 1863, Dom Antônio de Macedo Costa também defendera o fim da escravidão enquanto tal:

> Desejo para o meu país a abolição da escravidão. [...] Foram criadas nas principais cidades do Brasil associações que têm como único objetivo o resgate dos escravos. Nós temos uma dessas associações na Bahia, a minha cidade natal: ela permite libertar, em média, vinte escravos por ano. Há uma feliz tendência aí, um progresso real, mas, eu o confesso, ainda não é suficiente. A escravidão é uma chaga; está condenada pelo cristianismo; tem que desaparecer. É este o desejo mais ardente do meu coração.[263]

Depois de 1870 a maioria do clero brasileiro passou a insistir na tese que a escravidão era contra o Evangelho, e bispos como Dom Pedro Maria de Lacerda, Dom Antônio Ferreira Viçoso e Dom Sebastião Laranjeiras apoiaram abertamente a lei do ventre livre. Enquanto isso, as ordens religiosas tradicionais que incluíam escravos entre seus "bens eclesiásticos" começaram a libertá-los. Os beneditinos iniciaram concedendo a alforria aos nascituros em 1866, até darem liberdade plena a todos os 4.000 cativos que possuíam no Brasil aos 29-9-1871.[264] Os carmelitas e franciscanos imitaram seu gesto em 8 de dezembro do mesmo ano, mas os segundos, de acordo com decisão tomada na sessão definitorial de 3 de outubro, optaram pela libertação gradual. O método adotado foi o seguinte: os maiores de vinte anos teriam a carta de alforria no dia 4-10-1876, os menores de vinte anos quando completassem vinte e um, deixando, porém, aberta a possibi-

[262] Soares de Azevedo, *Brado de alarme*, p. 267.
[263] Baron de Gerlache et alii, *Assemblée générale des catholiques en Belgique*, tomo I, p. 393-394.
[264] Michael Emílio Scherer, *Frei Domingos da Transfiguração Machado*, p. 31, 39.

lidade de uns e outros serem remidos antes, de acordo com quantia que o provincial estipulasse.[265]

Dentre as novas congregações, nenhuma delas, exceção feita aos lazaristas, possuiu cativos, e as últimas que chegaram se escandalizavam com as práticas do cativeiro. Pe. Luigi Lasagna, na primeira viagem que fez ao Rio de Janeiro para acertar a vinda dos salesianos, escreveria a Dom Bosco no dia 24-5-1882, contando o mal-estar que o fato lhe causava:

> Oh! Se pudesse dizer-lhe a angústia que senti, quando correndo os olhos sobre um grande jornal de comércio, entre outros anúncios de venda, como de casas, de cavalos, de vacas, de bois, encontrei também aqueles deste tipo. Oh! Faz-me mal ao coração continuar. – Os escravos valem de duas a três mil liras cada um, e se constituem por isso uma grande riqueza para certos sinhozinhos, que têm milhares e milhares destes infelizes nos seus campos.[266]

Os jesuítas até que tentaram medidas amenizadoras, mas tiveram de recuar. Aconteceu em 1865, na cidade de Itu, quando se propuseram pregar exercícios espirituais para os negros, com o objetivo de elevar o nível da sua piedade. Os escravistas ituanos certamente entenderam que este gesto se prolongaria em outras iniciativas, e reagiram violentamente, impedindo os padres de realizarem seu propósito, sob pena de serem expulsos da cidade. Mesmo assim, não faltariam outros testemunhos em favor dos escravizados, como o da Madre Maria Teodora Voiron, superiora das Irmãs de São José de Chambéry, que procurou assisti-los e catequizá-los.[267]

Alguns sacerdotes seculares também atuaram de forma positiva em favor da abolição. No Ceará destacou-se João Augusto Frota; enquanto que em Pelotas, RS, ganhou notoriedade a figura do Pe. João Caetano Catalano, que fazia parte da primeira diretoria do clube abolicionista. O próprio episcopado posicionou-se enquanto tal em 1887, ano do jubileu de ouro sacerdotal de Leão XIII, pela extinção da escravidão. Cartas pastorais fo-

[265] Basílio Röwer, *História da Ordem Franciscana da Imaculada Conceição do Brasil*, p. 361.

[266] Luigi Lasagna, "Lettera brasiliana", em: *Bolletino Salesiano* (agosto 1882), n. 8, p. 133.

[267] Valeriano Altoé, *A Igreja e a abolição – uma posição conservadora*, p. 77-123; Pedro Américo Maia, *Crônica dos jesuítas do Brasil centro-leste*, p. 45.

ram publicadas, e alguns prelados como os bispos de Diamantina e Salvador chegaram inclusive a defender o fim próximo da escravidão e o apoio aos libertos. O bispo de Mariana, Dom Antônio de Sá e Benevides (1836-1896), apoiou, de fato, a alforria de muitos escravos, e até fundou em 1885 a Associação Marianense Redentora dos Cativos.[268]

A abolição chegou às vias de fato aos 13-5-1888, e o Papa Leão XIII agraciou a Princesa Isabel com a rosa de ouro por haver assinado a lei 3.353 ("lei áurea"), que a decretou. O clero deu demonstrações de regozijo, mas as palavras de Dom Antônio de Macedo Costa demonstraram que o episcopado não se iludia: "Abolimos o cativeiro material. Foi muito; mas isto foi apenas o começo; removemos um estorvo e nada mais. Cumpre agora abolir o cativeiro moral". [269]

2.8. As ulteriores alterações na legislação imperial e suas conseqüências

Para melhor viabilizar o seu funcional projeto renovador do clero, o Imperador baixou aos 28-3-1857 o decreto n. 1.911, mais conhecido pelo nome de *ex informata conscientia*, contendo algumas disposições que teriam grandes conseqüências:

> Art. 2º Não há recurso à Coroa:
>
> § 1º Do procedimento dos prelados regulares – intra claustrum – contra seus súditos em matéria correcional.
>
> § 2º Das suspensões e interditos que os bispos, extrajudicialmente ou – ex informata conscientia – impõem aos clérigos para sua emenda e correção.[270]

No conjunto, esse decreto longe estava de ser generoso, pois nos demais artigos regulava de novo a competência, interposição, efeitos e forma do julgamento do recurso à Coroa. Mesmo assim, a pequena concessão feita quase foi retirada em 1865, quando no dia 31 de agosto daquele ano Dom Sebastião Dias Laranjeiras, bispo do Rio Grande do Sul, por meio de

[268] Ronaldo Vainfas et alii, *Dicionário do Brasil Imperial (1822-1889)*, p. 185.

[269] Valeriano Altoé, *A Igreja e a abolição – uma posição conservadora*, p. 123-125, 132.

[270] *Coleção das leis do Império do Brasil de 1857*, p. 103.

uma portaria aplicou a nova disposição, suspendendo de ordens, por tempo indeterminado, quatro cônegos do cabido da catedral: Joaquim Procópio de Oliveira Nunes, José de Noronha Nápoles Massa, João Inácio Bitencourt e Manoel da Conceição Braga. A punição se estendeu ainda a mais três eclesiásticos – "três cônegos concubinários", segundo o Internúncio Sanguigni,[271] entre os quais, o cônego José Joaquim da Purificação Teixeira. A medida foi motivada pelo mesmo espírito que predominava em todos os bispos reformadores: para "sustentar a disciplina da Igreja e manter a boa ordem que deve ser o fruto da obediência às nossas determinações, e respeito que nos é devido por parte do nosso clero diocesano".[272]

O caso teve enorme repercussão porque os cônegos punidos, "instruídos" pelo senador gaúcho Gaspar da Silveira Martins (1835-1901), interpuseram recurso contra a medida. Silveira Martins foi além, e nas colunas do jornal *Reforma*, informativo do liberalismo radical, em quatro artigos manifestou-se veemente em favor dos penalizados. Tomando conhecimento do fato, aos 30-8-1866, Dom Antônio de Macedo Costa fez publicar um opúsculo criticando a iniciativa, porque, segundo ele, nenhum sacerdote havia sido suspenso de ordens sem motivo justo, além do que as acusações de arbítrio por parte dos bispos eram vagas e não provadas. Também recordou que, no caso de alguma situação do gênero ocorrer, a última instância de apelo era a Santa Sé e não o Estado:

> Ele [o clérigo que se julga injustamente punido] pode mandar uma súplica ao Sumo Pontífice, munida com os documentos comprobatórios de sua inocência; o bispo é convidado a dar as razões da suspensão; a causa é confiada a um juiz delegado da Santa Sé, a qual decide se houve ou não gravame e assim fica resolvido o negócio, sem nenhuma quebra nem da justiça nem da caridade.[273]

Sem fazer caso da objeção, a petição dos padres apelantes foi parar na Câmara dos deputados, que derrubou o decreto inovador, gerando um pro-

[271] ASV, Carta do Internúncio Sanguigni ao Cardeal Antonelli, em: *Nunciatura Apostólica no Brasil*, fasc. 183, caixa 40, doc. 5, fl. 46b.

[272] Theodoro Huckelmann et alii, *Dom Vital in memoriam*, p. 211.

[273] Antônio de Macedo Costa, *A residência dos bispos, as suspensões extrajudiciais e os recursos à Coroa*, p. 57-58.

testo irado de Brás Florentino, que acusou o Governo de pretender despojar os bispos da sua legítima autoridade.[274] Dessa vez, porém, a satisfação regalista foi fugaz, pois o Senado derrotou a medida aprovada na Câmara. Silveira Martins teve de admitir o revés e, ao fazê-lo, traçou um plausível perfil político dos senadores em relação à Igreja:

> Eu mesmo fiz o requerimento que ao corpo legislativo foi presente, assinado pelo Sr. Manoel Vaz Pinto, e sustentei na imprensa os direitos dos oprimidos, que eram os da justiça, que não tem e não pode conhecer outros. A comissão competente de que era relator o Dr. Corrêa das Neves, lavrou doutíssimo parecer, concluindo pela necessidade do restabelecimento do recurso das censuras *ex informata conscientia*, e revogação do decreto de 28 de março de 1857. Este projeto, que passou na Câmara dos deputados, foi cair no senado, pelos votos combinados daqueles que julgam a Igreja tão fraca, que não pode viver sem a proteção do Estado, e aqueles que não querem a independência da Igreja, porque a Igreja, desligada do Estado, torne-se um poder tão formidável, que suplante o poder civil.[275]

O Governo imperial não se opôs aos esforços da Igreja, unicamente porque isso ia ao encontro dos critérios de reforma que ele próprio estabelecera. A comprovação de que a política oficial não mudara ficou explícita aos 19-12-1860, quando o decreto n. 2.711, expedido para a execução da lei n. 1.083 de 22 de agosto precedente, no capítulo IX (Das associações religiosas, políticas e outras) subtraiu abruptamente as irmandades leigas à influência dos prelados. Por meio desta medida, tais associações adquiriram um caráter quase que inteiramente civil, reduzindo a precedência da aprovação do Ordinário de lugar apenas à parte espiritual.[276] Disso resultou que, para se constituírem entidades jurídicas, possuírem e administrarem bens, e pleitearem seus interesses perante os tribunais de justiça nas questões relativas aos próprios membros ou com estranhos, passaram

[274] Brás Florentino Henriques de Souza, *Estudo sobre o recurso à Coroa*, p. 4-6.
[275] *Anais do Parlamento brasileiro, Câmara dos deputados, sessão de 1873*, p. 244.
[276] *Coleção das leis do Império do Brasil de 1860*, vol. II, p. 1134.

elas a depender apenas da confirmação dos governos geral ou provincial. Tratava-se de uma inovação gravíssima, considerando que ditas irmandades controlavam numerosas igrejas, alfaias litúrgicas e vasos sagrados. Em termos simples, daí por diante elas ficariam oficialmente habilitadas – e isto, obviamente, sem levar em conta o que determinassem os prelados e as disposições canônicas vigentes – a admitirem nos seus quadros maçons e anticlericais de todo gênero, os mesmos que depois, efetivamente, zelariam pelos templos, podendo inclusive decidir sobre horários e o número de celebrações a serem realizadas. Como seria dito cinicamente mais tarde, o bispo que levantasse a voz contra semelhante sistema opressivo não teria exercido uma função própria do seu ministério, mas invadido o Poder Temporal, envolvendo-se naquilo "que não estava dentro do círculo das suas atribuições".[277]

2.8.1. A tentativa imperial de controlar os seminários diocesanos

Repetindo o que fizera acima, e mais uma vez sem consultar nenhum prelado, aos 22-4-1863, o Governo baixou outro decreto, de n. 3.073, estabelecendo a uniformidade das cadeiras dos seminários episcopais subsidiados pelo Estado. As determinações nele contidas foram julgadas intoleráveis, dado que, entre outras coisas, tocaria ao Estado o "direito" de regular por si próprio a vida seminarística, escolher o professorado, e revisar estatutos e compêndios. Como antes, coube a Dom Antônio de Macedo Costa, cuja ascendência no episcopado nacional continuava crescente, manifestar a indignação coletiva ao Imperador, o que fez no ano seguinte por meio de uma drástica *Memória*. O Marquês de Olinda, presidente do Conselho de Ministros do Império, aos 12-10-1863, enviou-lhe um Aviso, acusando-o de fazer uma imputação gratuita, tão grave quanto injusta. Nas suas palavras, o Governo brasileiro, católico como era, não tinha a sacrílega pretensão de ingerir-se no ensino dos seminários e no governo da Igreja, mas apenas aplicar uma prática corrente nos países católicos. Dom Antô-

[277] ASV, "Consulta da Seção dos Negócios do Império do Conselho de Estado sobre o recurso interposto pela Irmandade do Santíssimo Sacramento da igreja matriz da freguesia de Santo Antônio da cidade do Recife, contra o ato pelo qual o Reverendo Bispo de Olinda a declarou interdita" em: *Nunciatura Apostólica no Brasil*, fasc. 208, caixa 45, fl. 105b-106.

nio, retrucou rígido: "E por que não diríamos a verdade toda inteira a um governo que folga tanto de ouvi-la e sobre assunto que a todos interessa?" Isto posto, salientou que os bispos combatiam pela liberdade da Igreja, pois unanimemente lamentavam as invasões das forças políticas nos domínios eclesiásticos.[278]

Os protestos foram tantos e tão contundentes que o Governo reconsiderou, deixando os bispos livres para nomearem os diretores dos seminários, e contratarem professores estrangeiros. O episcopado, porém, não se iludia, e Dom Antônio de Macedo Costa alertou:

> Os nossos adversários não estão convertidos. Desejemo-lhes que reconheçam o seu erro e que cheguem a compreender, enfim, que não há liberdade séria sem a liberdade da Igreja, e que para ser livre a Igreja dever ter, antes de tudo, a liberdade do seu ensinamento. Portanto, que eles a deixem organizar seus seminários grandes e pequenos, como ela entender: está aí, em todos os países católicos, o direito e o dever dos bispos católicos. O governo nada tem a ver com isso. Ele tem as suas próprias escolas; aí está na casa dele; pode legislar e regulamentar quanto quiser.[279]

De fato, o Império se vingaria, retirando a subvenção que se dava aos seminários junto com o pagamento dos professores.[280]

2.8.2. O problema da residência dos bispos e o revide do clero regalista

Durante a década de 60 conflitos outros se sucederam, e quase sempre devido à impertinência das autoridades governamentais. Um deles aconteceu aos 24-1-1866, quando um Aviso de autoria do conselheiro José Ignácio Silveira da Mota (1807-1893) cientificou o episcopado da resolução

[278] Antônio de Macedo Costa, *Resposta de S. Ex.ª Rev.ma o Sr. Bispo do Pará ao Ex.mo Sr. Ministro do Império acerca da questão dos seminários*, p. 4-13.

[279] Baron de Gerlache et alii, *Assemblée générale des catholiques en Belgique*, tomo I, p. 393.

[280] ASV, Carta do Vigário Capitular de Olinda, chantre José Joaquim Camelo de Andrade a Luigi Matera (3-12-1878), em: *Nunciatura Apostólica no Brasil*, fasc. 235, caixa 50, fl. 15.

do Conselho de Estado, declarando que os bispos deviam ser considerados empregados públicos, assim como os vigários, e que não podiam deixar suas dioceses sem licença do Governo imperial, sob pena de ser declarada a sé vaga. De Recife, aos 4-6-1866, Dom Manuel de Medeiros rejeitou a qualificação de funcionário do Estado para os bispos e, numa carta enviada ao Internúncio Sanguigni, afirmou categórico que não tencionava pedir licença ao Governo, por estar convencido de que para sair da sua diocese cada ano por três meses, bastaria a licença que lhe dava o Concílio Tridentino. Ele também escreveu aos demais bispos para que tomassem posição contra um Aviso que pretendia fazer dos prelados dependentes dos caprichos dos ministros.[281]

Os bispos de Belém do Pará, de Goiás, do Ceará, e do Rio Grande do Sul deram pleno apoio à sua crítica. O de Belém, Dom Antônio de Macedo Costa, cuja cultura teológica e desenvoltura verbal a esta altura o haviam transformado numa espécie de informal porta-voz do episcopado brasileiro, de seu próprio punho elaborou um outro protesto no dia 20 de julho do mesmo ano, em que questionou a inteira política religiosa vigente no país:

> Os Apóstolos não foram estabelecidos por Jesus Cristo como empregados semi-religiosos, semi-civis, sorte de funcionários de duplo caráter. [...] Primeiramente, de terem as funções episcopais efeitos na ordem civil não se segue de modo nenhum ser o Bispo empregado do Governo. Se assim fosse, sujeitas seriam ao Governo as cousas mais espirituais, porque todas elas têm mais ou menos efeitos na ordem civil. [...] Logo o Governo tem poder sobre os dogmas de fé; logo o Governo deve com suas decisões regular as matérias de fé. [...] Uma lei que dá ao Governo o poder estranho de demitir o Bispo, de declarar logo vagas as Sés, só pelo fato de se ausentarem os Prelados sem prévia licença, ainda havendo para a ausência os motivos mais justificados no ponto de vista dos cânones; uma lei que investe a Autoridade civil de

[281] ASV, "Carta de Dom Manuel de Medeiros ao Internúncio Sanguigni", em: *Nunciatura Apostólica no Brasil*, fasc. 193, caixa 42, fl 4b.

> um poder que nem a Santa Sé possui, pois ela não depõe ou destitui um bispo por sair da diocese; [...] uma lei que dá ao Governo a faculdade de tirar a jurisdição espiritual dos Bispos, como se os Bispos do Governo a recebessem; uma lei que torna os Magistrados seculares árbitros supremos da Igreja, violando toda a ordem da sagrada hierarquia; [...] uma lei fundada em princípios tão contrários à fé católica, à disciplina universal do Catolicismo, poderá ainda ser invocada em tempos como os nossos, alumiados, como se diz, pelo clarão da liberdade e da tolerância, e por um Governo que nada tem tanto a peito como manter essa Religião, que é a base do nosso edifício político, e o vínculo mais poderoso de nossa união nacional? Eis por que dissemos que, em vez de basear-se em semelhante legislação, devia antes o Governo procurar reformá-la, em conformidade com os princípios da fé e da ciência.[282]

Publicado no *Jornal Oficial* do Império, esse opúsculo foi considerado uma opinião autorizada, e não um ato de rebeldia; mas a crítica do prelado subiria de tom. Os padres regalistas, mesmo perdendo continuamente espaço, reagiriam quase do mesmo modo, e ainda eram bastante fortes para causarem enormes constrangimentos. Um dos casos mais clamorosos ocorreu na Bahia, no ano de 1861, quando, após a morte do Arcebispo Dom Romualdo de Seixas, foi eleito vigário capitular o cônego Rodrigo Inácio de Souza Meneses. Segundo a versão de um seu colega de idéias, dito vigário era "sacerdote distinto por sua vasta ilustração";[283] mas, de acordo com o parecer da internunciatura, longe de ser "ilustrado", ele não possuía nenhuma especialização nem em direito canônico nem em teologia, o que de per si, segundo a interpretação que se dava às normas tridentinas, o inabilitava para exercer tal ministério numa sede arquidiocesana. O assunto inclusive havia se transformado em demanda eclesiástica, pois um outro cônego de Salvador, de nome João Nepomuceno da Rocha, acusara

[282] Antônio de Macedo Costa, *A residência dos bispos, as suspensões extrajudiciais e os recursos à Coroa. Questões canônicas do bispo do Pará*, p. 6, 11-13, 21-22.

[283] [Joaquim Monte Carmelo] *O Arcipreste de São Paulo, Joaquim Anselmo de Oliveira e o clero do Brasil*, p. 142.

formalmente Meneses de exercer o ministério de vigário capitular de forma ilícita.[284] O certo é que dito cônego não titubeou em "suspender" Dom Antônio de Macedo Costa por haver celebrado pontifical no mosteiro de São Bento da Bahia. Foi severamente punido e teve de abandonar suas funções, mas outros nomes de opositores ganhariam destaque após o Concílio Vaticano I. No Rio Grande do Sul o sacerdote português, Pe. Guilherme Pereira Dias, maçom, vigário de Pelotas, escreveu diversos artigos contra a infalibilidade do Papa, que foram inclusive traduzidos e publicados na Alemanha.[285]

Noutras províncias ocorreram casos análogos, mas o maior defensor da velha ordem no período era o cônego Joaquim do Monte Carmelo (1813-1899), que em 1873 mandou publicar de forma anônima o opúsculo *O Arcipreste da Sé de São Paulo Joaquim Anselmo de Oliveira e o clero do Brasil*, cujo conteúdo será retomado no capítulo seguinte. Num misto de nostalgia e de crítica feroz contra todas as inovações havidas, ele fazia verdadeira louvação da época em que os bispos eram como Dom Fr. Manoel da Ressurreição (a igreja de São Paulo era "alumiada"... "Nós não estávamos tão bem sem jesuítas desde 1759 até 1852?"), e o clero paulista se "ufanava" de poder contar com membros tais como Feijó, Moura... Para os reformadores, somente anátemas: os padres de Itu, de onde provinha Dom Antônio Joaquim de Melo viviam entregues ao *beatério* (o grifo é do autor) e o próprio Dom Antônio não passava de um ignorante, caprichoso e cínico. Quanto ao seminário de São Paulo, segundo dizia, dele não saíra ninguém que prestasse, pois, enquanto a faculdade de direito local dera logo abalizados lentes que muito honravam o país, lá, no seminário, nada se estudava e nada se ensinava, pois os capuchinhos que o dirigiam eram apenas cizânia. Dom Vital, por sua vez, vinha definido como "um rapazola", e daí por diante. As mazelas papais e romanas eram dissecadas de forma impiedosa, ao tempo em que se sugeria que o intervencionismo estatal deveria ser ainda mais duro. O tom ressentido confirmava, no entanto, que Dom Pedro II preferia o sério clero ultramontano aos regalistas relapsos:

[284] AAEESS, Carta do Internúncio Sanguigni ao Cardeal Antonelli (20-2-1861), em: *Brasil*, fasc. 182, pos. 141, fl. 64.

[285] Arlindo Rubert, "Os bispos do Brasil no Concílio Vaticano I" (1869-1870), em: *REB*, vol. 29, fasc. 1, p. 111-112, 119.

> De tudo era o Governo informado, já pelo que escreviam os jornais de maior circulação, já pelas representações que lhe eram dirigidas. Mas a tudo fazia ele ouvidos de mercador! Membros do cabido que ousaram resistir às inovações episcopais foram processados e sentenciados. Se eles recorriam das sentenças inquisitoriais, seus recursos não eram aceitos.[286]

Os bispos não assistiam inertes às invectivas regalistas, mas faltava-lhes um plano de ação comum, pois a Igreja no Brasil jamais havia realizado um Concílio Provincial. As *Constituições Primeiras do Arcebispado da Bahia* aprovadas no sínodo diocesano de 1707, haviam se tornado uma referência nacional; mas, somente em 1869, durante o Concílio Vaticano I, é que os prelados brasileiros se reuniriam pela primeira vez. Como diria depois Monsenhor Francesco Spolverini, a situação se assemelhava a um verdadeiro individualismo diocesano:

> Antes um novo bispo chegava à sua diocese, e empossado, somente dela se ocupava, isolado, sem receber comunicação e sem se comunicar com seus colegas, muitos dos quais desconhecia. Adotava a respeito das coisas gerais da Igreja resoluções e maneiras de agir geralmente diversas, senão contrárias àquela dos outros, e nenhuma relação, nem mesmo epistolar, tinha com eles. O Metropolita, sem ação diretiva na sua província, tinha apenas um título de proeminência honorífica: assim, não unidade de ação, não concórdia, não ajuda de luzes e de defesa recíproca. Isto era desejado pelo padroado![287]

O Internúncio, Monsenhor Sanguigni, bem que havia sugerido ao Primaz, Dom Manuel Joaquim da Silveira, e a outros diocesanos que se reunissem num concílio preparatório antes de partirem para Roma; mas a proposta foi recusada por razões de peso: faltavam teólogos e canonistas capazes de coadjuvar nos trabalhos; a locomoção era difícil entre dioceses distantes e privadas de estradas transitáveis; pesava a dificuldade finan-

[286] Joaquim do Monte Carmelo, *O Arcipreste da Sé de São Paulo Joaquim Anselmo de Oliveira e o clero do Brasil*, p. 40, 49, 61, 78-79, 86, 247, 285-286.

[287] AAEESS, "Conferências dos bispos brasileiros", em: *Brasil*, fasc. 29, pos. 308, fl. 24b-25.

ceira, sem falar da ameaça representada pelo aviso de 24-1-1866 citado acima, fixando normas sobre a residência episcopal.[288]

2.9. Os prenúncios da irrupção de uma crise

A propósito, a medida governamental sobre a residência dos bispos se baseava naquele que para a hierarquia eclesiástica era um dos seus mais intoleráveis pressupostos políticos: o de que os clérigos eram "empregados públicos". Dom Antônio de Macedo Costa se encarregaria de manifestar o descontentamento do episcopado aos 20-6-1866, através de um novo protesto:

> Não deveis estranhar que reclamemos.
>
> Quem lança um olhar atento sobre o estado atual da Igreja Brasileira só reconhecerá uma coisa: é que os Bispos não reclamam bastante. Há para esta nobre Igreja ligeiros intervalos em que respira mais desassombradamente; mas bem rápidos passam eles! A tendência jânsenico-regalista, aí, sempre a mesma reaparecendo sempre, como a hidra da fábula, prosseguindo às surdas, e com uma tenacidade incrível, a obra de escravização da Igreja.
>
> O Governo ingere-se tudo, e quer decidir sobre tudo. [...] Ele decide, enfim, que os Bispos são também empregados públicos, e como tal, não podem sair da diocese, ainda para qualquer ponto do Império, ainda por poucos dias, senão com licença prévia do Governo, que é o Juiz das razões canônicas que pode ter o Bispo para ausentar-se, ficando assim privados os Bispos do Brasil de fazer o que fazem todos os Bispos do mundo.
>
> E assim vão os avisos, os Decretos, as consultas dos Magistrados seculares substituindo, pouco a pouco, os cânones da Igreja![289]

[288] Jerônimo Lemos, *Dom Pedro Maria de Lacerda, último bispo do Rio de Janeiro no Império (1868-1890)*, p. 132-133; Flávio Guerra, *A questão religiosa do Segundo Império*, p. 81.

[289] Francisco de Macedo Costa, *Lutas e vitórias*, p. 45-46.

Como noutros casos análogos, Dom Pedro II fez vista grossa. Num misto de ingenuidade e arrogância, ele ainda parecia acreditar que as leis repressoras existentes e as novas, que com o seu aval poder-se-ia instituir, seriam obedecidas, ou que continuassem a ser um mecanismo eficiente de controle do clero. Por afinidade ideológica, sua atitude era completamente outra quando se tratava da maçonaria. Fechando os olhos ante a evidência de que, a exemplo do que sucedera anteriormente às suas similares européias, as "grandes lojas" do Brasil se tornavam sempre mais anticlericais e irreligiosas,[290] o Imperador insistia em nelas ver apenas inocentes associações de beneficência. Por isso, com seu consentimento, o artigo 34 do decreto n. 2.711 de 19-12-1860 reconheceu as sociedades secretas e lhes deu existência legal.[291] Foi um outro erro político, pois o primeiro signatário do famoso *Manifesto Republicano* de 3-12-1870 não seria ninguém menos que o grão-mestre Joaquim Saldanha Marinho![292]

No que tange à Igreja, o estado de ânimo de Dom Pedro II tornou-se ainda mais prevenido depois da visita que fez em 1871 à Itália recém-unificada. Como se sabe, naquele ano a capital italiana foi transferida de Florença para Roma; mas o rei Vittorio Emanuele II, sem subestimar os problemas políticos oriundos da chamada Questão Romana, procuraria paliativos para contorná-la. Uma das tentativas foi a aprovação no parlamento, aos 13-5-1871, das *Leis das Garantias*, as quais, porém, devido às suas características unilaterais, terminaram prontamente rejeitadas dois dias depois por Pio IX, através da encíclica *Ubi unos*. A conveniência da tranqüilização política, aliada quiçá às instâncias da sua esposa e filhas, incomodadas com a excomunhão que pesava sobre o Governo italiano (embora

[290] Flávio Guerra, *A questão religiosa do Segundo Império*, p. 15.

[291] ASV, "Requerimento da Irmandade do SS. Sacramento da freguesia de Santo Antônio do Recife", em: *Nunciatura Apostólica no Brasil*, fasc. 208, caixa 45, fl. 91; *Coleção das Leis do Império do Brasil de 1860*, vol. II, p. 1134.

[292] O *Manifesto* de 1870 que teve Joaquim Saldanha Marinho como primeiro signatário, recebeu também a adesão de 57 outros correligionários de idéias, boa parte dos quais, maçons. Prolixo e ambíguo, ele seria visto com grandes reservas por estudiosos posteriores. José Maria Bello, por exemplo, é taxativo: "É um documento sem grande vibração emocional. O problema básico da escravatura, essência do Império, é cuidadosamente evitado, decerto para não irritar os escravocratas paulistas e fluminenses. Talvez por isso mesmo, mostra-se medíocre a capacidade de proselitismo dos republicanos. São elementos muitos precários de propaganda os pequenos e quase sempre insignificantes jornais e clubes republicanos que se fundam por todo o país. Não se destacam os primeiros deputados republicanos que chegam ao parlamento" (José Maria Bello, *História da República (1889-1902)*, p. 15).

não exatamente sobre a inteira dinastia Savoia), impunham, no entanto, uma solução. Foi então que lhe ocorreu a idéia de se servir do Imperador do Brasil como novo intermediário. Dom Pedro II aceitou, e com a máxima discrição conseguiu uma audiência privada com Pio IX.[293]

O resultado foi desastroso, porque o Pontífice reagiu com firmeza às ponderações apresentadas: "É inútil que V. Majestade me faça este pedido. Quando o rei do Piemonte tiver feito o seu dever, então o receberei. Antes não posso". Afora isso, também o Papa se sentira magoado por Dom Pedro II haver sido o único entre os soberanos católicos do mundo a se apresentar na tribuna especial, para a abertura do parlamento italiano naquele ano, motivo pelo qual o Cardeal Secretário de Estado não foi ao hotel em que se hospedara para lhe retribuir a visita. Por tudo isso, acredita-se que quando o Imperador regressou ao Brasil, estava um tanto ressentido, e que, com base no que viu na Suíça e Alemanha, ele tenha cogitado de tratar os bispos no país à maneira de lá.[294]

Reforçando essa hipótese, Dom Vital salientaria que o *Correio Paulistano*, órgão da loja maçônica *América* de São Paulo, havia anunciado que o Governo decidira chamar o episcopado para prestar contas de seus atos. Os principais visados eram os prelados do Pará, do Rio de Janeiro, do Rio Grande do Sul e do Ceará, pelo motivo de eles saírem das suas respectivas dioceses sem permissão, não colocarem as paróquias em concurso, nomearem párocos a clérigos estrangeiros etc. O mais importante é que, de acordo com o mesmo jornal, Dom Pedro, por meio dessa ação, queria mostrar que a sua viagem à Europa não tinha sido inútil. O bispo de Olinda, fazendo uma análise geral do acontecido, abordaria a questão do seguinte modo: O periódico "inventou ou disse o que sabia? Eu não sei nada, o que é certo é que, se não houve um intento prévio entre o Governo e a maçonaria, ao menos o Governo aproveitou da ocasião para impor a sua vontade aos bispos".[295] Tentativa fracassada, como se verá, cujo resultado seria apenas o de provocar o maior conflito religioso da história do Brasil.

[293] Ramos de Oliveira, *O conflito maçônico-religioso de 1872*, p. 20.
[294] Antônio Carlos Villaça, *História da questão religiosa no Brasil*, p. 39.
[295] Vital Maria Gonçalves de Oliveira, *Abrégé historique*, p. 27.

III

O CONFRONTO ENTRE A IGREJA "ULTRAMONTANA" E O MEIO POLÍTICO E SOCIOCULTURAL DO SEGUNDO IMPÉRIO

Era uma fatalidade histórica: uma Igreja "ortodoxa", para ser fiel a si mesma, teria por força de colidir com o aparato regalista do Brasil. Isto foi sentido já na primeira geração episcopal reformadora, não sendo outro o motivo que levou Dom Antônio Joaquim de Melo a denunciar em 1856: "Os legisladores do Governo do Brasil são o verdadeiro elemento dissolvente da disciplina e da moral católica; são ímpios e indiferentes. [...] São mais hereges que jansenistas e galicanos".[1]

Nos anos seguintes os clérigos que assim pensavam ganharam o reforço extra de um combativo grupo de intelectuais e políticos católicos, que, receptivos às orientações de Pio IX, adotavam postura semelhante à dos jesuítas da revista *Civiltá Cattolica* e de polemistas conhecidos, como o francês Louis Veuillot, redator em chefe do *Univers*. Dentre esses se destacaram Pedro Autran da Mata e Albuquerque (1805-1881), Brás Florentino Henriques de Souza (1825-1870) e seus dois irmãos, o político Dr. Tarquínio Bráulio de Souza Amaranto (1829-1894) e o filósofo Dr. José Soriano de Souza (1833-1895). Outro célebre leigo membro da militância católica foi o maranhense Conde Cândido Mendes de Almeida (1818-1881). Juris-

[1] ASV, "Memória" (1856), em: *Nunciatura Apostólica no Brasil*, fasc. 131, caixa 29, doc. 16, fl. 34.

ta, autor de obras portentosas, como o *Direito Civil e Eclesiástico Brasileiro antigo e moderno*, e de várias traduções de encíclicas e opúsculos do Papa Pio IX, Cândido Mendes foi um defensor convicto do Concílio Vaticano I e da infalibilidade papal, tendo louvado com paixão as iniciativas do Romano Pontífice. Um bom exemplo do seu pensamento foi manifestado aos 18-2-1873, na introdução do último tomo da obra maior citada acima, quando definiu o Papa Pio IX como sendo a "figura culminante" do século XIX e o Concílio Vaticano I um grandioso acontecimento, "começo de uma época de hercúleas lutas, mas de triunfo glorioso para a Igreja".[2]

Juntos, intelectuais leigos e clérigos reformadores enfrentariam os sequazes do liberalismo radical, a maçonaria, o positivismo e todas as forças que se opunham à Igreja, numa luta acirrada, que duraria até os últimos dias do Império. A convicção de alguns deles era tão grande que um Lente do Ginásio Pernambucano reprovou o futuro presidente Epitácio Pessoa numa argüição, porque ele emitiu uma opinião contrária à escolástica. A intervenção da direção salvou Epitácio de perder o ano, mas deixou claro quão grande fosse a disposição apologética de certos católicos.[3]

3.1. Os antecedentes imediatos à eclosão do conflito latente

Depois que as pequenas alterações na legislação começaram a surtir efeitos práticos, personagens como Rui Barbosa imediatamente desejaram reduzir o clero à inação, porque para eles, a menor concessão à hierarquia eclesiástica equivalia a uma ameaça à causa da liberdade, da civilização e do progresso, que, naturalmente, diziam encarnar. Além disso, o clero também tinha de se ver com a desconfiança maçônica à sua nova postura, e o peso das "grandes lojas" entre as elites eram considerável. Tanto assim que, em 1860, o *Masonic World-Wide Register* enumerou a existência de 130 lojas brasileiras, as quais se encontravam num momento de grandes transformações internas. Por isso, aos 30 de setembro daquele ano, o Grande Oriente n. 2 e o Supremo Concílio n. 1 foram dissolvidos e extintos por decreto imperial; mas a mudança não significou decadência, uma vez que o Grande Oriente original (n. 1) absorveu todos os outros, e tornou-se

[2] Cândido Mendes de Almeida, *Direito Civil Eclesiástico brasileiro moderno em suas relações com o direito canônico*, tomo II, p. 13.

[3] Laurita Pessoa Raja Gabaglia, *Epitácio Pessoa (1865-1942)*, p. 81.

o único Grande Oriente do Brasil. O que não conseguiu foi eliminar as divergentes tendências liberais e republicanas de seus membros, diferenças que acabaram provocando nova divisão em 1863. Surgiriam daí dois novos Grandes Orientes, que tomaram os nomes respectivos das ruas em que suas lojas se localizavam: Grande Oriente do Vale (rua) do Lavradio (conservador e monárquico), sob a liderança do Barão de Cairu; e Grande Oriente do Vale (rua) dos Beneditinos, sob a direção do liberal-republicano Joaquim Saldanha Marinho, que exerceria ali a função de grão-mestre, de 1864 a 1883.[4]

Em ambas as tendências maçônicas, um ponto era consensual: o desejo de manter a Igreja sob controle. Em 1862, enquanto a situação das grandes lojas se definia, Aureliano Cândido Tavares Bastos (1839-1875), maçom e liberal de oposição, constatando que o clero não retrocedia, na obra *Cartas do solitário*, conclamou seus pares para combatê-lo:

> Levantemo-nos e apressemo-nos em combater o inimigo invisível e calado que nos persegue nas trevas – Ele se chama espírito clerical, isto é, o cadáver do passado; e nós somos o espírito liberal, o espírito do futuro. [...] Na ordem de idéias que esbocei a mais ligeira vantagem conseguida pelo espírito clerical deve ser combatida com energia. É, com efeito, pouco a pouco, por meio de disfarces e com branduras, que o sacerdotalismo vai ganhando o terreno da sociedade. É preciso, pois, atender cuidadosamente para cada um dos atos de nosso governo em suas relações com a Igreja.[5]

O episcopado suportava cada vez menos essas provocações, e, no ano seguinte (1863), ao participar da *Assemblée générale des catholiques en Belgique*, Dom Antônio de Macedo Costa faria uma irada denúncia:

> Entre nós também, no governo, há certos homens nutridos dos preconceitos da velha Europa, os quais, falando muito em liberdade, não podem aceitar a idéia de conceder essa liberdade à Igreja. Esses homens procuram a maneira melhor para

[4] David Gueiros Vieira, *O Protestantismo, a maçonaria e a questão religiosa no Brasil*, p. 45-46.
[5] Aureliano Cândido Tavares Bastos, *Cartas do Solitário*, p. 93-94.

> entravar em toda a parte onde eles possam a ação do clero, para atormentar o episcopado. Tudo isso, bem entendido, para a maior glória do progresso, para o bem do país. Que estou a dizer? Da religião mesma! Pois esses senhores preocupam-se também dela, mas à maneira deles.[6]

Ressalve-se, contudo, que o liberalismo no Brasil jamais foi uniforme e que nem todos os liberais eram maçons, donde resulta que as opiniões que emitiam variavam muito. Theodoreto Carlos de Faria Souto (1841-1893), com um pouco mais de moderação, em meados de 1864, ponderava: "A Igreja deve acomodar-se à ação progressiva dos tempos, e não condenar-se a um *status quo*, em que a mudança se considera perversão. Ora, as instituições dos Lazaristas, longe de se dobrarem nos moldes dos tempos, são um protesto vivo contra as formas da nossa civilização".[7]

Os acontecimentos da Igreja universal, cuja influência era sempre mais sentida, não favoreciam semelhantes acomodações, e a possibilidade da adoção de uma alternativa, como a que propunha Theodoreto, mostrou-se inverossímil ao serem publicados a *Quanta Cura* e o *Syllabus Errorum*, aos 8-12-1864, com as suas conhecidas condenações aos "erros modernos". Liberais exaltados e regalistas brasileiros entraram em polvorosa, mas os bispos em peso não só aderiram às disposições de Pio IX, como, sem fazer caso do *placet* imperial, mandaram traduzir e publicar os dois documentos de norte a sul do país. Desse momento em diante, as diferenças, de per si grandes, assumiram proporções dramáticas, pois os liberais radicalizaram mais ainda suas propostas laicistas, entre as quais, uma extremada interpretação da liberdade de consciência. A Igreja, sobretudo a causa da eclesiologia de então, não podia avalizar semelhante projeto, convicta como estava de ser portadora de uma verdade divina revelada, que a impedia de aceitar compromissos com o que entendia ser erros. Além disso, enquanto os mesmos liberais achavam que a verdade deveria ser buscada livremente, sendo impossível que alguém errasse se tivesse condições de procurá-la sem entraves, a hierarquia eclesiástica partia de outros pressupostos: se a verdade fora revelada, e a Igreja era a sua legítima transmissora, os hierarcas com

[6] Baron de Gerlache et alii, *Assemblée générale des catholiques en Belgique*, tomo I, p. 393.

[7] Pedro Luís Pereira de Souza e Joaquim Manoel de Macedo, *Discursos proferidos na Câmara dos Deputados*, p. 5.

toda a autoridade a ministravam. Os equívocos e as incompreensões recíprocos impediam uma análise serena da opinião contrária, e os desentendimentos só cresciam. Um exemplo: a idéia de que um católico pudesse fundamentar sua fé em doutrinas bem estudadas parecia aos liberais algo sem sentido ou a última das extravagâncias. E isso produziu um paradoxo: como ditos liberais estavam convencidos de que as idéias dos católicos eram contrárias à liberdade, defendiam que os seguidores do Catolicismo não deveriam ter o mesmo direito de defender suas idéias, direito este que eles próprios tanto reclamavam para si.[8]

Semelhante modo de conceber a realidade propiciava em certas ocasiões episódios deveras desconcertantes: documentos supracitados como a *Quanta Cura* e o *Syllabus*, de acordo com a legislação regalista, não poderiam ser traduzidos e publicados pelo clero sem o *placet* imperial, porque o Estado tinha o direito e a necessidade de precaver-se das intrusões da Igreja. Acontece que os críticos e a imprensa leiga eram livres de fazê-lo e fizeram-no, manifestando abertamente o que pensavam sobre o assunto. Que atitude tomar, entretanto, se um bispo se servisse de algum documento não placitado, mas publicado num órgão não confessional, e o difundisse com outra interpretação? O Império jamais foi capaz de responder a essa questão, e uma vez o bispo de Goiás, Dom Cláudio Ponce de Leão, deixou Dom Pedro II mudo, ao fazer-lhe uma comunicação provocatória: "Mandarei ler no púlpito o documento pontifício publicado no *Jornal do Comércio*. Certamente Vossa Majestade não impedirá que meus padres leiam jornais, pois é o Soberano mais amigo da liberdade da imprensa". Sem saber o que dizer, o Imperador escapou do embaraço, mandando o visitante para a sala contígua, onde disse ser ele aguardado pela Imperatriz.[9]

Igual impasse ocorria no campo econômico. Para os liberais o grande princípio era o da livre inciativa, enquanto a Igreja argumentava que a justiça devia reger as ações humanas, e que não se podia haver liberdade em questões vitais; e daí os padres criticavam abertamente a tão defendida liberdade de contrato apregoada na época, por nele virem a possibilidade de vida ou morte sobre o servo, da parte do contratante.[10] Nenhuma das partes cederia e, enquanto o Império durou, conciliação praticamente não houve.

[8] João Camilo de Oliveira Torres, *História das idéias religiosas no Brasil*, p. 105-108.

[9] Ramos de Oliveira, *O conflito maçônico-religioso de 1872*, p. 28.

[10] João Camilo de Oliveira Torres, *História das idéias religiosas no Brasil*, p. 105, 106-108.

3.1.1. As desavenças públicas com os membros das "grandes lojas" e a apologética maçônica

Entrementes, a maçonaria também entrou em cena, sabedora como era de que a aproximação da Igreja do Brasil com Roma fatalmente implicava em assumir as diretrizes que de lá provinham, relativas às "grandes lojas". Daí o destempero verbal de Saldanha Marinho, ao opinar sobre um fato que em princípio não o devia interessar: "Os padres de Roma são sempre os preferidos, os professores brasileiros são despedidos, e tudo no plano tenebroso de Roma para estabelecer nesta terra o domínio teocrático".[11]

O que ele realmente combatia não era um suposto desejo de "domínio teocrático" católico, mas sim o novo modelo eclesial que se afirmava, portando no seu bojo decisivas alterações na postura do clero. Até então, certos personagens não haviam tido problemas de praticar uma fé "seletiva", mas era óbvio que casos assim não seriam mais tolerados. Dr. Luís de Figueiredo Martins, pai de Jackson de Figueiredo, herdeiro da velha tradição, dá um bom exemplo do que até então acontecera: ele respeitava em termos os rituais da Igreja e a devoção da esposa, mas era anticlerical e não gostava nem da confissão nem da comunhão.[12]

Contra a mudança desejada pelo clero, de novo pesou a atuação do Governo Imperial, ainda apegado à convenção de "protetor" da instituição eclesiástica, o que, dito de forma mais prosaica, implicava em conferir à pessoa mesma do Imperador a chefia virtual da Igreja no país, coisa que aconteceu até 1861, através do ministério da justiça, e daí para frente por meio do ministério do Império.[13] Como, no entanto, a fidelidade às doutrinas religiosas não era uma das maiores virtudes de Dom Pedro II, ele exercia semelhante controle de modo extremamente pragmático. Por isso, apesar de nunca ter sido maçom, não hesitava em defender os filiados ao Grande Oriente, se os membros dos altos escalões da sua política maçons fossem. Compreensivelmente, nenhum dos numerosos documentos papais contra a maçonaria havia recebido o *pla-*

[11] Joaquim Saldanha Marinho, *A Igreja e o Estado*, vol. I, p. 303.

[12] Clélia Alves Figueiredo Fernandes, *Jackson de Figueiredo, uma trajetória apaixonada*, p. 35, 63.

[13] Gérson Brasil, *O Regalismo brasileiro*, p. 11.

cet no Brasil,[14] e as "grandes lojas", por razões de fácil compreensão, nenhum interesse tinham numa eventual mudança na política regalista vigente. Não foi por outro motivo que Saldanha Marinho clamou sem rodeios:

> Reduzir o poder de Roma *à sua própria esfera* (o grifo é nosso) e opor barreira inacessível aos desatinos do clero que pretende, solapando as *verdadeiras crenças* (idem), exigir em bases firmes o seu poder e a sua tirania. E exigir por meio legal do governo do Estado o respeito dos direitos nacionais contra as usurpações do Pontificado Romano, e para que não tenham no Brasil valor os decretos da Roma estrangeira, sem que o nosso poder legislativo os adote.[15]

Os maçons se encontravam numa posição confortável, pois a própria presidência do Conselho de Ministros do Império, aos 7-3-1871, passara às mãos de José Maria da Silva Paranhos, Visconde do Rio Branco (1819-1880), grão-mestre do Grande Oriente do Lavradio. Foi aliás naquele mesmo ano que Clímaco dos Reis atacou violento o bispo do Rio, Dom Pedro Maria de Lacerda, quando aquele se recusou a celebrar as exéquias de Augusto Rebello da Silva, maçom, autor da obra anticlerical *Fastos da Igreja*. Mais que uma pessoa, era o significado do gesto que Clímaco atacava:

> A recusa tem altíssima importância, para quem investiga os acontecimentos da época e para quem cumpre zelar pelas invasões adversas à liberdade. V. R. é um bispo diocesano, [...] fulmina com os raios da excomunhão a imprensa que lhe fustiga os atos, [...] trata o clero como um corpo de servos da mitra; inculca-se o único sacerdote virtuoso, e não vê senão

[14] Clemente XII anatematizou a maçonaria na encíclica *In Eminenti* (28-4-1738); Bento XIV através da *Providas Romanorum* (18-3-1751); Pio VII por meio da *Ecclesiam a Iesu Christo* (13-9-1821); Leão XII na bula *Quod Graviora* (13-3-1825); Pio VIII com a encíclica *Traditi Humiliati* (21-5-1829); Gregório XVI com a encíclica *Mirari Vos* (15-8-1832); e Pio IX com vários documentos, entre os quais a encíclica *Qui Pluribus* (9-11-1846), a alocução *Quibus Quantisque* (20-4-1849), a alocução *Singulari Quadam* (9-12-1854), na encíclica *Quanto Conficiamur Moerore* (10-8-1863), e ainda, na Constituição *Apostolicae Sedis* (12-10-1869) (Hugo Bressane de Araújo, *Pastoral – Centenário do Apostolado da Oração, devoção à Santíssima Virgem, centenário de Dom Vital*, p. 25).

[15] Ubaldino do Amaral Fontoura, *Saldanha Marinho – esboço biográfico*, p. 88, 150.

> vícios e corrupção nos seus pares, e no infeliz rebanho que, por fatalidade inexplicável, caiu-lhe debaixo do furibundo cajado. [...] V. R. demitiu em massa todos os lentes e empregados do Seminário São José. [...] Nada, absolutamente, pode preservar aqueles dignos cidadãos da fúria jesuítica, instalada no Palácio da Conceição, logo depois que V. R. assumiu a direção do bispado. [...] Os princípios jesuíticos que inspiraram a mitra fluminense já se achavam encarnados na pessoa de V. R., antes da sua nomeação para o eminente cargo, que se abalançou a aceitar sem ter os predicados necessários. [...] V. R. pode, contudo, vangloriar-se de que tem feito prosélitos. A ignorância vai conquistando terreno, e os poderes públicos encarregam-se de coroá-la, demitindo funcionários honestíssimos e inteligentes.
>
> Parece até que V. R., privando com esses poderes, tem-lhes inoculado a maldade e a estultícia. A honra, os serviços à pátria, a abnegação, nada é, nada vale, perante a imoralidade, o despotismo que por aí campeia. [...] É preciso que a emancipação do liberalismo se consolide, fortaleça e expulse da sociedade brasileira os morcegos do Cristianismo que circundam as luzes do aperfeiçoamento social.[16]

O que era crítica pessoal ganhou contornos coletivos no ano seguinte, quando os membros das "grandes lojas" constataram que alguns bispos, em observância à alocução *Multíplices Inter Machinationes*, pronunciada pelo Papa Pio IX durante o Consistório de 25-9-1865, decidiram expurgar o clero e as associações católicas leigas da "contaminação" maçônica. Os maçons detestavam dito documento, motivo pelo qual, logo que ele viera a público, haviam-no reduzido a mais uma manifestação das trevas do Vaticano, em cujo Sacro Colégio não penetrava "a luz da civilização e o estridor do progresso".[17] Por isso, ante as acusações de impiedade que os bispos inspirados na referida alocução lhes faziam, os maçons replicaram apresentando a sua própria versão dos fatos, descrevendo as "grandes lojas

[16] Clímaco dos Reis, *Carta ao bispo diocesano D. Pedro Maria de Lacerda*, p. 4-5, 13, 20, 22-23, 29.

[17] A.I., *O Papa e a maçonaria – Resposta à alocução de Pio IX proferida no Consistório de 26 de setembro de 1865*, p. 4-5.

como sociedades pias e beneficentes, constituídas por membros virtuosos. Joaquim Nabuco, seguindo os passos de frei Caneca, foi um dos que colocou seu talento e prestígio a serviço da legitimação dessa imagem, tecendo louvores à ação dos maçons no Brasil:

> Para a grande maioria do país, a maçonaria é uma associação de caridade, de beneficência, de socorro mútuo. Excomungá-la é condenar uma associação pia.
>
> Os seus adversários imaginam que ela mina a ordem política e religiosa, que quer destruir a Igreja e a sociedade. No Brasil é difícil acreditar nessa acusação. [...] Quando mesmo a maçonaria fosse nos outros países uma seita filosófica, destinada a opor uma teologia à de Jesus, basta ver que no Brasil ela não se preocupa de estudar morais nem de discussões metafísicas para não fulminá-la fora de tempo.[18]

Em outras oportunidades, Nabuco insistiria que a maçonaria no Brasil não professava intuitos anti-católicos, ao contrário da maçonaria revolucionária internacional. O problema é que, na época, muitos maçons não aceitavam a idéia de uma maçonaria diversa, genuinamente brasileira. Os *Anais da Câmara dos Deputados* de 1873 contêm um pronunciamento – jamais desmentido –, de Leandro Bezerra, cujo conteúdo é esclarecedor: "O nobre deputado [Silveira Martins], quando eu quis fazer uma comparação entre a maçonaria brasileira e a maçonaria européia, foi o primeiro a dizer que não havia diferença entre uma e outra, porque a maçonaria era uma só família espalhada pelo mundo..."[19]

Saliente-se contudo que, salvo em situações esporádicas, no Brasil, realmente não foram registradas agressões maçônicas contra a Igreja como aquelas que se viam na Europa. Mas, segundo Vilhena de Morais, isso acontecia por um motivo simples: não precisava! Ele assegura que a maçonaria, que em todas as partes do mundo tem horror ao cheiro do incenso e vive completamente retirada das sacristias e dos templos católicos, no Brasil se sentia segura, dirigindo as funções do culto, senhora das chaves do tabernáculo, dos vasos e paramentos sagrados, com padres e até vigários

[18] Joaquim Nabuco, *O Partido Ultramontano, suas incursões, seus órgãos e seu futuro*, p. 57-59.
[19] *Anais do Parlamento Brasileiro – Câmara dos Deputados, sessão de 1873*, tomo I, p. 156.

como caixeiros seus e sob as suas ordens. Diante disso, questiona: "Não se pode realmente deixar de concordar que não tinha a seita entre nós intuitos agressivos. Contra quem? Contra si própria? Uma vez muro adentro e senhora da praça, tinha naturalmente de cessar o combate, limitando-se calmamente a governar a conquista". O problema teria surgido apenas quando se tratou de desalojá-la.[20]

O motivo pelo qual o clero desejava desembaraçar-se dos maçons, era aquele de não os ver como parte de seu rebanho. Isso porque a figura do impassível "Arquiteto do Universo" que apregoavam parecia inconciliável com a doutrina do Verbo de Deus encarnado, além de colocar em dúvida a necessidade de uma Igreja como continuadora histórica da sua obra. Era essa uma das teses de Dom Vital, para quem, ainda que não se declarasse tal, a maçonaria não era, e nem podia ser, católica. Ele acusava dita associação de ocultar seu verdadeiro pensamento com eufemismos vários. Sustentava tal parecer apresentando como prova o hábito que tinham os maçons de utilizarem a expressão "Mártir do Gólgota", deixando de mencionar os atributos divinos de Cristo.[21]

É aceitável, portanto, a hipótese de que a convivência "harmoniosa" das "grandes lojas" com a Igreja no Brasil se apoiava em bases realmente frágeis. Coube à maçonaria a iniciativa de dar o primeiro passo que levaria à ruptura, pois, ainda antes dos bispos adotarem medidas contra a presença dos seus "obreiros" nas confrarias, ela manifestou a insatisfação que sentia na imprensa. Abriu-se, assim, um período onde a paixão dos contendedores não deixaria espaço ao diálogo.[22]

[20] Eugênio Vilhena de Morais, *O Gabinete de Caxias e a anistia aos bispos na "questão religiosa"*, p. 31.

[21] Vital Maria Gonçalves de Oliveira, "Resposta ao Aviso de 12 de junho de 1873", em: *Pastorais e discursos*, p. 168-170.

[22] O anticlericalismo de jornais, como *A Família* no Rio de Janeiro; *A Família Universal* e *A Verdade*, no Recife; *O Pelicano* no Pará; *A Fraternidade* no Ceará; *A Luz*, no Rio Grande do Norte; *O Lábaro*, em Alagoas; e *O Maçom*, no Rio Grande do Sul, era evidente demais para que se pudesse negá-lo. Barbosa Lima Sobrinho se situa entre aqueles que fecham questão sobre o assunto. Ao prefaciar a obra de Flávio Guerra, *A questão religiosa do Segundo Império*, ele foi categórico: "A maçonaria se revelava uma força agressiva de um anticlericalismo persistente. A presença de católicos nas lojas existentes era anulada pela ação desrespeitosa dos escritores que dirigiam a imprensa maçônica, em todas as províncias brasileiras. Dizer-se, pois, que a maçonaria no Brasil não era anti-católica era fechar os olhos à evidência da linguagem das gazetas, que se disseram, ou se proclamaram, órgãos autorizados da maçonaria brasileira" (Flávio Guerra, *A questão religiosa do Segundo Império*, p. 17).

3.2. Os primeiros episódios da querela aberta

Os elementos do conflito já estavam articulados, e o estopim foi o discurso proferido pelo sacerdote português, Pe. José Luís de Almeida Martins, aos 2-3-1872, no Grande Oriente [da rua Marquês] do Lavradio, enaltecendo a maçonaria na pessoa do grão-mestre Visconde do Rio Branco. O Visconde havia conseguido aprovar, no dia 28 de setembro do ano precedente, a *lei do ventre livre*, que tornava libertos os filhos de escravos que nascessem daquela data em diante; mas o bispo do Rio de Janeiro, Dom Pedro Maria de Lacerda, não gostou nada de como os maçons haviam-se apropriado de uma inovação, cujo mérito atribuía a amplos setores da sociedade, incluindo a própria Igreja. Realmente, no dia 1º de outubro do ano anterior, ele havia lançado uma *Pastoral* em favor da mudança, e, quando o projeto foi submetido a votação, os parlamentares católicos em peso apoiaram-no. O regozijo do Grande Oriente lhe soava abusivo, e Dom Pedro fez questão de demonstrá-lo por meio de uma *Reclamação* pública:

> Lei de tanta magnitude e tão própria de cristãos e tanto de agrado da grande libertadora dos homens, a Igreja Católica foi amesquinhada com uma festa maçônica, quando não aos maçons, mas à Assembléia Geral e não ao Governo Imperial é que deveriam ser dados os aplausos e vivas; quando, como bem ponderou o Ex.mo Sr. Senador Cândido Mendes, um *Te Deum* deveria ser solicitado para agradecer-se a Deus tamanho favor.[23]

Para aumentar a irritação do bispo do Rio, o Pe. Almeida Martins, além de desobedecê-lo, no dia seguinte mandou também publicar no *Jornal do Comércio* o controvertido discurso que proferiu, o qual, para cúmulo da provocação, ainda por cima ostentava a sua assinatura.[24] Dom Lacerda ordenou ao padre de abjurar à sua filiação maçônica e, não sendo atendido, suspendeu-o de ordens. A maçonaria reagiu compacta e as suas duas "obediências", cindidas desde 1863, de repente se colocaram de acordo. A aliança tática teve início no dia 16-4-1872, quando os maçons do Lavradio

[23] ASV, "Reclamação de Dom Pedro Maria de Lacerda", em: *Nunciatura Apostólica no Brasil*, fasc. 210, caixa 45, doc. stampato n. 4, fl. 194b.

[24] Vital Maria Gonçalves de Oliveira, *Abrégé historique de la question religieuse du Brésil*, p. 6.

decidiram, em reunião, radicalizar suas posições na imprensa e convidar os membros de todas as "grandes lojas" do Brasil a tomar parte na batalha que se ia travar contra "as pretensões do episcopado".[25] A aceitação da proposta no Grande Oriente dos Beneditinos foi imediata, e no dia 27 de abril, o seu grão-mestre, Joaquim Saldanha Marinho, desafiou:

> Provocar tão bruscamente, como foi provocada a Maçonaria Brasileira pelo Rev.mo Diocesano, é desacatar a parte mais nobre da nossa sociedade. E não se pode fazer isso impunemente. O inimigo se mostrou a descoberto, a Maçonaria se lhe opõe franca e lealmente. [...] Os padres, os bispos, os papas temporais morrem; a Maçonaria é eterna, tanto for o mundo.[26]

O mesmo encontro também aprovou o violento *Manifesto da Maçonaria do Brasil*, em que, pelas razões anteriormente citadas, se fazia veemente defesa do regalismo. A reunião dos dois "Grandes Orientes" foi selada no dia 20-5-1872, e no mês seguinte o boletim do Lavradio publicou exultante: "Eis finalmente terminada a dissidência entre os dois corpos maçônicos no Brasil".[27] Na verdade, muitos contratempos ainda aconteceriam antes que a reunião definitiva viesse a se consolidar aos 18-1-1883; importa, porém, que a estratégia anticlerical já estava em pleno andamento. Isso acontecia sobretudo por meio da rede de jornais maçônicos capitaneada por Saldanha Marinho (que provocatoriamente adotou o pseudônimo "Ganganelli", sobrenome do Papa Clemente XIV, que suprimira os jesuítas), num ataque frontal que visava atingir a Igreja em seus fundamentos, cobrindo de ridículo doutrinas que para ela eram centrais. Não foi com outra intenção que *A Verdade* negou a divindade de Cristo; *A Família Universal*, a Santíssima Trindade; *O Pelicano*, a Eucaristia; e, em quatro edições, *A Verdade*, numa segunda investida, escarneceu a virgindade de Maria.[28]

[25] Grande Oriente do Lavradio, "Sessão extraordinária n. 686 (16-4-1872), em: *Boletim do Grande Oriente do Brasil*, n. 6 (maio), p. 202.

[26] Joaquim Saldanha Marinho, *Discurso proferido na abertura dos trabalhos da Assembléia Geral do povo maçônico brasileiro em 27 de abril de 1872*, p. 4-6.

[27] Grande Oriente do Lavradio, "O Grande Oriente Unido do Brasil", em: *Boletim do Grande Oriente do Brasil*, n. 7 (junho), p. 223.

[28] Vital Maria Gonçalves de Oliveira, *Abrégé historique de la question religieuse*, p. 9.

E, desmentindo de vez a suposta diferença dos maçons do Brasil em relação à maçonaria internacional, as publicações das "grandes lojas" brasileiras, muitas delas redigidas em francês, o idioma internacional de então, eram encaminhadas para as "obediências amigas" dos mais variados recantos do planeta.[29]

Mesmo assim, Dom Pedro Maria de Lacerda, seguindo sugestão do Internúncio Apostólico, que lhe recomendara prudência e paciência, preferiu silenciar, mas a situação não se acalmou. Os violentos artigos nos jornais haviam aberto um precedente, e os maçons já não sentiam nenhuma necessidade de serem comedidos. No dia 9 de maio convidaram novamente os filiados ao Grande Oriente a participar de uma missa, a ser celebrada na igreja do Bom Jesus, em presença de todo o cerimonial maçônico. A intenção, óbvia, era a de tão-somente dar uma demonstração de força, conforme se via no teor do anúncio: "A loja manda celebrar amanhã uma missa na igreja do Bom Jesus e, apesar de todas as iras dos ultramontanos, apesar de todas as proibições do Bispo, a igreja transbordará de gente. É este o ultimatum da maçonaria do Rio ao Bispo Lacerda".[30]

Diante da afronta, Dom Lacerda chamou o vigário indicado para oficiar tal celebração, e o proibiu de fazê-lo, sob pena de suspensão. O padre desobedeceu e, diversamente do que ocorrera antes, não recebeu nenhuma punição. Foi uma derrota moral para o prelado e um triunfo para as "grandes lojas", as quais, pelo novo jornal que passaram a publicar, intitulado *O Ponto Negro*, sentiram-se ainda mais confiantes para redigir novos artigos criticando o episcopado brasileiro e a Santa Sé com vigor redobrado.[31]

Uma saída dialogada ainda foi tentada em 19-6-1872, durante uma conversa de duas horas entre Dom Antônio de Macedo Costa e o Imperador. Foi tudo inútil, pois Dom Pedro II insistiu em dizer que a maçonaria, no país, nada tinha de contrário à religião. Dom Antônio lhe fez ver que isso não era exato, porque as "grandes lojas" do Brasil adotavam como livro básico e ritual o *Guia da Maçonaria Brasileira e Portuguesa*, de 1833, que negava a Trindade, a divindade de Cristo e a inspiração da Bíblia. Também lhe recordou a insidiosa campanha que os maçons vinham realizando através da imprensa. O Imperador não fez mais que dizer que defendia a

[29] José Castellani, *Os maçons e a questão religiosa*, p. 87.
[30] Antônio de Macedo Costa, *A questão religiosa perante a Santa Sé*, p. 72.
[31] Flávio Guerra, *A questão religiosa do Segundo Império*, p. 52.

liberdade de pensamento, ao que o bispo lhe retrucou que era uma luta desigual, porque os inimigos do clero tinham jornais, livros, teatros, todos os meios enfim de propaganda, enquanto que a hierarquia eclesiástica nada tinha. Sem se preocupar em dar uma resposta plausível à questão, Dom Pedro friamente sugeriu que os prelados se defendessem pela discussão.[32]

Dom Antônio, mesmo diante de tanta relutância, não desistiu, e no dia 23 de junho, desta vez em companhia de D. Pedro Maria de Lacerda, retomou o assunto, solicitando-lhe igualmente não consentir numa homenagem que seria prestada – e que afinal acabou não sendo – pelo Governo a Renan, célebre apóstata francês, no dia seguinte.[33] Como antes, em nome da liberdade de pensamento, Dom Pedro II não aceitou nenhuma reconsideração, e assim as palavras que lhe proferira o prelado durante a entrevista

[32] Francisco de Macedo Costa, *Lutas e Vitórias*, p. 233-239.

[33] Ernest Renan (1823-1892) estudou e recebeu ordens menores no Seminário São Sulpício de Paris, onde se ocupava do estudo das línguas orientais. Perdendo a fé, abandonou o seminário (e também a Igreja) aos 6-10-1845. Tornou-se escritor, e em 1860 partiu numa expedição científica à Síria e à Palestina. Fruto dessa viagem e das suas convicções pessoais, compôs *La Vie de Jésus* ("A vida de Jesus"), baseada na crítica evangélica de D. F. Strauss, em que negava a divindade de Cristo. Foi um dos maiores escândalos do século XIX, e isso lhe custaria a perda da cátedra universitária onde lecionava. O anticlericalismo científico que professava acirrou-se com o tempo, mas sua erudição e prestígio praticamente o transformaram no pensador oficial da Terceira República Francesa. Ao morrer foi sepultado com honras no panteão parisiense. Seu pensamento atravessou o oceano, havendo influenciado certos círculos intelectuais do segundo Império do Brasil, que incluíam nomes de peso como Joaquim Nabuco, conforme ele mesmo relataria: "Em matéria de religião eu estava sob a influência de Renan, Havet e Strauss, e com os fragmentos de todos eles formava a minha lenda pessoal de Jesus". Nabuco chegou a travar um relacionamento pessoal com seu inspirador, o que teria marcado sua vida por longos anos: "Das influências exercidas sobre mim, nenhuma se igualou à de Renan. [...] Foi Renan que operou em mim a separação da imaginação e do raciocínio em matéria religiosa. [...] Foi assim que passei da dúvida se Jesus Cristo teria sido um homem à idéia de que ele não fora senão um homem". Renegando depois tais idéias, ele esclareceria: "Eu seria incapaz de experimentar hoje, relendo-o, a impressão de outrora. Hoje eu compreendo melhor o modo porque esse rompimento se efetuou, o único porque seria possível comigo. Tenho as notas que tomava então e, por elas, vejo que foi somente à força de amor que podia ter sido enfraquecido em mim o sentimento da divindade de Jesus. Foi por uma nova encarnação, que tinha por mim a fascinação de ser literária. [...] Na Religião é preciso fazer entrar as artes e os moralistas. [...] É somente a arte que mata as religiões, não a ciência, e felizmente para o Catolicismo, foi ele que deu vida às últimas artes". Nem todos percorreram o mesmo caminho de Joaquim Nabuco, razão que levaria depois Jackson de Figueiredo, ao se referir "àquele homem" (Renan) com as palavras mais duras: "Tão suave e sorridentemente envenenou tantos corações, arrancou a fé de tantas almas frágeis, entregou fria e desapiedadamente tantas consciências ardentes e generosas às misérias da dúvida". Jackson recordava, no entanto, que um neto de Ernest Renan - Ernest Psichari - se convertera, recebendo a confirmação de Monsenhor Gibier aos 8-2-1913 (Joaquim Nabuco, *Minha Formação*, p. 62-64; Idem, *Escritos e discursos literários*, p. 285-302; José Rafael de Menezes, *Jackson de Figueiredo*, p. 67-71).

adquiriram conotação de terrível profecia: "Então, eu irei pedir a Deus que poupe Vossa Majestade de desgostos futuros..."[34]

3.2.1. Os atritos iniciais

O Recife levou a crise ao seu termo. A capital pernambucana possuía na época, por volta de 100 mil habitantes, dos quais somente 572 eram filiados a dez "grandes lojas"; mas, não obstante o número relativamente reduzido, a influência que tinham numa sociedade notoriamente oligárquica e estratificada era enorme. Além do mais, a cobertura da legislação vigente havia consentido que o juiz de capelas assumisse pretensões episcopais de comando; e, analogamente, nas paróquias, os líderes maçons das irmandades ditavam as regras, conforme descreveria depois Dom Vital:

> A direção [das irmandades] é geralmente confiada aos veneráveis das lojas ou, ao menos, a maçons graduados, notórios, e, algumas vezes, blasfemadores públicos. Tudo isso é feito à vista e ao conhecimento de todo o mundo.
>
> O venerável (ou o grão-mestre, como sucede no Rio de Janeiro) se faz eleger presidente da confraria B; o cura, ou o capelão, sobe à cátedra e o anuncia ao povo. [...] É este presidente que determina quais são as festas que se devem fazer, por fim, a festa paroquial e a forma desta, e os padres que devem servir ou pregar, sem nunca fazer caso do cura, o qual é quase sempre deixado de lado.
>
> Esse mesmo presidente muda sem a permissão da autoridade eclesiástica a destinação das ofertas consagradas às festas e aos sufrágios dos confrades falecidos, e utiliza o dinheiro em edifícios ou em outras coisas totalmente estranhas ao objetivo das confrarias.
>
> Sem o consentimento desse presidente, o pároco não pode fazer nada na sua igreja paroquial; e, se deseja levar o viático aos moribundos, realizar um batizado, celebrar a Santa Missa necessita ir pedir a chave do tabernáculo, os paramentos a esse presidente, ou a alguém delegado por ele para essa função. No

[34] Francisco de Macedo Costa, *Lutas e Vitórias*, p. 246-247.

caso de uma negativa, é obrigado a ir buscar o santo viático à capela episcopal ou às igrejas dos religiosos.[35]

O receio de que tal sistema fosse alterado explica o porquê de maçons terem criticado Dom Vital ainda antes de ele pôr os pés no Pernambuco, qualificando-o de "jesuíta", "ultramontano" e "homem perigoso" (porquanto membro de uma ordem religiosa), contra quem afirmavam ser necessário advertir e premunir os fiéis.[36]

O novo bispo chegou aos 22-5-1872, sendo empossado dois dias depois. Não reagiu de imediato, precavendo-se com constante número de remoções, afastamentos e outras medidas administrativas, conseguindo por esse mister formar na diocese grande unidade com a maioria dos membros do clero. Por isso, ao seu grito de protesto, salvo raras exceções, os presbíteros em peso lhe manter-se-iam fiéis.[37]

Vivia-se um clima de conflito não declarado, quando, apenas um mês depois da posse, a maçonaria resolveu partir para o desafio. Em princípios de junho de 1872 fez publicar um jornal com o título de *Família Universal,* atacando fortemente o prelado. Das palavras passaram os maçons aos atos e, no dia 29-6-1872, festa de São Pedro, mandaram celebrar uma missa na Igreja do mesmo santo, para comemorar a fundação de uma das suas lojas. Essa missa foi previamente anunciada com alarde, mas Dom Vital preferiu manter a compostura, enviando ao clero uma circular sigilosa, em que ordenava que não fosse celebrada aquela missa ou qualquer outra com a mesma finalidade. Foi obedecido, mas a maçonaria revidou, e a folha *A Verdade* provocou o bispo a "sair dos bastidores, a ter coragem e tomar a responsabilidade pública de seus atos, declarar se era bispo brasileiro ou bispo ultramontano, empregado do Governo do país ou agente da Cúria Romana". Num crescendo, também atacou a Virgindade de Maria, e fez publicar os nomes dos beneméritos, vigilantes, secretários e demais oficiais das lojas, que eram ao mesmo tempo membros nas irmandades e confrarias religiosas, no caráter de juízes, tesoureiros, secretários etc.[38]

[35] Vital Maria Gonçalves de Oliveira, *Ábrégé historique de la question religieuse du Brésil* (tradução), p. 56-58.

[36] Vital Maria Gonçalves de Oliveira, *o. c.*, p. 12.

[37] Flávio Guerra, *A questão religiosa do Segundo Império*, p. 86.

[38] AN, "*Ligeiros apontamentos sobre a questão religiosa no Pernambuco*", p. 3-4.

Os ataques à doutrina da Igreja, publicados de forma chamativa de 22 a 26 de outubro, forçaram o prelado de Olinda a vencer suas últimas reservas e a tomar uma atitude. Aos 21-11-1872, festa da Apresentação da Virgem, ele enviou uma outra pequena circular aos párocos, protestando contra o ultraje e ordenando que fossem celebrados atos de reparação. A circular evitou citar os nomes dos detratores e dos jornais que os apoiavam, e tampouco mencionava penas canônicas; mas, ao fazer restrições a uma maçonaria desabituada a críticas, não podia provocar reações.[39]

O esplendor com que foram realizadas as cerimônias reparatórias irritaram ainda mais os membros das "grandes lojas", que, de teimosia, elegeram para juiz da irmandade da igreja da Soledade, localizada justamente nas vizinhanças do palácio episcopal, o Sr. Aires de Albuquerque Gama, venerável da loja *Seis de Março*, que não era outro senão o redator do anticlerical *A Verdade* e de mais conhecidas folhas maçônicas. Urgiam-se medidas para a situação, e o bispo, discretamente, chamou cada um dos padres maçons e os exortou a abandonarem a maçonaria. Todos abjuraram, publicando as próprias retratações na imprensa, à exceção de dois, que foram suspensos.[40] Ele chamou também ao seu palácio o tenente coronel João Valentim, juiz efetivo daquela irmandade da Soledade, e pediu que exortasse o eleito, de quem também era genro, a que abjurasse à maçonaria ou então se retirasse da agremiação, visto que, na condição de maçom, ele não podia ser membro dela. De novo, as associações infiltradas relutaram. No limite da sua paciência, o bispo ainda convidou os maçons das confrarias ao seu palácio, mas somente um se dignou a comparecer. Era o juiz da irmandade Nossa Senhora do Terço, que, apesar de ser maçom, aceitou a reprimenda e pediu um ano de espera para pôr em execução o mandamento diocesano, ao que o bispo acedeu.[41]

Chegara a hora da decisão: entre a obediência servil a uma legislatura regalista imposta e a obediência ao Magistério, Dom Vital não hesitou, e, mesmo sem o *beneplácito,* preferiu seguir diretamente às objeções de Pio IX. Por isso, ao cônego Antônio Martins, pároco da paróquia Santo Antônio, ordenou no dia 28-12-1872 que advertisse o Dr. Antônio José da

[39] Cf. Antônio Manuel dos Reis, *O bispo de Olinda, D. Frei Vital Maria Gonçalves de Oliveira perante a história* (documentário), p. 397-400.

[40] Vital Maria Gonçalves de Oliveira, *Abrégé historique*, p. 19.

[41] Vital Maria Gonçalves de Oliveira, *o. c.*, p. 22.

Costa Ribeiro (avô do escritor Manuel Bandeira), membro da irmandade do Santíssimo Sacramento da sua freguesia, que abjurasse à maçonaria, e acrescentava: "Se por infelicidade este não quiser se retratar, seja imediatamente expulso do grêmio da irmandade, porquanto de tais instituições são excluídos os excomungados. Da mesma sorte se proceda com todo e qualquer maçom".[42]

Circular semelhante foi enviada aos vigários de outras freguesias, com indicações idênticas a serem tomadas em relação a outros maçons conhecidos. A mesa regedora da irmandade do Santíssimo Sacramento se reuniu e decidiu por comunicar ao pároco que não podia cumprir o mandamento episcopal, por não lhe dar o *compromisso* direito para expelir qualquer irmão em virtude de tal fundamento. O pároco repassou a resposta para o bispo no dia 8-1-1873, o qual no dia seguinte lhe enviou novo ofício para que insistisse. Pe. Antônio, obedecendo à determinação, mandou o documento recebido à irmandade, aconselhando esta a formar uma comissão que fosse tentar um entendimento com o prelado. A irmandade alegaria – esta é uma versão apenas sua – ter recebido a comunicação apenas no dia 12; mas o certo é que nada declarou. Por isso, Dom Vital enviou outro ofício no dia 13, exigindo que a mesma se pronunciasse em quatro dias, sob pena de considerar seu silêncio uma resposta negativa. Finalmente, no dia 19 o juiz da irmandade Galdino Antônio Alves Ferreira respondeu, afirmando que não podia mudar de convicção, e que ao fazê-lo pensava cumprir um "sagrado dever".[43]

Como Dom Vital não era um bispo para se entreter com ambigüidades, poucas horas depois de receber tal ofício – era o dia 16-1-1873 – enviou a sentença de interdito para a irmandade rebelde, declarando que a pena ficaria em pleno vigor até sua retratação ou expulsão de todos os membros filiados à maçonaria. No dia seguinte, o vigário Antônio Marques de Castilha comunicou a decisão episcopal, cujo conteúdo precisava que a interdição atingia apenas a parte religiosa, deixando a agremiação isenta no

[42] ASV, "Carta de Dom Vital ao pároco da freguesia de Santo Antônio (28-12-1872)", em: *Nunciatura Apostólica no Brasil*, fasc. 208, caixa 45, doc. 1, fl. 2b.

[43] ASV, "Consulta da Seção dos Negócios do Império do Conselho de Estado sobre o recurso interposto pela Irmandade do Santíssimo Sacramento da igreja matriz da freguesia de Santo Antônio da cidade do Recife contra o ato pelo qual o Reverendo Bispo de Olinda a declarou interdita", em: *Nunciatura Apostólica no Brasil*, fasc. 208, caixa 45, fl. 98-99.

tocante ao temporal, o que de per si incluía a administração dos bens que aquela possuía. A mesa regedora se reuniu outra vez, e no dia vinte enviou um requerimento a Dom Vital pedindo que reconsiderasse, apesar de que ela própria em nada se manifestasse disposta a reconsiderar. A resposta do bispo veio no mesmo dia, e não permitia dúvidas: "De muito bom grado levantaremos a pena de interdito lançada, desde que os irmãos maçons abjurarem, como devem, ou então forem eliminados".[44]

Para esclarecer de vez qual era seu propósito, aos 2-2-1873, Dom Vital lançou uma nova carta pastoral, desta vez pública e com determinações categóricas, condenando não só a propaganda anticatólica dos informativos maçônicos, como – numa forma que até então ninguém fizera – questionava abertamente o aparato regalista em que a ação daqueles se apoiava. Concluídas as considerações, a pastoral condenou o que chamava de erros, heresias e blasfêmias da maçonaria, proibindo aos fieis a leitura de *A verdade*. Também repetia aos párocos a ordem de eliminar do seio das irmandades e confrarias os que permanecessem em sua obstinação e que aqueles sofressem as conseqüências da excomunhão maior em que incorreram *ipso facto*. Os curas deviam ainda instruir os fiéis, e rezar com o povo nas missas pela conversão dos rebeldes. Por fim, ordenava-se que as disposições tivessem toda a publicidade, sendo depois o documento arquivado em livro competente.[45]

Apenas duas das irmandades advertidas se submeteram. Dom Vital fez ainda outras duas admoestações, mas, diante das respostas negativas que recebeu, decidiu tomar medidas mais drásticas. Entrementes, fez imprimir e distribuir grátis muitos escritos explicando a sua posição e para conscientizar a população humilde. Os párocos também foram empregados nesse trabalho, explicando aos fiéis que a maçonaria era uma sociedade condenada pela Igreja e as razões por que o era. Como o próprio Dom Vital recorda no seu *Abrégé Historique*, Henrique Pereira de Lucena, o Barão de Lucena (1835-1913), que havia sido empossado presidente da província do Pernambuco no dia 25 de novembro do ano anterior – e que era maçom

[44] ASV, "Consulta da Seção dos Negócios do Império do Conselho de Estado sobre o recurso interposto pela Irmandade do Santíssimo Sacramento da igreja matriz da freguesia de Santo Antônio da cidade do Recife, contra o ato pelo qual o Reverendo Bispo de Olinda a declarou interdita", em: *Nunciatura Apostólica no Brasil*, fasc. 208, caixa 45, fl. 99.

[45] Vital Maria Gonçalves de Oliveira, *Ábrégé historique*, p. 40-41.

– escreveu-lhe para que intimasse os padres da diocese a não falar mais do assunto. O bispo não o fez, mas para evitar polêmicas inúteis com o Governo, simplesmente, deixou de responder.[46]

Nesse meio tempo a maçonaria se enveredara pela senda da difamação moral, que logo ultrapassou os limites mínimos da compostura. Dom Vital era jovem, viril, e dotado de um belo aspecto, e foi com base nos seus dotes físicos que a campanha infamante teve início. Aos 7-12-1872 *A Verdade* publicou uma carta de certo "Nabucodonosor", assegurando que o prelado de Olinda era um vaidoso que passava o seu tempo fazendo as unhas e penteando a barba. A insinuação paulatinamente ganhou novos contornos quando, dias mais tarde, o mesmo jornal maçônico salientou que a cidade estava comentando a demasiada freqüência com que ele visitava os conventos da Glória e de São José, lugares onde, por vezes, permanecia por duas horas ou mais, e que às vezes, sob pretexto de calor, tomava banho lá. A questão da igreja da Soledade também entrou na pauta da rede de intrigas que se ia armando. Conforme o costume da época, toda vez que o bispo deixava o palácio, os sinos tocavam. *A Verdade*, cujo diretor era presidente da irmandade paroquial interditada, propositalmente deu uma outra interpretação: o badalar era para indicar as repetidas e prolongadas visitas [de Dom Vital] à escola das irmãs de Santa Dorotéia. A insinuação virou acusação aberta depois da ordem dada aos vigários de exigirem aos membros maçons das irmandades religiosas abjurarem ou abandoná-las. As indiscrições sexuais tornaram-se claras, e até mesmo num debate parlamentar o Senador Francisco de Paula Sayão Lobato, Visconde de Niterói, daria a entender que o bispo interditara as irmandades porque estavam intervindo na sua vida amorosa. Não obstante a rudeza das acusações, Dom Vital não perdeu a sua dignidade, comentando-as, rompendo o silêncio apenas depois que a imprensa maçônica publicou o artigo de Bungener desdenhando a virgindade de Maria.[47]

A ausência de punições anteriores a membros de uma "grande loja" ou a posição privilegiada que ocupavam na política de um Governo que ainda acreditava ter a Igreja sob controle por si só explicam a posição assumida pela irmandade Nossa Senhora da Soledade, do bairro da Boa Vista, de ignorar a decisão episcopal. Este foi seu pior engano: Dom Vital, além de

[46] Vital Maria Gonçalves de Oliveira, *Abrégé historique*, p. 22.

[47] David Gueiros Vieira, *O Protestantismo, a maçonaria e a questão religiosa no Brasil*, p. 332-335.

interditá-la,[48] estenderia a punição às demais recalcitrantes, cuja lista completa dos nomes seriam recordados por Joaquim Saldanha Marinho com surpresa e irritação: Conceição dos Militares, Santa Teresa, Nossa Senhora do Livramento, Santa Casa de Misericórdia, Nossa Senhora da Congregação, Ordem Terceira do Carmo, Congregação do Santíssimo Sacramento, São José de Ribamar, todas as irmandades da igreja de Corpo Santo, todas as irmandades da igreja da Madre de Deus, e também a da Santíssima Trindade da Igreja de São Francisco.[49]

Com a punição, essas agremiações ficaram impedidas de se apresentar aos ofícios divinos como associações católicas, de usar hábitos religiosos e receber novos membros, ficando também interditadas todas as capelas dirigidas exclusivamente por elas. A mesma declaração episcopal esclarecia que a suspensão seria eliminada assim que os chefes tivessem expulsado os maçons, ou que estes houvessem abandonado a maçonaria. Os penalizados eram, outrossim, considerados excluídos da comunhão católica, motivo pelo qual não poderiam mais ser padrinhos, casar-se na Igreja, receber sepultura católica ou participar de festas religiosas. O bispo, para evitar os eventuais pretextos regalistas, teve, no entanto, a precaução de salientar que essas penalidades se restringiam à sua parte espiritual e religiosa.[50]

3.2.2. A repercussão dos interditos e o recurso à Coroa apresentado no Recife

Os episódios do Recife repercutiram no país inteiro, e, em meio à contenda em marcha, no dia 9-1-1873, os maçons organizaram na capital pernambucana uma grande reunião na qual, após inflamados discursos, aprovaram uma representação ao poder legislativo, pedindo providências em seu favor. A 28 do mesmo mês os solicitantes foram até o presidente da província do Pernambuco levando a referida representação contra o prelado. Ato contínuo, deputados e senadores que os apoiavam encarregaram-se de repassá-la ao ministério. João Alfredo Correia de Oliveira, então ocupante da pasta do Interior, informou-lhes que um *recurso à Coroa* seria

[48] Joaquim Nabuco, *Um Estadista do Império*, vol. III, p. 334.
[49] Joaquim Saldanha Marinho, *A Igreja e o Estado*, vol. I, p. 540.
[50] Vital Maria Gonçalves de Oliveira, *Abrégé historique*, p. 16, 21.

admitido, com a condição de que o demandante fosse o direto interessado, isto é, as irmandades, e não os políticos. Impunha ainda três condições: que dito recurso fosse formulado no prazo de dez dias após o ato administrativo contestado; que fosse assinado por um advogado pelo Conselho de Estado; e enfim, como se tratava de abuso atribuído à autoridade eclesiástica, que fosse dirigido preferivelmente ao Arcebispo Primaz ou ao Papa.[51]

O documento foi elaborado, com data de 10-2-1873, e vinha assinado pelo próprio presidente (ou juiz) da irmandade do Santíssimo Sacramento, Galdino Alves Ferreira, mas sem observar nenhuma das formalidades estipuladas: a impetração se fez muito depois do prazo, não continha a assinatura do advogado, nem tampouco havia sido apresentada à autoridade eclesiástica superior. Mesmo assim, foi tranqüilamente acolhido. O ministro do Império, autoridade competente para o caso, dois dias entregou-o à quarta seção do ministério para que o analisasse e o submetesse, em seguida, ao Conselho de Estado. João Alfredo, ao perceber os rumos que a questão tomava, escreveu a Dom Vital no dia 15 de fevereiro, advertindo para a gravidade do conflito que se abria entre o clero e o Governo. Na carta, pedia-lhe moderação "até que, pelo tempo, pela reflexão e por meio de providências mais oportunas, cesse para o Governo a obrigação de conjurar os perigos de ordem pública e se ofereça a V. Rev.ma uma ocasião de conseguir de suas ovelhas, pacificamente, pela autoridade moral da Igreja, que lhe aceitem os conselhos e as determinações".[52]

Convicto dos seus princípios, no dia 27 seguinte, Dom Vital respondeu-lhe categórico:

> Não fui perturbar os maçons em suas oficinas, Ex.mo Sr., não saí do recinto da Igreja em que sou chefe. Não questiono diretamente com os maçons, porém sim com as irmandades. [...] Desejo tão-somente que elas realizem o fim para que foram criadas. Entretanto, parece-me que a maçonaria deveria ser mais conseqüente. Já que ela não reconhece a autoridade da Igreja, brade muito embora contra a Igreja, mas abandone-a, deixe-a àqueles que se prezam de filhos obedientes. [...] A carta de V. Ex.a deixa entrever,

[51] Ramos de Oliveira, *O Conflito maçônico-religioso de 1872*, p. 91-92.
[52] Heitor Lyra, *História de Dom Pedro II*, vol. II, p. 332-333.

> a menos que eu não a tenha compreendido devidamente, que se eu continuar na resolução tomada, talvez a decisão do governo imperial me seja desfavorável. [...] Porém, ceder ou não ir avante é impossível. Não vejo meio termo. Se tal (desautorização) acontecer, rogo a V. Ex.a, como bom amigo, lavre antes o meu decreto de prisão e ostracismo, porque o apoio prestado à maçonaria pelo Governo Imperial, não me fazendo de modo algum ceder, dará infalivelmente ocasião a conflitos lamentáveis.[53]

O Barão de Lucena, por meio de um ofício, no dia 18-2-1873 também se dirigiu ao bispo, pedindo-lhe informações a respeito do *recurso à Coroa* e da questão em geral. Dom Vital respondeu-lhe dois dias depois, negando explicações sobre um assunto que julgava de sua exclusiva competência. Segundo Joaquim Nabuco, essa resposta causou surpresa, porque "o Império estava habituado a outra ordem de bispos, a bispos mansos, pacíficos, cordatos, dotados de espírito de prudência e submissão".[54] Por esse motivo, ressentido, o Barão repassou o recurso ao procurador da Coroa na província, desembargador José Pereira da Costa Mota, que no dia 4-3-1873, se pronunciou, afirmando que a autoridade competente para decidir sobre o *compromisso* das irmandades era o juiz de capelas. Desprezando o fato de tais irmandades estarem diretamente ligadas ao culto católico, ele afirmou não ser da alçada do prelado de Olinda se pronunciar a respeito, pois a maçonaria já fora definida como uma sociedade permitida e tolerada pelas leis do país, e isso bastava. Sendo assim, Dom Vital tinha apenas exorbitado e invadido atribuições que não eram suas, e o recurso apresentado pela irmandade era baseado "em jurídicos fundamentos".[55] De posse do parecer, que Lucena julgou "bom", aos 13-3-1873, encaminhou-o ao ministro do Império, para dar andamento à causa.[56]

[53] Antônio de Macedo Costa, *A questão religiosa do Brasil perante a Santa Sé*, p. 119-121.

[54] Joaquim Nabuco, *Um Estadista do Império*, vol. III, p. 337.

[55] ASV, "Consulta da Seção dos Negócios do Império do Conselho de Estado sobre o recurso interposto pela Irmandade do Santíssimo Sacramento da igreja matriz da freguesia de Santo Antônio da cidade do Recife contra o ato pelo qual o Reverendo Bispo de Olinda a declarou interdita", em: *Nunciatura Apostólica no Brasil*, fascículo 208, caixa 45, fl. 100.

[56] Gérson Brasil, *O regalismo brasileiro*, p. 168.

3.2.3. As manifestações violentas na capital pernambucana

Enquanto a questão se encaminhava para um desfecho jurídico, os demais prelados, à exceção de dois, escreveram ao bispo de Olinda, apoiando seus atos. Em Recife, no entanto, a situação não se acalmava, e foi lá que um personagem ávido de desforra ensejaria as primeiras manifestações violentas do conflito. Seu nome: Joaquim Francisco de Faria. O deão, não obstante continuasse a ser acusado de pertencer à maçonaria, de ser um liberal exaltado e de levar vida escandalosa, possuía notável influência, e por isso o próprio Internúncio o havia definido de "homem habilíssimo e perigosíssimo". De fato, ele não era um político qualquer: era o chefe do diretório do Partido Liberal, e suas atitudes em relação aos últimos prelados de Olinda haviam sempre sido desafiadoras. Dom Vital não seria a exceção, e por isso, sem lhe dar a menor satisfação, o deão aceitou a nomeação de diretor do Liceu Provincial, e com a mesma arrogância se recusou a responder à interpelação episcopal a respeito das necessárias faculdades para isentar-se do coro.[57] Dessa vez, sua carreira de rebelde contumaz chegaria ao fim: no dia 10-5-1873 Dom Vital declarou-o suspenso de ordens, sob a acusação de que não tinha licença do Papa para residir fora da Sé ou, antes, para aceitar uma comissão do Governo Brasileiro, privando-o igualmente do ofício e do benefício.[58]

A notícia logo se espalhou pelo Recife, e da polêmica na imprensa se passou aos tumultos públicos. Na tarde do dia 14 de maio, uma turba incitada por José Mariano se reuniu na rua da Aurora, diante da casa do deão, manifestou-lhe total solidariedade e partiu dali para despejar sua fúria contra os jesuítas do Colégio São Francisco Xavier, situado no n. 32 da vizinha rua do Hospício. Ainda naquela tarde, um outro grupo empastelava o jornal *A União*, que substituíra *O Catholico* como órgão de divulgação da Igreja, e ao qual tinham livre acesso intelectual os jesuítas. Dali ainda se encaminharam ao Colégio das Dorotéias, que por pouco se salvou, e ao palácio episcopal. Dom Vital, destemidamente, paramentou-se e foi esperá-los à sacada. Ao vê-lo, nenhum dos manifestantes se atreveu a transpor as grades do jardim, e se dispersaram. Lucena lavou as mãos diante dos incidentes, e

[57] ASV, "Relação da Sagrada Congregação dos Negócios Eclesiásticos - 1873", em: *Nunciatura Apostólica no Brasil*, fasc. 208, caixa 45, fl. 32b.

[58] *Anais do Parlamento Brasileiro - Câmara dos Deputados, sessão de 1873*, tomo I, p. 164.

dois dias depois, após convocação feita através de boletins, espalhados na véspera por toda a cidade, reuniram-se os maçons, liberais e republicanos num comício no Campo das Princesas (atual Praça da República). No momento em que José Mariano estava falando da varanda do Ginásio Dramático, o Governo enfim interveio, e por meio da ação do Brigadeiro Manoel da Cunha Vanderlei, comandante de Armas, a cavalaria os dispersou. José Mariano foi espaldeirado por um miliciano.[59]

Pensou-se apenas na ordem pública, não em reais punições: nenhum processo foi instaurado, nenhuma averiguação foi feita para conhecer os nomes dos responsáveis, e assim os crimes ficaram completamente impunes.[60] Da sua parte, Dom Vital, mesmo lamentando os "nefastos acontecimentos", não se deixara intimidar, e demonstrou-o numa *Carta Pastoral*, em que reafirmou sua disposição de não ceder: "Na crise de agitações que estamos atravessando, é um dever imprescindível rendermos preito ao princípio da autoridade, que por toda parte uma mão misteriosa se esforça por aniquilar".[61] O conflito continuou seu curso.

3.2.4. Os incidentes de Belém

Era tensa também a situação em Belém do Pará, onde o jornal *O Pelicano* adotou uma linha editorial semelhante à dos congêneres do Recife. Como aqueles, também publicou de forma chamativa os nomes dos chefes maçons e acusou padres e bispos de serem emissários tenebrosos da Cúria [Romana], verdadeiros fariseus, seita reprovada que ensina ao povo um Cristianismo falso e deturpado, motivo pelo qual eles estavam se indispondo com os maçons, verdadeiros seguidores do "Mártir do Gólgota".[62]

Era audácia demais para ficar sem resposta, e por isso, aos 25-3-1873, Dom Antônio tornou pública uma detalhada *Instrução pastoral sobre a maçonaria*, abordando a atuação desta no Brasil sob os aspectos moral, religioso e social. O prelado acusou-a de ser intrinsecamente má e anti-

[59] Cf. Nilo Pereira, *Dom Vital e a questão religiosa no Brasil*, Imprensa Universitária, Recife 1966, p. 55-56.

[60] *Anais do Parlamento Brasileiro – Câmara dos Deputados, sessão extraordinária de 1875*, p. 366.

[61] Vital Maria Gonçalves de Oliveira, *Carta Pastoral do bispo de Olinda aos seus diocesanos sobre os desacatos do dia 14 de maio*, p. 16.

[62] CF. Antônio de Macedo Costa, *A questão religiosa do Brasil perante a Santa Sé*, p. 76-77.

cristã, acusação que justificou, apresentando como prova vários artigos de autores maçons em que tanto a doutrina católica quanto o seu clero eram atacados.[63] Para debelar o problema, ele proibiu a leitura de *O Pelicano* e condicionou a absolvição sacramental aos maçons à promessa sincera de abandonar as sociedades secretas. O matrimônio não sofreu uma restrição particular, mas, na prática, nem precisava, uma vez que deveria ser precedido da confissão. Além disso, impôs que só poderiam fazer parte das confrarias e irmandades os maçons que declarassem por escrito que não queriam mais pertencer à maçonaria. Acrescentava ainda que os párocos, capelães e mais pessoas a quem competisse, deviam ler e explicar tal decisão nas missas. Isso foi feito, mas três confrarias recusaram-se a obedecer. Fiel à orientação recebida, no dia 4 de abril seguinte, por meio de uma portaria, o vigário geral, cônego Sebastião Borges de Castilho, baixou as penalidades previstas contra três irmandades recalcitrantes: Ordem Terceira do Carmo, Irmandade do Senhor Bom Jesus dos Passos e Ordem Terceira de São Francisco da Penitência.[64]

As punições em Belém foram menos rígidas do que aquelas adotadas em Recife, pois não impunham excomunhão por inteiro. Igual foi a atitude tomada pelas irmandades penalizadas, que, como as pernambucanas, depois de "instruídas" por um aviso do Governo datado de 26-3-1873, também impetraram *recurso*. Dom Antônio, ao ser informado, preferiu apelar diretamente ao Imperador, apresentando-lhe uma polida *Memória contra o recurso à Coroa*, para explicar que não houvera usurpação de jurisdição e poder temporal, considerando que as confrarias haviam sido suspensas somente das suas funções religiosas. Oportunamente, lamentou o fato de os presidentes de província terem alterado a parte dos *compromissos* relativa à administração temporal das confrarias, depois de estarem esses já aprovados na parte religiosa pelos prelados. No seu entender, isso não só eliminava as condições de inteira reciprocidade, como consentia que alguns *compromissos*, como os da ordem terceira de São Francisco do Pará, sequer estabelecessem como condição o ser católico para a admissão. Ressaltando que os bispos não podiam assistir de braços cruzados ao flagrante abuso,

[63] CF. ANTÔNIO DE MACEDO COSTA, *Instrução pastoral sobre a maçonaria considerada sob o aspecto moral, religioso e social*, p. 9, 11, 46-47.

[64] AN, *Ministério do Império – Relatório do ano de 1874, apresentado à Assembléia Geral Legislativa na 4ª sessão da 15ª legislatura*, anexo E, em: sessão de microfilmes, n. 0071382, p. 8.

reclamava para a Igreja tratamento semelhante ao que se dava às "grandes lojas": "A maçonaria excomunga; nenhum maçom excluído do seu grêmio se lembrou de apelar para o Governo. Cada sociedade expulsa livremente de seu seio os sócios que contrariam os seus regulamentos; deixe-se igual direito à Sociedade Católica".[65]

Além de ficar sem resposta de Dom Pedro II, Dom Antônio ainda teve de dar satisfações ao presidente da província do Pará, Dr. Domingos da Cunha Júnior, que num ofício lhe pediu de rever sua posição. Ele respondeu dizendo não cabia ao Governo intervir nesse âmbito, pois as punições das irmandades se resumia à parte religiosa. Encerrou a discussão afirmando: "Cumpre-me dizer a V. Ex.ª, que não podendo eu em consciência, em face da Constituição divina e legislação da Igreja Católica, reconhecer a validade de tal recurso, nada julgo dever alegar em favor de meu ato".[66]

3.2.5. A militância anticlerical de Joaquim Nabuco e os pareceres jurídicos

Para contrastar a atitude firme dos prelados, a maçonaria passou a promover sucessivas palestras públicas com eruditos "amigos". Joaquim Nabuco de novo apoiou-a e, aos 20-5-1873, atacou rijo a "invasão ultramontana", aproveitando do ensejo para elogiar o cismático Dölinguer (o nobre Dölinguer, como ele dizia) e manifestar suas verdadeiras intenções:

> Não quero, no momento atual, a separação radical da Igreja do Estado; não quero sobretudo porque, se a Igreja fosse livre entre nós, não teríamos um só paradeiro que opor à invasão ultramontana. Senhores, foi um protestante liberal que o disse: "Um governo católico é antes um obstáculo que uma animação ao ultramontanismo". [...] Seria um perigo quebrar hoje as amarras com que nos podemos defender. É por isso que eu peço a liberdade de cultos e a separação das duas so-

[65] Antônio de Macedo Costa, *Memória dirigida a S. M. o Imperador pelo Ex.mo e Rev.mo Bispo do Pará, a cerca do recurso interposto para o Governo civil por parte de algumas irmandades suspensas das funções religiosas*, p. 15-16, 18, 21-23, 25-27.

[66] AN, João Alfredo Correa de Oliveira, *Ministério do Império – Relatório do ano de 1874, apresentado à Assembléia Geral Legislativa na 4ª sessão da 15ª legislatura*, anexo E, em: sessão de microfilmes, n. 0071382, p. 11.

ciedades, a temporal e a religiosa, a independência civil da eclesiástica, sem abandonar os direitos do Estado inscritos na Constituição, antes, reivindicando-os com toda a força.[67]

Nesse ínterim, duas iniciativas estavam à espera de uma resposta: a primeira tinha sido de Dom Vital, que, depois de suspender duas ou três irmandades, havia escrito ao Papa Pio IX no dia 12-3-1873, para expor-lhe a situação em que se encontrava e pedir-lhe poderes especiais;[68] a segunda era relacionada ao *recurso* impetrado pela irmandade do Santíssimo Sacramento que continuava a correr no Conselho de Estado. Dissolvido em 1834, dito Conselho fora restabelecido em 1841. Para examinar o caso citado acima, os encarregados foram três – e todos maçons: Luís Pedreira do Couto Ferraz, Visconde do Bom Retiro (1818-1886), nomeado relator; Cândido José de Araújo Viana, Marquês de Sapucaí (1793-1875); e Visconde Bernardo de Souza Franco (1805-1875). O parecer dado por Bom Retiro aos 23-5-1873 foi o previsível: defendeu o beneplácito do Governo, com base em todos os privilégios que, em sua opinião, o uso, a tolerância e a prescrição investiram a Coroa portuguesa, acrescentando que essa realidade tivera natural prosseguimento na Coroa brasileira após a independência. Nesse pressuposto, segundo ele, os bispos haviam cometido uma infração, devendo ser penalizados.[69]

Com o parecer do Visconde do Bom Retiro em mãos, a seção dos negócios do Conselho de Estado o acatou e confirmou no dia 3 de junho seguinte. Justificou a medida em três pontos: a excomunhão fora fulminada com base em bulas sem beneplácito; o bispo não podia impor às irmandades o que não estava previsto nos seus respectivos *compromissos*, e que ao fazê-lo, invadira uma competência que "não era da sua alçada", mas do Poder Temporal, no caso, representado pelo juiz de capelas, nomeado pelas autoridades civis; e por fim o mais grave: Dom Vital negara a legitimidade do *beneplácito*! Este último particular, a seção até que admitia, como questão de foro íntimo do bispo, ou mesmo se ele se limitasse a dar bons conselhos aos fiéis. Porém, colocar em discussão o jurisdicionalismo régio e a maçonaria, era algo que simplesmente não se podia tolerar, pois, como

[67] Joaquim Nabuco, *A invasão ultramontana*, p. 38-39.
[68] Antônio de Macedo Costa, *A questão religiosa do Brasil perante a Santa Sé*, p. 86.
[69] Joaquim Nabuco, *Um Estadista do Império*, vol. III, p. 337-338.

afirmava, que a maçonaria no Brasil não conspirasse contra a Religião, era algo que não se podia duvidar.[70]

Antes de levar o caso às últimas conseqüências, naquele mesmo dia o Imperador convocou o Conselho de Estado Pleno ao palácio São Cristóvão, para uma nova avaliação. A reunião começou por volta das 19h, sob a presidência do próprio Dom Pedro II. Estavam presentes, além do relator, o Visconde de Abaeté, o Marquês de Sapucaí, o Marquês de São Vicente, o Visconde de Souza Franco, José Tomás Nabuco de Araújo, o Visconde de Muritiba, o Visconde de Inhomerim, o Visconde de Jaguary, Duque de Caxias e o Visconde de Niterói. O Visconde de Abaeté objetou que o beneplácito, tal como estava sendo aplicado, tendia, como na Inglaterra, a inaugurar a supremacia espiritual dos reis. E advertiu que se encontrava entre aqueles que reconheciam a existência de uma propaganda contra a religião católica, defendendo que a Igreja era o juiz competente para tomar as decisões que tomara.

Era evidente que ele estava sozinho, num ambiente hostil. Tanto assim que o Marquês de São Vicente logo citou a concordata napoleônica de 1801 que impusera aos bispos, antes de serem empossados, o dever de prestar ante o governo francês juramento de fidelidade e obediência às leis do Estado – dever sagrado! O Visconde de Souza Franco, ao falar em seguida, foi além, afirmando que se podia ser bom católico e maçom; e, sem ocultar sua condição de filiado à maçonaria, fez uma consideração bem característica: "Deus pode ser designado pela expressão Supremo Arquiteto do universo, como pela 'Criador', Redentor do mundo, onipotente e muitas outras em uso". Também deixou claro que na pessoa do bispo o que realmente condenava era a Igreja em si mesma: "O Brasil é católico como Jesus Cristo ensinou, e não como queira a Cúria Romana. [...] E isso, tanto mais quanto a Igreja tem errado algumas vezes, e entrou de novo na perigosa senda das inovações, durante o atual pontificado".[71]

[70] ASV, "Consulta da Seção dos Negócios do Império do Conselho de Estado sobre o recurso interposto pela Irmandade do Santíssimo Sacramento da igreja matriz da freguesia de Santo Antônio da cidade do Recife, contra o ato pelo qual o Reverendo Bispo de Olinda a declarou interdita", em: *Nunciatura Apostólica no Brasil*, fasc. 208, caixa 45, fl. 105, 107.

[71] *Consulta do Conselho de Estado Pleno sobre o recurso interposto pela Irmandade do Santíssimo Sacramento da Igreja Matriz da Freguesia de Santo Antônio, da cidade do Recife, na Província de Pernambuco, contra o ato pelo qual o Rev. Bispo de Olinda a declarou interdita*, p. 6-28.

Nesse jogo de carta marcada, a conclusão de consenso foi aquela prevista: Todas as decisões do bispo foram criticadas e condenadas. Por isso, no dia 12-6-1873, saiu a boa resolução que a quarta seção havia pedido ao Imperador dar "em sua sabedoria": com a rubrica imperial, foi aprovado o provimento ao recurso, o que implicava necessariamente em submeter o prelado de Olinda a processo criminal.[72]

3.2.6. A tenacidade dos prelados envolvidos e o subjacente conflito de mentalidades

O parecer jurídico foi emanado num momento em que o sedicioso movimento do "quebra-quilos" eclodia no sertão. O Governo, temeroso de que a rebelião assumisse intenções republicanas e provocasse inúmeras desordens, julgou que devia encontrar algum expediente com Dom Vital para acalmar a agitação dos ânimos. O Gabinete Imperial contactou então o Internúncio, Monsenhor Domenico Sanguigni, e para obter o seu apoio lhe assegurou que seriam expedidas ordens positivas para dar total proteção à pessoa do bispo, ao clero e aos padres jesuítas. Acordo feito, decidiram que o melhor seria convencer o prelado de Olinda a abandonar momentaneamente sua sede e partir pelo interior em visita pastoral.[73]

Fosse qual fosse a intenção, a oferta apresentada por carta pelo Internúncio a Dom Vital se assemelhava perfeitamente a uma tentativa de suborno, pois a certa altura se lhe acenava a necessidade de levar consigo algum dinheiro em ocasião da visita, tanto para socorrer aos pobres, como para outras extraordinárias ocorrências. Necessidade esta que ele, o Internúncio, e o Governo se prontificavam tranqüilamente a resolver: "E como tivesse longa conferência sobre esse negócio com o Ex.mo Sr. Ministro, assim me acho no caso de dar-lhe certeza de que está pronto também a darlhe auxílio em dinheiro".[74]

Sobraria evidentemente ao vigário geral a ignomínia da capitulação, mas Dom Vital os surpreendeu com uma negativa cheia de firmeza. Nesse

[72] ASV, "Requerimento da Irmandade do Santíssimo Sacramento da freguesia de Santo Antônio do Recife", em: *Nunciatura Apostólica no Brasil*, fasc. 208, caixa 45, fl.121.

[73] ASV, Relação da Sagrada Congregação dos Negócios Eclesiásticos de 1873, em: *Nunciatura Apostólica no Brasil*, fasc. 208, caixa 45, doc. 2, fl. 32.

[74] Ramos de Oliveira, *O conflito maçônico-religioso de 1872*, p. 55.

ínterim havia chegado às suas mãos o breve *Quamquam Dolores*, datado de 29 de maio, em que o Papa Pio IX aprovava integralmente o procedimento adotado na diocese de Olinda, e lhe concedia amplos poderes para agir. O mesmo documento ordenava ao bispo diocesano de repassá-lo aos demais prelados para que também eles o fizessem executar em suas dioceses.[75] Isso seria observado à risca, e no dia 2 de julho, sem *placet*, a tradução do breve chegou às ruas, e exemplares seus foram espalhados por todo o país. Foi uma opção deveras corajosa, considerando que, no dia 12 do mês precedente, o Governo imperial aprovara a resolução concedendo provimento ao recurso impetrado, e um Aviso assinado por João Alfredo, que se apresentava em nome do Imperador, havia intimado Dom Vital a suspender as penalidades que estabelecera e a não mais questionar o jurisdicionalismo régio.[76]

Lucena entregara o Aviso no dia 22, mas o prelado de Olinda, sem se abalar, no dia 6 de julho seguinte, redigira e fizera publicar na imprensa uma *Resposta* em que refutava categórico tal determinação. O bispo também ordenou aos párocos, sob pena de suspensão, que não cumprissem a decisão do Governo, evitando celebrar nas igrejas interditadas ou perante as irmandades nas mesmas condições. Todos obedeceram, e apenas o pároco da freguesia de São José, Pe. João José da Costa Ribeiro (primo do Dr. Costa Ribeiro, maçom juiz da irmandade que havia interposto o *recurso à Coroa*), pediu algum tempo para refletir. Menos de 24 horas depois, aos 24-6-1873, Dom Vital suspendeu-o de ordens, e enviou ao presidente da província um ofício denunciando as suas invectivas: "Aqui estou eu para responder pelo que ordenei aos meus subordinados; dirigi-vos a mim, que sou o autor, e não a eles, que não se deixam levar por vossas seduções e ameaças. *Ego sum*".[77] Em reação, um dia depois Lucena enviou uma carta a João Alfredo pedindo que o prelado fosse punido, pois a sua obstinação prometia sérios embaraços, e que ele estava disposto a não consentir que fossem desrespeitadas as leis do país e determinações do Governo.[78] Abrindo caminho para a configuração jurídica que o caso tomaria em seguida, o presidente provincial também enviou ofício ao procurador da Coroa no dia

[75] Cf. Vital Maria Gonçalves de Oliveira, *Carta Pastoral que o Bispo de Olinda publicando o Breve de S.S.mo Papa Pio IX, de 29 de maio de 1873*, p. 8, 11-12.

[76] Joaquim Saldanha Marinho, *A Igreja e o Estado*, vol. I, p. 202-203.

[77] *Anais do Parlamento Brasileiro – Câmara dos Deputados, sessão de 1874*, tomo I, p. 125.

[78] ASV, "Carta confidencial de Lucena a João Alfredo (25-3-1873)", em: *Nunciatura Apostólica no Brasil*, fasc. 208, caixa 45, fl. 128b.

8 de julho, pedindo medidas legais contra o bispo, devido à sua "usurpação do poder temporal".

Na diocese de Belém, a situação tornava-se igualmente irreversível: no dia 26 de julho o Conselho de Estado Pleno se reuniu e, como não poderia deixar de ser, acatou tranqüilamente o parecer do Barão do Bom Retiro sobre as irmandades impetrantes. O único a opor-se foi o mineiro José Ildefonso de Souza Ramos, 2º Visconde de Jaguari (1812-1883), mas prevaleceu a acusação previsível: Dom Antônio de Macedo Costa foi considerado culpado por invadir atribuições do poder temporal. E, semelhante ao que sucedera com o bispo de Olinda, aos 9-8-1873, João Alfredo lhe enviaria ordem do Governo imperial para suspender os interditos em 15 dias.[79]

Como fizera Dom Vital, Dom Antônio não se submeteu e, numa carta reservada a Dom Viçoso, datada de 7-11-1873, manifestou sua intenção de partilhar do mesmo destino do colega de Olinda, sugerindo ainda que o episcopado brasileiro inteiro resistisse até o fim.[80]

É mister ressaltar, no entanto, que existiam deveras aqueles que desejavam somente ser fiéis aos seus princípios, não sendo poucas as crises de consciência que a situação provocou. João Alfredo, por exemplo, pelo que se sabe, depois de abandonar a maçonaria, tornara-se um católico praticante, e a querela envolveu-o até em dramas familiares. Isso aconteceu porque o peso histórico de mais de um século de regalismo institucionalizado havia criado raízes profundas num meio político que há várias gerações habituara-se a conviver com uma Igreja resignada com a sua subserviência. Daí a dificuldade de tantos que se declaravam católicos em superar o filtro regalista que envolvia e embotava a fé que diziam professar. E o que era mais grave: essa visão se amparava num complexo aparato jurídico imposto nas décadas precedentes, e que passara a ser visto como normal. Com os bispos sucedia o contrário: havendo estudado teologia na Europa, sem enxertos e limitações impostas, concebiam a Igreja e suas relações com o Estado numa ótica até então inédita para amplos setores da política do país. Por isso, às vezes acontecia dos contendedores se antagonizarem sem se entender. No fundo, portanto, o problema religioso era também cultural. Em meio às incompreensões recíprocas, a possibilidade de uma solução

[79] A. N. - sessão de microfilmes, *Ministério do Império - Relatório do ano de 1874*, anexo E, p. 11.

[80] AEAM, "Carta de Dom Antônio de Macedo Costa a Dom Antônio Ferreira Viçoso", em: *Governos episcopais* - Dom Viçoso, 16.1.3.

consensual desaparecia, como já deixava antever a reposta enviada por Dom Antônio ao ministro do Império no dia 24-1-1874, em que afirmava estar pronto a obedecer em tudo ao Governo imperial, mas não a sacrificar sua consciência e a lei de Deus.[81]

Esteja claro, contudo, que a mentalidade em voga pesava, não determinava. Intenções anti-éticas havia, e justamente nos mais altos escalões do Governo. Comprovam-no uma carta escrita aos 12-8-1873 pelo Visconde do Rio Branco ao Barão de Lucena, logo após os tumultos de Recife, instruindo-o a "predispor favoravelmente a opinião pública, contrastando as hipócritas exortações do bispo...".[82]

3.3. As repercussões no parlamento

No parlamento, o assunto suscitou prolongados debates entre os defensores e os acusadores dos bispos. A posição assumida por numerosos regalistas era o exemplo acabado da contradição: diziam-se zelosos defensores dos postulados liberais, pedindo atenção para questões como a instituição do casamento civil e da total liberdade de culto; mas, ao mesmo tempo, defendiam convictos a manutenção do controle que o Estado mantinha sobre a Igreja. Sobre isso, o discurso proferido por Tristão de Alencar Araripe, grão-mestre maçom no Ceará, aos 24-5-1873, é exemplar: "Graças à providência de nossos pais, o país tem legislação conveniente para obstar as iniciativas de usurpação eclesiástica".[83]

O desejo de trazer a Igreja em rédea curta seria recolocado quatro dias depois, dessa vez por José de Alencar (filho do sacerdote homônimo); mas os arroubos retóricos com que ele e seus iguais defendiam tal proposta muitas vezes acabavam desqualificados pela incoerência do comportamento político que assumiam. O próprio José de Alencar falava de "liberdade", mas se calava diante dos horrores da escravidão; enquanto que Gaspar Silveira Martins, tradicional líder dos estancieiros gaúchos, tampouco se pejou de assumir em relação aos escravizados uma postura idêntica àquela que adotava em relação à Igreja: para preservar o Governo imperial de eventuais problemas, era contrário. Movido por semelhante oportunismo

[81] AN – sessão de microfilmes, *Ministério do Império – Relatório do ano de 1874*, anexo E, p.12.
[82] Armando Souto Maior, *Quebra-quilos*, p. 72 e 73.
[83] *Anais do Parlamento brasileiro, sessão de 1873*, tomo 1, p. 164-165.

político, ele chegaria mais tarde ao extremo de defender a continuidade do cativeiro. O argumento de que se serviu para justificar uma atitude tão insólita da parte de quem se dizia defensor da civilização não poderia ser mais desconcertante: "Sou mais amigo do Brasil que do negro!"[84]

Em meio às discussões dos parlamentares, a notícia da difusão do Breve *Quamquam dolores* anteriormente citado elevou ainda mais a tensão. Os regalistas, apoiando-se nos argumentos habituais, insistiam na manutenção do *status quo*, o que de per si supunha punir os prelados que o haviam desafiado. Silveira Martins argumentava que o *beneplácito*, consagrado no §14 do art. 102 da Constituição, era resultante de um pacto que expressava um contrato entre dois poderes independentes que concederam e aceitaram direitos e obrigações recíprocas. Sem mencionar que o Governo sempre legislara em causa própria, e que a Igreja jamais dera seu consentimento a um pacto para o qual sequer fora consultada, indiretamente reconhecia que, no final das contas, independente mesmo acabava sendo somente o Estado. Esta é a única dedução possível ante o detalhe seguinte por ele acrescentado de que o direito do *placet* nem precisava ser consagrado por um artigo da Constituição do Império, uma vez que o mesmo era – retomando exatamente o que o fora dito em 1827 – "inerente à soberania do Estado".[85]

Enquanto isso, demonstrando mais uma vez a força do seu caráter, Dom Vital havia entregado aos jornais cópia da resposta que enviara ao ministro do Império comunicando sua decisão de não suspender os interditos. Aos 31-7-1873, Silveira Martins apresentou uma interpelação ao presidente do conselho, com veemente defesa da tradição (beneplácito, direito de inspeção, recurso à Coroa...), tecendo pesadas críticas contra as "violências do prelado do Pernambuco". Aproveitou do ensejo para defender a suspensão do decreto *ex informata conscientia*, atacar a infalibilidade papal e sugerir total liberdade de cultos, laicização dos registros de nascimento e introdução do casamento civil.[86] O interpelado, Visconde do Rio Branco, deixou clara qual era a posição do Governo:

> Senhores, a opinião do Governo quanto ao procedimento do reverendo prelado da Sé de Olinda é conhecida. Está no

[84] Luiz Sartorelli Bovo, *Desafios ao trono*, p. 57.
[85] *Anais do Parlamento brasileiro, sessão de 1873*, tomo III, p. 240.
[86] *Anais do Parlamento brasileiro, Câmara dos Srs. Deputados, sessão de 1873*, tomo III, p. 239-245.

> domínio do público a decisão do recurso à Coroa. Ninguém, pois, desconhece que o Governo vê nos atos daquele prelado diocesano uma ofensa grave à Constituição do Império, à soberania nacional, aos direitos do Estado.
>
> Negar o direito do beneplácito, direito antiqüíssimo e consagrado expressa e terminantemente em nossa lei fundamental; negar o direito não menos antigo, e que tem os mesmos fundamentos, do recurso à Coroa contra o abuso das autoridades eclesiásticas, e antepor a tudo a jurisdição espiritual, é postergar inauferíveis e essenciais direitos do Estado.
>
> Esta opinião do Governo está assaz manifesta; ela assenta sobre uma decisão que tem força de sentença, e que foi mandada cumprir em Pernambuco pelas autoridades competentes. Confiemos nessa execução e demos tempo a que prossiga os recursos legais.[87]

Considerando que a lei de 18-8-1851 tinha estabelecido que os Arcebispos e bispos do Império do Brasil, nas causas que não fossem puramente espirituais, seriam julgados pelo Supremo Tribunal de Justiça,[88] os recursos legais de que falava o Visconde tinham a ver com a sua intenção de submeter os bispos a julgamento naquele órgão.[89]

3.4. A configuração jurídica da pendência entre as partes

Enquanto isso, para contrastar a firme atitude de Dom Vital de não cumprir a ordem que lhe fora dada, as autoridades governamentais julgaram-se no direito de resolver elas mesmas a pendência. Assim, mediante um edital baixado aos 13-8-1873, todos os interditos foram declarados levantados por decisão do Dr. Joaquim Corrêa de Oliveira, juiz substituto da provedoria de capelas do Recife, que declarou "nulas e como se não existissem as censuras sobre as irmandades".[90]

[87] *Anais do Parlamento brasileiro, Câmara dos Srs. Deputados, sessão de* 1873, tomo III, p. 245.

[88] Ramos de Oliveira, *O conflito maçônico-religioso*, p. 31.

[89] Antônio de Macedo Costa, *A Questão religiosa do Brasil perante a Santa Sé*, p. 1.

[90] *Anais do Parlamento Brasileiro – Câmara dos Srs. Deputados, sessão extraordinária de 1875*, p. 49.

Um leigo foi enviado pelo Governo para ler diante das associações e capelas interditadas a decisão imperial. As irmandades punidas festejaram ruidosamente a decisão com fogos de artifício e bandas de música, mas se tratava de uma alegria efêmera: o clero e o povo não ignoravam a decisão do bispo em contrário, e para eles tudo continuou como antes.[91] A situação era deveras incandescente, pois, naquele mesmo período, o cadáver de Domingos Morais, membro da irmandade do Espírito Santo, ficou sem encomendação porque o vigário era o Pe. Antônio Marques de Castilha, fidelíssimo de Dom Vital, que se recusou terminantemente a fazê-lo, enquanto durasse a interdição episcopal. Na matriz de Santo Antônio, por razões idênticas, o coadjutor também se negou a assistir sacramentalmente a um moribundo, provocando uma reação furibunda da Irmandade, que só foi aplacada com a intervenção da polícia. E isto, depois que um caso idêntico já se verificara na matriz de São José, igualmente interditada.[92]

Percebendo que, sem o aval da hierarquia nada se alterava, o Barão de Lucena chamou os párocos, ordenando-lhes cumprir a ordem do Governo. Ele se serviu tanto de promessas quanto de ameaças, mas, além de não ser obedecido, Pe. Antônio de Castilha e Pe. Antônio Manuel de Assunção, em nome do clero diocesano, mandaram publicar um veemente protesto na imprensa.[93] O ministro do Império serviu-se, então, de outro expediente: aos 8 de setembro enviou um aviso ao Barão de Lucena, comunicando-lhe que a magra côngrua só seria concedida aos párocos que se apresentassem ao Tesouro provincial com o atestado de freqüência aos seus serviços religiosos. Ainda desta vez os clérigos resistiriam, e João Alfredo, na condição de conselheiro do Império, por meio de ofício de 27-9-1873, remeteu ao procurador da Coroa, Soberania e Fazenda nacional, conselheiro Francisco Baltazar da Silveira – que seria citado mais tarde como membro efetivo do supremo conselho do Grande Oriente –, os documentos necessários, ordenando-lhe que iniciasse o processo perante o Supremo Tribunal Federal de Justiça, promovendo a acusação de Dom Vital. Segundo essa acusação o prelado havia cometido usurpação de jurisdição e poder temporal, sendo exorbitante e tumultuário em relação aos fiéis, motivo pelo qual o Governo

[91] Vital Maria Gonçalves de Oliveira, *Abrégé historique*, p. 30-31.

[92] AAEESS, "Conflito surgido entre Dom Vital Gonçalves de Oliveira, bispo de Olinda e o governo Imperial do Brasil a causa de alguns atos emanados pelo bispo contra a maçonaria" (tradução), em: *América I* (Brasil), fasc. 184, pos. 156, fl. 133-134.

[93] *Anais do Parlamento Brasileiro – Câmara dos Deputados, sessão de* 1874, tomo IV, p. 25.

tivera de vir em socorro dos cidadãos ofendidos, vítimas de uma violência manifesta e clamorosa.[94]

Oferecida a denúncia, em 10 de outubro, por meio de despacho do dia 18, mandou o ministro relator que o denunciado respondesse no prazo de quinze dias. A resposta de Dom Vital veio no dia 21, mas apenas para impugnar a competência do Supremo Tribunal para julgá-lo. Afirmou ele que se tratava de matéria puramente espiritual e como tal isenta da jurisdição do poder civil. E concluía: "Não posso finalmente, porque me cumpre evitar a ignomínia de faltar, por temor de penas temporárias, ao meu sagrado dever episcopal: vergonha que me acompanharia desonrado à sepultura; culpa que eu não cessaria de chorar até meu último instante; mácula que nem rios de lágrimas poderiam extinguir".[95]

O procurador da Coroa, sentindo-se ofendido, apelou ao Imperador, e este ordenou que se promovesse, perante o Supremo Tribunal de Justiça, as acusações criminais. No dia 16 de outubro, o solicitador geral da Coroa, Conselheiro Messias Leão, denunciava Dom Vital com base no artigo 96 do código criminal, que estabelecia pena de dois a seis anos a quem obstasse ou impedisse de qualquer maneira o efeito das determinações dos poderes moderador e executivo que estivessem conformes à Constituição e as leis. A pronúncia foi lavrada a 17 de dezembro, e no mesmo dia o Supremo Tribunal confirmou a ordem de prisão, publicando o decreto no dia 22 do mesmo mês.[96] Nele, o conselheiro Joaquim Marcelino de Brito (1799-1879), presidente do Supremo Tribunal Federal e que era qualificado de "irmão" do vale dos Beneditinos no *Boletim do Grande Oriente do Brasil*,[97] determinava ao juiz da 1ª vara cível do Recife prender o bispo diocesano, visto ser o crime inafiançável, e providenciar o seu transporte para a Corte, mediante entendimento com o presidente da província.[98]

Poucos meses depois, seria a vez de Dom Antônio. Denunciado, em 17 de dezembro seguinte, recebeu intimação do Supremo Tribunal de Jus-

[94] ASV, "Aviso do Procurador da Coroa para promover a acusação do Bispo de Olinda", em: *Nunciatura Apostólica no Brasil*, fasc. 208, caixa 45, fl 127b-128.

[95] ASV, "Reposta do denunciado", em: *Nunciatura Apostólica no Brasil*, fasc. 208, caixa 45, fl. 131.

[96] David Gueiros Vieira, *O Protestantismo, a maçonaria e a questão religiosa no Brasil*, p. 345.

[97] A.I., "Círculo Beneditinos", em: *Boletim do Grande Oriente do Brasil*, n. 4 (março), Tipografia do Grande Oriente e da Luz, Rio de Janeiro 1872, p. 102.

[98] Gérson Brasil, *O regalismo brasileiro*, p. 200.

tiça para proceder à suspensão dos interditos. Em resposta, aos 24-1-1874, negou a competência dos tribunais civis para julgar semelhantes matérias. No dia 24 de março, foi pronunciado, sendo sua prisão ordenada em 28 de abril seguinte.[99]

3.5. O conflito na sua segunda fase: penalidades e calúnias

Ao mesmo tempo em que o Governo mandava responsabilizar criminalmente o bispo de Olinda, e logo depois o do Pará, abrindo caminho para a prisão de ambos, Francisco Inácio de Carvalho Moreira, Barão de Penedo (1815-1906), então embaixador do Brasil em Londres, era designado para ir a Roma, em caráter de ministro plenipotenciário e enviado extraordinário em missão especial, para tentar uma solução diplomática para a questão. A maçonaria, na pessoa do grão-mestre do Vale dos Beneditinos, posicionou-se contrária à iniciativa, por entender que a Santa Sé não merecia semelhante consideração e que, com base na própria legislação que tinha, o Brasil deveria resolver o caso a seu modo. Para Saldanha Marinho, discutir o assunto com o Papa era um erro imperdoável, uma vez que Pio IX nem Chefe do Catolicismo podia ser considerado, e o que se devia fazer era exigir de Roma, e "impor-lhe", o reconhecimento do "direito" político do *placet* brasileiro.[100]

Embora "Ganganelli" não o tenha dito, foi mais ou menos isso que as autoridades governamentais tentaram fazer, pois as *instruções* que Penedo tinha recebido, aos 21-8-1873, afirmavam de modo explícito que "o Governo não pede favor, reclama o que é justo e não entra em transação.[101]

Como Penedo era bastante sagaz para perceber a inconveniência de apresentar semelhantes *instruções* em Roma, chegando lá no dia 18-10-1873, adotou outra tática. No dia 20, ele procurou o Cardeal Secretário de Estado, Giacomo Antonelli, para conseguir uma audiência com o Papa, o que acabou ocorrendo no dia 23 seguinte. Do encontro, o Barão diria: "Sua Santidade me recebeu com tanta afabilidade, recordando a minha primeira

[99] Manoel Tavares Cavalcanti, "Relações entre o Estado e a Igreja", em: *Revista do Instituto Histórico e Geográfico Brasileiro*, vol. VI, p. 312.

[100] Joaquim Saldanha Marinho, *Estado da questão religiosa*, tomo II, p. 6-7, 15.

[101] AHI, *Despacho do Visconde de Caravelas ao Barão de Penedo (21-8-1873)*, em: Missão especial a Roma, 272.4.4.

missão e facilitando-me tratar logo da matéria".[102] Ele faria isso, mas, ocultando sua condição de maçom, também apresentaria a Pio IX noutra ocasião um detalhado *Memorandum,* cuja redação terminara no dia 29 daquele mesmo mês. O documento foi parar nas mãos do Cardeal Secretário de Estado, e seu conteúdo desenvolvia uma teoria semelhante àquela de Joaquim Nabuco, segundo a qual, a questão religiosa tinha eclodido por culpa do bispo de Olinda, que adotara doutrinas subversivas, com abuso do múnus episcopal, coisa que não tinha nenhuma razão de ser, considerando que a maçonaria nunca se havia mostrado hostil à religião no país. Hábil no uso das palavras, o autor cometeria o deslize ao citar o *beneplácito* e o *recurso à Coroa* como "direitos" da soberania do Brasil, coisa que a Santa Sé, como se sabe, sempre rejeitara com firmeza. A necessidade, entretanto, de salvar a todo custo o regime, levá-lo-ia a alertar que "outros prelados tomaram igualmente o caminho da ilegalidade, desprezando o beneplácito imperial".[103]

Apesar das gafes verbais, o Barão não fazia as coisas a esmo: o artifício de que se serviu era de uma engenhosidade maquiavélica, pois, se convencido, o Papa provavelmente faria uma admoestação aos acusados, a qual seria utilizada para desacreditá-los e desagravar o Estado, colocando os prelados em contradição com a palavra do próprio Sumo Pontífice. Daí a insistência com que atribuiu aos dois bispos culpas que não tinham, como quando afirmava terem eles submetido os membros das irmandades interditadas aos efeitos civis da excomunhão. Isso era comprovadamente falso, pois tanto Dom Antônio quanto Dom Vital haviam esclarecido mais de uma vez que as penalidades eram exclusivamente espirituais. Apesar disso, Penedo manipulou despudoradamente os fatos, calando-se igualmente sobre a virulenta campanha anticlerical que estava sendo desenvolvida pelas folhas maçônicas, além do fato de que os bispos estavam sob processo e do escândalo que isso causara entre os católicos. A audiência, no entanto, terminou com uma vaga promessa de Pio IX de fazer o que pudesse, contanto que não ficasse em contradição consigo próprio. Seguiram-se então as tratativas com o Cardeal Antonelli, que recebeu ao mesmo tempo relatório confidencial do Internúncio, Monsenhor Sanguigni. Nesse ínterim, chegando o dia 16-1-1874, mesmo sem possuir em mãos nada que

[102] AHI, *Ofício n. 2 do Barão de Penedo ao Visconde de Caravelas (27-10-1873)*, em: Missão especial a Roma, 272.4.4.

[103] AAEESS, "Memorandum", em: *América I* (Brasil), fasc. 185, pos. 156, fl. 2 - 7.

o confirmasse, numa viagem de Paris a Londres, Penedo enviou ao Brasil um outro ofício afirmando que o Papa estava em desacordo com as atitudes assumidas por Dom Vital.[104]

O Barão acrescentaria ainda novos e insólitos detalhes à sua experiência romana, como aquele em que assegurava ter ouvido do próprio Papa a reclamação de que Dom Vital era *una testa calda*. Mais extravagante que isso foi certa história divulgada, segundo a qual, ao encontrar-se tempos depois com o Bispo de Olinda, o Pontífice teria levantado o solidéu, e exclamado: "Ah! Figlio mio! Agora compreendo os vossos atos em Pernambuco. Não tendes um só cabelo branco; e, entretanto, muitos do que tenho em minha cabeça, fostes vós que mos fizestes!"[105]

Uma outra versão dos fatos se encontra na obra *A Questão Religiosa do Brasil perante a Santa Sé*, de Dom Antônio de Macedo Costa, em que o Prelado de Belém afirma que o autor da expressão de que Dom Vital era uma *testa calda* havia sido o próprio Penedo, desejoso se passar dele a imagem de um jovem estouvado e imprudente. Quanto às palavras ditas por Pio IX, ao se encontrar com o prelado nordestino, segundo Dom Antônio, teriam sido as seguintes: "Mio caro Olinda! Mio caro Olinda! Exclamava Pio IX, trocando-lhe generosamente o nome pelo da diocese; e os olhos do Vigário de Jesus Cristo fitavam arrasados de lágrimas o jovem confessor da fé".[106]

Pesa em favor da segunda versão a pouca confiança demonstrada pelo Governo ante a suposta intimidade benévola de Pio IX para com Penedo. Tanto assim que o Visconde de Rio Branco enviou em seu auxílio o cônego Joaquim Pinto de Campos, para que reforçasse a obra de persuasão, o que, aliás, redundou num novo fracasso. Pinto de Campos, no entanto, enviou uma carta datada de 28-1-1874, em que dizia que "o Barão foi muito bem recebido! O Santo Padre censura e reprova o procedimento do bispo de Pernambuco, que não interpretou bem as pias intenções".[107]

As coisas não aconteceram exatamente assim, e a imprensa católica tomou a defesa dos bispos, criticando asperamente o cônego.[108] Enquanto isso, a missão de Penedo começava a ver desmoronar as suas pretensões.

[104] AHI, *Ofício n. 5 do Barão de Penedo ao Visconde de Caravelas (16/1/1874)*, em: Missão especial à Santa Sé, 272.4.4.

[105] Carlos Delgado de Carvalho, *História diplomática do Brasil*, p. 132, 134.

[106] Antônio de Macedo Costa, *A Questão religiosa do Brasil perante a Santa Sé*, p. 99, 285.

[107] Pedro Calmon, *História do Brasil*, vol. IV, Companhia Editora Nacional, São Paulo 1947, p. 488.

[108] Pedro Calmon, *A Princesa Isabel, "A Redentora"*, p. 118.

Para começar, no dia 18 de dezembro anterior, o Cardeal havia respondido ao *Memorandum* que dele recebera, com um parecer que praticamente descartava a possibilidade de tomá-lo em consideração numa tratativa; mas ele não desistiria. Afinal, após as entrevistas de praxe, o barão assegurou que Antonelli em pessoa lhe informara que havia redigido uma carta repreensiva a Dom Vital. Sem possuir uma cópia que o comprovasse, ele enviou um ofício exultante ao Marquês de Caravelas, afirmando que conseguira a solução final do modo mais satisfatório possível, pois o Papa havia decidido censurar o procedimento do bispo de Olinda e lhe recomendar o levantamento dos interditos. Acrescentava que o exórdio de tal censura trazia una frase inequívoca: "*Gesta tua non laudantur*" (os seus feitos não são louváveis).[109]

O Visconde do Rio Branco, o Marquês de Caravelas e Dom Pedro II alegraram-se com o ofício de Penedo, mas se enganavam: a frase citada não constava na dita carta (seria publicada na íntegra por Dom Antônio de Macedo Costa em 1886); e o embuste acabou sendo desmentido por Tarquínio Bráulio de Souza Amaranto, em pleno parlamento: "O 'gesta tua' é uma grande mentira que se pregou a este país".[110]

3.5.1. A prisão e condenação dos prelados

A ordem de detenção do bispo de Olinda, datada de 22-12-1873, chegou ao Recife no dia 1-1-1874, e no dia seguinte o desembargador Quintino José de Miranda, chefe de polícia, por volta da uma da tarde, apresentou-se no palácio episcopal da soledade, com seu escrivão, para ler o decreto e executar a ordem. O bispo ouviu-o tranqüilo, mas disse que só iria levado à força. Ele saiu para buscar o destacamento, enquanto Dom Vital foi para seus aposentos onde escreveu duas cartas. Na primeira, nomeava três governadores para o bispado, que deviam substituí-lo interinamente de forma sucessiva, no caso de impedimento ou morte de algum deles. Na segunda lavrou um protesto contra a ordem de prisão; após o que, recolheu-se na capela do palácio. Chegando a força requisitada, junto ao desembargador estavam o inspetor do arsenal da marinha, um tenente-coronel e vários soldados. Dom Vital re-

[109] AHI, *Ofício (reservado) n. 4 do Barão de Penedo ao Visconde de Caravelas (20-12-1874)*, em: Missão especial à Santa Sé, 272.4.4.

[110] *Anais do Parlamento Brasileiro – Câmara dos Deputados, sessão de 1874*, p. 26.

cebeu-os revestido dos paramentos episcopais e entregou-lhe o protesto que redigira, e que levava também a assinatura de vários padres diocesanos.[111] Ele se dispôs a ir até a prisão a pé, mas o juiz, percebendo que começava a se juntar gente ao redor do palácio, advertiu-o que ele, na condição de prisioneiro, já não possuía vontade própria. Seguiram, então, num carro de praça até o arsenal da marinha, onde Dom Vital permaneceria sob a vigilância do inspetor do porto do Recife, capitão Steple da Silva. Nos três dias que se seguiram, houve grande agitação na cidade, e de todos os lados acorriam pessoas para visitar e manifestar apoio ao bispo detido. Um fato marcaria particularmente o período: trinta maçons vieram até ele e abjuraram, colocando aos seus pés os diplomas das grandes lojas que freqüentavam. Num crescendo, no domingo, 5 de janeiro, após participar das missas nas distintas igrejas, uma grande massa de fiéis se dirigiu ao arsenal, provocando profundos receios em Lucena. Como expediente, ele mandou dizer a todos que Dom Vital não seria embarcado naquele dia, e a multidão se dispersou. Durante a noite, porém, fez o possível para antecipar a transferência, e por volta das 5 da manhã do dia seguinte o prisioneiro, acompanhado voluntariamente pelo Pe. José de Lima Sá, foi embarcado na corveta *Recife* e enviado para o Rio de Janeiro.[112] A embarcação chegou à Bahia no dia 8, e o Arcebispo Primaz, Dom Manuel Joaquim da Silveira, subiu a bordo para cumprimentar o irmão de episcopado. Colocou seu palácio à disposição, mas negaram-lhe o consentimento. Após permanecer ali por quatro dias, Dom Vital foi transferido para o vaso *Bonifácio,* que o levaria ao seu destino.[113]

A bordo da nova embarcação, Dom Vital chegou à Corte na noite do dia 13, sendo recolhido no arsenal da marinha. No dia 5 de fevereiro, foi-lhe enviado o libelo-crime para que desse sua resposta em contrário, mas no dia 10 ele se limitou a repetir um versículo sucinto do evangelho de São Mateus 26,63: "Senhor! – *Jesus autem tacebat*!"[114] O meio político logo registrou as primeiras reações: Tarquínio Bráulio de Souza Amaranto, RN, amigo de Dom Vital, rompeu com o ministério, do qual era membro, e declarou seu apoio aos prisioneiros. Foi o início para que outros parlamen-

[111] Cf. Júlio César de Morais Carneiro, *O Catolicismo no Brasil (Memória histórica)*, p. 197 e 198.
[112] Ramos de Oliveira, *O Conflito maçônico-religioso de 1872*, p. 141-142.
[113] Theodoro Huckelmann et alii, *Dom Vital in memoriam*, p. 66-67.
[114] ASV, "Contrariedade", em: *Nunciatura Apostólica no Brasil*, fasc. 208, caixa 45, fl. 135.
[115] Luiz da Câmara Cascudo, "Um amigo de Dom Vital", em: *A Ordem*, vol. XVI, p. 59.

tares assumissem o mesmo tom.[115]

O Internúncio Sanguigni, que havia dado um tratamento político ao caso, inclusive colaborando com membros do alto escalão do Governo para que os bispos assumissem atitudes conciliatórias, sentiu na própria pele que as autoridades civis brasileiras não aceitavam acordo, mas apenas submissão eclesiástica. Informado da prisão de Dom Vital, de Petrópolis, local onde se encontrava a internunciatura, aos 22-2-1874, escreveu uma prudente e polida nota de protesto ao Visconde de Caravelas, lamentando o escândalo que o fato causara nos jornais da capital, sem excluir o *Diário Oficial*, e para recordar que a detenção de um prelado da Igreja, fato até então desconhecido na história do Brasil, era uma humilhação, além de manifesta violação da imunidade eclesiástica. Sanguigni, sabendo que Dom Antônio corria o mesmo risco, ainda tentou contemporizar, salientando que, "longe de discutir esta assaz penosa e desgraçada questão, sobre a qual apareceram por todos os lados e em todos os sentidos razões mui valiosas para dilucidá-la, limita-se em querer conservar salvos e ilesos os imprescritíveis direitos da Igreja e da Santa Sé, e particularmente as da violada imunidade eclesiástica".[116]

A resposta que recebeu, no dia 1º de março seguinte, demonstrou de forma definitiva todo o desprezo que expressivos setores do Governo do país sentiam pela Igreja:

> Nesta nota trata S. Ex.ª do julgamento do Rev.mo Bispo de Olinda, alude ao processo instaurado contra o do Pará, e, depois de declarar que o tribunal civil é incompetente, conclui, protestando contra qualquer violação dos direitos e leis da Igreja, praticada nesta questão, especialmente em prejuízo da imunidade eclesiástica. Os próprios termos essenciais do protesto indicam qual pode e deve ser a resposta do Governo Imperial. Formulo-a em poucas palavras, não porque seja difícil ao mesmo Governo sustentar o que V. Ex.a nega, mas porque não devo aceitar a discussão daquilo que só pode ser discutido por quem tenha o direito de fazê-lo. O tribunal que julgou o Rev.mo Bispo de Olinda e que há de julgar o do Pará

[116] Antônio Manuel dos Reis, *O bispo de Olinda, D. Frei Vital Maria Gonçalves de Oliveira perante a história*, p. 343-345.

> é o Supremo Tribunal de Justiça do Império, por nossas leis competentes, e esta competência não depende do juízo de nenhuma autoridade estrangeira, seja ela qual for. O protesto do Sr. Internúncio Apostólico, permita S. Ex.ª que o diga, é portanto impertinente e nulo, não pode produzir efeito algum.[117]

Enquanto isso, a notícia das prisões chegou a Roma, provocando forte comoção. A carta mencionada por Penedo não foi enviada ao Governo, nem seu conteúdo não pode ser comprovado. O próprio descaso com que o Governo tratava a Santa Sé pôs a perder qualquer possibilidade de solução diplomática. Afinal, somente como um intencional ultraje, pode ser entendida a atitude das autoridades do país de mandar publicar na imprensa as duríssimas *instruções* dadas anteriormente ao seu emissário. O Barão de Alhambra, embaixador do Brasil junto à Santa Sé, no dia 9-3-1874, escreveria a Penedo para lamentar o fato e censurar-lhe o comportamento.[118] O Barão acabou passando por mistificador, e D. Macedo, tomando conhecimento do boato, negou qualquer mérito à sua missão e acusou-o de haver tentado enganar a Cúria Romana, dissimulando a perseguição que o Império movia à Igreja. Registre-se, no entanto, que o Cardeal Antonelli realmente enviou uma carta ao Internúncio, datada de 18-12-1873, para ser entregue a Dom Vital. Monsenhor Sanguigni foi à prisão para entregá-la, mas se viu surpreendido pela perspicácia do bispo, que lhe perguntou decidido: "Monsenhor, terá porventura notícia do Santo Padre a me comunicar? Sabe ele que estou preso?" Embaraçado, Sanguigni balbuciou algumas palavras evasivas e saiu sem explicar o motivo da visita.[119] Mesmo assim, como a carta devia ser entregue, ele incumbiu Dom Pedro Maria de Lacerda de executar a penosa tarefa, o que foi feito no dia 21-1-1874. Dom Vital leu-a e respondeu-a e no dia seguinte, dizendo que desejava quanto antes executar a vontade do Vigário de Jesus Cristo, mas que para tanto precisava de esclarecimento "acerca de um ponto prático".[120] Sanguigni lhe mandou dizer que não podia dar-lhe nenhuma explicação, porque não recebera instruções a respeito.

[117] Júlio César de Morais Carneiro, *O Catolicismo no Brasil (Memória histórica)*, p. 196-197.

[118] AHI, *Carta do Barão de Alhambra a Penedo (9/3/1874)*, em: Missão especial à Santa Sé, 272.4.4.

[119] Jacinto Palazzolo, *Crônica dos capuchinhos do Rio de Janeiro*, p. 201.

[120] ASV, "Carta de Dom Vital ao Internúncio Sanguigni" (22-1-1874), em: *Nunciatura Apostólica no Brasil*, fasc. 210, caixa 45, doc. 19, fl. 86.

Mesmo assim, aconselhava-o a publicar a letra imediatamente e a pedir instruções ao Cardeal Secretário de Estado.[121] Antes que recorrer a Antonelli, o bispo optou por apelar ao próprio Papa, e no dia 24 de janeiro lhe escreveu, confiando a incumbência de entregar a missiva ao seu secretário particular, Pe. José de Lima e Sá, futuro jesuíta. De posse das informações nela contidas, Pio IX, indignado, no dia 1-4-1874, escreveu a Dom Vital, mandando destruir a carta de Antonelli e desmentindo a versão do Barão:

> Nós, venerável irmão, nunca absolutamente duvidamos desta tua excelente vontade, e nada mais desejamos do que, se algum cuidado por esta causa te angustia, o lances fora. Nem só, porém, pensamos que te deves livrar de toda ansiedade a tal respeito, mas, além disso, outra vez te louvamos no Senhor pelo teu zelo sacerdotal em defender a causa da religião, pelo qual sentimos veementíssimo pesar de estares sofrendo uma injusta condenação, e sinceramente nos congratulamos que a sofras com uma virtude digna do grau que ocupas.[122]

Quanto a Dom Antônio, no dia 20 de março, prevendo a própria prisão, como já fizera Dom Vital, ele baixou igualmente uma portaria, nomeando como seus eventuais substitutos no governo da diocese os cônegos Sebastião Borges de Castilho, Dr. João Tolentino Guedelha Mourão e Luís Barroso de Bastos.[123]

Foi uma medida sensata, porque, no dia 28 de abril, o juiz de direito João Florentino Meira de Vasconcelos ordenou a prisão do prelado de Belém, indo ele próprio entregar o mandato. Após lê-lo, Dom Antônio, repetindo o gesto de Dom Vital, disse que cedia à força, mas que ia protestar. O juiz, temeroso de uma reação popular, quis impedi-lo, mas Dom Antônio lhe replicou que até metido em ferros ninguém o impediria. Ditou então um manifesto para o cônego Mourão redigir, o qual, além da sua assinatura, levava as firmas de todos os clérigos presentes. No referido documento, ele se manteve firme em sua posição, afirmando categórico que tudo o que fizera era apenas para ser fiel à Igreja.[124]

[121] Vital Maria Gonçalves de Oliveira, *Abrégé historique*, p. 35-36.
[122] Antônio de Macedo Costa, *A questão religiosa do Brasil perante a Santa Sé*, p. 67-68.
[123] Ramos de Oliveira, *O Conflito maçônico-religioso de 1872*, p. 204-205.
[124] Ramos de Oliveira, *O Conflito maçônico-religioso de 1872*, p. 143-144.

Levado para o arsenal da marinha local, Dom Antônio seria embarcado no dia 7 de maio para a capital federal, a bordo de um vapor inglês,[125] que o fez chegar ao seu destino no dia 19. Recolhido no arsenal da marinha, aos 17-6-1874, foi-lhe entregue cópia do libelo acusatório contra sua pessoa. Ele se limitou a dizer: "Nada mais me resta que fazer senão apelar para a justiça divina".[126] O mesmo libelo, no dia 7 de julho seguinte, seria apresentado no tribunal; mas como também o fizera Dom Vital, ele não se abalou. Chegado o dia 22 de outubro, em pleno andamento do processo, veio a público sua carta pastoral de nome *A razão do atual conflito*, em que reafirmava a posição que assumira; mas foi então que um episódio inusitado aconteceu: Dom Antônio recebeu a inesperada visita de uma dupla de emissários que se diziam enviados da parte de dois ministros, com o intuito de suborná-lo. Se quisesse, disseram-lhe, fazer muito em segredo a promessa de, voltando à diocese, desfazer os seus atos contra a maçonaria, seria logo posto em liberdade, e o Governo o favoreceria de todos os modos. A réplica que receberam foi taxativa: "Estou aqui na prisão, exercendo uma função pontifical. Antes quero morrer do que fazer um ato indigno que me cobriria de vergonha aos olhos da minha consciência e aos de Deus".[127]

Dom Viçoso, que aos noventa anos era, então, o mais velho dos bispos do Brasil, acompanhava de perto o desenrolar dos fatos, e através de cartas pastorais e instruções, assumiu a causa dos seus irmãos de episcopado. Seu gesto mais desafiador foi realizado no dia 10-1-1874, quando, seguindo o exemplo do Arcebispo de Salvador, aderiu à *Representação* que aquele publicara, mas fazendo questão de enviá-la ao próprio Imperador, para manifestar a sua indignação.

Em reação, para combater a perda do caráter nacional e o fim da submissão da Igreja no Brasil às forças políticas dominantes, "Ganganelli" articulou sua própria eclesiologia. Não se tratava, evidentemente, de um tratado autônomo, mas de um substrato ideológico que transparecia ao longo dos vários assuntos que compunham a obra *Estado da questão religio-*

[125] Antônio Mendes Júnior e Ricardo Maranhão, *República velha*, p. 132.

[126] Eugênio Vilhena de Morais, *O Gabinete Caxias e a anistia aos bispos na "questão religiosa"*, p. 20.

[127] Antônio de Macedo Costa, *A questão religiosa do Brasil perante a Santa Sé*, p. 132.

sa, publicada em 1874. Teologicamente falando, nada mais era que uma interpretação rudimentar, que não ia além da monótona repetição dos lugares-comuns da literatura pombalina. Ainda assim, e mesmo que a tentativa tenha sido um previsível fracasso, o documento é interessante por confirmar, uma vez mais, o quanto a mentalidade regalista era instrumentalizada pelas "grandes lojas":

> A Igreja é a reunião de fiéis, e desde que sua existência não depende dos pontífices, o poder de ligar e desligar é dela e não deste. [...] Nos primeiros séculos as igrejas eram nacionais e autônomas, o que não as impedia de serem unas e católicas, pela comunhão de fé, pelo culto, de caridade e de graça. [...] A atual Igreja de Pio IX só reconhece a nacionalidade romana, os usos romanos, a disciplina romana, a vida romana, a autoridade romana, a fé romana...[128]

Mais discutível que, digamos assim, a teologia de "Ganganelli" só mesmo o processo contra os bispos, se se considera que quem os conduzia era o Visconde do Rio Branco, grão-mestre reeleito do Lavradio, e que ostentava abertamente sua condição. O acinte era tão grande, que o senador Firmino Rodrigues Silva (1816-1879), na sessão de 5-7-1873, fez uma irada denúncia pública, acusando as anomalias de tal situação.[129]

Surdo às críticas, Rio Branco continuou imperturbável no seu posto, e o resultado da sentença se tornou discutível antes mesmo de o bispo se sentar no banco dos réus. Reforçando tal suspeita, no dia anterior ao julgamento de Dom Vital, foi publicado na folha ministerial *A Nação* um artigo escrito por dois deputados – um deles amigo íntimo do presidente do Conselho de Ministros e o outro, seu próprio filho – em que se afirmava que a questão era "eminentemente política". Assim sendo, a punição do réu era conveniente e necessária, dado que quem estava para ser julgado não era apenas um bispo que cometera um "excesso", mas "uma escola, um sistema todo inteiro" que ele personificava. E esse "sistema" não podia ser absolvido, porque se fosse, em seu lugar condenadas seriam,

[128] Joaquim Saldanha Marinho, *Estado da questão religiosa*, tomo I, p 12-14.

[129] Cf. Firmino Rodrigues Silva, *Discurso sobre a questão religiosa pronunciado pelo Senador Firmino Rodrigues Silva na sessão de 5 de julho de 1883*, p. 3-4.

implicitamente, "todas as leis que regulavam as relações entre a Igreja e o Estado". Portanto, segundo os mesmos articulistas, a condenação seria um modo de evitar que o episcopado levasse "as próprias pretensões até os últimos limites do exagero".[130]

A possibilidade de uma absolvição era deveras remota, pois, como o próprio Dom Vital salientou, o tribunal responsável pelo seu julgamento, exceto três ou quatro juízes, estava quase inteiramente composto por maçons.[131] Nesse cenário viciado, as sessões do julgamento do bispo de Olinda se efetuaram em 18 e 21 de fevereiro de 1874. Como ele não se defendeu nem apresentou advogado, os juristas e senadores do Império, Zacarias de Góis e Vasconcelos e Cândido Mendes de Almeida, pediram para serem admitidos como defensores espontâneos e gratuitos. Deferido o pedido, pouco depois se registrou a primeira controvérsia: o procurador da Coroa, Dr. Francisco Baltazar da Silveira, recusou como juiz – e sua decisão foi cumprida – o ministro Jerônimo Martiniano Figueira de Melo, devido a certas opiniões que ele manifestara no senado, favoráveis a Dom Vital. A atitude do procurador mudou completamente quando os dois defensores pediram que o ministro Manuel de Jesus Valdetaro, opositor declarado dos acusados, fosse substituído. Ele, assim como a maioria dos membros do tribunal, recusou-se terminantemente a fazê-lo.

O julgamento propriamente dito se iniciou às 10h da manhã do dia 21, quando já havia adquirido repercussão internacional. Tanto assim que o bispo estadunidense Louis M. Fink, OSB, que sucederia naquele ano a Jean Miège na condução do vicariato apostólico de Kansas, veio dos Estados Unidos para prestar a Dom Vital sua solidariedade, entrando com ele, junto com Dom Pedro Maria de Lacerda, na sessão crucial. A defesa fundou seus argumentos apelando para a inconsistência técnica do processo, o qual estaria baseado no enquadramento inapropriado do caso no artigo 96 do código criminal. Zacarias afirmou que a questão era puramente espiritual, razão pela qual o bispo na hipótese não devia obediência ao Governo, além do que, o fato de que era acusado não encontrava sanção em nenhum dos artigos do código criminal. Analisou outros aspectos da questão para demonstrar a não fundamentação das agravantes capituladas no libelo. Encerrou sua defesa, sustentando a incompetência

[130] Vital Maria Gonçalves de Oliveira, *Abrégé historique*, p. 43-44.

[131] Vital Maria Gonçalves de Oliveira, *o. c.*, p. 42.

do tribunal, também pela ausência de leis que estabelecessem as normas para o processo em curso. Cândido Mendes defendeu igualmente a legalidade da recusa do bispo de se apresentar ante um tribunal civil, alegando a legislação canônica, à qual eles prestavam juramento e que fora aceita pela própria Constituição do Império. Com base nela proclamava que o referido tribunal civil não estava habilitado para levar a efeito um julgamento de assunto eclesiástico. Findos os debates, às 15h30min o secretário da presidência leu a sentença condenatória: com a única exceção de Manuel Inácio Cavalcanti de Lacerda, Barão de Pirapama (1799-1882), Dom Vital foi considerado culpado e condenado à pena de prisão por quatro anos com trabalhos forçados e custas.[132] No dia 13 de março o Imperador comutaria a pena em prisão simples. Passada uma semana, no dia 21, o condenado seria transferido do arsenal da marinha para a fortaleza de São João, na Urca.[133]

Mostrando que a condenação em nada alterara seu estado de ânimo, quatro dias depois da transferência, o prelado de Olinda lançaria uma pastoral declarando convicto: "Recuar?... Nem uma só linha".[134]

Fato parecido sucederia ao bispo do Pará. Antes que fosse julgado, a *fala do Trono* de 5-5-1874 já o dava por condenado, porque Dom Pedro II deixou claro ser imprescindível que o Estado conservasse intacto seu controle na ambiência eclesiástica, interesse este que ele, obviamente, ocultava com uma motivação aparentemente oposta:

> O procedimento dos bispos de Olinda e do Pará sujeitou-os ao julgamento do Supremo Tribunal de Justiça. Muito me penaliza este fato, mas *cumpria que não ficasse impune* (o grifo é nosso) tão grave ofensa à Constituição e às leis.
>
> Firme no propósito de manter ilesa a soberania nacional e de resguardar os direitos dos cidadãos contra os excessos da autoridade eclesiástica, o Governo conta com o vosso apoio e, sem se apartar da moderação até hoje empregada, há de con-

[132] Manoel Tavares Cavalcanti, "Relações entre o Estado e a Igreja", em: *RIHGB* (tomo especial 1922), vol. VI, p. 311-312.

[133] Antônio Carlos Villaça, *História da questão religiosa no Brasil*, p. 117.

[134] Vital Maria Gonçalves de Oliveira, *Carta Pastoral dirigida do cárcere da fortaleza de São João aos seus diocesanos em 25 de março de 1874*, p. 14-25.

> seguir por termo a um conflito tão prejudicial à ordem social, como aos verdadeiros interesses da religião.[135]

Injuriado com a falta de ética de tal pronunciamento, o Senador José Inácio Silveira Mota denunciou a atitude do Imperador no *Jornal do Comércio*, no dia 26-6-1874, recordando que não esperava que tão perspicazes conselheiros da Coroa aconselhassem o Monarca a vir, perante a representação nacional, assumir a iniciativa de uma perseguição oficial aos bispos, declarando que o procedimento destes não poderia ficar impune. Para ele, aquilo era um modo estranho de influir nas decisões do poder judiciário, o que de per si autorizava a concluir que a sentença de condenação dos bispos foi dada pela Coroa.[136]

O processo, no entanto, seguiu sem alterações seu curso, e como fizera Dom Vital, por não reconhecer a autoridade do tribunal para julgá-lo, Dom Antônio deixou de constituir defensor. O deputado geral, Antônio Ferreira Viana, pediu para que ele e Zacarias de Góis o fizessem, como defensores espontâneos. Deferido o pedido, em 1º de julho, realizou-se o grande júri, de altíssimo significado por haver levado às últimas conseqüências o confronto de duas escolas de pensamento inconciliáveis. De uma parte se encontrava a acusação, representada na pessoa do promotor Francisco Baltazar da Silveira, que encarnava com perfeição o tradicionalismo pombalino; doutra, um ultramontanismo à brasileira, que para ser fiel a Roma, estava para abrir mão de um dos princípios que, para Roma, era mais caro: a defesa do Estado confessional.

A tese da acusação era aquela de que as irmandades eram matéria mista, mas deixando claro que o Governo imperial tinha direito de entrar em questões puramente religiosas. O fundamento para uma afirmação tão categórica o promotor foi buscar no velho regalismo lusitano, citando como exemplo o caso da pastoral do bispo de Coimbra, Dom Miguel da Anunciação, condenada aos 23-12-1768, as máximas de Borges Carneiro, e até um trecho contido à página 56 do manual de *Histórica Eclesiástica* feito por encomenda em 1769, para legitimar a autocracia de Dom José I. Ali se dizia – e o promotor afirmava ser muito importante – que "a constituição das monarquias foi instituída por Deus, independentemente de qualquer religião (é a tese geral).

[135] *Falas do Trono desde o ano de 1823 até o ano de 1889*, p. 422.
[136] Ramos de Oliveira, *O conflito maçônico-religioso de 1872*, p. 32-33.

Receberam depois os monarcas a verdadeira religião nos seus Estados, a qual não mudou coisa alguma na constituição primitiva deles, antes veio ela (a religião), fazer uma parte do Corpo do Estado...".[137]

Zacarias de Góis iniciou a defesa criticando o Governo que fizera publicar no dia do julgamento, "talvez para exercer pressão sobre os ânimos dos julgadores", um artigo dizendo que o tribunal tinha em suas mãos o desenlace da máxima questão, do conflito antiqüíssimo entre o Sacerdócio e o Império. Com refinado sarcasmo, ele demonstraria que não era assim:

> O nobre promotor de justiça foi dando por sabido aquilo que está em questão; para ele tudo está assentado, a acusação está assentada, a rejeição da preliminar da incompetência está assentada, de sorte que só eu estou de pé. [...] O prelado determinou que os membros das confrarias filiados a lojas maçônicas fossem intimados para que deixassem as confrarias e, se não fossem ouvidas as ordens episcopais, então se suspendessem as confrarias de funções religiosas e fossem interditas as capelas onde funcionavam. [...] A causa do castigo é a incompatibilidade que existe entre a sociedade maçônica e o culto católico reconhecida por quem de direito; as penas são suspensão e interdito, penas espirituais. [...] Até há pouco tempo, os maçons limitavam-se às suas lojas, ninguém ia saber o que lá faziam. [...] Mas uma tal reclusão não existe mais: eles estão nas ruas e querem as pastas para governar o país. Então os bispos viram-se em uma verdadeira colisão; ou usar de severidade, ou deixar-se de todo humilhar e enxovalhar por esses indivíduos que querem acumular as lojas e as sacristias, que pensam que com o mesmo direito que vão festejar o *grande arquiteto* podem festejar Sant'Ana ou outra invocação que tenha uma irmandade. Ora, semelhante acumulação é que me parece indecente. [...] Senhores, tem-se dito: "O poder espiritual quer escravizar o país, quer perseguir os maçons": Onde está isso? Quando o poder

[137] ZACARIAS DE GÓIS E VASCONCELOS E ANTÔNIO FERREIRA VIANA, *Discursos proferidos no Supremo Tribunal de Justiça na sessão de 1º de julho 1874 pelos Srs. Conselheiro Zacarias de Góis e Vasconcelos e Dr. Antônio Ferreira Viana, por ocasião do julgamento do Ex.mo e Revmo Sr. Dom Antônio de Macedo Costa, Bispo do Pará, precedidos da acusação feita pelo procurador da Justiça, Dr. Baltazar da Silveira*, p. 3-5.

espiritual manda eliminar os maçons de uma confraria, não manda fechar as lojas maçônicas, nem tem meios, nem direito para isso. [...] Trata-se na verdade de uma questão política e religiosa, que é o programa daqueles que querem governar este país, ou eliminando do artigo 5º da Constituição a Religião do Estado, a Religião Católica Apostólica Romana, ou deixando-a aí como um simulacro, com a cláusula de tornar-se subserviente ao Governo, um braço da administração para sustentar a cabeça do Soberano, como disse o nobre promotor da Justiça, citando-nos pedaços de conhecidos autores portugueses que escreveram sob influência das doutrinas de Pombal.[138]

Vasconcelos ainda usou de vários argumentos jurídicos que conhecia e, sempre com cáustica ironia, afirmou que não existia no código penal a figura delituosa que se atribuía ao prelado. Ao terminar, recebeu aplausos e ovações de "muito bem". Antônio Ferreira Viana tomou a palavra em seguida e criticou abertamente a tradição lusitana, evocada pelo promotor, apontando-a como autoritária e superada. Retomando a questão do bispo de Coimbra, relatou que haviam entregado ao carrasco a consciência da fé, e que o caso se enquadrava "no fanatismo do despotismo, do despotismo daqueles reis". Suas palavras suscitaram tal emoção que o público presente explodiu em aclamações, fazendo o presidente advertir aos presentes que não podiam dar sinais de aprovação ou reprovação. Retomando a palavra, Ferreira Viana prosseguiu veemente:

Vossa Majestade, que assenta o seu poder e a sua autoridade em um grande fato, que gerou um grande direito, a revolução da liberdade, gerando a constituição política, não pode aprovar, nem mesmo consentir, que o nobre agente da justiça figure a nossa geração como herdeira e sucessora de tradições odiosas.

A Igreja brasileira, Senhor, como a querem chamar, não está sujeita, não pode estar, a esta legislação odiosa, que é resquício do despotismo antigo.[139]

[138] Zacarias de Góis e Vasconcelos e Antônio Ferreira Viana, *Discursos proferidos no Supremo Tribunal de Justiça na sessão de 1º de julho 1874*, p. 11, 16-17, 34, 48-49.

[139] Zacarias de Góis e Vasconcelos e Antônio Ferreira Viana, *Discursos proferidos no Supremo Tribunal de Justiça na sessão de 1º de julho 1874*, p. 61-63.

O auditório se sentiu tão tocado pela defesa dos defensores que ao final os aplaudiram e cumprimentaram calorosamente. Nada disso alteraria o previsível resultado: ao ser lida a sentença ao final daquele dia, com um único voto contrário dado pelo Conselheiro Albino Barbosa de Oliveira, também Dom Antônio foi condenado à pena de quatro anos de prisão com trabalhos forçados, comutada pelo Imperador, aos 23-7-1874, em prisão simples.[140]

As penalidades impostas aos bispos fundamentaram-se na falaciosa acusação de que ambos haviam cometido o crime de "obstar ou impedir o efeito das determinações do poder Moderador e Executivo, conforme a Constituição e as leis".[141] O que estas palavras ocultavam era a falta de isenção com que havia sido conduzido todo o processo, mas que pode ser comprovada nas palavras do próprio Rio Branco. Segundo consta de uma carta sua a Dom Pedro II, datada de 28-2-1874, ele afirmava, sem meios termos, que conduzia a causa como parte interessada: "da maior importância é para mim [a punição dos bispos], que aceitarei todas as conseqüências, inclusive a dissolução do ministério".[142] Mais parcial que ele, só mesmo o Imperador, que, no entender de Dom Antônio de Macedo Costa, manteve essa postura por ver na atitude dos bispos uma afronta à sua autoridade:

> Com efeito, a Questão Religiosa no Brasil, pelo menos no que se refere ao governo, não era senão a questão do *Placet*. Não se tratava de algumas confrarias, nem mesmo da maçonaria. Os bispos haviam declarado efetivas e em pleno vigor as Bulas dos Papas, que atingem com excomunhão a Maçonaria, e eles agiram de acordo. Eis o crime que cometeram. O Imperador com essa atitude ficou muito magoado. Os Tribunais basearam-se nisso. Os Bispos não reconheciam as prerrogativas majestáticas e os direitos da Soberania nacional, desde que ousaram executar Bulas pontifícias que não haviam tido o *Regium placet*. No fundo, não era mais que isso.[143]

[140] Antônio Carlos Villaça, *História da questão religiosa no Brasil*, p. 120.

[141] Joaquim Nabuco, *Um Estadista do Império*, vol. III, p. 351-352.

[142] Heitor Lyra, *História de Dom Pedro II*, vol. II, p. 339.

[143] Antônio de Macedo Costa, "Memória sobre a situação presente da Igreja no Brasil", em: *Cadernos de história da Igreja no Brasil*, n. 1, p. 43-44.

Joaquim Nabuco, apesar da benevolência com que tratava a figura do Visconde, era do mesmo parecer:

> O sentimento dos nossos estadistas era todo regalista; não era assim preciso a sugestão do Imperador para o presidente do Conselho deliberar o processo dos bispos; mas, por tudo que se sabe do caráter político e dos métodos de Rio Branco, pode-se afirmar que, sem o apoio enérgico, voluntarioso, do Imperador, ele teria transigido, teria fiado mais da missão a Roma do que de uma condenação jurídica, teria deixado intervir a anistia, de que logo lança mão seu sucessor, ou não teria, pelo menos, conservado durante o conflito a qualidade de grão-mestre da maçonaria.[144]

Que Rio Branco viesse a assumir outra atitude é apenas uma hipótese; a certeza que existe diz respeito ao Imperador: ele não estava disposto a ceder. Passados vários meses da condenação dos bispos, enquanto o clima de rancores e os levantes populares do sertão prosseguiam, Pio IX em pessoa, no dia 9-2-1875, tomou a iniciativa de escrever a Dom Pedro II uma missiva cortês, pedindo clemência para os bispos condenados, ao tempo em que explicava as razões pelas quais a Igreja não podia conceder ao Brasil o que negara a outras nações católicas. A resposta que Dom Pedro II mandou dizer aos ministros diante do apelo feito foi: "O poder moderador não transige".[145]

3.5.2. As campanhas difamatórias subseqüentes e o alargamento das penalidades e discussões

A maçonaria nada fez para ocultar seu papel de manipuladora dos fatos, após a proclamação das condenações, comportando-se como quem recebe um prêmio esperado. Seu mais radical interlocutor, "Ganganelli", que antes havia defendido a tese de que o melhor a fazer era tornar os bispos apátridas e deportá-los sem julgamento, deu-se, enfim, por satisfeito. Aos 4-3-1874, qualificando Dom Vital de "criminoso vulgar", escreveria triunfante:

[144] Joaquim Nabuco, *Um Estadista do Império*, vol. III, p. 356.
[145] Joaquim Nabuco, *o. c.*, vol. III, p. 356.

> Dom Frei Vital de Oliveira foi pronunciado em crime inafiançável; foi preso e trazido para esta Corte. [...] Para esse triunfo a maçonaria concorreu eficazmente. [...] A maçonaria se regozija, sim, contemplando a severidade de um tribunal de justiça, que corajoso e digno, deu, nesta terra, execução ao princípio cardeal de ordem e de segurança pública.[146]

Regozijo igual, só mesmo o de Joaquim do Monte Carmelo que, aos 15-3-1875, terminou a redação da sua obra mais famosa e de linguajar mais chulo: *O Brasil mistificado na questão religiosa.* Superando-se em agressividade, dedicava o escrito, "em sinal de apreço, ao ilustríssimo e excelentíssimo Sr. Conselheiro Joaquim Saldanha Marinho, que sob o pseudônimo de Ganganelli, tão prática e *irrespondibilmente* (o grifo é nosso) há combatido as pretensões ultramontanas". Com uma rudeza rara, afirmava que o "desnaturado" Dom Vital "serviu para bispo, quando não se achavam mais os Ayres nas cavalariças do Cardeal Wisemann". A intenção execratória era tamanha, que apelou até para insinuações obscenas: "Sua utilidade (de Dom Vital) era tão indispensável no seminário de São Paulo que os seus parceiros de hábito o degradaram para Itu, onde passava vida alegre e folgazã, até que lhe proveio a *moléstia* (o grifo é do autor), que o levou a Minas, para não ficar sem brônquios e sem pulmões!" Quanto a Dom Antônio de Macedo Costa, este era apenas comparsa do bispo de Olinda. Para ambos, proclamava prazeroso: "É justo que sofram o que estão sofrendo!"[147]

Esta, como as demais obras de Monte Carmelo, apenas provocou escândalo, para logo cair no esquecimento. O que maçons e regalistas não contavam é que ambos os prelados permaneceriam firmes nas suas posições, mesmo após a condenação. Além disso, os governadores que tinham nomeado para substituí-los – chantre José Joaquim Carmelo de Andrade, em Olinda, e o idoso cônego Sebastião Borges de Castilhos, em Belém do Pará – observariam zelosamente as prescrições recebidas. O Governo, por meio de um aviso enviado a Lucena aos 30-9-1874, reconheceu a legitimidade do governador de Olinda, mas lhe impôs cumprir a mesma determinação que Dom Vital rejeitara. No dia 1-10-1874, aviso semelhante seria

[146] Joaquim Saldanha Marinho, *O julgamento do bispo de Olinda*, vol. III, p. 5, 10.

[147] [Joaquim do Monte Carmelo] *O Brasil mistificado na questão religiosa*, p. 5, 21, 276.

enviado ao governador do Pará, mas em ambos os casos a decisão não seria acatada. Como represália, no dia 16-1-1875, o governador do bispado de Olinda, chantre José Joaquim, foi preso, permanecendo incomunicável por três dias na fortaleza do Brum. Depois disso foi processado e condenado a quatro anos de prisão com trabalhos, pena esta comutada pouco depois por um ano de desterro em Aracati, CE, onde teve de receber ajuda dos amigos para sobreviver. O seu suplente, Pe. Sebastião Constantino de Medeiros, reitor do seminário diocesano, também receberia um aviso, no dia 21 de novembro, no qual, à exigência de levantar os interditos, se acrescentava a obrigação de fazê-lo por meio de ato público, quase como se fosse uma retratação. Tanto ele quanto o seu sucessor, cônego Joaquim Graciano de Araújo (ex-vigário geral), recusaram-se a fazê-lo e acabaram penalizados, o que provocou nova reação de Tarquínio Bráulio no parlamento. O parlamentar não aceitava que num país, cuja política liberal fizera a liberdade de consciência um verdadeiro dogma, apenas ao clero fosse negada tal faculdade: "É clamorosa injustiça, despotismo grosseiro, exigir-se em um país livre e católico, que um sacerdote faça aquilo que as leis da Igreja e a própria consciência repelem".[148]

Apesar do protesto, as punições se repetiram em Belém do Pará, encontrando a mesma resistência. O clero diocesano e seus amigos mais fiéis foram colocados sob pressão constante, conforme denúncia apresentada por Leandro Bezerra:

> O presidente da província aprovou a suspensão dos ordenados dos professores do seminário durante o tempo das férias, em virtude de um aviso ou ofício do Sr. Visconde do Rio Branco.
>
> O governador geral do bispado [cônego Sebastião Borges de Castilho] foi pronunciado nas penas do art. 96 [em cumprimento a decisão do juiz do 1º Distrito de Belém, José Quintino de Carneiro Leão] por não ter querido levantar de novo os interditos, visto ter-se reservado esta faculdade ao bispo diocesano.

[148] *Anais do Parlamento Brasileiro – Câmara dos Deputados, sessão extraordinária de 1875*, p. 83; Idem, tomo 2, p. 156 - 157.

> O presidente da província mandou instaurar novo processo ao governador do bispado, por continuar a dirigir os negócios espirituais da diocese na prisão.
>
> O reverendo vigário de Anajás, Pe. José Henrique Félix da Cruz Dacia, foi pronunciado nas penas do artigo 96, por haver mandado fechar a igreja de Santo Antônio. É o segundo processo que sofre o sacerdote. Uma escolta de sete soldados capitaneados por um oficial foi capturá-lo, o que não conseguiu, por já ter vindo o referido vigário a esta capital entregar-se à prisão. Está recolhido na cadeia de São José.
>
> Em conseqüência da prisão do governador do bispado, estão não só os cônegos como todos os empregados subalternos da Sé privados de suas côngruas. [...] O ilustrado Dr. Samuel Wallace Mac Dowel, por ser defensor espontâneo dos padres, está sofrendo as conseqüências do seu generoso procedimento, sendo condenado a quatro meses de prisão por um artigo assinado pelo brioso jovem, o Sr. Martinho Nina Ribeiro, que assumiu toda a responsabilidade legal de seu ato.
>
> O ilustrado e zeloso Pe. Dr. Mâncio Caetano Ribeiro está sob a pressão de dois processos. [...] Em face desta curiosa estatística *criminal* (o grifo é do autor) quem negará a existência de uma terrível perseguição promovida contra a Igreja Católica na pessoa de seus ministros?[149]

Mais uma vez o Governo adotou uma estratégia equivocada, pois as suas medidas repressivas apenas reforçavam o espírito de corpo da hierarquia eclesiástica da Amazônia. Por essa razão, ao ser preso, no dia 30-1-1875, o governador do bispado, cônego Sebastião Borges de Castilho, lançou um violento protesto, reafirmando que era sim um cumpridor fiel das suas obrigações de delegado de Dom Antônio de Macedo Costa. Não estava sozinho nessa atitude, porque, ao se reunir o cabido dois dias depois, os cônegos elaboraram um manifesto de solidariedade a ele, ao tempo em que reafirmavam total fidelidade à linha pastoral adotada na diocese.[150]

[149] *Anais do Parlamento Brasileiro – Câmara dos Deputados, sessão de 1875*, tomo 2, p. 227.
[150] *Anais do Parlamento Brasileiro – Câmara dos Deputados, sessão de 1875*, tomo 2, p. 228.

O Governo respondia à resistência com novas medidas repressoras. Por isso, ao serem submetidos a processo, o padre José Joaquim foi condenado a quatro anos de prisão com trabalhos (comutada em 3 de abril em um ano de desterro fora da diocese), e o cônego Castilho a seis, também com trabalho, aos 10 de fevereiro do mesmo ano. Enquanto isso os incidentes se multiplicavam: em Belém um pároco sofreu ameaças, em Curaçá outro foi agredido fisicamente em frente ao altar; e em Cintra, o Pe. João de São Tomás de Aquino Carrera foi ferido com arma de fogo e morreu três dias depois.

Na diocese de Olinda tampouco reinava a tranqüilidade: sacerdotes seculares criticavam o Governo nos sermões dominicais, e um deles, Pe. Manuel Antônio de Jesus, vigário encomendado de Granito, foi denunciado – mas não preso – pelo promotor público Geraldo de Carvalho, sob a acusação de ter procurado alterar a ordem pública com as práticas insidiosas contra o Governo, tomando por fundamento a questão religiosa e a condenação do bispo Dom Vital. Também circulavam proclamações de apoio aos bispos condenados, e em Buíque o delegado João Pires apresentou-se armado na igreja matriz, para impedir que o padre Herculano Marques da Silva lesse o manifesto de adesão na missa e solicitasse o apoio da paróquia. Da prisão, Dom Antônio usava seu próprio exemplo para estimular a resistência: "Apesar de minhas cadeias, sinto-me feliz de viver, de viver para lutar e sofrer, de viver para dar um testemunho da fidelidade com que devemos servir à pátria da terra e a pátria do céu".[151] Foi ouvido: quando o Governo da província do Pará ordenou ao cabido que elegesse um vigário capitular em substituição do cônego Castilho, a ordem não foi cumprida. Afora isso, do cárcere o prisioneiro continuou exercendo sua jurisdição espiritual e era obedecido.[152]

3.6. A reação popular e o surgimento do "Quebra-quilos"

O conflito aberto não era uma simples querela de bispos. Era muito mais: era o confronto de dois modelos sócio-eclesiais levado ao extremo, e que contou com ampla participação popular. Internamente saiu vencedora a proposta reformista, pois a contenda se tornou

[151] Antônio de Macedo Costa, *Direito contra o Direito ou o Estado contra tudo*, p. 239.
[152] *Anais do Parlamento Brasileiro – Câmara dos Deputados, sessão de 1875*, tomo III, p. 53.

um fator de coesão católica, como ficou demonstrado nos numerosos abaixo-assinados pela libertação dos prelados e nas correntes de oração que se sucediam pelo país afora. Foi também a oportunidade de demonstrar ao Império que a Igreja não era despida de influência social, pois, paralelo à Questão Religiosa, desenvolvia-se o sedicioso movimento do "Quebra-quilos", que logo fez causa comum com os "ultramontanos".

O Quebra-quilos nasceu espontâneo, sem uma ideologia definida, despojado de organização ou lideranças duradouras, mas soube encarnar o clamor da população espoliada e vítima da pobreza crônica. Vários fatores o provocaram: um dos primeiros foi a introdução da lei n. 1.157, votada pelo legislativo e referendada pelo ministro da Agricultura, Finanças, Comércio e Obras Públicas, João Lins Vieira Cansanção de Sinimbu (1810-1907), aos 26-6-1862, adotando no Império o sistema francês de pesos e medidas também conhecido como sistema métrico decimal. A lei até que foi cautelosa, estabelecendo um prazo de dez anos para a total aplicação, mas as multas e prisões, punindo o não cumprimento, davam-lhe um caráter odioso, e além do mais coincidiu com a crise açucariera, devido à produção de açúcar de beterraba europeu, que, entre 1850-1860, fez cair a exportação do produto brasileiro. A crise atingiu o ápice em 1864, e para complicar, outra grande cultura nordestina, o algodão, também entraria em colapso após o final da Guerra de Secessão dos Estados Unidos, porque os algodoeiros do Mississipi dominaram de novo o mercado.

Em 1870, muitos proprietários já não conseguiam pagar os salários, mas mesmo assim o fisco imperial continuou asfixiante. E, como se não bastasse, o Império também impôs o recrutamento militar obrigatório. Um ano depois, no Rio de Janeiro, alguns grupos de homens depredaram casas comerciais que estavam usando o novo sistema aos gritos de "Quebra os quilos! Quebra os quilos!", dando origem à expressão que passou a indicar genericamente todos os participantes de movimentos de contestação ao Governo.[153]

E as contestações pipocaram deveras, ganhando simpatias e adesões. Severiano Martins da Fonseca, coronel comandante das forças legalistas

[153] Armando Souto Maior, *Quebra-quilos*, p. 7, 13-14, 22, 56.

no nordeste, no relatório que apresentou, aos 16-3-1875, salientou que "o povo em desordens penetrava nas cidades aos gritos de *viva a religião, ao bispo encarcerado e abaixo os impostos*".[154]

As manifestações acabaram estendendo-se por 78 localidades – 35 na Paraíba, 23 em Pernambuco, 13 no Rio Grande do Norte e 7 em Alagoas –, adotando sempre como tática a destruição dos novos pesos e medidas, queima de documentos relativos às coletorias fiscais, e devastação de prédios e de objetos públicos ou que se supunha pertencentes a maçons.[155] Mesmo enfrentando repressão cega e violenta, o movimento refluía para reaparecer em novos focos. O próprio coronel citado acima reconheceu que os caboclos fugiam, esperavam a retirada das tropas, para depois retornarem às suas incursões.[156] De sua parte, as autoridades governamentais, ao invés de reavaliar as medidas tomadas na condução da problemática, optaram pela explicação simplista: a culpa era "dos jesuítas e do *Syllabus*".[157]

Em plena ebulição da questão religiosa, o clero realmente não tinha por que defender um governo regalista opressor; mas o "Quebra-quilos" foi uma rebelião popular de cunho social antes que religiosa. O problema é que os dois conflitos eram simultâneos, e não sem certa razão a massa em fúria muitas vezes identificou nos inimigos dos bispos os seus próprios, e isso explica por que portugueses, tido como anticlericais e maçons, foram agredidos no Pará, enquanto que, ao investirem contra instituições oficiais na Paraíba, em Pernambuco e no Rio Grande do Norte, os sertanejos tenham-no feito, repetindo o grito de "morram os maçons". Apesar dessas demonstrações de solidariedade, a hierarquia eclesiástica foi extremamente cautelosa. Houve, sabe-se, casos como o do vigário de Campina Grande, Pe. Calisto Correia da Nóbrega, ardoroso defensor de Dom Vital, que terminou apontado como direto envolvido. Isto porque, quando o quebra-quilos explodiu na sua paróquia, os papéis da câmara, da coletoria e do cartório do tabelião Pedro Américo de Almeida foram queimados; mas não os livros da loja maçônica "Segredo e lealdade", que

[154] AN, "*Quebra-quilos – Relatório do comandante das forças imperiais estacionadas na Província da Paraíba do Norte*", em: sessão de microfilmes, n. 008.1.78/ PH 34, p. 114-118.

[155] Ronaldo Vainfas, *Dicionário do Brasil imperial*, p. 602.

[156] AN, "*Quebra-quilos – Relatório do comandante das forças imperiais estacionadas na província da Paraíba do Norte*", em: sessão de microfilmes, n. 008.1.78/ PH 34, p. 109.

[157] Nilo Pereira, *Dom vital e a questão religiosa no Brasil*, p. 67-68.

lhe foram entregues, consentindo-lhe de ter a maçonaria em suas mãos. Ele seria preso, mas graças à defesa de Irineu Pereira Joffely terminou absolvido.

O Pe. Ibiapina foi outro que não ficaria imune às contendas reinantes, a ponto de o próprio Visconde do Rio Branco escrever ao Imperador para lhe informar que o velho sacerdote parecia ser o agitador que andava proclamando o movimento. Ficou o dito pelo não dito: o nome de Ibiapina era uma legenda viva, e o Governo preferiu não denunciá-lo. Por outro lado, um grande número de padres exortou os enfurecidos a não queimarem cartórios, a pagarem os impostos e respeitarem as autoridades. Os frades capuchinhos inclusive tentaram, sem sucesso, pacificar os sediciosos, colaborando com o Governo. Foi o intendente interino da Guerra, João José de Oliveira Junqueira, quem recomendou ao presidente da província do Pernambuco que os animasse nesse propósito, indicando, outrossim, o nome de frei Afonso de Bolonha, que para lá seguiria a fim de "empregar-se nesse louvável mister".[158]

Não funcionou. Baldados as iniciativas apaziguadoras, e percebendo que o movimento dos rebelados crescia, havendo inclusive ultrapassado as fronteiras nordestinas, uma força militar de mar e terra foi deslocada para impedir que bandos armados atingissem as capitais das províncias, sufocando a rebelião.[159] Sem se comover com as dramáticas condições sociais do nordeste, o relatório anual, apresentado na sessão de negócios eclesiásticos do ministério do Império, fez o possível para reduzir todo o acontecido a mera demonstração de desordem e fanatismo religioso:

> Alguns mal-intencionados, abusando do povo incauto dos sertões, e tomando por pretexto as questões religiosas, e as leis gerais e provinciais sobre recrutamento, e impostos e novos pesos e medidas, conseguiram levantar, em diversos pontos das províncias do Rio Grande do Norte, Paraíba, Pernambuco e Alagoas, certo número de sediciosos, com os quais atentaram contra a ordem pública; esta porém, dadas as con-

[158] Armando Souto Maior, *Quebra-quilos*, p. 46, 51, 65, 79, 204.
[159] Rui de Azevedo Sodré, *Evolução do sentimento religioso de Rui Barbosa*, p. 7.

venientes providências, foi em breve restabelecida, tendo sido reprimidos os desordeiros.[160]

Discordando dessa simplificação, Tarquínio Bráulio de Souza Amarantho denunciaria:

> Logo que apareceram no Recife as primeiras notícias do movimento sedicioso, procuraram inocular ao espírito público que era obra dos ultramontanos, reunidos e favorecidos pela imprensa e por homens do partido liberal.
>
> Nem uma nem outra dessas asserções são verdadeiras. Para a sedição concorreram indivíduos de ambos os partidos, liberais e conservadores, mas sem fim político, sem o acordo das influências políticas, e levados somente pelas opressões que sofriam, pelas fraudes de que eram vítimas.[161]

A mesma insensibilidade social, segundo Armando Souto Maior, redundaria na posterior tragédia de Canudos, que, segundo ele, foi a repetição de um drama não resolvido.[162]

3.7. A expulsão dos jesuítas do Pernambuco

Rio Branco suspeitou desde o início que os padres da Companhia de Jesus fossem autores de um vasto plano de subversão, travando contatos com Lucena por meio de telegramas. Aos 22-12-1874, demonstrando já estar convencido, escreveu categórico a Dom Pedro II para denunciar que o caso se tratava de um plano jesuítico, com algum auxílio de políticos desabusados. Nesse ínterim, também lhe chegara em mãos uma queixa do presidente de Santa Catarina contra o jesuíta João Maria Cybeo, que andara pregando contra o Governo no interior daquela província. Foi o que bastou para que, mais uma vez, o dedo jesuítico fosse visto como o elemento incitador. Como o grupo maior dos padres da Companhia, após a destruição do colégio São Francisco Xavier do Recife, havia-se concentrado momen-

[160] AN – sessão de microfilmes, *Ministério do Império – Relatório do ano de 1874*, p. 59.
[161] *Anais do Parlamento Brasileiro, Câmara dos Deputados, sessão extraordinária de 1875*, p. 87.
[162] Armando Souto Maior, *Quebra-quilos*, p. 84 - 89, 91, 203.

taneamente na Vila do Triunfo, Rio Branco telegrafou de novo a Lucena para adverti-lo que a autoridade não devia recuar, sendo que os jesuítas de Triunfo eram os mais perigosos; tendo preparado o movimento da Paraíba e do Pernambuco, de inteligência com Ibiapina e outros missionários. Com base nisso, sugeria que procedesse com prudência, mas com energia, dispondo para esse fim de elementos eficazes, aumentando a força de linha. O importante era salvar o sistema: "O essencial é não arriscar um revés da autoridade, fazer cumprir a ordem, apresentando no lugar, por uma ação pronta, hábil, enérgica e sem estrépito os meios eficazes de impor o respeito e vencer pela força, se for indispensável".[163]

A questão é que jamais se pode provar o envolvimento dos acusados nos conflitos, ainda que, como era inevitável, suas missões pelo interior algumas vezes tenham-se cruzado com os rebelados. Tentativas de demonstrar o envolvimento dos padres da Companhia de Jesus até que houve, mas nenhuma convincente. Ilustrativa foi a reportagem sensacionalista do *O Diário do Pernambuco*, de 5-12-1874, que noticiou com alarde a suposta apreensão, feita pela polícia, de documentos comprometedores contra os religiosos de roupeta, num sítio da Travessa que vai da Soledade para a rua do Príncipe e estrada de João Barros. Na falta de elementos que sustentassem a afirmação, o periódico se contentou em repetir clichês tradicionais: os jesuítas eram os mais cruciantes inimigos da liberdade; a negação absoluta das verdades políticas e científicas dos tempos modernos, por personificarem o aniquilamento da razão, o ensonbramento da consciência, o que faria deles a alma negra dos quebra-quilos. A pseudo-reportagem se encerrava repetindo as costumeiras alusões conspiracionistas contra um ultramontanismo supostamente ávido de domínio: "É fora de dúvida e incontestável que, embora se socorrendo das paixões atiçadas por outros, é o ultramontanismo, que tem sua mais alta expressão nos jesuítas; e inspirado a alma danada da sedição, que vai por esta e pela província da Paraíba".[164]

Outra tentativa incriminatória partiu do próprio Barão de Lucena, que articulou um verdadeiro dossiê, com todas as provas que conseguiu encontrar. Um fracasso: constituía-se somente de onze cartas de conteúdo inócuo, que exprimiam sentimentos pessoais ou manifestavam preocupações pelo conflito em curso, mas que em nenhum modo continham elementos sufi-

[163] Armando Souto Maior, *Quebra-quilos*, p. 70 - 71.
[164] Armando Souto Maior, *o. c.*, p. 77 - 78.

cientes para fundamentar acusações conspiratórias. Das ditas cartas, duas eram de Dom Vital, outras duas do Pe. Antônio Onorati e mais outras duas vinham de Liverpool, enviadas pelo Pe. Jesuíta Joseph Lasemby. As demais tinham como autores José Soriano, Carlos Norcelli, Tarquínio Bráulio de Souza Amarantho, Manoel J. Xavier Ribeiro e Souza Rangel. Para apresentá-las como provas, Lucena forçou ao máximo interpretações, como explicar a frase "convém irmos firmando-nos acolá, de maneira que possamos atingir os desiderata que almejamos", como exemplo de incitamento sedicioso.

A essas alturas já haviam sido presos os padres Mário Arconi, Giovanni Battista Raiberti, Vicenzo Mazzi e Felippo Sottovia, que ficaram recolhidos na corveta *Vital de Oliveira*. Outros dois padres, Antônio Onorati e Antônio Aragnetti, que andavam pregando missões em Triunfo e proximidades, também acabaram presos e deportados. Ao todo foram nove os padres da Companhia penalizados: quatro que estavam em São Lourenço da Mata, um em Recife, dois na Vila do Triunfo, um na freguesia do Pau d´Alho e outro finalmente que se encontrava no engenho Tibiry, Paraíba do Norte. Lucena, por meio de uma portaria, autorizou a expulsão dos padres, publicada no mesmo *O Diário do Pernambuco* aos 23-12-1874. O lacônico documento se limitava a dizer: "Em cumprimento de ordens do Governo imperial, [decidiu-se] ordenar que os mencionados padres jesuítas [residentes no Pernambuco], que forem estrangeiros, deixem o território do Império, sendo desde já postos em segurança".[165]

No dia 29 seguinte os religiosos foram deportados para a Europa. Deportados sem processo, sem julgamento e sem provas acusatórias, tendo como culpa apenas a vaga acusação de chefes ou ao menos cúmplices de sublevações populares.[166] Para Tarquínio Bráulio, foi somente "um ato de vingança, que veio provar ainda uma vez a impotência do Governo imperial perante a questão religiosa, foi uma inútil ostentação de força contra sacerdotes católicos que não tinham outra culpa senão aderir aos atos do ilustre bispo, em cuja diocese estavam".[167] Além disso, resultou completamente inútil, porque nenhuma alteração provocou nas diretrizes da Igreja

[165] *Anais do Parlamento Brasileiro – Câmara dos Srs. Deputados, sessão extraordinária de 1875*, p. 49-50.

[166] Vital Maria Gonçalves de Oliveira, *Abrégé historique*, p. 46.

[167] *Anais do Parlamento Brasileiro – Câmara dos Srs. Deputados, sessão extraordinária de 1875*, p. 88, 364.

local, e Dom Vital, com a mesma disposição de antes, defendeu os deportados, escrevendo na prisão a obra *A maçonaria e os jesuítas*, em que refutou uma a uma todas as acusações que se lhes faziam.[168]

3.8. As controvérsias no meio político e a militância da imprensa confessional

Controlar a oposição política era bem mais difícil do que a massa camponesa, e no senado Zacarias de Góis, Jerônimo Martiniano Figueira de Melo, Cândido Mendes de Almeida, Firmino Rodrigues Silva, Barão de Abaeté e Francisco de Paula da Silveira Lobo acusaram o Império de abuso de poder. Também na câmara temporária, Paulino de Souza, Antônio Ferreira Viana, Tarquínio Bráulio de Souza Amaranto, Diogo de Vasconcelos, Raimundo Ferreira de Araújo Lima, Luiz Joaquim Duque Estrada Teixeira, Leandro Bezerra Monteiro, Carlos da Luz e outros não poupavam o ministério de Rio Branco. Leandro Bezerra, um dos mais destacados defensores dos bispos, na sessão de 2-9-1874, da Câmara dos Deputados, resolveu contra-atacar e apresentou denúncia contra os ministros de Estado, conselheiro Visconde do Rio Branco, conselheiro João Alfredo Correia de Oliveira e conselheiro Visconde de Caravelas, pelo crime de traição. Sustentou sua acusação em dois fatos: primeiro, por maquinarem a destruição da religião Católica Apostólica Romana, consagrada pela Constituição do Império; segundo, por suborno, empregando por intermédio de seu delegado, presidente do Pernambuco, peditório e influência para que os vigários da cidade do Recife não cumprissem o dever de obediência ao seu legítimo prelado. Uma comissão composta por Tristão de Alencar Araripe, A. C. Carneiro e Luiz Antônio Pereira Franco foi nomeada para dar parecer sobre a denúncia. Araripe, o relator, como se sabe, era grão-mestre maçom, e após acatar o lacônico parecer do deputado João Mendes, obviamente concluiu com a negativa de todas as acusações, pedindo a rejeição da denúncia, que realmente foi derrubada na Câmara.[169]

Restava, no entanto, a opinião pública, e foi para motivá-la que se articulou a imprensa católica. Vários jornais religiosos ganharam projeção nesse período, entre os quais, *Boa Nova*, *A Regeneração*, *O Diário de Be-*

[168] José do Carmo Baratta, *História eclesiástica do Pernambuco*, p. 113.
[169] Júlio César de Morais Carneiro, *O Catolicismo no Brasil*, p. 198-199.

lém e o *Vigiense*, no Pará; *O Apreciável* e *A Cruz*, no Maranhão; *A Tribuna Católica*, no Ceará; *A União*, no Recife; *A Crônica Religiosa*, em São Paulo; *A Ordem*, em Minas Gerais; e, sobretudo, *O Apóstolo*, no Rio de Janeiro. Neste último, destacar-se-ia a figura de Antônio Manoel dos Reis, formado em ciências jurídicas e sociais pela faculdade da mesma cidade. Teria ele destacada participação em favor dos bispos, replicando um a um, todos os artigos de Saldanha Marinho, que depois seriam reunidos na obra *Ganganelli em cena*. No seu afã apologético, Manoel Antônio dos Reis ajudaria também a organizar a Associação Católica Fluminense,[170] inspirada numa similar que já existia no Pernambuco. A instauração oficial se deu no dia 26-4-1874, e foi um absoluto sucesso, pois conseguiu a proeza de contar com 194 inscritos, entre os quais vários expoentes da política, da jurisprudência e da alta sociedade carioca. "Ultramontanos" célebres como Firmino Rodrigues Silva, Leandro Bezerra e Tarquínio Bráulio de Souza Amarantho faziam parte desse grupo inicial, que logo aprovou um minucioso estatuto, cujo primeiro artigo deixava bem claro que a referida organização tinha por fim "a defesa e a propagação da Religião Católica por todos os meios" lícitos. Para presidi-la foi escolhido Zacarias de Góis e Vasconcelos, sendo seu primeiro vice Jerônimo Martiniano Figueira de Melo, e o segundo Cândido Mendes de Almeida. Os secretários eram respectivamente Antônio Ferreira Viana e Manoel Antônio dos Reis.[171] Foi aí que o Governo imperial mostrou toda a sua intransigência, negando o reconhecimento a ambas as organizações. Cândido Mendes protestou furibundo: "Como explicar esta recusa, quando vimos que os republicanos entre nós se reúnem em associações, formam clubes e o Estado em nada se lhes opõe! Quando vemos que a Maçonaria estabelecida no Império se reúne em diferentes Lojas, em seus antros secretos e obscuros, e não precisam de autoridade alguma".[172]

Na verdade, tinha uma explicação sim: o Governo estava receoso da respeitabilidade que a Igreja conquistara com a resistência demonstrada pelos bispos. E o que era pior: durante o desenrolar dos atritos, generalizou-se a idéia de que o Imperador do Brasil não acreditava em nada, e certas

[170] Augusto Vitorino Alves Sacramento Blake, *Dicionário bibliográfico brasileiro*, vol. I, p. 252-253.

[171] ASV, "A Associação Católica Fluminense", em: *Nunciatura Apostólica no Brasil*, doc. 6, fasc. 214, caixa 46, fl. 36, 38-44.

[172] Francisco de Macedo Costa, *Lutas e vitórias*, p. 77-78.

atitudes suas começaram a ganhar interpretações inquietantes. O hebraico que estudava ou a visita que fizera à sinagoga de Londres ganharam contornos inusitados. Seria ele um Renan, um agnóstico.[173] O contesto externo tampouco era favorável, e o caso do Brasil começou a ser associado ao insucesso do anticlerical *Kulturkampf,* que Otto von Bismarck (1815-1898) iniciara na Alemanha a partir de 1871. No dia 1-8-1874, Tarquínio de Souza leu no parlamento a tradução de um discurso do Papa Pio IX, no Sacro Colégio, onde o caso do Brasil era alinhado à problemática germânica;[174] e num crescendo, na sessão de 30-3-1875, o próprio Diogo Velho Cavalcanti de Albuquerque (1829-1899), ministro da justiça, visitou a Câmara dos Deputados na tentativa de minimizar a extensão do conflito, reduzindo toda a problemática a dois bispos rebeldes. Ele não poderia ser mais infeliz na sua exposição, pois João Mendes rebateu dizendo que o acontecido apenas demonstrava que o Governo evitara processar os demais bispos, uma vez que todos eles tinham publicado o breve papal; ao passo que Tarquínio, além de criticar a política vigente, aproveitou da oportunidade para sugerir que os católicos do Brasil imitassem o exemplo dos alemães.[175] Compreensível que João Pandiá Calógeras tenha dito mais tarde que a intransigência do Ocupante do Trono, no decorrer da questão, foi o mais grave erro político do segundo império. Nenhuma questão, segundo ele, perturbou tanto quanto esta a consciência nacional. Nenhuma tão remotas conseqüências exerceu para o enfraquecimento da fidelidade à monarquia.[176]

Entrementes, Pio IX, que já se encontrava bem informado pelos emissários religiosos do Brasil, declarou-se abertamente a favor dos bispos e fez sabê-lo ao Barão de Alhambra, Ministro do Brasil junto à Santa Sé, além de animar o clero nacional. Sua atitude firme abalou a resistência do Governo do Brasil,[177] porque encontrava em Dom Vital uma perfeita correspondência. A têmpera do bispo de Olinda mereceu até mesmo da parte de Ubaldino do Amaral, conhecido expoente maçom, um comentário que diz tudo: "Justiça seja feita! Era ele um campeão digno de bater-se com

[173] Pedro Calmon, *O Rei filósofo – vida de Dom Pedro II*, p. 312.

[174] No dia 17-6-1874, Pio IX fez a seguinte afirmação aos membros do Sacro Colégio: "Fiquemos unidos com o episcopado que, na Alemanha, no Brasil e em toda a Igreja, dá provas luminosas de constância e de firmeza. Unirmo-nos-hemos a ele e a todas as almas queridas do Senhor" (*Anais do Parlamento Brasileiro – Câmara dos Deputados*, sessão de 1874, tomo IV, p. 26).

[175] *Anais do Parlamento Brasileiro – Câmara dos Deputados, sessão extraordinária de 1875*, p. 79.

o grão-mestre da maçonaria".[178] Nem mesmo Rui Barbosa, para quem os bispos prisioneiros nada mais eram que delinqüentes, ficaria indiferente ao fenômeno: "Presos e condenados granjearam reputação e adesões. Viramse cingir quase com a auréola de mártires".[179]

3.9. A anistia dos implicados

Urgia encontrar uma solução para o caso, mas o Imperador relutava teimosamente à simples possibilidade de rever sua posição. Manifestou-o de novo da *fala do trono* proferida aos 3-5-1875, ainda que reconhecesse que a punição dos bispos não resolvera a problemática:

> As dioceses de Olinda e do Pará conservam-se nas condições anormais que produziu o conflito suscitado pelos respectivos prelados. O Governo tem sido, infelizmente, constrangido a usar de meios repressivos, para trazer aquela parte do clero à obediência devida à Constituição e às leis. Creio que a Santa Sé, convencendo-se da verdade dos fatos e apreciando exatamente tão penosas circunstâncias, fará o que está de sua parte para restaurar a antiga harmonia entre a autoridade civil e a eclesiástica; mas se tanto for necessário, conto com o vosso ilustrado concurso para as providências legislativas que esse estado de coisas vier a exigir.[180]

A empáfia do Ocupante do trono, no entanto, por força das circunstâncias, teria de ser revista, porque o próprio Império era já uma instituição decadente no Brasil. Da sua parte, a permanência do ministério maçônico também se tornara insustentável, tendo-se agravado ainda mais depois que o parlamento lhe negara uma moção de confiança. Para cúmulo do infortúnio de Dom Pedro II, no dia seguinte à bravata contida na sua *fala*, o Visconde de Rio Branco, alegando motivos de saúde, renunciou, sendo afasta-

[176] João Pandiá Calógeras, *Formação histórica do Brasil*, p. 371.
[177] Flávio Guerra, *A questão religiosa do Segundo Império*, p. 206, 209.
[178] Ubaldino do Amaral Fontoura, *Saldanha Marinho - esboço biográfico*, p. 162.
[179] Rui Barbosa, *O Papa e o Concílio*, p. 180-181.
[180] *Falas do Trono desde o ano de 1823 até o ano de 1889*, p. 430.

do um mês depois. Enquanto isso, a reação dos parlamentares católicos às ameaças do trono não se fez esperar, e de novo, Tarquínio de Souza, no dia 18-6-1875, lançou um desafio da tribuna do parlamento: "Desde já aconselho aos meus concidadãos que não se curvem, que não obedeçam a leis que porventura possam ser votadas contra a Igreja Católica. O legislador de um povo livre, de um povo católico, tem antes de tudo a necessidade, o dever de atender e respeitar as crenças de seus súditos".[181]

Uma saída começou a ser vislumbrada quando tomou posse Luís Alves de Lima e Silva, Duque de Caxias, como novo presidente do Conselho de Ministros. Dom Pedro II em pessoa o encarregou, no dia 23 de junho, de organizar um novo Gabinete, e ele mostraria grande habilidade na busca de uma solução. Nos tempos da sua mocidade, Caxias também fora maçom, saíra e recaíra, chegando até a se tornar grão-mestre; mas, no momento em que tomou posse, havia-se reaproximado da Igreja e estava convencido de que a anistia dos bispos era essencial para serenar os ânimos e fazer com que Roma levantasse os interditos. Pressionou o Imperador, que intransigente não consentira sequer que se pagassem as côngruas dos prelados prisioneiros. O novo presidente do conselho de ministros jogou uma cartada decisiva: ou o Governo concedia a anistia ou ele se retirava. Sem alternativa política para substituí-lo no momento, Dom Pedro foi forçado a ceder, mas o fez condicionando seu gesto à suspensão dos interditos. De novo Caxias foi radical. O Imperador então capitulou. Coube à Princesa Isabel, dado que Dom Pedro viajou para a Filadélfia, Estados Unidos, para participar dos festejos da comemoração da independência daquele país, cumprir a sua decisão, "fazendo por satisfazer, com tolerância tardia do governo, os sentimentos católicos da população".[182]

Este era o desfecho que a Princesa desejara desde o início: conta-se que ela, muito pejada, nos últimos dias de uma gravidez, ia pessoalmente de chinelos (devido ao seu estado) a Caxias pedir uma solução para o caso, que afinal acabou sendo resolvido como pretendia.[183] No dia 8-9-1875, por volta das 17h, foi aberta no palácio São Cristóvão mais uma reunião do Conselho de Estado para decidir a anistia. O grupo já não era o mesmo da célebre decisão de 3-7-1873: o Visconde de Souza Franco, considerado

[181] *Anais do Parlamento Brasileiro – Câmara dos Deputados, sessão de 1875*, tomo II, p. 154.
[182] Heitor Ferreira Lima, *Perfil político de Silva Jardim*, p. 20.
[183] João Camilo de Oliveira Torres, *História das idéias religiosas no Brasil*, p. 157.

o mais intransigente opositor dos bispos havia falecido no dia 8 de maio precedente, e também o Marquês de Sapucaí expirara aos 23 de janeiro daquele ano. Nabuco Araújo pronunciou-se a favor, lamentando que os bispos não tivessem sido deportados como ele sugerira: "A experiência justificou as previsões. Os processos foram tidos como perseguição, os réus como mártires, as consciências se sublevaram, o poder do Estado perdeu e não ganhou nada com esses processos". Com ou sem restrições, os demais membros presentes também opinaram pelo perdão aos condenados. Oposição mesmo, somente os três maçons presentes fizeram. Eram eles os viscondes de Rio Branco, Caravelas e Niterói (Francisco de Paula de Negreiros Sayão Lobato). Prevaleceu a vontade da maioria.[184]

Enfim, aos 17-9-1875, o Imperador rubricou o decreto n. 5.993, que anistiava a todos os eclesiásticos punidos:

> Tomando em consideração a proposta que me fez o meu Conselho de Ministros, e tendo sobre ela ouvido o Conselho de Estado, hei por bem, no exercício da atribuição que me confere o art. 101, §9º da Constituição, decretar o seguinte:
>
> Artigo único: Ficam anistiados os Bispos, Governadores e outros Eclesiásticos das Dioceses de Olinda e do Pará, que se acham envolvidos no conflito suscitado em conseqüência dos interditos postos a algumas Irmandades das referidas Dioceses, e em perpétuo silêncio os processos que por esse motivo tenham sido instaurados.[185]

O desgosto de Dom Pedro, que se viu forçado a recuar, ficou bem demonstrado na carta cheia de reservas que enviou no mesmo dia ao Duque de Caxias. Não era o momento, porém, de abrir nova celeuma em torno da lamúria imperial, e os bispos foram libertados no dia seguinte. Dom Pedro Maria de Lacerda, acompanhado do cônego Juan Esberard, foi recebê-los. Primeiro apanhou Dom Vital na saída da fortaleza de São João, e de lá seguiram juntos para a Ilha das Cobras, onde estava Dom Antônio de Macedo Costa. Ao chegarem, uma lancha da marinha levou o diocesano de Olinda até a saída da prisão na ilha, momento de grande emoção para os dois pre-

[184] Antônio Carlos Villaça, *História da questão religiosa no Brasil*, p. 140-141.
[185] *Coleção das leis do Império do Brasil de 1875*, parte II, p. 572-573.

lados amigos. Após os cumprimentos prosseguiram até o Seminário São José, e depois para a Internunciatura Apostólica. Dali ainda iriam até o palácio São Cristóvão saudar o Imperador; mas a formalidade protocolar não foi uma reconciliação. A disposição combativa de ambos os anistiados continuava inalterada e o que Dom Vital realmente sentia veio à tona, no dia 24 do mesmo mês de setembro, apenas uma semana após sua libertação. Numa carta pastoral de conteúdo inequívoco ele declarou:

> Relaxaram-se, afinal, as cadeias da nossa prisão! Mas ai! que não podemos exultar. [...] Se, com efeito, olhamos para nossa tão atribulada Diocese e para outras desta pobre pátria que amamos com tanta veemência, que tristes quadros não temos nós de contemplar?! (sic)
>
> Nos templos do Senhor, campeia insolente a *abominação* da *desolação* de que fala o profeta Daniel; no santuário do Deus vivo, introduzindo-se gente estranha, a despeito do formal preceito do Senhor que lhes proibira o ingresso. [...] Para cúmulo de mágoas, somos ainda forçados a presenciar, sem poder acudir com o remédio, a virtude ludibriada e oprimida; o vício afagado e galardoado; a justiça amordaçada e trucidada; a impiedade festejada e triunfante!
>
> Inverteu-se a ordem das coisas, trocou-se-lhes o nome. [...] E que diremos do Estado?... Esse, vai rolando precípite, pelo declive escorregadio de um plano inclinado. Já tem descido muito; continua a descer, a descer sempre! Irá certamente esboroar-se, no fundo do abismo, se na carreira vertiginosa em que se despenha, não o detiver expressa a mão de Deus!"[186]

O bispo de Olinda podia assumir semelhante postura, pois seu prestígio crescera tanto que, estando hospedado no convento dos capuchinhos do Morro do Castelo, situado bem no centro do Rio de Janeiro, assistiu naqueles dias a verdadeiras romarias de pessoas de todas as classes sociais, que iam até lá para lhe dar demonstrações de apreço e júbilo.[187]

[186] Vital Maria Gonçalves de Oliveira, *Carta Pastoral anunciando o termino da reclusão e a sua próxima viagem ad limina Apostolorum*, p. 3-5, 7-8.

[187] Jacinto Palazzolo, *Crônica dos capuchinhos do Rio de Janeiro*, p. 200.

3.10. Desconfianças e novas pendências

Tão convicto quanto os bispos estava Dom Pedro II. A sua imperial pessoa continuava a sentir-se ofendida por uma questão que oficialmente terminara, deixando em aberto duas pendências altamente significativas para a concepção que tinha das relações Igreja-Estado: os prelados não reconheceram seu "erro" sobre o uso das bulas não placitadas, e a anistia fora decretada sem impor como prévia condição o levantamento dos interditos. Manifestou seus sentimentos numa carta que escreveu ao Barão de Cotegipe, no 3-10-1875, para tratar do pagamento das côngruas aos envolvidos na querela:

> Eu não posso deixar de repetir que *os bispos praticaram um crime*, excluindo das irmandades membros delas sem ser em virtude dos compromissos aprovados pelo poder civil, e fazendo-o eles no cumprimento de bulas não placitadas. É preciso que o despacho não seja redigido de modo a pôr isso em dúvida.[188]

Também dessa vez a queixa ficou sem ressonância, mas a surpresa viria não do Brasil, e sim da Santa Sé. Dom Antônio embarcou para a Bahia no dia 5 de outubro, a fim de visitar o pai moribundo, e lá estava, quando recebeu uma carta do Internúncio Luigi Bruschetti, datada de 26 do mesmo mês, em que participava ofício do Cardeal Antonelli, comunicando em tom normativo que ele e o bispo de Olinda deviam suspender os interditos, cumprindo determinação do próprio Papa. O bispo estranhou o tom insistente e a pressa com que a dita missiva estabelecia uma medida de tão sérias conseqüências, sobretudo porque Dom Vital estava para chegar a Roma em visita *ad limina*. Astuto, usou de um expediente alternativo: no dia 8 de novembro escreveu ao seu vigário geral, cônego Sebastião Borges de Castilho, acatando a decisão, mas, com instruções precisas, que o cônego, no dia 26 seguinte, tornou conhecidas aos fiéis, por meio de uma portaria. As palavras do documento eram claras:

[188] Eugênio Vilhena de Morais, *O Gabinete Caxias e a anistia aos bispos na "questão religiosa"*, p. 61-62.

> O ato do Santo Padre parece, como se vê do ofício de S. Ex.ª Rev.ma, entender-se *somente* (o grifo é do autor) a restituição das igrejas interditas ao culto católico, não se referindo *positivamente* à reabilitação completa das irmandades suspensas.
>
> Na dúvida sobre o verdadeiro alcance do ato do Supremo Pontífice, considero *por ora* as ditas irmandades restituídas ao seu *antigo estado* até que de Roma venham instruções positivas sobre o assunto.[189]

A intuição do bispo do Pará era correta: sem que ele soubesse, a carta que Pio IX enviara a Dom Pedro II, no dia 9 de fevereiro daquele ano, pedindo a liberdade para os prelados ainda presos, explicara que, concedida a graça da anistia, é certo que as igrejas, até então fechadas, seriam imediatamente reabertas, contanto, porém, que se afastassem os maçons dos cargos que exerciam nas irmandades. O governador do bispado de Olinda foi menos sagaz e levantou os interditos sem estabelecer condições, acreditando piamente tratar-se da última vontade do Romano Pontífice: *Roma locuta, causa finita est.*[190]

Dom Antônio de Macedo Costa lamentou amargurado o tripúdio verificado nos arraiais maçônicos ante essa decisão, enquanto que o Visconde de Araguaia, ministro brasileiro junto à Santa Sé, dando por encerrada a questão, aos 3-10-1875, comentou satisfeito que Roma "correspondera à generosidade do Governo imperial", por ter, segundo ele, "corrigido e censurado com a conveniente reserva o zelo imprudente de dois prelados noviços".[191]

Esta alegria logo cederia lugar à frustração, aos rancores e às novas querelas verbais; mas, enquanto uma nova versão dos fatos estava por ser conhecida, Dom Vital partiu do Rio de Janeiro para Roma, lá chegando aos 9-11-1875. O Cardeal Antonelli disse-lhe secamente que dera ordens para levantar os interditos e para publicar a carta que lhe enviara. Sem perder a calma, Dom Vital encontrou-se com Pio IX no outro dia e lhe apresentou dito documento, o qual, segundo consta, o Pontífice mostrou desconhecer. O episódio envolveu a figura do Secretário de Estado da Santa Sé numa nuvem de suspeita, e Dom Antônio de Macedo Costa aludiria às sombras

[189] ASV, Portaria do governador do bispado de Belém, cônego Sebastião Borges de Castilho (26-11-1875), em: *Nunciatura Apostólica no Brasil*, doc. 9, fasc. 222, caixa 48, fl. 68.

[190] Jerônimo Lemos, *Dom Pedro Maria de Lacerda*, p. 276-277.

[191] Sérgio Buarque de Holanda, *O Brasil monárquico*, p. 174.

que pairavam sobre alguns dos seus atos políticos. Não era o único a pensar assim: Pe. Apolinário, amigo e confidente de Dom Vital, numa carta escrita anos depois a Monsenhor Esberard, também afirmou ter ouvido do prelado de Olinda a seguinte acusação: "Toda culpa recai sobre o Cardeal Antonelli, que agiu como um traidor. Creio ser impossível deixar de o reconhecer".[192]

3.10.1. A persistência das suspeitas recíprocas e a morte de Dom Vital

Certos fatos levam a crer que nem a maçonaria nem os regalistas acreditavam sinceramente que a Igreja se dera por vencida tão facilmente. Senão, que outro motivo explicaria aquela preocupação não diminuída de continuar combatendo os "romanos"? Para este fim todos os meios eram válidos, a exemplo da publicação feita no Recife em 1875 da coletânea dos escritos de frei Caneca – o frade liberal maçom (cf. p. 52-53) –, elaborada pelo comendador Antônio Joaquim de Melo, com o patrocínio direto de Lucena, em que o antigo carmelita era apresentado como insigne modelo de religioso e cidadão, que servira "extremosamente a pátria com suas luzes e pessoal exemplo".[193]

Os receios que sentiam os opositores dos "ultramontanos" ganharam forma real pouco depois, quando Pio IX enviou a todo o episcopado do Brasil a encíclica *Exorta in ista ditione*, datada de 29-4-1876. Traduzida imediatamente para o português e divulgada de norte a sul do país, ela repetia uma a uma as condenações que regalistas e maçons menos suportavam ouvir, tais como não permitir a admissão dos membros das "grandes lojas" nas associações laicais católicas.[194]

A reação maçônica não se fez esperar, e, no dia 10-7-1876, um artigo anônimo publicado no *Correio Paulistano* já abandonara completamente o tom triunfante do no ano anterior:

> O levantamento dos interditos foi *ato de clemência* (os grifo são do autor) de Sua Santidade. A condição que impôs

[192] Jerônimo Lemos, *Dom Pedro Maria de Lacerda*, p. 266.
[193] Joaquim do Amor Divino Rabelo e Caneca, *Obras políticas e literárias*, p. 7.
[194] Antônio de Macedo Costa, *A questão religiosa no Brasil perante a Santa Sé*, p. 296-299.

é a exclusão dos maçons das irmandades. Não pergunta se foi aceita tal condição; podia impô-la e a impôs. E tanto a decisão passou *em julgado* que alguns bispos começaram a deduzir-lhe os corolários naturais: Maçom não pode ser padrinho de batismo; maçom não recebe os sacramentos sem abjurar, isto é, perjurar; cadáver de maçom não é encomendado. Daqui não poderá casar, não terá sepultura sagrada etc.[195]

A previsão não só estava correta, como os fatos que temia já estavam acontecendo. E repercutiam tanto que a cúpula do Governo teve de discuti-lo. Em 1877, o conselheiro João Bento da Cunha e Figueiredo, ao apresentar o *Relatório à Assembléia Legislativa*, ainda que com grande prudência, propôs uma revisão das relações entre a Igreja e o Estado no país. Como o Governo nada reconsiderou, a Igreja tampouco reviu sua posição. Assim sendo, em dioceses como Belém, a maioria dos interditos continuou em vigor, e quando, no dia 3-2-1879, a mesa regedora da Ordem Terceira de São Francisco solicitou de Dom Antônio de Macedo Costa que lhe designasse um padre para a procissão das cinzas, dois dias depois recebeu dele um ofício exigindo, como condição prévia para tanto, que observasse cinco condições: fazer uma pública declaração de fé, confessando abraçar firmemente todas as doutrinas ensinadas pela Igreja Católica; submeter, como fora exigido, à aprovação do Prelado as nomeações dos diversos funcionários chamados a dirigir a irmandade; que os irmãos terceiros se confessassem e comungassem ao menos pelas festas de Natal, Páscoa e Espírito Santo; observar a Regra da Terceira Ordem de São Francisco a qual estabelece que as profissões tenham lugar depois de cumprido um ano de noviciado e, além disso, reconhecer a nulidade da admissão de membros que não o haviam feito, bem como não continuar mais com semelhante modo de admissão, até restabelecer-se a união da Ordem terceira com a Igreja e a situação se encontrasse dentro dos devidos trâmites; por fim, abandonar a prática dos "enterros civis", que realizavam sepultamentos sem nenhuma oração da Igreja.[196]

[195] Cristiano Benedito Otoni, *A liberdade de cultos no Brasil*, p. 82.

[196] ASV, "Resposta do presidente da mesa regedora da Venerável Ordem Terceira de São Francisco da Penitência, João Constantino do Vale, a Dom Antônio de Macedo Costa (22-2-1879)", em: *Nunciatura Apostólica no* Brasil, fasc. 234, caixa 50, doc. 42, fl. 119.

A mesa regedora era presidida por João Constantino do Vale, maçom notório, e a atitude que tomou foi típica das associações leigas recalcitrantes: no dia 22 do mesmo mês de fevereiro, respondeu negativamente a todos os quesitos. Depois de afirmar que o primeiro ponto não tinha razão de ser, tendo presente os "sentimentos ortodoxos" da associação, a mesa abordava o segundo ponto, evidenciando que a sua ortodoxia era regalista e nada católica, dado que se manifestava contrária a obedecer ao bispo porque preferia fazê-lo em relação ao juiz de capelas. E não só, dito juiz era qualificado por ela como sendo a "autoridade única", segundo a legislação pátria para a administração temporal das ordens terceiras... Demonstrando, de vez, que algumas dessas associações já não podiam ser chamadas de católicas, a dita mesa, repetindo o lugar comum do discurso das "grandes lojas" que, como se sabe, contestavam a revelação cristã e a necessidade da mediação histórica da Igreja, afirmou que os sacramentos solicitados no terceiro quesito, "as mais das vezes", eram "feitos para armar e iludir a credulidade pública".[197] A negativa se estendeu igualmente aos outros dois quesitos, mas a mesa pagou o preço da sua intransigência, pois continuou penalizada. No resto do país, fatos análogos aconteciam: as bulas não placitadas eram observadas à risca, e o resultado foi que no Pará maçom não se podia casar na Igreja, enquanto que no Rio de Janeiro a aceitação dos nubentes ficou a critério dos párocos.[198]

Nesse particular, faz-se necessário recordar que o bispo do Rio de Janeiro, Dom Pedro Maria de Lacerda, depois de um período de hesitações, reconsiderou, transformando-se de novo num dos alvos preferidos dos anticlericais, a ponto de quase se tornar vítima de agressão física. Aconteceu na igreja carioca de Santa Rita, quando, ao subir para pregar no púlpito, um desconhecido lhe lançou uma ou duas pedras, ao que ele reagiu abandonando a cátedra e se retirando do recinto.[199] Porém, ao contrário do que fizera no passado, manteve sua atitude, motivando Saldanha Marinho a atacá-lo furibundo na Câmara dos Deputados, no dia 16-7-1880:

[197] ASV, "Resposta do presidente da mesa regedora da Venerável Ordem Terceira de São Francisco da Penitência, João Constantino do Vale, a Dom Antônio de Macedo Costa (22-2-1879)", em: *Nunciatura Apostólica no* Brasil, fasc. 234, caixa 50, doc. 42, fl. 121-122.

[198] Joaquim Saldanha Marinho, *Discursos proferidos e projetos apresentados na Câmara dos Senhores Deputados na sessão de 1879*, p. 75-76.

[199] Ubaldino do Amaral Fontoura, *Segundo conferência no Grande Oriente Unido do Brasil*, p. 4.

> Agora mesmo, lá está, na cidade de Vitória (Espírito Santo), o celebérrimo bispo do Rio de Janeiro, [...] e por ocasião da crisma executa o tal breve *Quamquam Dolores*, e não admite maçons a serem testemunhas do ato ou padrinhos. [...] Este mesmo bispo obsta por todos os meios a aprovação de compromissos de irmandades, exigindo que neles se estatua quanto manda esse célebre breve de condenação da maçonaria.[200]

Entrementes, o Cardeal Antonelli falecera, aos 6-11-1876, um mês exato após o retorno de Dom Vital ao Brasil e de sua acolhida triunfal pelos diocesanos. O Internúncio Sanguigni foi transferido para Lisboa, enquanto o bispo de Olinda entrava num progressivo estado de debilitação física. Mesmo assim, ele organizou uma visita pastoral na diocese, que acabaria sendo a última. No dia 12 de outubro, partiu para a Corte, e aparentava estar tão mal que a Princesa Isabel lhe aconselhou procurar um tratamento adequado na Europa. Ele acatou a sugestão, e depois de nomear o Pe. Graciano de Araújo como seu substituto, no dia 25-4-1877 embarcou no vapor *Paraná* rumo ao Velho Mundo. Junto dele ia a peregrinação brasileira organizada por Dom Pedro Maria de Lacerda em homenagem ao Papa, pela ocorrência do seu jubileu sacerdotal.[201]

Na Europa, demoraria um pouco em Clermont Ferrand, e depois de ser medicado por especialistas franceses seguiu para Roma; debalde solicitando da Santa Sé a exoneração das funções episcopais. Aos 26-2-1878, retornou à França, chegando a Paris no dia 13 de maio, onde se hospedou no convento *La Santé*. Malgrado a confiança que Leão XIII depositava em sua pessoa, o jovem prelado agonizava, vindo a expirar por volta das 23h20min do dia 14 de julho seguinte. O falecimento de um bispo na flor da sua mocidade – contava com apenas trinta e três anos de idade e seis de episcopado – suscitou muitas interrogações. Episódios estranhos antecederam sua morte: em Roma ele parecia estar recuperando-se, quando, no dia 21 de fevereiro, um novo e pernicioso mal o assaltou. Queixava-se de dores lancinantes no abdômen, e estes sintomas atípicos suscitaram muitas suspeitas,[202] reforçadas ainda mais depois que seu médico, Dr. Ozanam,

[200] Joaquim Saldanha Marinho, *A questão religiosa no Brasil*, p. 28.
[201] Jacinto Palazzolo, *Crônica dos capuchinhos do Rio de Janeiro*, p. 194.
[202] Cf. Theodoro Huckelmann, *Dom Vital in memoriam*, p. 32-33, 73.

encontrou no cadáver uma placa negra de cerca de 15 cm de diâmetro na região umbilical. A conjectura foi que a *causa mortis* teria sido envenenamento a longo prazo,[203] mas jamais se chegou a um diagnóstico definitivo. Dom Antônio de Macedo Costa preferiu não especular sobre o assunto, deixando sobre o colega morto um depoimento emocionado:

> Era de gênio vivo e alegre, mas ao mesmo tempo reservado e calmo. Muito fino e perspicaz em conhecer os homens, tratava a todos com lhaneza, mas a muitíssimos poucos dava toda a sua confiança. Caráter singular que reunia dotes mui difíceis de conciliar: jovial e discreto, corajoso e prudentíssimo; casando a urbanidade do cavalheiro com a austeridade do asceta; a ternura e a maviosidade do poeta com a precisão e rigor lógico do matemático; brando como a cera, quando era possível condescender; rijo como a rocha, quando era mister. [...] Era um anjo de candura e bondade, a acolher a todos indistintamente, grandes e pequenos, ricos e pobres, fazendo a cada um participar daquele seu recôndito tesouro de inalterável mansidão e carinho.[204]

O Monarca brasileiro, da sua parte, continuava cheio de mágoas pela resistência dos bispos. Admitindo, afinal, que a reforma da Igreja era um fato e uma ameaça ao modelo que com tanto zelo insistia em conservar, Dom Pedro passou a alimentar propósitos restauradores. Numa recomendação confidencial à Princesa Isabel, em 1876, ao embarcar para os Estados Unidos, ele a alertaria: "A questão dos bispos cessou. Mas receio ainda do de Olinda, quando voltar à sua diocese. [...] O bispo do Maranhão está enfermo. Todo cuidado na escolha de novo bispo. Há padres dignos do cargo sem serem eivados de princípios ultramontanos".[205]

Quatro anos mais tarde, no primeiro colóquio que teve com Monsenhor Ângelo di Pietro, Internúncio recém-chegado ao Brasil, ele declararia abertamente que sustentaria sempre o *placet* e o *exequatur,* e até recomendou ao novo representante da Santa Sé imitar o exemplo de seu antecessor Sanguig-

[203] Ramos de Oliveira, *O conflito maçônico-religioso*, p. 59.
[204] Antônio de Macedo Costa, *A questão religiosa do Brasil perante a Santa Sé*, p. 101-102, 104.
[205] Heitor Lyra, *História de Dom Pedro II*, vol. II, p. 354.

ni. Falando como uma pessoa alienada da realidade eclesial circundante, ou como alguém que se recusava a ver a acesa propaganda republicana que a maioria dos membros das sociedades secretas movia, Dom Pedro insistiu no patético argumento de que os maçons não obstaculavam a religião, apresentando como única ressalva o fato de eles "desejarem" entrar na política.[206]

Em 1881, ao visitar com a esposa o Colégio do Caraça, MG, as reservas que tinha viriam de novo à tona. O Caraça se tornara então uma grande instituição com mais de trezentos alunos, entre seminaristas e estudantes leigos. Dom Pedro II, depois de ouvir os estudantes de teologia a respeito de dogma, moral e história eclesiástica, quis saber do professor de direito canônico o que se ensinava sobre a aprovação régia para os documentos pontifícios, o *placet*. Para responder, foi chamado o jovem seminarista Rodolfo Augusto de Oliveira Pena, que, sem hesitação, afirmou ser falsa e contrária aos ensinamentos do Concílio Vaticano I a doutrina que julgava necessário o *placet* para que os atos pontifícios tivessem força de lei num país católico. Convidado a justificar suas afirmativas, o formando não se intimidou: "Há dois poderes, o eclesiástico e o civil, e ambos vêm de Deus. Sobre o segundo, as opiniões divergem: imediatamente ou mediante o povo. O poder eclesiástico é superior ao civil porque tem objeto mais nobre, espiritual, sobrenatural, o bem das almas, e extensão territorial maior, pois abrange o mundo todo. O poder civil tem por objeto o bem temporal e se limita a uma nação particular. Esses dois poderes são distintos e livres na sua esfera". Criou-se um silêncio constrangedor, e o Imperador insistiu: "E nas questões mistas?" Antes que o aluno respondesse, o professor, Pe. Jean Chanavat, tomou a palavra: "Para estas, a decisão pertence... à Igreja". Dom Pedro irritou-se: "Protesto! Como Chefe do poder civil e defensor nato da Constituição Brasileira, protesto contra esta doutrina". A resposta do padre veio pronta: "Vossa Majestade protesta contra a doutrina da Igreja, estampada em documentos pontifícios que vou apresentar". "Conheço muito bem a doutrina da Igreja", retorquiu o Imperador. O Dr. Gorceix, que estava junto ao padre, puxou sua batina, e o superior da casa com sutileza interveio, alegando muito ter ainda de examinar.[207]

[206] AAEESS, "Audiência do Internúncio com o Imperador para a entrega das credenciais (24-1-1880)", em: *Brasil*, fasc. 9, pos. 192, fl. 8.

[207] Joaquim Silvério de Souza, "O Pe. João Gualberto Chanavat", em: *Revista do Instituto Histórico Geográfico Brasileiro*, parte 1, tomo LXII, p. 249.

Um pouco mais tarde, durante o recreio, o professor de direito não se conteve: "Não admito o protesto de V. M. É escandaloso um Monarca católico protestar contra a doutrina da Igreja diante de Seminário Maior". Dom Pedro retrucou: "Eu sou mais católico que o lente. Sou católico tolerante, ao passo que o senhor é intolerante". A notícia vazou e chegou a Ouro Preto, assumindo proporções tais que o próprio Monarca se encarregou de amenizar a importância do ocorrido;[208] mas um assunto tão complexo não poderia ser resolvido com um simples gesto conciliador.

3.10.2. A militância dos remanescentes regalistas no período pós-anistia

O incidente do Caraça foi um fato secundário num conflito que persistia, ainda que um pouco mais discretamente. A Igreja se sentia vitoriosa, também porque os padres regalistas estavam tão reduzidos em número, que o cônego Joaquim do Monte Carmelo[209] se transformara num nostálgico

[208] José Tobias Zico, "Os Lazaristas do Caraça", em: *REB*, vol. 41, fasc. 163, p. 505-507.

[209] Joaquim do Monte Carmelo dos Santos nasceu em Salvador, Bahia, aos 19-11-1813, filho de Francisco Gonçalves dos Santos e de Maria Francisca Rosa da Conceição. Entrou para o mosteiro beneditino de Salvador aos 19-9-1835, recebendo a tonsura no dia 22 de setembro do ano seguinte. Ordenado presbítero aos 9-4-1837, tornou-se capelão da irmandade de Nossa Senhora das Angústias. Em dezembro de 1838 foi transferido para o mosteiro do Rio de Janeiro e, mais tarde, em 1842, feito presidente do mosteiro de Santos. Daí seguiu para Roma, onde se doutorou em direito canônico. De volta ao Brasil, iniciou-se na maçonaria aos 14-11-1843 e, embora não existam provas que consintam uma associação dos fatos, quase contemporaneamente desentendeu-se com os seus superiores. Em 1845 tornou-se padre secular e, após outra viagem aos Estados Pontifícios, fixou residência na diocese paulista, sendo honrado aos 6-9-1848 com o título de cônego da catedral e lente de retórica do curso anexo. Seu caso foi deveras singularíssimo: ao contrário de quase todos os brasileiros que estudaram nas "ortodoxas" escolas européias do século XIX, Monte Carmelo não apenas rejeitou a aproximação da Igreja do Brasil com a Santa Sé, como se transformou num verdadeiro porta-voz do regalismo clerical. Teve, porém, de se ver com Dom Antônio Joaquim de Melo que o forçaria a abandonar o Cabido e se transferir para o Rio de Janeiro. Ao eclodir a questão religiosa, ele, além de se posicionar contra os bispos envolvidos e criticar leigos "ultramontanos" como Cândido Mendes, teceria rasgados elogios à maçonaria e a Joaquim Saldanha Marinho. As obras que escreveu neste período eram todas anônimas, mas logo tiveram a autoria identificada, motivo pelo qual, em 1877 Dom Antônio de Macedo Costa o criticaria de forma veemente: "Em falta com a lei de residência há quatorze anos em que mora no Rio, autor de um livro infame e obsceno intitulado *O Brasil mistificado na Questão Religiosa*, de um sermão herético e de outras obras no *Índex*, este padre publica em um dos principais jornais do Rio uma série de artigos pagos pela maçonaria, intitulados *Os infalíveis de Roma*, nos quais os Sumos Pontífices são arrastados uns após outros na esteira dos mais infames insultos e calúnias. Este miserável, eu sou testemunha disso, celebra missas todos os dias no Rio de Janeiro!" Não por

quase solitário. Isso não quer dizer que seu ânimo polêmico arrefecera. Ao contrário, as obras e os artigos que escrevia contra Roma e os "ultramontanos" se tornavam cada vez mais radicais. Os exemplos mais famosos foram *O Brasil e a Cúria Romana ou análise e refutação do Direito contra direito do Sr. Dom Antônio de Macedo Costa*, publicado em 1876, em que, entre outras coisas, acusava a Igreja romana de ser um mal, por "romanizar" as igrejas nacionais,[210] e a *Carta à sereníssima Princesa Isabel*, em que fazia apaixonada defesa do regalismo e duras críticas ao Papa Pio IX.[211]

Carmelo acrescentava ainda vivaz defesa da maçonaria, mas isso em nada alterou a atitude geral da Igreja. O problema era que, ao contrário do que acontecia com o segmento regalista do clero, a multiplicação das "grandes lojas" prosseguia pelo Brasil afora. Tanto assim que em 1882 já existiam 390 núcleos no país, dos quais 210 eram lojas, e outros 180, capítulos ou lojas graduadas.[212] E seus membros continuavam insatisfeitos com os rumos

muito tempo: Dom Pedro Maria de Lacerda naquele mesmo ano o privou do uso de ordens na sua diocese, e ele regressou para a diocese de São Paulo, mas não para a capital, e sim para Aparecida, então parte da paróquia de Guaratinguetá, onde se tornou empreiteiro das obras de ampliação e melhorias do santuário que ali existia. Ainda não seria desta vez que iria adotar uma postura discreta, pois, antes que 1877 terminasse, um sermão que proferiu e mandou imprimir, intitulado *Luz e trevas*, acabou sendo colocado no *Index*, motivando o novo bispo local, Dom Lino Deodato de Carvalho, a exigir dele uma retratação. O máximo que Monte Carmelo fez foi renunciar ao título de cônego que ainda nominalmente conservava, mas não se retratou formalmente, em razão do que terminou suspenso e teve de abandonar a capelania de Aparecida em 1878. Continuou porém a residir nas redondezas, e em 1881 solicitaria ao internúncio Mário Mocenni poder celebrar num oratório privado. A graça ser-lhe-ia negada, e assim sua situação ficou indefinida até a proclamação da República, após a qual, foi de novo readmitido à Ordem Beneditina aos 2-3-1891. Feito outra vez presidente do mosteiro de Santos em 1893, por ser um dos pouquíssimos monges ainda sobreviventes no Brasil, tenazmente se oporia aos confrades europeus que se propunham a restaurar a vida monástica no país. Sem conseguir seu intento, nem renunciar às suas idéias, regressou à Bahia em junho de 1898. Recolhido no mosteirinho de Nossa Senhora do Montserrat, ali faleceu aos 11-8-1899 [ASV, "Carta de Dom Lino Deodato Rodrigues de Carvalho a Joaquim do Monte Carmelo (3-7-1877)", em: *Nunciatura Apostólica no Brasil*, caixa 48, fasc. 226, doc. 10, fl. 20; Idem, "Cartas de Dom Lino ao Internúncio Mocenni em 19-9-1881 e 19-9-1882", em: *ibidem*, caixa 53, fasc. 251, docs. 19-20, fl. 45, 47-48; José Lohr Endres, *Catálogo dos Bispos, Gerais, Provinciais, Abades e mais cargos da Ordem de São Bento do Brasil (1582-1975)*, p. 273-276; Joaquim do Monte Carmelo, *O Arcipreste de São Paulo Joaquim Anselmo de Oliveira e o clero do Brasil*, 1873, p. 79-80, 109, 127, 165, 180, 236-237, 277, 292, 315, 325; Antônio de Macedo Costa, *Memória sobre a situação presente da Igreja no Brasil*, p. 46; José Castellanni, *Os maçons e a questão religiosa*, p. 124].

[210] Cf. [Joaquim do Monte Carmelo], *O Brasil e a Cúria Romana ou análise e refutação do Direito contra direito do Sr. Dom Antônio de Macedo Costa*, p. 5, 13, 17, 28-38, 73.

[211] Cf. [Joaquim do Monte Carmelo], *Carta à sereníssima Princesa Isabel*, 1ª parte, p. 40-41.

[212] AAEESS, "Separação da Igreja do Estado", em: *Brasil*, fasc. 24, pos. 300, fl. 56b.

que a situação havia tomado. Joaquim Saldanha Marinho, principalmente, que defendera a deportação e a perda da cidadania dos prelados, a laicização pura e simples do Estado e o rompimento das relações diplomáticas com a Santa Sé,[213] não estava disposto a ceder. Pôde tentar novas investidas contra a Igreja quando entrou em cena o providencial auxílio de Rui Barbosa. Rui não era maçom, mas, quando estudante na academia de São Paulo (1868-1870), tinha feito uma breve experiência na loja *América*. Depois de 1871, regressando à Bahia, ele a abandonara,[214] mas manteve a amizade e sobretudo, a vizinhança de idéias com alguns maçons integristas, um dos quais era justamente Saldanha Marinho. E não só: o radical baiano também reunia em si as convicções liberais herdadas do pai, João José Barbosa de Oliveira, mais o vasto conhecimento adquirido na leitura dos anticlericais franceses e dos liberais da Inglaterra. O anticlericalismo que professava progrediu sempre: em 1874, publicou a tradução feita pelo pai – *A Imaculada Conceição*, de Laboulaye – em cujo prefácio seu genitor negava a definição dogmática. Defronte às reações contrárias, ele revidou, afirmando pertencer aos "velhos católicos", negando não só a Imaculada, como também o *Syllabus* ("esta carta de uma teocracia abominável"), além de execrar o "ultramontanismo". Fez mais: em 1875 bateu-se pela representação do drama *Os Lazaristas*, de autoria do português Antônio Enes, que o próprio Conservatório Dramático Brasileiro havia censurado, por considerá-la anticlerical e indecente. Um ano depois, ele deu um outro passo, associando-se ao grupo antipapista que circundava Saldanha Marinho. Sua militância "anti-ultramontana" estava chegando ao apogeu.[215]

Em 1875, também comunicou que traduzira a obra *Der Papst un das Konzil*, composta em 1869 pelo teólogo alemão Johann Joseph Ignaz von Döllinger (1799-1890), o qual, por rejeitar a definição dogmática da infalibilidade papal terminara excomungado, em 1871.[216] Ao ser informado, Saldanha Marinho lhe ofereceu a polpuda quantia de cinqüenta contos de réis, mais a promessa de adquirir mil e quinhentos exemplares da dita obra para a sua loja maçônica, a fim de que a mesma fosse publicada.[217]

[213] Antônio de Macedo Costa, *A questão religiosa do Brasil perante a Santa Sé*, p. 178.

[214] Brasil Bandecchi, *A Bucha, a maçonaria e o espírito liberal*, p. 107.

[215] Eugênio Schmidt, "Rui Barbosa e o decreto de separação", em: *REB*, vol. 14, fasc. 2, p. 360-361.

[216] Cf. Luciano Pacomio et alii, *Dizionario dei teologi dal primo secolo ad oggi*, p. 390.

[217] Luís Viana Filho, *Rui & Nabuco*, p. 133-134.

Rui prontamente aceitou, mas antes de fazê-lo casou-se, às pressas, em 1876, com Maria Augusta Viana Bandeira, sua noiva, receoso que depois da publicação nenhum padre oficiasse a cerimônia.[218] Tinha então 28 anos. No ano seguinte, após a recusa de algumas grandes editoras como a protestante Laemmert, o polêmico livro acabou sendo lançado no Rio de Janeiro pela Brown e Evaristo editores. A versão que chegou ao público surpreendeu tanto pelo tamanho da introdução feita, duas vezes maior que a obra traduzida, como pela virulência do conteúdo. O centro da crítica era o novo dogma, contido na *Pastor Aeternus*: "A infalibilidade pontifícia é hoje a base do Catolicismo ultramontano, a sua arma de guerra, o eixo da sua propaganda. Entre o primitivo Catolicismo e o Catolicismo farisaico de agora, essa teologia escavou um abismo".[219] Partindo de semelhante premissa, atacava tudo o que supunha serem seus sustentáculos, entre os quais, o "jesuitismo", o "romanismo", a "repugnante ortodoxia romanista" e o "sacerdócio romanista", entendidos como expressões da "enfermidade universal" ultramontana. O inteiro processo de mudança eclesial ocorrida era reduzido pelo polêmico baiano a uma indevida "romanização":

> A crença tradicional no Catolicismo, crença até por declarações pontifícias justificada mais de uma vez, de que o Papa é capaz de resvalar à heresia e de que a soberania eclesiástica que está nos concílios perpetuou-se na mais ilustre das igrejas nacionais, a Igreja Galicana. Não houve talvez, antes da sua recente *romanização* (o grifo é nosso), um sínodo importante que ali não afirmasse a subalternidade dos papas à autoridade do Concílio Geral. [...] O episcopado abdicou é certo, afinal, à consciência e ao dever aos pés do ídolo ultramontano. [...] A primeira conseqüência dessa nova fase, aparentemente religiosa, é a absorção da Igreja pelo papado.[220]

Entretanto, ao contrário do que ele pensava, a publicação foi apenas um grande escândalo que, além de não produzir em favor da maçonaria os frutos esperados, à sua pessoa traria somente dissabores. Para começar,

[218] Raimundo Magalhães Júnior, *Rui, o homem e o mito*, p. 15.
[219] Rui Barbosa, *O Papa e o Concílio*, p. 12, 33.
[220] Rui Barbosa, *o. c.*, p. 11-12, 46, 73, 76, 91, 167.

"Ganganelli" não pagou os cinqüenta contos prometidos, e a loja maçônica devolveu 350 exemplares do total de volumes enviado; e depois o prejuízo político acabou sendo atroz.[221] Sem se aperceber do estrago que estava causando à própria carreira de parlamentar, aos 21-7-1876, Rui proferiu uma conferência no Grande Oriente unido do Brasil, manifestando indignação pela anistia concedida aos bispos ("arbitrária, injurídica, inconstitucional e insensata"), principalmente porque eles não cederam dos seus arraiais uma polegada, atacando igualmente "os assaltos do jesuitismo".[222]

Ele ainda conseguiu eleger-se deputado provincial da Bahia, em 1877, e deputado geral da Corte no ano seguinte, mas a oposição ao seu nome crescia de modo preocupante. Continuando a menosprezar o fato, aos 16-1-1879 afirmou categórico: "Eu me declaro, declarei-me sempre, e quero que me conheçam como inimigo irreconciliável desse sistema (Catolicismo), a cuja debelação devoto a minha vida inteira". Conseqüente com tal princípio, no mesmo ano se insurgiria contra o "abuso" das licenças concedidas aos jesuítas, aos lazaristas e às irmãs de caridade de ensinar, porque, segundo ele, pervertiam as crianças com doutrinas antiliberais. E, aos 27-7-1880, afirmou que o Catolicismo [reformado] era "tudo o que se conhece de mais antagônico à ordem secular do Estado".[223]

O centenário da morte do Marquês de Pombal foi outro momento de embate. O Visconde do Rio Branco, presidente da comissão de homenagens, organizou toda sorte de festejos, mas teve de enfrentar a ira dos católicos, que reagiram vivamente.[224] De novo, Rui Barbosa tomou a frente, e com um discurso proferido, aos 8-5-1882, no teatro imperial, fez exaltada apologia do seu homem símbolo:

> Pombal não é um homem: é uma idade, uma antecipação do futuro, bem que não incólume da eiva inevitável do seu tempo. [...] Um espírito educado nas tradições da Magna Car-

[221] Décadas depois, já reconciliado com o catolicismo, Rui Barbosa faria um depoimento de desconcertante sinceridade: "Escrevi isso (*O Papa e o Concílio*) no começo de minha vida para manter minha mulher. O Saldanha Marinho me prometeu cinqüenta contos, que seriam uma fortuna para mim. Tive castigo imediato, pois o Saldanha nunca me deu coisa alguma" (Luís Viana Filho, *Rui & Nabuco*, p. 134).

[222] Raimundo Magalhães Júnior, *Rui, o homem e o mito*, p. 13-14.

[223] Eugênio Schimidt, "Rui Barbosa e o decreto de separação", em: *REB*, vol. 14, fasc. 2, p. 361-364.

[224] Juan E. Belza, *Luís Lasagna, el obispo missionero*, p. 237-238.

> ta e do Bill dos direitos, seria exótico e estéril ante a invencível ignorância de uma aristocracia corrompida, a inconsciência de um povo imbecilizado pela crendeirice de um clero todo poderoso, a fraqueza de uma dinastia decadente. O Portugal servo das especulações britânicas, o Portugal monástico, dissoluto e sangrento de Odivellas, da inquisição e dos Jesuítas. [...] A companhia de Santo Ignácio envolvera Portugal numa atmosfera tumular. [...] Portugal descera, a um simples logradouro da família de Loyola. Era como disse alguém: coisa da Companhia.[225]

Omitia, naturalmente, os aspectos menos nobres da biografia do Marquês, mas não pôde evitar a demolidora versão contrária, que os evidenciaram em toda a sua crueza. Entre tantos exemplos, merece ser citada a obra *O assassínio dos Távora*, publicada em Lisboa no mesmo ano, a qual, depois de definir Pombal como sendo um homem dotado de uma imaginação "fértil em invenções caluniosas e vilãs", recordava que, mesmo quando ele estava próximo ao termo da vida, "teve ainda a iluminar-lhe a estrada da eternidade os clarões pavorosos do incêndio devastador de cinco mil casas na Trafaria, mandadas incendiar por este Nero lusitano".[226]

Nada disso foi suficiente para que Rui moderasse o tom, e em 1884 ele se autodenominou (ou diz ter sido denominado) heresiarca impenitente e liberal apaixonado. Tratou-se de um erro político fatal: por toda parte seu nome passou a ser associado à heresia e, ao concorrer novamente para o parlamento na Bahia, sofreu um profundo revés. Como seu opositor se candidatou Dr. Inocêncio de Araújo Góes (1811-1897), um católico rígido, e os padres o apoiaram. Nos púlpitos e noutros lugares sacerdotes execravam Rui ante a opinião pública como "um homem sem princípios e sem religião, inimigo figadal da Igreja e dos seus ministros". Houve até o caso de um sacerdote que lançou um folheto no qual se dizia que "votar no Dr. Rui é votar no diabo", e acrescentava: "Votai em qualquer outro candidato ou deixai de votar, mas não afronteis vossa consciência, nem mancheis vossas listas com o nome do Dr. Rui Barbosa". O efeito foi devastador: Rui termi-

[225] Rui Barbosa, *Centenário do Marquês de Pombal*, p. 13, 17, 34, 39.
[226] A.I., *O assassínio dos Távora*, p. 15.

nou suplantado pelo oponente, e perderia novamente nos pleitos de 1886, 1888 e 1889. Somente em 1892, já nos tempos da República, e quando se mudara para o Rio de Janeiro, recuperaria projeção eleitoral.[227]

No tocante à hierarquia eclesiástica, em 1878, ao ser eleito Papa o Cardeal Gioachino Pecci (Leão XIII), a facção regalista quase nada contava. Nas dioceses os últimos resquícios do velho modelo eram impiedosamente eliminados, como fez Dom Lino Dedodato Rodrigues de Carvalho em São Paulo. A disposição contida na *Circular,* que baixou aos 8-11-1886, dá um bom exemplo disso: "Hábito talar: [...] Instamos que os poucos sacerdotes que nesta diocese ainda não hesitam violar tão grave preceito atendam d'ora em diante para quanto a este respeito temos ordenado. [...] Esperamos ver completamente extirpado tão grave abuso".[228]

3.11. As seqüelas de uma questão não resolvida

Nos últimos quatorze anos do Império, a indiferença do clero pela legislação regalista era tanta que, em 1879, até virou motivo de interpelação no Parlamento, dando oportunidade para que "Ganganelli" despejasse novamente sua cólera contra Dom Antônio de Macedo Costa. Inabalável, o bispo de Belém replicou-o em dois artigos publicados nos dias 9 e 10 de maio daquele ano no *Jornal do Comércio*, para alegria de outros prelados, entre os quais o primaz Dom Joaquim Gonçalves de Azevedo, que comentou satisfeito: "Que liberdade no falar, como se põem ali em relevo o sentir dos bispos brasileiros, que o tem manifestado sempre que julgam necessário".[229]

Desta vez o Imperador não tomou as dores da maçonaria, porque ele já não conseguia encontrar clérigos respeitáveis adeptos do velho modelo. Não deixa de ser significativo que o sucessor de Dom Vital tenha sido justamente o "ultramontano" Dom José Pereira da Silva Barros. Assim que foi sagrado em 1881, ele fez questão de deixar bem claro que daria continuidade à obra reformadora iniciada, tendo assumido o termo "romano"

[227] Luís Viana Filho, *Rui & Nabuco*, p. 177-209.

[228] ASV, "Carta circular (8-11-1886)", em: *Nunciatura Apostólica no Brasil*, doc.5, fasc. 318, caixa 65, fl. 33-35.

[229] ASV, "Carta do Arcebispo de Salvador a Monsenhor Luigi Matera (10-5-1879)", em: *Nunciatura Apostólica no Brasil*, fasc. 432, caixa 88, doc. 9, fl. 22.

e similares, usado de forma pejorativa pela maçonaria, como sendo um apelativo legítimo do ser católico:

> Assim como nenhum império pode existir sem unidade – *omne reguum divisum contra se desolabitur*, assim como a própria sociedade doméstica não pode existir sem união, – *omnis civitas, vel o domus divisa contra se non stabit*; assim também a grande sociedade religiosa, que chamamos Igreja Católica ou universal, não pode permanecer sem união e concórdia entre seus membros. Ora, rejeitar o Papa, o Chefe visível, o Soberano dessa sociedade, é destruir pela base a unidade, é afastar o princípio de coesão e destruir enfim toda a Igreja. [...] Dizer-se católico, mas não romano, é rejeitar o centro da unidade e afirmar simplesmente um absurdo.[230]

Além disso, Dom José também fez questão que o corpo de Dom Vital ficasse sepultado no Brasil, e não em Versailles, na França, onde então se encontrava. O cônego Francisco do Rego Maia foi encarregado de levar a cabo a trasladação, o que realizou com êxito, desembarcando no Recife aos 6-7-1882. Isso posto, os restos mortais do falecido foram solenemente depositados na igreja da Penha, onde ainda hoje se encontram.[231]

Quem venceu afinal a questão religiosa? Saldanha Marinho se limitava a reconhecer que "a luta do episcopado contra o 'direito' do beneplácito continua e ainda mais incandescente"; mas Rui Barbosa admitiria: "A questão não tinha adormecido, dera-se apenas a vitória da Igreja".[232] Não era o único a pensar assim, pois Silveira Martins, na sessão de 27-11-1879, bradaria indignado: "... Porque os bispos foram condenados, foram depois perdoados, podiam até ter sido *enforcados* (o grifo é nosso), mas a Igreja venceu..."[233]

Descontados os excessos retóricos, de fato, a apologética católica prosseguia rígida, e o Pe. João Filippo, na obra intitulada *Justificação da crença católica contra*

[230] José Pereira da Silva Barros, *Carta Pastoral do Bispo de Olinda saudando aos seus diocesanos depois de sua sagração*, p. 18.

[231] José do Carmo Baratta, *História eclesiástica do Pernambuco*, p. 115.

[232] Joaquim Saldanha Marinho, *Discursos proferidos e projetos apresentados na Câmara dos Senhores Deputados na sessão de 1879*, p. 72.

[233] Gaspar da Silveira Martins, *Discursos parlamentares*, p. 297.

"o Brasil mistificado" encarregou-se de rebater cada ponto criticado pelo cônego Joaquim do Monte Carmelo. Ele, aliás, baseou-se no anonimato com que sempre se ocultava, e na linguagem vulgar que utilizava, para melhor desqualificá-lo:

> É fanatismo da presente época zombar de tudo. Perguntamos: esse modo de proceder é conforme a caridade? É esse o modo de combater os *abusos* (como dizem uns); e é esse o caminho e o meio para ilustrar o povo e publicar-lhe a *verdade* (os grifos são do autor)? [...] O Senhor Anônimo dá indubitável certeza de não ter ele escrito verdades, porquanto depois de ter-se dado um considerável trabalho em cumprir a mencionada obra, receou assiná-la, a fim de não manchar a sua reputação. [...] E, se esse livro é desmoralização para seu próprio autor, que lhe nega a paternidade, que moralidade pode trazer para os outros?[234]

Ao mesmo tempo, a proibição da Associação Católica Fluminense não impedira que outros grupos de militantes católicos leigos se organizassem, tornando a sua militância pública. Emblemático foi o caso do Círculo de Estudantes Católicos organizado em São Paulo no ano de 1877, que surgiu e se desenvolveu justo num dos mais célebres centros agnósticos do Brasil de então: a Faculdade de Direito do Largo de São Francisco.[235] Os desentendimentos com a parte contrária, obviamente, não ultrapassaram o campo das idéias, mas é certo que toda uma série de conflitos continuou seu curso, sem que ninguém cedesse. O que mudou foram os resultados, pois nenhuma lei regalista produzia mais efeito. Em 1884, quando um ministro do Império baixou novo decreto sujeitando à pena de suspensão e à perda do benefício os párocos que não realizassem seus deveres nas paróquias a eles confiadas, os bispos simplesmente trataram a novidade com silencioso desdém. Somente Dom José, bispo de Olinda, protestou, mas a tentativa do dito ministro de processá-lo criminalmente daria em nada. Como observou Monsenhor Adriano Felici, encarregado interino da Santa Sé, o assunto sequer chegou ao domínio público, sendo ignorado pela impressa.[236]

[234] João Filippo, *Justificação da crença católica contra o "Brasil mistificado"*, p. 63, 70.

[235] ASV, "Círculo dos Estudantes Católicos de São Paulo", em: *doc. 14*, fasc. 251, caixa 53, fl. 35.

[236] AAEESS, "Relatório de Monsenhor Adriano Felici, encarregado interino da Santa Sé", em: *Brasil*, fasc. 15, pos. 236, fl. 16.

3.11.1. A tentativa de se formar uma agremiação política confessional

O fim da contenda aberta com o Império criara, no entanto, uma "crise de consciência" que atingiu os próprios militantes da causa republicana: os católicos passaram a defender a Igreja, e os que eram maçons atacaram-na. Com isso, os maiores jornais republicanos assumiram posturas antagônicas: na Corte, *A República* ficou do lado dos maçons, não por defender a Monarquia, mas visando a manutenção da justiça imperial, que afinal assumia a causa das grandes lojas; em Diamantina, MG, *O Jequitinhonha,* organizado por Joaquim Felício dos Santos, irmão do bispo diocesano, ficou abertamente do lado dos prelados.[237]

A província de Minas Gerais liderou a reação católica, quer seja por meio de abaixo-assinados de protesto ao Governo, quer seja pela tentativa da criação de um partido católico. Na verdade, a idéia de uma agremiação política confessional começou a tomar corpo em Pernambuco, cabendo a José Soriano a primazia de propô-la no jornal *A União* aos 30-9-1876. Ele tomou como base um pronunciamento feito por Cândido Mendes, no dia 5 de maio precedente, advertindo que "se o partido católico existisse, a Igreja não estaria como presentemente se acha, com tão poucos defensores".[238]

Tentativas análogas foram feitas em São Paulo, Ceará e Pará, mas faltava clareza de objetivo e de estratégia à proposta, e o clero preferiu não endossá-la. Mesmo assim, a divulgação do projeto provocou sobressaltos. Uma das reações mais aflitas apareceu no jornal *Correio Paulistano*, em que um anônimo publicou uma série de artigos sobre o assunto, reunidos depois num livro por Cristiano Benedito Otoni (que seria acusado de ser ele mesmo o autor). No primeiro de tais artigos, publicado no dia 30-4-1876, o autor, que se autointitulava de "Velho Liberal", denunciava:

> Organiza-se no país um partido católico que pretende conquistar o poder. [...] Tem esse partido órgãos na imprensa do Rio, São Paulo, Minas, Pernambuco, Pará e outras províncias; é dirigido por uma parte do clero, tendo à sua

[237] Heitor Lyra, *História da queda do Império*, tomo 1, p. 235.

[238] Vamireh Chacon, *História dos partidos brasileiros*, p. 41.

> frente alguns bispos. Reúne-se, trabalha, em tempo há de apresentar seus candidatos, que hão de ser os apóstolos do jesuitismo.[239]

O "Velho Liberal", sempre em tom alarmista, voltaria ao assunto repetidas vezes: no dia 25 de maio atacou o jornal *O Bom Ladrão*, da diocese de Mariana, que, segundo ele, já havia começado a levantar candidaturas, proclamando que nenhum católico poderia deixar de votar no Sr. Diogo de Vasconcelos. Sem se dar por satisfeito, no dia 25 de julho do mesmo ano, também Dom Antônio de Macedo Costa seria colocado na mira: "No Pará, o bispo anistiado influi na eleição política, com o empenho de mandar para a Câmara dos Deputados candidatos seus, que venham no seio da representação nacional sustentar o *Syllabus*, em detrimento da lei política fundamental".[240]

Saldanha Marinho foi outro que se preocupou com a possibilidade de formação de uma bancada católica, mas, insista-se, não foi a oposição, e sim o desinteresse da maioria do clero que levou a proposta da agremiação católica a fenecer. Não obstante tudo, alguns fiéis militantes de Minas Gerais se elegeram. Um deles, citado acima, foi Diogo de Vasconcelos, sobrinho do já falecido Bernardo de Vasconcelos. Em 1885, tendo morrido o escritor francês Victor Marie Hugo, a câmara federal propôs emitir um voto de pesar. Diogo fez campanha e votou contra, apesar das críticas de Olavo Bilac, pois para ele não havia dúvida: como católico, não podia admitir homenagens a um adversário da sua Igreja.[241]

A reação do clero foi bem mais discreta, porque se deve levar em conta que os bispos não se rebelaram contra o Estado e sua autoridade, mas contra o incômodo intervencionismo que aquele praticava. Como, porém, a querela evidenciara o peso popular da Igreja, em 1876 a *Revista Ilustrada* publicaria interessante caricatura em que tanto liberais quanto conservadores tentavam conquistar as suas graças. Nenhum deles conseguiu. Somente com a Primeira República a Igreja optaria por uma participação política maior, mas sempre dentro dos limites da discrição.

[239] Cristiano Benedito Otoni, *A liberdade de cultos no Brasil*, p. 8.
[240] Cristiano Benedito Otoni, *o. c.*, p. 18, 31, 98.
[241] Eduardo Frieiro, *O Diabo na livraria do cônego*, p. 145.

3.11.2. O apoio político a confissões religiosas não católicas

Uma outra reação provocada pela reforma eclesial com a conseqüente questão religiosa foi a opção feita por certos segmentos políticos de favorecerem os cultos acatólicos. Na verdade, apenas ajudaram a dar visibilidade a um fenômeno que há décadas vinha manifestando-se. O fascínio exercido pela França concorreu igualmente para esta opção, pois foi de lá que chegaram as idéias espíritas, "codificadas" na obra *Le livre des espirits*, de Hippolyte Léon Denizard Rivail, autodenominado Alan Kardec (1804-1869), publicada em 1857. Um dos primeiros difusores do kardecismo no Brasil foi o baiano Luís Olímpio Teles de Menezes (1825-1893), redator do *Diário da Bahia*, fundador e presidente da Associação Espírita Brasileira. Contemporaneamente, uma outra crença francesa estava desembarcando no país: o Positivismo. A doutrina de Auguste Comte jamais teve importância entre as massas, mas gozou de grande prestígio em alguns setores das elites pensantes e econômicas, ainda que boa parte dos aderentes tenha-se identificado apenas com os seus postulados filosóficos. O número reduzido dos membros da nova religião era compensado pelo *status* de muitos deles, cuja condição de homens altamente qualificados, tanto pelo seu saber como pela posição social que ocupavam, consentir-lhes-ia exercer uma influência infinitamente maior do que poderiam fazer supor.[242]

Foi então que um opositor mais poderoso, via de regra proveniente do mundo germânico e anglo-saxão, teve sua presença reforçada: o Protestantismo; o qual, da segunda metade do século XIX em diante, não mediria esforços para conquistar os naturais da terra. E o fez com a condescendência tácita do Governo imperial; o que não era novidade, pois desde 1824, o mesmo Governo não só lhes assegurara a liberdade de culto, como muitas vezes evitou a desagregação das denominações a que pertenciam, providenciando pastores para as suas comunidades.[243]

Os resultados, no entanto, haviam sido pífios, e nem mesmo quando, nos anos cinqüenta, as sociedades bíblicas, inglesa e estadunidense, passaram a difundir Escrituras reformadas entre o povo – 4 mil em 1854 e outras 20 mil nos cinco anos seguintes –, a perspectiva se alterou. Outras iniciativas resultariam igualmente pouco frutuosas. Como se viu anteriormente, a

[242] Hélio Silva, *Deodoro da Fonseca*, p. 126.

[243] Boanerges Ribeiro, *Protestantismo no Brasil monárquico*, p. 47,112.

Igreja Anglicana, implantada ainda antes da independência, não prosperou, e isso em grande parte pode ser atribuído às suas próprias deficiências pastorais. Explica-se: nas décadas seguintes, dita confissão religiosa permaneceu sem supervisão dos prelados britânicos, cabendo à Coroa inglesa a competência de nomear os capelães consulares, através do Ministério do Exterior (*Foreign Office*). Estes, em seguida, eram licenciados pelo bispo de Londres, que possuía jurisdição sobre todas as congregações ainda não erigidas em diocese, embora nunca houvesse pisado na América do Sul. Somente em 1869, o bispo de Honolulu, Havaí, Thomas Nettleship Staley (1823-1898), visitou em seu nome as capelas do Brasil. Naquele mesmo ano, aliás, as capelanias e paróquias anglicanas do continente sul-americano, exceção feita às Guianas, foram constituídas em uma única diocese. O primeiro bispo a ocupá-la foi Waite Hockin Sterling (1829-1923), que por décadas se encontrou na contingência de assistir à enorme jurisdição que lhe fora confiada, fazendo intermináveis viagens.[244]

Entrementes, o ramo anglicano dos Estados Unidos também decidiu estabelecer-se no Brasil. Por isso, em 1853, o Reverendo William Cooper foi enviado pela Sociedade Missionária Americana, mas o navio em que ele viajava naufragou, fazendo-o desistir. Uma segunda tentativa aconteceu em 1861, com a chegada ao Pará de Richard Holden (1828-1886), um escocês que havia estudado teologia em Ohaio. Ele viajou pela bacia do Amazonas distribuindo bíblias e panfletos do seu credo, envolvendo-se também em acesas polêmicas com Dom Antônio de Macedo Costa. A reação do clero o induziu a se mudar para Salvador, BA, em 1862; mas não foi uma experiência feliz, porque, quando lá estava, se desentendeu com o departamento de missão da igreja episcopal que o subsidiava. Isso o convenceu a aceitar o convite para se integrar numa nova denominação "congregacionalista" que Robert Reid Kalley (1808-1888) estava organizando no Rio, entidade esta que será melhor analisada adiante. Holden tornou-se pastor auxiliar em 1865, mas não tardou a entrar em desacordo com "colégio dos anciãos" que presidia a pequena seita. Optou então de ir para Portugal em 1871, aonde veio a falecer quinze anos depois. Quanto ao anglicanismo, somente aos 26-9-1889, com a vinda e sucessiva fixação de residência de Lucien Lee Kinsolving (1862-1928) e James Watson Morris

[244] Duncan Alexander Reily, *História documental do protestantismo no Brasil*, p. 46-47.

(1857-1954) no Rio Grande do Sul, foi que dita confissão começou a ter um discreto desenvolvimento.[245]

Tentativas paralelas, entretanto, foram mais bem-sucedidas, e um dos precursores dessa mudança de rota foi o presbiteriano James Cooley Fletcher (1823-1901), enviado em 1851 pela Sociedade Bíblica Americana anteriormente citada e que permaneceu no Brasil até 1865. Ele conseguiu manter relações com Dom Pedro II e com algumas pessoas importantes da sociedade da época; mas, no campo estritamente religioso, somente na assistência que dava aos imigrantes europeus e aos marinheiros protestantes desembarcados no Rio de Janeiro que obteve relativo sucesso. Junto aos brasileiros, nenhum convertido conquistou. Ainda assim, a intuição que teve, a de recomendar por carta à referida sociedade bíblica de mandar para o Brasil dois ou três ministros madeirenses, revelar-se-ia em seguida crucial.

A sociedade mencionada levou a sério a recomendação, e começou a fazer contatos em 1853. A busca de ministros para a iniciativa se prolongou pelo ano seguinte, até que o indivíduo contatado, Robert Kalley, supracitado, aceitou o encargo. Ele era um médico escocês residente no estado de Illinois e, junto de sua esposa Sarah Poulton Kalley (1825-1907), partiu para o Brasil. Em seu favor contava o fato de conhecer o idioma português, aprendido entre 1838-1845, período em que habitara em Funchal, Ilha da Madeira, antes de lá ser expulso. O casal chegou ao seu destino no dia 10-5-1855, mas desde o início se manteve independente tanto dos métodos de Fletcher quanto da sociedade bíblica que o enviara. Doutrinariamente os dois até que se assemelhavam aos presbiterianos, mas do ponto de vista organizativo preferiam o modelo congregacionalista.

Os recém-chegados colheram o primeiro sinal promissor aos 11-7-1858, dia em que foi batizado no Rio de Janeiro o seu primeiro neófito nativo, de nome Pedro Nolasco de Andrade. Estrategicamente, no novo ambiente o pregador em questão procurou manter um bom trânsito com as autoridades, indo viver com sua esposa em Petrópolis, onde havia fundado, no dia 18 de agosto do mesmo ano da sua chegada, a primeira escola dominical permanente do país. Ele descia para a capital duas vezes por semana à cata de eventuais prosélitos, passando o domingo ali, junto com o pequeno grupo de seguidores que organizara, o qual em 1863 assumiria

[245] Cf. Ivo Caggiani, *Igreja Episcopal do Brasil*, p. 5-6.

o nome de "Igreja Evangélica Fluminense". De lá, na quinta-feira seguia para Niterói, cidade em que, um ano antes, também conseguira formar uma outra minúscula comunidade.[246]

Os fiéis católicos daqueles lugares, desabituados à agressividade do discurso protestante, depararam-se de repente com as invectivas de Kalley à sua fé, e não poucas vezes reagiram, inclusive de modo violento. O assunto acabou sendo levado às esferas políticas, tendo gerado acalorados debates na assembléia legislativa provincial do Rio de Janeiro. Em meio às discussões, Castro Silva ressaltou que a liberdade de cultos existia condicionada ao dispositivo constitucional de que a religião do Estado fosse respeitada; mas Pinheiro Guimarães defendeu a atitude assumida pelo ministro congregacionalista porque, segundo ele, se tratava de liberdade de consciência. Ao lhe replicarem que não era isso que estava em discussão, Guimarães manifestou a verdadeira razão do seu parecer:

> Já que desgraçadamente discutimos questões religiosas, aproveito a ocasião para defender o clero brasileiro, que de plano tem sido entre nós ultimamente e com evidente injustiça atassalhado. É cousa muito para notar-se; a par passo que aqui criam raízes as idéias ultramontanas, semeadas principalmente pelos padres Lazaristas, é o nosso clero com as acrimônias censurado. [...] São acusações infundadas, que propalam aqueles que desejando ter às suas ordens um corpo de soldados de batina, prestes a obedecer ao seu menor sinal, prontos a combater no púlpito e no confessionário as doutrinas liberais, reconhecendo que os nossos padres não se prestam a essas exigências, vingam-se insultando-os.[247]

Daí que o proselitismo protestante continuou no mesmo tom, e Kalley inclusive se mudou para o Rio em 1864. Nesse meio tempo os pregadores estadunidenses assumiram de vez a liderança de trabalho expansionista do protestantismo no Brasil, em que pese as divisões internas das suas respec-

[246] Júlio Andrade Ferreira, *Galeria evangélica*, p. 47; Roberto Cecil Moore, *Los evangélicos en marchia... en América latina*, p. 54-55.

[247] Francisco Pinheiro Guimarães, "Discurso na Assembléia Provincial Legislativa", em: *Jornal do Comércio*, n. 330, p. 1.

tivas confissões. A razão foi a escravidão, combatida no norte e defendida no sul dos Estados Unidos, e que refletiu intensamente entre os ministros de culto. Por isso, as maiores confissões reformadas daquele país racharam: os metodistas em 1844, os batistas em 1845 e os presbiterianos em 1861.[248]

Um pouco antes da divisão da igreja presbiteriana, aos 12-8-1859, um pregador do norte, enviado pela Junta de Missões Estrangeiras sediada a Nova York, desembarcou no Rio de Janeiro. Seu nome: Ashbel Green Simonton (1833-1867). Tratava-se de um personagem de atitudes ambíguas: quando ainda se encontrava nos Estados Unidos, ele declarou não ter ligações com o *Know-Nothing*, movimento nativista radical, que se opunha tenazmente às minorias e ao direito de participação política dos católicos; por outro lado, porém, não titubearia em anotar em seu diário, no dia 12-10-1854, que simpatizava com dita associação. E, mesmo ressaltando que o ódio racial era algo lamentável, afirmava convicto que "os estrangeiros, e especialmente os católicos, merecem uma lição".[249]

Após travar relações com Kalley (mesmo sem compartilhar de todas as suas idéias), o recém-chegado deu início ao seu trabalho de pregador primeiro nas casas dos estadunidenses residentes no Rio e, depois, junto aos brasileiros natos. Para tanto, alugou uma sala no segundo andar de um prédio situado à Rua do Ouvidor, n. 31, centro da cidade, onde ofereceu aulas de inglês gratuitas, para atrair potenciais neófitos. A estranheza que sentia ante o ambiente em que se encontrava ficou patente no dia 30-12-1860, quando anotou que fora enviado a "multidões de nativos ignorantes". Os costumes do povo lhe causavam deveras desconforto e, em fevereiro do ano seguinte, numa visita a Itapetininga, SP, observando o modo tosco como vivia o fazendeiro João Carlos Nogueira, Simonton não resistiu à tentação de generalizar: "Ao ver João Carlos, [...] entre outros aspectos um homem de bom senso, viver daquele modo, minha confiança no Brasil e nos brasileiros diminuiu".[250]

A essa altura, porém, ele já podia contar com o auxílio do cunhado, Alexander Latimer Blackford (1828-1890), casado com sua irmã Elizabeth W. Simonton (1822-1879), que chegara aos 25-6-1860, e que junto

[248] Duncan Alexander Reily, *História documental do protestantismo no Brasil*, p. 41-42.

[249] Ashbel Green Simonton, *Diário, 1852-1867*, p. 78-79.

[250] Ashbel Green Simonton, *o. c.*, p. 166, 169.

dele pôs mãos à obra. Uma classe bíblica havia sido fundada com cinco crianças no dia 22 de abril daquele ano, e em maio do ano seguinte Ashbel Simonton começaria a celebrar em português. Passados dois anos, no dia 12-1-1862 – data da fundação da igreja presbiteriana do Rio –, na presença de um novo colega, Francis Joseph Christopher Schneider (1832-1910), chegado no ano precedente, professaram os primeiros prosélitos: Henry Milford, estadunidense, agente da companhia de máquinas de costura Singer, e Camilo Cardoso de Jesus, português do Porto, que havia freqüentado o citado curso "de inglês". Seguiu-se o lançamento do jornal quinzenal *A Imprensa Evangélica* no dia 5-11-1864, e a formação do presbitério, aos 16-12-1865. Dito presbitério contava apenas com a igreja-mãe do Rio e, fora da capital federal, as pequenas comunidades de São Paulo (fundada em 1865) e Brotas (1865). Depois dessas surgiriam novos núcleos em Lorena (1868), Sorocaba (1869) e Borda da Mata (1869).[251]

Outro responsável pela expansão dos cultos reformados no país foi José Manuel da Conceição (1822-1873), um excêntrico padre apóstata paulista, ordenado em 1844, cuja vida foi marcada por sucessivos conflitos interiores. A retidão da sua fé começou a ser questionada a partir do momento em que se soube da insólita relação que mantinha com estrangeiros de outros cultos e do uso que fazia da Bíblia protestante, publicada pela editora Laemmert. Para aumentar ainda mais as desconfianças, certos sermões que proferia eram eivados de idéias duvidosas, o que inclusive lhe valeu a alcunha de "padre protestante".

Isso, mais as suas crises pessoais, faziam com que fosse transferido continuamente, motivo pelo qual ganhou um segundo apelido: "padre louco". Acabou sendo dispensado da maioria das funções sacerdotais, passando a residir numa chácara nos arredores de Rio Claro. Encontrava-se lá, num estado semi-laical, quando Blackford, que se havia estabelecido em São Paulo em 1863, naquele mesmo ano foi contatá-lo. No ano seguinte ele foi a São Paulo retribuir a visita, e de tais encontros surgiu a sua opção de aderir ao credo presbiteriano. Transferiu-se então para o Rio de Janeiro e, aos 23-10-1864, emitiu a nova profissão de fé e nela se fez rebatizar, ainda que, somente no dia 28 de setembro do ano seguinte, tenha comunicado ao bispo de São Paulo, Dom Sebastião Pinto do Rego, a decisão que

[251] Júlio Andrade Ferreira, *Galeria evangélica*, p. 14-15, 48.

tomara. Acusado formalmente no tribunal eclesiástico, aos 15-12-1865, deixou correr o processo à revelia, declarando-se "presbiteriano puro". No dia 30-10-1866 foi condenado como herege e incurso *ipso facto* na pena de excomunhão maior .[252]

Ele não parece ter-se perturbado com a condenação, pois no dia 17 de dezembro do mesmo ano aceitou tranqüilamente se tornar pastor, o primeiro brasileiro, aliás, da nova fundação. Suas crises, no entanto, não cessaram, e isso lhe valeu o terceiro apelido: "pastor louco". Simonton em pessoa diria, aos 26-11-1864, que o ex-padre estava tão deprimido com seus sofrimentos nervosos que "a morte lhe seria alívio".[253]

Malgrado tantas limitações pessoais, Conceição demonstrou ser um propagandista incansável, viajando e divulgando a interpretação presbiteriana da Bíblia. Sua pregação se dirigia à população humilde, pois não possuía o talento e a erudição necessários para debater com padres cultos. Por isso, quando chegou a Itu, os jesuítas locais aceitaram enfrentá-lo numa disputa pública, mas ele fugiu.[254] Mesmo assim, em Brotas conseguiu aliciar amigos e parentes, formando a maior comunidade protestante do Brasil Império. A intinerância pelas paróquias onde trabalhara prosseguiu, com pregações contínuas em Ibiúna, Limeira, Campinas, Belém, Bragança Paulista, Atibaia e no Vale do Paraíba. Com o tempo, fez-se acompanhar por outros pastores, mas acabaria retornando ao seu ministério de pregador solitário, que durou quatro anos. Quando morreu em Irajá, RJ, na véspera do Natal de 1873, as bases para a expansão futura do protestantismo no Brasil já estavam consolidadas.[255]

Alguns outros padres também aderiram ao protestantismo, mas tiveram bem menos relevância. Foram os seguintes: Francisco José de Lemos (1827-?), José do Canto Coutinho (1836-?), Antônio Teixeira de Albuquerque (1840-1887) e João Ribeiro Franco, este último possuidor de uma biografia ainda cheia de lacunas.[256] Todos se tornaram presbiterianos, exceto Antônio Teixeira, que primeiramente, em 1879, aderiu à igreja metodista

[252] ASV, "Circular" (19-2-1867), em: *Nunciatura Apostólica no Brasil*, fasc. 185, caixa 41, fl 22-23.

[253] Ashbel Green Simonton, *Diário, 1852-1867*, p. 195.

[254] Aristides Greve, *Subsídios para a história da restauração da Companhia de Jesus no Brasil*, p. 50-51.

[255] Émile G. Léonard, *O Protestantismo no Brasil*, p. 56-67.

[256] Cf. David Gueiros Vieira, *O Protestantismo, a maçonaria e questão religiosa no Brasil*, p. 264-268; José dos Reis Pereira, *História dos Batistas no Brasil*, p. 19-20.

do Rio de Janeiro, e no ano seguinte passou para a igreja batista de Santa Bárbara do Oeste, SP. Quanto aos demais, a denominação que abraçaram continuava estreitamente vinculada às diretrizes estadunidenses. Depois da divisão interna de 1861, a parte de Nova York deu continuidade à obra começada, enquanto a igreja do sul, o *Committee of Nashville*, em 1869 abriu por conta própria uma nova frente. Seu trabalho teve início com a assistência aos emigrados refugiados no Brasil a partir de 1866. Em Campinas, SP, George Nash Morton (1841-1925) e Edward Lane (1837-1892) fundaram em 1873 o "Colégio Internacional"; mas os missionários de Nashville também atuariam em outras localidades e, por isso, ainda em 1873, John Rockwell Smith (1846-1918) se estabeleceu no Recife, PE.[257] Somente em 1887 é que os dois ramos presbiterianos se uniram, formando um sínodo próprio, brasileiro.[258]

A propósito, ao término da guerra da secessão (1861-1865), grupos de emigrados do Texas, Alabama, Carolina do Norte e Carolina do Sul, pertencentes a diversas denominações, emigraram para o Brasil, e seus pastores acompanharam-nos. Ao final, o leque das confissões e os locais de presença se alargaram, sem que se alterasse o apego aos métodos pedagógicos anglo-saxãos, com a correspondente presunção de superioridade religiosa e cultural. Edward Lane, por exemplo, considerava não só natural como também indispensável que o modelo escolar protestante que ele e os seus traziam fosse integralmente aplicado: "Se a juventude tem de receber cultura do intelecto e aprimoramento da sensibilidade, o missionário é que há de inaugurar a obra e, ao fazê-lo, segue apenas as pegadas dos grandes reformadores". Dizia.[259]

Com o metodismo aconteceu algo parecido. Retornado ao Brasil com os imigrantes, após décadas de ausência, um dos seus membros, chegado em agosto de 1867, de nome Junius Estaham Newman (1819-1895), ex-capelão das forças confederadas e filiado à igreja metodista episcopal do sul dos Estados Unidos (IMES), depois de organizar o "circuito de Santa Bárbara" com os compatriotas sulistas, quatro anos depois fundou uma congregação de sua igreja em Saltinho, SP. A pedido seu, em 1876, foi enviado o primeiro missionário "oficial" – John James Ransom –, que per-

[257] Júlio Andrade Ferreira, *Galeria evangélica*, p. 17.
[258] Duncan Alexander Reily, *História documental do protestantismo no Brasil*, p. 139.
[259] Júlio Andrade Ferreira, *Galeria evangélica*, p. 85.

maneceu no Brasil por uma década, tendo organizado no ano de 1878 a igreja metodista do Rio de Janeiro, que se transformou em sede do trabalho que desenvolvia. A chegada de outros "obreiros" tornou necessário criar um órgão que servisse de depositário das propriedades adquiridas, e por isso a IMES autorizou o bispo John Cowper Granbery (1829-1907), na primeira visita que ele fez ao Brasil em 1886, a transformar a missão brasileira numa "Conferência Anual". De igual modo, a igreja metodista episcopal (IME), mais conhecida como igreja metodista do norte, a partir de 1880 também passou a enviar "obreiros", entre os quais William Taylor e Justus Henry Nelson, que estenderam a presença do metodismo ao norte, nordeste e sul do país.[260]

Os batistas tampouco perderam tempo, e, ainda em 1859, a Junta de Richmond, Virgínia, decidiu iniciar uma nova frente em terras brasileiras, enviando para tanto, no ano seguinte, Thomas Jefferson Bowen (1814-1875). Ele se estabeleceu no Rio de Janeiro, mas a experiência durou menos de um ano, pois seu organismo reagiu mal às enfermidades tropicais e a capital federal não se mostrou particularmente acolhedora às propostas religiosas que tinha. A Junta se sentiu tão decepcionada que julgou desaconselhável insistir, mas a emigração de confederados protestantes a faria reconsiderar. Em Santa Bárbara do Oeste, SP, no dia 10-9-1871, ditos emigrados organizaram a primeira igreja batista no Brasil, com 23 membros, cujo pastor era Richard Ratcliff. Um segundo templo foi erigido aos 2-11-1879, não muito distante dali, mas, como o antecedente, celebrava apenas em inglês. As coisas mudaram após a visita do General Alexandre Travis Hawthorne (1825-1899), que, ao regressar, participou em 1880 da convenção da igreja batista do sul, realizada em Lexington, Kentucky, onde propôs o envio de pastores para conquistarem brasileiros natos. A sugestão foi aceita, e aos 12-1-1881 o texano William Buck Bagby (1855-1939) e sua esposa Anne Luther Bagby (1859-1942), natural do Missouri, partiram de Baltimore, Maryland, para realizarem tal projeto. No ano seguinte, embarcaram com o mesmo objetivo Zachary Clay Taylor (1851-1919) e sua mulher, Kate Stevens Crawford Taylor (1862-1892). Depois de aprenderem o português no colégio presbiteriano de Campinas, os dois casais escolheram como ponto de partida Salvador da Bahia e, aos 15-10-1882,

[260] Duncan Alexander Reily, *História documental do protestantismo no Brasil*, p. 105-106.

junto do ex-padre Antônio Teixeira de Albuquerque, abriram ali um terceiro templo. Em seguida, Bagby decidiu erigir uma nova comunidade no Rio de Janeiro e, assim, deixando Taylor na Bahia, em agosto de 1884 se estabeleceu na capital federal, dando os primeiros passos da sua obra com um grupo inicial de apenas quatro sequazes.[261]

As opiniões que alguns pregadores e instituições protestantes emitiam naquela época em relação à nação que desejavam conquistar eram deveras "singulares". Não exatamente em senso positivo. Foi o caso da Convenção Batista do sul dos Estados Unidos que sequer considerava o Brasil, por ser de maioria católica, um país cristão.[262] Outro exemplo digno de nota foi o da professora Marta Hite Watts (1845-1909). Aos 4-10-1881, ela teve de escrever para a Sra Butler, chefe da *Woman's Missionary Society* da Igreja Metodista do sul que a enviara, para pedir-lhe que tranqüilizasse seus amigos. Entre outras coisas, informava-lhe que no Brasil as pessoas não comiam alimentos crus, sabiam ser corteses, e as suas casas não eram sujas como ouvira dizer. Isso não significa que ela se sentisse uma igual no ambiente em que se instalara ou, menos ainda, que renunciasse ao declarado propósito de moldar seus eventuais educandos segundo o modelo formativo que trouxera pronto: "Eles são infelizes, de qualquer forma, por terem um Estado que se tornou corrupto na mão de seus líderes. [...] Deus garantirá que vivamos na plenitude de sua luz, que eles também receberão de nós!"[263]

Em números absolutos, no entanto, todas as confissões não católicas reunidas continuavam inexpressivas, motivo pelo qual o casal de pesquisadores protestantes Jean Louis Rodolphe Agassiz (1807-1873) e Elizabeth Cabot Cary Agassiz (1822-1907), durante a expedição que fizeram ao Brasil entre 1865 e 1866, observou que as senhoras brasileiras de então sequer suspeitavam da existência de um outro credo religioso, além daquele dominante no Brasil, e que talvez "nunca houvessem ouvido falar da Reforma Protestante".[264]

Os reformados, em todo caso, sabiam contar com o reforço extra de alguns parlamentares anticlericais e de membros das "grandes lojas", que não dispensavam aliados na luta contra o "ultramontanismo". Por esse motivo,

[261] Roberto Cecil Moore, *Los evangélicos en marcha... en América latina*, p. 55-56.
[262] Cf. José dos Reis Pereira, *História dos Batistas no Brasil (1882-1982)*, p. 9-10.
[263] Marta Hite Watts, *Evangelizar e civilizar*, p. 23-24.
[264] Louis Agassiz e Elizabeth cary Agassiz, *Viagem ao Brasil (1865-1866)*, p. 569.

ainda em 1861 e 1862, quando o anglicano Richard Holden fez campanhas proselitistas e anticatólicas na diocese de Belém, foi auxiliado e instigado pelos maçons, entre os quais Tito Franco de Almeida e José Henriques. E, depois que a questão religiosa chegou às vias de fato, o jornal presbiteriano *A Imprensa Evangélica* não hesitou em chamar Ganganelli de "benfeitor da pátria" após a publicação do primeiro volume de *A Igreja e o Estado*. Mesmo assim, e sem negar o valor da pesquisa que está reavaliando o fenômeno, é conveniente não superestimar a importância do protestantismo no Segundo Império. Insignificante numericamente e com escassa penetração social, os fatos evidenciam que seu papel foi marginal. Importa, porém, que, após a condenação de Dom Vital, o suporte ideológico que deu não foi esquecido. Tanto é verdade que, ao ser inaugurado o pequeno templo central do presbiterianismo no Rio aos 29-3-1874, os políticos brasileiros "amigos da causa" lá compareceram solícitos.[265]

Obviamente que nenhum anticlerical se "converteu" ou tampouco demonstrava qualquer interesse pelo conteúdo teológico do protestantismo; isso porém não foi o bastante para impedir a continuidade da conivência. Num discurso feito na câmara dos deputados aos 16-7-1880, Saldanha Marinho inclusive reconheceu que os "ultramontanos" tinham passado a chamar a ele e a seus iguais de "protestantes".[266] E os fatos sucessivos continuaram a dar essa impressão. Em Pernambuco, no dia 17-2-1889, um maçom convicto, e que obviamente negava a Revelação cristã e a inspiração bíblica, depois de ter recusado as admoestações de seu pároco, recebeu tranqüilamente autorização para se casar com o rito dos reformados.[267] Esse conluio seguia uma lógica precisa: os protestantes por meio de tais artifícios ganhavam espaço, e os opositores do Catolicismo se regalavam com a pregação de submissão à autoridade – civil! – "que vem de Deus". Rui Barbosa era um dos que não economizava elogios ao caráter de igreja nacional dos luteranos e calvinistas, e a função sociológica de construtores do progresso e da liberdade que, segundo ele, aqueles possuíam:

[265] Cf. David Gueiros Vieira, *O Protestantismo, a maçonaria e a questão religiosa no Brasil*, p. 149, 178-182, 289-290.

[266] Joaquim Saldanha Marinho, *A questão religiosa no Brasil* (Discurso proferido na câmara dos deputados em 16 de julho de 1880), p. 13.

[267] ASV, "Carta do Pe. Temístocles Gonçalves de Andrade a Monsenhor Luigi Matera (18-2-1879)", em: *Nunciatura Apostólica no Brasil*, doc. 41, fasc. 235, caixa 50, fl. 30.

> Não é à escola liberal que o protestantismo amedronta. O protestantismo nasceu da liberdade da consciência individual, cuja conseqüência política é a liberdade religiosa. [...] O protestantismo é a anglicana Inglaterra; é a calvinista Suíça; é a América puritana; é a tendência antipapal, que, pelos galicanos e pelos huguenotes, salvou a independência do espírito francês dessa gangrena ultramontana.[268]

Tal apoio ideológico não passara desapercebido a Dom Vital, que denunciou o "trabalho incessante de protestantinizar o país".[269] Dom Antônio de Macedo Costa tampouco minimizava a ameaça futura que isso representava, e manifestou suas apreensões em 1875, na dedicatória contida no catecismo popular que lançou: "À augusta, à Imaculada Virgem Maria, protetora do Império de Santa Cruz; que não permitirá jamais que nesta terra católica lance raízes a impiedade protestante".[270]

O receio era justificável, pois um verdadeiro paradoxo se afirmou: o Catolicismo, religião oficial do Estado, era cerceado e criticado em todos os modos; o protestantismo, oficialmente sob variadas restrições legais, de fato gozava de liberdade e favores. Como bem explicou Dom José Pereira da Silva Barros, bispo de Olinda, tratava-se de verdadeira hipocrisia institucionalizada:

> Com efeito, os dissidentes, sem algum embargo do poder civil, faziam no Brasil a mais livre propaganda, pregando as suas descrenças particular e publicamente, distribuindo bíblias falsificadas e folhetos plenos de heresias, de afrontas e diatribes contra a Igreja, seu Chefe, seu culto e seus ministros; batizavam e rebatizavam; casavam a quantos os procuravam nesse intuito, estrangeiros e nacionais, mesmo ligados a impedimentos dirimentes reconhecidos pelas leis civis; tinham seus cemitérios e sepultavam neles os seus mortos com as cerimônias de seus ritos e sem alguma dependência do poder eclesiástico;

[268] Rui Barbosa, "Discursos Parlamentares - Câmara dos Deputados", em: *Obras Completas*, vol. VII, tomo I, p. 164-165.

[269] Vital Maria Gonçalves de Oliveira, *Abrégé historique*, p. 19.

[270] Antônio de Macedo Costa, *Sobre a Igreja Católica*, p. 3.

> possuíam seus templos com formas bem diversas das usadas nas habitações particulares e neles celebravam seus cultos publicamente, com as portas abertas a todo povo; viviam enfim no Império, como se habitassem um país protestante.
>
> Se além da *liberdade* não havia *igualdade* (os grifos são do autor) dos cultos, era porque os acatólicos levavam vantagens aos católicos no gozo de imunidades. Parecerá absurdo e estranho isto, mas é a verdade dos fatos.[271]

O fanatismo das seitas, em todo caso, bem cedo faria arrefecer o entusiasmo pró-acatólicos. Nas proximidades de São Leopoldo, RS, a partir de 1868, começou a tomar corpo entre os colonos alemães um grupo "carismático" sob a liderança de João Jorge Maurer e sua esposa, a "profetisa" Jacobina Mentz Maurer, que formaram uma comunidade cada vez mais isolada. Eivada de messianismo, os membros da nascente associação se diziam eleitos por Deus para fundar na terra uma nova era e, a partir de 1872, o casal em questão adquiriu fama na região, pelo seu sucesso de ervanários. A medida, porém, que a comunidade se consolidava, as tensões com os demais colonos se tornaram explícitas. Os adversários da nova seita apelidaram-nos de *mucker*, que significava em alemão "beato", "santarrão" e "fanático"; e aqueles revidaram chamando os adversários de *spotter*, isto é, debochado. Das incompreensões e acusações recíprocas, a situação se degenerou em conflito armado, aos 25-8-1874, quando os adeptos dos Maurer botaram fogo em propriedades de alguns dos seus principais inimigos, com a conseqüente morte de muitos dos residentes, entre os quais mulheres e crianças. Em reação, no dia seguinte, João Daniel Collin liderou um grupo que se vingou, incendiando plantações e casas dos *Mucker*. O governo provincial teve de intervir, e as tropas legalistas, inicialmente lideradas pelo Coronel Genuíno Sampaio (morto na luta), a frente de 500 soldados, reprimiram pela força o movimento, prendendo 123 pessoas. Os demais *Mucker* morreram em combate, entre os quais o casal líder, encerrando a querela.[272] Não em nível doutriná-

[271] ASV, "Carta de Dom José ao Internúncio (25-1-1890)", em: *Nunciatura Apostólica no Brasil*, fasc. 330, caixa 68, doc. 15, fl. 35.

[272] Ronaldo Vainfas, *Dicionário do Brasil imperial*, p. 645-647.

rio, porque, ainda que a classe política tenha tentado relativizar o fato, o final sangrento era veemente demais, e o jornal católico *O Apóstolo* fez questão de noticiá-lo, salientando que o acontecido era resultado da livre interpretação que os protestantes faziam da Bíblia. O próprio jornal presbiteriano *A Imprensa Evangélica* teve de se pronunciar, e se defendeu como pôde, explicando que os *Muckers* eram apenas loucos e que já deveriam ter sido recolhidos num manicômio.[273]

3.11.3. O recrudescimento da proposta de um governo não confessional

O *Syllabus Errorum*, publicado no pontificado de Pio IX, aos 8-12-1864, afirmava ser um erro moderno defender que a Igreja devesse ser separada do Estado e o Estado da Igreja.[274] Paradoxalmente, foi o alinhamento do clero brasileiro com os postulados emanados pela Santa Sé que, involuntariamente, contribuiu ainda mais para que o reclamo divisionista se reforçasse. E essa tendência, ao contrário do que geralmente se imagina, não se afirmou por exclusiva iniciativa de maçons, positivistas e liberais.

A partir do momento em que as primeiras gerações de clérigos brasileiros doutorados nas universidades católicas européias regressaram ao país, o sistema enquanto tal começou a ser visto com crescentes restrições. A linguagem usada por esses pioneiros é um verdadeiro primor da arte da prudência, motivo pelo qual sequer mencionavam a expressão Estado laico. O que sentiam somente se percebe nas suas sutilíssimas demonstrações de simpatia em relação à liberdade de movimentos que a Igreja dispunha em regimes diversos daquele do Brasil. Foi o caso do Cônego Dr. Joaquim Caetano Fernandes Pinheiro, que se especializou em teologia em Roma. Ele destacava que pudera acompanhar a movimentação da Igreja Católica em toda a Europa e que se deixara influenciar por ela. Numa mensagem que escreveu ao Conselheiro Eusébio de Queiroz, afirmou que o regime misto – Igreja unida ao Estado – era o único que convinha ao Brasil, mas sem ocultar que inquietações certamente cresceriam na hierarquia eclesiástica nos anos seguintes. Tendo o cuidado de esclarecer que os modelos es-

[273] David Gueiros Vieira, *O Protestantismo, a maçonaria e a questão religiosa no Brasil*, p. 52-53.
[274] Heinrich Denzinger, *Enchiridion Symbolorum*, p. 1036.

trangeiros não poderiam ser facilmente transplantados para outros climas, acabou cedendo à tentação de ressaltar as conveniências daqueles:

> Nos países onde o ensino é livre, como na Bélgica e nos Estados Unidos, o clero aproveitou-se do favor da lei para entrar em concorrência com as demais classes de cidadãos, e fundou escolas, universidades, independentes da ação governativa. [...] À liberdade de que goza neste ponto, bem como em muitos outros, deve a Bélgica sua prosperidade.[275]

A ojeriza ao modelo político vigente deixou de ser apenas o sentimento particular de certos padres, assim que se preanunciou a questão religiosa. Dom Antônio de Macedo Costa era taxativo: "Temos horror dessa fusão de poderes, dessa absorção do religioso pelo civil, do espiritual no temporal, que só pode dar na escravização das consciências".[276] Quando o conflito desnudou em público todas as contradições da união Trono-Altar, Dom Vital manifestou-se igualmente desejoso de estabelecer certa distância entre a Igreja e a engrenagem oficial:

> Se essa migalha que recebemos deve ser o preço de nossa traição aos sagrados e inalienáveis direitos da Santa e Imaculada Esposa do Divino Cordeiro, no-la tirem, muito embora. [...] Renunciamos de muito bom grado à bandeira que tremula no mastro dos paquetes, quando embarcamos; renunciamos ao rufar dos tambores; renunciamos ao toque do clarim; renunciamos à salva de artilharia; em uma palavra, renunciamos a todas as honras civis que nos dá o governo de Sua Majestade, contanto que nos restituam a liberdade de poder dirigir e governar a porção do rebanho de Nosso Senhor Jesus Cristo, que o Espírito Santo confiou aos nossos cuidados e solicitudes, segundo o ensino da Santa Madre Igreja e os ditames da nossa consciência.[277]

[275] Joaquim Caetano Fernandes Pinheiro, *Apontamentos religiosos*, p. 26.

[276] Francisco de Macedo Costa, *Lutas e vitórias*, p. 47.

[277] Vital Maria Gonçalves de Oliveira, *Resposta do Bispo de Olinda ao Aviso de 12 de junho de 1873*, p. 36-37.

Os leigos logo seriam envolvidos na problemática, e, ao saber da nota brutal enviada pelo ministro dos estrangeiros ao Internúncio, após o julgamento do bispo de Olinda, Antônio Ferreira Viana fez um pronunciamento, até então inédito, na boca de um católico convicto: "Prefiro a separação que nos manterá Bispos independentes, Bispos da Santa Sé, Bispos depositários da alta missão que os Apóstolos receberam da mão de Jesus Cristo, a nos impor Bispos instrumentos de reinar. Desejo ver a Igreja livre desse contato, dessa pestilencial influência!"[278]

Dom Antônio de Macedo Costa, durante a fase aguda do conflito, ainda tentou um meio-termo. Na obra *Direito contra o Direito ou o Estado sobre tudo*, teorizou que a unidade religiosa é necessária ao Estado; mas com uma importante ressalva: "Só uma Igreja independente do Estado a realiza". A razão: sendo essa mesma Igreja uma instituição divina, não poderia ficar sujeita aos caprichos dos políticos. Daí que a citada independência, sem corresponder a separação, idealizava uma concórdia com a soberania civil. Não chegava a ser um projeto demasiado ambicioso, pois, contradizendo a crítica fácil de que os "ultramontanos" queriam transformar o Brasil num estado teocrático sob seu controle, ele salientava categórico que "a soberania nacional tinha todos os poderes políticos". Isso não o fazia arredar um milímetro do objetivo proposto: os poderes totais se resumiam a estes. No caso específico das matérias que o Governo, por sua própria conta, definira como mistas, Dom Antônio, ciente de que o *status quo* esvaziava o ministério episcopal, rebatia categórico:

> Escravidão dura e ignominiosa escravidão é esse Estado de mitra e báculo, governando a Igreja, levantando interditos, dirigindo irmandades, encarcerando bispos por terem fulminado censuras; é uma reunião de magistrados leigos, filhos da Santa Igreja, decidindo quais decisões dessa Igreja devem ser abraçadas, quais não, como leis sagradas, como de direito absoluto, incontestável, ainda que opostas sejam aos dogmas e à santidade da religião revelada por Deus! Isto que é escravidão ignóbil, vergonhosíssima![279]

[278] Francisco de Macedo Costa, *Lutas e vitórias*, p. 77.
[279] Antônio de Macedo Costa, *Direito contra o direito ou o Estado sobre tudo*, p. 86, 88.

Um episcopado alçando a voz causava desconforto em alguns segmentos políticos, também por uma outra razão não citada: teoricamente, a excomunhão eclesiástica tinha efeitos civis no Brasil. Isso jamais tinha acontecido, e a alternativa, curiosamente, partiu do próprio Dom Antônio de Macedo Costa. Evidenciando já como um a um os vínculos com a instituição monárquica fraquejavam, ele apresentou a Dom Pedro II uma proposta impensável na época, principalmente se tratando de um bispo: "Se o Governo não julga dever dar efeitos civis à excomunhão, recuse os efeitos civis".[280]

A legislação não mudou, mas a psicologia católica em relação ao modelo existente sim. No meio do laicato esclarecido isso se manifestou em duas tendências: a primeira aspirava a uma reforma do sistema, mantendo contudo as suas características essenciais. O projeto do deputado Ignácio Antônio de Assis Martins (1839-1903), apresentado no parlamento, aos 20-3-1875, em defesa do casamento civil para quem não desejasse receber o sacramento católico, enquadra-se nessa tentativa:

> Não suponha o nobre Ministro da Justiça que eu entenda que o casamento civil deva ser admitido com preterição do casamento católico: como católico não o podia querer assim, pois para mim o casamento é um sacramento; o que quero é que o casamento católico continue como até agora tem sido. Quem casar-se catolicamente, não precise fazer o contrato civil ou, quando muito, registre civilmente a certidão passada pelo pároco; mas que os protestantes, ou os que não forem católicos, ou os que não quiserem casar-se catolicamente, façam o contrato civil, e deste resulte os mesmos direitos que resultam do casamento católico.[281]

Dessa tendência – sem chegar a defender propostas como a citada acima – também fizeram parte o combativo Carlos de Laet e Eduardo Prado. Em linha de máxima queria a emancipação, sem separar a Igreja do Estado, mantendo o dispositivo da lei, considerada sábia naquilo que respeitava a tradição espiritual. Outros militantes católicos leigos já não acreditavam na possibilidade de uma adaptação e passaram a defender a ruptura pura e

[280] Antônio de Macedo Costa, *Memória dirigida a Sua Majestade o Imperador*, p. 27.

[281] *Anais do Parlamento Brasileiro* – Câmara dos deputados, sessão extraordinário de 1875, p. 48.

simples. Entre eles, além de Antônio Ferreira Viana mencionado anteriormente, encontravam-se intelectuais de peso, cujos representantes máximos eram José Soriano de Souza e Cândido Mendes de Almeida, que assim pensavam "por não ver de que modo poderia a Igreja manter-se livre em um Estado que a limitava quase que ao escalão de uma repartição do governo".[282] Eles eram do parecer de que o Império brasileiro, no fundo, nunca tinha sido verdadeiramente cristão, e que toda insistência nesse sentido seria vã. Sobre isso, Cândido Mendes assumiu uma posição clara:

> Quando os reis eram católicos e os estados se regiam por legislação impregnada do mesmo espírito, quase não havia perigo em deixar ao poder temporal o cuidado de fazer a cobrança dos rendimentos da Igreja e, ainda mesmo, a distribuição dessas rendas pelo pessoal empregado no culto. Hoje semelhante situação é insustentável, máxime nos países com forma de governo idêntica à nossa. O Estado, se não é ateu, tem-se tornado indiferente em matéria religiosa: portanto, não é mais competente para ser procurador oficioso e imposto à Igreja.[283]

O grupo que desejava a separação atingiu o apogeu quando agregou em suas fileiras Leandro Bezerra Monteiro (1826-1911). Tratava-se de uma adesão retumbante: o neófito do separatismo não era um personagem qualquer, mas sim um dos mais convictos "ultramontanos" do parlamento brasileiro, que se notabilizara pela defesa apaixonada em favor dos bispos. Verdadeiro soldado da fé, ele havia enfrentado tantos debates com os anticlericais que até recebera a alcunha de "frei Leandro", da parte de certos críticos e caricaturistas.[284] E foi esse mesmo aguerrido polemista que, em defesa do seu credo, admitiu ser chegada a hora de levar a cabo a cisão:

> Se querem que a religião Católica Apostólica Romana seja a do Estado para exercício de tão cruento despotismo, declaro solenemente que por mim renuncio ao privilégio, que fere a consciência dos fiéis, e prefiro a separação da Igreja do Estado.

[282] Thales Azevedo, *Igreja e Estado em tensão e crise*, p. 154.
[283] Júlio César de Morais Carneiro, *O Catolicismo no Brasil*, p. 218.
[284] Eugênio Vilhena de Morais, *O Gabinete de Caxias e a anistia aos bispos na questão religiosa*, p. 82.

> Em estado tão excepcional que nos achamos, seja-me permitido esta declaração. Lastimo que o extremo dos sofrimentos nos leve a esse ponto. O Brasil perde, mas o que quero é a liberdade da Igreja. Amo a minha sociedade pátria, porém, amo mais a minha religião, porque aquela só pode oferecer-me as prosperidades desta vida, quando esta me promete as glórias da eternidade.
>
> Já ouvi um dos nossos estadistas dizer na outra casa do parlamento que agora mais do que nunca o Estado deverá estar ligado à Igreja, depois da definição do dogma da infalibilidade do Papa, porquanto, separados, a Igreja, em liberdade, havia de dominar. Assim, vê-se que há escola dos que sustentam a união não por amor da Igreja, mas por desejo de dominá-la. Favores e privilégios neste sentido, nós católicos devemos recusar.[285]

Quanto aos regalistas, o pensamento deles também passou por longa evolução, antes que a maioria optasse pela laicização do Estado. Por certo tempo, não faltaram os que acreditassem num possível recuo da reforma eclesiástica, com a conseqüente acomodação do clero ao *status quo*. Entre estes estava Rui Barbosa, que ponderava: "Há quem, nesta nossa terra tão fértil de originalidades, entre inculcados estadistas, que assegure que a questão clerical é uma balela, que a poeira pelo próprio peso há de aplacar-se, e que havemos de tornar com os padres à convivência desleixadamente camaradesca de outrora".[286] O "Velho Liberal" lamentava igualmente o fim da Igreja submissa, mas o depoimento que fez, aos 15-6-1876, era já de um ressentimento sem esperança:

> Retrocedamos meia dúzia de anos: qual era o estado de coisas? A religião era 'mansa'; a Igreja obedecia às leis civis, não abria luta com a sociedade. [...] Hoje é diverso: a Igreja se diz militante; os padres e beatos só falam nos nossos inimigos. Por que a mudança? Sem dúvida, porque retumbou entre nós

[285] *Anais do Parlamento Brasileiro – Câmara dos Deputados, sessão de 1875*, tomo 2, p. 229.
[286] Rui Barbosa, *O Papa e o Concílio*, p. 9.

> o grito de guerra dos jesuítas, que em toda parte pleiteiam o domínio, agitam as sociedades, preparam guerras de crenças para reconquistar o poder temporal.[287]

O que Rui e seus pares temiam aconteceu: o espírito reformador do clero não retrocedeu, fato este que Ubaldino do Amaral, retomando o que já dissera Saldanha Marinho depois da anistia dos bispos, veio a reconhecer ressentido: "Constitui, portanto, a Igreja de Roma, em condições diametralmente opostas à Igreja do Estado, como a Constituição consentiu e autorizou. A atual Igreja Romana, essa de Pio IX, não é a do Estado".[288]

Não o era de fato, e a situação se tornara complexa demais para ser resolvida com soluções simplistas, como aquela do Governo contentar ou não o clero e vice-versa. O modelo de união Trono-Altar no Brasil era em si mesmo uma fórmula exaurida, e demonstrava-no a atitude assumida pelo episcopado. Teoricamente os bispos defendiam o Estado religioso, mas na prática, entre a oposição frontal que suas propostas enfrentavam e a ingerência regalista que prosseguia, eles acabavam ficando sem nenhuma alternativa concreta. O desconforto era recíproco, e Antônio Carlos Villaça teoriza que a união entre Trono e Altar se desfez quinze anos antes da queda do Império. Segundo ele, das quatro questões que provocaram o fim da Monarquia – a servil, a militar, a dinástica e a religiosa – a mais complexa é a última, ainda que todas tenham tido um papel fundamental.[289]

Fatores outros, como o contínuo afluxo, ainda que limitado, de grupos imigrantes das mais diversas confissões, impunham uma mudança de rota, e a maior parte dos regalistas e maçons acabou aderindo à segunda tendência, que afinal triunfou: o separatismo total. A proposta laicizadora foi ganhando terreno de forma gradual: antes de 1875, seus defensores ainda eram minoritários, manifestavam-se de forma comedida, e somente radicais como os grãos-mestres Alencar Araripe e Joaquim Saldanha Marinho defendiam o laicismo às escancaras. Tiveram uma influência limitada, porque nenhum deles foi capaz de apresentar uma proposta plausível para tanto. "Ganganelli" foi o exemplo acabado dessa deficiência. Ao invés de traçar um projeto viável para o eventual Estado leigo, limitava-se a gene-

[287] Cristiano Benedito Otoni, *A liberdade culto no Brasil*, p. 49.

[288] Ubaldino do Amaral Fontoura, *Saldanha Marinho – esboço biográfico*, p. 154-155.

[289] Antônio Carlos Villaça, *História da questão religiosa no Brasil*, p. 150.

ralidades incongruentes: "Com o casamento civil, com a sepultura livre e livres os sacramentos, com plena liberdade de cultos, com a Igreja separada do Estado, a pátria se salvará de Roma, a religião se manterá no seu esplendor, o Brasil será uma nação independente..."[290]

Depois de 1875 o ambiente mudou, pois se tornou evidente que o clero não recuaria, apesar de que, por algum tempo, Joaquim Nabuco e Tito Franco tenham resistido à idéia da separação. Para não entregar o país sem defesa à "dominação ultramontana", muitos regalistas os apoiavam, desejosos de salvaguardar a preponderância do poder civil.[291] Foi uma última e vã tentativa, logo suplantada pela corrente defensora do laicismo integral. Já então liberais, maçons e positivistas militavam abertamente por ele, e por fim, o próprio Dom Pedro II, sem chegar a tanto, em 1876 escreveu à Princesa Isabel defendendo algumas mudanças importantes, como a instituição do casamento civil para os acatólicos.[292]

Com o passar dos anos a tendência secularizadora foi avolumando-se na classe política, mas sem renunciar aos vícios herdados da tradição. Esta incoerência ficou explícita no programa do partido liberal apresentado a 1-6-1877. Nas enganosas palavras do preâmbulo, afirmava-se que a liberdade de consciência não é susceptível de interpretações diversas na sociedade civil e política. "É dogma da civilização moderna, que a Constituição consagra no §5º do art. 179", dizia. Porém, como era próprio do estilo, calava-se sobre a férrea legislação regalista, limitando-se a afirmar que "as demais aspirações da sociedade não exigem, por enquanto, soluções práticas, que podem vir a ser indicadas e até solicitadas pelos acontecimentos".[293] Semelhante imoralidade política seria defendida até mesmo por Rui Barbosa, depois que este abraçou o laicismo irrestrito:

> Senhores, o regalismo é uma cautela constitucional. Ora, será legítimo abrir mão dela precisamente em benefício do ultramontanismo? [...] Não nos basta o regalismo; queremos a liberdade; porque o regalismo não é um baluarte absolutamente impenetrável contra a invasão religiosa das consciências; mas,

[290] Joaquim Saldanha Marinho, *A execução da sentença do bispo de Olinda*, tomo II, p. 13.
[291] Cristiano Benedito Otoni, *A liberdade de cultos no Brasil*, p. 135.
[292] Heitor Lyra, *História de Dom Pedro II*, vol. II, p. 354.
[293] Vamireh Chacon, *História dos partidos brasileiros*, p. 234-235.

se a liberdade não é possível, em nome da liberdade repelimos a abolição extralegal dessa garantia, imperfeita, mas não despicienda, contra as invasões da Igreja no domínio secular.[294]

Com o tempo, o improvável aconteceu: certos "ultramontanos" e anticlericais, por razões próprias, fizeram causa comum. Até mesmo Saldanha Marinho, mantendo a costumeira mordacidade, no dia 12-2-1879, admitiria: "Temos conhecido que os ultramontanos, ainda os mais arraigados, os que se dizem mais firmes nisso, que eles chamam a sua doutrina e a sua fé, e querem que seja a única possível, estão acordes na idéia da separação da Igreja do Estado. Todos eles concordam".[295]

O desejo separatista dos católicos seria contido a partir de 1-11-1885, quando o Papa Leão XIII lançou a carta encíclica *Da constituição cristã dos estados*. Nela, o Pontífice afirmava que os poderes espiritual e temporal eram soberanos no seu gênero; mas, considerando que exerciam tal autonomia sobre os mesmos súditos, a divina Providência estabelecera o caminho com que deviam regular suas ações. Sem propor um retorno ao passado, era lá que o documento encontrava sua fonte de inspiração:

> Houve um tempo em que a filosofia do Evangelho governava os Estados. Nesta época, a influência da sabedoria cristã e a sua divina virtude introduzia-se nas leis, nas instituições, nos costumes dos povos, em todas as classes e em todas as relações da sociedade civil. [...] Então o sacerdócio e o império estavam ligados entre si por uma feliz concórdia, e amigável reciprocidade de bons ofícios. [...] A defesa do nome católico reclama, absolutamente, que o assentimento às doutrinas ensinadas pela Igreja, seja da parte de todos, unânime e constante, e desta forma necessário é que todos se acautelem, para que de modo algum se tornem coniventes com as falsas opiniões, e as combatam com menos energia do que suporta a verdade, pondo, contudo, de parte as suspeitas injustas e as acusações recíprocas.[296]

[294] Rui Barbosa, "Discursos Parlamentares – Câmara dos Deputados", em: *Obras Completas de Rui Barbosa*, vol. VII, tomo I, pp. 164, 168.

[295] Joaquim Saldanha Marinho, *Discursos proferidos e projetos apresentados na Câmara dos Senhores deputados na sessão de 1879*, p. 56.

Entre os não devotos, porém, o assunto continuou em debate, entrando de novo na pauta das discussões, a partir do momento em que o juramento de posse dos parlamentares abriu uma nova celeuma. Segundo o costume, os deputados deviam jurar nos seguintes termos: "Juro aos Santos Evangelhos manter a religião Católica Apostólica Romana; observar e fazer observar a Constituição, sustentar a indivisibilidade do Império; a atual dinastia imperante; ser leal ao Imperador; zelar os direitos dos povos e promover quanto em mim couber a prosperidade da nação".[297] No momento de proferir a fórmula, o deputado Antônio Romualdo Monteiro Manso, eleito pelo 9º Distrito de Minas Gerais, negou-se a fazê-lo, alegando que isso era contra suas convicções. Acabou sendo empossado sem juramento, e o empedernido Silveira Martins, dizendo-se movido de graves e urgentes motivos de ordem pública, aproveitou a oportunidade para apresentar no Senado um projeto em que simplesmente se declarava: "É livre no Império a todas as religiões o exercício público do seu culto, sem outro limite além da repressão legal a que ficam sujeitos os que no uso a essa liberdade cometerem algum delito". Somente na sessão do ano sucessivo dito projeto entrou na pauta e, por meio de bem articulada manobra – sem debate –, foi aprovado. A segunda discussão aconteceu no dia 1º de junho do mesmo ano, sendo porém adiada devido à ausência do ministro do império (conselheiro José Fernandes da Costa Pereira Júnior). No dia 2 de junho, seria de novo aprovado. A proposta ainda retornaria em plenário nos dias 4 e 6 de junho, seguindo depois da terceira aprovação para a câmara de redação. Aprovada também a redação definitiva, o texto foi enviado à câmara dos deputados.[298]

A reação veio quase que imediata: Carlos de Laet nas páginas do *Jornal do Comércio* acusou o senado de trair a causa católica, e uma associação de Senhoras Católicas Fluminenses, liderada por Dona Maria Eufrásia Lisboa, filha do Marquês de Tamandaré, dirigiu uma representação com

[296] Leão XIII, *Carta Encíclica Da constituição cristã dos Estados* (tradução), p. 13, 22.

[297] José Inácio de Abreu Lima, *Bosquejo histórico, político e literário do Brasil ou análise crítica do projeto do Dr. A. F. França, oferecido em sessão de 16 de maio último à Câmara dos Deputados, reduzindo o sistema monárquico constitucional que felizmente nos rege, a uma República democrática, seguida de outra análise do projeto do deputado Rafael de Carvalho, sobre a separação da Igreja Brasileira da Santa Sede* Apostólica, p. 12.

[298] ASV, "Análise do Pe. João Esberard a cerca do projeto de liberdade de culto no Império", em: *Nunciatura Apostólica no Brasil*, fasc. 330, caixa 68,doc. 30, fl. 82.

milhares de assinaturas ao parlamento clamando pela rejeição do projeto. Muitas senhoras de outras províncias aderiram ao movimento, no que se destacou sobretudo Minas Gerais, enviando petições parecidas. Dom Antônio de Macedo Costa se posicionou igualmente, enviando no dia 20-8-1888 uma *Representação à Assembléia Geral Legislativa*, criticando a inovação. O documento foi lido no plenário e publicado depois no *Diário Oficial*, com resultado surpreendente: mesmo sem conseguir fazer rejeitar a proposta na câmara temporária, embaraçou-lhe a marcha, impedindo que fosse posta na ordem do dia para entrar em discussão.[299]

O motivo se encontrava no próprio conteúdo da referida *Representação*, difícil de ser desmentido. O bispo do Pará recordava que, os limites legais impostos aos protestantes, na prática, nunca tinham sido observados. Quanto à imigração, ele lembrou que ao contrário do que desejavam muitos políticos, a maioria dos europeus que optava por emigrar para o Brasil não era formada por anglo-saxões ou germânicos protestantes, mas por latinos católicos que não tinham pretensões secularizadoras. Além disso, não perdeu a oportunidade para denunciar que aquela era mais uma investida da velha política liberal-regalista, que beneficiaria somente aos protestantes, após haver esvaziado o Catolicismo dos seus meios defesa.[300]

Quem dava o tom da política no Brasil, entretanto, eram as suas exíguas elites, e o Império não podia ignorá-las. Por isso, quando o Visconde de Ouro Preto assumiu a presidência do conselho de ministros no ano seguinte, ele reintroduziu a proposta da liberdade de cultos. Ela foi acatada sem maior resistência no senado, mas terminou barrada na câmara dos deputados, graças à oposição do Partido Conservador. Após seis dias de inflamados debates, a Câmara foi dissolvida no final de junho sem que nenhuma das propostas do presidente do Conselho de Ministros fosse aprovada. A oposição, mais uma vez, deu a culpa à Princesa Isabel.[301] O episódio não chegou a ser uma derrota completa dos liberais, porque o juramento de defender a Igreja acabou sendo abolido.[302]

[299] ASV, "Análise do Pe. João Esberard a cerca do projeto de liberdade de culto no Império", em: *Nunciatura Apostólica no Brasil*, fasc. 330, caixa 68, doc. 30, fl. 83.

[300] Antônio de Macedo Costa, *A liberdade de cultos – Representação à Assembléia Geral Legislativa*, p. 43-46.

[301] Luiz Sartorelli Bovo, *Desafios ao trono*, p. 141-142.

[302] Raimundo Magalhães Júnior, *Deodoro, a espada contra o Império*, vol. I, p. 20.

No breve período de existência que restava ao Império, muitos eclesiásticos e leigos de prestígio continuaram acreditando na necessidade da manutenção da união Igreja–Estado, ainda que numa perspectiva diversa daquela até então praticada. O advogado Júlio César de Morais Carneiro, o futuro Pe. Júlio Maria, ao contrário, mesmo acreditando na validade da união Trono-Altar, nas suas famosas *Apóstrofes*, deixava claro que não via possibilidade disso se concretizar lealmente no Brasil:

> O gênio católico, que velava por nós, voou, desapareceu. [...] O Estado, ateu disfarçado, já não tem medo de Deus! [...] Escrever simplesmente na lei fundamental que a religião católica é a do Estado, sem dar a todas as leis orgânicas o cunho dessa religião, [...] não é ter religião do Estado: é mascarar com a mais funesta das hipocrisias uma covardia que nem quer ser sinceramente cristã, nem quer ter a coragem de declarar-se francamente ateísta![303]

Para além das polêmicas, a separação entre a Igreja e o Império já estava lentamente se concretizando, sem que nenhuma das partes o lamentasse: na diocese de Mariana, no ano de 1882, Dom Antônio Maria Corrêa de Sá Benevides proibiu aos estudantes prestarem exames perante as bancas examinadoras de Ouro Preto, afirmando que a casa formativa do clero diocesano não era um colégio sujeito ao ensino, exames e disciplina à mercê do país.[304] Mais importante ainda foi que aos bispos se deixou de exigir o juramento de fidelidade ao Imperador, devendo estes ater-se somente ao canônico; também virou costume não mais submeter a nomeação dos internúncios ao famigerado *placet*, ficando tudo restrito às formalidades de praxe comuns a qualquer embaixador; e além disso, a partir de 1-1-1889, justamente o último ano de existência da Monarquia no Brasil, não se mandou mais ao Governo as relações do movimento religioso das paróquias. Os tempos estavam maduros para a completa separação,[305] ainda que o desenlace procurado pelo Vaticano fosse uma concordata. Não o fariam os republicanos, que depois de acolherem hos-

[303] Júlio César de Morais Carneiro, *Apóstrofes*, p. 82-83.
[304] Manoel Isaú Souza Ponciano Santos, *Luz e sombras*, nota 26, p. 89.
[305] Luigi Lasagna, *Epistolário*, vol. II, p. 27.

tes inteiras de ex-regalistas, optariam (ao menos formalmente) pelo separatismo total.[306]

3.12. O crepúsculo do Império e o alvorecer de uma nova perspectiva religiosa

Como observou Dom Vital pouco antes de expirar, a questão religiosa reforçara a reforma eclesial do Brasil, porque, segundo ele, o conflito tornou os bispos mais vigilantes e ativos, e os sacerdotes mais zelosos no cumprimento de seus deveres. Salientava ainda que a atitude dos leigos também mudara de maneira "maravilhosa", isso porque o número de católicos praticantes não só crescera, como perdera a timidez e o respeito humano. Numerosas associações católicas, jornais confessionais e sociedades de São Vicente de Paulo também haviam sido fundados em diferentes províncias do Brasil; e se despertara o interesse por matérias eclesiásticas e pias. Isso teria feito compreender que, para ser católico, era preciso estar em comunhão com o Papa e com os bispos; motivo pelo qual o Romano Pontífice deixou de ser visto como um "soberano estrangeiro", como dizia a maçonaria, tornado-se de vez "o pai comum dos fiéis, o chefe do Catolicismo".[307]

O pontificado de Leão XIII, iniciado em 1878, também ajudou a passar uma imagem positiva do papado, conseguindo despertar admiração até em regalistas do calibre de Nabuco Araújo (ressaltar que ele, a seu modo, sempre se considerou um estadista católico). Foi assim que o autor da supressão branca dos religiosos abandonou a maçonaria, e posicionou-se contra aqueles que pretendiam laicizar o Estado.[308] Já um pouco antes, algumas reaproximações célebres tinham acontecido, como a do jovem poeta romântico Antônio de Castro Alves, que antes de falecer, no dia 6-7-1871, pedira para se confessar, sendo atendido pelo padre Turíbio Tertuliano Fiúza.[309] Dezoito anos depois, a conversão do seu rival, Tobias Barreto de Meneses (1839-1889), seria ainda mais clamorosa. Crítico implacável do Catolicismo, no leito de morte, Tobias Barreto portou a termo um peno-

[306] Boanerges Ribeiro, *Protestantismo no Brasil monárquico*, p. 35.

[307] Ramos de Oliveira, *O Conflito maçônico-religioso de 1872*, p. 217.

[308] Joaquim Nabuco, *Um estadista do Império*, vol. III, p. 395, 408, 601-605.

[309] Revista *Santa Cruz*, n. 5, 1911, p. 196.

so processo de mudança interior e mandou chamar o Pe. Silva, vigário da paróquia de Santo Antônio, e com ele se confessou, morrendo "no seio da Igreja em que nascera".[310] Entretanto, a conversão que mais conseqüências trouxe foi a do advogado Júlio César de Morais Carneiro (1850-1916), o futuro Pe. Júlio Maria. Formado na agnóstica faculdade de direito de São Paulo, comungou das idéias do seu tempo, mas mudaria radicalmente com o passar dos anos. Em 1882, ao publicar a obra *Pensamentos e Reflexões*, ele já se encontrava num estágio avançado de redescoberta da fé, que num crescendo chegaria à conversão plena, manifestada no livro *Segredos d'Alma,* de Carmo Gama, publicado em 1886.[311]

Entrementes, os opositores da Igreja continuavam a insistir que o Brasil vivia sob um clericalismo dominante e que a educação ministrada nos educandários religiosos era ruim, porquanto "ultramontana". Inclusive, os periódicos *O Fluminense* e *Folha Nova* não perderam tempo em acusar os salesianos de serem adeptos do "jesuitismo".[312] O Governo preferiu não se indispor com os regulares, tendo presente que o trabalho de catequizar-"civilizar"-integrar o índio à sociedade, levado a cabo pelos capuchinhos em parceria com os militares, era indispensável. Por isso, no dia 11-5-1889, Antônio Ferreira Viana, ocupando o ministério do Império, adotou a única solução possível: declarou abolida a *Circular* de 1855, afirmando ao comissário geral dos capuchinhos no Brasil que não havia ato algum do legislativo no Império que limitasse ou restringisse aos regulares a prerrogativa de admitir à profissão de sua regra, os noviços que tivessem vocação para observá-la. O ministro era um católico observante, mas, como ele próprio admitia, a mudança era fruto da necessidade: "Os serviços dos capuchinhos no Brasil eram de tal valor que o Governo não cessava de instar para a vinda de novos missionários e não hesitava em fazer as despesas necessárias e manter os respectivos estabelecimentos".[313]

Ainda em relação aos religiosos, na última década monárquica recrudesceu um fenômeno que explodiria no período seguinte: o convite sempre mais insistente dos bispos para que novas congregações se instalassem no

[310] CF. Hermes Lima, *Tobias Barreto*, p. 148, 178, 181-182, 188.

[311] Fernando Guimarães, *Homem, Igreja e sociedade no pensamento de Júlio Maria*, p. 22-23.

[312] Antenor de Andrade Silva, *Os salesianos e a educação na Bahia e em Sergipe – Brasil*, p. 87-88.

[313] ASV, Comunicação do Ministério do Império (11-5-1889), em: *Nunciatura Apostólica no Brasil*, fasc. 345, caixa 71, doc. 8, fl 71-72.

Brasil. Os Padres do Espírito Santo franceses fariam parte dessa nova leva e, no dia 1-12-1885, sete dos seus confrades vieram abrir uma nova frente em Belém, onde assumiriam a direção do Seminário Nossa Senhora do Carmo.[314] No dia 24 de julho do ano seguinte, também os palotinos se instalariam em Vale Vêneto, RS. O primeiro capelão foi Pe. Jacó Pfländler, auxiliado pelo confrade Francisco Xavier Shuster, e o trabalho que desenvolveram seria o primeiro passo para a sucessiva expansão da congregação em solo gaúcho.[315]

A propósito, para desgosto dos regalistas e da maçonaria, os bispos continuavam fora do controle, levando Ubaldino do Amaral a esbravejar em 1878: "São passados cinco anos e a questão religiosa se não está no mesmo pé de atividade em que foi levantada, pelo menos conserva-se estacionária".[316] Ele até que tinha razão, pois no ano seguinte, Dom Antônio de Macedo Costa publicou a *Resposta aos seus acusadores na Câmara dos deputados*, defendendo as mesmas idéias de outrora. Em Londres, no ano de 1881, o Barão de Penedo revidou com a obra *A missão especial em Roma, em 1873*. Sem as mesmas proporções de antes, reabriu-se a discussão. Dom Antônio rebateu o Barão, em 1886 com *A Questão Religiosa perante a Santa Sé*, e foi replicado pelo diplomata no ano seguinte com *O Bispo do Pará e a missão a Roma*. A tréplica veio em 1888, quando Dom Antônio editou *O Barão de Penedo e sua missão a Roma*. O debate só terminou porque no ano seguinte foi proclamada a República.[317]

Este não foi o único conflito enfrentando por Dom Antônio. Em Belém, por longos anos os incidentes fizeram parte da ordem do dia, pois regalistas e maçons impediam os padres de ministrarem em certas igrejas, e até improvisaram atos religiosos oficiados por leigos, procissões "civis" com as imagens dos santos e recitação de "ladainhas leigas" nos recintos sacros. A maior festa religiosa da diocese, o Círio de Nazaré, acabou igualmente profanada, quando uma mulher, sob umbela, em meio a ruidoso acompanhamento, trasladou a imagem do palácio do Governo para uma ermida. Abriu-se assim a questão nazarena que agitou a Amazônia quase tanto quanto a questão religiosa. Aos 15-6-1878, os sacerdotes redatores

[314] Henrique Wennink, *Os Espiritanos no Brasil*, p. 17-18.

[315] Genésio Bonfada, *Os palotinos no Rio Grande do Sul*, p. 45-49.

[316] Ubaldino do Amaral Fontoura, *Joaquim Saldanha Marinho – esboço biográfico*, p. 199-200, 217.

[317] Hélio Viana, *Estudos de história Imperial*, p. 283.

da *Boa Nova* publicaram um manifesto encarecendo a gravidade da situação e os perigos iminentes. A mesa regedora da irmandade homônima replicou em boletins afirmando que a festa de Nossa Senhora de Nazaré seria inteiramente leiga, sem participação alguma de sacerdotes. O clero protestou novamente e Dom Antônio apelou para as autoridades governamentais. Entretanto, de novo a festa seria celebrada acintosamente, gerando comentários até em Portugal, onde o periódico *A Palavra* dedicou manchetes sobre "as festanças maçônicas de Nossa Senhora de Nazaré". A situação ameaçava degenerar-se sempre mais, quando enfim, depois de muitas discussões e intervenções de políticos, aos 22 e 30 de outubro de 1880, as ordens terceiras de Nossa Senhora do Monte Carmelo e de São Francisco da Penitência reconciliaram-se com a autoridade diocesana.[318]

Esgotando-se as últimas pretensões dos maçons de controlarem a piedade popular, o devocionário assumiu de vez nova perspectiva. Fiéis e disciplinadas, as novas manifestações pias eram elogiadas pelos bispos, como bem o demonstram o pronunciamento de Dom Lino Deodato Rodrigues de Carvalho, prelado de São Paulo, aos 26-8-1884, a respeito do Sagrado Coração de Jesus: "Onde, irmãos e filhos diletíssimos, poderíamos achar uma profissão de fé mais explícita e solene, uma afirmação mais completa e categórica do Cristianismo para opor às vociferações e blasfêmias da incredulidade nestes últimos tempos?"[319]

Uma novidade, nesse ínterim, estava afirmando-se: o Império começava a perder o controle sobre decisões relativas à Igreja no parlamento. Aconteceu aos 3-5-1889, quando Dom Pedro II finalmente apresentou proposta à assembléia geral, solicitando a "criação de um bispado em cada uma das nossas províncias, em geral tão extensas, que não podem estar reunidas em poucas dioceses, sem prejuízo da ação e doutrina pastoral".[320] João Alfredo, então presidente do Conselho de Ministros, por meio do deputado Simplício Coelho de Rezende, pediu urgência para a aprovação; mas, para sua surpresa, a maioria dos deputados rejeitou o projeto no dia

[318] Ramos de Oliveira, *O conflito religioso-maçônico de 1872*, p. 41-42, 66-69, 71.

[319] Lino Deodato Rodrigues de Carvalho, *Carta Pastoral do Ex.mo e Rev.mo Sr. Bispo de São Paulo, anunciando ao Rev. do clero e a todos os fiéis, seus jurisdicionados, a solene consagração da Diocese ao Sagrado Coração de Jesus e designando o dia 8 de setembro do corrente ano de 1884 para esse ato na igreja catedral e na capela do mesmo Sagrado Coração na sede do Bispado*, p. 18.

[320] *Fala com que Sua Majestade o Imperador abriu a 4ª sessão da 20ª legislatura da Assembléia Geral no dia 3 de maio de 1889*, p. 2.

22 seguinte. Rui Barbosa, que era um anticlerical lúcido, comentou: "A Câmara não quer nem bispos nem liberdade religiosa".[321]

De fato, não havia o que fazer com a política imperial, inclusive porque a mesma maçonaria que militava pela derrubada da Monarquia até o fim fez o que pôde para manipular em causa própria o regalismo vigente. O último ato do gênero veio a público aos 3-11-1889, ao expirar o Visconde Luís Antônio Vieira da Silva, ex-presidente da província do Piauí. O falecido era maçom, e, previsivelmente, o bispo do Rio de Janeiro, Dom Pedro Maria de Lacerda, proibiu toda e qualquer celebração em sufrágio de sua alma. No dia 14 – véspera da proclamação da República – uma comissão de parlamentares maçons lavrou um protesto pedindo que os poderes públicos tomassem medidas contra o prelado.[322] Como salienta Heitor Lyra, a Igreja a essa altura já não fazia caso da política oficial, pois desde o final da querela religiosa adotara uma ostensiva indiferença pelo destino do regime imperial no país. Não o combatia, mas se desinteressou do seu destino. Isso explica por que o clero não o defendeu nem lamentou sua sorte, ao vê-lo cair por terra aos 15-11-1889.[323]

[321] Rui Barbosa, *obras completas*, vol. XVI, tomo II, p. 475-476.

[322] AAEESS, "Protesto da maçonaria brasileira", em: *Brasil*, fasc. 23, pos. 297, fl. 48.

[323] Heitor Lyra, *História da queda do Império*, tomo 1, p. 236.

IV

A ADAPTAÇÃO DA IGREJA À JOVEM REPÚBLICA LAICA

Sem enfrentar resistência, aos 15-11-1889, um golpe militar proclamou a república. Uma nota circular de Quintino Bocaiúva, datada do dia 18 seguinte, limitou-se a explicar que o novo Governo "manifestou ao Sr. Dom Pedro de Alcântara a esperança de que ele fizesse o sacrifício de deixar com sua família o território do Brasil e foi atendido".[1]

A hierarquia eclesiástica não teve nenhuma participação direta no desenrolar dos fatos, mas não faltaram militantes que tentassem até o fim granjear o seu apoio, como bem o demonstra o manifesto lançado aos 25-5-1889, homenageando frei Caneca:

> 25 de maio – nesta data é preso frei Joaquim do Amor Divino Caneca, um dos mártires da revolução pernambucana, que se transformou na Confederação do Equador, proclamada em 1824. Foi um dos vultos mais salientes daquela patriótica tentativa de libertar o país do jugo nefando de um estrangeiro sem fé e moralidade. Na história da liberdade, frei Caneca ocupa um lugar salientíssimo, pelos seus sacrifícios e afrontosa morte, em bem de sua pátria. O clero brasileiro de hoje que siga o seu nobre exemplo, sendo antes de tudo patriota e

[1] ASV, "Circular do Ministério das Relações Exteriores" (18-11-1889), em: *Nunciatura Apostólica no Brasil*, fasc. 329, caixa 68, doc. 66, fl. 147.

digno desta livre América, seguindo os divinos preceitos do maior dos republicanos – O CRISTO.[2]

Antes de se deixar influenciar, a maioria do clero manteve cauteloso silêncio. Entretanto, o pronunciamento do filho do Visconde de Ouro Preto (último Presidente do Conselho de Ministros do Império), Afonso Celso de Figueiredo Júnior, proferido aos 6-6-1888, tinha fundamento: "A mocidade que surge das academias, *dos seminários* (o grifo é nosso), do exército, da armada, é francamente republicana".[3] O certo é que nos ambientes católicos a queda da Monarquia provocou mais surpresa que pesar. Além disso, os novos donos do poder foram solícitos na arte de granjear simpatias. Neste particular, Quintino Bocaiúva, então ministro recém-nomeado das Relações Exteriores, na mesma *Circular* citada anteriormente, fez questão de tranqüilizar o Internúncio: "Cabe-me a honra de dirigir-me a Sua Excelência, assegurando-lhe em conclusão que o Governo Provisório deseja vivamente manter as relações de amizade que tem existido entre a Santa Sé e o Brasil".[4]

A aversão que certos leigos católicos sentiam pelo velho regime, por outro lado, era tão grande, que Afrísio Fialho não hesitou em ver na República "um caráter divino". Sem chegar a tanto, tampouco no clero faltaram demonstrações de regozijo. Dom Luís Antônio dos Santos, Arcebispo de Salvador e Primaz do Brasil, seis dias após a queda do Império, enviou um telegrama ao Chefe do Governo Provisório republicano, que não poderia ser mais simpático à mudança acontecida: "O Arcebispo da Bahia, com seu clero, saúdam na pessoa do General Deodoro o novo regime estabelecido e imploram a bênção de céu sobre os esforços dos filhos de Santa Cruz pela prosperidade e felicidade da mesma".[5] Ele estava tão convencido das vantagens que representava para a Igreja o fim do Império, que, nem mesmo após a secularização do Estado, mudaria de opinião. O motivo ele relataria aos 21-1-1890 numa carta reservada ao Internúncio:

> O padroado era um carga pesada que estava atada à nossa religião, que a fez definhar entre nós não somente à míngua de proteção do Estado, como à força de perseguição, e persegui-

[2] José Cândido Teixeira, *A República brasileira*, p. 12.

[3] Vamireh Chacon, *História das idéias socialistas no Brasil*, p. 51.

[4] ASV, "Circular", em: *Nunciatura Apostólica no Brasil*, fasc. 329, caixa 68, doc. 66, fl. 147b.

[5] Leôncio Basbaum, *História sincera da República*, vol. I, p. 400-401.

ção terrível, que acobertava-se com o manto da proteção, e que tendo em suas mãos todos os meios de domínio, deles se servia somente para entorpecer a marcha da religião.

Sem apontar as tristes cenas do parlamento brasileiro nos primeiros dias do Império e a supressão das ordens religiosas, sem tocar nas lúgubres ocorrências da chamada questão religiosa, na diminuição das cadeiras do seminário; sem lembrar a repugnância que se notava à divisão das dioceses, ao aumento dos vencimentos dos eclesiásticos, crescendo ao contrário os impostos sobre os escassos ordenados dos padres; a negação a tudo o que se propunha a bem do serviço da Igreja; se me fosse dado historiar só o concurso das paróquias vagas a que procedi ultimamente, faria velar o rosto.[6]

Dom Antônio de Macedo Costa, bispo do Pará e vindouro Primaz nomeado, numa comunicação sua a Rui Barbosa, no dia 22-11-1889, seria ainda mais categórico: "A Igreja do Brasil ganhou imenso, ganhou imenso, ganhou a liberdade que não tinha".[7] Ao grupo de bispos que manifestou satisfação, se deve por força acrescentar o nome de Dom José Pereira da Silva Barros (1835-1898), prelado de Olinda, PE. Em janeiro de 1890 ele explicaria sua atitude com uma razão de peso: o Governo decaído programava introduzir as mesmas medidas secularizadoras propostas pelos republicanos, só que em piores condições. Ou seja, o Império projetava estabelecer o casamento civil, a liberdade absoluta dos cultos e a secularização dos cemitérios, mas, salientava Dom José, "não a abolição do padroado e dos seus consectários, de sorte que teríamos de sofrer em lugar de um mal, dois: a separação por um lado e a escravidão por outro".[8]

O Internúncio adotou postura parecida, e, em ofício ao Cardeal Rampolla, datado de 3-12-1889, manifestou prazer ante o final de "uma monarquia demasiado corrompida pelo favoritismo, pelo arbítrio e pela adulação cortesã".[9] Nem mesmo a Santa Sé se abalou ante a queda do império católico sul-americano,

[6] ASV, Carta do Arcebispo Primaz ao Internúncio, em: *Nunciatura Apostólica no Brasil*, fasc. 330, caixa 68, doc. 12, fl. 27b-28.

[7] Américo Jacobina Lacombe et alii, *Brasil, 1900-1910*, p. 49.

[8] ASV, Carta de Dom José Pereira da Silva Barros ao Internúncio, em: *Nunciatura Apostólica no Brasil*, fasc. 330, caixa 68, doc. 15, fl. 34b.

[9] AAEESS, Ofício do Internúncio Francesco Spolverini ao Cardeal Mariano Rampolla (3-12-1889), em: *Brasil*, fasc. 24, pos. 298, fl. 8.

demonstrando-o quando o príncipe Dom Pedro Augusto, neto do Imperador deposto, foi recebido em audiência privada por Leão XIII. Após um diálogo que durou cerca de quarenta minutos, desiludido, o príncipe declararia que o Pontífice estava resolvido a defender a República, isto porque, segundo ele, o mesmo se inspirava na eloqüência suspeita de Dom Antônio Macedo Costa, que tinha queixas da Monarquia. Acrescentava que "a satisfação vem da idéia de que hoje não há mais padroado, e o Vaticano pode fabricar bispos à vontade".[10]

4.1. A Igreja no período do Governo Republicano Provisório

Os golpistas vitoriosos não formavam um bloco monolítico, e a diversidade interna se manifestava também em relação à Igreja. O segmento maçônico, acreditando ser possível influenciar o novo regime como fizera com o precedente, logo tratou de cooptar os líderes republicanos, suscitando preocupações em Dom Antônio de Macedo Costa. No dia 27-12-1889, ele escreveu ao Internúncio para lhe dar uma notícia ameaçadora: "Monsenhor caríssimo, [...] muito grande é a pressão da maçonaria. O Deodoro acaba de ser nomeado Grão-Mestre!"[11]

O tempo provaria que o temor era infundado, pois Deodoro não colocaria os propósitos das "grandes lojas" acima dos interesses nacionais; até porque a maioria dos republicanos evitava tanto quanto possível as iniciativas que em qualquer modo desestabilizassem o regime recém-implantado. Esta mesma lógica determinaria a elaboração do decreto 119^{A}, baixado no dia 7-1-1890, instaurando o Estado laico no Brasil. A primeira proposta havia partido de um positivista, o ministro da agricultura Demétrio Ribeiro, que apresentara dois projetos a respeito, ambos defendendo a adoção de sérias restrições à Igreja. Os dois foram impugnados pelos demais membros do ministério, que preferiram por unanimidade um substitutivo apresentado pelo então ministro da fazenda, que não era outro senão Rui Barbosa. O novo texto não foi fruto do improviso, mas resultado de longas reflexões. Rui, além de intelectual, era um hábil político, e procurou fórmulas que satisfizessem suas convicções, sem criar confrontações que comprometessem a popularidade do regime republicano. O próprio Deodoro lho pedira, e ele

[10] Heitor Lyra, *História da queda do Império*, nota 226, p. 237.

[11] ASV, Carta de Dom Antônio de Macedo Costa ao Internúncio (27-12-1889), em: *Nunciatura Apostólica no Brasil*, fasc. 430, caixa 87, doc. 9, fl. 22.

assumiu o encargo com empenho. Ao dar início à elaboração do referido projeto, providencialmente o bispo do Pará se encontrava no Rio de Janeiro para tratamento e, como ele mantinha com Rui, apesar de todas as suas diferenças, uma relação de respeito que vinha desde os tempos em que aquele fora seu aluno no Colégio Baiano, o diálogo seria dos mais amigáveis. Os dois se encontraram no Hotel Santa Teresa e reataram as antigas relações, a ponto de o prelado vir a se tornar assíduo freqüentador da residência do ministro. Dom Antônio era contrário à laicização do Estado e argumentou o quanto pôde contra ela. Sabendo que Rui tomava como modelo os Estados Unidos, recordou-lhe que por lá, ao englobarem as colônias da Federação, os estadunidenses haviam deixado como religião oficial aquela que até então predominara.[12] Também acreditava que um assunto tão importante deveria ser decidido numa assembléia constituinte e não por decreto. Quando, porém, considerou que a separação era inevitável, procurou uma saída honrosa, apresentando-a por carta a Rui Barbosa no dia 22-12-1889:

> Se o Governo Provisório está resolvido a promulgar o decreto, se este é inevitável e intransferível, ao menos atenda-se o mais possível aos direitos da Igreja, mantenha-se e respeite-se o mais possível a situação adquirida pela Igreja Católica entre nós há mais de dois séculos. Uma coisa são direitos, outra coisa são privilégios. O direito de propriedade, por exemplo, nos deve ser garantido, como o será aos dissidentes. É evidente que sob calor e pretexto de liberdade religiosa não devemos ser esbulhados. Não fiquem livres e protegidos no exercício de seus cultos só os acatólicos, como até aqui tem sucedido; dê-se lealmente a mesma liberdade e proteção aos católicos. Quebrem-se nos pulsos da nossa Igreja as algemas do regalismo; acabe-se com os tais *padroados*, "*exaquatur*", *beneplácitos imperiais*, *apelos como de abuso* e outras chamadas regalias da Coroa que tanto oprimem e aviltam.
>
> Liberdade para nós como nos Estados Unidos! Não seja a França [de Gambetta e Clemenceau] o modelo do Brasil, mas a grande união americana.[13]

[12] Eugênio Schmidt, *Rui Barbosa e o decreto da separação*, em: *REB*, vol 14, fasc. 12, p. 368.

[13] ASV, Carta de Dom Antônio de Macedo Costa a Rui Barbosa (22-12-1889), em: *Nunciatura Apostólica no Brasil*, fasc. 330, caixa 68, doc. 23, fl. 59.

As palavras de Dom Antônio surtiram efeito, e Rui afirmou que o modelo a ser imitado no Brasil não era a França, mas os Estados Unidos. Também Quintino Bocaiúva sustentaria que o novo regime haveria de dar à Igreja Católica a mesma liberdade que ela gozava no grande país do norte. Por fim, o próprio Deodoro se manifestou: "Sou católico, não assinarei uma Constituição que ofenda a liberdade da Igreja. Dos bens das ordens religiosas não permitirei que o governo tome nem uma pedra".[14]

Assim, a redação chegou ao seu termo e o decreto foi sancionado. Sucinto e claro, tinha como grande destaque o artigo 4º, que declarava abolido o padroado com todas as suas instituições, recursos e prerrogativas. Os demais artigos abordavam outros detalhes relacionados, dispondo o seguinte:

> – Artigo 1º – É proibido à autoridade federal, assim como à dos Estados federados, expedir leis, regulamentos ou atos administrativos estabelecendo alguma religião, ou vedando-a.
>
> – Artigo 2º – A todas as confissões religiosas pertence por igual a faculdade de exercerem seu culto, segundo a sua fé e não serem contrariadas nos atos particulares ou públicos.
>
> – Artigo 3º – A liberdade religiosa abrange não só os indivíduos nos atos individuais, senão também as igrejas, associações e institutos em que se acharem agremiados, cabendo a todos pleno direito de se constituírem e viverem coletivamente, segundo o seu credo e a sua disciplina, sem intervenção do poder público.
>
> – Artigo 5º – A todas as igrejas e confissões religiosas se reconhece a personalidade jurídica, para adquirirem bens e administrarem, sob os limites postos pelas leis concernentes à propriedade de mão-morta, mantendo-se cada uma no domínio de seus haveres atuais, bem como dos seus edifícios de culto.[15]

Deve-se ter em conta um fato importante ocorrido na fase preparatória desse decreto: Dom Antônio de Macedo Costa dá a entender que Rui, nas comunicações confidenciais, tinha se mostrado disposto não só a dar a liberdade à Igreja, como a lhe reconhecer certos direitos. Alega-se que seu

[14] Manuel Barbosa, *A Igreja no Brasil*, p. 287-290.

[15] *Decretos do Governo Provisório da República dos Estados Unidos do Brasil*, 1º fascículo, p. 10.

ex-aluno lhe afiançara que o documento constaria das seguintes determinações: 1) O Governo Federal reconhece e mantém a religião Católica Apostólica Romana como a religião da grande maioria do povo brasileiro; 2) A todas as religiões a liberdade de culto, privado e público, individual e coletivo; 3) A todas as confissões pleno direito de reger-se sem interferência do governo temporal; 4) Abolição do padroado com todas as suas instituições, recursos e prerrogativas do cesaropapismo; 5) À Igreja e a todas as confissões personalidade jurídica: posse e livre administração dos seus bens; 6) O Governo Federal proverá à côngrua sustentação dos atuais serventuários do culto católico, deixando livre aos estados a sustentação dos futuros; 7) O Governo manterá a representação do Brasil junto ao Sumo Pontífice.[16]

Não obstante tudo, Dom Antônio ainda estava em desacordo, porque o Brasil deixaria de ser uma nação oficialmente católica. Ao ser publicado o decreto, verificou-se que mesmo aquelas pequenas determinações favoráveis haviam sido abolidas, dando ao seu conteúdo uma feição quase agnóstica. O certo é que o desejo de Rui se impôs, e do original que redigiu apenas o artigo quarto foi alterado, com conseqüências ainda mais negativas para a Igreja. A primeira versão estipulava que a subvenção dos seminários devia permanecer por seis anos, enquanto que, em virtude de uma emenda de Campos Sales, foi reduzida para apenas um.[17]

4.1.1. A reação da Internunciatura e do episcopado ante a secularização do Estado

As particularíssimas circunstâncias históricas do Brasil explicam a satisfação do cônego Duarte Leopoldo Silva (futuro arcebispo de São Paulo) ao dizer que a mudança de regime, eliminando o "maldito padroado" e jogando por terra o *jus in sacra,* constituia-se numa "bela oportunidade para a Santa Sé vir o quanto antes em ajuda do Brasil", já que os jornais começavam a dizer que se dera demasiada liberdade e que o Governo fez mal em prescindir do direito de fazer nomear. O seu temor era que se voltasse atrás e se reformasse o decreto.[18]

[16] Eugênio Schimidt, *Rui Barbosa e o decreto da separação*, em: *REB*, p. 368-369.

[17] Raimundo Magalhães Júnior, *Rui, o homem e o mito*, p. 23.

[18] ASV, "Missiva do Cônego E. Duarte Silva ao Internúncio Spolverini", em: *Nunciatura Apostólica no Brasil*, fasc. 329, caixa 68, doc. 11, fl. 8.

Da sua parte, antes de se pronunciar, o Internúncio preferiu enviar uma circular aos bispos no dia 12-1-1890, pedindo resposta para seis questões pontuais:

> 1. Qual é a impressão geral de V. Ex.ª sobre este decreto em relação ao estado passado e futuro da Igreja no Brasil e aquilo que podia temer mais?
> 2. Se e quanto a liberdade e igualdade de cultos prejudicará os fiéis em suas crenças e na prática de seus deveres religiosos?
> 3. Que danos e que vantagens derivam do artigo 3º do decreto não só às ordens religiosas, como também às confrarias maçonizadas?
> 4. Que vantagens e que conseqüências advirão à Igreja pela abolição do padroado e suas prerrogativas a respeito das nomeações aos Bispados e aos benefícios e honras eclesiásticas?
> 5. Qual o valor e as conseqüências das disposições do artigo 5º?
> 6. Se a diocese de V. Ex.ª terá meios para suprir as dotações abolidas, e se tal supressão é compensada com a liberdade concedida à Igreja pela abolição do padroado e das suas prerrogativas.[19]

Estando à frente de realidades sócio-eclesiais extremamente diversas, as respostas enviadas pelos bispos foram muito variadas; mas, apesar das numerosas restrições que apresentaram, demonstraram serenidade ante a nova conjuntura nacional. A opinião mais negativa ficou por conta do bispo do Maranhão (e futuro bispo de São Paulo), Dom Antônio Cândido de Alvarenga, para quem se a situação da Igreja era má no regime decaído, com a mudança ficara pior, uma vez que daí por diante faltariam certas garantias e os meios indispensáveis para a sustentação do culto e dos serviços diocesanos.[20] O bispo de Porto Alegre, por sua vez, respondeu por meio de evasivas: "A impressão produzida por semelhante decreto é que ele não satisfaz completamente o

[19] ASV, "Circular reservada", em: *Nunciatura Apostólica no Brasil*, fasc. 330, caixa 68, doc. 17, fl. 43.

[20] ASV, Resposta de Dom Antônio Cândido de Alvarenga ao Internúncio (4-2-1890), em: *o. c.*, doc. 22, fl. 55.

estado passado nem o futuro quanto à dignidade da única verdadeira religião..."[21]

A observância aos dispositivos emanados pela Santa Sé também condicionou algumas das respostas enviadas, a exemplo daquela dada por Dom Lino Deodato Rodrigues de Carvalho, bispo de São Paulo, que bateu na tecla de que a instauração do Estado laico era contrária à doutrina da Igreja. Isso não o impediu de afirmar que a inovação teria um resultado benéfico, por restituir a liberdade à instituição eclesiástica no país.[22] Outros adotaram atitude parecida, isto é, defenderam a doutrina do Estado cristão, sem deixar de manifestar evidente alegria ante a liberdade recém-conquistada. Entre estes estava Dom Antônio Maria Corrêa de Sá e Benevides, Ordinário de Mariana, que com grande sutileza afirmou que, salva a dolorosa impressão que deve causar a todo católico e principalmente a um bispo ver sua religião equiparada a todas as seitas e invenções humanas, acreditava que, se dito decreto fosse entendido no seu sentido óbvio e não sofresse deturpações, tornava a condição da Igreja bem melhor que nos tempos passados.[23] O mesmo artifício verbal foi usado por Dom Cláudio Luís d'Amour, prelado de Cuiabá, que depois de ter o cuidado de afirmar que tivera a mais desagradável das impressões diante do decreto do Governo, candidamente admitiu que, absolutamente falando, lhe parecia que a Igreja tinha toda a razão de regozijar-se, porque tinha Deus consigo, e Deus não tem necessidade de ninguém para executar seus desígnios. Feita a leitura "espiritual" do fenômeno, com bastante pragmatismo deixou bem claro qual era o verdadeiro temor que sentia: aquele que, além de não receber mais auxílios do Governo, a Igreja continuasse a ser ferida nos seus direitos sob o novo regime.[24] O bispo de Olinda, Dom José Pereira da Silva Barros, lastimou igualmente a separação do Estado brasileiro da Igreja Católica, mas não hesitou em dizer que no conjunto a sua impressão tinha sido boa, porque aquilo que existira no passado não era de fato união.[25]

Também houve, esteja claro, bispos que deram um apoio irrestrito à inovação. O primaz da Bahia, Dom Luís Antônio dos Santos, foi um deles, não hesitando em dizer que se contasse com a fiel observância do decreto

[21] ASV, Carta do bispo de Porto Alegre ao Internúncio (14-2-1890), em: *o. c.*, doc. 14, fl. 32.

[22] ASV, Carta de Dom Lino ao Internúncio (21-1-1890), em: *o. c.*, doc. 6, fl. 15.

[23] ASV, Carta de Dom Antônio ao Internúncio (18-1-1887), em: *Nunciatura Apostólica no Brasil*, fasc. 330, caixa 68, doc. 16, fl. 40.

[24] ASV, Carta de Dom Carlos ao Internúncio (23-1-1890), em: *o. c.*, doc. 19, fl. 49.

[25] ASV, Carta de Dom José ao Internúncio (25-1-1890), em: *o. c.*, doc. 15, fl. 34.

de 7 de janeiro, ergueria as mãos para o céu. O seu receio era que o decreto fosse revisto, dando lugar a novas medidas persecutórias. Alertou que a tempestade estava por vir, propondo ao clero e ao laicato de estarem alerta.[26] O bispo de Goiás, Dom Cláudio José Gonçalves Ponce de Leão, sequer manifestou qualquer cautela, declarando sem meios termos que a sua impressão geral sobre os diversos artigos do decreto fora excelente; isto porque "o mais precioso de todos os bens que possa e precisa possuir a Santa Igreja de Deus é a liberdade plena de ação".[27]

Em relação aos demais quesitos, as respostas não foram menos interessantes, para não dizer surpreendentes. Ao contrário do que sucedia na Europa, o assunto da liberdade de culto foi tratado pelos prelados do Brasil com uma naturalidade deveras singular. Claro que houve exceções, pois também aí o bispo do Maranhão recordou que com a medida aumentaria o número de hereges, indiferentes e apóstatas;[28] e o diocesano do Ceará, Dom Joaquim José Vieira, afirmou que a liberdade de cultos em si mesma era "injuriosa".[29] Um grupo consistente, no entanto, entre os quais os bispos de São Paulo, Bahia, Goiás, Olinda e Mariana, se manifestaram completamente a favor. Um dos argumentos que os moveram a tanto não foi nada mais nada menos que o realismo. A situação de favorecimento não oficial em que vivia o protestantismo no país era um fato objetivo, e por isso Dom José, bispo de Olinda, fechou questão sobre o assunto: "No Brasil já existia de fato, antes da queda do Império, a liberdade de culto com os seus abusos".[30]

Em dois aspectos houve claro consenso entre os bispos consultados: o bem que resultava a mudança para as ordens religiosas e irmandades leigas e as vantagens advindas da abolição do padroado. Apesar de que a maioria temesse, com razão, o dispositivo relativo aos bens de *mão-morta* que permanecia, e nem todos acreditassem na possibilidade de restauração das ordens antigas, a aprovação foi praticamente unânime. Para Dom Lino, o mais positivo era que, finalmente, os regulares ficariam sujeitos ao regime canônico e, portanto, sob a dependência de seus superiores legítimos, sendo possível também às ordens tradicionais o renascimento através da admissão de novi-

[26] ASV, Carta do Primaz da Bahia ao Internúncio (21-1-1890), em: *o. c.*, doc. 12, fl. 26.

[27] ASV, Carta de Dom Cláudio ao Internúncio (29-1-1890), em: *Nunciatura Apostólica no Brasil*, fasc. 330, caixa 68, doc. 24, fl. 65.

[28] ASV, Carta de Dom Antônio ao Internúncio, em: *o. c.*, doc. 22, fl. 56.

[29] ASV, Carta de Dom Joaquim ao Internúncio (7-2-1890), em: *o. c.*, doc. 25, fl. 68.

[30] ASV, Carta de Dom José ao Internúncio, em: *o. c.*, doc. 15, fl. 35.

ços.[31] No tocante ao padroado, até mesmo o bispo do Maranhão não titubeou em afirmar que seriam grandes as vantagens oriundas da sua abolição, uma vez que consentiria à Santa Sé prover as dioceses em plena liberdade.[32]

Quanto à parte econômica, quase todos lamentaram que a separação abandonasse as suas jurisdições em estado de penúria, e poucos deles, como o prelado de São Paulo, puderam dizer: "Esta diocese tem elementos para manter os párocos e o seminário".[33] Apesar desta e de outras tantas ressalvas, a condescendência que manifestavam ante uma mudança tão profunda torna-se compreensível quando se leva em conta o parecer do prelado de Mariana:

> A condição da Igreja melhorou muito do que era nos tempos passados e poderá florescer no futuro pela ampla liberdade de que vai gozar. [...] Esse decreto foi relativamente moderado e conciliador, porque temíamos maior opressão, vistas as idéias infelizmente dominantes em muitos homens políticos e manifestadas em vários órgãos de publicidade.[34]

Como era de se esperar, também a Santa Sé, através do Cardeal Secretário de Estado, numa nota datada de 24-2-1890 enviada ao representante brasileiro em Roma, destacaria a dolorosa impressão que sobre o ânimo do Papa havia produzido as referidas disposições secularizadoras, e quanto essas eram contrárias aos princípios da Igreja Católica sobre tal matéria. Ainda assim, manifestava a esperança que o mesmo Governo tomaria as providências necessárias para tutelar os direitos da Igreja e garantir a paz religiosa no país. Antes que resignada, a hierarquia estava convencida de que entrara numa era de melhores perspectivas, como enfatizaria mais tarde o Internúncio Monsenhor Girolamo Gotti: "Semelhante liberdade fazia esperar que a Igreja brasileira teria, em breve, podido melhorar o seu destino, eliminar os lamentáveis abusos, reformar o clero, em suma, ressurgir numa nova vida mais alegre e fecunda".[35]

[31] ASV, Carta de Dom Lino ao Internúncio, em: *Nunciatura Apostólica no Brasil*, fasc. 330, caixa 68, doc. 6, fl. 15b.

[32] ASV, Carta de Dom Antônio ao Internúncio, em: *o. c.*, doc. 22, fl. 57.

[33] ASV, Carta de Dom Lino ao Internúncio, em: *o. c.*, doc. 6, fl 16b-17.

[34] ASV, Carta de Antônio ao Internúncio, em: *Nunciatura Apostólica no Brasil*, fasc. 330, caixa 68, doc. 16, fl. 39.

[35] ASV, "Sobre as providências a serem tomadas para a Igreja Católica no Brasil", em: *Nunciatura Apostólica no Brasil*, fasc. 377, caixa 77, fl. 5.

Daí a razão da quase total ausência de protestos à nova ordem que se impôs. Nem tudo, entretanto, ainda estava resolvido. Como temiam alguns diocesanos, a disposição do artigo 5º, especificando que a personalidade jurídica para adquirirem bens e os administrarem ficava sob "os limites concernentes à propriedade de mão-morta",[36] viria à baila, convertendo-se numa ameaça permanente de futuras expropriações de bens pertencentes às ordens religiosas. Apesar das críticas, o projeto da Constituição o manteve, só caindo aos 14-11-1890, ao ser promulgado o decreto 1.030 que organizou a justiça no Distrito Federal, cujo artigo 50, § 4º, letra b, definiu: "Cessa (doravante) toda a intervenção oficial na administração econômica e tomada de contas das associações e corporações religiosas, sem provocação dos interessados ou do ministério público". O artigo 72, § 3º da primeira Carta republicana, pretendeu encerrar de vez a questão,[37] mas ele seria retomado pelo Barão de Lucena, poucos meses depois.

4.1.2. A primeira Pastoral Coletiva do episcopado brasileiro

Tanto a sondagem do Internúncio quanto as respostas dadas pelos bispos foram realizadas sob o máximo sigilo, e este silêncio se arrastou por meses, tendo inclusive provocado comentários na imprensa[38] e no clero. Em Mariana, alguns padres como o Cônego Conselheiro Santana, os monsenhores José Augusto e José Maria Ferreira Velho, e o Pe. Silvino de Castro, escreveram a Dom Antônio Benevides, manifestando sua estranheza pela atitude do episcopado, calado diante do que entendiam ser a marcha vertiginosa que em direção ao abismo ia tendo a sociedade brasileira. A resposta de Dom Benevides foi dura: "O silêncio dos bispos não é de estranhar-se: para estranhar-se é a impertinência dos que não o são".[39]

Apesar das aparências, o episcopado não estava indiferente. Concluídas as análises preliminares, o Internúncio, Monsenhor Francesco Spolverini, enviou uma carta a cada bispo, propondo a reunião pastoral coletiva para tratar da nova realidade eclesial. Todos responderiam positivamente ao apelo, e apenas o prelado do Maranhão declinou o convite, não por

[36] *Decretos do Governo Provisório da República dos Estados Unidos do Brasil*, primeiro fascículo, p. 10.

[37] Bartolomeu Beuwer, "As ordens religiosas e as leis de mão morta na República brasileira", em: *REB*, vol. 9, fasc. 1, Vozes, Petrópolis 1949, p. 68-69.

[38] Manuel Barbosa, *A Igreja no Brasil*, p. 291.

[39] Raimundo Trindade, *Arquidiocese de Mariana, subsídios para a sua história*, p. 510.

ser contrário, mas por alegar que, estando tão distante da capital federal, não podia avaliar as questões que seriam examinadas. Autorizou, contudo, a inclusão do seu nome no documento final, fazendo nesse sentido uma afirmação explícita: "Não tenho motivos para desconfiar dos sentimentos e doutrina dos meus irmãos no episcopado".[40]

A projetada reunião acabou acontecendo no seminário episcopal de São Paulo aos 19-3-1890, e dela resultou um documento intitulado *O Episcopado Brasileiro ao clero e aos fiéis da Igreja do Brasil*. Abrangente, com firmeza e cautela, abordou cada um dos temas que havia levantado a opinião pública. A tônica geral era de denúncia, com pesadas críticas aos ataques da impiedade moderna, à liberdade de cultos que igualava o Catolicismo a qualquer seita e à secularização do Estado (argumentavam os bispos que "independência não queria dizer separação"). Em nenhum momento, contudo, se cedia ao pessimismo, e o fim da Monarquia foi associado às suas próprias contradições, ao contrário da Igreja, cuja perenidade era descrita de forma triunfante. Ao discorrer sobre o decreto de separação, as palavras da dita pastoral procuraram demonstrar a mais absoluta isenção, recordando que, se no decreto 119[A] havia cláusulas que podiam facilmente abrir a porta a restrições odiosas, era preciso reconhecer que o mesmo assegurava à Igreja Católica no Brasil uma certa soma de liberdades que ela jamais lograra no tempo da Monarquia. O conjunto da *Pastoral Coletiva*, de 1890, não deixava, contudo, de manifestar as incertezas do momento, pois, a certa altura, tendo o cuidado de não entrar em detalhes, repropunha a união entre a Igreja o Estado, sob a alegação de que "Deus o quer!" A afirmação de princípio não alterou o conteúdo geral, centralizado que era na defesa da liberdade da Igreja, antes que numa crítica à secularização. As reservas contra a ingerência monárquica ainda eram muito sentidas, e isso explica a tranqüilidade com que os bispos reunidos estenderam a mão ao regime leigo:

> Basta que o Estado fique na sua esfera. Nada tente contra a Religião. Não só é impossível, nesta hipótese, que haja conflitos; mas pelo contrário, a ação da Igreja será para o Estado a mais salutar; e os filhos dela, os melhores cidadãos, os mais

[40] ASV, Carta do bispo do Maranhão ao Internúncio (6-2-1890), em: *Nunciatura Apostólica no Brasil*, fasc. 330, caixa 68, doc. 7, fl. 18.

dedicados à causa pública, os que derramarão mais de boa mente o seu sangue em prol da liberdade da pátria.[41]

Todos os prelados assinaram o documento, mas quando ele veio a público, alguns o viram com certa reserva, porque Dom Antônio de Macedo Costa, que presidira a assembléia episcopal, tendo se alegrado com a queda do Império, com grande liberdade corrigira e alterara o texto definitivo. Dom Pedro Maria de Lacerda se queixou, por haver conhecido a totalidade do conteúdo apenas depois da publicação.[42] Apesar das ressalvas, a pastoral não passou por revisões, porque, como explicava Dom José Pereira da Silva Barros, "o procedimento do episcopado foi prudente e mereceu benévolo acolhimento junto ao Supremo Governo da Igreja de Jesus Cristo".[43]

4.1.3. As manobras anticlericais durante o Governo Provisório e as reações dos prelados diocesanos

A boa vontade da Igreja para com a República nem sempre era retribuída à altura, e não por culpa de Deodoro. Primeiro houve a influência contrária dos positivistas; alijados estes, ainda continuaram certos anticlericais no ministério provisório, motivo constante de preocupação.[44] As inquietações cresceram quando propostas restritivas começaram a se tornar públicas, como aquela da imposição unilateral do casamento civil, visto na época pelo clero como puro e simples concubinato legal.[45] E, um novo decreto deveras o instituiu sem consulta, motivo pelo qual os padres encetaram campanha contrária nos púlpitos e nos jornais, tanto contra a inovação quanto contra a forma acintosa com que se ignorara o matrimônio religioso. Deodoro havia desaprovado a maneira como a mudança fora imposta, mas o autor da iniciativa, Campos Sales, notório maçom, limitou-se a dizer:

[41] Luiz Antônio dos Santos et alii, *O Episcopado brasileiro ao clero e aos fiéis da Igreja do Brasil*, p. 82.

[42] Jerônimo Lemos, *Dom Pedro Maria de Lacerda, último bispo do Rio de Janeiro no Império (1868-1890)*, p. 474-475.

[43] José Pereira da Silva Barros, *Carta Pastoral do Bispo de São Sebastião do Rio de Janeiro saudando aos seus diocesanos*, p. 40.

[44] CF. Manuel Barbosa, *A Igreja no Brasil*, p. 285.

[45] O *Syllabus Errorum* dedicou todo o subtítulo oitavo aos "erros relativos ao matrimônio cristão". Eram 10 artigos ao todo (do 65 ao 74), e, entre outras coisas, o número 73 acusava como falta grave afirmar que "em força do contrato civil pode-se subsistir entre os cristãos um verdadeiro matrimônio" (Heinrich Denzinger, *Enchiridion Symbolorum*, p. 1038-1040).

> Em matéria de religião as reformas devem ser radicais ou então não se fazer. Não convém contemporizar com o clericalismo, a quem o governo parece temer, não se pode deixar de punhar pelas idéias pelas quais se debateu nas orações públicas, na imprensa e no parlamento. No Brasil o clero não representa uma força como na França e na Alemanha. Esse temor deve desaparecer, e o governo agir com toda a energia, introduzindo reformas completas e compatíveis com o programa republicano.[46]

Ao constatar que a hierarquia se opunha às suas decisões, o ministro Sales "resolveu" a questão com outra medida de força: aos 26-7-1890, criticando os sacerdotes que resistiam à inovação, celebrando o casamento religioso e aconselhando a não observância da prescrição civil, impôs mais um dos seus decretos, tornando a celebração do ato civil obrigatória antes da cerimônia religiosa (no primeiro decreto dependia da vontade dos cônjuges), sob pena de prisão para o padre que não obedecesse.[47]

A dureza da medida trouxe, apesar de tudo, um elemento novo: ao contrário do que ocorria nos tempos da Monarquia, em que tantas iniciativas eram tomadas sem que o clero fosse ao menos ouvido, dessa vez, Campos Sales, após ponderar sobre as recomendações feitas por sua mãe, Dona Ana Cândida Ferraz de Sales, ao menos procurou justificar seu gesto junto ao episcopado. Antônio Joaquim Ribas, ao redigir apoteótico perfil biográfico do político paulista seis anos depois, descreveu o encontro que ele teve com os bispos, interpretando-o como uma medida necessária para garantir a estabilidade da jovem República:

> A propósito desse decreto, teve Campos Sales uma conferência com Dom Antônio de Macedo Costa, ilustrado bispo do Pará e Dom José da Silva Barros, bispo do Rio de Janeiro, seu amigo e conterrâneo. Propuseram-lhe a revogação do decreto; mas na larga discussão que travou-se na intimidade dessa conferência, guardadas todas as formas da delicadeza e do mais apurado respeito, refere Campos Sales ter feito sentir que os reacionários da Igreja tinham tornado indispensável

[46] Dunshee de Abranches, *Atas e Atos do Governo Provisório*, p. 62.
[47] Manuel Ferraz de Campos Sales, *Atos do Governo Provisório*, p. 106-107.

essa medida de rigor, para por termo a abusos que podiam afetar os próprios créditos das novas instituições políticas.[48]

Faz sentido: o Governo Provisório temia uma restauração monárquica, e os sucessivos decretos que emanava podem ser vistos como parte integrante dessa estratégia defensiva. Na mesma linha de raciocínio, até certo ponto, também se inclui a problemática da laicização do Estado: o mérito da questão simplesmente não foi discutido, mas o grupo de ministros o referendou tranqüilamente.[49] Mesmo assim, o problema de fundo não deve ser esquecido: os resquícios de uma longa história de regalismo ainda estavam vivos, e só lentamente desapareceriam. Afinal, foi o próprio Campos Sales quem, pouco mais tarde, deixaria bem claro que entendia a religião como assunto privado, e que lugar de padre era na sacristia: "Fique o Estado o regular único dos deveres condicionais, isto é, na esfera temporal; fique a Igreja exclusivamente na esfera espiritual, nos domínios da consciência".[50]

4.2. A influência católica nos debates da Constituição de 1891

Sem uma Carta Magna que definisse a situação política do país, a Igreja continuava sob apreensão. Afinal, o anúncio da convocação da Assembléia Constituinte foi publicado no dia 26-6-1890, seguido de um outro estabelecendo novo pleito em todos os estados para o dia 15 de setembro do mesmo ano, com o objetivo de escolher os constituintes federais. Concluídas as apurações (e depurações, como a de Carlos de Laet, que apesar de eleito foi descartado por ser monarquista), no dia 15-11-1890, o senador mineiro Joaquim Felício dos Santos, à frente de 205 deputados e 63 senadores, presidiu a sessão solene de instauração da Assembléia Constituinte. Os trabalhos se prolongaram até 21-2-1891, data em que a redação final foi apresentada. Não se pode dizer que o resultado obtido fosse um primor: o conteúdo reproduzia com excessiva freqüência as idéias contidas no texto preparatório de Rui Barbosa, o qual, por ser demasiadamente inspirado na Constituição dos Estados Unidos, teria deixado de dar o justo peso às especificidades brasileiras.[51]

[48] Antônio Joaquim Ribas, *Perfil biográfico do Dr. Manoel Ferraz de Campos Sales, ministro da justiça do Governo Provisório, senador federal pelo Estado de São Paulo*, p. 161.

[49] Edgard Carone, *A República velha*, p. 12.

[50] Manuel Ferraz de Campos Sales, *Casamento Civil – discursos pronunciados no Senado Federal*, p. 83.

A luta que a Igreja empreendeu para evitar que a elaboração da Carta Magna republicana se transformasse numa armadilha anticlerical foi ferrenha, pois os seus temores iniciais eram mais que fundamentados. Tanto assim que, quando o projeto da nova Constituição foi publicado pelo Governo provisório por meio do decreto n. 510, de 22-7-1890, para ser submetido à sanção do Congresso Federal que se reuniria, descobriu-se com espanto que continha várias sugestões duríssimas contra a instituição eclesiástica. Entre outras coisas, mantinha as leis de *mão-morta*; reconhecia somente o casamento civil, o qual precederia sempre ao casamento religioso; estabelecia que o ensino ministrado nos estabelecimentos públicos seria exclusivamente leigo; os cemitérios teriam caráter secular; nenhum culto ou Igreja gozaria de subvenção oficial; seria excluída do país a Companhia de Jesus, proibida a profissão religiosa e a fundação de novos conventos ou ordens monásticas; e além disso, também ficariam inelegíveis para o Congresso Nacional os clérigos e religiosos de qualquer confissão. "Não são as cadeias do padroado, mas é o exílio da religião dos Estados Unidos do Brasil", bradou o Internúncio Francesco Spolverini, que acusava tal projeto de negar liberdades reconhecidas em todas as constituições da América.[52]

Os bispos decidiram reagir, e, aos 6 de agosto do mesmo ano de 1890, apresentaram uma *Reclamação*, que uma comissão formada por Dom Antônio de Macedo Costa, primaz do Brasil, Dom Jerônimo Tomé de Souza, do Pará, e Dom João Esberard, coadjutor de Olinda, fez questão de entregar pessoalmente a Deodoro.[53] O documento não só criticava todos os dispositivos do projeto que julgavam ofensivos aos direitos da Igreja, como sustentava a disposição dos bispos de usar "energicamente de todos os meios legais para sustentar, sem desfalecimento, os interesses sagrados da fé e da liberdade das almas".[54]

O Marechal mostrou-se receptivo às queixas; mas quando as coisas pareciam encaminhadas, o mais hábil interlocutor do episcopado, Dom Antônio de Macedo Costa, viajou no mês de setembro seguinte para Roma, a fim de tratar o igualmente inadiável projeto de reestruturação eclesiástica do Brasil. Ele, no en-

[51] Leôncio Basbaum, *História sincera da República*, vol. II, p. 268.

[52] AAEESS, Carta do Internúncio Spolverini ao Cardeal Rampolla (24-6-1890), em: *Brasil*, pos. 304, fasc. 27, fl. 2-3.

[53] Félix Guisard Filho, *Dom José Pereira da Silva Barros*, p. 53.

[54] Antônio de Macedo Costa et alii, *Reclamação do episcopado brasileiro dirigida ao chefe do governo provisório*, p. 1.

tanto, permaneceria por lá apenas o tempo estritamente necessário para as tratativas, e na sua ausência os demais prelados não ficaram inativos. Dom José Pereira da Silva Barros, mesmo sem possuir os seus dotes intelectuais, tinha a vantagem de manter ótimas relações com numerosos políticos; e o Internúncio, sabendo-o, chamou-o, e juntos traçaram uma estratégia comum, a qual, aliás, seria depois aprovada inteiramente por Dom Antônio quanto este regressou.[55]

Dito retorno aconteceu no início de novembro, e o episcopado brasileiro, que a esta altura já havia passado de doze a dezesseis membros, se reuniu novamente em São Paulo, lançando aos 6-11-1890 um *Manifesto* coletivo aos constituintes, clamando contra as disposições anticatólicas que tinham sido mantidas no projeto de Constituição Federal apresentado pelo Governo Provisório à discussão no Congresso.[56]

Ao menos parcialmente, os bispos foram ouvidos, conseguindo sensibilizar até mesmo políticos de idéias positivistas. Dentre estes estava Júlio de Castilhos, que se manifestou contrário a medidas como a expulsão da Companhia de Jesus do Brasil, porque, segundo ele, o Rio Grande do Sul não concordava em perder seus melhores educadores, que eram os jesuítas de São Leopoldo.[57] Também neste particular teve notável importância a atividade de Dom José. Ao saber das maquinações contra os jesuítas, ele procurou o ministro da justiça para que reconsiderasse, e, ao perceber que aquele se mostrava irredutível, serviu-se de um artifício contundente: "Sr. Ministro, tendo V. Ex.ª de referendar o decreto de expulsão da Companhia de Jesus, terá também de expulsar um dos professores de um filho seu, estudante no Colégio São Luís". "Não", caiu em si o representante do Governo, "os jesuítas não serão expulsos". E a questão encerrou-se aí.[58]

Numa *Carta Pastoral* que lançou aos 19-7-1891, o bispo do Rio explicaria que o próprio Papa apoiava a prudência adotada pelo episcopado brasileiro naquele período de transição:

> Separou-se primeiro o Estado da Igreja, embora isto não fosse, nem pudesse ser, a vontade da maioria da nação; mas separou-se. Diante desse golpe o episcopado não calou-se,

[55] José Pereira da Silva Barros, *Carta de despedida do bispo D. José Pereira da Silva Barros ao clero e ao povo do antigo bispado de São Sebastião do Rio de Janeiro*, p. 8.

[56] Francisco de Macedo Costa, *Lutas e vitórias*, p. 224-226.

[57] Benícia Flesch, *Seguindo passo a passo uma caminhada*, vol. I, p. 34-35.

[58] Félix Guisard Filho, *Dom José Pereira da Silva Barros*, p. 58.

> porém, pronunciou-se abertamente contra esta ofensa feita ao princípio de concórdia ensinado pela Igreja. [...] O procedimento do episcopado foi prudente e mereceu benévolo acolhimento junto ao Supremo Governo da Igreja de Jesus Cristo.[59]

A eliminação dos excessos anticlericais também foi mérito da pequena, porém denodada, bancada de dezoito deputados declaradamente católicos (formada principalmente de baianos e mineiros), que, com apoio de outros deputados amigos e simpatizantes, soube fazer as melhoras possíveis no projeto do Governo.[60] Influiu igualmente o fato de os parlamentares da República nascente desejarem a estabilidade institucional do país, evitando querelas inúteis. Isso explica porque políticos de tendências variadas como Amphilóphio F. de Carvalho, Alcindo Guanabara, Santos Pereira, Gil Goulart, João Pinheiro e Júlio de Castilhos, unidos tenham impedido que os pontos mais polêmicos contra a Igreja fossem aprovados.[61]

Uma das alterações mais positivas foi aquela relativa aos religiosos. O artigo 72 § 3º do projeto original concedia a eles a liberdade de adquirir bens, mas observando os famigerados limites das leis de *mão-morta*, enquanto que o §8 do mesmo artigo mantinha a proibição da fundação de novos conventos e ordens monásticas. Graças a uma emenda do deputado César Zama, o congresso constituinte substituiu as expressões finais do § 3º – "observados os limites postos pelas leis de mão-morta", pelas expressões "observadas as disposições do direito comum". Por sua vez, o § 8 seria completamente suprimido, sendo acrescentado ao art. 72 o § 24 garantindo "o livre exercício de qualquer profissão moral, intelectual e individual".[62] Algumas limitações ultrajosas, no entanto, foram mantidas, como aquela que proibia aos regulares o direito de voto.[63]

[59] José Pereira da Silva Barros, *Carta Pastoral do Bispo de São Sebastião do Rio de Janeiro saudando aos seus diocesanos*, p. 39-40.

[60] Luigi Lasagna, *Epistolario*, vol. III, Libreria Ateneo Salesiano, Roma 1995, p. 16.

[61] CF. Francisco José de Lacerda Almeida, *A Igreja e o Estado – suas relações no direito brasileiro*, p. 199.

[62] Prudente de Morais et alii, *Antigos conventos e seus bens em face da Constituição de 24 de fevereiro de 1891 e da lei de 10 de setembro de 1893*, p. 5.

[63] João Capistrano de Abreu et alii, *Livro de ouro comemorativo do centenário da Independência do Brasil e da Exposição Internacional do Rio de Janeiro*, p. 80.

4.3. As tentativas posteriores de uma interpretação anticlerical da Carta Magna e da legislação republicana

Após a promulgação da Carta nacional, duas questões seriam retomadas com estardalhaço: a precedência do casamento do civil em relação ao religioso e a legislação dos bens de *mão-morta*. A discussão iniciada em torno do primeiro item foi uma surpresa, considerando que não tinha sido fácil aprovar o artigo 72 §2 estabelecendo que a República reconheceria apenas o casamento civil. A vitória fora possível justamente porque a Comissão de Constituição sagazmente havia descartado a controvertida precedência obrigatória que constava no projeto original; e mesmo assim o resultado foi pífio: apenas quatro votos de vantagem (77 contra 73). Além do mais, o Aviso do Governo de 15-1-1891 havia dado a questão por encerrada ao declarar que não se podiam celebrar cerimônias religiosas antes de efetuado o casamento civil.[64]

Inconformado, Campos Sales, no dia 13 de junho, apresentou um projeto de lei que reintroduzia as restrições abolidas. Além do seu nome, outros três maçons o endossavam: Ubaldino do Amaral, Eduardo Wandenkolk, o anticlerical de todas as horas Joaquim Saldanha Marinho. Propunha o seguinte:

> O Congresso Nacional resolve:
> Art. 1º Continuam em vigor as disposições do decreto n. 521 de 26 de junho de 1890.
> Art. 2º Revogam-se as disposições em contrário.[65]

Dessa vez, como já era mais possível impor a própria vontade sem ouvir a parte contrária, Campos Sales teve de suportar questionamentos de todo gênero. Mais que um problema religioso, a oposição argumentou que semelhante proposta ignorava completamente a realidade brasileira. Como instituir a obrigatoriedade de semelhante precedência no interior do país, em zonas pouco habitadas e isoladas, com a dificuldade existente de se manter e organizar o serviço de casamento civil? Um deputado da Paraíba recordou que os juízes de paz eram entidades políticas, imensamente partidárias, cheias de despeito e ódio para com seus adversários, suas famílias

[64] Manuel Ferraz de Campos Sales, *Casamento civil – Discursos pronunciados no Senado Federal*, p. 15.
[65] Manuel Ferraz de Campos Sales, *o. c.*, p. 29.

e agregados, espreitando sempre o ensejo de vingança. Se por acaso um desses juízes se recusasse a efetuar o casamento, que faria o sacerdote obrigado por lei a não celebrar a cerimônia religiosa sem a prévia formalidade civil? Deixaria de celebrar? Mas, se assim fosse, haveria uma contradição de princípio, pois a Constituição assegurava a cada um o livre exercício de seu culto. Por estas e outras razões, a crítica ao projeto de Campos Sales se avolumou: a uns parecia inconstitucional, a outros inconveniente, e aos católicos, um acinte à sua consciência religiosa. A brusca interrupção da primeira legislatura republicana, aos 3-11-1891, interrompeu o debate, antes que houvesse votação, o que na prática invalidou a proposta.[66]

Quanto à legislação de *mão-morta*, o artigo 72 § 3 da Constituição que concedeu a todos os indivíduos e confissões a livre disposição de seus bens parecia ser a solução melhor para a Igreja da jovem República; mas Dom Antônio de Macedo Costa, que não se fiava dos velhos religiosos, logo compreendeu que a novidade criaria problemas. Ele se encontrava então recolhido em Barbacena, MG, nos seus últimos momentos de vida, mas não se esqueceu de escrever a Monsenhor João Esberard, pedindo-lhe que redigisse uma *Circular* aos superiores das antigas ordens brasileiras para recordar-lhes que estavam em pleno vigor as disposições do direito canônico e as penas *contra-alienantes*, e que, dadas as particulares condições em que se encontravam, ficariam sob a jurisdição dos bispos. Monsenhor Esberard, percebendo que uma medida do gênero traria graves conseqüências, não o fez, e o próprio Dom Antônio acabou lhe telegrafando para que suspendesse a publicação da circular.[67]

A intuição que tivera, no entanto, era correta, pois rapidamente alguns dos velhos religiosos, longe de se preocuparem com uma eventual restauração das suas respectivas ordens, aproveitaram da recém-conquistada liberdade para dilapidar o patrimônio de tais instituições em proveito próprio. A 10 de março, ou seja, apenas onze dias após a abolição oficial das leis de *mão-morta*, os bispos de São Paulo e Olinda alertaram o Internúncio Francesco Spolverini de que os beneditinos do Rio estavam negociando com uma companhia a venda em bloco de uma quantidade de casas que a Ordem possuía na capital federal pela irrisória quantia de 30 milhões de francos. O abade do mosteiro carioca, Dom Manuel de Santa Catarina Furtado, inclusi-

[66] Laurita Pessoa Raja Gabaglia, *Epitácio Pessoa*, vol. I, p. 62-63.

[67] ASV, Relatório de Monsenhor Spolverini, Internúncio Apostólico, ao Em.mo Card. Secretário de Estado (8-4-1891), em: *Nunciatura Apostólica no Brasil*, fasc. 377, caixa 77, doc. 3, fl. 73.

ve já havia vendido três fazendas, ignorando ostensivamente o parecer contrário da internunciatura. E não era o único a agir assim, pois a superiora das ursulinas do convento da Soledade da Bahia tentou igualmente vender duas propriedades do seu mosteiro. Alarmado com o que acontecia, o Internúncio acreditou poder contar com o Barão de Lucena, então ministro da justiça, e pediu-lhe que tomasse providências.[68] Não poderia ter feito escolha pior: a providência tomada pelo Barão, por meio de um Aviso baixado aos 31-3-1891, foi a de reintroduzir a odiosa lei de 9-12-1830, que impedia às ordens religiosas de dispor dos seus bens, sem expressa licença do Governo, sendo nulas as alienações que fizessem. Além disso, aos 9 de abril do mesmo ano, Lucena procurou informações sobre o estado do patrimônio dos religiosos, e, com outro Aviso, emitido aos 12 de maio seguinte, nomeou uma comissão encarregada de formular medidas para levar a efeito as alienações feitas e impedir as que os religiosos tentassem fazer no futuro.[69]

Foi uma traição, pois ele havia tranqüilizado o Internúncio com uma afirmação categórica: "Diga ao Santo Padre que o princípio do Governo é que os bens dos frades são bens da Igreja e à Igreja devem retornar". E a isso acrescentara que o Governo agiria de modo que a lei futura fosse inspirada em tais princípios.[70] Ao se tornar conhecido o engodo, as medidas do Barão foram atacadas de forma violenta tanto pelos católicos quanto pela imprensa de oposição ao Governo. A discussão perdurou até que o novo ministro da justiça José Higino, através de um aviso publicado no *Diário Oficial* de 11-12-1891, anulou, enfim, as inovações que Lucena adotara:

> Havendo a Constituição no art. 83 mandado vigorar somente as leis do antigo regime no que explícita ou implicitamente não for contrário ao sistema do Governo por ele firmado e aos princípios que consagra; decorrendo do art. 72 da mesma Constituição a plena capacidade civil das Associações Religiosas equiparadas a quaisquer outras de ordem privada para se regerem pelo direito comum; abolidas pois pelo preceito constitucional as leis de

[68] ASV, "Providências acerca dos bens das Ordens Religiosas", em: *Nunciatura Apostólica no Brasil*, fasc. 377, caixa 77, doc. 2, fl. 67-68; Idem, Relatório de Monsenhor Spolverini dando explicações sobre os bens das Ordens Religiosas (6-8-1891), em: *ibidem*, doc. 4, fl. 9.

[69] Francisco José de Lacerda Almeida, *A Igreja e o Estado – suas relações no direito brasileiro*, p. 200.

[70] ASV, "Relatório de Monsenhor Spolverini sobre os bens das ordens Religiosas", em: *Nunciatura Apostólica no Brasil*, fasc. 377, caixa 77, doc. 4, fl. 101.

amortização, e entre estas a de 7 de dezembro de 1830; [...] Declaro revogadas por contrários à Constituição os avisos de 13 de março do corrente ano, expedidos por um dos meus antecessores aos Governadores do Pernambuco e Minas Gerais, e o Aviso Circular de 31 do mesmo mês.[71]

De maior relevância foi a *Nota Oficial* de igual data, dirigida pelo mesmo ministro aos bispos do Rio de Janeiro e de Olinda, encerrando o clamoroso caso do seqüestro do convento dos carmelitas no Maranhão. O problema viera à tona no dia 8 de maio precedente, quando, tendo falecido o último carmelita ali residente, de nome frei Caetano de Santa Rita, o Estado seqüestrou o convento, sob a alegação de que os bens vagos eram devolutos à nação. No dia 15 de outubro, alguns deputados maranhenses informaram ao bispo diocesano, Dom Antônio Cândido de Alvarenga, que o Governo lhe entregaria alfaias, vasos sagrados, objetos e edifícios de culto, mas que, em relação ao edifício do convento deveria ele pedir a cessão se desejasse usá-lo para algum fim útil.[72] Os bispos do Rio de Janeiro e do Pernambuco reagiram, enviando uma *representação* junto ao ministério do interior contra a decisão, mas não teriam sucesso. O Aviso daquele ministério datado de 11 de dezembro seguinte a derrubaria, não com pretextos regalistas, mas sob a alegação de que a província carmelita extinta carecia de existência legal na ordem civil:

Para que tais associações possam existir na ordem temporal como personalidade jurídica, é preciso que se organizem em conformidade com a lei civil. Tem, pois, de constituir-se como entidades jurídicas com existência e economia independente, regendo-se e administrando-se por seus estatutos e compromissos, formando, em suma, pessoas *sui iuris* sob a ação das leis de ordem temporal que lhes forem atinentes.[73]

[71] ASV, Memorandum sobre a Província [carmelita] Fluminense e em geral sobre a condição jurídica das corporações religiosas do Brasil, em: *Nunciatura Apostólica no Brasil*, fasc. 433, caixa 88, doc. 1, fl. 6b-7.

[72] ASV, Carta ao Internúncio, em: *Nunciatura Apostólica no Brasil*, fasc. 353, caixa 72, doc. 19, fl. 101.

[73] ASV, "Requerimento - Dr. Juiz Seccional", em: *Nunciatura Apostólica no Brasil*, fasc. 353, caixa 72, doc. 23, fl. 50-51.

Surpreso com tal decisão, o prelado do Maranhão, para impedir que o convento dos mercedários tivesse o mesmo fim, tomou uma decisão drástica: "Vou tratar de fazer que o último religioso que aqui existe desta ordem, frei Manuel Rufino de Sant'Ana Freitas, já velho, e que não reside no convento, assine uma escritura de doação do convento à diocese".[74] Os demais bispos tampouco perderam tempo e expediram pela imprensa circulares determinando que as ordens monásticas, ordens terceiras, irmandades e confrarias daquele momento em diante lhes ficariam subordinadas, não só quanto ao espiritual, bem como ao regime dos bens de direito econômico. Puderam fazê-lo também porque, como se verá no próximo capítulo, aos 26-11-1891, a Cúria Romana outorgara-lhes autoridade de infligir penas espirituais a quem não se submetesse.[75] Foi então que menos de um mês depois, a *Nota Oficial* citada acima esclareceu a questão:

> Resulta que as leis de amortização foram revogadas em sua totalidade, permitido livremente o ingresso em profissão religiosa; facultando às associações de qualquer natureza constituírem-se sem dependência do poder público, observadas tão-somente as regras do direito civil; extinto o direito de padroado e seus consectários, cessou a tutela que o Estado exercia sobre tais pessoas jurídicas. Nem mesmo quanto às Ordens Regulares é cabível a intervenção do Governo, pois que "a sucessão iminente, que ao Estado competia sobre o patrimônio daquelas ordens teria ficado adiada indefinidamente pela permissão do noviciado, além de haver-lhes assegurado a Constituição a plena liberdade sobre seus bens.[76]

Os opositores dos religiosos não desistiriam tão facilmente e retomariam o assunto quando o congresso nacional resolveu regularizar a situação dos entes morais e religiosos. Na terceira discussão, levada a cabo no senado entre os dias 30 e 1-6-1892, foi observado que projeto de lei apresentado

[74] ASV, Carta do Bispo do Maranhão a Monsenhor Gualtieri, em: *Nunciatura Apostólica no Brasil*, fasc. 353, caixa 72, doc. 23, fl. 106.

[75] ASV, Requerimento do juiz secional, em: *Nunciatura Apostólica no Brasil*, fasc. 353, caixa 72, doc. 23, fl. 52-53.

[76] ASV, Memorandum sobre a Província [carmelita] Fluminense e em geral sobre a condição jurídica das corporações religiosas do Brasil, em: *Nunciatura Apostólica no Brasil*, fasc. 433, caixa 88, doc. 1, fl. 7-8.

para sanar de vez a questão era insuficiente, por não haver contemplado com clareza as antigas fundações. Por isso, o senador católico Amaro Cavalcanti ofereceu a seguinte emenda aditiva: "As sociedades religiosas, ora existentes, poderão se reorganizar conforme as disposições desta lei, continuando a usufruir os bens do seu atual patrimônio para fins de religião, beneficência e caridade". Esta emenda, entretanto, não foi aprovada, e a ambigüidade ensejaria novas contendas num futuro próximo. Por outro lado, o anticlerical histórico Tavares Bastos apresentaria no dia seguinte uma outra emenda, que na prática restaurava o sistema antigo: "Subsiste, nos termos da lei em vigor, o direito do Estado sobre os bens de que se acham em posse as confissões religiosas". Ele teve a satisfação de vê-la aprovada na comissão preparatória, vindo a constituir-se o artigo 17 do projeto; mas foi uma alegria fugaz: a câmara dos deputados suprimiu o artigo controvertido, e o senado concordou com a supressão. O projeto que afinal se converteu na lei n. 173, aprovada aos 10-9-1893, aboliu as antigas leis de amortização do Império, reconhecendo a personalidade jurídica de todas as igrejas, confissões religiosas, institutos e agremiações eclesiásticas.[77] Por fim, dois arrestos do Supremo Tribunal Federal, baixados em 19-10-1896 e 7-8-1897, declararam taxativamente abolidas as leis de *mão-morta*.[78]

Os religiosos, no entanto, devidamente instruídos pela Nunciatura Apostólica, preferiram não correr riscos e praticamente todos registravam-se com estatutos semelhantes, cujo artigo 7º deixava bem claro que, no caso de dissolução, o seu patrimônio seria transferido a outros estabelecimentos católicos de culto, de instrução religiosa ou de caridade, "segundo as instruções emanadas pela Santa Sé".[79]

Tratava-se de uma precaução mais que justificada, pois os que se lhes opunham, cientes de que as ordens renasciam graças aos frades europeus que se naturalizavam brasileiros, a partir de 1900 tentariam um novo golpe. O autor da proeza foi o ocupante da pasta da justiça, ministro Epitácio da Silva Pessoa, sobrinho por parte de mãe do Barão de Lucena,

[77] Prudente de Morais et alii, *Os antigos conventos e seus bens em face da Constituição de 24 de janeiro de 1891 e da lei de 10 de setembro de 1893*, p. 7-9.

[78] ASV, "Memorandum sobre a Província [carmelita] Fluminense e em geral sobre a condição jurídica das corporações religiosas no Brasil", em: *Nunciatura Apostólica no Brasil*, fasc. 433, caixa 88, doc. 1, fl. 8b.

[79] ASV, "Estatutos da Província Carmelita da Bahia", em: *Nunciatura Apostólica no Brasil*, caixa 28, fasc. 433, doc. 2, fl. 28.

que, ante o pedido de naturalização apresentado por dois beneditinos e dois carmelitas durante o segundo semestre daquele ano, no dia 13 de abril do ano seguinte, escreveu-lhes informando que o Governo não julgara conveniente, ao menos naquele momento, atender ao pedido feito. O Arcebispo do Rio, Dom Arcoverde procurou-o para pedir explicações, mas o ministro se limitou a lhe pedir para ter mais dois ou três meses de paciência, porque havia confiado a um jurista o estudo da situação. Era, de fato, uma nova ameaça, pois na mesma ocasião ressaltou que tal estudo visava averiguar se os bens administrados por um único religioso pertenciam a ele por direito. Além disso, acrescentou que, caso o referido estudo não elucidasse bem a problemática, não hesitaria em propor uma solução por meio de uma nova lei. Nada disso aconteceria, porque Epitácio Pessoa terminou afastado do ministério e o seu substituto abandonou a hostilidade contra os religiosos.[80]

4.4. A acomodação do Estado e da Igreja à nova ordem vigente

A Constituição de 1891 não só assumiu a maioria das disposições dos decretos anteriormente publicados, como institucionalizou o Estado secular, e isto se refletiu já no seu preâmbulo, que, excluindo o nome de Deus, afirmava secamente: "Nós, os representantes do Povo Brasileiro, reunidos em Congresso Constituinte, para organizar um regimen livre e democrático, estabelecemos, decretamos e promulgamos a seguinte Constituição da República dos Estados Unidos do Brasil".[81]

[80] ASV, Correspondências diversas, em: *Nunciatura Apostólica no Brasil*, fasc. 430, caixa 87, fl. 160, 165-168, 178.

[81] Outras definições de cunho religioso de grande importância foram: 1) Artigo 11º – *É vedado aos Estados como à União: [...] 2. Estabelecer, subvencionar ou embaraçar o exercício de cultos religiosos.* Este artigo, na prática, é um resumo do decreto 119ᴬ, consagrando o princípio liberal da separação entre a Igreja e o Estado, e da plena liberdade cultos. 2) Artigo 70º – *São eleitores os cidadãos maiores de 21 anos, que se alistarem na forma da lei.* § 1º *Não podem alistar-se eleitores para as eleições federais ou para os Estados [...] 4. Os religiosos de ordens monásticas, companhias, congregações ou comunidades de qualquer denominação, sujeitas a votos de obediência, regra ou estatuto, que importe a renúncia da liberdade individual.* § 2º *São inelegíveis os cidadãos não alistáveis.* Esta é uma resolução do período monárquico, que o novo texto constitucional conservou. Exasperando o sentido negativo da obediência, aboliu um direito fundamental, que a reclamação dos bispos criticara duramente. 3) Artigo 72º - *A constituição assegura a brasileiros e estrangeiros residentes no país a inviolabilidade dos direitos concernentes à liberdade, à segurança individual e à propriedade nos termos seguintes: [...]* § 3º *Todos os indivíduos e confissões religiosas podem exercer pública e livremente o seu culto, as-*

Esse desfecho era previsível: os debates que redundaram na Constituição republicana foram obra de intelectuais e fazendeiros, onde o liberalismo de Rui Barbosa, o sectarismo dos positivistas e as manobras dos maçons deram o tom dos discursos, mais tarde convertidos em projetos e emendas e por fim em leis. Inspirada na Carta dos Estados Unidos, impregnada de certa ideologia francesa, costurada por cavalheiros de casaca, não é para admirar-se que o federalismo imposto em 91 tenha desejado desconhecer a alma da nação – a sua religião.[82] Em 1899, Ângelo Amaral resumiria o sucedido com um parecer amargo: "Dos Estados Unidos copiamos tudo o que as nossas instituições consagram, mas, por fatalidade ou capricho, eliminamos quanto lá existe em sinal de reverência e amor para com Deus. [...] Proscreveu-se da escola a educação religiosa".[83]

Na época, entretanto, as vozes mais críticas foram as dos católicos monarquistas; os demais, isto é, a imensa maioria, mesmo com reservas, manifestavam clara preferência pela nova situação política do país. A opressão regalista não deixara saudades, e isso explica porque um dos maiores líderes católicos leigos de então, José Soriano de Souza, sem renegar um milímetro da sua fé, tenha aderido plenamente ao novo regime. Na obra intitulada *Go ahead! Help yourself*, ele legitimou o modelo estadunidense, inclusive tolerando a liberdade de culto, o ensino laico nas escolas, o casamento civil e a secularização dos cemitérios.[84] Também Pe. Júlio Maria faria um balanço positivo:

> Em primeiro lugar, quaisquer que sejam, e são grandes, os erros dos legisladores republicanos, é certo que nós estamos

sociando-se para esse fim e adquirindo bens, observadas as disposições do direito comum. § 4º *A República só reconhece o casamento civil, cuja celebração será gratuita.* § 5º *Os cemitérios terão caráter secular e serão administrados pela autoridade municipal, ficando livre a todos os cultos religiosos a prática dos respectivos ritos em relação aos seus crentes, desde que não ofendam a moral pública e as leis.* § 6º *Será leigo o ensino ministrado nos estabelecimentos públicos.* § 7º *Nenhum culto ou igreja gozará de subvenção oficial ou terá relações de dependência, ou aliança, com o governo da União, ou dos Estados. [...]* § 28º *Por motivo de crença ou de função religiosa, nenhum cidadão brasileiro poderá ser privado de seus direitos civis e políticos, nem eximir-se do cumprimento de qualquer dever cívico.* § 29º *Os que alegarem motivos de crença religiosa com o fim de se isentarem de qualquer ônus que as leis da República imponham aos cidadãos perderão todos os direitos políticos.* Chama a atenção o parágrafo 5º desse artigo, dado que, por meio dele, foram automaticamente secularizados "todos" os cemitérios, mesmo aqueles - muitos - que não haviam sido edificados pelo Governo. Assim, foi levada a cabo uma verdadeira espoliação de bens eclesiásticos. (*Constituição de 24 de fevereiro de 1891*, p. 3, 10-11, 56-59, 66).

[82] Odilão Moura, *As idéias católicas no Brasil*, p. 32.

[83] Ângelo Amaral et alii, *A década republicana*, vol. II, pp.34, 186.

[84] Vamireh Chacon, *História dos partidos brasileiros*, p. 87-88.

no regime da liberdade. Em segundo lugar, não é lícito negar que na situação republicana a Igreja tem prosperado no Brasil; que o Santo Padre pode, sem as peias e os obstáculos do antigo regime, reorganizar a hierarquia, aumentar o número das dioceses, por-se mais facilmente em contato com os bispos, os quais para irem a Roma e promoverem nossos interesses religiosos já não precisam de licença do poder executivo; que o sentimento católico tem se desenvolvido no país.[85]

4.5. O início da "renascença católica"

Compreensível, portanto que, não obstante o caráter leigo do Governo Provisório e o vago ranço positivista da Constituição de 1891, a Igreja em nenhum momento tenha feito uma oposição à República enquanto tal. Por outro lado, tampouco houve da parte dos republicanos tentativas sérias de se criar o estado indiferente em matéria religiosa idealizado pelos anticlericais. Deodoro e seus sucessores se afirmariam publicamente católicos, e isso, aliás, era tão natural que, aos 15-11-1890, na mensagem de abertura do Congresso Constituinte, o Marechal fez um agradecimento à Providência, por lhe haver consentido de ser elevado à magistratura suprema da nação.[86]

A propósito, nada exprime melhor o estado de espírito da República recém-nascida do que as desventuras do primeiro Presidente. Eleito indiretamente por 234 parlamentares no mesmo dia da promulgação da nova Carta Magna (24-2-1891), ao derrotar por estreita margem o civil Prudente de Morais (129 votos contra 97), o velho homem de armas já assumiu num momento em que as intrigas palacianas fervilhavam. E o que era pior: faltava a ele a necessária habilidade para contornar a situação, pois, segundo opinião do General Aurélio de Lyra Tavares, "Deodoro nascera para o comando, e ignorava os manejos e acomodações políticas".[87]

O mal-estar reinante atingiu seu clímax quando o congresso tentou limitar os poderes presidenciais, induzindo Deodoro a decretar a sua dissolução no dia 3-11-1891, ainda que prometesse governar o país obedecendo à Constituição. Não deixa de ser significativo que no longo *Manifesto aos brasileiros* comuni-

[85] Júlio César de Morais Carneiro, *O Catolicismo no Brasil (Memória histórica)*, p. 237-238.
[86] *Documentos Parlamentares – Mensagens Presidenciais (1891-1910)*, p. 9.
[87] Fábio Koifman et alii, *Presidentes do Brasil*, p. 30.

cando a medida, ele tenha afirmado a fé católica que professava e os esforços que moveu em prol das relações cordiais com a Santa Sé, para desqualificar o anticlericalismo de certos congressistas e jogá-los contra a opinião pública:

> Assisti impassível à longa gestação dessa obra inçada de perigos, que se amontoavam à proporção que as idéias reacionárias, o desrespeito às tradições nacionais, o espírito filosóficos de seitas abstrusas, as inovações e utopias iam penetrando neste organismo. [...] Notarei que no Senado altos esforços foram feitos por espíritos verdadeiramente conciliadores, no sentido de restabelecer-se ao menos a Legação junto à Santa Sé. Somos um país católico, e bem que tenhamos decretado a separação da Igreja do Estado, contudo, não desapareceram certas dependências que formam a unidade da Igreja e afervoram cada vez mais a consciência da fé.[88]

A resposta veio no dia seguinte (4-11-1891), por meio de um protesto público de senadores e deputados, que constava das firmas dos presidentes das duas casas legislativas dissolvidas: Prudente de Morais (Senado) e Bernardino de Campos (Câmara Federal), além de uma centena de representantes dos mais prestigiados. Depois de definirem o Marechal como "ditador vulgar", entre outros desmentidos, os signatários negaram categóricos o anticlericalismo que Deodoro lhes atribuía: "O Congresso não se inspirou, como caluniosamente diz o manifesto, na perseguição da Igreja. O argumento evidentemente visa indispor os atuais legisladores como sentimento religioso da nação: não o conseguirá".[89]

Um disparo de canhão sobre a cúpula da igreja da Candelária convenceu o Marechal da impossibilidade de continuar no Governo. Para evitar a eclosão de uma guerra civil, renunciou aos 23 do mesmo mês de novembro, com um manifesto emocionado:

> Circunstâncias extraordinárias, para as quais não concorri, perante Deus o declaro, encaminharam os fatos a uma situação excepcional e não prevista. [...] As condições em que

[88] *Documentos Parlamentares – Mensagens Presidenciais (1891-1910)*, p. 30, 35.
[89] *Documentos Parlamentares – Mensagens Presidenciais (1891-1910)*, p. 49.

> nestes últimos dias, porém, se acha o país, a ingratidão daqueles por quem mais me sacrifiquei e o desejo de não deixar atear-se a guerra civil em minha cara pátria aconselham-me a renunciar o poder nas mãos do funcionário a quem incumbe substituir. E fazendo-o, despeço-me dos meus bons companheiros e amigos que sempre se me conservaram fiéis e dedicados, e dirijo meus votos ao Todo-Poderoso pela perpétua prosperidade, e sempre crescente, do meu amado Brasil.[90]

Fora da política, o ex-presidente pediu reforma e guardou a farda, aproximando-se sempre mais da Igreja. A saúde deteriorou-se continuamente, e, no dia 22-8-1892, agonizante, recobrou a voz e pediu à esposa, a pia Dona Mariana Cecília de Souza Meireles, que lhe chamasse o Pe. Belarmino, pois desejava confessar-se. Também recomendou à família que no dia 24, na data do 33º aniversário da morte do seu genitor, o tenente-coronel Manuel Mendes da Fonseca, não deixassem de fazer celebrar, como sempre acontecia, missa pelo descanso eterno dele. Às 12h20min do dia seguinte expirou. Antes do enterro, às 8h da manhã, o féretro foi levado à capela do Visconde da Silva, em Botafogo, onde o mesmo Pe. Belarmino celebrou a missa de corpo presente. Sua morte, de certa forma, simbolizou a harmonia em construção entre a Igreja e o Estado laico. E desculpou seus limites pessoais. O discurso proferido por Campos Sales no senado sobre o falecido, tinha, portanto, sua razão de ser: "Fundou a nova pátria brasileira, destruindo a Monarquia e levantando a República. Este serviço resgata bem as suas culpas".[91]

A ausência de um antagonismo de base tornou possível arranjos outros, decerto improváveis na Europa. O primeiro passo aconteceu quando entrou em cena a questão dos dias santos de guarda. Os golpistas, tendo ouvido somente os do seu restrito grupo, elaboraram uma lista das datas nacionais em que foram excluídas todas as referências religiosas cristãs. Oficializada aos 14-1-1890 por um decreto de Deodoro, a medida teve de ser revista ante o sentimento da nação, que prevaleceu sobre a letra fria. Aconteceu durante a reunião dos membros da junta no dia 29-3-1890: a sessão foi convocada para tratar de assuntos como corpo de bombeiros, ferrovias e saneamento da capital federal. A data, porém, coincidiu com o fim da quaresma, e os parti-

[90] *Documentos Parlamentares – Mensagens Presidenciais (1891-1910)*, p. 40.

[91] Raimundo Magalhães Júnior, *Deodoro*, a espada contra o Império, vol. II, p. 376-392.

cipantes se viram forçados a incluir na pauta uma questão não prevista, mas crucial para a consciência do país: a Semana Santa. Houve quem repetisse as conhecidas ressalvas em prol da laicidade do Estado, mas, por uma simples questão de realismo, acabou prevalecendo a tendência conciliatória. Assim, quase todos concordaram em respeitar as tradições religiosas do povo, e permitiram que os funcionários públicos ficassem dispensados de comparecer ao trabalho nos dias religiosos de guarda que estavam por chegar.[92]

Constatando que a laicização radical da vida pública era impraticável, sem grande esforço os políticos se acomodaram às circunstâncias, deixando cair no esquecimento propostas polêmicas como aquela da proibição dos crucifixos nos edifícios públicos. Chama a atenção sobretudo o fato que, justamente na capital federal, tenham sido os mais altos membros do Governo, a barrar tal medida. Aconteceu em 1891, quando um jurado pediu que o crucifixo do fórum do Rio de Janeiro fosse retirado. O presidente do júri, Dr. Miguel Vieira Ferreira, enviou requerimento ao ministro da justiça pedindo autorização para efetivar a petição. Ao invés de ceder, o ministro Barão de Lucena não apenas se mostrou contrário, indeferindo o pedido, como condenou frontalmente qualquer medida do gênero. A questão seria retomada com seu sucessor, José Higino, mas o resultado foi idêntico: pelas mesmas razões, através de um despacho, ele taxativamente proibiu a iniciativa. A quase total ausência de protestos contra as decisões dos ministros comprova que elas gozavam de consenso. Os positivistas foram as vozes isoladas em contrário, e até apelaram, sem sucesso, para o congresso nacional.[93] Debalde bradou Raimundo Teixeira Mendes contra a manutenção dos "símbolos teológicos" nos edifícios civis, que constituiriam, segundo ele, em "sintomas característicos dessa política de ilusão e medo sugerida pelo espectro clerical"; mas suas palavras caíram no vazio.[94]

Passaram-se os anos, e lentamente os crucifixos foram sendo reintroduzidos nas escolas e nos tribunais de todos os estados. São Paulo foi um dos últimos a aderir; mas uma comissão liderada pelo coronel Marcelino de Carvalho promoveu uma campanha com subscrições e petições[95] que

[92] Dunshee de Abranches, *Atas e Atos do Governo Provisório*, p. 165.

[93] Miguel Lemos, *Artigos episódicos publicados durante o ano de 1891*, p. 30-33, 87-88.

[94] Raimundo Teixeira Mendes, *A comemoração cívica de Benjamim Constant e a liberdade religiosa*, p. 30-31.

[95] ASV, Carta do Núncio Giuseppe Aversa ao Cardeal Secretário de Estado (23-9-1912), em: *Nunciatura Apostólica no Brasil*, caixa 140, fasc. 701, doc. 9, fl. 26.

afinal triunfou: em 1912, o primeiro promotor público do estado, Alcibíades Delamare Nogueira da Gama oficializou a presença da efígie do Crucificado em todos os tribunais, encerrando a questão.[96]

A crise que havia não era do Catolicismo, mas dos seus opositores, de modo particular, dos positivistas. No governo do sucessor de Deodoro, Floriano Peixoto, os restantes seguidores de Comte foram impiedosamente descartados, ao tempo em que a volúvel intelectualidade nacional voltava suas atenções para outras correntes de pensamento. E se no campo filosófico o positivismo acabou sendo apenas um modismo, na parte religiosa o fracasso não seria menos retumbante. Os "sacerdotes da humanidade" mostraram-se incapazes de se adaptar nos trópicos ou de apresentar a doutrina que professavam de forma palatável a potenciais neófitos. Um bom exemplo disso pode ser encontrado no depoimento de Gilberto Amado: "Quando cheguei ao Rio, de Pernambuco, fui algumas vezes à igreja da Rua Benjamim Constant ouvir Teixeira Mendes. Não pude me interessar pelo que ouvia. Augusto Comte era ensinado como um ministro protestante ensina a Bíblia, e tudo que dissera tinha valor de dogma. Fugi correndo".[97]

Em 1897 o grupo do Apostolado era quase tudo o que restava do positivismo no Brasil, e ainda tinha de se ver com os liberais, que o qualificavam de seita abstrusa, e com os católicos que o acusavam de haverem corrompido o espírito cristão dos soldados. As *Circulares do Apostolado* reconheceriam em 1903 a "fatal atenuação" da sua doutrina no Brasil, e a partir de 1910, membros importantes começaram a se desligar da denominação, que inexoravelmente caiu na indiferença geral.[98] A maçonaria da sua parte, apesar de continuar poderosa e influente, tampouco conseguiu transformar o novo regime no seu triunfo definitivo. Que o diga o lamento de Saldanha Marinho, afinal vencido pelo sistema que lutara para instituir: "Esta não é a república dos meus sonhos..."[99]

4.6. A gradual aproximação com o Governo Republicano

Ainda que raras e isoladas, a Igreja viveu, contudo, algumas situações iniciais embaraçosas. Um desses episódios ocorreu na capital federal. Era

[96] João Francisco Velho Sobrinho, *Dicionário biobibliográfico brasileiro*, vol. I, p. 161.
[97] Gilberto Amado, *Minha formação no Recife*, p. 64.
[98] João da Cruz Costa, *O Positivismo na República*, p. 13, 22, 139.
[99] Vamireh Chacon, *História dos partidos brasileiros*, p. 34.

dia da procissão de *Corpus Christi*, e o cortejo saía da catedral metropolitana com grande pompa. À frente, levando sob o pálio o Santíssimo Sacramento, caminhava lentamente Dom José, seguido por enorme multidão. Nesse momento, adiantou-se o coronel Dr. Mendes de Almeida para a bênção episcopal à bandeira republicana, com o desenho e o lema "ordem e progresso" de inspiração positivista. O prelado refletiu um pouco e com voz firme e clara, replicou: "Sr. Coronel, de boa vontade lançarei as bênçãos sobre a bandeira nacional, depois de isenta de sua mancha sectária". Deodoro o faria responder na justiça pela ofensa a um símbolo pátrio, mas ele não se retratou.[100]

Outros três episódios posteriores também criariam alguma apreensão. O primeiro dizia respeito às relações com a Santa Sé. No início do governo de Floriano Peixoto (1892), devido ao arrocho do orçamento, a lei que fixou a despesa da União extinguiu as Legações na Rússia, Áustria-Hungria, e junto à Santa Sé, reunindo as de Caracas e México, Lima e La Paz, Lisboa e Madrid. Floriano, porém, compreendeu que esta medida era inconveniente e, aos 12-5-1892, na mensagem de abertura do Congresso, formalizou a anulação.[101]

Antes, porém, que o governo de Floriano terminasse, Nilo Procópio Peçanha, aos 31-5-1893, reabriu a questão, apresentando um projeto de lei que mandava extinguir a Legação do Brasil junto à Santa Sé. Rui Barbosa, que se aproximava sempre mais do Catolicismo, foi contra,[102] e tanto a Internunciatura Apostólica como a representação diplomática brasileira junto ao Romano Pontífice foram conservadas.[103] Ou melhor, em 1900, o ministro brasileiro em Roma, Dr. Ferreira da Costa, aproveitando o ensejo do quarto centenário do descobrimento do Brasil, em nome do Governo federal, solicitou do Papa, como prova da sua benevolência, a elevação da Internunciatura em Nunciatura. O Sumo Pontífice foi deveras benevolente, e em janeiro de 1901, por meio de cartas ao Internúncio, Monsenhor Giuseppe Macchi conferiu-lhe a função de Núncio Apostólico junto ao Governo do Brasil, restaurando a primitiva categoria do representante da Santa Sé, suprimida desde o período da Regência.[104] O Governo brasileiro, satisfeito,

[100] Félix Guidard Filho, *Dom José Pereira da Silva Barros*, p. 58-59.

[101] *Documentos Parlamentares – Mensagens Presidenciais (1891-1910)*, p. 68.

[102] Raimundo Magalhães Júnior, *Deodoro, a espada contra o Império*, vol. II, p. 27.

[103] Manuel Barbosa, *A Igreja no Brasil*, p. 218.

[104] Manuel Alvarenga, *O Episcopado brasileiro*, p. 184.

no dia 28 de março daquele ano promoveu pomposa recepção para que o Núncio entregasse o Breve papal. A cerimônia foi levada a efeito no salão nobre do Palácio do Catete, onde compareceram, além do Presidente da República, diplomatas, ministros de Estado e da casa civil e militar.[105]

Como aquele não era o resultado esperado pelos anticlericais, durante dez anos o deputado cearense Tomás Cavalcanti apresentaria a mesma emenda pedindo que a legação fosse suprimida.[106] A última tentativa aconteceu em 1910, quando ele, junto com outro colega positivista, Barbosa Lima, voltou a insistir. Perdeu de novo: a proposta foi rejeitada com 40 votos a favor e 61 contrários. Rufiro Tavares descreveria a previsível derrota daqueles com uma explicação simples: "Com pequenas exceções em nossa terra, os depositários do poder civil mantêm com a Igreja Católica relações da mais absoluta harmonia".[107]

Outra grave pendência que teve de ser resolvida foi a proposta de instituição do divórcio. O decreto que instituiu o casamento civil aos 24-1-1890 não previu a dissolução do vínculo matrimonial, ainda que o artigo 108 tenha citado a palavra divórcio num senso impróprio, melhor definida posteriormente como desquite. Dito artigo estatuía: "O divórcio não dissolve o vínculo conjugal, mas autoriza a separação definitiva dos corpos e faz cessar o regime dos bens, como se o casamento fosse dissolvido".[108] A questão central, portanto, permanecia: os separados estavam impedidos de contraírem novas núpcias. Para alterar esta situação, em fins de 1894, a câmara votou um projeto de autoria de Érico Coelho, abrindo a possibilidade de dissolução total do casamento anterior. O escritor e teatrólogo Artur Azevedo nos jornais *Palestra* e *O País*, falando como parte interessada, passou a defender a medida. Afirmava que o "casamento deve durar enquanto durar o amor, porque o casamento sem amor é maior imoralidade que o amor sem casamento". Um dos jornais em que publicava artigos – *O País* – endossava suas idéias, por razões próprias, ou seja, via o divórcio como componente do progresso, como acontecera na França e na maioria das nações civilizadas... O argumento não convenceu: submetido à votação o projeto foi derru-

[105] ASV, "*L 'Osservatore Romano* – O Núncio Apostólico para o Brasil", em: *Nunciatura Apostólica no Brasil*, caixa 95, fasc. 469, doc. 32, fl. 116.

[106] ASV, "A legação junto ao Vaticano", em: *Nunciatura Apostólica no Brasil*, fasc. 653, caixa 132, fl. 71.

[107] Rufiro Tavares, "A legação brasileira junto à Santa Sé", em: *Santa Cruz*, p. 155.

[108] Raimundo Magalhães Júnior, *Deodoro, a espada contra o Império*, vol. II, p. 140.

bado por 35 votos a favor e 78 contrários. A bancada católica em peso votou contra e conseguiu aliados. Entre os nomes que lutaram contra a instituição do divórcio destacaram-se Alberto Torres, Coelho Cintra, Tavares de Lira, Alcindo Guanabara, Carvalho Mourão, Cincinato Braga, Lauro Müller, Herculano de Freitas, e Sebastião de Lacerda, entre outros.[109]

A questão do divórcio seria recolocada aos 19-7-1900 pelo deputado e jurista sergipano Martinho Garcez, cujo projeto foi acolhido e aprovado para discussão pelo senado. A oposição não se fez esperar, com destaque para Rui Barbosa, que cada vez mais incorporava motivações cristãs à sua retórica. Foi a primeira aliança tática do célebre baiano com o clero, pois ele secundaria o senador Pe. Alberto Gonçalves, futuro bispo de Ribeirão Preto, que ali usaria de todos os meios para boicotar a iniciativa. Além da tribuna do parlamento, Rui também atacou os divorcistas na imprensa, com sua conhecida impetuosidade verbal,[110] e a proposta divorcista foi derrubada quase em seguida.

Este foi um dos últimos episódios preocupantes, pois uma série de outros fatores estava colaborando para estreitar os laços entre a Igreja e a classe política: os parlamentares educados nos colégios católicos geralmente mantinham uma boa convivência com o clero; alguns deles também se sentiam próximos devido à existência de graus de parentesco, e, além disso, na alta cúpula, a influência das primeiras-damas, geralmente mais devotas que os maridos, tampouco deixou de ter alguma relevância. Dona Mariana, esposa de Deodoro, foi um bom exemplo: não só era uma católica convicta, como gostava de assistir às festas organizadas no colégio dos salesianos em Niterói.[111]

E foi assim que o inimaginável aconteceu: a separação provocou uma verdadeira aproximação entre Estado e Igreja, pois a independência de cada parte levou a um conhecimento e aceitação recíprocos. Ressalva feita ao exagerado otimismo, que no fundo tentava justificar suas próprias iniciativas, foi Rui Barbosa quem, mais uma vez, captou com grande perspicácia o processo em marcha. Em 1893 ele faria a seguinte observação:

> A república brasileira nasceu, felizmente, sob o signo dessa transformação [do pontificado de Leão XIII], cuja fórmula veio a se enunciar, pouco mais tarde, na encíclica aos católicos

[109] Raimundo Magalhães Júnior, *Artur Azevedo e sua época*, p. 255-256.
[110] Rui Barbosa, *O Divórcio*, p. 9-12.
[111] Cf. Luiz Marcigaglia, *Os salesianos no Brasil*, p. 31.

franceses. A Igreja Católica, seu clero, seu episcopado, seu patrimônio temporal atravessaram essa crise incólumes, respeitados, benquistos, sem que a política tivesse em um momento a menor antipatia ou despeito contra a religião, cujas crenças se confundem com o berço de nossas instituições e o desenvolvimento de nossa liberdade. A própria abolição do seu monopólio, presente funesto que o império bragantino voltara contra ela, não foi, no ânimo dos autores dessa conquista sagrada, senão a homenagem suprema às altas necessidades da alma, às suas relações imateriais com a verdade. E a prova da excelência desse triunfo espiritual da confiança no bem está em que ele estreitou visivelmente os laços entre o nosso meio mundano e a vida religiosa.[112]

Rui tinha razão. Mesmo laicistas intransigentes acabariam por reconhecer que a Igreja não só não ameaçava a instituições civis, como supria carências do Estado na área social. Por isso, Barbosa Lima, que no início do seu governo havia abolido a capelania do Ginásio Pernambucano e entregado a direção do mesmo estabelecimento, até então exercida somente por sacerdotes, a um professor leigo; expulsando também os capuchinhos da Colônia Orfanológica Izabel, por eles fundada, acabaria por assumir outro comportamento. Demonstrou-o no dia 10-2-1895, ao visitar o colégio dos salesianos no Recife, que também atendia à infância desvalida, prometendo – e cumprindo! – que a assembléia legislativa do Estado incluiria no orçamento uma subvenção de doze contos de réis para a obra.[113]

O ambiente também se tornou propício para que fosse dado um importante novo passo: as concessões verdadeiras e próprias. No Rio de Janeiro, Floriano Peixoto, amigo de Dom José de Barros, lhe cedeu gratuitamente dois prédios públicos, cuja renda anual, estimada em cem contos de réis, destinou-se à manutenção do culto da catedral. Essa situação durou sem contestações até 1893, só terminando porque nesta data Dom José foi afastado.[114] Quando isso aconteceu, Pereira Lopes propôs, e foi atendido pelo Congresso Nacional, que fosse aprovado um voto de sentimento pela sua retirada. O conselho municipal do Rio de Janeiro, em atitude semelhante,

[112] Rui Barbosa, "A ditadura de 1893", em: *Obras completas*, vol. XX, tomo II, p. 99.
[113] Celestino de Barros Pereira, *Traços biográficos de Monsenhor Lourenço Giordano*, p. 19.
[114] Félix Guisard Filho, *Dom José Pereira da Silva Barros*, p. 58.

também inseriu na ata da sessão um voto de pesar pela saída do prelado, que gozava de grande estima.[115]

Da sua parte, deve-se também reconhecer que boa parcela do clero fez o possível para adaptar-se às novas circunstâncias. Granjeou a simpatia do sistema porque se opunha igualmente aos movimentos reivindicatórios e rebeliões que eclodiam. Isso ficou claro durante o governo de Floriano Peixoto, quando muitos clérigos elevaram preces contra as revoluções em curso,[116] entre as quais a Revolta da Armada, ocorrida em 1893. Diante do levante da marinha, os salesianos de Niterói evacuaram o colégio Santa Rosa no dia 9 de outubro, enviando parte dos alunos para o colégio dos jesuítas de Nova Friburgo, e outros tantos para os educandários que tinham no Rio de Janeiro, São Paulo e Lorena, deixando na casa vazia apenas o Pe. Rota, o Pe. Barale, três seminaristas e algum coadjutor. No mês seguinte, como o Hospital Militar de São João Batista se encontrava na linha do fogo, os religiosos atenderam à solicitação que se lhes fizera o general Roberto Ferreira e o governador do Estado, colocando o prédio à disposição. Cento e setenta e cinco enfermos e feridos seriam ali acolhidos, e logo aos "Filhos de Dom Bosco" seria confiada outra missão: distribuir víveres – charque, farinha e feijão – à população civil vitimada.[117]

As hostilidades terminaram em março de 1894, e o trabalho de assistência dos salesianos tinha sido tão eficiente que o comandante da brigada de Niterói, coronel Filomeno José da Cunha, de seu próprio punho enviou-lhes uma carta de agradecimento pelo serviço que haviam prestado. Não foi o único a tomar uma iniciativa do gênero: naquele mesmo ano, já sob a presidência de Prudente de Morais, o general Bibiano Sérgio Macedo de Fontoura Costalá, em nome de todo o Governo, agradeceu ao Pe. Luigi Lasagna pelos trabalhos prestados por sua congregação.[118] Antes que o colégio reabrisse as portas, coisa que ocorreu aos 10-1-1895, o Estado do Rio também demonstrou sua gratidão, tendo o presidente da câmara, José Tomás de Porciúncula, elaborado uma mensagem elogiosa ante as câmaras, ao tempo em que, pelo decreto n. 145, foram doados cinqüenta contos de réis para a limpeza e consertos do educandário anteriormente ocupado.[119]

[115] Alfredo Barcelos, *Pela República – refutação do manifesto político do Sr. D. João Esberard, Arcebispo do Rio de Janeiro*, p. 5.

[116] Alfredo Barcelos, *o. c.*, p. 6.

[117] Juan E. Belza, *Luis Lasagna, el obispo missionero*, p. 424-426.

[118] Paolo Albera, *Monsignore Luigi Lasagna*, p. 284-285, 361.

[119] Juan E. Belza, *Luis Lasagna, el obispo missionero*, p. 427.

O tempo se encarregou de ajustar soluções até mesmo para questões espinhosas como o casamento civil. Um primeiro e grande passo foi dado com a *Pastoral Coletiva* aprovada aos 12-11-1901, quando praticamente passou-se a tolerar o matrimônio civil e até a recomendá-lo, para razões de conveniência social:

> Aos cuidados, solicitudes e diligências que se dirigem especialmente ao verdadeiro Matrimônio, dependente única e exclusivamente de Deus e da Igreja, deverão os Reverendos Párocos juntar também a precaução de ensinar e aconselhar aos fiéis que se submetam às novas prescrições da lei civil, para prevenir perigos e danos a que se exporiam, por si ou por sua prole, se seu casamento legitimamente celebrado, segundo o rito da Santa Igreja, não tivesse também os efeitos civis pela extrema sanção da lei.[120]

A Igreja não desistiria de exigir o reconhecimento do casamento religioso, mas, confirmando a postura que adotara desde o início, procurava fazê-lo sem contrapor-se por princípio à instituição civil. Sobre isso, uma outra *Pastoral*, desta vez emitida por Dom Duarte Leopoldo e Silva, futuro Arcebispo de São Paulo, nos tempos em que ainda trabalhava em Curitiba, é esclarecedora:

> Tem-se dito e escrito que o clero, ou parte do clero, opõe-se sistematicamente ao cumprimento das *formalidades civis* (os grifos são do autor) do casamento, obstando ao reconhecimento legal da família brasileira. Não é verdade. Defender os inauferíveis direitos da Igreja; pugnar pela santificação da família *constituída* ou por *constituir-se* consoante a lei divina e *reconhecida*, ou melhor, *garantida* pela lei civil; profligar como pecaminosa e *torpe concubinato* toda e qualquer união, entre batizados, fora do *sacramento do matrimônio*; recordar aos nubentes a obrigação grave, também imposta pela consciência, de satisfazer as exigências da lei, *servatis servandis*, não é atacar a legislação civil em si mesma, mas é, ao contrário, oferecer-lhe uma sanção, uma garantia que absolutamente lhe falta. Em uma palavra, proclamar altamente, de acordo

[120] João Antônio Pimenta, *Carta Pastoral de D. João Antônio Pimenta, bispo de Montes Claros, saudando a seus diocesanos*, p. 38.

> com o Evangelho, que o *contrato civil* não é casamento, mas obrigá-lo, sob pena de pecado, por motivos secundários e acidentais, é ser padre e é ser cidadão, é pugnar indiretamente pela observância da lei civil com muito mais eficácia e maior energia do que podem fazer as legislações humanas.
>
> Isto tem feito, isto há de fazer o clero diocesano, porque assim mandamos e o exigem as leis canônicas. Apresente-se, afoitamente à autoridade diocesana um sacerdote que, em termos claros e positivos, se tenha oposto à observância da lei civil; documente-se a acusação, e esse sacerdote será severamente punido.[121]

Estabelecido o espírito de respeito recíproco entre a sociedade civil e a instituição eclesiástica, o que veio a seguir foi mera conseqüência. Para a igreja, o primeiro sinal realmente alvissareiro se verificou aos 15-11-1906, com a posse do insuspeito católico mineiro Afonso Augusto Moreira Pena como Presidente da República. Ex-estudante do Caraça, Afonso Pena era um homem dotado de rígidos princípios morais, devotado à família e à religião, tendo o costume de comungar impreterivelmente todas as sextas-feiras com Pe. Chavelin, seu mestre dos tempos de colégio, com quem conservou relações amistosas duradouras.[122] Devido a esta ligação, ele também matriculou seus quatro filhos (Afonso, Álvaro, Salvador e Alexandre) na mesma instituição em que se formara. E não só: em 1893, ao tempo em que era "Presidente" de Minas Gerais, visitou com a família o velho colégio, demonstrando viva emoção.[123]

Afonso Pena não conseguiu alterar a legislação agnóstica vigente no país; mas deixou-a em segundo plano. Por estas e outras, o articulista Bruno de Aguiar saudou o início do quatriênio presidencial com palavras das mais otimistas: "Felizes as nações como esta, que colocam à frente de sua administração homens encanecidos no serviço à Pátria, cidadãos cuja vida têm sido exclusivamente devotada ao bem público, estadistas cuja história é um compêndio de honradez e civismo".[124]

Também o Presidente Rodrigues Alves manteria grande deferência em relação à Igreja e demonstrou-o de novo seis anos após concluir seu mandato,

[121] Duarte Leopoldo Silva, "Pastoral aos diocesanos de Curitiba sobre o casamento civil", em: *Pastorais*, p. 102-104.

[122] Fábio Koifman et alii, *Presidentes do Brasil*, p. 126.

[123] José Tobias Zico, *Caraça: ex-alunos e visitantes*, p. 221.

[124] Bruno Aguiar, "Doutor Afonso Pena", em: *Santa Cruz*, n. 2, p. 51-52.

na visita que fez a Roma em 1908. Chegando à capital italiana no dia 15 de janeiro, acompanhado de suas filhas Marieta e Celina, além do corpo diplomático, foi recebido festivamente pelo clero brasileiro residente em Roma e também pelos alunos e pelo reitor do Colégio Pio Latino Americano. A viagem acabou se transformando numa quase peregrinação, tantos foram os eventos religiosos agendados. De Roma Rodrigues Alves seguiu para Assis e Loreto, onde foi acolhido pelos bispos, devidamente prevenidos por telegramas do ministro Bruno Chaves, ministro do Brasil junto ao Vaticano. Regressando, teve uma audiência com o Papa Pio X, no dia 4 de fevereiro. O Sumo Pontífice aproveitou a ocasião para agradecer a lealdade com que o Governo tinha tratado a Igreja. No dia 7 aconteceria a visita ao Colégio Pio Latino-Americano, que o recebeu com toda a pompa. O homenageado agradeceu às saudações recebidas, com um discurso de uma camaradagem eloqüente:

> E juntamente com as intenções pacíficas do Governo brasileiro apraz-me poder afirmar as suas intenções francamente católicas. E nisto grande mérito tem a Santa Sé, pela sua sabedoria e prudência na eleição de dignos representantes, que facilitam a concórdia das autoridades. E neste estado de coisas talvez não pouca influência exerça o colégio Pio Latino-Americano, cujos alunos demonstram na vida civil o patriotismo de uma escola de fé e ciência. Faço, portanto, votos para que este colégio continue a preparar cooperadores ao engrandecimento do Brasil.[125]

Anos depois, Lacerda de Almeida diria: "Deixada livre, [...] a Igreja esquecida dos poderes públicos cresceu e prosperou, fez-se lembrada, apesar de ignorada".[126] Uma realidade compreensível, se se considera os fatores que concorreram para tanto.

4.6.1. As estratégias pastorais do clero e a influência diplomática da Santa Sé

A nova configuração do clero deu-lhe um relevante peso social, do qual os políticos estavam perfeitamente cientes, e assim, as rudes manifestações anticlericais ocorridas nos tempos do Império foram caindo no esquecimento.

[125] Revista *Santa Cruz*, n. 8 (1908), p. 343.

[126] Francisco José Lacerda de Almeida, *A Igreja o Estado. Suas relações no direito brasileiro*, p. XI.

De novo, teve notável influência a atuação da Santa Sé: O reconhecimento do regime republicano em 1890, a elevação em 1901 de sua representação diplomática no Rio de Janeiro à categoria de nunciatura e, sobretudo, a escolha de um brasileiro como primeiro cardeal da América Latina foram particularmente bem vistos pelas autoridades constituídas. O Presidente Rodrigues Alves ficou tão satisfeito com a concessão que encarregou o Núncio Giulio Tonti de agradecer em seu nome ao secretário de Estado da Santa Sé e de lhe dizer que em carta manifestaria pessoalmente ao Santo Padre os sentimentos de que estava possuído.[127] Estava realmente, pois na vista geral da administração que ofereceu ao final do seu mandato, o Presidente citaria a nomeação do Cardeal como sendo uma das vitórias do quatriênio político que exerceu.[128]

As boas relações se consolidariam de vez quando se fez necessário resolver as questões de fronteira com as nações vizinhas. Os limites nacionais herdados do Império eram imprecisos, e exceção feita ao Paraguai, a República teve de resolver caso a caso. Um desses episódios envolveu os limites do Brasil com o Peru na altura do Alto Juruá e do Alto Purus a partir de 1902. Os dois governos não conseguiam chegar a um acordo, e por isso, mediante a convenção de 12-6-1904, aprovada pelas respectivas câmaras legislativas, constituíram um tribunal arbitral, instalado no Palácio do Itamarati, RJ, que começou oficialmente suas atividades aos 15-1-1906. O Núncio Giulio Tonti foi convidado para presidi-lo e aceitou, mas sendo transferido a Lisboa no ano seguinte, caberia ao seu sucessor, Monsenhor Alessandro Bavona, dar continuidade ao trabalho. As negociações se fizeram a partir de dados científicos, pois em 1904 a realidade geográfica de cada vale havia sido analisada conjuntamente por duas comissões técnicas de exploração: no Alto Purus a comissão brasileira teve como chefe Euclides da Cunha, e a peruana, o capitão de corveta Pedro Buenaño; ao passo que no Alto Juruá, os brasileiros foram liderados pelo general Belarmino de Mendonça, e os peruanos pelo capitão de mar e guerra Felipe Espinar, substituído pouco depois pelo primeiro tenente Numa León. O levantamento dos trabalhos executados em comum pelas comissões do Purus foi assinado aos 11-12-1905; e o das comissões do Juruá, aos 22-5-1906; havendo ainda um relatório especial de Euclides da Cunha, apresentado ao

[127] ASV, "Projeto de uma sede cardinalícia no Brasil", em: *Nunciatura Apostólica no Brasil*, fasc. 521, caixa 106, docs. 8-12, fl. 74-75, 87.

[128] *Documentos Parlamentares – Mensagens Presidenciais (1891-1910)*, p. 498-499.

Ministério das Relações Exteriores em 1906, e o outro do general Belarmino Mendonça, levado ao mesmo ministério em 1907.[129]

No dia 11 de novembro daquele mesmo ano de 1907, o Tribunal arbitral reiniciou suas atividades, mas logo se viu envolvido numa tarefa imensa, pois os relatórios geravam interpretações divergentes. Por isso os peruanos apresentaram 74 processos contra o Brasil, e o Brasil entrou com outros 17 contra o Peru, e o custo de todos eles juntos ascendia a um total avaliado em $ 80.000.000,00 de francos. A questão se arrastou até 30-6-1910, quando a arbitragem foi concluída: o Brasil ficou com boa parte dos territórios contestados, mas devendo pagar ao Peru $ 52.240,00 libras esterlinas e mais 180 contos de réis. O Barão do Rio Branco, contente com tal resultado, depois de verificar os trabalhos realizados pelo Núncio, agradeceu-lhe o esforço, manifestando gratidão pela Santa Sé.[130]

Por tudo isso, contrariando uma tendência predominante na América Latina, as relações entre o Brasil e a Santa Sé sempre se mantiveram cordiais. Carlos Magalhães de Azeredo que foi um dos embaixadores do Brasil junto à Santa Sé no período, na obra *O Vaticano e o Brasil*, de sua autoria, publicada em 1922, afirma que a boa convivência entre o Vaticano e a República brasileira se deu desde os primeiros dias em que esta foi implantada. Azeredo inclusive esclarece que o próprio Leão XIII teria aconselhado o lealismo ao episcopado brasileiro. O Papa em pessoa observaria este critério em 1893 quando ocorreu um pequeno mal-entendido com o governo da República. O motivo foi que o Rio de Janeiro tinha sido elevado à condição de arquidiocese no ano precedente, e Roma decidiu substituir Dom José Pereira da Silva Barros (1835-1898) pelo espanhol de Barcelona, Dom João (Juan) Fernando Tiago Esberard (1843-1897). A Santa Sé achava que a Dom José faltava ciência, tinha restrições quanto às suas maneiras pessoais e quanto à forma como estava conduzindo o Rio; e daí tomou a drástica decisão de "não o considerar idôneo para governar uma diocese tão importante e difícil".[131]

[129] *Tratado de 8 de setembro de 1909 entre os Estados Unidos do Brasil e a República do Peru completando a determinação das fronteiras entre os dois países e estabelecendo princípios gerais sobre o seu comércio e navegação da bacia do Amazonas*, p. 31-32.

[130] ASV, Carta do Núncio Alessandro Bavona ao Cardeal Secretário de Estado (10-7-1910), em: *Nunciatura Apostólica no Brasil*, fasc. 656, caixa 133, doc. 54, fl. 163-165.

[131] ASV, Carta do Internúncio ao Cardeal Rampolla, em: *Nunciatura Apostólica no Brasil*, fasc. 345, caixa 71, doc. 2, fl.41b.

A mudança, porém, desagradou a classe política, pelo fato de Dom João Esberard ser um monarquista. Leão XIII não reviu sua decisão, mas em 1894, antes da sagração, fez questão de chamar Dom Esberard a Roma para adverti-lo sobre os deveres de um prelado que trabalharia na Capital Federal, lado a lado com o Governo.[132] O novo bispo seguiu a recomendação, ainda que em 1894 tenha cometido o deslize de escrever e fazer publicar no *Jornal do Comércio* uma pastoral manifestando nostalgia do regime antigo. Não era esta a intenção do documento, que visava apenas questionar – como, aliás, fazia todo o episcopado – o excessivo laicismo da Constituição. O problema é que, a certa altura, deixou escapar uma frase imprópria: "Que saudades temos hoje dos tempos de outrora!" Foi o que bastou para o deputado Dr. Alfredo Lopes, mesmo salientando sua admiração por Leão XIII e pela Igreja, fosse à tribuna do congresso nacional e proferisse um discurso – depois publicado na imprensa – manifestando a sua decepção.[133] O Arcebispo evitou a polêmica, e a questão foi dada por encerrada.

Enquanto no plano externo a Santa Sé usava da sua habilidade diplomática para estreitar relações, internamente o poder da arregimentação das massas que possuía o clero e as celebrações portentosas que realizava, caracterizadas pelo assim chamado triunfalismo litúrgico, convenceram a classe política da conveniência de prestigiar a Igreja. Uma dessas celebrações impressionantes aconteceu em Mariana, aos 6-8-1907, por ocasião da festa da transfiguração do Senhor. O solene pontifical foi oficiado pelo Cardeal Arcoverde, com a assistência dos senhores bispos que tomaram parte nas conferências episcopais. As autoridades não se furtaram de comparecer em massa, e até o presidente do Estado de Minas Gerais, João Pinheiro da Silva, lá esteve, fazendo questão de trazer em pessoa a Dom Silvério "as homenagens do Governo".[134]

O ambiente era já de perfeita camaradagem quando no ano de 1914 eclodiu a Primeira Guerra Mundial. No início, o conflito parecia estar circunscrito ao Velho Mundo, e, como o Brasil se declarara neutro, alguns clérigos alemães não escondiam suas simpatias pelos sucessos da mãe pátria. D. Amando Bahlmann, que se encontrava em Düsseldorf, no dia 15-9-1915, escreveria lamentando não poder voltar para Santarém, porque a guerra lhe tirara a possibilidade de viajar com alguma garantia e segurança.

[132] Carlos Magalhães de Azeredo, *O Vaticano e o Brasil*, p. 102.

[133] Alfredo Barcelos, *Pela República – refutação ao manifesto político do Sr. D. João Esberard*, p. 6- 7.

[134] Alípio Ordier Oliveira, *Traços biográficos de Dom Silvério Gomes Pimenta*, p. 92.

Isto posto, externava sem meias palavras seus sentimentos germanistas: "Felizmente, as grandes vitórias que a Alemanha já ganhou e continua a ganhar, hão de abrir brevemente, como esperamos, os caminhos".[135]

A loquacidade filo-germânica desapareceria a partir de 1917, no momento em que o Governo brasileiro adotou outra postura. Naquela ocasião, a Alemanha notificou as autoridades nacionais que havia estabelecido um bloqueio naval não só em torno dos navios aliados (Inglaterra, França e Itália), como também na parte oriental do Mediterrâneo. Em abril daquele mesmo ano, o navio mercante *O Paraná*, de bandeira brasileira, foi posto a pique por vasos de guerra germânicos quando singrava águas internacionais do canal da Mancha, provocando a reação irada do Brasil, que oito dias depois rompeu relações diplomáticas com o Império Alemão. Sem retrair na sua iniciativa intimidatória, os alemães afundariam ainda os navios *O Tijuca*, no litoral da França, e o cargueiro *Macau*, que se encontrava em águas espanholas. Manifestações anti-germânicas se fizeram sentir em diversas partes do país, e no dia 27-10-1917 o Presidente Venceslau Brás declarou guerra à Alemanha, aliando-se com a Inglaterra, Rússia, Japão, França e Itália.[136]

De São Paulo, Dom Duarte Leopoldo e Silva apressou-se em declarar que o padre brasileiro não recusaria nenhum posto que o governo da República lhe designasse na hora decisiva. Não estava sozinho: a *Circular Coletiva*, lançada aos 30-4-1917, além do seu nome, incluía os dos Arcebispos do Rio de Janeiro, Mariana, Cuiabá e Porto Alegre, estando marcada por apelos cívicos: "Na contenção violenta e sanguinária de interesses, sejamos Brasileiros e, como Brasileiros, prestigiemos os Diretores da Nação, que tão altivos quão prudentes se têm mostrado, dispensando-lhes o afeto e obediência a que somos obrigados por direito e justiça". O documento pedia compreensão para com os católicos e as congregações religiosas alemães que vinham sofrendo injustas discriminações; mas, ainda que ressaltando a necessidade de os padres se manterem dignos e circunspetos, deixava-os livres para se alistarem na Liga de Defesa Nacional, "prestando-lhe serviços compatíveis com o seu estado, aconselhando a mocidade no cumprimento dos seus deveres, inculcando e facilitando, principalmente, a sujeição à lei do sorteio militar".[137]

[135] ASV, Carta de D. Amando Bahlmann ao Núncio Giuseppe Aversa (15-9-1915), em: *Nunciatura Apostólica no Brasil*, fasc. 737, caixa 147, doc. 5, fl. 102.

[136] Gabriel Manzano Filho et alii, *100 anos de República*, vol. II, p. 54.

[137] Joaquim Arcoverde de Albuquerque Cavalcanti et alii, *Circular Coletiva dos Ex.mos e Rev.mos Srs. Arcebispos das províncias eclesiásticas meridionais do Brasil*, p.5, 7-8, 14.

Quando a participação do Brasil nos combates pareceu iminente, o Cardeal Arcoverde, no dia 10-11-1917, lançou uma *Circular* na qual, mesmo esclarecendo que não possuía comissão para falar em nome do episcopado, sentia-se no dever de fazer algumas ponderações, por acreditar no apoio moral dos demais bispos à sua decisão, considerando as relações de íntima solidariedade e comunhão de vistas que existiam entre eles. Nesse pressuposto, afirmou que o clero confiava sem reserva na prudência, correção e espírito de justiça dos governantes do país, assim como estes podiam confiar no patriotismo do clero. Prestigiar a autoridade constituída, dar-lhe apoio e simpatias no desempenho da sua missão era, segundo ele, um "preceito sagrado", uma "lição do Evangelho". Daí o mandamento aos padres da arquidiocese carioca, para que, pela palavra e pelo exemplo, auxiliassem as autoridades civis na defesa dos supremos interesses da nação. A mesma *Circular* também continha uma das medidas mais drásticas de toda história do governo arquidiocesano do Rio:

> Atendendo à situação melindrosa do país, declaramos que serão substituídos todos os sacerdotes alemães que, sob a nossa dependência, exercem cura d'almas ou funções de caráter público e de responsabilidade. Proibimos a pregação em língua alemã, e serão fechados os colégios e escolas dessa nacionalidade. Mandamos que nos colégios católicos, quaisquer que sejam, tenham sempre a primazia e o necessário desenvolvimento o ensino e a cultura da língua, da história e da geografia nacional, e declaramos que muito nos desagrada qualquer exceção que, sob qualquer pretexto, porventura se pretenda fazer a esta nossa determinação.[138]

Para além da dureza das palavras, tudo indica que o Cardeal houvesse entrado em prévios entendimentos com os religiosos germânicos, pois esta era a prática mais comum adotada na época pelos prelados diocesanos. Provavelmente também pesou a circular enviada pelo Núncio Ângelo Giacinto Scapardini a cada um dos bispos do Brasil, recomendando-lhes prudência e medidas que não suscitassem polêmica junto à opinião pública e autoridades constituídas. Seguindo a orientação ao pé da letra, em Recife, Dom Leme

[138] Joaquim Arcoverde de Albuquerque Cavalcanti, *Circular do Emin. Sr. Cardeal Arcebispo do Rio de Janeiro*, p. 5, 8-9, 11.

chamou os franciscanos e lhes aconselhou a não saírem de casa, e, caso fosse preciso, se recolhessem nos hospitais da Santa Casa, onde trabalhariam como capelães. Precaução análoga tomou em relação aos beneditinos de Olinda e aos vigários alemães, ao tempo em que também aconselhou a dois diretores de colégios a abandonarem a função. Num primeiro momento, estes últimos relutaram, mas mudariam de idéia depois que, na noite do mesmo dia que o prelado os advertira, o povo em fúria, ao receber a notícia do torpedeamento de um navio brasileiro, incendiou cinco casas alemãs.[139] Na Bahia, o próprio abade de Salvador, Dom Ruperto Rudolph, aos 17-11-1917, tomou a iniciativa de escrever à Nunciatura Apostólica para consultá-la a respeito da conveniência de passar o governo da abadia a um brasileiro, Dom Bento de Souza Leão Faro. A resposta do Núncio Scapardini, datada do dia 25 seguinte, não poderia ser mais breve e objetiva: "Nada tenho em contrário".[140] Houve também, esteja claro, prelados que preferiram correr o risco de conservar os clérigos alemães nos seus cargos, pela absoluta impossibilidade de poder dispensá-los. O bispo de Santa Maria - RS, Dom Miguel de Lima Valverde (1872-1951), foi um deles, e explicaria seu gesto aos 22-3-1918 por razões acima de qualquer suspeita: "Tenho dez padres palotinos de nacionalidade alemã empregados na cura d'almas. Não tenho nenhum sacerdote secular disponível, devendo-se notar que, de todas as paróquias encarregadas aos padres seculares, nenhuma delas tem coadjutor. Como substituirei os ditos padres alemães, sem prejuízo para a cura d'almas?"[141]

Nas capitais e arquidioceses, entretanto, o episcopado assumiu uma atitude patriótica. Por isso, com o aval de seus respectivos Arcebispos, os padres de São Paulo e Rio prepararam psicologicamente o povo para aceitação da idéia da guerra, mostrando aos fiéis a necessidade e a nobreza dos sacrifícios que a pátria lhe viesse exigir; a cooperar com as autoridades para a formação das linhas de tiro e para que a mocidade correspondesse generosamente a este apelo; e a pregar a obediência à lei do alistamento e do sorteio militar. O papel jogado pela hierarquia eclesiástica acabou sendo tão decisivo que o ministro das relações exteriores, Nilo Peçanha, mesmo

[139] ASV, Carta de Sebastião Leme ao Núncio Ângelo Giacinto Scapardini (12-11-1917), em: *Nunciatura Apostólica no Brasil*, fasc. 827, caixa 165, doc. 80, fl. 15.

[140] ASV, Carta de Dom Rupert ao Núncio Scapardini e resposta anexa (17 e 25-11-1917), em: *Nunciatura Apostólica no Brasil*, fasc. 827, caixa 165, doc. 81, fl. 16-17.

[141] ASV, Carta de Dom Miguel ao Núncio Scapardini (22-3-1918), em: *Nunciatura Apostólica no Brasil*, fasc. 827, caixa 165, doc. 89, fl. 32.

sendo um grão-mestre maçom, viu-se forçado a reconhecer que o clero se tornara um elemento precioso para a causa nacional.[142]

Enquanto isso, o governo brasileiro organizou a Divisão Naval em Operações de Guerra (DNOG), que sob o comando do contra-almirante Pedro de Frontin partiu de Fernando de Noronha rumo à costa africana. Aos 10-11-1918 a esquadra atingiu Gibraltar, mas no dia seguinte recebeu o aviso de que havia sido assinado o armistício.[143] Mesmo assim, o Brasil fez parte do grupo de 27 países que negociaram a paz de Versalhes no ano seguinte, através de uma comitiva de 10 representantes oficiais. A dureza do documento final que ali se elaborou, impondo condições humilhantes à Alemanha, geralmente é apontada como uma das causas do segundo conflito mundial que eclodiria em 1939; mas no Brasil o assunto saiu da pauta, e o clima entre a Igreja e o Estado melhorou ainda mais. No período do governo do Presidente Epitácio Pessoa (1918-1922), o ambiente sociopolítico encontrava-se tão alterado que um a um os resquícios do laicismo radical iam sendo eliminados. Por isso, os dias santos de guarda, respeitados na prática, começaram a ser oficializados, sendo o próprio Epitácio quem tornou o Natal feriado nacional. Quando chegou a hora de pensar na sua sucessão presidencial, a Igreja já estava preparada para atuar com força nos destinos políticos do país. A campanha eleitoral começou aos 18-6-1921, dia em que a convenção nacional proclamou, por um total de 18 estados contra 3, as candidaturas de Artur Bernardes e Urbano dos Santos para a presidência e vice-presidência da nação. Uma semana mais tarde, Rio Grande do Sul, Bahia, Pernambuco e Rio de Janeiro lançaram Nilo Peçanha e J. J. Seabra como candidatos da oposição. Artur Bernardes foi o preferido da maioria do clero por ser um católico convicto, ao contrário de Nilo, notório maçom. Bernardes fazia questão de afirmar em público as suas convicções religiosas, e por isso, apenas dois dias após ser indicado como candidato da situação, declarou sem meios termos numa entrevista:

> Fui educado na religião católica, que é a da maioria dos brasileiros, e, como homem do governo, não desconheço a influência benéfica da Igreja em todos os tempos. [...] Noto o aumento progressivo do espírito religioso do nosso povo, cujos guias, no episcopado, no clero secular e nas congre-

[142] Soares de Azevedo, *Brado de alarme*, p. 268-270.

[143] Gabriel Manzano Filho et alii, *100 anos de República*, vol. II, p. 59.

gações dão exemplo de virtudes e são vultos brilhantes na cultura intelectual.[144]

Os jornais oposicionistas, em represália, cobriram os nomes de alguns sacerdotes de acusações, enquanto Epitácio Pessoa, que apoiava Artur Bernardes ficou sob ameaça de sofrer atentados. Em fevereiro do ano seguinte, Epitácio passava o verão em Petrópolis, quando seu caso envolveu as freiras contemplativas da cidade: uma pessoa foi até elas, pedindo para que intercedessem junto à esposa do Presidente, Mary Pessoa, a fim de demovê-lo do risco de descer para a Capital Federal. As religiosas aceitaram e executaram a incumbência, mas o Presidente preferiu partir. Ao chegar foi bem acolhido pela multidão, mas – o que é extremamente significativo – a comissão organizadora pediu na última hora a Dom Sebastião Leme para acompanhá-lo até o palácio. O representante do Cabido metropolitano também participou do cortejo, e, pela tarde, já no interior do salão nobre da residência presidencial, Dom Leme entregaria ao Chefe de Estado o título de "cidadão benemérito da Pátria".[145]

4.6.2. Os tácitos acordos missionários

Bem cedo o Governo republicano brasileiro admitiu o que nos tempos do Império já se sabia: as missões católicas eram indispensáveis para a manutenção da integridade territorial do país e para "civilizar" os índios. Não era para menos: as autoridades imperiais levaram um susto quando foram informadas que pregadores protestantes, provenientes da Guiana Inglesa, estavam penetrando entre as tribos indígenas dos confins, notadamente na região dos rios Branco e Negro, e que se o seu proselitismo não fosse contido representariam um risco para a unidade nacional. Caindo a Coroa, o Governo republicano provisório não pode ocupar-se no início do problema. Depois que Deodoro foi eleito, o Barão de Lucena, que durante a fase provisória havia estudado com atenção o assunto, chegou à conclusão que o melhor a fazer era apoiar a abertura de uma missão indígena ao norte do Amazonas. O presidente apoiou sua idéia, e o Barão pediu, em 1891, o auxílio dos capuchinhos, assegurando pleno apoio e os meios necessários para a realização do projeto. Era o primeiro pedido explícito de colabo-

[144] Soares de Azevedo, *Brado de alarme*, p. 275.
[145] Laurita Pessoa Raja Gabaglia, *Epitácio Pessoa*, vol. II, p. 506-515.

ração do Novo Regime à Igreja e revestiu-se de caráter oficial quando a internunciatura foi diretamente contatada. O Internúncio Spolverini não minimizou a importância do fato e escreveu à Santa Sé recomendando que se fizesse qualquer sacrifício para apoiar as boas disposições do Governo. Assim foi feito, e o procurador dos capuchinhos, Pe. Bruno de Vinay, logo apelou à província de Milão, que se mostrou disponível. Quando a situação parecia definida, Deodoro renunciou, e com ele também caiu a prometida ajuda governativa para a obra. Foi um golpe para os frades, mas aos 25-2-1892 o Geral da Ordem, com palavras candentes, animaria o Superior a não desencorajar: "Se a ajuda dos governos devesse ser uma condição *sine qua non* para a evangelição dos infiéis, a Igreja Católica jamais teria sido fundada, nem poderia a fé propagar-se no mundo".[146]

Como os problemas de integração do índio na sociedade se repetiam em diversos outros lugares, muitos políticos e eclesiásticos, os primeiros por estratégia, os segundos movidos por propósitos evangelizadores, iniciaram uma informal e verdadeira união de esforços, que não se limitou à Amazônia. Em São Paulo, a questão se colocou depois que o governo local autorizou a Companhia de Terras do Paranapanema a abrir uma área de colonização no município de Santa Cruz do Rio Pardo, região habitada pelos índios xavante. As relações entre os nativos e os empregados da companhia até que foram razoavelmente pacíficas, mas ao entrarem em cena interesses espúrios, como a velha cobiça de terras, a situação se inflamou. A imprensa paulista passou a lançar manchetes alarmistas, pedindo a intervenção da polícia em favor dos civis, apesar de que tais informações fossem sistematicamente desmentidas nos relatórios que a Companhia do Paranapanema enviava. Quando a colonização teve início, aconteceram alguns furtos de gado por parte dos índios, que foram seguidos de sangrenta repressão movida pelos proprietários. O governo de São Paulo cogitou então de adotar uma solução que se repetiria noutros lugares: chamar os salesianos para pacificar os nativos. O projeto só não foi levado a cabo porque a congregação não possuía pessoal disponível, conforme lamentaria Pe. Luigi Lasagna em 1887: "Oh! Se tivesse pessoal! Assim como outras ofertas... mas não se deve sequer dizer!"[147]

A diocese de São Paulo acabou suprindo a carência no Pontal do Paranapanema; mas o bispo do Rio de Janeiro despertou na mente do Padre

[146] Metódio da Nembro, *I cappuccini nel Brasile*, p. 19-26.
[147] Luigi Lasagna, *Epistolário* (tradução), vol. I, p. 21-22; Idem, vol. II, p. 328-329.

Luigi Lasagna a idéia de levar a fé e a "civilização" às tribos indígenas das regiões menos exploradas do país, onde não havia clero.[148] Os tempos já estavam maduros para tanto: em sua gradual, porém contínua expansão, em 1894 os salesianos haviam aberto uma nova casa no Recife, mas o desejo de evangelizar os índios continuava vivo. Tanto assim que, dois anos antes, Dom Cagliero e Pe. Lasagna haviam sido recebidos em audiência pelo Cardeal Rampolla, a quem levaram um plano elaborado em Turim, tendo em vista a realização de tal trabalho. Sem indicarem um lugar preciso, pediam à Santa Sé para nomear um bispo salesiano com o encargo de estudar qual fosse o lugar mais adequado e quais os meios melhores para viabilizar dito projeto. O secretário de Estado aprovou a proposta, e a escolha para bispo das missões recaiu sobre o Pe. Luigi Lasagna, feito titular de Oea (Trípoli), cuja sagração episcopal foi celebrada aos 17-3-1893. O que certamente não contavam foi o constrangimento que causaria a escolha de um bispo para os índios do Brasil, sem passar pela habitual consulta aos prelados locais ou pelo parecer da internunciatura. Em São Paulo, Dom Lino Deodato protestou junto ao Internúncio, e somente aos 9-12-1893, ao se encontrar com Dom Lasagna no santuário de Aparecida, a relação entre ambos se normalizou. O bispo salesiano, por sua vez, também decidiu fazer do Mato Grosso o verdadeiro centro missionário da congregação no Brasil. Durou pouco, no entanto, seu ministério episcopal: aos 6-11-1895, morreu bruscamente quando o trem em que viajava chocou-se com outra locomotiva em Mariano Procópio, perto de Juiz de Fora, MG.[149] As sementes que plantara, entretanto, floresceriam principalmente no campo dos entendimentos com a classe governativa. Afinal, antes de falecer Dom Lasagna havia sido recebido pelo Presidente da República no Rio de Janeiro, que o felicitara pelo trabalho que a sua congregação desenvolvia. Era um sinal promissor, que repercutiu até na Itália, conforme testemunham as elogiosas palavras de Paolo Albera: "Na capital do Brasil [Pe. Luigi] teve a mais benévola das acolhidas da parte do Doutor [Prudente de] Morais, Presidente da República federal, o qual lhe dirigiu palavras de sentido elogio por quanto havia iniciado a fazer pela civilização dos índios Coroados, prometendo-lhe todo o seu apoio".[150]

[148] Manoel Isaú Souza Ponciano Santos, *Luz e sombras*, p. 60-61.

[149] Luigi Lasagna, *Epistolário*, vol. I, p. 26-27, 49.

[150] Paolo Albera, *Monsignore Luigi Lasagna*, p. 361.

A grande novidade na expansão religiosa que se verificava foi o papel assumido pela Congregação de *Propaganda Fide*. Gozando de total liberdade, a ela coube a responsabilidade de coordenar as missões no Brasil. O critério que adotou foi o seguinte: primeiro os religiosos deviam edificar a Igreja local e, num segundo momento, implantar paulatinamente a própria ordem ou congregação com seus respectivos carismas.[151]

Neste trabalho de edificação eclesial, a tônica seria a sanidade de doutrina e a prática dos sacramentos. Assim sendo, o sucesso de um missionário se media pelo número de batismos e casamentos que celebrava e das confissões que ouvia. Isto explica a felicidade que frei Giulio da Nova OFM Cap. dizia sentir aos 25-3-1910. Naquela ocasião, ele comunicou que conseguira aproximar o povo do Alto Solimões abandonado por todos; e, apesar de encontrar-se exausto, tinha o prazer de poder declarar: "O fruto espiritual que recolhi foi abundante, isto é, 106 batismos e 39 matrimônios. Com a graça do Senhor tenho a consolação de ter feito um pouco de bem".[152]

4.6.2.1. A confluência de interesses entre os salesianos e os governos do Mato Grosso

Naquele exato momento, um dos maiores sucessos missionários dos "Filhos de Dom Bosco" estava sendo levado a cabo no Mato Grosso, com o apoio declarado do governo estadual. As razões eram conhecidas: a classe política local tinha todo interesse em integrar os indígenas à cultura dominante, mas não atinavam com o modo de viabilizar tal propósito. Como se não bastasse, as tribos da nação Bororo – Coroados, além de oporem tenaz resistência à penetração dos brancos, assaltavam moradores mesmo nas proximidades da capital do estado e promoviam ataques às propriedades agrícolas, que, não raro, redundavam em inúmeros assassinatos. Até mesmo os construtores da linha telegráfica entre Goiás e Mato Grosso sofreriam agressões, e o Dr. Ramalho, chefe do serviço telegráfico, sem saber o que fazer, pediu ao Dr. Alfredo Maia, ministro da viação, que indicasse algum alvitre em grau de permitir o prosseguimento da construção da linha.

[151] Carlos Albino Zagonel et alii, *Capuchinhos no Brasil*, p. 19.
[152] A. I, *Missioni di Alto-Solimões affidata ai minori cappuccini umbri*, p. 26.

O ministro não hesitou, sugerindo-lhe que convidasse a missão salesiana para atuar junto aos nativos da região. O presidente do estado, Dr. Manuel José Martinho e o bispo de Cuiabá, Dom Cláudio Luís d'Amour, também eram favoráveis à idéia e, por isso, ambos endossaram a proposta. Em junho de 1891, Dom Cláudio foi pessoalmente a Roma, insistindo no pedido junto ao novo Geral da congregação, Pe. Michele Rua, o qual se mostrou disponível. Ainda por solicitação do bispo diocesano, o presidente do Estado do Mato Grosso aprovou a verba de $8.000 contos de réis para as despesas de viagem e os primeiros estabelecimentos dos salesianos na região.[153] Para definir os detalhes Pe. Lasagna tomou a iniciativa de ir até a capital mato-grossense, tendo conseguido confirmar a oferta de dois importantes subsídios: aquele das passagens para os religiosos que viriam para Cuiabá, e também $1.000.000,00 para os gastos de instalação do Colégio São Gonçalo naquela mesma capital.[154]

Feito isso, no dia seis de junho, a expedição composta pelo Pe. Giovanni Bálzola e Dom Lasagna, dos padres Antônio Malan, Giuseppe Solari e Arturo Castells, além do clérigo Agostino Coli e do coadjutor Giovanni Battista Ruffier, embarcou no vapor *Diamantino* rumo à nova frente, chegando no dia 18 seguinte à capital do Mato Grosso.[155] A recepção que tiveram foi calorosa, e, além do bispo diocesano, contou com a presença do presidente estadual, generais, magistrados e grande multidão, merecendo do próprio Lasagna um comentário entusiasta:

> Nunca me esquecerei da recepção sumamente honrosa e cordial que me fizeram o Ex.mo e Rev.mo Sr. Bispo de Cuiabá, D. Cláudio Luiz de Amour, e o Ex.mo Sr. Presidente do Estado, Dr. José Manoel Murtinho, os quais se dignaram a esperar-me no porto, rodeados de grande multidão de povo, e abraçar com afeto a este pobre missionário. Conserve Deus por longos anos, para bem da Pátria, aquelas duas almas grandes e generosas.[156]

Os recém-chegados já trouxeram pronto um plano de ação, descrito com detalhes por Dom Luiz Lasagna ao enviar uma circular pedindo ajuda para a obra que se iniciava:

[153] Maria Augusta Castilho, *Os índios bororos e os salesianos na missão de Tachos*, p. 29.
[154] Juan E. Belza, *Luis Lasagna, el obispo misionero*, p. 405-406.
[155] Maria Augusta Castilho, *o. c.*, p. 31.
[156] Luigi Lasagna, *Carta circular do Ex.mo e Rev.mo Sr. D. Luiz Lasagna*, p. 5-6.

> Na capital do Mato Grosso deixei cinco salesianos no Colégio de Artes e Ofícios, que lá fundei para meninos pobres; e esse colégio deverá servir como quartel general e ponto de partida para as futuras expedições entre os selvagens. [...] Não escapará à inteligência de V. Ex.ª a imensa vantagem que resulta de terem os missionários salesianos nessa difícil empresa o apoio e a incomparável dedicação das Irmãs de Maria Auxiliadora. [...] Elas tomarão conta das mulheres e crianças para ensinar-lhes os elementos da Religião e das letras, os princípios rudimentares do asseio, dos trabalhos próprios do seu sexo e de tudo o que se refere à vida de família. Dessa maneira poderão os sacerdotes, coadjuvados por bons salesianos leigos, concentrar todo o seu zelo para ensinar aos homens, juntamente com os princípios de nossa santa Religião, a agricultura prática, e os ofícios mais comuns e mais indispensáveis para o consórcio humano. [...] O ilustrado e patriótico Governo do Brasil já me prometeu as passagens gratuitas para o numeroso pessoal da expedição até a capital do Mato Grosso.[157]

A primeira missão seria estabelecida a 50 km da sede administrativa estadual, bem no meio da região mais freqüentada pelos indígenas, tornando-se o centro principal das atividades da congregação. Os contatos e o trabalho de conversão seriam intensos e se estenderam aos habitantes das cabeceiras dos rios, originando sucessivamente as seguintes comunidades: Sagrado Coração de Jesus à margem direita do rio Barreiros (1901); Imaculada Conceição, à margem direita do rio das Garças (1905); São José, à margem esquerda do rio Sangradouro (1906); e a casa Nossa Senhora do Monte Carmelo, na colônia agrícola industrial de Palmeiras (1908).[158] Os salesianos atingiriam também a margem direita do Araguaia, e, graças a instâncias do Governo, de 1895 a 1899, Pe. Malan assumiu ainda a colônia Teresa Cristina do rio São Lourenço. As mudanças não tardaram: após serem travadas relações com os nativos, uma pequena colônia começou a ser organizada, e a catequese paulatinamente mudou as condições psicológicas e sociais dos missionados. Introduziu-se conjuntamente a agricultura sistemática, abriram-se escolas

[157] Luigi Lasagna, *Carta circular do Ex.mo e Rev.mo Sr. D. Luiz Lasagna*, p. 8, 10.

[158] ASV, Relatório do Pe. Pietro Massa sobre as missões no Mato Grosso (19-4-1914), em: *Nunciatura Apostólica no Brasil*, fasc. 744, caixa 148, doc. 25, fl. 95.

(ensinando em português) e construíram-se oficinas para satisfazerem as primeiras necessidades. Em suma, os índios foram, como então se dizia, "atraídos lentamente ao grêmio da civilização".[159]

Claro que esta lenta atração foi pontuada de desconfianças. Entre outras coisas, os índios sequer suspeitavam da existência do celibato, e quando viram as irmãs tomando cuidado das meninas e das mulheres, perguntaram para os padres se elas eram suas esposas, e somente anos depois se convenceram de que realmente se podia viver assim. Conquistada a confiança, a ascendência dos religiosos sobre eles cresceu continuamente. Da sua parte, ainda que viessem a combater práticas como a bigamia e o infanticídio, os salesianos se surpreenderam com a elevada moral natural dos nativos. Agradou-os sobretudo o costume que tinham os bororos de dizer sempre a verdade, fugir do furto e das brigas, respeitar as mulheres e de serem generosos com os irmãos de tribo, partilhando seus bens. O aspecto intelectual também chamou a atenção, quando se constatou a memória prodigiosa dos nativos no recordar a própria mitologia, e mais ainda ao se verificar que os meninos, depois de estimulados, aprendiam facilmente. Este processo foi explicado pelo Pe. Antônio Colbacchini do seguinte modo:

> Evidentemente que não se perdeu tempo ensinando os adultos. O método usado foi dos mais simples. Primeiro o missionário convivia sempre com os jovens, e assistindo-os continuamente, teve ocasião de fazê-los aprender muitos vocábulos da língua portuguesa e os colocou na possibilidade de se exprimir naquela língua. Foi então que se começou a ensinar a escrever. Foram ensinadas as primeiras noções de aritmética, de história pátria, de geografia, as noções mais úteis de física e as ciências naturais. O resultado foi maravilhoso. Em pouco tempo os espertos e graciosos meninos aprenderam a falar, ler e escrever corretamente o português. Aqueles que demonstram maior atitude, depois de haver cumprido na missão os estudos elementares, são enviados ao renomado ginásio-liceu de Cuiabá. [...] Os dotes intelectuais desta raça apareceram também naqueles jovens que foram encaminhados para a aprendizagem de um ofício. Os trabalhadores das escolas profissionais de Cuiabá receberam um número

[159] A. I., "Missões salesianas de Mato Grosso", em: *Santa Cruz*, fasc. V, Escolas Profissionais Salesianas, São Paulo 1918, p. 259.

> considerável de índios que de lá saíram hábeis operários. [...] A mesma coisa se deve dizer das meninas que, pelo afetuoso cuidado das Filhas de Maria Auxiliadora, aprenderam facilmente a cozinhar, a fiar, tecer, costurar, e até a bordar e passar.[160]

As etapas sucessivas, contudo, não seriam de um progresso linear. Um caso bastante desagradável ocorreu em 1898, quando o superior da Teresa Cristina, Pe. Bálzola, viajou para a Itália, deixando como substituto o Pe. Ângelo Cavatorta. Pe. Ângelo foi tão rígido para com os bororos que em poucos dias a colônia se despovoou, e o presidente do Mato Grosso, Antônio Correia da Costa, decidiu dispensar os serviços da congregação, forçando o retorno dos padres e das Filhas de Maria Auxiliadora para Cuiabá. Refeitos do golpe, os religiosos decidiram fundar uma nova frente junto aos bororos do Araguaia. Nesse ínterim, recomeçaram os conflitos, mas no início de 1900 o governo estadual reviu a sua decisão, tendo aprovado uma verba de 20.000$000 para a catequese. Os padres aceitaram, reiniciando a atividade missionária junto aos índios na região de Tachos, a 460 Km da capital. No dia 18-1-1902 eles e as irmãs chegaram ao local escolhido, e como Pe. Bálzola falava a língua dos bororos, conseguiu atrai-los um após outro para a missão. Vencida a inicial suspeita, a chegada de nativos foi ganhando consistência, e somente no dia 17-6-1903, 143 deles optaram de viver na colônia, sendo seu exemplo seguido por outros 164 no ano seguinte. Nem todos permaneciam, e a instabilidade numérica dos primeiros tempos foi um dos maiores desafios da missão; mas com o tempo os bororos fixariam residência. A vida sedentária substituiu a necessidade de grandes espaços de perambulação, e aquelas terras começaram a ser ocupadas pelos brancos. Com base no que se viu anteriormente, deve-se sublinhar que os índios foram "civilizados" dentro de uma concepção ocidental e capitalista do Cristianismo, e, por isso, a idéia de propriedade individual, até então inexistente, foi sendo lentamente assimilada. Mais que isso: os catequizandos eram formados para se sentirem cidadãos brasileiros, aspecto este que se manifestava principalmente durante o hasteamento da bandeira, no entoar os hinos pátrios e na exaltação dos vultos nacionais. O inteiro modo de viver dos aldeados se modificou, pois as choupanas deixaram de ser construídas em círculo, passando a ser edificadas simetricamente, com novas concepções de higiene.[161]

[160] Antonio Colbacchini, *I bororos orientali del Mato Grosso* (tradução), p. 28-29, 117-121.

[161] Maria Augusta Castilho, *Os índios bororó e os salesianos na missão dos Tachos*, p. 48-49, 59-60, 63, 71, 76-77.

Outro caso bastante delicado para a congregação foram as desavenças surgidas com o bispo de Cuiabá, Dom Carlos Luiz d'Amour, a partir de 1903. Naquele ano, o prelado se sentiu ofendido na sua autoridade pelos salesianos, a quem acusava de não observarem as disposições episcopais. Dom Carlos chegou inclusive a baixar duras portarias limitando as suas atividades, e somente depois de melindrosas tratativas a questão se resolveu. Anos depois, Carlos de Laet declararia aliviado ao *Jornal do Brasil*: "Foi apenas um deplorável e já terminado conflito de jurisdição".[162]

Entrementes, depois da morte de Dom Lasagna, as obras salesianas do Brasil se desmembraram do Uruguai, sendo agrupadas em duas novas inspetorias: a do sul, com sede em Lorena, SP, tendo como inspetor Pe. Carlo Peretto, e a do Mato Grosso, com sede em Cuiabá, na chefia da qual foi colocado Pe. Antônio Malan, com o título de vice-inspetor. O colégio São Gonçalo, fundado em 1894 por Dom Luigi Lasagna, era o ponto de apoio dos salesianos na capital, e também continuavam a contar com a colaboração das autoridades governamentais. Ao final de dezembro daquele ano a situação se definiu, pois o Presidente da República, Prudente de Morais (1841-1902), prometeu apoiar a congregação e em modo particular a missão do Mato Grosso. Passou-se, assim, das incertezas da política local ao terreno mais seguro e estável da política nacional.[163] A obra dos "Filhos de Dom Bosco" no Brasil era admirada pelo restante da Congregação, e o próprio Superior Geral, Pe. Paolo Albera (segundo sucessor de Dom Bosco), veio da Itália para conhecê-la em 1901. E, como as casas que possuíam no país eram já dezoito, no ano seguinte ele autorizou nova reorganização das inspetorias, que se tornaram três: a do sul, que continuou sob a chefia do Pe. Carlo Peretto; a do Mato Grosso, onde também permaneceu Pe. Antônio Malan; e uma nova no norte (São Luiz Gonzaga), sob a direção do Pe. Lorenzo Giordano.[164]

A ligação com a classe política já se tornara tão estreita, que além de prestar contas ao seu superior da congregação, Pe. Antônio Malan o mesmo fazia em relação ao Governo brasileiro, até porque dele continuava a receber verbas. No caso, o órgão governativo competente era o ministério da indústria, viação e obras públicas, cujo titular pode dar-se por satisfeito,

[162] ASV, "Jornal do Brasil" (6-7-1913), em: *Nunciatura Apostólica no Brasil*, fasc. 774, caixa 154, fl. 8.
[163] Luigi Lasagna, *Epistolario*, vol. I, p. 38.
[164] Marco Bongioanni, *Don Bosco nel mondo*, vol. II, p. 248.

pois a carta que, aos 23-6-1906, lhe enviou o Pe. Antônio expressava um otimismo verdadeiro:

> Parece não padecer a menor dúvida de que, no insignificante espaço de quatro anos, uma grande região brasileira passou literalmente do estado de barbárie e obscurantismo para a fase do progresso real, seguro e indelével, cujos benéficos influxos desde já vão se fazendo sentir agradavelmente. [...] Hoje podem o negociante e o militar livremente cruzar aquele sertão sem o menor receio dos outrora temíveis e indomáveis bororos, que resistiram a bem 14 tentativas oficiais de catequese, no regimen passado e princípios do atual, sendo que ora eles se tornaram tão mansos e civilizados, a ponto de serem os camaradas preferidos para as viagens mais arriscadas em que maior confiança e dedicação são precisas.[165]

De acordo com a consciência possível na época, a metodologia missionária dos salesianos recebia uma aprovação quase geral, e em junho de 1906, a revista *Santa Cruz*, pertencente à congregação, publicou jubilosa uma fotografia do Pe. Malan, sentado ao lado de um menino indígena bororo, de nome Miguel Magone, devidamente "civilizado": ar sisudo, sapato aos pés, cabelos curtíssimos, usando terno, e com um lenço de seda britânico atado ao pescoço.[166]

Aos 24-8-1907, Pe. Antônio Colbacchini se tornou o novo diretor da missão de Tachos, e seria o responsável pela posterior destruição da casa central (o "baito"), uma das principais organizações dos bororos, que funcionava como local de reunião do conselho de homens e de realização dos principais ritos da tribo. Seu confrade, Pe. Antônio Malan, recém-nomeado bispo da prelazia do Registro do Araguaia, no dia 31-5-1914, interpretaria o fato como um sinal alvissareiro da vitória cristã:

> Com edificante disposição os neófitos destruíram espontaneamente o templo pagão que existia na Colônia "Sagrado Coração", alçando uma cruz majestosa no centro de uma nova

[165] Maria Augusta Castilho, *Os índios bororó e os salesianos na missão de Tachos*, p. 81.
[166] A. I., "A missão salesiana em Mato Grosso", em: *Santa Cruz*, n. 10, p. 470.

> povoação distante, toda cristã. Com o entusiasmo que reina, nutrimos confiança que passem à fé outras colônias indígenas. Entre vivas ao Santo Padre e às autoridades eclesiásticas e civis da grande nação brasileira, terminaram as festas, implorando todos a bênção pela nova prelazia.[167]

Obviamente que resquícios da mentalidade antiga sobreviveriam; mas o modelo de educação de internato, limitando o contato entre pais e filhos, foi essencial para o abandono da vida nômade e assimilação de novos valores, ainda que certos índios acabassem saindo da missão e indo viver em aldeias distantes, sem falar dos muitos conflitos de gerações que se verificavam. Alguns religiosos, como Pe. Giuseppe Pessina, que estudou a língua bororo e esforçou-se por codificá-la, tentaram salvar algo da cultura dos nativos, mas o que se viu foi uma inexorável desintegração de um inteiro modo de vida. A própria estrutura familiar, cujas relações eram fundamentadas no parentesco e nas formas de cooperação, acabou adotando um novo modelo, nuclear e isolado. Para a presidência da República, no entanto, o que importava eram os resultados, e por isso, em 1908, através do interventor de São Paulo, Ademar de Barros, condecorou o Pe. Antônio Colbacchini com uma das mais altas honrarias do país, a Cruz da Ordem do Cruzeiro do Sul.[168]

Vinte e quatro anos depois da instalação dos salesianos no Mato Grosso, o objetivo foi atingido, pois o original reduto se convertera numa grande colônia formada por centenas de famílias indígenas "civilizadas", habitando em casas de alvenaria, com escolas onde os próprios nativos eram os professores. Até um observatório meteorológico fora montado em 1906, tendo à frente um bororo diplomado, encarregado como secretário pelo Governo das observações. Coroando o sucesso obtido, a cerimônia de posse de D. Aquino Corrêa como governador mato-grossense em janeiro de 1918 contou com a presença de várias famílias bororos.[169]

[167] ASV, Carta do Núncio Giuseppe Aversa ao Cardeal Secretário de Estado (4-6-1914), em: *Nunciatura Apostólica no Brasil*, fasc. 737, caixa 147, doc. 17, fl. 53.

[168] Maria Augusta Castilho, *Os índios bororo e os salesianos na missão de Tachos*, p. 82, 96, 104-105.

[169] A. I., "Missões salesianas de Mato Grosso", em: *Santa Cruz*, n. 10, p. 260.

4.6.2.2. A colaboração recíproca no norte do país

Depois da expulsão da maioria dos religiosos no século XVIII, a Amazônia presenciara a dizimação de populações indígenas inteiras, ao tempo que as antigas aldeias dos missionários eram transformadas em povoações com nomes de cidades portuguesas. Longe de "normalizar" a problemática, na segunda metade do século XIX, a questão dos índios ainda era tão essencial que o próprio Governo do Império pedira ajuda aos missionários franciscanos europeus para aldear e "civilizar" os nativos da região. Teve de fazê-lo, pois tratava-se de uma medida preventiva contra o perigo de invasão ou anexação de parte do território nacional pelos países vizinhos.[170]

O Governo inclusive se prontificou a assumir todas as despesas, mas o Geral franciscano, sem recusar formalmente, em meio à crise em que a sua Ordem vivia na Itália, consentiu apenas numa fundação provisória, dependente da missão boliviana, cabendo ao frei Jesualdo Machetti a iniciativa de recrutar voluntários para a nova frente. Aos 5-9-1870 os primeiros cinco franciscanos foram recebidos em audiência por Dom Pedro II e seguiram para Manaus. Depois de algum tempo estudando o idioma português, eles, estando na capela São Sebastião, partiram para o trabalho de cura d'almas e fundaram a ordem terceira. No dia 27 de dezembro seguinte, frei Jesualdo e frei Teodoro Portaraso, com o superior frei Samuele Mancini, partiram de barco pelo rio Madeira, em cujas margens fundariam no ano seguinte sua primeira missão, dedicada a São Francisco. Em 1877, tendo substituído frei Samuele na função de superior regional, frei Jesualdo Macchetti concentrou os frades na região do Alto rio Negro, próximo à fronteira da Colômbia,[171] conseguindo ainda naquele ano que cinco novos missionários viessem colaborar nos trabalhos. Instalou-se assim, oficialmente, a Prefeitura Missionária, que durou de 1877 a 1894, e que padeceu provações sem conta, devido às distâncias imensas, enfermidades tropicais, o falecimento dos freis Zaccagni e Paolozzi e algumas transferências. Em 1884 a *Propaganda Fide*, considerando a impossibilidade de comunicação, determinou que as missões de Manaus passariam a depender do comissariado da Argentina; porém, o comissário de Buenos Aires foi contrário por não poder dedicar-se a esse novo trabalho, e sugeriu que elas ficassem diretamente sujeitas ao Prior Geral franciscano.[172]

[170] Venâncio Willeke, *Missões franciscanas no Brasil (1500-1975)*, p. 158.

[171] Gesualdo Macchetti, *Relazione della missione francescana di Manaus*, p. 4-5.

[172] Venâncio Willeke, *Missões franciscanas no Brasil*, p. 163-164.

Isso foi feito, mas havia outros problemas, de ordem interna, e que não seriam resolvidos. Os religiosos ali provinham de várias províncias da Itália, e nem sempre a convivência entre eles era serena. Além disso, eram numericamente insuficientes para o trabalho que se lhes propunha e, ao final, acabaram ficando reduzidos a apenas três. Fez-se então necessário que retornassem a Manaus, onde passaram a prestar serviço nas paróquias. Como não era esse o objetivo da sua presença no Brasil, todos pediram para retornar à Itália ou para serem enviados a outras frentes missionárias.[173] Entrementes, Manaus foi elevada a diocese, e o novo bispo, Dom José da Costa Aguiar, pediu ao Geral para conservar os religiosos nos seus postos, considerando que a nova jurisdição diocesana contava com apenas nove sacerdotes. Frei Aloísio indeferiu o pedido, alegando que os remanescentes, já reduzidos a dois, encontravam-se enfermos e que a ordem não possuía outros disponíveis. Por isso, aos 2-12-1894, frei Jesualdo Machetti e frei Pietro Pietrelli partiram para Salvador, encerrando com 24 anos de trabalho missionário.[174]

Outros religiosos os substituiriam, mas num contesto bem diverso, pois o ciclo da borracha estava alterando completamente a realidade amazônica. O toque para a mudança partiu dos Estados Unidos, depois que, em 1840, Charles Goodyear (1800 – 1860), um inventor de Connecticut, descobriu o processo de vulcanização e o revestimento das rodas de veículos. A industrialização do produto faria o "ouro verde" brasileiro produzir fortunas, e na virada do século Manaus já se transformara num suntuoso centro monopolizador, ainda que os custos sociais e humanos da riqueza produzida fossem terríveis. Até certo ponto isso acontecia em decorrência da seca de 1877-78, que ao ceifar mais de 119.000 vidas no Ceará, obrigou milhares de nordestinos a emigrarem para o norte, tornando-os presa fácil de patrões sem escrúpulos. Um alto percentual dessa massa retirante era composto de homens solteiros, que, encontrando-se numa região onde imperava a lei da força, abusavam das mulheres indígenas, enquanto que eles próprios, reduzidos a uma condição de semi-escravidão, perdiam quase todas as perspectivas de vida. Nem todos os emigrados eram deserdados da sorte, pois haviam alguns, como o Coronel Antônio Rodrigues Pereira

[173] ASPF, Carta de frei Luigi de Parma ao Cardeal Pio Simeoni, prefeito da Propaganda Fide (12-7-1890), em: SC *América Meridional*, cód. 15, fl. 1055.

[174] Venâncio Willeke, *o. c.*, p. 164-167.

Labre, fundador da cidade de Lábrea, em 1873, que se enriqueciam; mas eram apenas isso: exceções.[175]

Naquela sociedade em ebulição, a Igreja se tornou um indispensável elemento de equilíbrio social, e o Governo federal e dos estados amazônicos, cientes do fato, não perdiam a oportunidade de prestigiar a sua ação. Isso não quer dizer que se tratasse de uma implantação amena: afora a permanente escassez de recursos e dificuldades outras impostas pela inclemência do ambiente natural, dois problemas ideológicos tiveram igualmente de ser superados. O primeiro deles teve a ver com o clero nativo. Para alguns padres, confiar tantas funções a congregações religiosas estrangeiras era um atentado ao clero nacional, e tampouco suportavam que as novas frentes fossem denominadas prefeituras apostólicas, o que para eles reduzia o Brasil a uma terra de selvagens. Não foram levados em conta, pois a Igreja e o Governo tinham metas as quais não podiam renunciar. Um relatório preparado pela internunciatura, aos 18-11-1905, a respeito dos desmembramentos na diocese de Manaus foi taxativo: a divisão era imperiosa, e, para tanto, os regulares europeus eram indispensáveis.[176]

Mesmo assim, considerando que apenas algumas partes do Brasil eram terras de missão, e para evitar desnecessários atritos, a denominação de vicariato apostólico, então usada nas missões da *Propaganda Fide* na África e na Ásia, foi abandonada. Em seu lugar seriam constituídas *prelaturas nullius*, confiadas a distintas ordens e congregações religiosas.[177]

O segundo problema foram as oligarquias locais. O Governo, ainda que apoiasse os missionários, tampouco podia ignorar o apoio dos seus redutos eleitorais na região, e assim os diversos regulares se viram na contingência de adotar um delicado jogo de equilíbrio com os grupos dominantes. O próprio Dom Francisco de Paula e Silva (1866 – 1918), bispo do Maranhão, na condição de visitador extraordinário nomeado pela Santa Sé, aos 7-12-1910, recomendaria prudência aos religiosos que lá atuavam:

[175] Cf. Miguel Angel Peralta, "Misión de Labrea (Brasil)", em: *Recolllectio*, vol. XV, p. 183.

[176] AAEESS, "A respeito do desmembramento da diocese de Manaus", em: *Brasil*, fasc. 134, pos. 676, fl. 25.

[177] Pedro Martinello, *Os Servos de Maria na Missão do Acre e Purus (1920-1975)*, p. 75.

> A vastidão das paróquias não permite aos vigários a residência assídua na sede da freguesia. O sistema das desobrigas é o único viável. Desobrigas são as viagens periódicas e quase contínuas pelos rios da paróquia. É o sistema do padre transformado em caixeiro viajante – ou regatão religioso – como o chamam por troça. [...] Assim também vai o padre de barracão em barracão, casando, batizando e administrando os sacramentos. [...] É preciso que se saiba, nessas regiões longínquas há homens que são os chefes [políticos] despóticos, muitas vezes sem consciência e sem costumes, mas que gozam de apoio e do prestígio do governo do Estado, porque são os cabos de guerra com os quais o Governo precisa contar. Ora, os padres que chegam de novo querem tudo reformar, trazem as idéias feitas e pensam poder agir aqui do mesmo modo que em seus países. Resultado – Indispõem-se com esses chefes e começa-se a luta. Os jornais que servem o governo da maçonaria acham ocasião para uma campanha de difamação contra a religião sob a capa de patriotismo: "Padre estrangeiro"! "Frade estrangeiro"! "Perseguidor dos padres nacionais" etc.[178]

A estratégia da boa convivência seria, por este mister, seguida à risca, tanto com políticos quanto com comerciantes e seringalistas. No caso dos seringais, comumente a vida dos extrativistas funcionava assim: abria-se uma clareira na floresta, e ali o proprietário ou seu representante erguia um barracão, construção rústica, mas bastante grande e confortável onde ele se alojava com a família ou adjuntos. Em torno do barracão se edificavam as barracas dos subordinados, cujas condições de conforto e higiene eram obviamente bem inferiores. Em boa parte das vezes, o missionário das desobrigas escolhia o barracão como ponto central de suas atividades, como o atesta uma descrição a respeito elaborada por frei Giocondo de Soliera, OFM Cap., ao relatar a viagem que fez ao rio Solimões em 1913:

[178] ASV, Relatório de Dom Francisco (1911), em: *Nunciatura Apostólica no Brasil*, fasc. 737, caixa 147, doc. 3, fl. 166b, 174.

> Freqüentemente, o padre missionário, ao invés de ficar nas barracas, detém-se para exercitar seu ministério nos "barracões". [...] Ali as coisas melhoram bastante. Não só se está protegido das intempéries, mas, ao invés da "farinha", se pode comer arroz, a água não é tão nociva para a saúde, porque purificada pelo filtro: ou melhor, o patrão colocará na mesa também pato e alguma galinha. Não se é obrigado a partir súbito; pode-se parar ali por alguns dias; e assim, com sacrifício e boa vontade, encontrar tempo de catequizar as crianças das barracas vizinhas e fazer algum sermão.[179]

O exemplo é significativo sobretudo se se tem presente que as missões amazônicas se concentraram em mãos de apenas dez ordens e congregações masculinas, às quais se agregavam os ramos femininos. Eram elas: franciscanos, salesianos, beneditinos, padres do Espírito Santo, agostinianos recoletos, dominicanos, Servos de Maria, capuchinhos, barnabitas e padres do Preciosíssimo Sangue. Cada Família Religiosa teve de construir penosamente templos, hospitais, educandários e residências, adaptando tecnologias trazidas da Europa, em que o tijolo, a pedra e o cimento substituíam a taipa e a palha. Grande número dessas obras apenas reproduzia as linhas inspiradoras da estética dos seus locais de origem, mas também isso estava de acordo com o modelo "civilizador" das autoridades governamentais. Sintomático, pois, que muito da linguagem oficial ("civilização...") tenha sido incorporado nos pronunciamentos dos religiosos. Enormes prelazias, que muitas vezes ocupavam territórios maiores que determinados países europeus, lhes foram confiadas por Roma, com a benevolência tácita (e em certos casos explícita) do Governo, tendo como objetivo construir dioceses onde antes quase nada havia. Alguns exemplos:

a) *Prelazia de Santarém*: um decreto consistorial criou-a aos 21-9-1903, a pedido de Dom Francisco Maia, Bispo do Pará. Ocupava

[179] A. I., *Missione di Alto-Solimões affidata ai Minori Cappuccini umbri*, p. 52.

uma área imensa, que compreendia inclusive o atual Amapá. Em 26-3-1904, outro decreto consistorial confiou-a ao monsenhor Frederico Benício da Costa. Por sugestão do próprio, em 1906, a Santa Sé entregou dita prelazia à província franciscana que tinha casa na Bahia. Em 10 de janeiro do ano seguinte, foi nomeado o segundo prelado, Dom Amando Bahlmann o.f.m. (1862-1939), que chegou a Santarém a 3 de agosto e que a governaria por trinta anos. Com seus modos germânicos um tanto bruscos, Dom Amando se viu na contingência de enfrentar inúmeros problemas, mas a necessidade do Governo era grande demais para dar excessivo peso aos ímpetos que tinha. Um carta escrita em Óbidos pelo referido prelado ao Internúncio Spolverini, no dia 30-3-1918, dá a exata noção de como funcionavam as suas relações com as autoridades na prelazia:

> No princípio da semana cheguei em Santarém e fui muito bem recebido pelo povo católico. Os anticlericais estavam calados e desautorizados. [...] Esta noite cheguei aqui para solenizar a páscoa e voltarei logo para Santarém. Dou esta notícia agradável a V. Ex.ª, pedindo para escrever (se achar assim conveniente) uma carta de agradecimento do Ex.mo Sr. Governador do Pará, Dr. Lauro Sodré, pela maneira pronta e eficaz com que nos tem dado em Santarém as garantias necessárias e atendido aos meus justos pedidos. Estou certo de que também no futuro o Ex.mo Dr. Governador nos protegerá eficazmente.[180]

b) *Prelazia de Rio Branco* (atual Roraima): confinando com a Guiana Britânica e com a Venezuela, foi separada da diocese de Manaus aos 15-8-1907, ao ser erigida em prelazia ou abadia *nullius*, cujo prelado deveria ser sempre o Arquiabade ou Abade *nullius* do mosteiro de São Bento do Rio de Janeiro. Este, por continuar a residir na Capital Federal, era ali representado por um vigário geral que residia em Boa

[180] ASV, Carta de D. Amando Bahlmann ao Internúncio Spolverini (30-3-1918), em: *Nunciatura Apostólica no Brasil*, fasc. 837, caixa 165, doc. 33, fl. 26.

Vista.[181] O primeiro abade beneditino investido desse ministério, apesar de nunca ter ido lá, foi Dom Gerardo van Caloen, sucedido por Dom Pedro Eggerath, que por sua vez teria como sucessor Dom Laurentius Zeller. Esta seria, sem dúvida, uma das mais problemáticas fundações da Amazônia, pois um dos líderes maçons locais, de nome Bento Brasil, chegou a agredir fisicamente D. Adalberto Kaufonekl aos 20-11-1909, motivando os demais monges a abandonarem a cidade.[182] Depois de muitas escaramuças, chegou-se a uma solução paliativa, através da remoção do indesejável personagem para Manaus. A ruptura, entretanto, nem desta vez aconteceu, pois aos 15-11-1912, Dom Gerardo van Caloen nas instruções que deu por escrito sobre o modo de agir do novo vigário geral, D. Boaventura, que estava partindo do Rio para assumir a direção dos trabalhos, era de que, chegando a Manaus procurasse, com muita prudência, contatar Bento Brasil e fazer as pazes com ele. Como informava, nada era pior para o progresso diocesano do que uma luta. Claro que também salientava a necessidade de se recorrer a um bom advogado para evitar contestações futuras, garantindo antes de tudo a dignidade e a reputação da prelazia. O que importava, porém, era a harmonia, pois, como ele dizia, "trata-se aqui da liquidação definitiva das funções de procurador da Igreja de Boa Vista, que foram desenvolvidas pelo mencionado Bento Brasil".[183]

c) *Prefeitura Apostólica do Alto Solimões*: instituída aos 23-5-1910, foi entregue aos capuchinhos de Úmbria. Tratava-se de uma resposta ao pedido apresentado pelo provincial Giulio de Perúgia que manifestara ao Prior Geral franciscano, Pe. Bernardo de Andermatt, o desejo que tinha sua jurisdição de possuir uma missão própria. A resposta veio no dia 30-1-1909, quando o Cardeal Merry de Val sugeriu ao Geral a missão de Rio Negro, situada no estado brasileiro do Amazonas. A propos-

[181] ASPF, Comunicado de Dom Gerardo van Caloen (21-3-1909), em: *Rubrica – nova série – 1913*, vol. 151, fl. 282.

[182] ASV, "Perseguições contra os Beneditinos de Rio Branco", em: *Nunciatura Apostólica no Brasil*, fasc. 627, caixa 127, docs. 3 , 5, fl. 21- 24, 32 – 33.

[183] ASV, "Instruções dadas a D. Boaventura Barbier na ocasião da sua saída da Abadia Nullius do Rio de Janeiro para tomar posse do seu cargo em 18-11-1912", em: *Nunciatura Apostólica no Brasil*, fasc. 737, caixa 147, doc. 11, fl. 38.

ta foi aceita no dia 28 de fevereiro seguinte e confirmada pela Úmbria a 9 de março. Como acontecia com os demais regulares, daí por diante os problemas relativos à nova frente seriam tratados diretamente com a *Propaganda Fide*.

No dia 26 de julho os primeiros quatro religiosos desembarcaram em Manaus, sendo acolhidos pelos confrades lombardos. Eram eles: frei Agatangelo de Spoleto, frei Martino de Ceglie Messapico, frei Domenico de Gualdo Tadino e frei Ermenegildo de Foligno. Enquanto os recém-chegados aguardavam a nomeação do prefeito apostólico, tiveram a surpresa de constatar que o decreto emanado pela Sagrada Congregação Consistorial aos 23-5-1910 erigiu não uma, mas duas prefeituras apostólicas – Tefé (confiada aos espiritanos) e *Solimões Superioris* – tocando-lhes esta segunda. Ou seja, os frades não obtiveram a prometida prelazia de Rio Negro, que seria ereta por meio de um outro decreto, aos 18-10-1910, pela *Propaganda Fide*, a qual, somente em 1914 seria aceita pelos salesianos. Ainda não haviam terminado as surpresas, pois o primeiro prefeito apostólico indicado, frei Agatangelo de Spoleto, morreu de febre amarela aos 31-7-1910, tendo de ser substituído por frei Evangelista Galea de Cefalonia, que chegou a Manaus no dia 14 de janeiro do ano sucessivo. Fato consumado, os frades também se deram conta de que deveriam trabalhar próximo à fronteira do Peru e da Colômbia, numa região pouco acessível, cujo clima era propício à transmissão de enfermidades mortais. Como ajuda, novas forças chegariam da Itália, e assim os trabalhos não seriam interrompidos, apesar do incômodo que provocavam os maçons, também existentes por lá, e de uma certa indiferença religiosa por parte das autoridades.[184] Para facilitar a assistência aos fiéis, em 1913 os frades dividiram a prefeitura em três setores: no primeiro, tendo como sede a cidade de São Paulo de Olivença, ficou frei Domenico de Gualdo Tadino; no segundo, com sede em Remate de Males, ficaram os freis Alessandro de Piacenza e Antonino de Frascaro; e no terceiro, com sede em Tonantins, estabeleceu-se frei Giocondo de Soliera.[185]

[184] Ennio Tiacci et alii, "I cappuccini umbri in Amazzonia", em: *Voce Serafica di Assisi*, nn. 3 – 4, pp. 18 – 19, 39 – 42, 44, 47.

[185] ASPF, Relatório da prefeitura apostólica do Alto Solimões ao Cardeal prefeito de Propaganda Fide (3-7-1914), Rubrica – nova série – 1914, fl. 241.

Depois de certo tempo, a situação se estabilizou, e, em meados de 1921, uma comissão constituída pelas autoridades e pessoas de relevo de São Paulo de Olivença foram ter com o prefeito apostólico, pedindo-lhe para transferir a sede geral da prelazia de Remate dos Males para aquela cidade, que era bem maior e mais bem servida. O frade prefeito aproveitou da ocasião para pedir-lhes como condição prévia que fossem eliminadas certas festas profanas que descambavam na licenciosidade e na embriaguez. A comissão concordou, e, após ser construída uma nova (e grande) sede prelatícia naquela cidade, em 1925 a transferência foi levada a cabo. As obras "civilizatórias" dos frades eram tão bem vistas que o próprio presidente do Amazonas, Herculano Ferreira Pena, as elogiaria. Como seria relatado na literatura da ordem, "o prefeito se aproveitava disso para obter sempre alguma coisa a mais e melhor".[186]

d) *Prefeitura Apostólica de Tefé*: instituída aos 23-5-1910, foi confiada, como se viu, aos padres do Espírito Santo. O primeiro prefeito foi Monsenhor Miguel Alfredo Barrat, nomeado a 10 de agosto do mesmo ano, e a nova prefeitura coroou uma atividade iniciada treze anos antes, depois que os espiritanos abandonaram Belém e se estabeleceram na confinante diocese de Manaus. Dr. Fileto Pires Ferreira, governador do Estado do Amazonas de 1896 a 1898, apoiaria vivamente a vinda dos missionários que "civilizariam" os índios, e foi ele que, junto do prelado de Manaus, pediu aos religiosos para abrirem uma segunda casa em Tefé. Eles aceitaram, e no dia 10-6-1897, Pe. Xavier Libermann, juntamente com o Pe. Louis Berthon e com os irmãos Tito Kuster (veterano como os demais da comunidade de Belém) e Donaciano Hoffmann (novato), subiu pelo rio Solimões uns 700 Km até atingir seu objetivo. Ao chegarem, receberam acolhida calorosa das autoridades, ganhando um terreno para se estabelecerem.

O Governador Fileto inclusive pagaria todas as despesas que os religiosos fizeram em Rio Branco, mas os problemas não tardariam. A maçonaria não perderia a oportunidade de criar empecilhos ao trabalho que os missionários desenvolviam, e, ao tomar posse o sucessor do Dr. Fileto, o coronel José Cardoso Ramalho Júnior,[187] as verbas prometidas pelo go-

[186] Ennio Tiacci et alii, "I cappuccini umbri in Amazzonia", em: *Voce Serafica di Assisi*, n. 3-4, p. 51-52.

[187] Trata-se de uma estranha substituição esta acontecida no governo do estado do Amazonas. Tudo começou aos 4-4-1898 quando o governador Fileto Pires Ferreira, por graves motivos de saúde se licenciou para ir tratar em Belém, PA. Durante a viagem, sentiu-se tão mal que preferiu seguir caminho para a Europa. No dia 14 de junho chegou a Paris e logo começou a receber inquietantes telegramas de amigos informando-lhe que se armava uma conspiração para afastá-lo

verno deixaram de ser repassadas nos dois anos em que governou (1898 – 1900). A comunidade de Manaus acabaria sendo fechada, mas com a posse do novo governador, Silvério José Nery, eleito em março de 1900, as situação tornou-se de novo cordial. Depois que a prelazia foi oficialmente erigida, os padres do Espírito Santo teriam constantemente de conviver com problemas econômicos; mas encontrariam fontes de renda, que eram sobretudo o ministério dos missionários, algo das oficinas, das plantações (mandioca, vagem e milho) do irmão Boaventura, os cacaueiros, plantações de algodão e também um castanhal adquirido em terrenos comprados. Depois da guerra, e com a crise da borracha, os espiritanos também receberiam ajuda da *Propaganda Fide*, da Santa Infância, e do óbolo de São Pedro Apóstolo para o clero indígena.[188]

e) *Prefeitura do Alto Rio Negro*: situada no Estado do Amazonas, confinava com a Colômbia, com a Venezuela e com a Guiana inglesa, e, como se viu acima, foi separada em 1910 da diocese de Manaus através de um decreto da *Propaganda Fide*. Os salesianos a assumiriam aos 18-6-1914, estabelecendo como sede a cidade de São Gabriel. Antes deles, até 1888, já haviam trabalhado ali os carmelitas e os franciscanos, mas depois disso tudo caíra no mais completo abandono.[189] O primeiro prefeito *ad interim* foi o Pe. Giovanni Balzola, que lá pôs os pés em 1916, porque o titular, Monsenhor Lorenzo Giordano, tivera de ir a Turim participar do capítulo geral da congregação.[190] Quando Dom Giordano chegou, sua posse seria marcada por um grande espírito de comunhão de intentos com as autoridades civis constituídas, coisa que ele mesmo contaria:

do poder. Mesmo assim, ele preferiu ser operado pelo Dr. Guyon, o que acabou acontecendo no dia 4 de julho seguinte. A advertência dos amigos, porém, era justa, pois no dia 27 daquele mês o vice-governador fez ler uma carta-renúncia em seu nome. Fileto retornou ao Brasil, mas, apesar dos seus protestos, não seria reintegrado na função usurpada, coisa que ele denunciaria a viva voz: "Hoje não há quem ignore que a renúncia lida pela mesa do Congresso do Amazonas perante onze deputados e aceita pelo presidente de votação da assembléia foi falsificada pelo vice-governador em exercício, José Cardoso Ramalho Júnior" (Fileto Pires Ferreira, *A verdade sobre o caso do Amazonas*, p. 3, 6-11).

[188] Cf. Henrique Wennink, *Os espiritanos no Brasil*, p. 68-69, 83, 92, 94, 115-116.

[189] ASPF, Relatório inicial da prefeitura de Rio Negro, em: *Rubrica – nova série* – 1916, vol. 581, fl. 259, 261.

[190] ASPF, Carta do Núncio Apostólico do Brasil ao prefeito da Sagrada Congregação de Propaganda Fide, Cardeal Domenico Serafini (16-6-1916), em: *o. c.*, fl. 264.

> Chegados a Manaus, [...] ao Ex.mo Governador do estado apresentei a carta de recomendação recebida do Ministério da Agricultura, e ele me deu por sua vez a carta de recomendação para as Autoridades de Rio Negro. Também do ótimo Inspetor governativo dos índios do Amazonas tive as mais cordiais acolhidas e uma carta de apresentação para todos os Delegados governativos, aos quais recomendou para ajudar-me na minha missão. Terei eterno reconhecimento também do Sr. Comendador Joaquim Gonçalves de Araújo, riquíssimo católico praticante, sempre disposto a fazer o bem, que não só me deu cartas de recomendação para os seus principais clientes de Rio Negro, como nos pagou a viagem até S. Isabel. Também do Presidente do Tribunal tive cartas de recomendação para os seus dependentes. [...] De retorno a Belém [...] visitei o Sr. General Pinto. Apenas me viu, levantou-se e me abraçou como um irmão, na presença do major, de um capitão e de vários oficiais, [...] e repetiu a necessidade das boas relações entre o exército e o clero, especialmente em meio aos selvagens.[191]

Monsenhor Giordano morreria precocemente em 1919, mas seu trabalho seria prosseguido pelo sucessor, Pe. Pietro Massa. Como se tratava de uma atividade com grande incidência na fronteira, os salesianos teriam uma importância crucial no coibir a influência dos habitantes dos países vizinhos, que por meio das incursões que faziam, deturpavam a língua e alteravam os costumes dos brasileiros da região. Daí, como afirmaria o Pe. Fernando de Macedo, tinha esta missão um caráter eminentemente simpático aos poderes públicos do Estado, que a podiam considerar como um importante elemento e fator que neutralizava a desnacionalização das populações mais remotas do Brasil.[192] E, além de eliminar uma ameaça externa, internamente, como informava o *Bolletino Salesiano* em julho de 1921, os religiosos "facilitavam sumamente a obra de penetração moderna com as suas escolas agrícolas, com as produções lingüísticas etc. [...] O Governo federal brasileiro e aquele local reconhecem o validíssimo auxílio que os Salesianos dão ao Estado

[191] ASV, "Il viaggio di esplorazione alla P. A. Di Rio Negro" - Bollettino Salesiano n. 3 (1-3-1916), em: *Nunciatura Apostólica no Brasil*, fasc. 737, caixa 147, doc. 10, fl. 19-25.

[192] Soares de Azevedo, *Brado de alarme*, p. 259.

e buscam, por isso, favorecer continuamente a Pia Sociedade".[193] Isso será repetido mais tarde pelo próprio Dom Pietro Massa:

> É de fato – nem precisa dizê-lo – a obra fundamental do missionário. Levar a todos a doutrina de nosso Senhor, iluminando as almas ignorantes e formando os corações na prática da moral, criar, numa palavra, a vida cristã entre o povo, eis a tarefa máxima e a máxima ambição do missionário.
>
> E é tarefa genuinamente patriótica, porque ninguém ignora que a religião católica tem sido o melhor vínculo da unidade nacional e que as grandes metrópoles, de que se ufana o Brasil, tiveram seus inícios nas modestas ermidas levantadas pelos missionários no sertão.[194]

f) *Prelazia da Santíssima Conceição do Araguaia*: criada em 1911, ficou a cargo dos frades dominicanos, sendo primeiro prelado frei Domingos Carreot, substituído depois por Dom frei Sebastião Tomás. A ereção da prelazia foi o fruto do trabalho iniciado em 1897 por dois missionários da Ordem, frei Gil Villanova e frei Ângelo Dargainaratz, que às margens do rio Araguaia haviam fundado o pequeno povoado de Conceição e aberto um colégio para meninos índios. Desde o início o Governo deu uma pequena subvenção de quatro contos à obra, que eram repassados ao bispo do Pará. As razões da ajuda eram as habituais: "O que os catequizadores leigos não teriam conseguido senão depois de muitos anos, ou talvez nunca, os intrépidos missionários alcançaram desde o princípio".[195]

g) *Prelazia de Porto Velho*: localizada num território que então fazia parte dos estados do Amazonas e do Mato Grosso (e que em 1943 viria a se constituir no território de Guaporé, rebatizado como Rondônia em 1956), foi desmembrada das dioceses de Manaus e São Luiz de Cáceres no dia 1-5-1925 pelo Papa Pio XI, através da bula *Christianae Religionis*. Confiada à congregação

[193] A. I., "Religione e civiltà nel Rio Negro Del Brasile", em: *Bolletino Salesiano* (julho de 1921), n.º 7, Scuola Tipografica Salesiana, Torino 1921, p. 182.

[194] Pietro Massa, *Às margens do Amazonas*, p. 27.

[195] ASV, "Catequese do Araguaia pelos missionários Dominicanos", em: *Nunciatura Apostólica no Brasil*, fasc. 424, caixa 86, doc. 15, fl. 109-110.

salesiana, o primeiro prelado que a assumiu foi Dom Pietro Massa; e nela, os "Filhos de Dom Bosco", depois de enviarem missionários em repetidas visitas apostólicas, tratariam de fundar centros estáveis de trabalho em Porto Velho, Humaitá e Guajará-Mirim.[196] Os informativos salesianos não citam particulares relações entre os padres e altas autoridades e pessoas "de posses" nesta missão, mas tampouco denunciam divergências. Pe. Giovanni Nicoletti, no *Bolletino Salesiano*, três anos após o início do trabalho da congregação, sem se esquecer de citar a miséria quase geral do povo do lugar e a penúria em que os próprios religiosos viviam, aludiria, porém, à colaboração que os padres recebiam dos "zelosíssimos comitês das nossas ótimas cooperadoras".[197]

h) *Prelazia de Lábrea*: criada a 1-5-1925, desmembrada de Manaus, por meio da bula *Imprescrutabili Dei consilio* e confiada aos frades agostinianos recoletos.[198] Os dois primeiros religiosos a chegarem à nova jurisdição foram frei Ignácio Martinez e frei Marcelo Calvo. Ainda no início do trabalho eles apresentaram seus projetos ao governador do estado do Amazonas, Dr. Ifigênio Sales, que ficou tão entusiasmado que até ofereceu a frei Marcelo o cargo de prefeito de Lábrea, querendo desta forma unir o poder religioso e civil. Frei Marcelo declinou a oferta, mas sem deixar de pedir apoio moral e material ao planos de evangelização que tinha elaborado. Depois de instalados, os agostinianos recoletos priorizariam a sacramentalização e a animação das associações religiosas como o Apostolado da Oração, sempre mantendo boas relações com a classe política. Por causa disso, na década seguinte o prefeito da cidade seria eleito com a ajuda da Liga Eleitoral Católica.[199]

Não obstante o clima geral de colaboração recíproca, conflitos localizados vez por outra eclodiam. A razão era que, para muitos latifundiários ou seringalistas, o camponês era apenas uma mão-de-obra disponível, ao contrário dos religiosos, que mantinham vivo o ideal de "civilizar" catolicamente tanto os pobres quanto os índios. Alguns regulares chegaram a ser ofendidos de forma rude, e a questão acabou incomodando a própria *Propaganda Fide*, que em 1920 elaboraria um conjunto de instruções para que a nunciatura tutelasse sobretudo as missões do Alto Solimões, de Tefé e do Rio Negro. Fato

[196] Pietro Massa, *Missões salesianas no Amazonas*, p. 65-66.

[197] Giovanni Nicoletti, "Da Porto Velho", em: *Bollettino Salesiano* (outubro 1928), n. 10, p. 303-304.

[198] Artur César Ferreira Reis, *A conquista espiritual da Amazônia*, p. 84-86.

[199] Miguel Angel Peralta, "Misión de Labrea", em: *Recollectio*, vol. XV, p. 263, 269.

até então inédito, o documento acusou explicitamente o abuso dos patrões, e das pessoas "habituadas despoticamente a ter em moral e quase física escravidão o mísero caboclo, para explorá-lo à vontade".[200]

Esta seria uma das tantas questões eclesiais não resolvidas na República Velha; mas o Governo evitou polemizar, pois tivera a demonstração definitiva de que não podia dispensar a colaboração dos religiosos após o revés que sofreu na querela com a Guiana Inglesa. Teriam chegado tarde os beneditinos? Soares de Azevedo argumenta que sim, recordando que a Inglaterra astuciosamente se antecipara e, tomando o rio Kupununi como referência, enviara ministros protestantes à frente, os quais, depois de erigirem povoados sob a administração britânica, acabaram se assenhoreando de vasta região que assim se tornou possessão da rainha Vitória e depois de Eduardo VII. Por isso, quando a questão foi arbitrada por Vítor Emanuel III da Itália, ele se limitou a dar uma sentença salomônica (e muito criticada), dividindo a região entre os dois demandantes. A chegada dos beneditinos, em 1909, não só conteve a expansão dos missionários protestantes ingleses, como demonstrou ser um importante instrumento "civilizatório" dos índios Macuxis, Uapichanas e Jaricunas, permitindo que anos depois numerosas famílias indígenas falassem português e se declarassem católicas.[201]

Daí que o trabalho "civilizador" das diversas ordens e congregações se estendeu a outras regiões do país, num clima de "harmonia" com os poderes estabelecidos. Em 1908, no Rio Grande, o bispo sugeriu aos capuchinhos da paróquia de Lagoa Vermelha que evangelizassem os silvícolas da região, que, sendo poucos, acharam mais acertado enviar um catequista leigo, que seria acompanhado e visitado regularmente. Esta pessoa precisava, porém, ser remunerada, e o recurso foi apelar ao governo estadual. Sem problemas; pois, como então argumentava frei Bruno de Gillonnay, no Brasil a Igreja estava separada do Estado, mas ambos viviam em boa vizinhança, sabendo se ajudar e se amar. Ele tinha razão, pois a resposta dada pelo presidente do Estado, Dr. Carlos Barbosa, comprovava-o: "Desejo tanto quanto o senhor a concretização do êxito desta obra. Remeta-me por escrito o que acaba de me relatar. Estudarei o caso e faremos o que se pode fazer".[202]

[200] ASPF, "instruções da Sagrada Congregação de Propaganda Fide ao Núncio Apostólico no Brasil", em: *Rubrica - nova Série - 1920*, vol. 671, fl. 64-65.

[201] Soares de Azevedo, *Brado de alarme*, p. 272.

[202] Rovílio Costa e Luís A. Boni, *Os capuchinhos do Rio Grande do Sul*, p. 357.

4.6.2.3. O Território do Acre: os problemas religiosos da conquista a noroeste

A presença religiosa no Acre é a mais singular dentre todas as fundações missionárias amazônicas, por uma razão simples: o território em questão foi incorporado ao Brasil no século XX, sendo, portanto, quase que completamente desvinculado da precedente história religiosa do país. A saga teve início depois que o ciclo da borracha da seringueira (*Hevea brasiliensis*) empurrou numerosos aventureiros, sobretudo cearenses, rumo ao noroeste da Amazônia. Eles acabaram atravessando a fronteira boliviana e, no dia 14-7-1899, um grupo de extrativistas, liderado pelo espanhol de Cádiz, Luís Galvez Rodriguez de Arias, reuniu-se no seringal Volta da Empresa, acima de Puerto Alonso, e proclamou a independência do Acre. O Governo brasileiro não tinha o menor interesse de dar seu aval a semelhante aventura, e além de mandar prender Galvez e enviá-lo para Manaus, devolveu o território aos bolivianos, respeitando o que fora estabelecido no Tratado de Ayacucho firmado aos 27-3-1867. A Bolívia optou por arrendar a inteira região ao *Bolivian Syndicate*, uma companhia colonial de capitais norte-americano, inglês e alemão, mas os brasileiros reagiram e, por meio de um levante liderado pelo gaúcho José Plácido de Castro, assumiram pela força o controle da terra disputada aos 24-1-1903. A nova situação fez o Governo do Brasil mudar de tática: primeiro resolveu a pendência do *Bolivian Syndicate*, que, graças à habilidade do Barão do Rio Branco, desistiu do seu projeto após receber a polpuda compensação de 114.000 libras esterlinas; e depois disso partiu para os entendimentos diplomáticos com a Bolívia, que aceitou de negociar.[203]

Com este fim, foram nomeados como plenipotenciários brasileiros o próprio Barão do Rio Branco (então ministro das relações exteriores) e Joaquim Francisco de Assis Brasil; enquanto que da parte boliviana ficaram Fernando Eloy Guachalla e Cláudio Pinilla. Feitos os entendimentos, aos 17-11-1903 firmou-se o Tratado de Petrópolis, em que a Bolívia cedia o Acre ao Brasil, recebendo em troca uma indenização de $2.000.000, 00 de libras, além do compromisso do governo brasileiro de construir nos territórios fora dos limites acreanos, uma ferrovia que ligasse o porto de Santo

[203] Gabriel Manzano Filho et alii, *Cem anos de República*, vol. I, p. 45, 50, 59.

Antônio, no rio Madeira, a Guajará Mirim, no Mamoré, com um ramal que fosse até Villa Bella (Bolívia) na confluência do Beni e do Mamoré.[204]

Assim que a incorporação do novo território se consumou, a Igreja desejou nele estabelecer uma prelazia, com sede em Puerto Alonso (já rebatizada como Porto Acre), mas mudaria de idéia pouco depois, aos 22-12-1904, durante uma reunião da Congregação dos Negócios Eclesiásticos da Santa Sé, quando se decidiu seguir a divisão política efetuada pelo Governo federal, que reorganizara o Acre em três departamentos. Por este mister, seriam erigidas três prelazias correspondentes: a do Alto Acre (com sede em Empresa), a do Alto Purus (com sede em Sena Madureira), e enfim, a terça, no Alto Juruá (com sede em Cruzeiro do Sul), ficando cada uma delas sob cuidados duma congregação religiosa diferente.[205] O Núncio Giulio Tonti, otimista, afirmava aos 25-3-1905: "Tenho razões para crer que o Governo federal veria de bom grado a criação de uma prelazia no Acre, não obstante a separação da Igreja do Estado, ele não faltaria de vir em nossa ajuda".[206]

Os fatos posteriores, no entanto, evidenciariam uma situação bem mais complexa, inclusive porque não seria fácil encontrar religiosos disponíveis para tanto. Os primeiros a serem contatados pela Sagrada Congregações dos Negócios Eclesiásticos Extraordinários foram os capuchinhos da província da Holanda; mas o superior destes, estando em Tilburg, no dia 4-8-1905 enviou uma carta polida afirmando que sua província não poderia aceitar. Nesse meio tempo, os oblatos de Maria Imaculada também foram informados de que "o Santo Padre ficaria muito satisfeito se quisessem aceitar uma missão, [...] precisamente no departamento do Alto Purus". Também esta iniciativa não deu certo, dado que de Liége, aos 3 de outubro daquele mesmo ano, Pe. Augier respondeu que sua congregação não estava em condições de assumi-la. Uma terceira negativa chegaria da parte dos Redentoristas no dia 18 daquele mesmo mês, e foi a mais surpreendente. Os padres do Santíssimo Redentor haviam sido expulsos de Riobamba, Equador, e a Santa Sé acreditou que uma transferência para o Acre seria a solução ideal. A província de Paris, da qual dependia a vice-província

[204] ASV, Mapa do Acre contendo os limites do Brasil com a Bolívia conforme o tratado de Petrópolis, em: *Nunciatura Apostólica no Brasil*, fasc. 837, caixa 165, doc. 1, fl. 32.

[205] AAEESS, "A respeito do desmembramento da diocese de Manaus", em: *Brasil*, fasc. 134, pos. 676, fl. 22.

[206] Sacra Congregazione degli Affari Ecclesiastici Straordinari, *Circa lo smembramento della diocesi delle Amazzoni o Manaus delle Amazzoni e l'erezione di una Prelatura "Nullius"* (13-7-1905), sessione 1059, SNT, p. 37.

equatoriana, não pensava assim, e a Cúria Geral da congregação em Roma explicou que os exilados já haviam encontrado outra destinação e que "o gênero de ministério a ser exercitado na missão [do Acre] seria muito diferente daquele contido na regra que adotavam".[207]

Assim, a situação religiosa do Acre-Purus prosseguiu inalterada, e ali o clero só não estava de todo ausente porque o Pe. Francisco Leite Barbosa, sozinho, por quase trinta anos exerceu o apostolado possível entre os fiéis da região. O bispo de Manaus, Dom Frederico Benício de Souza Costa (1876-1948), afligia-se e, depois de nomear Pe. Francisco vigário forâneo em 1908, dois anos depois visitou pessoalmente o Acre, instituindo aos 5-3-1910 quatro novas paróquias: São Sebastião do Antimari e Rio Branco, tendo como pároco o italiano Pe. José Tito (1910-1920); Xapuri, para onde foi o Pe. Benedito de Araújo Lima (1910-1913), e depois o Pe. Joaquim Franklin Gondin (1914 – 1919); e Sena Madureira, para a qual foi nomeado pároco Pe. Antônio Fernandes da Silva Távora (1910-1916).[208]

Ainda em 1910, no dia 16 de abril, na capela de Nossa Senhora da Conceição da Vila Rio Branco, Dom Frederico presidiu uma reunião em que compareceram o Dr. Diocleciano Coelho de Souza, prefeito do departamento, o Dr. Sílvio Gentil de Lima, juiz de direito da comarca do Alto Acre, e diversas outras autoridades. A presença maciça não era casual, pois a classe dirigente tinha grande interesse que a nova prelazia fosse erigida e demonstrou-o por meio de um gesto explícito do prefeito, que na mesma ocasião entregou ao prelado a resolução n. 19 contendo a doação de um terreno em que seria construída a futura matriz.[209]

Infelizmente, em poucos meses o ânimo inicial se arrefeceu, sobretudo porque o comportamento pouco edificante do Pe. Bendito de Araújo Lima desestimulava os fiéis. O bispo prometeu substitui-lo pelo Pe. Irineu Rebouças,[210] o que afinal acabaria não acontecendo. Para cúmulo do infortúnio, o crack da borracha em 1915 inviabilizou o Acre economicamente, enquanto que, aos 13-9-1916, Pe. Antônio Fernandes Távora, sacerdote de notável zelo faleceu, e por este mister, o único clérigo remanescente ficou sendo o Pe. José Tito. A

[207] AAEESS, "Desmembramento da diocese do Amazonas", em: *Brasil*, fasc. 127, pos. 658, fl. 5-15.

[208] Pedro Martinello, *Os Servos de Maria na Missão do Acre e Purus (1910-1975)*, p. 71.

[209] AGOSM, "Ata da primeira sessão para se tratar da criação do Bispado do Acre" (16-4-1910), em: (colocação provisória), pasta 24, fl. 46-47.

[210] AGOSM, Ata da segunda sessão a propósito do Bispado do Acre (17-4-1910), em: *o. c.*, fl. 49-50.

perspectiva de solução, do ponto de vista eclesial, começaria a ser vislumbrada aos 16-4-1916, quando, após a renúncia de Dom Frederico, que se tornou camaldulense, a Santa Sé nomeou como seu sucessor Dom João Irineu Joffily (1878-1950). Ele tomou posse no dia 3 de dezembro seguinte e se revelaria um pastor hábil, renovando o espírito religioso da imensa diocese, pagando-lhe as dívidas e conseguindo melhorar a administração ao estimular a organização das recém-criadas prelazias de Lábrea, Rio Negro e Porto Velho.[211]

O Acre seria uma outra de suas metas. Estima-se que os acreanos fossem então cerca de 70.000, dispersos ao longo dos rios e seringais; a maioria dos quais canonicamente membros da paróquia de Lábrea. Para atendê-los, Dom Joffily, ao invés de propor a criação de três, preferia que fossem duas as novas prelazias, uma no Alto Juruá e Alto Tarauacá e outra no Alto Acre e Alto Purus. A primeira delas tencionou confiar a congregações aos redentoristas da província da Holanda,[212] mas como isso não aconteceu, a partir de 1912 os espiritanos de Tefé passaram a atendê-la, vindo a erigir uma paróquia em Cruzeiro do Sul no ano de 1915. Aos 22-5-1931 seria instituída enfim uma nova *prelazia nullius* no Alto Juruá, confiada aos mesmos Padres do Espírito Santo (franceses e alemães), sendo nomeado administrador apostólico Monsenhor Miguel Barrat. Na outra parte, isto é, no Alto Acre e Alto Purus, os primeiros religiosos chegariam apenas em 1920. A necessidade se fazia tão urgente que o intendente municipal de Sena Madureira – na época sede política territorial –, Ângelo Cesarino Valente Doce, aos 2-1-1919 escrevera do seu próprio punho uma carta ao prelado de Manaus, suplicando-lhe, como católico, de tomar logo uma providência, até porque o protestantismo estava se alastrando de modo assustador no território.[213]

Entrementes, Dom Joffily enviara à Nunciatura as propostas que tinha para o caso, e aos 7-12-1918 o Núncio Ângelo Giacinto Scapardini lhe respondeu, comunicando que os dois projetos que apresentara haviam sido acolhidos.[214] Desse momento em diante a situação se resolveu com rapi-

[211] Cf. Apolônio Nóbrega, "Dioceses e Bispos do Brasil", em: *Revista do Instituto Histórico e Geográfico Brasileiro*, vol. 222, p. 266-267.

[212] ASV, Cartas de Dom João Jofily ao Núncio Giacinto Scapardini (31-3/ 7-12 - 1918), em: *Nunciatura Apostólica no Brasil*, fasc. 837, caixa 165, docs. 6-7, fl. 41-46.

[213] ASV, Carta de Ângelo Cesarino Valente Doce ao Bispo de Manaus (2-1-1919), em: *Nunciatura Apostólica no Brasil*, fasc. 837, caixa 165 (b), doc. 11, fl. 63.

[214] ASV, Carta do bispo de Manaus ao Núncio Ângelo Scapardini (6-1-1919), em: *Nunciatura Apostólica no Brasil*, fasc. 837, caixa 165, doc. 10, fl. 53.

dez: de posse do informe do representante da Santa Sé no Brasil, no dia 3-10-1919 a Sacra Congregação Consistorial comunicou que dera parecer favorável e que o Papa havia aprovado a decisão. Além disso, acrescentava outro detalhe alvissareiro: "A missão e Prelazia foram oferecidas aos Servos de Maria que de bom grado as aceitaram, e agora estão fazendo as práticas oportunas".[215]

Satisfeito, Dom Joffily logo repassou a notícia aos fiéis dos departamentos do Alto Acre e do Alto Purus, e, quando os frades italianos chegaram a Manaus, ele encarregou o mesmo Pe. Tito citado acima de estar presente em Sena Madureira na cerimônia de posse.[216] Os recém-chegados, a exemplo do que acontecia em algumas outras partes do Brasil, não ficariam imunes a desentendimentos com os maçons, mas também eles se integraram na lógica missionária vigente. Juridicamente dependiam da província Picena (mais tarde denominada Romanhola), sendo Dom frei Próspero Gustavo Bernardi OSM (1870-1944) seu primeiro prelado. Ele chegou ao Acre junto com três frades no dia 8-4-1920, dando logo início ao trabalho evangelizador. Dois dos religiosos eram sacerdotes (Giacomo Mattioli e Michele Lorenzini), e um era irmão (Domenico Baggio, da Província Veneta).[217]

Em 1924, repetindo um fato comum noutras plagas amazônicas, a festa de São Pedro selaria publicamente em Sena Madureira a concórdia reinante. Basta recordar que o orador oficial foi o Dr. Antônio Pinto de Areal Souto, que já ocupara as maiores funções no departamento, e Dom Próspero, oportunamente ordenou a publicação oficial da condecoração de comendador da Ordem de São Gregório Magno, classe militar, conferida pelo Papa Pio XI, no dia 29 de fevereiro precedente, ao Almirante Antônio Alves Ferreira da Silva, chefe da comissão para a demarcação dos limites entre o Brasil e o Peru.[218]

4.6.3. A "institucionalização" da boa convivência

Sem meios para deter a convergência de interesses entre Igreja e Governo sobre a questão indígena, os membros do Apostolado Positivista pas-

[215] ASV, Comunicado da Sagrada Congregação Consistorial ao Núncio Scapardini (3-10-1919), em: *Nunciatura Apostólica no Brasil*, caixa 165, fasc. 837, doc. 16, fl. 73.

[216] José Alvarez Macua, *Efemérides da prelazia de Lábrea*, p. 31.

[217] Vincenzo Benassi et alii, *Breve história da Ordem dos Servos de Maria*, p. 263-264.

[218] AGOSM, "La festa del Papa nell'Acre", em: (colocação provisória), pasta 24, folha avulsa.

saram denunciá-la abertamente na imprensa: "As camadas ocidentais que se emanciparam do Catolicismo, como podem, honestamente, continuar a custear a empresa de converter ao 'teologismo' os selvagens?", questionavam. Carlos de Laet liquidou a ressalva com um desafio: "Eu bem quisera contemplar o bispo positivista do Rio, sozinho ou com dois ou três companheiros, a trabalhar na catequese nas florestas de Goiás e Mato Grosso. [...] Tal, porém, não sucederá senhores, pois os propagandistas do comtismo preferem ir para a capital da França, Paris, centro de todas as mundanidades e prazeres".[219]

Por estas e outras, a arenga do decadente Apostolado ficou relegada à indiferença quase geral, mas a maçonaria reabriria a discussão ao propor a substituição da catequese religiosa com um serviço de assistência e escolarização alternativo. Era a chamada catequese laica, que tencionava colocar os indígenas sob cuidado de trabalhadores nacionais, isto é, militares ou pessoas coadjuvadas por militares, que instruiriam os silvícolas numa moral areligiosa.[220] A oportunidade de levar tal propósito às vias de fato apareceu quando foi criado o ministério da agricultura, indústria e comércio pelo Presidente Nilo Peçanha aos 12-8-1909, ao qual seria confiada a questão dos índios, até então dependente do ministério do interior.

O primeiro a ocupar a pasta foi Antônio Cândido Rodrigues, e com ele não houve nenhum problema; mas ao ser substituído poucos meses depois pelo maçom Rodolfo Miranda, a situação se inverteu. Em consonância com o que recomendara o Congresso Nacional Maçônico que havia se reunido durante o mês de julho daquele ano no Rio de Janeiro, no dia 7 de fevereiro do ano seguinte, ele tratou de organizar a tal catequese laica no Maranhão. Antes que esta se consumasse, sua carreira no ministério terminou, pois teve de abandonar a função com o fim do mandato de Nilo Peçanha, ocorrido em novembro de 1910. A Igreja, entretanto, não tinha o que comemorar, pois o novo presidente, General Hermes da Fonseca, nomearia como seu substituto Pedro de Toledo, que não era outro senão o grão-mestre do Grande Oriente de São Paulo, que havia presidido o congresso maçônico citado acima e que tudo faria para dar andamento ao programa iniciado pelo antecessor. Nesse sentido, Rodolfo Miranda havia articulado com zelo dito projeto, tendo até convidado por carta aos 2-3-1910 o tenente-coro-

[219] Carlos de Laet, *O frade estrangeiro e outros escritos*, p. 25.
[220] Antonio Colbacchini, *I bororos orientali del Mato Grosso*, p. 138-139.

nel mato-grossense Cândido Mariano da Silva Rondon para dirigi-lo. Dito convite lhe dizia expressamente que o trabalho de "civilização" dos índios a ser desenvolvido deveria ser realizado "sem preocupação de proselitismo religioso".[221]

Na resposta que deu no dia 14 do mesmo mês, Rondon aceitara de colaborar, mas fazendo uma importante ressalva: defendia a catequese religiosa, não católica, evidentemente, mas do seu próprio credo positivista. Eram palavras textuais suas: "Como positivista, e membro da Igreja Positivista do Brasil, estou convencido de que os nossos indígenas deverão incorporar-se ao ocidente sem passar pelo teologismo; e assim será mais tarde, quando o Positivismo houver triunfado suficientemente".[222]

Fazendo vista grossa à pretensão manifestada pelo tenente-coronel, o Governo o confirmou no cargo. A loja *Charitas,* no dia 2 de abril sucessivo, afirmou que a medida realizava o ideal republicano de promover o aperfeiçoamento social, sem preconceitos religiosos; no dia 8 seguinte, a loja Independência de Campinas, SP, escreveu ao ministro saudando-o por ser o primeiro a romper com o abuso do estabelecimento da catequese religiosa oficial, isto porque, segundo ela, o Estado era laico, e laicos deveriam ser todos os seus atos, sendo inadmissível que os poderes públicos contratassem serviços com associações de caráter religioso. Antes que abril acabasse, no dia 21, a loja Sete de Setembro de São Paulo também participaria ao ministro igual satisfação por haver arrancado os índios à catequese religiosa, "que os tirava da ignorância para entregá-los à escravidão do fanatismo".[223]

Rodolfo de Miranda da sua parte, na euforia do acontecido, enviou uma *Circular* aos governadores dos estados pedindo sua colaboração para implantar dita catequese laica, mas foi então que constatou quão grande era a distância que separava a retórica dos fatos. Os governadores responderam sem sequer acenar ao assunto, e alguns inclusive tomaram a liberdade de comunicar-lhe que já haviam confiado a catequese indígena aos religiosos. Sabiam o que faziam, pois as poucas tentativas de "civilizar" os índios por meio de trabalhadores leigos haviam sido um desastre. No Mato Grosso,

[221] ASV, Ofício do Núncio Giuseppe Aversa ao bispo de Cuiabá, Dom Carlos Luis D'Amour (31-8-1913), em: *Nunciatura Apostólica no Brasil,* fasc. 744, caixa 148, doc. 1, fl. 2, 8.

[222] Raimundo Teixeira Mendes, *Em defesa dos selvagens brasileiros,* p. 5, 21.

[223] ASV, Ofício do Núncio Giuseppe Aversa ao bispo de Cuiabá, Dom Carlos Luis D'Amour (31-8-1913), em: *Nunciatura Apostólica no Brasil,* fasc. 744, caixa 148, doc. 1, fl. 7.

por exemplo, a colônia indígena São Lourenço, que apesar do nome, excluiu a participação dos religiosos, resultou num fracasso total. Por isso, para implantar a tão decantada "superior" cultura ocidental, personagens como o Dr. Barbosa Rodrigues não tinham dúvidas sobre qual fosse o instrumento melhor: "É a fatal civilização [indígena] que lhes mata a inteligência, traz o atrofiamento das famílias e as inutiliza. Civilizai-os com o Evangelho e tereis homens tão aptos como os da raça européia".[224]

O Governo foi forçado a retroceder, ainda que o nome de Cândido Rondon tenha sido confirmado aos 20-6-1910, ao ser publicado o decreto n. 8.072, criando oficialmente o Serviço de Proteção aos índios. O tenente-coronel, que não se arredara da cartilha de Comte, logo se indispôs com os missionários, acusando-os de obrigarem os índios a aceitar cerimônias que não queriam aceitar e que se lhes causava repugnância. O teor da denúncia era contundente: "Isto acontece ordinariamente, com a assistência da Missa e outros atos de culto que os índios não podem compreender e não querem estimar. Em casos tais a liberdade do índio é violentada", dizia. Rondon chegou a pedir a intervenção do Governo Federal nas missões do Mato Grosso, mas se viu sozinho na sua luta, pois em 1913 o presidente daquele estado, Joaquim Marques, teceu os maiores elogios aos Salesianos. Fato análogo aconteceu quando outras congregações foram envolvidas neste tipo de acusação, pois também em relação a elas vozes se levantaram para defendê-las. Típico foi o pronunciamento de Leão Bruvoul em 1914, que afirmou categórico que "a catequese única e compatível com a índole e as tradições do Brasil é a admirável e fecunda catequese religiosa que tão magníficos resultados há produzido em São Paulo, Mato Grosso, Goiás, Pará e Amazonas, a corte heróica de capuchinhos, dominicanos e salesianos". O próprio Rondon acabaria retrocedendo e afinal admitiu: "Sou testemunha da boa proteção que aos bororos vem ela (a congregação salesiana) prestando para evitar a luta à mão armada entre aqueles indígenas e os chamados civilizados".[225]

Houve, contudo, algumas experiências trágicas. Particular impacto causou o massacre de Alto Alegre, MA, ocorrido aos 13-3-1901. Naquela data, um grupo de índios Canelas destruíram a colônia São José da Provi-

[224] Rufiro Tavares, "O problema da catequese no Brasil - falência do laicismo nessa obra evangélica", em: *Santa Cruz*, fasc. VII, p. 205 - 209.

[225] Francisco José Lacerda de Almeida, *A Igreja e o Estado - suas relações no direito brasileiro*, p. 174-175.

dência, fundada em 1896, trucidando três capuchinhos, sete religiosas e numerosos catecúmenos.[226] O trabalho dos regulares, contudo, não retraiu, e ele era tão bem-visto que em 1913 o Congresso de São Paulo aprovou um auxílio pecuniário à obra catequética dos índios levada a cabo pelos franciscanos no Estado. Analogamente, Delfim Moreira, aos 15-6-1918, na sua mensagem ao Congresso de Minas, de que era presidente, diria: "Está demonstrado que a catequese leiga não dá resultado satisfatório. O governo procura obter dos Ex.mos senhores arcebispos [de Mariana] e [do] bispo de Araçuaí designação de frades que se encarreguem da catequese desses índios e da direção desse novo núcleo".[227]

A obra hercúlea levada a cabo pelos missionários e o empenho do clero em geral no demonstrar respeito pelas instituições e valores nacionais foram determinantes para consolidar a simpatia junto a expressivos setores da classe política e militar do país. E se a satisfação do Governo em relação à Igreja era grande, também ela via com bons olhos a nova realidade criada. Situações outras, contempladas num direito não escrito, já faziam parte do quotidiano. Foi o caso da capelania militar: mesmo sem ser oficialmente reconhecida, o trabalho espiritual dos padres nos quartéis se tornou corriqueiro e, nos anos de 1917 e 1928, o ministro da guerra autorizou Pe. Maximiano da Silva Leite a prestar serviços religiosos na fortaleza Santa Cruz do Rio de Janeiro.[228]

Daí o entusiasmo de Lacerda de Almeida ao avaliar a situação corrente, no ano de 1924: "A Igreja cresce e se impõe na sua majestosa grandeza ao utilitarismo mesquinho, ao agnosticismo cego de nossas leis; arrosta impávida uma organização jurídica quase hostil, como força poderosíssima que é e com a qual Governo e instituições políticas têm de contar". O autor foi ainda mais longe, lembrando que o próprio direito público da república ia se amoldando à opinião crescente em favor da influência da Igreja nos públicos negócios. Ele tinha deveras argumentos de peso para fundamentar sua opinião, sendo um dos fatos mais vistosos as festividades dos cinqüenta anos de ordenação do Cardeal Arcoverde realizadas em 1924. Na tarde do dia 4 de maio, o próprio Presidente da República, Artur Bernardes, acompanhado do seu Vice, Estácio Coimbra, e dos ministros de Estado foi, em visita oficial, ao Palácio São Joaquim para saudar o Cardeal, que ali se encontrava

[226] Cf. Bartolomeo de Monza, *Massacro di Alto Alegre*, p. 55, 60, 133-154.

[227] Soares de Azevedo, *Brado de alarme*, p. 273.

[228] Maximiano de Carvalho Silva, *Monsenhor Maximiano da Silva Leite*, p. XXII.

circundado por numeroso grupo de bispos. A visita foi retribuída às 19h do mesmo dia, pelos prelados que foram ao Palácio do Catete em cortejo, sendo ali recebidos com todas as honras no salão principal. O Governo fez mais: ofereceu um banquete de gala ao Cardeal no Palácio do Itamarati! Félix Pacheco, discursando, afirmou que o Governo nacional esperava sempre muito da coadjuvação "de tão preciosos elementos". Além disso, deixou claro que "influências transitórias de seitas, predomínio livresco de certos pensadores filosóficos e modismos doutrinários, nada disso pode alterar no Brasil a força e o prestígio da Religião de nossos pais, que é também a nossa, e será igualmente amanhã a dos nossos filhos. Ela (a Igreja) é digna, por isso mesmo, de todas as atenções e de todo o apreço do Estado".[229]

4.7. O reverso da medalha: a rebelião das massas não assimiladas à reforma eclesial

Muitos fiéis, nesse meio tempo, sentiam-se desgostosos, temerosos de que novidades, como a lei de registro civil, criassem nova carga de impostos. Os bispos, ao contrário, e o de Mariana, Dom Antônio Benevides, é um bom exemplo disso, não só possuíam opinião diversa como tudo faziam para dobrar a relutância dos seus respectivos rebanhos. Assim sendo, mandou Dom Benevides publicar uma circular aos 4-5-1889, intimando todos os católicos a obedecerem à norma. Também seu sucessor, Dom Silvério Gomes Pimenta, em 1920, estimularia o clero para destruir o que entendia ser preconceitos populares contra o recenseamento, emitindo nova circular argumentando ser o censo "uma obra, que por qualquer lado que se tome, só pode redundar, diz S. Ex.a, em bem da pátria e proveito de cada um em particular".[230]

Ainda que os esforços do clero para educar os leigos fosse aceitável, nem sempre os curas tiveram suficiente sensibilidade para compreender as diferenças abissais que existiam entre os católicos das cidades e o restante da população, que nas primeiras décadas republicanas ainda era majoritariamente agrária. Para complicar, eles geralmente viam com desconfiança o Catolicismo rústico de muitos camponeses, que com sua religiosidade espontânea e carismática podia dispensar a assistência dos ministros ordenados, colocando em primeiro plano o respeito pelos líderes locais. Daí a

[229] Francisco José de Lacerda Almeida, *A Igreja e o Estado, suas relações no direito brasileiro*, p. 16.
[230] Joaquim Silvério de Souza, *Vida de Dom Silvério Gomes Pimenta*, p. 82, 342.

tendência dos hierarcas de rejeitarem os movimentos infensos a qualquer dependência hierárquica, mesmo que profundamente católicos.[231]

A revolta de Canudos foi uma demonstração extrema dessa incompreensão. O fenômeno começou a ganhar visibilidade a partir de 1874, quando Antônio Vicente Mendes Maciel (vulgo "Antônio Conselheiro") chegou em Itabaiana, granjeando fama graças ao seu talento de pregador itinerante. Com longas barbas, coberto com uma extravagante túnica de brim azul e trazendo às costas um surrão de couro, contendo as *Horas Marianas* e a *Missão Abreviada*, por meio de um discurso arrebatado e místico, ele convidava os sertanejos à conversão. Apenas dois anos depois, em Itapicuru, o delegado local, Francisco Pereira da Assunção, preocupado com o que julgava ser excessos do pregador e dos seus sequazes, requisitou ao chefe da polícia da província, Dr. João Bernardes de Magalhães, que mandasse forças necessárias para contê-los. Em junho do mesmo ano, o Conselheiro foi preso e levado para Salvador, mas, por falta de provas consistentes contra sua pessoa, quase em seguida foi colocado em liberdade, retomando a vida de antes. Após um conflito em Masseté, ocorrido no ano de 1893, ele e seus seguidores se fixaram em Canudos, numa fazenda de gado, perto do rio Vaza-Barris, dando origem ao arraial do Belo Monte, que cresceria rapidamente por ser um refúgio dos deserdados nordestinos. O problema surgiu porque seus habitantes não aceitavam certas novidades republicanas, tais como o casamento civil, a liberdade de culto e a laicização do Estado.[232]

Era apenas questão de tempo para que explodisse o conflito aberto, mas a iniciativa não partiu de Canudos e sim de comerciantes inescrupulosos de Juazeiro, que não entregaram madeiras que os habitantes do arraial haviam comprado para a nova igreja que estavam construindo, e ainda alarmaram a região. Militares foram enviados para controlar os sertanejos pela força, mas terminaram derrotados, e somente na quarta e mais poderosa expedição, coordenada pelo próprio ministro da guerra do Presidente Prudente de Morais, Marechal Carlos Machado Bittencourt, a resistência dos sertanejos seria batida. Sob o comando do general Arthur Oscar de Andrade Guimarães, um contingente de quase 6.000 combatentes atacou o arraial em duas frentes: o general João da Silva Barbosa pelos lados da cidade de Monte Santo e o general Cláudio do Amaral Savaget pela parte de

[231] Cf. Boris Fausto et alii, *O Brasil republicano*, vol. II, p. 325.
[232] Gabriel Manzano Filho et alii, *100 anos de República*, vol. I, p. 27.

Sergipe e Geremoabo. Famintos, sedentos, esfarrapados, mas com grande número de armas e munições apreendidas das expedições anteriores, além de um notável conhecimento do terreno em que agiam, um número aproximado de 8.000 sertanejos ofereceu uma resistência desesperada às tropas federais. Conselheiro faleceu de morte natural no dia 22 de setembro, antes do desfecho derradeiro. As tropas do Governo, após reiterados ataques secundados pela artilharia pesada, conseguiram cercar o povoado, iniciando a investida conclusiva no dia 30 do mesmo mês. Aos 5-10-1897, o que restava do arraial foi dado às chamas pelos soldados, enquanto que os 800 sertanejos aprisionados durante a luta terminaram sumariamente degolados. Pouco, no entanto, havia para se comemorar com a vitória sangrenta, pois calcula-se que o número dos militares caídos em combate tenha atingido a casa dos 4.000. Euclides da Cunha, que lá estava, como correspondente do jornal *O Estado de São Paulo*, imortalizou em *Os Sertões* o trágico final:

> Canudos não se rendeu. Exemplo único em toda a história, resistiu até ao esgotamento completo. Expugnado palmo a palmo, na precisão integral do termo, caiu no dia 5, ao entardecer, quando caíram seus últimos defensores, que todos morreram. Eram quatro apenas: um velho, dois homens e uma criança, na frente dos quais rugiam raivosamente cinco mil soldados.[233]

As milhares de vítimas do triste episódio obrigaram o Brasil da *belle époque* a fazer as contas consigo próprio, por desnudar de forma brutal a outra face de um país de excluídos e não enquadrado na retórica oficial – eclesiástica inclusa. A atitude superior com que boa parte do clero olhava tanto para o pregador quanto para o Belo Monte, certamente, não ajudou na pacificação dos ânimos, dada a dureza da crítica que se lhes fazia. Dom Joaquim Arcoverde de Albuquerque Cavalcanti, por exemplo, não os poupava: "Isso não está nem pode estar de acordo com os ensinamentos da teologia católica. Sem sombra de dúvida [...] o ridículo é ali (em Canudos) a característica predominante. Portanto, nada lá existe de divino".[234]

[233] Euclides da Cunha, *Os sertões*, p. 458.

[234] Boris Fausto et alii, *O Brasil republicano*, vol. II, p. 123.

Desde o início foi assim. Ainda no dia 11-6-1887, Dom Luís Antônio dos Santos, Arcebispo de Salvador, qualificou a pregação do Conselheiro de doutrinas subversivas, e também escreveria ao presidente da província da Bahia, conselheiro João Capistrano Bandeira de Melo, solicitando que o pregador, a quem acusava de sofrer de monomania religiosa, fosse recolhido no hospício de alienados do Rio de Janeiro. Como o hospício Pedro II não dispunha de lugar disponível, o Arcebispo ordenaria a todos os párocos não consentirem na atuação dele nos ambientes das paróquias.[235]

Os hierarcas sabiam que Antônio Conselheiro não fundara uma seita, não fazia milagres, não contestava a moral e a doutrina católica, não era curandeiro, não se dizia enviado de Deus e muito menos usurpara funções sacerdotais, mas mesmo assim, o rejeitavam. Dom Luís, numa circular que editou aos 16-2-1882, diria o motivo: "Visto como, competindo na Igreja Católica, somente aos ministros da religião, a missão santa de doutrinar os povos, um secular, quem quer que ele seja, ainda quando muito instruído e virtuoso, não tem autoridade para exercê-la".[236]

Essa mesma mentalidade provocaria o fracasso da visita pastoral feita por dois frades capuchinhos ao arraial, no ano de 1895. A iniciativa partira do Governador da Bahia, Dr. Joaquim Manoel Rodrigues Lima, que entrou em acordo com o Arcebispo, procurando uma solução religiosa para o conflito que então se preanunciava. Desses colóquios ficou acertada a ida ao Belo Monte do frei João Evangelista do Monte Marciano numa missão para chamar o Conselheiro e seus asseclas aos deveres de católicos e cidadãos. Munido de faculdades e poderes especiais o frade partiu no dia 26 de abril, levando consigo fr. Caetano de S. Leo. Chegaram ao arraial no dia 13 de maio seguinte, e se alojaram na casa do vigário de Cumbe que há um ano não pisava lá, desde que, como sustentava, sofrera grande desacato. Refeitos um pouco da viagem, os dois frades se dirigiram à capela onde estava o Conselheiro, assistindo os trabalhos da construção. Frei João saudou-o, e se retirou com ele para o coro, onde lhe comunicou que o fim por que viera era todo de paz; mas, com absoluta falta de tato, logo acrescentou que, em nome do Arcebispo, na sua missão iria aconselhar o povo a dispersar-se e

[235] AAEESS, "Sobre o movimento anti-religioso dos bandos de fanáticos no estado da Bahia", em: *Brasil*, fasc. 75, pos. 476, fl. 45b.

[236] AAEESS, "Sobre o movimento anti-religioso dos bandos de fanáticos no estado da Bahia", em: *Brasil*, fasc. 75, pos. 476, fl. 47.

voltar para seus lares. Enquanto ele falava, a capela e o coro se encheram de gente, que o interromperam aos brados gritando que queriam acompanhar o Conselheiro. O pregador fez um sinal para que o povo se calasse, e explicou para o frade que as pessoas armadas que ele via estavam ali para defendê-lo, e justificou sua posição afirmando, que no tempo da Monarquia se deixara prender, porque reconhecia o Governo; mas que naquele momento não, porque não reconhecia a República. Frei João não se conteve:

> Senhor, se é católico, deve considerar que a Igreja condena revoltas, e, acatando todas as formas de Governo, ensina que os poderes constituídos regem os povos em nome de Deus. É assim em toda parte. A França, que é uma das principais nações da Europa, foi monarquia por muitos séculos; mas, há mais de vinte anos é República: e todo o povo, sem exceção dos monarquistas de lá, obedece às autoridades e leis do Governo. Nós mesmos, aqui no Brasil, a principiar dos bispos até ao último católico, reconhecemos o Governo atual. Somente vós não quereis vos sujeitar? É mau pensar esse, é uma doutrina errada a vossa.[237]

Os presentes se exaltaram, e de novo o Conselheiro lhes impôs silêncio. Em seguida, com admirável calma, respondeu que não desarmaria sua gente, mas que tampouco estorvaria a missão. O capuchinho acabou desistindo e saiu do recinto, enquanto os sertanejos davam estrondosos vivas à Santíssima Trindade, ao Bom Jesus, ao Divino Espírito Santo, e a Antônio Conselheiro. Apesar dos desentendimentos iniciais, os religiosos celebrariam nos dias sucessivos 55 casamentos de amancebados, 102 batismos e ouviram mais de 400 confissões. Não desistiram, porém, de pregar a defesa da autoridade, sendo acusados, por isso, de serem protestantes, maçons e republicanos. A oposição dos moradores à sua presença cresceu, se transformando num protesto geral e estrepitoso ao chegar o dia 20 de maio. Os capuchinhos acharam que as suas prerrogativas presbiterais estavam sendo ofendidas, e deram o trabalho por encerrado. Antônio Conselheiro ainda mandou uma comissão para pedir que continuassem, afirmando que os ino-

[237] João Evangelista do Monte Marciano, *Relatório apresentado pelo Reverendo frei João Evangelista do Monte Marciano ao Arcebispado da Bahia sobre Antônio Conselheiro e seu séqüito no arraial de Canudos*, p. 3-4.

centes não deviam sofrer pelos culpados, nem o povo de Canudos devia ser privado dos benefícios espirituais, que só no final da missão se lucravam. O frade disse que viu ali apenas manha e fraqueza, e partiu sem mais aquela. O pior foi que, no seu relatório, que seria repassado ao presidente do estado da Bahia, ele recomendou medidas repressivas contra o arraial:

> Pode-se dizer que aquilo é um estado no estado: ali não são aceitas as leis, não são reconhecidas as autoridades, não é admitido à circulação o próprio dinheiro da República. [...] O desagravo da religião e a dignidade do poder civil pedem uma providência que restabeleça no povoado de Canudos o prestígio da lei, as garantias do culto católico e os nossos foros de país civilizado.[238]

O parecer de frei João Evangelista teve um efeito colateral bem maior do que a história normalmente registra. A sua interpretação acabou se convertendo numa espécie de versão oficial, e, com base nela, o vigário geral da arquidiocese de Salvador escreveu ao encarregado de negócios da Santa Sé no Brasil, Monsenhor Guidi, descrevendo a realidade de Canudos como se fosse apenas um movimento sedicioso, impulsionado por fanáticos, dotados de uma religiosidade primitiva, que ele, ultrapassando a crítica comum, preferia qualificar de "desgraçada seita". Até na Cúria Romana esta versão seria difundida aos 7-5-1897, pois Monsenhor Guidi enviou um relatório completo ao Cardeal Rampolla, contendo cópia do parecer de frei João.[239] Em nível de política interna brasileira a influência do parecer do capuchinho seria maior ainda, pois, antes que 1897 terminasse, enquanto os combates no sertão se encaminhavam para a "solução final", o novo presidente da Bahia, Luiz Viana, dele se serviria para justificar as medidas extremas tomadas. Conforme argumentava, o relatório de frei João era um "documento para ser lido e meditado no momento de serem julgados os atuais acontecimentos".[240]

[238] João Evangelista do Monte Marciano, *Relatório apresentado pelo Reverendo frei João Evangelista do Monte Marciano ao Arcebispo da Bahia sobre Antônio Conselheiro e seu séqüito no arraial de Canudos*, p. 3-8.

[239] AAEESS, "Sobre o movimento anti-religioso de bandos de fanáticos no estado da Bahia", em: *Brasil*, fasc. 75, pos. 476, fl. 36, 41-42.

[240] Luiz Viana, *Mensagem do Governador da Bahia ao Sr. Presidente da República sobre os antecedentes e ocorrências das expedições contra Antônio Conselheiro e seus sequazes*, p. 4.

Com isso, a Igreja não apenas perdeu a oportunidade de criar uma alternativa não violenta, como demonstrou que sua preferência pelas forças da ordem da República laica já era assumida sem constrangimento. Tanto é verdade que os beneditinos durante a contenda, se de uma parte se viram forçados a ceder o mosteiro de Brotas para abrigar as tropas em trânsito,[241] de outra – e isso seria citado depois na literatura da Ordem como obra de benemerência –, em 1897 colocaram o mosteiro que tinham em Salvador à disposição dos poderes públicos, arcando com seus próprios recursos nos trabalhos de adaptação do ambiente monástico em enfermarias. Além disso, em visível contraste com a atitude assumida pelos capuchinhos no arraial, os enfermos recolhidos ali tiveram também toda a assistência espiritual.[242]

A mesma dificuldade de diálogo em relação aos fiéis humildes se repetiria no sul, na região existente entre Paraná e Santa Catarina, conhecida como o Contestado. Também ali, as alterações por que passara a Igreja apareciam como algo longínquo, pois para a população dispersa, "da mesma forma como não se conhecia o médico, não se conhecia o padre".[243] Com isso, o Catolicismo rústico continuou intocado, autônomo, com suas práticas mágico-religiosas ligadas ao tratamento de moléstias e festas dos padroeiros locais. Apareceram pouco depois "monges", que se colocavam a serviço desta mesma religiosidade, como um equivalente ao padre. Um monge como João Maria distribuía orações aos devotos, receitava o chás miraculosos de ervas, benzia roças para espantar gafanhotos, santificava as fontes ao lado das quais plantava uma cruz de cedro, e batizava crianças.[244]

O fenômeno tomava corpo num contexto social explosivo, pois o Contestado, área de 48.000 Km^2 disputada desde os tempos do Império por Paraná e Santa Catarina, era a "terra de ninguém", onde se refugiavam os excluídos sulistas. Nesse ínterim, chegado o ano de 1900, a *Brazil Railway Company*, pertencente ao grupo norte-americano dirigido por Percival Farquhar, recebeu do Governo uma faixa de 30 quilômetros de largura atravessando quatro estados, para construção da futura Estrada de Ferro São Paulo – Rio Grande. Em 1908, a Brazil Railway começou a se instalar na região expulsando impiedosamente os antigos proprietários de suas terras, terras estas que, mais tarde, sem nenhuma

[241] Michael Emílio Scherer, *Frei Domingos da Transfiguração Machado*, p. 92.
[242] Joaquim G. de Luna, *Os monges Beneditinos no Brasil*, p. 95.
[243] Osvaldo Rodrigues Cabral, *João Maria*, p. 96.
[244] Douglas Teixeira Monteiro, *Os errantes do novo século*, p. 83-84, 88.

hesitação, a ferrovia vendeu a colonos poloneses e alemães. O equilíbrio de per si frágil rompeu-se de vez quando os oito mil homens, vindos de outras partes do país para ajudarem na obra, foram demitidos após a construção atingir União da Vitória, sem que nenhuma providência fosse tomada para que voltassem a casa. Essa massa desorientada se juntou aos camponeses sem terra do Contestado, produzindo a reação típica dos miseráveis: armavam emboscadas nas estradas e se organizavam em grupos de bandoleiros. Freqüentemente roubava-se gado. Foi aí que entrou em cena a figura catalisadora do "monge" – João Maria de Jesus no início, e, após seu desaparecimento misterioso em 1911, o mameluco gaúcho Miguel Lucena de Boaventura, que adotou o nome de José Maria –, clamando pelo auxílio dos céus, a quem os desvalidos iam buscar, por meio das forças sobrenaturais e nas poções de curandeiras, a solução para os seus males.[245]

Enquanto os "monges" iam fazendo prosélitos, os frades franciscanos, estabelecidos em Lages desde 1892, logo estenderam sua ação a Curitibanos e progressivamente a todo o planalto. O trabalho que exerciam era intenso, mas, devido à dispersão demográfica dos fiéis, não conseguiam visitar as comunidades mais que duas vezes por ano. Ainda assim, era inevitável que se encontrassem com João Maria, e isso veio a ocorrer em 1897, quando ele se entrevistou com o frade alemão fr. Rogério Neuhauss (1863-1934). Apesar das tentativas de entendimento, o diálogo fracassou.[246]

A partir de 1911, já sob a direção do novo "monge" José Maria, a situação lentamente caminhou para o conflito armado. José Maria tombou no combate travado no dia 22 de outubro daquele ano, enquanto a luta inflamava a região. O clero passou a recomendar orações pelo fim das hostilidades, e pediram aos "perturbadores da ordem" que depusessem as armas. Os

[245] O primeiro "monge" foi o italiano piemontês Giovanni Maria di Agostini, conhecido apenas por João Maria. Nascido em 1801, sua vida na Itália é uma incógnita. Chegou ao Brasil não se sabe nem quando nem por onde, e morou no Rio de Janeiro e no Pará. Dizia-se "solitário eremita" e seguidor de Santo Antão. Recebeu a alcunha de "monge de Ipanema", indo depois residir em Sorocaba, SP, e mais tarde, na região sul. Acabou regressando para Sorocaba, e entre 1865 e 1870, desapareceu sem deixar vestígio. Mas, antes de sair de cena deixou um prosélito que adotou o nome de João Maria de Jesus. Este segundo "monge" teve como zona de influência a região compreendida entre o Rio do peixe e o Rio Uruguai, mas é muito pouco que o seu nome fosse o de batismo, haja visto que todos os "monges" do período recebiam a mesma denominação. O certo é que, um dia, como seu antecessor, desapareceu também, sem deixar rastro. Finalmente, durante o governo do Presidente Hermes da Fonseca, apareceu "José Maria", cujo nome verdadeiro era Miguel Lucena Boaventura, que recolheu o espólio dos anteriores, e inclusive dizia ser "irmão" do desaparecido João Maria (Osvaldo Rodrigues Cabral, *João Maria*, p. 107-180).

[246] Cf. Douglas Teixeira Monteiro, *Os errantes do novo século*, p. 86-90.

caboclos se sentiram ressentidos com essa atitude, e pouco antes de falecer José Maria fez um desabafo magoado: "As autoridades não fazem nada e não querem que ninguém faça. [...] Os padres mandam obedecer porque são estrangeiros, puxam a brasa para o seu assado".[247]

Havia um outro fato que contribuía para afastar o clero do movimento rebelde: a prática dos sacramentos. Ao contrário de Canudos, os habitantes do contestado haviam improvisado uma espécie de casamento entre os seus sequazes. A cerimônia era muito simples: o chefe do acampamento, com ar solene, abençoando os nubentes em nome de "São José Maria", fazia, com água e sal, uma cruz na mão direita do noivo e outra na esquerda da noiva, depois disso, ambos eram considerados unidos para sempre. Mesmo assim, o Pe. José Lechner ainda tentou uma saída negociada com os rebelados, mas seus esforços resultaram infrutíferos. Frei Cândido Spanngel tomou outra atitude: acusou-os de serem verdadeiros bandidos, efetivamente loucos, de loucura supersticiosa, para quem bons conselhos eram inúteis.[248] A idéia de que o movimento era apenas fruto do fanatismo e do atraso acabou sendo difundida pela própria imprensa católica, e, em 1915, numa carta publicada na revista *Vozes de Petrópolis*, o tenente Walfredo Reis ponderou:

> Isso de fanático é coisa muito complicada. Entra Governo e sai Governo, e a civilização não se faz sentir no coração do país. [...] Tristes de nós se não fosse a coadjuvação producente da Igreja Católica, estendendo aqui e ali os preceitos da moral, mantendo em cada localidade dessas um sacerdote, uma capela, capazes de dominar os surtos maus e desenfreados do sertanejo boçal e ignorante![249]

Frei Rogério, sabendo do iminente ataque maciço que estava para ser desfechado pela forças repressoras procurou os rebelados em Taquaraçu para alertá-los e pedir que se dispersassem, mas terminou expulso.[250] A partir daí o destino da "Guerra Santa" estava selado, pois o general Fernando Setembrino de Carvalho, a frente de sete mil combatentes mobiliza-

[247] Elizabeth de Fiori di Cropani et alii, *Nosso Século*, vol. II, p. 21.
[248] Douglas Teixeira Monteiro, *Os errantes do novo século*, p. 92.
[249] Júlio Tapajós, "A situação no sul – os fanáticos", em: *Vozes de Petrópolis*, vol. I, p. 8-11.
[250] Douglas Teixeira Monteiro, *o. c.*, p. 92-93.

dos das três armas, contando inclusive com o auxílio de aviões, fato inédito na história do Brasil, partiu para a investida final, tomando como base de operações a cidade de Rio Negro. Cercados, desprovidos de tudo, e sob fogo cerrado, os rebelados tiveram suas derradeiras resistências vencidas pelo Capitão Euclides de Castro, que incendiou o último acampamento.[251] Caindo Santa Maria aos 5-4-1915, as forças legalistas praticamente assumiram o controle da região, apesar de que confrontos localizados ainda tenha sido registrados até janeiro do ano seguinte. Mas era uma luta perdida. Adeodato, o último dos chefes rebeldes, foi preso, encerrando de vez o conflito. O trágico saldo de cinco anos de combate resultou espantoso: vinte mil homens mortos![252]

Do ponto de vista político a contenda se encerrou aos 20-10-1916, quando os presidentes Filipe Schimidt, de Santa Catarina, e Afonso Camargo, do Paraná, assinaram um acordo no Rio de Janeiro, em que a região terminou dividida: Santa Catarina recebeu 25.510 Km^2 e o Paraná 20.310. O município de Campos do Irani passou a se chamar-se *Concórdia*, mas, os caboclos remanescentes viram-se abandonados à sua própria sorte, ainda que a visão de um João Maria santo para muitos tenha permanecido. Em Curitibanos dedicaram-se-lhe o dia 24 de junho, também conhecido como a dia da "Festa dos Franças". Uma capela de madeira foi construída em sua honra, na qual se colocou uma imagem do Bom Jesus, de cujas mãos pendiam fitas postas em pagamento de promessas pelos devotos. O clero não estava disposto a tolerar manifestações dessa natureza, e tanto fez que a capelinha acabou caindo no mais completo abandono.[253]

[251] Lincoln Abreu Penna, *Uma história da República*, p. 114.
[252] Elizabeth de Fiori Cropani et alii, *Nosso Século*, vol. II, p. 22.
[253] Osvaldo Rodrigues Cabral, *João Maria*, p. 313-314.

V

A REORGANIZAÇÃO ECLESIAL: DA BELLE ÉPOQUE AO FINAL DO GOVERNO DO PRESIDENTE ARTUR BERNARDES

Livre, mas pobre, e contando com menos de 700 presbíteros em todo o país, a Igreja teve de levar a cabo uma transformação radical após o advento da República. O Internúncio Spolverini e seus sucessores conduziram a transição, tornando-se personagens centrais, facilitando contatos e intermediando a formação de novas dioceses com a nomeação dos respectivos bispos. Essa influência crescerá, ainda mais, a partir de 1901, quando a internunciatura se tornará de novo nunciatura, com núncios atuantes, e que fariam de tudo para estruturar juridicamente a Igreja no país, principalmente no tocante às novas províncias eclesiásticas.[1]

Ao raiar o século XX, a grande preocupação do clero e das associações leigas era consolidar, no contexto eclesial do país, as orientações vindas de Roma, principalmente no tocante à disciplina e à integridade da doutrina. Conforme diz Odilão Moura, os católicos brasileiros entraram em guerra doutrinária e de afirmação intensa das verdades que devem propagar, e segundo as quais, viver. Era a apologética. Ele sustenta que nem sempre a profundeza dos conceitos sobressaía; "mas, a coragem, a virtuosidade dos apologistas no manejo da palavra e dos instrumentos de discussão – a

[1] Pontifícia Comissio pro América Latina, *Os últimos cem anos da evangelização na América latina*, p. 797-798.

ironia e o idioma admiráveis de um Carlos de Laet e de um Eduardo Prado! – a perseverança serena no combate, compensavam, em parte, o que menos elogiável neles pudesse haver”.[2]

Um dos obstáculos urgentes que teve de ser superado foi o do reduzido número das jurisdições diocesanas: em 1889, o Brasil era constituído de uma única província eclesiástica, formada pela arquidiocese de Salvador e onze dioceses sufragâneas, número absolutamente irreal para as necessidades religiosas do país. Durante todo o período imperial – 67 anos! – além da elevação das prelazias de Goiás, GO, e Cuiabá, MT, a dioceses, em 1827, foram apenas três as novas jurisdicições diocesanas criadas: Porto Alegre (1848), Fortaleza (1854) e Diamantina (1854).[3]

Uma mudança era inevitável, e por isso, no mês de agosto de 1890, durante a reunião dos prelados em São Paulo, foram vistas com particular atenção as instruções dadas pelo Cardeal Secretário de Estado datadas de 14 de junho precedente, advertindo que aumentar o número de jurisdições episcopais era urgente, tanto para o atendimento das necessidades espirituais dos fiéis, como para disciplinar o clero, que, como estava, não podia “ser vigiado como deveria ser”.[4] Dom Antônio de Macedo Costa, que presidia a conferência, expôs o problema aos colegas, e assim, uma comissão de três bispos – Dom José Pereira da Silva Barros, bispo de Olinda; Dom Jerônimo Tomé da Silva, bispo eleito do Pará; e Dom Joaquim Arcoverde, bispo nomeado de Goiás – foi formada para estudar a questão. No dia 16-8-1890 dita comissão deu parecer favorável à iniciativa, deixando à Santa Sé a precedência de indicar a opção melhor, sobretudo considerando as difíceis circunstâncias em que se encontravam os bispos do Brasil. De posse do dito parecer, Dom Antônio redigiu uma *Memória* para apresentar na Cúria Romana, e dois meses mais tarde partiu. Ele desejava que cada um dos vinte estados brasileiros tivesse seu bispo e assim, como Minas Gerais já possuía dois, no total eles seriam elevados a vinte e um; mas, caso isso não fosse possível, ao menos se erigisse quatro novas dioceses, constituindo-se também uma nova arquidiocese na parte sul do país. Tomando em consideração a referida *Memória*, o Cardeal Secretário de Estado telegrafou ao Internúncio Spolverini para que

[2] Odilão Moura, *As idéias católicas no Brasil*, p. 27-29.

[3] Manuel Barbosa, *A Igreja no Brasil*, p. 25-26.

[4] ASV, "Memória acerca do aumento das sedes episcopais no Brasil", em: *Nunciatura Apostólica no Brasil*, fasc. 344, caixa 71, doc. 24, fl. 50, 56b.

este consultasse os prelados interessados em tal divisão, isto é, os titulares de Olinda, São Paulo e Rio de Janeiro (o do Pará ainda há pouco tinha sido o próprio Dom Antônio, e era publicamente favorável). Feita a consulta, o Internúncio respondeu: "Obtido o consenso, aprovo o projeto".[5]

O Papa Leão XIII optou pela segunda das propostas apresentadas por Dom Antônio, e por meio da Bula *Ad universas orbis ecclesias*, de 27-4-1892, dividiu o território brasileiro em duas partes, constituindo as províncias eclesiásticas do Norte e do Sul com sedes metropolitanas em Salvador e no Rio de Janeiro, contando cada uma delas com duas novas dioceses criadas naquele mesmo ano. A primeira tinha como sufragâneos os antigos bispados de Belém, Maranhão, Fortaleza, Olinda e Goiás, e os novos do Amazonas (desmembrado do Pará) e Paraíba (que abrangia também o estado do Rio Grande do Norte, ambos separados da diocese de Olinda). À segunda confiou, como sufragâneos, os bispados do Rio Grande do Sul, São Paulo, Mariana, Diamantina e Cuiabá, juntamente com as novas sedes de Niterói (compreendendo os estados do Rio de Janeiro e Espírito Santo) e Curitiba (abarcando os estados do Paraná e Santa Catarina. O primeiro desmembrado da diocese de São Paulo, o segundo da diocese do Rio de Janeiro).[6]

Desse momento em diante, o número de dioceses passou a crescer continuamente. Em 1895 foi desmembrada a diocese do Espírito Santo de Niterói, e nos anos seguintes várias outras seriam erigidas: Maceió-PB (1900), Pouso Alegre-MG (1901), Teresina-PI (1905), Campanha-MG (1907), Florianópolis-SC (1908), Botucatu-SP (1908), São Carlos do Pinhal-SP (1908), Ribeirão Preto-SP (1908), Taubaté-SP (1908), Campinas-SP (1908), Natal-RN (1909), Aracaju-SE (1910), Pesqueira-PE, Montes Claros-MG (1910), Corumbá-MT (1910), São Luís de Cáceres-MT (1910), Pelotas-RS (1910), e Uruguaiana-RS (1910). Novos arcebispados também foram erigidos: Mariana, aos 1-5-1906; São Paulo, aos 7-6-1908; Cuiabá, aos 10-3-1910; e Porto Alegre, aos 15-8-1910. A criação de novas jurisdições não arrefeceu nos anos 10, e, em 1922, o quadro diocesano do Brasil mostrava-se completamente transformado: eram treze arquidioceses, trinta e nove dioceses, sete prelazias, e três prefeituras apostólicas.[7]

[5] ASV, "Ereção de novas dioceses", em: *Nunciatura Apostólica no Brasil*, fasc. 377, caixa 77, doc. 2, fl. 48-50.

[6] Leão XIII, "Ad universas orbis ecclesias", em: *Acta*, vol. XII, p. 88-101.

[7] Antônio Alves Ferreira Santos, *A arquidiocese de São Sebastião do Rio de Janeiro*, p. 18-19; Manuel Barbosa, *A Igreja no Brasil*, p. 37-49.

O que não se deve esquecer é de que a multiplicação das dioceses foi levada a cabo em meio a apreensões prementes, e na maioria das jurisdições recém-criadas a situação econômica era de verdadeira penúria. Os bispos mais afortunados se aboletavam, como podiam, nos conventos das agonizantes ordens religiosas tradicionais. Foi o caso de Dom Adauto Aurélio de Miranda Henriques que teve a sorte de receber em doação dos franciscanos o convento que possuíam em João Pessoa;[8] outros, num primeiro momento, às vezes nem com isso podiam contar. Dom João Batista Corrêa Néri, após ser ordenado bispo de Vitória, ES, inicialmente teve de ser hospedado, por favor, em casa do Major Eugênio Neto, por não haver ainda residência episcopal, e somente depois pôde-se intalar no arruinado convento do Carmo, mobiliado às pressas com os móveis indispensáveis.[9]

Essa situação já fora prevista na reunião episcopal de 1890, mas os prelados asseguraram estar confiantes de que o povo brasileiro forneceria os meios necessários para a manutenção do culto e dos seus ministros.[10] Seguindo à risca tal intuição, Dom Lino lançou em São Paulo, no dia 29-7-1891, um panfleto explicando com toda a sinceridade que a cúria episcopal precisava formar um patrimônio "destinado a socorrer, mediante as rendas, devidamente garantidas, do capital obtido, as necessidades mais urgentes do serviço da Igreja, e sobretudo, do culto divino na sede do bispado e, quando possível, em paróquia do interior".[11]

Deu certo: Ele e outros bispos que adotaram medidas análogas, receberiam estimulantes donativos de inúmeros "benfeitores" – europeus inclusos – que eram escrupulosamente administrados. Isso consentiu à hierarquia eclesiástica não apenas adquirir paulatinamente bens, como também manter instituições formativas e pias, formando inclusive a desejada base patrimonial para sustentá-las. Em poucos anos boa parte dos bispos já podia alojar a sua dignidade episcopal em palácios vistosos, a exemplo de Dom Eduardo Duarte da Silva que inaugurou aos 31-1-1903 uma confortável residência, cujo custo de construção em Uberaba, MG, andou pela

[8] ASV, Comunicação de frei Antônio de São Camilo de Lellis, em: *Nunciatura Apostólica no Brasil*, fasc. 379, caixa 78, doc. 26, fl. 61.

[9] João Batista Correia Nery, *Carta Pastoral despedindo-se da diocese do Espírito Santo, seguida de algumas notícias sobre a mesma diocese*, p. 6.

[10] ASV, "Ereção de novas dioceses", em: *Nunciatura Apostólica no Brasil*, fasc. 377, caixa 77, doc. 2, fl. 51.

[11] ASV, Comunicado de Dom Lino Deodato Rodrigues de Carvalho aos fiéis (29-7-1891), em: *Nunciatura Apostólica no Brasil*, fasc. 353, caixa 72, doc. 17, fl. 42.

casa dos setenta contos de réis.[12] O mesmo aconteceu com os prelados aboletados em velhos conventos. Dom Adauto de Miranda, citado acima, não tardaria em mudar de endereço, sendo cumprimentado em 1908 pelo Núncio Alessandro Bavona pelo grandioso palácio que ele edificara.[13]

A melhoria das condições de vida do clero foram tão rápidas, que em 1915 a Nunciatura Apostólica apresentaria uma classificação material bastante otimista das dioceses do Brasil:

– Rio de Janeiro, São Paulo, Salvador, Mariana, Olinda, Porto Alegre, Belém do Pará, Ribeirão Preto, São Carlos do Pinhal, Curitiba, Botucatu, Campinas, Fortaleza, Barra do Rio Grande, Cajazeiras, Alagoas e Manaus encontravam-se em boa situação financeira, ou ao menos viviam relativamente bem. Rio de Janeiro, particularmente, estaria com condições ótimas.

– Vitória, Niterói, Uberaba, Diamantina, Araçuaí, Florianópolis, Natal, Teresina, Pelotas, Caetité e Taubaté conseguiam manter o bispo e as estruturas diocesanas.

– Cuiabá, Goiás, Montes Claros, Pouso Alegre, Campanha, Aracaju, São Luiz do Maranhão e Ilhéus dispunham de escassos recursos.

– São Luiz de Cáceres, Santa Maria, Uruguaiana e Floresta encontravam-se em grande pobreza.[14]

E, a tendência geral, quer seja das dioceses, quer seja dos religiosos, era de melhorar, pois o apoio recebido dos benfeitores, muitas vezes membros das oligarquias dominantes, não arrefeceu. De outra feita, graças ao reconhecimento das instituições religiosas como entes morais em 1893, as diversas obras de beneficência e utilidade pública que desenvolviam puderam receber subsídios do Estado.[15] O importante, como afirma Américo Jacobina Lacombe, é que "nada disso valia a liberdade de escolhas dos bispos, a cessação da interferência nas paróquias e nos cabidos, as determinações dentro da liturgia. Era, acima de tudo, a possibilidade de se reconstituir o clero regular, reduzido quase à extinção".[16]

[12] ASV, Carta de Dom Eduardo ao Núncio Giulio Tonti (3-1-1903), em: *Nunciatura Apostólica no Brasil*, fasc. 488, caixa 99, doc. 28, fl. 6.

[13] ASV, Carta do Núncio Alessandro Bavona a Dom Adauto Aurélio de Miranda Henriques (15-6-1908), em: *Nunciatura Apostólica no Brasil*, fasc. 635, caixa 128, doc. 63, fl. 60.

[14] ASV, "Importante relatório sobre as condições religiosas e civis da República", em: *Nunciatura Apostólica no Brasil*, fasc. 694, caixa 138, doc. 1, fl. 138.

[15] Luigi Lasagna, *Epistolário*, vol. III, p.17.

[16] Américo Jacobina Lacombe et alii, *Brasil, 1900-1910*, p. 50.

5.1. O novo clero do Brasil republicano

Ainda por mérito das reuniões do episcopado acontecidas em São Paulo, as questões de ordem interna tiveram grande relevância. Uma missiva reservada, assinada no dia 20-8-1890 por todos os prelados presentes, tendo como destinatário o Cardeal Rampolla, indicava o interesse que tinham os bispos na adoção de estratégias comuns:

> Começamos no dia 11 do corrente mês [de agosto] as nossas conferências, achando-se presente todo o episcopado, exceto os Srs. Bispos de Diamantina e de Mariana; retirados, o primeiro pela fraqueza da velhice, o segundo por grave enfermidade, e o Sr. Bispo de Cuiabá em viagem ad limina Apostolorum. [...] A idéia do esquematismo diocesano, a de um *proprium* para todo o Brasil, a adoção do ritual de Pio V em todas as paróquias com exclusão de qualquer outro, foram unanimemente aprovadas. [...] O hábito talar, já em honra na maior parte das dioceses, foi considerado como sendo obrigatório em todas. [...] Passaram mais estas medidas de reforma: tabela de emolumentos, afixada em todas as sacristias, [...] regras litúrgicas, [...] opor-nos quanto pudermos à infração da lei de residência dos párocos, [e] disciplina mais severa na admissão de padres italianos. [...] Deliberamos tomar como alvo a que todos devíamos tender o tipo de seminário qual o compreenderam os Padres Tridentinos, isto é, que o seminário seja verdadeiramente seminário, onde desde a puerícia sejam os alunos imbuídos na piedade e na ciência. [...] O problema da reforma das ordens religiosas não foi esquecido, mas, vendo nós as múltiplas dificuldades que oferece sua solução na presente conjuntura, nada julgamos dever resolver.[17]

Os resultados foram visíveis: o clero das primeiras décadas do século XX, além de verdadeiramente disciplinado, era zeloso de suas precedên-

[17] ASV, Carta do episcopado ao Cardeal Rampolla (20-8-1890), em: *Nunciatura Apostólica no Brasil*, fasc. 344, caixa 71, doc. 13, fl. 32-37.

cias, mantendo sob controle as decisões pastorais e administrativas. Por este mister, era a partir do parecer emanado pelo bispo ou pelo pároco que se projetava, se celebrava, e se fazia. Desde os documentos episcopais coletivos até as instruções para os párocos de aldeia, contínua era a insistência sobre o valor, a legitimidade, e a necessidade de se observar o princípio da autoridade. Bom exemplo se encontra no artigo 1º da *Carta Pastoral* de Dom Eduardo Duarte, bispo de Goiás, para regular a religiosidade popular na sua diocese: "Em suas paróquias os Rev. Srs. Vigários são os absoluta e exclusivamente competentes para fazer as festas ou funções religiosas, designar dia, hora e modo de celebrá-las. Onde os não houver, recorram à autoridade diocesana".[18]

A respeitabilidade moral enfim conquistada era o grande trunfo que revestia a ação dos ministros ordenados, coisa que até mesmo certos escritores mundanos reconheciam. O irônico Luís Edmundo, ao comparar os padres do seu tempo (a *belle époque*) com os dos períodos precedentes – e a que ele desprezava –, concluiu categórico: "Os de hoje são bem diferentes..."[19] Tão diferentes, que os religiosos europeus que chegavam começaram a elogiá-los. Um deles, Pe. Giorgini SI, aos 9-1-1893, anotaria que os missionários que iam a Minas podiam encontrar por lá ótimos padres. Acrescentava que tais clérigos eram muitos, citando inclusive os nomes do vigário de Varginha, Pe. Aureliano Deodato Brasileiro ("homem piíssimo, de vasta ilustração e sem mancha no passado") e seus dois irmãos, Pe. Américo Cristiano Brasileiro, vigário de Perdões, e José Teodoro Brasileiro, vigário de Oliveira.[20] Com o passar dos anos, o nível da conduta dos padres se elevou ainda mais, justificando o otimismo manifestado pelo Núncio Giuseppe Aversa em 1915: "Em relação à moralidade, se está agora bem melhor que quinze anos atrás".[21]

O pontificado do Papa Pio X (1903-1914) também contribuiu para reforçar tal transformação. O seu lema *Instaurare omnia in Christo* era

[18] Eduardo Duarte Silva, *Sobre o culto interno e externo e regulamento para as festividades e funções religiosas*, p. 55-57.

[19] CF. Luiz Edmundo, *O Rio de Janeiro do meu tempo*, vol. II, p. 291; Idem, *Recordações do Rio Antigo*, p. 73.

[20] ASV, Carta do Pe. Georgini ao Internúncio Girolamo Gotti (9-1-1893), em: *Nunciatura Apostólica no Brasil*, fasc. 381, caixa 78, doc. 11, fl. 20.

[21] ASV, "Relatório sobre as condições civis e religiosas da República", em: *Nunciatura Apostólica no* Brasil, fasc. 694, caixa 138, fl. 135b.

repetido pelo clero nos mais distantes rincões do Brasil, e o grandioso projeto de regeneração da sociedade civil, tendo como base a regeneração da família, priorizaria três iniciativas principais: a busca de uma penetração maior junto ao povo, especialmente com os elementos das classes subalternas (proliferação das missões populares); a reestruturação das jurisdições eclesiásticas; e o reavivamento espiritual, entre os leigos, mas, particularmente, entre clérigos.[22]

Com esse objetivo, cada aspecto da vida clerical era definido com clareza, como bem o demonstra o *motu proprio* de Pio X, *Inter Multiplices*, datado de 22-2-1905, que estabeleceu minuciosamente quais eram "os insignes privilégios e as prerrogativas dos prelados que não são investidos do caráter episcopal". A acolhida foi imediata, pois pode-se dizer que já não havia dissidência na hierarquia eclesiástica do Brasil. Nesse sentido, o governador do bispado de Belém do Pará, Monsenhor Hermegildo Cardoso Perdigão, fez uma afirmação bem característica: "Empregarei a necessária energia para que o *motu proprio* seja fiel e prontamente executado nesta diocese".[23] Os demais bispos seguiram o mesmo exemplo: Dom Cláudio, de Porto Alegre, afirmou tranqüilamente que, graças a Deus, o clero da sua diocese estava em perfeito acordo com as determinações do Papa; e o Arcebispo Arcoverde, do Rio de Janeiro, antecipou que iria fazer com que o referido *motu proprio* fosse imediatamente traduzido para dar-lhe fiel execução.[24]

No afã de afirmar as decisões papais, publicações apologéticas se sucediam, ainda que, como se verá adiante, algumas incongruências tenham sido verificadas, a exemplo da questão do "modernismo", mas na época, praticamente não se ouviam vozes dissonantes. Uma das raríssimas ressalvas que se conhecem partiu não de um clérigo, mas de um leigo, o embaixador brasileiro junto à Santa Sé, Carlos Magalhães de Azeredo. O diplomata, que conheceu de perto Pio X, deixou anotado que "a luta contra o modernismo amargurou-lhe a velhice, e a torva e funesta política européia estendeu sobre sua alma, como nuvem negra, diurna e noturna, a preocupação da catástrofe que ele previa iminente".[25]

[22] Bóris Fausto et alii, *O Brasil Republicano*, vol. II, p. 44.

[23] ASV, Carta de Monsenhor Hermegildo Cardoso Perdigão ao Núncio Giulio Tonti (16-5-1905), em: *Nunciatura Apostólica no Brasil*, fasc. 520, caixa 105, doc. 2, fl. 83.

[24] ASV, Cartas dos prelados do Rio de Janeiro (29-3-1905) e de Porto Alegre (29-3-1905) ao Núncio Giulio Tonti, em: *Nunciatura Apostólica no Brasil*, fasc. 520, caixa 105, doc. 2, fl. 94, 98.

[25] Carlos Magalhães de Azeredo, *O Vaticano e o Brasil*, p. 36.

Como semelhante restrição não fazia parte do vocabulário eclesial da *belle époque*, as atenções da Igreja naquele momento se voltavam para um outro tipo de problema: a crônica escassez de padres. O episcopado nacional acabou se convencendo que a dependência de clérigos estrangeiros, inclusive no campo da formação presbiteral, tinha de ser contornada, e na abertura da conferência realizada em Aparecida, no ano de 1904, Dom Arcoverde bateu nesta tecla.[26] Malgrado, porém, a sinceridade desta e de outras advertências do gênero, os padres provenientes da Europa tiveram de continuar a suprir a carência persistente. E nem sempre esta opção era tranqüila. O problema vinha de longe, e Dom Antônio de Macedo Costa, aos 2-8-1890, ao apresentar uma *Memória para servir às discussões e resoluções nas conferências dos Srs. Bispos*, afirmara que os padres estrangeiros, sobretudo italianos, eram um flagelo, porque muitos deles emigravam "para ganhar dinheiro ou levar vida escandalosa, muitas vezes para um e outro fim".[27] A isso se juntava o embaraçoso fervor nacionalista de certos missionários, cujo preconceito de superioridade pode ser medido nas palavras do Pe. Pietro Colbachini SDB, proferidas em 1889: "A nossa colônia italiana paranaense, que se compõe de cerca 4 mil famílias, se mostra tão fiel à prática da religião, que resplende como um sol nas trevas destes países que se dizem católicos, mas que de católico não conservam mais que a luz dos últimos crepúsculos".[28]

Apesar disso, não era possível dispensar os padres da Europa, pois, naquele mesmo ano de 1915, as seis dioceses do estado de São Paulo – que então se tornara a mais importante e rica unidade da federação brasileira – contavam com apenas 388 sacerdotes seculares. Destes, 141 eram brasileiros, e os demais eram constituídos por 93 italianos, e 154 outros, subdivididos em várias nacionalidades européias, com destaque para os portugueses.[29] Compreensivelmente, a questão vocacional, ao lado de diversos outros assuntos, seria repetidamente abordada nas Pas-

[26] Pontifícia Commissio pro América Latina, *Os últimos cem anos da evangelização na América latina*, p. 799.

[27] ASV, "Alguns pontos de reforma na Igreja do Brasil", em: *Nunciatura Apostólica no Brasil*, fasc. 346, caixa 71, doc. 36, fl. 113.

[28] AAEESS, Carta do secretario de Propaganda Fide a Mons. Domenico Ferrata, secretario da Sacra Congregação dos Negócios Eclesiásticos Extraordinários (16-7-1889), em: *Brasil*, fasc. 23, pos. 294, fl. 13.

[29] ASV, Carta do Núncio Giuseppe Aversa ao Cardeal Secretário de Estado da Santa Sé (22-5-1915), em: *Nunciatura Apostólica no* Brasil, fasc. 786, caixa 156, doc. 10, fl. 130b.

torais Coletivas, ao tempo em que dois recursos já estavam sendo tentados: o investimento nos grandes seminários e o início de entendimentos para a construção de uma casa brasileira em Roma, com a finalidade especial de preparar formadores.[30]

5.1.1. As pastorais coletivas

No dia 1º de maio de 1900, a *Instructio circa conventus episcoporum Americae latinae*, emitida pela Santa Sé, determinou que as conferências dos bispos deveriam ser organizadas nas provinciais eclesiásticas de três em três anos, e também mais freqüentemente, se fosse o caso. A medida veio justo no momento em que se tornara urgente organizar uma estratégia comum de ação no Brasil; mas, considerando a velocidade com que novas arquidioceses eram criadas, tais conferências acabariam sendo regionais, e não apenas arquidiocesanas.[31]

Ainda em 1901 os bispos do Norte se reuniriam na Bahia, e outra vez em 1908, no Recife. Em 1911 se encontrariam em Fortaleza, o que veio a se repetir novamente em Salvador, BA, no ano de 1915.[32] O grupo do sul também se reunira em São Paulo, no ano de 1901, e um dos seus frutos foi a elaboração de um catecismo em português que se tornou obrigatório no ensino da religião nas igrejas e fora delas. Aquele seria o primeiro passo para a Pastoral Coletiva de 1902, que teve como redator Dom Silvério Gomes Pimenta.[33] Outras importantes reuniões seriam ainda realizadas pelos bispos meridionais: Aparecida, em 1904; Mariana, em 1907; de novo em São Paulo, em 1910; e por fim em Nova Friburgo, no ano de 1915.[34]

A linguagem desses documentos era precisa e de teor jurídico, e, via de regra, quase todos observavam um esquema semelhante: uma breve introdução, a profissão de fé, uma exortação, os perigos que se apresentavam à Igreja no momento, e os meios de conservação da fé. No caso da *Pastoral Coletiva* das Províncias Eclesiásticas do Rio de Janeiro e Mariana, elaborada entre 2 e 12-8-1907, no seminário arquiepiscopal de Mariana, MG,

[30] Cf. Pontifícia Commissio pro América Latina, *Os últimos cem anos da evangelização na América latina*, p. 799.

[31] ASV, "Conferências episcopais", em: *Nunciatura Apostólica no Brasil*, fasc. 694, caixa 138, fl. 141b.

[32] Américo Jacobina Lacombe et alii, *Brasil 1900-1910*, p. 58.

[33] Alípio Ordier Oliveira, *Traços biográficos de Dom Silvério Gomes Pimenta*, p. 77-78.

[34] Américo Jacobina Lacombe et alii, *o. c.*, p. 58.

tratava-se de combater a infiltração protestante e espírita; por isso, procurou estabelecer um conjunto de normas para afrontá-los.[35]

A mais importante das pastorais coletivas foi aquela de 1915, ainda que a sua preparação tenha sido marcada por diversos incidentes. Para começar, o esquema preparatório, redigido por Dom Sebastião Leme, então bispo auxiliar do Rio, foi rejeitado pelo Cardeal Arcoverde, que preferiu um segundo, reelaborado pelo Pe. Alves Ferreira dos Santos, o qual, na opinião do Núncio Giuseppe Anversa, era uma salada russa. Além disso, o Cardeal tampouco consentiu que Dom Leme participasse da conferência, o que, para o Núncio foi uma verdadeira pena. Segundo ele, nenhum dos participantes tinha a visão clara e perfeita, e a ciência teológica e canônica tão vasta e tão sólida quanto o bispo auxiliar da diocese carioca.[36]

O documento final, apesar de tudo, satisfez ao seu objetivo. Abrangente, subdividia-se em seis capítulos: profissão de fé, pregação, doutrina cristã, auxiliares do pároco no ensinamento da doutrina cristã, perigos contra a fé, principais erros modernos, conservação da fé, e escolas católicas. A apologética permeava todos os assuntos, e a figura do clérigo ganhou particular destaque. No tocante às associações leigas, as antigas irmandades foram reduzidas a pias confrarias, e decidiu-se que as mais importantes delas, as irmandades do Rosário, necessariamente seriam erigidas canonicamente pelo geral dos dominicanos. O mesmo cuidado se estendeu às novas agremiações chegadas da Europa, como as Filhas de Maria Imaculada, que só poderiam ser estabelecidas com autorização episcopal e daí por diante.[37]

Dois anos depois da promulgação desse documento, surgiu o novo Código de Direito Canônico, e ele sofreu alterações para adequar-se à nova legislação. Aos 13 de maio de 1918, o Cardeal Arcebispo do Rio de Janeiro dirigiu aos seus diocesanos uma *Carta Pastoral*, publicando as modificações feitas para a sua jurisdição. Com isso, o documento recebeu sua forma

[35] Cf. Joaquim Arcoverde de Albuquerque Cavalcanti et alii, *Pastoral Coletiva dos Srs. Arcebispos e Bispos das Províncias eclesiásticas de São Sebastião do Rio de Janeiro e Mariana comunicando ao clero e aos fiéis o resultado das conferências dos mesmos no Seminário Arquiepiscopal de Mariana de 2 a 12 de agosto de 1907*, p. 32-33.

[36] ASV, Carta do Núncio Giuseppe Aversa ao Cardeal Secretário de Estado (11-10-1915), em: *Nunciatura Apostólica no Brasil*, fasc. 701, caixa 140, doc. 6, fl.17.

[37] Joaquim Arcoverde de Albuquerque Cavalcanti et alii, *Pastoral Coletiva dos Srs. Arcebispos e Bispos das províncias eclesiásticas de São Sebastião do Rio de Janeiro, Mariana, São Paulo, Cuiabá e Porto Alegre*, p. 10-11, 39-40, 365- 380.

definitiva, e tornou-se o que mais conseqüências traria ao longo de toda a primeira metade do século XX. Tanto é assim que, bem mais tarde, em 1941, os decretos do Primeiro Concílio Plenário, já promulgados, tornar-se-iam os princípios básicos da legislação eclesiástica do Brasil.[38]

Num balanço geral, pode-se dizer que as conferências episcopais resultaram utilíssimas para que os bispos se encontrassem, discutissem, trocassem idéias e se entendessem sobre tantas coisas. No que diz respeito, entretanto, aos párocos e ao povo, o resultado ficou bem abaixo do esperado. Bons motivos havia: o documento de 1910, por exemplo, era um imenso volume de setecentas páginas, discorrendo sobre temas variados como teologia moral, direito canônico, e liturgia. A conclusão prática é que poucos se interessavam por obra tão prolixa.[39]

5.1.2. A expansão dos seminários

A manutenção das casas formativas existentes, sem as contribuições do Tesouro, de logo se tornou aflitiva,[40] e muitos bispos tiveram que em-

[38] MANUEL BARBOSA, *A Igreja no Brasil*, p. 158.

[39] ASV, "Conferências episcopais", em: *Nunciatura Apostólica no Brasil*, fasc. 694, caixa 138, fl. 141b-142.

[40] O Governo republicano do Brasil conservou no orçamento das despesas públicas as côngruas estabelecidas pelo antigo regime em favor dos bispos, bem como as de alguns outros clérigos que ele escolheu livremente. Esta medida foi regulamentada através de um Aviso do Ministro do Interior ao seu colega da Fazenda em 1892, o qual, retomando a doutrina constante dos Avisos de 8-5-1890, 16-4-1891, e 31-3 e 12-6-1892, definiu que tais vencimentos eram considerados "*um valor individual concedido, não ao funcionário eclesiástico, mas ao cidadão que deixou de servir ao Estado em virtude do regimen estabelecido pelo decreto 119A de 7-1-1890 e pela Constituição Federal, art. 72 § 7º, e que nestas condições os beneficiados devem ser equiparados a todos os efeitos aposentados ou pensionistas da União*". Houve casos excepcionais, como aquele relativo à pessoa de Dom José Pereira da Silva Barros, que terminou agraciado com uma pensão extra, depois que foi preterido no Arcebispado do Rio de Janeiro, em favor de Dom João Esberard. Isso aconteceu por iniciativa do deputado Thomaz Delfino que apresentou um projeto, logo convertido em lei, beneficiando o prelado quando este se retirou em Taubaté, SP. Dom José agradeceu ao deputado numa carta aberta, aproveitando oportunidade para tecer pesadas críticas ao seu sucessor: "*Sim, fui abandonado da parte do poder eclesiástico (pesa-me dizê-lo, mas é a verdade), sem outro recurso de vida, além da insuficiente pensão paga pelo governo civil aos serventuários do culto católico, não obstante o preceito que manda dar côngrua ao Bispo privado da Diocese; [...] e não obstante ter a Diocese que deixei meios suficientes para repartir algumas migalhas com o seu bem intencionado servidor*" (ASV, "Aviso do Ministério do Interior ao seu colega da Fazenda", em: *Nunciatura Apostólica no Brasil*, fasc. 381, caixa 78, doc. 3, fl. 92; JOSÉ PEREIRA DA SILVA BARROS, *Carta ao Ex.mo Sr. Deputado Federal Dr. Thomaz Delfino*, p. 8, 10).

preender campanhas de arrecadação de esmolas junto aos fiéis para a manutenção de formandos pobres.[41] Em 1890, em todo o Brasil havia nove seminários maiores e onze menores;[42] mas graças aos esforços empreendidos, a criação ou ampliação de casas de formação diocesanas cresceu em ritmo acelerado. Mais uma vez a atuação da Santa Sé foi determinante, pois, além de estimular a instituição de novos seminários, encorajava também jesuítas e lazaristas a provê-los de pessoal. Acabada a *belle époque*, os grandes seminários já estavam chegando a 27, e só não eram mais numerosos devido aos rigores na seleção das vocações.[43]

Poucos deles, a bem da verdade, possuíam patrimônio próprio, e dentre os que o tinham, destacavam-se os do Rio de Janeiro, São Paulo, Salvador, Olinda e Mariana. No sul, geralmente os seminários se mantinham com a Obra das Vocações instituída em muitas dioceses, e também, de doações.[44] Em relação à formação, o seminário de São Paulo, tanto o maior quanto o menor, era considerado um dos melhores. A exemplo dos demais, funcionava num imenso casarão de pesada arquitetura, situado ao lado da Estação da Luz, no início da Avenida Tiradentes, mas contava com uma novidade: desde 1878, a direção passara das mãos dos capuchinhos para o próprio clero diocesano. O primeiro padre secular feito reitor foi o cônego João Alves Guimarães, que exerceu essa função até 1899.[45]

O que não mudou foi a disciplina interna rigorosa, que, entre outras coisas, determinou que durante o período das férias os seminaristas permanecessem apenas quinze dias na casa dos pais, ficando o período restante numa fazenda de propriedade da diocese, localizada na Serra da Cantareira. Em 1908, já sob o governo de um novo prelado, Dom Duarte Leopoldo e Silva (1867-1938), transferido de Curitiba para a capital paulista no ano anterior, Pio X instituiu a província eclesiástica de São Paulo, e o seminário ganhou um novo *status*: "seminário provincial".[46] O corpo docente do seminário maior era composto de professores laureados na Pontifícia

[41] Joaquim Silvério de Souza, *Vida de Dom Silvério Gomes Pimenta*, p. 98-99, 106.

[42] Thomas Charles Bruneau, *O Catolicismo brasileiro em época de transição*, p. 69.

[43] Thomas Charles Bruneau, *o. c.*, p. 68-69.

[44] ASV, "Seminários", em: *Nunciatura Apostólica no Brasil*, fasc. 694, caixa 138, fl. 138-139.

[45] Modesto Rezende de Taubaté e Fidélis Motta de Primerio, *Os missionários capuchinhos no Brasil*, p. 447.

[46] Maximiano de Carvalho Silva, *Monsenhor Maximiano da Silva Leite*, p. 6, 8, 13, 238.

Universidade Gregoriana de Roma, enquanto que a formação do seminário menor ficava a cargo dos premonstratenses belgas. Em que pese o numeroso corpo discente com que contava, a condição de seminário central ficava um tanto esvaziada, uma vez que os bispos de Campinas, Taubaté e Botucatu não abriam mão de ter seminários próprios.[47]

O excesso de rigidez mostraria no Rio de Janeiro seus resultados mais negativos. Fundado em 1739, o seminário da arquidiocese carioca funcionou até o último decênio do século XIX na encosta oeste do, depois demolido, Morro do Castelo. No tempo de Dom Pedro Maria de Lacerda a direção da casa, até então em mãos dos padres diocesanos, foi entregue aos lazaristas, e os alunos transferidos para o prédio do antigo Colégio Episcopal São Pedro de Alcântara, no bairro do Rio Comprido. Ali sofreria uma reforma tão radical nos tempos do Cardeal Arcoverde que o número de formandos ficou reduzido a apenas 28. Os lazaristas restituíram a instituição ao clero diocesano, que acabou fechada em 1907. Desse momento em diante, os vocacionados passaram a ser enviados para o seminário de São Paulo ou para o Pio Latino em Roma, até que Dom Leme, feito arcebispo coadjutor, tomou a iniciativa de reabri-lo. Faria isso em 1924, instaurando-o na Ilha de Paquetá, até que, em 1932, quando já era bispo titular, restabeleceu-o definitivamente ao Rio Comprido.[48]

O seminário de Mariana, no início do século XX, vivia um momento de crise, devido às desavenças entre os formadores lazaristas e o bispo diocesano; enquanto que, no nordeste, somente os da Paraíba e de Fortaleza forneciam uma formação razoável.[49] A diferença ficava por conta das casas do sul, com destaque para o seminário de São Leopoldo, pertencente à diocese de Porto Alegre, RS. Dita casa de formação passou por grande evolução, começada sobretudo depois da posse de Dom Cláudio Ponce de Leão, ocorrida aos 20-9-1890. O novo bispo era um lazarista formado na Europa e decidiu que a casa de formação dos padres diocesanos seria exclusivamente eclesiástica, por isso aboliu a presença de alunos externos, confiando à Companhia de Jesus o andamento da instituição entre 1891 e 1899. Dotado de um temperamento forte, o prelado acabou dispensando a Companhia, ao constatar que os padres induziam seminaristas diocesanos

[47] ASV, "Seminários", em: *Nunciatura Apostólica no Brasil*, fasc. 694, caixa 138, fl. 139.
[48] Guilherme Schubert, *A Província Eclesiástica do Rio de Janeiro*, p. 155-156.
[49] ASV, "Seminários", em: *Nunciatura Apostólica no Brasil*, fasc. 694, caixa 138, fl. 139b-140.

a se tornarem jesuítas. No seu lugar colocou os lazaristas espanhóis que ali trabalhariam de 1900 a 1902. Entretanto, em 1902 Dom Cláudio percebeu que a casa, no seu conjunto, estava decadente e cogitou fechá-la, mas monsenhor Diogo da Silva Laranjeira lhe sugeriu entregá-la aos capuchinhos franceses. Ele concordou e daí, entre 1903-1912, os frades assumiriam a formação. O curso de teologia durava quatro anos, e o currículo era exigente, constando de várias disciplinas, todas elas em consonância com o espírito tridentino: teologia fundamental, moral, dogmática, direito canônico, hermenêutica, exegese, eloqüência sagrada, pastoral, ascética, patrística, história eclesiástica, hebraico e casuística.[50]

Em 1912 a diocese gaúcha ganhou um novo Arcebispo, o alemão Dom João Becker. Antigo aluno dos jesuítas, logo pensou em entregar novamente a formação sacerdotal aos padres da Companhia, por reunirem eles todas as condições para organizar o seminário central, tão sugerido por Leão XIII no encerramento do Concílio Plenário Latino-Americano. Os jesuítas aceitaram, mas impuseram como condição que a casa formativa fosse instalada em São Leopoldo, onde eles concentravam seus principais trabalhos. O Arcebispo concordou e logo tomou as medidas necessárias para viabilizar o projeto: os capuchinhos foram dispensados, e o prédio do antigo seminário transformado em residência dos padres idosos e sede de diversos organismos da Igreja.[51]

Foi assim que, aos 11-3-1913, teve início o Seminário Provincial Nossa Senhora da Conceição, em São Leopoldo. A nova casa formativa abrangeu todo o Rio Grande do Sul e Santa Catarina até 1926, quando, ao ser criada a Arquidiocese catarinense, permaneceram somente os gaúchos. Nos 43 anos em que os jesuítas permaneceram por lá, formaram 834 padres, muitos dos quais se tornariam cardeais, arcebispos e bispos.[52]

O clero saído desses seminários "tridentinizados" fez da prática sacramental e da catequese fundamentada no catecismo de São Pio V os grandes instrumentos do apostolado entre as massas, e os levava a cabo com extremado escrúpulo, anotando com minúcias o número de todas celebrações realizadas, até mesmo nas crônicas sobre as visitas

[50] Zeno Hastenteufel, *História dos cursos de teologia no Rio Grande do Sul*, p. 12-13.

[51] Pontifícia Commissio pro América Latina, *Os últimos cem anos de evangelização na América Latina*, p. 794-795.

[52] Zeno Hastenteufel, *o. c.*, p. 15-16.

pastorais.[53] A sisudez era a nota característica dos padres jovens, como bem recorda Pe. Maximiano de Carvalho:

> Lembra-nos certo dia, na matriz velha de Campinas, disse-nos um tal Janjão: "O Sr. é diferente dos antigos padres moços". "Por quê?", interpelei-o; ele nos replicou: "É austero demais, parece um padre velho". O senso de responsabilidade que se imprimia lá no seminário era exagerado, talvez, como me disse um dia o notável Pe. Lindolfo Esteves, o mais talentoso dentre todos.[54]

Apesar da proliferação dos seminários, o crescimento do clero nativo brasileiro continuou aquém das expectativas. O bispo de São Paulo, ao se perguntar o motivo de tão modesto resultado, chegou a duas conclusões constrangedoras: a primeira era que os vocacionados pobres não podiam ingressar no seminário porque não tinham dinheiro. Dinheiro para comprar livros, dinheiro para as roupas, dinheiro para sustentar-se durante uma longa aprendizagem, dinheiro para outras inevitáveis despesas. Nesses casos, segundo o prelado diocesano, para os desafortunados candidatos do interior, faltava uma provida mão que os auxiliasse e encaminhasse para as casas de formação diocesana. Não faltavam vocações, faltavam os cultivadores delas, era o seu parecer. A segunda constatação não era menos dolorosa: as famílias ricas e remediadas tampouco podiam ser uma alternativa, porque no meio delas existiam muitos preconceitos contra a religião, além de idéias errôneas e totalmente falsas a respeito do sacerdócio católico, preocupações mundanas, aspirações às glórias do século, às brilhantes posições da sociedade civil, desejos imoderados de gozos e riquezas fabulosas. O diocesano de São Paulo indicava o ensino aprofundado da religião como uma opção corretiva; e também insistiu na organização da

[53] Os relatos existentes sobre as visitas pastorais dos bispos de Mariana, MG, são bem característicos: "Sua Ex.ª (o bispo) sem descanso tomou o caminho de Tamanduá, onde se demorou alguns dias, sem que em um só deles lograsse repouso, tais foram os trabalhos que ali o aguardavam. [...] Nesta visita foram crismadas cerca de cinqüenta mil pessoas; foram dadas vinte mil comunhões, santificadas duzentas uniões ilícitas e desfeitas dezenas de outras, cujas partes ficaram inibidas de fazê-lo por impedimentos canônicos indispensáveis ou por outros motivos alheios à sua vontade" (Alípio Ordier Oliveira, *Traços biográficos de Dom Silvério Gomes Pimenta*, p. 46).

[54] Maximiano de Carvalho Silva, *Monsenhor Maximiano da Silva Leite*, p. 11.

Obra das Vocações Sacerdotais que recolhia donativos para manter seminaristas pobres.[55]

Não obstante essa e outras tantas medidas tentadas, o resultado deixou muito a desejar, tanto que, em 1910, havia apenas um seminarista para cada 13 mil fiéis na arquidiocese de São Paulo.[56]

5.1.3. Três personagens-símbolo: Cardeal Arcoverde, Dom Leme e Pe. Júlio Maria

Ainda que modestos quanto ao número, o clero brasileiro nas primeiras décadas republicanas produziu grandes nomes, merecendo particular destaque o Cardeal Arcoverde, Dom Leme, e o Pe. Júlio Maria. O primeiro, Dom Joaquim Arcoverde de Albuquerque Cavalcanti (1850-1930), era a figura ideal para uma aproximação honrosa com as autoridades governamentais, e suas possibilidades só fizeram crescer quando, em 1905, tornou-se o primeiro Cardeal da América Latina. Investido da púrpura, Arcoverde ganhou grande proeminência e a usou para aumentar o prestígio da Igreja entre as autoridades do país.

Há, contudo, um particular raramente comentado: as relações um tanto tensas que ele manteve com seu auxiliar e sucessor, Dom Sebastião Leme de Silveira Cintra (1882-1942). Desde o início ficou claro que o temperamento e projetos pastorais deste último eram muitos diversos daqueles do Cardeal, e essas diferenças nem sempre foram vividas de forma serena. O Cardeal teve o mérito de haver unido com eficácia os bispos do sul numa ação comum, mas segundo Laurita Pessoa Raja Gabaglia (mais conhecida como Irmã Maria Regina do Santo Rosário) ele pertencia a uma geração formada na lei do respeito absoluto, para a qual a disciplina é o nervo de toda a sociedade e muito especialmente da Igreja. Faltavam-lhe horizontes, o senso dos problemas contemporâneos e mesmo certo dom de compreensão humana. Dom Leme, segundo a mesma autora, seria o contraponto, isto é, um espírito aberto ao drama humano e às necessidades próprias

[55] José de Camargo Barros, *Carta Pastoral de Dom José de Camargo Barros, Bispo de São Paulo publicando a Encíclica de S. S. Pio X sobre o ensino da doutrina cristã e outros documentos*, p. 13-19, 95.

[56] Manoel Isaú Souza Ponciano Santos, *Luz e sombras*, p. 55.

de sua época. Tinha o espírito de desbravador. Pouco lhe importavam as fórmulas; não queria ser um personagem e sim uma pessoa. Era homem de autoridade como Dom Joaquim, mas de maneira diversa, porque seus métodos era persuasivos. Isso teria aumentado as diferenças entre ambos, pois a sensibilidade matizada e espontânea do jovem bispo destoava com o formalismo do Cardeal.[57]

Dom Sebastião Leme deixou momentaneamente o Rio, em 1916, ao ser nomeado Arcebispo de Olinda, e foi lá que começou a ganhar projeção nacional. Ele via com grande preocupação a falta de influência da Igreja na sociedade, e um dos remédios que encontrou para reverter essa situação foi a busca constante – mas não exclusiva – de aproximação com as altas personagens políticas, para, através delas, alterar o laicismo institucionalizado. Ou seja, sem ser instruído na fé, a massa dos fiéis ignorava os ensinamentos da religião que professava, e por isso esta pouco neles influía. Propunha como solução organizar, unificar e pressionar o Governo para conseguir para a Igreja a posição que lhe cabia por direito nos negócios públicos. O meio para tanto seria a formação de uma liderança católica, que atuaria como grupo de pressão em prol da volta do Catolicismo à vida pública e, dessa posição, usar o poder para promover a influência.[58]

Tão apologista quanto o Cardeal Arcoverde e Dom Leme, o Pe. Júlio Maria tinha outro projeto: a Igreja deveria se aproximar do povo, antes que das elites influentes. Depois de enviuvar pela segunda vez aos 8-9-1889, o advogado Júlio César de Morais Carneiro se sentira atraído pelo sacerdócio, e no ano seguinte havia se mudado para Mariana a fim de se preparar para a futura ordenação. Ele residia com o bispo, Dom Antônio Sá e Benevides (1836-1896), que, devido à doença, tinha deixado o governo diocesano nas mãos do auxiliar, Dom Silvério Gomes Pimenta (1840-1922). Graças à erudição que possuía, Júlio César necessitou estudar apenas dois anos, tempo em que amadureceu a vocação pastoral que se tornaria a meta de sua vida: discutir, propagar, trabalhar, e combater pela fé. Ordenado aos 29-11-1891, por Dom Silvério, iniciou seu ministério em Rio Novo, transferindo-se depois para Juiz de Fora. Entre 1892 e 1894 começou a demonstrar notável talento de orador sacro ao realizar pregações pelo interior de Minas: Rio Novo,

[57] Laurita Pessoa Raja Gabaglia, *O Cardeal Leme*, p. 54-55.

[58] Cf. Sebastião Leme, *Carta Pastoral saudando os diocesanos de Olinda*, p. 1-135.

Mar de Espanha, Ubá, e São João del Rei. Foi o primeiro passo para um trabalho mais amplo.[59]

Em 1905, o entusiasta sacerdote deu nova guinada, tornando-se o primeiro brasileiro a ingressar na congregação de Santo Afonso Maria de Ligório ("Redentoristas"), e no ano seguinte fixou residência no Rio de Janeiro, de onde irradiaria sua ação a todos os ângulos do Brasil. Nessa fase, ele já superara o período "reacionário" dos primeiros tempos da sua conversão, transformando-se num dos mais lúcidos seguidores do pensamento do Papa Leão XIII no Brasil, o que faziam-no capaz de audácias como propor a "cristianização da democracia".[60]

A retórica fluente que possuía facilitava a transmissão das idéias que desejava transmitir, e a ele cabe o mérito de haver sido um dos personagens que mais concorreu para despertar a atenção de muitos fiéis para a doutrina da Igreja no Brasil. Apresentando o Catolicismo de forma clara e bem articulada, o batalhador padre, excetuando-se apenas Goiás e Mato Grosso, atravessou todo o Brasil a pregar, ganhando enorme popularidade. Ele jamais aceitou o fato de que, num país de imensa maioria católica, uma minoria autoritária e agnóstica ditasse as regras, mas teve de se ver com uma sistemática oposição também ao interno da própria Igreja. O diretor do jornal católico carioca *O Apóstolo*, ainda que mantendo a compostura, criticaria fortemente o pensamento social que apresentava; mas, o pior opositor entraria em cena em 1898: o cônego Dr. Vicente Wolfenbüttel. Sacerdote da diocese do Rio Grande, mas residente no Rio, cônego Wolfenbüttel era doutor em teologia dogmática pela Universidade Gregoriana, e desfecharia pela imprensa um ataque cerrado contra o Pe. Júlio Maria, em que a agressividade era a norma:

> Apareceu um miserável, [...] um doutor, formado em ciências jurídicas, já suspeito, porque, tendo sido cristão, abandonou os arraiais do Cristianismo para ser incrédulo – ele mesmo assim o confessa – tira-se dos seus cuidados e, levado por espírito de vaidade e orgulho, apresenta-se com uma *missão especial* (os grifos são do autor), a semelhança de São Paulo, e, dirigindo-se ao povo e ao clero brasileiro, apregoa uma re-

[59] Fernando Guimarães, *Homem, Sociedade e Igreja no pensamento de Júlio Maria*, p. 26-27.
[60] Júlio César de Morais Carneiro, *O Catolicismo no Brasil (Memória histórica)*, p. 10-11.

> ligião *progressista*, uma religião que mostra não haver *nada mais progressivo do que o dogma católico* e que, devido à falta das *convicções luminosas de S. Rev.ma*, a religião no Brasil vai mal: o clero é retrógrado porque vive agarrado ao Syllabus de Pio IX; o povo, mal orientado pelo clero, em hostilidade com a República, com a qual é preciso que a Igreja se congrace. [...] A religião é o que foi e será: inovações não queremos. [...] Fora o Pe. Júlio Maria![61]

O mesmo cônego ainda acusaria o neo-redentorista de ser "modernista", "darwinista" e de negar a divindade de Cristo. Num crescendo, as críticas pessoais atingiram tal grau de ferocidade, que o próprio Internúncio Macchi repreendeu o atacante. Sob pressão da internunciatura, o Arcebispo Arcoverde também o intimou ao silêncio, mas ao invés da situação se acalmar, se precipitou: Wolfenbüttel publicou uma carta aberta ao vigário geral do Rio, Mons. João Pires do Amorim, recusando a medida disciplinar. No mesmo dia ele foi suspenso de ordens e convidado a deixar a arquidiocese. Nem assim se retratou, tendo continuado sua luta pessoal até 1900, quando caiu no anonimato. Para o Pe. Júlio Maria o episódio lhe foi favorável, pela impecável conduta que manteve diante dos ataques. Este fato, aliado aos seus inegáveis dotes de erudito, em pleno desenrolar da querela, aos 8-8-1899, valeria-lhe a indicação como sócio do Instituto Histórico Geográfico Brasileiro, onde aproveitou a ocasião para defender seu método apologético e a sua missão, rebatendo com dignidade as acusações que lhe eram dirigidas em público.[62]

Assim, o projeto de união da Igreja com o povo, que começara a tornar público a partir de 1898, teve continuidade, dando origem a um modo de pensar que faria escola; ainda que, como bem recordaria Alceu Amoroso Lima isso escandalizasse os tímidos e irritasse os integralistas do seu tempo. Para os padrões da época, tratava-se deveras de uma grande novidade a afirmação feita pelo denodado padre no dia 13-3-1898: "Hoje, sob o ponto de vista social, só há duas forças no mundo: a Igreja e o povo. Uni-las é o ideal do Papa; concorrer para esta união é, em cada país, o dever dos católicos, principalmente do clero".[63]

[61] ASV, "Pelo dogma", em: *Nunciatura Apostólica no Brasil*, fasc. 437, caixa 89, doc. 11, fl. 145.
[62] Fernando Guimarães, *Homem, Igreja e Sociedade no pensamento de Júlio Maria*, p. 37-41.
[63] Júlio César de Morais Carneiro, *O Catolicismo no Brasil*, p. 12-13.

Outro aspecto abordado com coragem pelo Pe. Júlio Maria foi a questão operária. Ele ressaltou ser necessário sujeitar o despotismo do capital às leis da eqüidade; exigir dele, não só a caridade, mas a justiça que tem direito o trabalho; dignificar o trabalhador; cristianizar a oficina. Tal perspectiva implicaria em proclamar bem alto a eminente dignidade do operário na cidade de Deus, que Jesus Cristo fundou na terra, não com as castas, as aristocracias, as burguesias ou as dinastias, mas com o povo e para o povo. Essas idéias seriam incorporadas à sua célebre *Memória* sobre a religião, publicada no *Livro do Centenário*, obra comemorativa dos quatro séculos da descoberta do Brasil. Trata-se de um texto vibrante, ainda que mereça severas restrições. A reserva mais grave diz respeito às generalizações, no mínimo injustas, a respeito da hierarquia eclesiástica durante a Questão Religiosa: "Nem mesmo depois que o Estado cobria de opróbrios e vilipêndios a Igreja brasileira, encarcerando-lhe os bispos e exprobrando-lhe a dependência em que o clero estava dele pelos salários que lhe dava, bispos e padres resolveram propugnar pela reforma e reclamar contra a escravidão".[64] Isso não é correto, pois a questão religiosa aconteceu justamente como conseqüência da reforma havida. E tampouco é lícito ignorar a militância de tantos leigos e de prelados como Dom Viçoso em favor dos bispos acusados. Mesmo assim, a coragem do autor em afrontar os novos desafios continua atual: "O período da República não pode ser ainda para a religião, como foi o colonial, o esplendor. Não é também, como foi o Império, a decadência. É, não pode deixar de ser – o período do combate".[65]

5.1.4. Pe. Cícero: a punição do "santo de Juazeiro"

Superada a questão da retidão de doutrina, motivos outros, ligados a determinadas expressões da religiosidade popular continuaram a ser motivo de litígio. Na empobrecida região nordeste, as assim chamadas crenças da miséria, com sua exaltação mística, envolveriam também alguns clérigos, tendo encontrado uma das suas máximas expressões na pessoa do Pe. Cícero Romão Batista (1844-1934). O "Padim Ciço" dos sertanejos foi ordenado presbítero no seminário de Fortaleza aos 30-11-1870, e no dia

[64] Cf. Júlio César de Morais Carneiro, "A Religião, ordens religiosas, instituições pias e beneficentes no Brasil", em: *Livro do centenário (1500-1900)*, p. 107-113.
[65] Júlio César de Morais Carneiro, *O Catolicismo no Brasil*, p. 242.

11-4-1872 assumiu a capelania do povoado de Juazeiro. Zeloso, estimulava associações como a Conferência São Vicente de Paulo, dando provas de sua abnegação aos pobres e doentes durante a terrível seca de 1877 a 1879, quando salvou muitas vidas fazendo cavar poços e plantar mandiocais.[66] Anos depois, numa sexta-feira, dia 6-3-1889, ao distribuir a comunhão aos fiéis, Maria Madalena do Espírito Santo de Araújo, uma mestiça de 29 anos, não pôde engolir a partícula, porque esta se transformara numa substância vermelha. Para as beatas era o sangue de Cristo. Pe. Cícero manteve discrição sobre o fato, mas, em 1891, Monsenhor Francisco Monteiro o anunciou do púlpito, forçando o bispo de Fortaleza, CE, Dom Joaquim José Vieira (1836-1917) a se posicionar. Ele o fez, negando categórico numa carta pastoral o aspecto miraculoso do acontecido: "O sangue aparecido nas Sagradas Partículas recebidas por Maria Araújo não era nem podia ser o sangue de Jesus Cristo, porquanto causava enjôo ao próprio Pe. Cícero".[67]

A reprimenda não impediu que o caso ultrapassasse as fronteiras locais, e que peregrinações portentosas se dirigissem para Juazeiro. A cidade se transformou num formigueiro humano, crescendo continuamente. Cinco missas passaram a ser rezadas todo dia e mesmo assim não eram suficientes para atender à demanda crescente dos fiéis. Dom Joaquim interveio de novo, formando uma comissão para estudar o assunto. Examinados e processados os fatos, dita comissão concluiria que se tratava de fenômenos puramente naturais acompanhados de imposturas. O prelado não hesitou e suspendeu Pe. Cícero de ordens, encaminhando o parecer recebido ao Santo Ofício, que legitimou a punição por meio de decisão baixada aos 4-4-1894. Pe. Cícero lamentou a dureza da medida, mas o Santo Ofício a confirmaria no dia 10-2-1897, declarando que se ele quisesse recorrer de novo que fosse a Roma. Ele foi, mas, uma carta enviada por Dom Joaquim ao Internúncio Giovanni Battista Guidi no 27-3-1897, e que foi logo repassada à Cúria Romana, pela severidade do seu conteúdo, permitia antever qual seria o desfecho:

> Pe. Cícero vive cercado de especuladores que exploram a sua monomania rendosa. [...] Os ignorantes o apelidaram *Padre Santo* (o grifo é do autor): é um segundo Antônio Conselheiro que tem o dom de fanatizar as classes ignorantes.

[66] Roger Bastide, *Il Brasile*, p. 75.
[67] Edmar Morel, *Padre Cícero, o santo de Juazeiro*, p. 13-19.

> Cumpre-me cientificar que nesta diocese os casos de desequilíbrio das faculdades mentais são freqüentes e comuns, e quase todos se manifestam por tendências para o maravilhoso, não sendo estranha a esta tendência uma boa parte do clero, isto devido ao Dr. Ibiapina, homem ilustrado em ciências jurídicas, mas supersticioso, que, resolvendo ordenar-se, conseguiu esta graça sem estudos teológicos, e depois saiu a pregar pelos sertões de Pernambuco e do Ceará, demorando-se mais nesta diocese, onde muito contrariou o meu antecessor de saudosa memória, o Rev.mo D. Luiz. O Pe. Cícero e outros foram discípulos deste Dr. Ibiapina: daí vem em parte a história do Juazeiro.[68]

Assim, quando Pe. Cícero chegou em Roma no ano seguinte, ele conseguiu ser ouvido pelo tribunal cinco vezes, mas uma terceira sentença não só confirmou o que fora dito, como ordenou que se retirasse de Juazeiro.[69] Outros nove padres e trinta leigos também receberiam punições menores, e o bispo manteve-se irredutível a todos os seus apelos de reintegrar o "Padim". O prelado reconhecia que Pe. Cícero era um sacerdote de costumes puros e dado a exercícios de piedade; mas, num momento em que a hierarquia tudo fazia para fundamentar doutrinariamente a fé, dando prioridade aos sacramentos, o culto do maravilhoso, citado acima, já não podia ser mais tolerado. A questão da autoridade episcopal também era muito sentida, e a tentativa do padre de justificar o sucedido levou Dom Joaquim a qualificá-lo de "teimoso e sofista".[70]

Pe. Cícero se submeteu, tendo suportado a amargura de não poder celebrar missa; mas isso não impediu que sua fama de milagroso continuasse a atrair levas de romeiros, trazendo progresso para Juazeiro. Nesse meio tempo, numa faixa de terra que adquirira em Coxá foi encontrada uma mina de cobre, devidamente explorada pelo conde europeu Adolfo van den

[68] ASV, Carta de Dom Joaquim José Vieira ao Internúncio Giovanni Battista Guidi (27-3-1897), em: *Nunciatura Apostólica no Brasil*, fasc. 384, caixa 79, doc. 68, fl. 112-113.

[69] ASV, Carta de Dom Joaquim José Vieira ao Núncio Alessandro Bavona (20-12-1907), em: *Nunciatura Apostólica no Brasil*, fasc. 625, caixa 126, doc. 11, fl. 41b-42.

[70] ASV, Carta de Dom Joaquim José Vieira ao Núncio Alessandro Bavona (20-12-1907), em: *Nunciatura Apostólica no Brasil*, fasc. 625, caixa 126, doc. 11, fl. 41, 42b.

Burle, em parceria com o médico Floro Bartolomeu Costa e Pedro Onofre. Era a somatória perfeita de prestígio religioso e econômico, ao qual se somou o político, pois o Dr. Floro, pelo clã do padre, conseguiu ser eleito deputado estadual e federal pelo Ceará. Pe. Cícero tornou-se tão poderoso, que sob seu comando e de Floro o povo do sertão conseguiu vencer as tropas que o Coronel Franco Pinto Rabelo (imposto como governador do Ceará pelo Presidente Hermes da Fonseca, em 1912) enviara para sitiar o Juazeiro, com a conseqüente renúncia e partida para o Rio de Janeiro daquele. O sucesso político-militar em nada alterou a atitude da hierarquia eclesiástica, e por isso Padre Cícero morreria em 1934, ainda sem uso das ordens sacras. Tornara-se, apesar de tudo, um personagem legendário no Nordeste, tendo deixado seguidores, como o "beato" José Lourenço, vaqueiro administrador de um dos seus sítios, de nome Caldeirão. Numa triste seqüência, a comunidade do "beato" acabaria se indispondo com as autoridades político-religiosas, e o sítio terminou invadido pelas forças oficiais do governo Vargas e seus habitantes massacrados.[71]

5.2. O papel dos religiosos na conjuntura da jovem República

As perseguições contra os religiosos na Europa repercutiram imediatamente no Brasil, e, aos 10-3-1901, o representante pontifício, Giuseppe Macchi, escreveu ao Cardeal Rampolla alertando: "As questões que agitam a França, em relação às congregações religiosas, e as demostrações afins acontecidas na Espanha e em Portugal, encorajaram também os maçons radicais brasileiros, e mais de um jornal sério já denunciou o *grande perigo que corre o Brasil com tanta imigração de frades expulsos da Europa, pedindo providências*" (o grifo é do autor).[72] O temor era excessivo, pois, naquele momento o Governo não tinha o menor interesse de melindrar a Santa Sé, inclusive porque, através de Ferreira da Costa, ministro plenipotenciário, começara a articular as negociações para que um brasileiro se tornasse Cardeal.[73]

[71] Antenor de Andrade Silva, *Os salesianos e a educação na Bahia e em Sergipe*, p. 48.

[72] AAEESS, Carta de Monsenhor Giuseppe Macchi ao Cardeal Rampolla (10-3-1901), em: *Brasil*, fasc. 101, pos. 578, fl. 36.

[73] AAEESS, Nota diplomática (1901), em: *Brasil*, fasc. 101, pos. 580, fl. 43.

Conscientizando-se disso, quando as medidas persecutórias do governo de Émile Combes (1835-1921), um ex-seminarista tornado feroz anticlerical, provocaram na França a grande expulsão de religiosos entre 1903 e 1904, o novo Núncio Giulio Tonti, no dia 9-6-1903, sem nenhuma hesitação, enviou uma circular a todos os bispos brasileiros pedindo-lhes que acolhessem quantos desejassem imigrar. Oportunamente informava que os eventuais imigrantes estavam habilitados a exercer seu ministério seja na educação, seja nas obras de caridade.[74]

Nem todos os prelados diocesanos puderam responder positivamente, também porque a escassez de recursos econômicos limitou em muitas dioceses a acolhida franca. Esclarecidas, porém, as condições, numerosos religiosos franceses se transferiram sem maiores contratempos. Um dos destaques dentre os recém-chegados foram os capuchinhos da Sabóia, que levaram a vantagem de se integrarem numa ordem com bases sólidas. Enquanto isso, outras perseguições anti-religiosas na Europa, sobretudo em Portugal, também fariam com que mais religiosos optassem pelo Brasil. Foi este o caso dos jesuítas. No início do século XX eles já se haviam organizado em três frentes no país – a missão do sul (confiada à Província Germânica), a parte central (a cargo dos padres da Província Romana) e o norte (em mãos dos portugueses a partir de 1910) –, e esta última se viabilizou justamente depois de acolher os confrades vítimas da terceira expulsão da sua história em solo lusitano.

5.2.1. A restauração das ordens antigas

Depois de abolido o padroado, muitos duvidavam da possibilidade ou da conveniência de se restaurar as velhas ordens. Se, de uma parte, as monjas até que gozavam de certa consideração; de outra, os frades e os monges remanescentes quase sempre eram vistos por bispos e religiosos das novas congregações com verdadeiro horror. O motivo de tanta aversão foi sintetizado aos 25-1-1890 por Dom José de Barros, prelado de Olinda:

> Se houvesse de pronunciar-me sobre esse resto de ordens religiosas chamadas brasileiras, e cujos membros trazem os

[74] ASV, "Circular ao Episcopado Brasileiro" (9-6-1903), em: *Nunciatura Apostólica no Brasil*, fasc. 531, caixa 108, doc. 1, fl. 1.

hábitos de beneditino, carmelita, franciscano ou mercedário, para essas diria: se o decreto lhes abrisse os noviciados, causaria à Igreja grande mal, pois levaria aos conventos, para receberem as lições dos atuais frades, separados do centro monástico, novos aspirantes, que iriam restaurar o ajuntamento de indivíduos cujo escopo tem sido mais gozar dos bens legados aos conventos, do que o serviço do culto sagrado, nestes últimos tempos.

Tão grandes e tão públicos têm sido os escândalos da vida, da ociosidade da maior parte dos religiosos brasileiros, e, hoje mesmo, é tão descarada a imoralidade de muitos desses restos aí existentes, que parece conveniente não tentar a restauração dessas ordens sob qualquer aspecto, porque há de acompanhar sempre a suspeita pública, desconfiada da santidade dessas agremiações.

Melhor serviço podem prestar no Brasil outras ordens religiosas, principalmente as que não possuem bens, pois para essas é sempre generosa a caridade do povo e não lhes faltam os meios de fazer o bem.

No Brasil, o fato que se mostra aos olhos do público é que ordens religiosas atapetadas de riquezas deixam ir caindo em ruínas os seus conventos e as suas igrejas, ao passo que os Capuchinhos, paupérrimos, levantam igrejas e conventos de custosos valores.[75]

Outros bispos assumiriam esta crítica, como o de São Paulo, que assegurou que na sua diocese os religiosos das velhas ordens brasileiras não possuíam espírito religioso, e que, habituados como estavam a uma vida licenciosa, dificilmente observariam a própria regra. Ele preferia recomeçar do nada, formando jovens segundo o espírito das diversas ordens.[76]

Mesmo assim, a Santa Sé estava disposta a tentar, e no dia 18 de março precedente o Cardeal Secretário de Estado já havia pedido ao Internúncio

[75] ASV, Cartas do bispo de Olinda (25-1-1890) e de São Paulo (18-5-1890) ao Internúncio, em: *Nunciatura Apostólica no Brasil*, fasc. 330, caixa 68, doc. 15, fl. 36b.

[76] ASV, Cartas dos bispos de Olinda (16-5-1890) e de São Paulo (18-5-1890) ao Internúncio Spolverini, em: *Nunciatura Apostólica no Brasil*, fasc. 377, caixa 77, fl. 29.

Francesco Spolverini informações a respeito. Um dia depois o Internúncio lhe telegrafara informando que qualquer interferência naquele momento seria algo inoportuníssimo, dada a precariedade da situação política do país, sendo melhor esperar para depois da aprovação da Constituição, e das reuniões episcopais. Spolverini tinha os antigos religiosos em tão baixo conceito, que até acreditou que o melhor a fazer seria suprimir todos eles no momento propício. Deve-se ter presente que o Internúncio dificilmente saía de Petrópolis, e que as suas opiniões se formavam a partir das informações que recebia. Considerando, porém, o que foi dito acima, e ressalva feita aos excessos verbais, é conveniente dar certo crédito à afirmação feita por ele de que dentre os quarenta idosos regulares ainda em vida, exceção feita a três carmelitas, talvez três beneditinos, e dois franciscanos, todo o resto vivia como um "animal que se espoja na lama, abjeto no fedor do vício, habitando mais ou menos fora do convento com mulheres e numerosas famílias". E, enquanto ele assim argumentava, novos perigos surgiam no horizonte: as finanças do país andavam mal, e no dia 31-5-1890 o ministro do interior propôs ao Arcebispo da Bahia que o patrimônio das velhas ordens fosse vendido, e o montante convertido em títulos da dívida pública em nome da Igreja do Brasil, que assim possuiria uma renda anual. A proposta seria rejeitada, pelo bem fundamentado temor de que longe de salvar os bens, antes se aceleraria a confisca.[77]

O Papa Leão XIII, no entanto, continuava fiel ao seu propósito, e com um decreto da Sagrada Congregação de Negócios Eclesiásticos expedido no dia 3-11-1891, determinou que os velhos regulares ficariam sob a obediência imediata, material e espiritual, dos bispos diocesanos.[78] Tal medida logo se mostrou insuficiente ou inadequada, pelos motivos descritos pelo bispo do Rio de Janeiro:

> O citado decreto encontra não poucas, graves e sérias dificuldades nas imensas riquezas que estes religiosos possuem e das quais dispõem para os seus caprichos e se servem para formar poderosa influência de que habilmente usam para co-

[77] ASV, "Sobre as providências a serem tomadas pela Igreja Católica no Brasil", *Nunciatura Apostólica no Brasil,* fasc. 377, caixa 77, fl. 7-10, 19b.

[78] ASV, Monitor Católico (3-1-1892), em: *Nunciatura Apostólica no Brasil,* fasc. 345, caixa 71, doc. 11, fl. 79.

> brir suas vergonhosas imoralidades. Compram a imprensa em seu favor; fazem publicar e distribuir no meio do povo injúrias e calúnias contra quem não concorda com eles; encontram facilmente advogados e defensores; movem demandas diante dos tribunais, e não lhes faltam protetores interessados entre aqueles que vivem nos seus conventos e que em grande número recolhem suas às suas pingues mesas.
>
> Além disso, estes religiosos não têm a menor reserva de declarar abertamente, e com inaudito desprezo, [...] que preferem entregar os seus bens ao Governo, antes que à Igreja.
>
> Nesta deplorável condição a que estão reduzidos os poucos religiosos supérstites, dos quais a maior parte é animada mais dos próprios inimigos da religião, de perversos e hostis sentimentos contra as leis da Igreja, parece-me que seja necessário, e atualmente muito oportuno, tomar uma medida radical que tire definitivamente das mãos as riquezas das quais se servem a dano da religião e a fomentar suas nefandas posições.[79]

Além disso, as similares européias das chamadas ordens brasileiras começavam a chegar ao Brasil para restaurá-las, e se sentiam feridas na sua sensibilidade diante da hipótese de terem de se submeter aos Ordinários locais. A desilusão acontecia justamente depois da esperança suscitada pelas alterações na legislação brasileira, que através do decreto de 26-11-1889 substituíra a anterior exigência de naturalização dos religiosos estrangeiros por uma declaração manifestando desejo de fixar residência.[80] Assim, quando o bispo da Bahia, seguindo a determinação pontifícia ao pé da letra, declarou que todos os religiosos estavam sujeitos ao episcopado, abriu-se um conflito de competências sem solução. O problema era o seguinte: como conciliar semelhante sujeição com o respeito devido aos superiores, que também exerciam legítima jurisdição sobre os membros de cada ordem ou congregação?[81] A questão continuou pendente até a posse do novo Internúncio, Dom Girolamo Maria Gotti, em janeiro de 1892,

[79] ASV, Projeto de carta do bispo do Rio de Janeiro (tradução), em: *Nunciatura Apostólica no Brasil*, fasc. 345, caixa 71, doc. 9, fl. 74.

[80] Michael Emílio Scherer, *Frei Domingos da Transfiguração Machado*, p. 83.

[81] Ismael Martinez Carretero, *Exclaustración y restauración del Carmen em España (1771-1910)*, p. 545.

que veio para substituir Monsenhor Francesco Spolverini, que retornara a Roma. Carmelita descalço, o novo Internúncio resolveu ele mesmo tomar em mãos o controle da problemática, até porque fora incumbido por Leão XIII de levar a termo a restauração das ordens no Brasil, e com grande escrúpulo pôs mãos à obra.[82] Afinal, em 1893, o polêmico decreto foi revogado, e ordens como a dos beneditinos receberam permissão para celebrar o capítulo e proceder à reabertura do noviciado.[83]

Tanto a Ordem de São Bento, quanto as demais instituições dos regulares, por determinação da própria Santa Sé, reestruturariam-se no Brasil segundo a lei n. 173 de 10-8-1893, que reconhecia apenas associações com sede no país e dotadas de estatutos próprios, devidamente registrados. Naturalmente que as províncias religiosas das distintas ordens conservavam apenas a figura de brasileiras, pois a sua nacionalidade e autonomia não passavam de pura "questão de forma".[84] Pendente porém continuou a resistência dos velhos frades, nada dispostos a enquadrar-se na nova austeridade conventual. Tal situação fez com que cada ordem restaurada vivesse um processo distinto de renascimento, a saber:

a) *Franciscanos*: Em 1889, as duas províncias franciscanas do Brasil, de observância alcantarina, eram uma sombra do que haviam sido. A Província de Santo Antônio, com sede na Bahia, conservava a posse de 10 conventos, mas contava com apenas 9 frades; e ainda assim estava melhor que a Província da Imaculada Conceição, com sede no Rio de Janeiro, que se encontrava reduzida a um único religioso, frei João do Amor Divino Costa.[85] Graças aos pedidos do povincial da Bahia, frei Antônio de São Camilo de Lellis, teve início o recomeço. Os primeiros cinco frades, liderados pelo frei Amando Bahalmann chegaram ao Brasil aos 20-6-1891; ainda que, para grande desilusão do provincial da Bahia, eles tenham continuado viagem para Santa Catarina, onde estavam por

[82] José Luiz Alves, "Notícia sobre os Núncios, internúncios e Delegados Apostólicos que desde o ano de 1808 até hoje representaram a Santa Sé no Brasil Reino Unido, no 1º e 2º reinados e na República Federal", em: *Revista do Instituto Histórico Geográfico Brasileiro*, tomo LXII, parte 1, p. 273-274.

[83] Cf. ASV, Comunicação de frei Domingos da Transfiguração (20-5-1893), em: *Nunciatura Apostólica no Brasil*, fasc. 355, caixa 73, doc. 19, fl. 71.

[84] ASV, Carta do Núncio Giuseppe Macchi ao Cardeal Secretário de Estado da Santa Sé (8-4-1901), em: *Nunciatura Apostólica no Brasil*, fasc. 419, caixa 85, doc. 11, fl. 51b, 52b.

[85] Basílio Röwer, *A Ordem Franciscana no Brasil*, p. 54.

iniciar uma nova frente. Porém, outros frades viriam e assim, apesar dos percalços da refundação, as duas províncias se desenvolveram rápido. Nos anos seguintes seria empreendida séria luta pela recuperação dos antigos conventos, e em 1921 já existiam no norte doze comunidades, onde os franciscanos exerciam trabalhos diversos que iam de hospitais a missões. No sul, a presença era ainda mais sentida, e os conventos e residências chegavam a dezesseis, onde viviam 87 sacerdotes, 23 coristas e 79 irmãos leigos. Igualmente grande era o rol das atividades exercidas: colégios, missões, imprensa, paróquias, pregação, catequese dos índios, e outras mais.[86]

b) *Beneditinos*: A Ordem de São Bento em 1890, ainda conservava sete abadias e quatro presidências no Brasil, mas o número de monges se reduzira a apenas 13, sendo que, os de menos idade, estavam na casa dos 60 anos e os restantes variavam dos 70 a 80. Eles ainda adotavam uma terminologia de mendicantes, antes que monástica, sendo chamados de freis e suas casas de conventos. O verdadeiro problema, no entanto, era que, na desolação dos antigos claustros já não havia vida regular monástica, estando alguns fechados e outros habitados por um ou dois monges. A restauração começou pelo nordeste, com a chegada em Olinda, aos 17-8-1895, de monges da abadia alemã de Beuron, Baviera. Dali o trabalho se estendeu a outros antigos mosteiros da região, mas no sudeste o reinício seria bem mais difícil. O abade de São Paulo, Dom Pedro da Ascensão Moreira, e o octogenário maçom, Joaquim do Monte Carmelo, não viam com bons olhos os "estrangeiros", e a situação só se resolveu porque Monte Carmelo, alquebrado e cheio de achaques, retirou-se para a Bahia, onde faleceu em 1899,[87] e também Dom Pedro, tendo caído enfermo, teve de ser acudido por seu confrade "estrangeiro" Dom Miguel Kruse. Ao falecer, aos 15-6-1900, aquele se tornaria o seu sucessor e a situação se normalizou, porque antes que o ano terminasse outros monges foram mandados à abadia, e assim a vida regular pôde reiniciar na capital paulistana.[88] Pendente continuou apenas o Rio de Janeiro, que por sinal era uma das maiores e mais suntuosas casas monásticas do país. Em

[86] Soares de Azevedo, *Brado de alarme*, p. 252.

[87] Michael Emílio Scherer, *Frei Domingos da Transfiguração Machado*, p. 67, 75, 83-84, 102.

[88] Joaquim G. Luna, *Os monges beneditinos no Brasil*, p. 44.

1891 seu respeitável patrimônio incluía 165 prédios,[89] mas reconduzi-la à austeridade da Regra, seria um desafio enorme, pois o único monge remanescente, Dom João das Mercês Ramos, encarnando com perfeição os limites dos religiosos de outrora, opunha-se tenazmente a toda e qualquer restauração. Ele apelou inclusive para a justiça comum para impedir aos confrades alemães de reativar a abadia, o que inclusive lhe custou a excomunhão. A querela foi afinal decidida pelo Supremo Tribunal Federal aos 16-12-1903, que deu ganho de causa aos recém-chegados. Nem depois disso Dom João se retratou, vindo a falecer aos 23-6-1904, fora do mosteiro, ainda excomungado e sem sacramentos.[90] Melhor destino teve sua ex-abadia: foram chamados de fora alguns monges e jovens candidatos ao noviciado, de sorte que no dia 23 de junho daquele ano pôde enfim ser inaugurado o *Opus Dei* com ofício de vésperas de São João Batista. No dia 11 do mês seguinte o noviciado foi oficialmente reaberto, com a admissão de quatro candidatos. Finalmente, em 1907 a Santa Sé elevou o mosteiro do Rio de Janeiro à dignidade de *Abadia Nullius*.

c) *Carmelitas*: A exemplo do que sucedia nas demais ordens religiosas antigas, as três províncias carmelitas no Brasil – Província Fluminense, Província da Bahia e Província do Pernambuco – no alvorecer da República agonizavam. Uma primeira tentativa de recomeço havia sido feita com alguns frades europeus chegados ao Recife no dia 26-10-1888, mas a experiência foi breve, terminando com ásperas recriminações recíprocas.[91] Da segunda vez seria diferente: religiosos espanhóis vieram para a mesma Recife aos 5-8-1894,[92] mas, não desistiram, e a partir daí a história dos carmelitas no Brasil tomaria um novo rumo, em que pesem os imensos problemas iniciais que tiveram de ser superados. A Província Espanhola se encontrava extenuada com os esforços que fazia para manter o Brasil, e por isso, aos 23-6-1904, o provincial holandês Lamberto Smeets foi sondado para aceitar a província do Rio de Janeiro. Ele respondeu positivamente,

[89] ASV, Decreto n. 163 da Câmara dos Deputados, em: *Nunciatura Apostólica no Brasil*, fasc. 355, caixa 73, doc. 47, fl. 220.

[90] José Lohr Endres, *Catálogo dos Bispos, Gerais, Provinciais, Abades e mais cargos da Ordem de São Bento do Brasil (1582-1975)*, p. 255.

[91] Cf. Ismael Martinez Carretero, *Exclaustración y restauración del Carmen em España (1771-1910)*, p. 519-520.

[92] Joaquin Smet, *Los carmelitas*, p. 173-174.

mas com a condição de que os bens da província fossem devolvidos definitivamente à Ordem. Assim foi feito, e aos 27-11-1904 seis sacerdotes e dois irmãos provenientes da Holanda desembarcaram no Rio, e os religiosos espanhóis entregaram-lhes o convento da Lapa. Em dezembro do mesmo ano ocupariam também Angra dos Reis. No afã do recomeço, aos 6 de maio do ano seguinte, frei Cirilo Thewes, juntamente com frei Guillermo Meijer e o irmão Simão Jans reabriram igualmente o convento de São Paulo, mas se envolveram num desgastante conflito com frei Antônio da Bem-aventurada Virgem Muniz Barreto, prior de Mogi das Cruzes, que afinal se reconciliou com os confrades durante o capítulo celebrado no dia 22-6-1906. Naquele mesmo ano foi restaurado o convento de Santos, e mais tarde, em 1917, o de Itu. Dois anos depois, frei Antônio faleceu, e isso consentiu regularizar também Mogi das Cruzes. Nesse período de tempo os carmelitas já haviam diversificado suas atividades, atuando em colégios e até em missões no Mato Grosso. As vocações eram escassas, mas a obra criara as necessárias raízes.[93]

d) *Mercedários*: Quando se iniciou o século XX, a Ordem das Mercês havia sido extinta no Brasil. Os mercedários retornaram apenas aos 22-6-1922, em obediência ao pedido feito pelo Papa Bento XV, que lhes ofereceu a Prelazia de Bom Jesus do Gurguéia, no Piauí. Aceitada a proposta, os dois primeiros religiosos espanhóis se estabeleceram na cidade de São Raimundo Nonato, dando início a um renascimento lento, porém progressivo.[94]

5.2.2. A multiplicação explosiva de novas congregações

O número das dioceses crescia de forma acelerada, e por isso, não obstante a chegada dos refugiados, os novos bispos realizavam verdadeira peregrinação pela Europa, a procura de ordens e congregações dispostas a auxiliá-los. Preocupava-lhes sobretudo os fiéis do interior, que "morriam à míngua dos socorros espirituais, faltando-lhes, além disso, a educação religiosa".[95] Nem sempre o seu apelo era atendido; mas boa parte dos soli-

[93] Joaquin Smet, *Los carmelitas*, p. 175, 258-259.
[94] Emílio Silva Castro, "A Ordem das Mercês no Brasil (1639-1965)", em: *Analecta Mercedária*, p. 304.
[95] Alípio Ordier Oliveira, *Traços biográficos de Dom Silvério Gomes Pimenta*, p. 84.

citados se sensibilizou, possibilitando depois chegarem, que um revigoramento religioso no Brasil acontecesse.[96]

A maioria das ordens e congregações que se instalava buscava difundir a influência católica nos mais diversos âmbitos, e foi por mérito seu que a Igreja, entre outras coisas, começou a se destacar em áreas como a editorial, ultrapassando o limite das impressões acanhadas que até então tinha tido. E a multiplicação dos recém-chegados foi fulminante: de algumas dezenas que eram até 1910, passaram a centenas nas décadas seguintes. Afora os missionários do norte e do centro-oeste – e que na maioria das vezes também tinham comunidades em outras regiões –, merecem ser mencionados os redentoristas (1893), os verbitas (1895), os missionários filhos do Imaculado Coração de Maria (1895), os premonstratenses (1896), os basilianos (1897), os irmãos maristas (1897), os camaldulenses (1899), os missionários da Salette (1902), os barnabitas (1903), os trapistas (1903), os missionários da Sagrada Família (1911), os irmãos das escolas cristãs (1913), e os sacramentinos (1926), ao lado de outros mais.[97]

A formação dos jovens que admitiam era marcada por um conjunto de normas e de exercícios de piedade, que incluía a missa diária obrigatória, confissão freqüente, em geral com o padre diretor espiritual indicado pelos superiores; além de várias recomendações a respeito da visita ao Santíssimo Sacramento, reza do terço, leituras espirituais, retiros, e estímulo a devoções a Nossa Senhora e ao Sagrado Coração de Jesus. Particular apelo se fazia para se renunciar ao "espírito do mundo", o que, na prática, correspondia a uma ruptura com o mundo. Todo aquele que abandonava a vida religiosa era logo privado do contato com os demais, não lhe sendo permitido sequer despedir-se dos colegas. Pe. Pedro Henrique, no Seminário redentorista Santo Afonso, justificava tal atitude repetindo a máxima evangélica: "Quem põe a mão no arado, e olha para trás, não é digno de mim".[98]

Desnecessário é salientar que a aversão dos anticlericais das várias tendências em relação ao multiplicar das novas congregações era enorme, e que tudo fariam para contê-lo. Exatamente para desacreditar a vida regular, em 1910, os anarquistas Oreste Ristori e Edgard Leuenroth denunciaram o orfanato Cristóvão Colombo das Irmãs Carlistas, situado no bairro pau-

[96] Odilão Moura, *As idéias católicas no Brasil*, p. 28.

[97] Cf. Soares de Azevedo, *Brado de alarme*, p. 260-263.

[98] Augustin Wernet, *Os redentoristas no Brasil*, vol. II, p. 76.

listano de Vila Prudente, acusando-as do assassinato e ocultamento dos cadáveres das meninas Idalina e Josefina.[99] Na verdade, tudo não passava de uma trama bem urdida, pois as acusações tinham sido forjadas por Ângelo Paciullo, que convenceu a menor América Ferraresi, que havia se hospedado na casa das irmãs, a testemunhar contra elas. Quando, porém, a jovem América foi intimada a depor, admitiu em prantos que mentira. Triunfante, o jornal católico *La Squilla* declarou que "a máquina desmontada caiu sobre a cabeça dos construtores".[100]

Isso não quer dizer que a vida religiosa no Brasil estivesse acima da crítica, pois a reservas contra o seu proceder partiram de um personagem acima de qualquer suspeita: o Núncio Apostólico Giuseppe Aversa. Ele lamentava que, em muitos casos, contrariando o desejo inicial de tantos prelados diocesanos, muitos regulares tendiam a se concentrar nas grandes cidades, não raro priorizando o atendimento à classe alta, e deixando de lado os pobres. Monsenhor Aversa apontava exceções, como os capuchinhos e franciscanos, mas sem deixar de acrescentar outra ressalva: sendo ditos religiosos estrangeiros, sequer faziam caso de aprender a falar bem o português.[101] Daí que, em certos lugares, seu sotaque estranho, quiçá fruto de uma linguagem desleixadamente mal pronunciada, tornava-se inclusive motivo de caçoada entre as crianças.[102] O desprezo pela língua do país que os hospedava, e pela cultura e costumes gerais do povo, incomodaria até mesmo o Cardeal Arcoverde, que por este motivo manteve uma posição de distanciamento e de crítica contra os religiosos estrangeiros.[103]

Nenhuma atitude dos religiosos europeus, contudo, foi mais polêmica que a opção de rejeitar sistematicamente todos os vocacionados não brancos. Os dominicanos inclusive possuíam um dispositivo no seu regulamento interno – e que permaneceria em vigor até meados dos anos vinte –, estabelecendo de modo taxativo: "Não serão admitidos negros ou mestiços".[104]

[99] ASV, "Gazeta do Povo" (1-1-1910), em: *Nunciatura Apostólica no Brasil*, fasc. 633, caixa 128, fl. 63.

[100] ASV, "La Squilla" (12-11-1910), em: *Nunciatura Apostólica no Brasil*, fasc. 633, caixa 128, fl. 62.

[101] ASV, "Importante relatório sobre as condições religiosas e civis da República", em: *Nunciatura Apostólica no Brasil*, caixa 138, fasc. 694, doc. 1, fl. 136.

[102] Douglas Teixeira Monteiro, *Os errantes do novo século*, p. 81.

[103] Augustin Wernet, *Os redentoristas no Brasil*, vol. I, p. 27.

[104] José Barraldo Barquilla e Santiago Rodriguez, *Los dominicos y el Nuevo Mundo – siglos XIX – XX – Actas del V Congreso Internacional Querétaro* (4-8 septiembre 1995), p. 577-578.

Os capuchinhos se mostraram ainda mais unilaterais, dando prioridade aos rebentos dos próprios compatriotas: "Poucos se espera dos brasileiros. Há muito que se esperar de italianos, máxime de vênetos. [Os pais do Brasil] sabem mais educar jumentos que os próprios filhos, [os quais] por natureza são inimigos da disciplina".[105]

O eurocentrismo tampouco poupou os brasileiros que iam para o Velho Mundo, conforme denunciaria o italiano Pe. Calogero Gusmano SDB, ao escrever no dia 3-8-1901 ao seu confrade Pe. Giulio Barberis:

> Aqui na América existe uma queixa generalizada de que na Itália tratam mal os missionários; que muitas vezes não têm onde dormir; são deixados dias inteiros sem quarto; e tratados de qualquer jeito; a eles não se demonstra nenhuma cordialidade etc. Essas coisas passam de boca em boca e eu sofro quando escuto.[106]

O pior é que tais religiosos inspiravam certos prelados diocesanos a imitá-los. Fora do Sul do Brasil, porém, onde a presença de imigrantes europeus era menos sentida, teriam de ceder. O Arcebispo Arcoverde, quando declarou que não ordenaria negros, recebeu reprovação tanto do clero quanto dos leigos;[107] e a diocese de Mariana sequer tentou uma medida do gênero. Aos 6-12-1913, o Pe. Afonso Maria, ante a acusação de que o seminário marianense estava encontrando poucas vocações pelo fato de admitir muitos negros, reagiu indignado, afirmando que a arquidiocese admitia e favorecia a entrada de negros sim, mas que afinal nem muito numerosos eram. Para ele não havia dúvidas: a maledicência era somente "exagero e maldade por parte dos inimigos do Arcebispo".[108]

Não obstante as resistências, o clero do país, que chegara a possuir um razoável número de negros, incluindo-se o primeiro bispo negro da história das Américas – Dom Silvério Gomes Pimenta –, que não era outro senão o prelado da mesma Mariana citada acima, rapidamente se embranqueceu,

[105] Carlos Albino Zagonel et alii, *Capuchinhos no Brasil*, p. 311.

[106] Paolo Albera e Calogero Gusmano, *Lettere a don Giulio Barberis durante la loro visita alle case d'America (1900-1903)*, p. 206.

[107] Carlos Albino Zagonel et alii, *o. c.*, p. 311.

[108] ASV, Carta do Pe. Afonso Maria ao Núncio Giuseppe Aversa, em: *Nunciatura Apostólica no* Brasil, caixa 144, fasc. 723, fl. 164.

agravando ainda mais a distância que existia entre a Igreja e importantes segmentos dos fiéis.[109]

5.3. A realidade sociocultural emergente e os novos caminhos do apostolado

As mudanças por que passou o Brasil após a proclamação da República foram profundas: no Nordeste empobrecido, a Bahia se tornou um poder decadente e o Pernambuco conquistou a primazia regional; ao passo que, em nível nacional São Paulo e Minas Gerais se consolidaram como líderes econômicos, demográficos (apesar da Bahia conservar ainda por uma década a condição de segundo estado mais populoso do Brasil) e políticos, e somente o Rio Grande do Sul desafiava a hegemonia que exerciam, ao substituir a Bahia como terceira força política do país.[110]

A metamorfose da população não foi menor, dado que, tanto pela imigração maciça de europeus, quanto pela alta natalidade, passou de 14.333.915 habitantes em 1890 para 17.400.000 em 1900, saltando para 30.600.000 vinte anos depois. Outro particular nada secundário: pela primeira vez na história do país, a maioria dos habitantes se tornou oficialmente branca. Paralelamente, o acelerado crescimento urbano, o automóvel, a imprensa e o cinema trouxeram e impuseram novos padrões de comportamento; ao menos nas cidades, é claro. As mulheres começaram a ser admitidas no mercado de trabalho, e a moda, tanto masculina quanto feminina, sofreu notáveis alterações, ao tempo em que um lento processo de secularização se afirmava. Um dos sintomas deste último aspecto, raramente documentado, foi a popularização das leituras "só para homens". Li-

[109] Um dos primeiros documentários que se conhece atestando a presença de padres negros no Brasil é a obra *Notas dominicais* do francês François Louis Tollenare, que no início do século XIX descreveu a presença de clérigos não brancos no Pernambuco, que segundo ele eram angolanos. Na oportunidade, Tollenare agregou que a legislação existente, proibindo a admissão de negros ao sacerdócio era facilmente burlada por quem tivesse um pouco de dinheiro e se fizesse passar por mulato escuro. Este expediente, mais a dureza das condições de vida dos clérigos fizeram o número de padres negros crescer, conforme testemunham as obras de viajantes estrangeiros como Robert Walsh, Alcide D'Orbigny e Charles Ribeyrolles, que conheceram de perto grande número de padres negros atuando nas mais diversas regiões do Brasil (Robert Walsh, *Notícias do Brasil*, vol. I, p. 158-159; Alcide D'orbigny, *Viagem pitoresca através do Brasil*, p. 106; Charles Ribeyrolles, *Brasil Pitoresco*, vol. I, p. 162; François Louis Tollenare, *Notas dominicais*, p. 114).

[110] John D. Wirth, *O fiel da balança, Minas Gerais na federação brasileira (1889-1937)*, p. 30, 237.

bertinas, variavam de livros (*A Carne*, de Júlio Ribeiro, e *O Bom Crioulo*, de Adolfo Caminha) a revistas como *O Rio Nu*, *O Nabo*, e *A Maçã*.[111]

5.3.1. A influência dos colégios católicos

As respostas católicas às novidades que se impunham foram as mais variadas, encontrando na educação uma das mais privilegiadas delas. Não bastasse o desconforto que causava o laicismo institucional, que vedava a catequese nas escolas públicas, em 1890, Pe. Luigi Lasagna escrevia alarmado: "os protestantes abriram numerosíssimas escolas mistas, espantosamente cheias de alunos e alunas, e não há ninguém que dispute o terreno com eles".[112]

O problema era que montar uma escola confessional não era tão simples assim. A primeira dificuldade era a sutil discriminação que existia, uma vez que o Estado dificultava a equiparação das escolas religiosas ao Colégio Pedro II, definido como escola padrão no período. Fazia-o porque dita escola era leiga e estatal, satisfazendo os dispositivos da Constituição de 1891, que havia estabelecido a laicidade do ensino. Por esta razão, se colégios católicos gozavam de reconhecimento, no fundo era uma espécie de reconhecimento de segunda classe.[113] Procurou-se então expedientes, e um deles tomou como base a própria Constituição do país, que dera grande autonomia aos estados, e isso permitiria alterações em nível local. Em Goiás, Delfim Moreira da Costa ocupava a secretaria do interior, e aos 6-8-1906, por meio de um decreto, estabeleceu a equiparação em solo goiano, o que beneficiou colégios como os das Irmãs Dominicanas de Monteils que ali trabalhavam.[114] A solução definitiva ocorreu com a lei de 20-10-1923, que aboliu os privilégios do Estado para dar instrução, estatuindo o princípio da liberdade de ensino sem restrições.[115]

Tanto antes, quanto depois disso acontecer, o crescimento numérico das casas de ensino católicas aconteceu de forma acelerada e alguns educandários tornar-se-iam particularmente prestigiosos. Nessa multiplicação,

[111] Elizabeth de Fiori di Cropani et alii, *Nosso Século (1910-1930)*, vol. II, p. 116-121, 270.

[112] Luigi Lasagna, *Epistolario*, vol. II, p. 432.

[113] Manoel Isaú Souza Ponciano Santos, *Luz e sombras*, p. 232.

[114] Maria Antonieta Borges Lopes e Mônica Teixeira Vale Bichuette, *Dominicanas: cem anos de missão no Brasil*, p. 80-81.

[115] Laércio Dias de Moura, *A educação católica no Brasil*, p. 86.

além do desejo sempre presente de conter o avanço das escolas protestantes, também pesou o fator econômico. Sem apoio oficial, tanto o clero secular quanto os religiosos das mais diversas ordens e congregações passaram a depender apenas dos recursos próprios ou do auxílio dos setores privados locais. Como a necessidade de um suporte para as crescentes atividades que desenvolviam era inadiável, uma das soluções encontradas para captar recursos foi o investimento em enormes escolas de europeizada arquitetura. Os educadores católicos bem que se preocupavam com as classes populares, e muitas vezes, ao lado do colégio para alunos ricos, construíam também uma dependência para a formação dos menores carentes; mas não havia como ficar imune à instabilidade econômica que grassava no país, e teriam de estabelecer certas prioridades. Direcionar, portanto, o ensino às pessoas com recursos acima das intempéries financeiras nacionais, tornou-se imperioso, ainda que isso tenha levado a educação religiosa a se acomodar às necessidades de educação e orientação moral da elite tradicional ou de segmentos crescentes da classe média urbana e dos quadros burgueses em ascensão.[116]

Nos educandários católicos, os alunos eram separados segundo o sexo, e, no campo masculino, marcaria época o Colégio do Caraça em Minas Gerais, anteriormente citado. José Tobias Zico CM, na lista que fez dos "notáveis" que estudaram na instituição, enumerou nada mais nada menos que 2 Presidentes da República (Afonso Augusto Moreira Pena e Artur da Silva Bernardes), 2 Vice-Presidentes (Afonso Pena e Melo Viana), e 17 Presidentes dos estados. Juntando estas cifras, com as de outros estabelecimentos dos Padres da Missão no período e nas décadas seguintes, atinge-se um total que está acima de qualquer comentário: 5 Presidentes da República, 3 Vice-Presidentes, 25 Presidentes (entenda-se, Governadores) dos Estados, 7 Vice-presidentes (ou Vice-Governadores) do Estado de Minas Gerais, e mais de 200 senadores ou deputados, 111 dos quais somente do Caraça.[117]

Com o passar dos anos, os castigos corporais foram abolidos, tendo os educadores concentrado a atenção na formação da alma dos educandos, estabelecendo-se uma relação amigável entre mestre e aluno. O aspecto

[116] Paulo José Krischke, *A Igreja e as crises políticas no Brasil*, p. 132-135.
[117] José Tobias Zico, *Caraça, ex-alunos e visitantes*, p. 104-105.

doutrinário era centralíssimo, como bem esclareceu Pe. Manoel Pacheco na semana pedagógica organizada pela Companhia de Jesus no Colégio Antônio Vieira da Bahia, entre 20 e 27 de janeiro de 1921:

> Educar é nortear a alma da criança, primeiramente para Deus, cuja imagem é por origem semelhança e destino; depois para a sociedade de que hoje apenas faz parte uma célula embrionária, e cujos destinos, talvez, regerá amanhã...
>
> Educar não é criar atletas ou formar sábios; isso seria atender ao que é secundário na educação; seria estacar a meio caminho da grande jornada; educar é sobretudo, e antes de tudo, formar religiosa e moralmente a vontade e coração da criança. [...] O educador verdadeiro não ensina senão para ganhar as almas; não instrui nas letras senão para ter o direito de inocular a fé e os sãos princípios da educação cristã.[118]

Essa metodologia seria seguida à risca pelos jesuítas na sua renomada rede de escolas. Além do prestigiado Colégio São Luís, transferido de Itu para São Paulo, em 1918, nesse período eles abriram muitos outros educandários, tais como: Ginásio Gonzaga de Pelotas (1895), Colégio Stela Maris de Rio Grande (1900), Colégio Santo Inácio do Rio de Janeiro (1903), Colégio Catarinense de Florianópolis (1906), Colégio Antônio Vieira de Salvador (1911), e o Colégio Nóbrega do Recife em 1917.[119] O mesmo se diga dos salesianos, que, depois dos colégios de Niterói e São Paulo, abriram no interior paulista o Colégio São Joaquim, em Lorena (1890), o Liceu Maria Auxiliadora de Campinas (1897), e o Colégio São José de Guaratinguetá (1899). Igualmente dignos de nota foram as Escolas Dom Bosco em Cachoeira do Campo (1896), em Minas Gerais; o Colégio de Santa Teresa em Mato Grosso (1899), e outros mais.[120]

No campo feminino, a primazia ficou por conta das religiosas francesas, reforçando uma tendência que vinha desde os tempos do Império. Primeiro, como se viu, afirmou-se o prestígio das Filhas da Caridade; e depois também graças à intercessão de algumas privilegiadas brasileiras que haviam

[118] Marcello Renaud et alii, *Semana pedagógica*, p. 22, 24.
[119] Laércio Dias de Moura, *A educação católica no Brasil*, p. 100-101.
[120] Júlio César de Morais Carneiro, *O Catolicismo no Brasil*, p. 171-172.

estudado na Europa, o número das congregações provenientes da França se multiplicou. Uma dessas senhoras, a Condessa Monteiro de Barros, com o aval de outras "bem nascidas", após a fracassada tentativa de trazer as irmãs do *Sacré Coeur*, através de contatos com o Internúncio Spolverini, conseguiria que a Superiora geral das irmãs de *Notre Dame de Sion*, Irmã Marie Paule, respondesse afirmativamente. Pesou com certeza nessa decisão o fato de a Condessa haver colocado gratuitamente à disposição da congregação, pelo período de dez anos, um vasto imóvel que possuía, situado à rua Barão de Itapagipe, 39, no bairro carioca da Tijuca.[121] Com essa garantia, o primeiro grupo, constituído das irmãs Marie Félix, Marie Crysosthome, Marie Constantine e Marie Orsoline, chegou para ficar aos 9-10-1888. No dia 8 de novembro daquele mesmo ano desembarcariam outras 3 religiosas; mas, quando a febre amarela provocou a morte da irmã Marie Félix em 8 de fevereiro seguinte, elas se mudaram para Petrópolis, sendo hospedadas pelas Filhas da Caridade. Outras duas irmãs tombariam vitimadas pela febre; entretanto, por outro lado, a congregação ganhou residência estável, pois, com o advento da República, ser-lhe-ia cedido por certo tempo o prédio do ex-palácio imperial daquela cidade. Entrementes, chegara a Madre Angeline, dotada de uma personalidade excepcional, e a obra recobrou ânimo, sendo possível a abertura de novas casas em São Paulo-SP (1901), Campanha-MG (1904), Curitiba-PR (1906), e também, depois que o Rio de Janeiro fora saneado pelo médico Oswaldo Cruz (1872-1917) e reurbanizado pelo Prefeito Francisco Pereira Passos (1836-1913), refundar o Colégio Sion da capital federal em 1908. Inicialmente ele funcionou à rua São Salvador, até transferir-se aos 9-11-1925 para a sede definitiva no Cosme Velho. A formação escolar ali ministrada pelas *Dames de Sion* correspondeu às expectativas do meio *chic* da *belle époque*, principalmente no tocante ao currículo, que privilegiava os autores franceses ou os clássicos comentados por franceses, o qual seria enriquecido, a partir de 1900, de vários outros assuntos. Ser genitor de uma das *enfants de Sion* se tornou motivo de orgulho, pois as mocinhas saídas dali se destacavam pelo seu francês perfeito, modos requintados, respeito pela autoridade e formação em literatura clássica.[122]

[121] Cf. AAEESS, Comunicação da Superiora Geral de Sion a respeito da oferta de abrir uma casa no Rio de Janeiro (14-7-1888), em: *Brasil*, pos. 279, fasc. 21, fl. 22-23.

[122] Jeffrey D. Needell, *Belle Époque tropical*, p. 81-83.

Por causa das perseguições na França, também as Irmãs do *Sacré Coeur* se estabeleceram no Rio de Janeiro em 1904, e desde o início o Arcebispo Arcoverde lhes avisou que a Capital precisava de mais uma casa de educação para as meninas das "primeiras famílias". Não foi difícil contentá-lo, pois várias senhoras da sociedade que haviam sido alunas da congregação na França e na Inglaterra logo vieram demonstrar sua solicitude. Assim, no dia 12-2-1905, as irmãs abriram um pequeno pensionato com 32 alunas, número este que subiria para 59 no período escolar sucessivo. Finalmente, aos 27-6-1906, foi colocada a pedra fundamental do grandioso edifício que viria a dominar uma das encostas do Alto da Tijuca. Os pedidos de matrícula se multiplicaram, tornando possível, em 25-10-1909, a abertura de outra escola: o Externato da Glória.[123]

A influência da educação católica nos extratos elevados da sociedade brasileira deu prestígio à Igreja, pois muitos dos ex-alunos, no exercício das suas profissões e nas atividades públicas, elogiavam a formação recebida. Sobre isso, João Neves da Fontoura, ex-estudante do colégio dos jesuítas de Novo Hamburgo, RS, deixou um depoimento revelador: "Católico por decisão íntima, nada encontrei que substituísse no meu espírito os dogmas da Igreja. Os jesuítas infundiram-me na alma convicções que conservo sem esforço. Blasco Ibañez, em um dos seus romances, diz que o aluno dos padres da Companhia de Jesus fica com o 'vinco jesuítico'. Não sei se essa é a regra. Sei que, em mim, ficou".[124]

Tal influência cresceria ainda mais nos anos sucessivos, pois a rede católica, que entre 1889 e 1920 montou 176 instituições de ensino, criaria mais 101 entre 1921 e 1930.[125] De outra parte, também mereceu insistentes críticas. A primeira delas aponta a tendência a deixar de lado as classes populares; a segunda foi a que se chamaria mais tarde de alienação da realidade nacional. Isto é, na aristocrática instrução levada a efeito, o estudo da história do Brasil e da própria língua portuguesa teriam sido desprestigiados.[126]

[123] Odette Mattos, *História da Sociedade do Sagrado Coração de Jesus no Brasil*, p. 1-3, 15, 33, 103.
[124] João Neves Fontoura, *Borges de Medeiros e seu tempo*, p. 174.
[125] Laércio Dias de Moura, *A educação católica no Brasil*, p. 114.
[126] Américo Jacobina Lacombe et alii, *O Brasil – 1900-1910*, p. 56-57.

5.3.2. A força do laicato feminino

Tanto as donzelas saídas dos "bons colégios" católicos, quanto as paroquianas de um modo geral, acabaram se transformando no grande trunfo pastoral do clero, que valorizaria seu potencial com escrupulosa sabedoria. Não foi tarefa das mais árduas, porque as mudanças no comportamento feminino afetaram muito pouco o aspecto religioso, e a maioria das moças e senhoras do final do Império e da *belle époque*, mesmo as mais emancipadas, ainda conservava firmes os valores transmitidos pela geração precedente. A piedade das mulheres geralmente era conexa à moral, que ao contrário da masculina era tida como ótima. Neste particular, o clero não era completamente isento de culpa, pois não instituía obras específicas para homens, contentando-se em dispensar seu tempo e atenção ao devocionário feminino. E, como homens e mulheres se sentavam em partes separadas nas igrejas, via de regra, senhoras e moças ocupavam todas as naves centrais, sobrando para os homens as naves laterais e os fundos do templo. Além disso, quando um penitente desejava se confessar, ordinariamente encontrava os confessionários ocupados pelas senhoras e senhoritas, e, conforme era o costume da época, ele não ousava aproximar-se. Daí seguia para a sacristia, mas lá dificilmente encontraria um padre disponível. Acabava se aborrecendo e indo embora. Com o passar do tempo parece haver formado entre os padres a convicção de que a prática da religião fosse deveras coisa de mulheres, não tendo os párocos o cuidado de irem ao encontro dos homens onde eles estavam. O próprio Núncio Giuseppe Aversa lamentaria: "o pior é que o pároco brasileiro se encontra na falsa suposição que sua ação se deva limitar à matriz".[127]

Por mérito, portanto, de moças e matronas piedosas, a vida interior das famílias era sóbria, e as virtudes das devotas, associadas à estabilidade do lar, mostraram ser as grandes reservas da catolicidade brasileira. Arcoverde, quando elevado ao cardinalato, intuiu o quanto oportuno era valorizar esse potencial e, em 1920, encarregou Monsenhor Maximiano, seu vigário geral, de fundar a Associação das Senhoras Brasileiras.[128] Não era apenas uma associação piedosa: avançada para a época, desde seus primeiros dias

[127] ASV, "Abandono do elemento masculino", em: *Nunciatura Apostólica no Brasil*, fasc. 694, caixa 138, fl. 145b-146.

[128] Maximiano de Carvalho Silva, *Monsenhor Maximiano da Silva Leite*, p. XXIII.

se dedicou especialmente à mulher que lutava para prover a sua subsistência, e por isso com o tempo veio a estabelecer toda uma gama de atividades sociais em favor da mulher trabalhadora: escola de preparação às carreiras de comércio, secretariado de empregos e de informações, residência feminina, restaurante, biblioteca, oficinas de bordado e costura, e exposição anual de lavores femininos.[129]

Outros bispos seguiriam a mesma estratégia: Dom Leme santificou o dia da família, e permaneceu diretor da Associação das Mães Cristãs; enquanto Dom Cabral, valorizando a mesma associação, instruiu os padres da sua diocese a prestigiá-la, porque, segundo ele, a mesma era providencial para "realizar maravilhosas transformações na organização escolar, e em todos os departamentos do ensino público e particular".[130] Nessas associações as senhoras católicas eram instruídas com eficácia e influíam no comportamento dos maridos, que encantados com os frutos dessa pregação eram os primeiros a mandarem suas fiéis esposas a elas.[131]

No que tange à religiosidade cotidiana, a formação de uma futura boa esposa católica era um corolário de rigores sob a severa vigilância da mãe, avós ou tias. Depois de casada, ela formava os pequerruchos seus ou do seu grupo de catequese nas máximas do catecismo romano, o qual, sobretudo no sudeste e no sul, era transmitido segundo a versão simplificada, aprovada aos 8-9-1904, durante a reunião coletiva do episcopado meridional. Dito livrinho teria várias edições, e, com base nos seus postulados, salientava-se o amor à instituição eclesiástica e ao Romano Pontífice, fato este que o Arcebispo de Fortaleza, Dom José de Medeiros Delgado, quando emérito, fez questão de registrar no seu livro de memórias: "Ao prepararem-me para a primeira comunhão, Júlia Santiago e minha tia Cecília, catequistas, Pe. José Vital Ribeiro Bessa em Esperança, PB, repetiam: Meninos, foi o Papa Pio X quem abriu os sacrários às crianças. Rezemos pelo Papa, amigo dos pequeninos!"[132]

No dia da celebração, as meninas, vestidas como pequenas noivas, levavam um livro de orações e o terço na mão; e os meninos, trajados como marinheiros ou usando austeros terninhos de calças curtas, amarravam um

[129] Guilherme Schubert, *A província eclesiástica do Rio de Janeiro*, p. 221.
[130] Antônio dos Santos Cabral, *A Igreja e o ensino*, p. 19-20.
[131] Laurita Pessoa Raja Gabaglia, *O Cardeal Leme*, p. 62-63, 103.
[132] José de Medeiros Delgado, *Memórias da graça divina*, p. 24.

laço branco ao braço esquerdo, carregando na mão a vela. Havia procissão para a igreja com banda de música, e as crianças eram recebidas na porta pelo vigário que as conduzia, em seguida, até os seus lugares.[133] Sentavam-se nos primeiros bancos, meninas de um lado e meninos de outro, e, na hora de comungar pela primeira vez, dirigiam-se ao altar de mãos postas e ar contrito, sob os olhares felizes dos pais. O evento era tão marcante que mais tarde Lamartine Babo (1904 – 1963) dedicaria uma melodia típica para a ocasião: "Ó Maria, concebida/ sem pecado original./ Quero amar-vos toda a vida,/ com ternura filial./ Vosso olhar a nós volvei,/ vossos filhos protegei./ Ó Maria, ó Maria,/ vossos filhos protegei".[134]

5.3.3. Os desafios do mundo operário e as primeiras iniciativas religiosas para a promoção dos trabalhadores

Enquanto o mundanismo marcava tendência na elite da República Velha, nas classes baixas urbanas, particularmente entre o operariado das milhares de pequenas fábricas, que despontavam país afora, começava persistente infiltração anarquista e socialista, trazida na bagagem dos imigrantes europeus. O Governo estava atento, e, em 1890, o código penal qualificou a greve como crime. Foi o início de uma série de medidas restritivas, que culminaram no rigoroso aparato legal repressivo de Rodrigues Alves, que promulgou, no ano de 1904, a lei que cerceava a liberdade de expressão e de organização.[135] Em 1907, já sob a presidência de Afonso Pena, para controlar a influência crescente dos sindicalistas europeus imigrados, aprovou-se uma lei determinando a expulsão do território nacional de todo estrangeiro que estivesse implicado em atividades subversivas.[136]

O esforço resultou inútil, dado que a organização sindical não se retraiu, ainda que sua influência quase sempre tenha se limitado a alguns centros urbanos em vias de industrialização, particularmente em São Paulo. O sindicalismo reivindicatório era criticado pela grande imprensa, pelas autoridades governamentais e pelo clero; porém, seu proselitismo esquer-

[133] Augustin Wernet, *Os redentoristas no Brasil*, vol. I, p. 161.

[134] Balfour Zapler et alii, *História da música popular brasileira – Lamartine Babo*, Abril Cultural, São Paulo 1976, p. 1.

[135] Lincoln Abreu Penna, *Uma história da República*, p. 135-136.

[136] Francisco Iglesias, *História política de Brasil*, p. 252.

dizante só perderia força em meados dos anos vinte. A Igreja abominava os movimentos de esquerda, vistos como elementos desagregadores da ordem; e muitos destes, por sua vez, através de diferentes postulados filosóficos, professavam arraigado anticlericalismo.[137]

As penosas condições de vida da massa proletária, entretanto, sensibilizavam algumas publicações católicas, que, inspiradas nos ensinamentos da *Rerum Novarum*, começaram a dar certa atenção ao drama da questão social. O próprio Presidente Afonso Pena, católico convicto, por ocasião da abertura do Congresso Nacional, arrependido talvez do modo brusco como pouco antes tratara os trabalhadores dos arsenais, admitiu que a legislação brasileira era deficiente no tocante às leis sobre acidentes de trabalho, seguro obrigatório, e caixas de socorros para casos de moléstia e invalidez. Apesar da coragem do seu gesto, nenhuma medida foi tomada. Barbosa Lima, um jovem deputado do Pernambuco, inspirado nos postulados de Leão XIII, retomaria a questão no Congresso, advertindo que o socialismo anárquico e revolucionário recrudescia, à medida que o espírito de religiosidade diminuía nas massas populares. Mesmo tomando distância da esquerda, o deputado batia na tecla: O operário tem direito imprescindível a um salário que lhe permita a manutenção material e moral e a de sua família. A lei deve proteger o trabalho dos menores e mulheres, evitando a desorganização do lar. A certeza de que o trabalhador urbano brasileiro vivia em condições desumanas, levou até mesmo Dom Sebastião Leme, tão bem relacionado com as autoridades, a favorecer a sua organização. Dom Manoel Gomes, de Fortaleza, tomaria atitude semelhante, enquanto, em São Paulo, formou-se um Centro Operário Católico, onde se destacou Porfírio Prado, que lutou incansavelmente para arregimentar o operariado fiel.[138] Analogamente, a partir de 1917, os Círculos Operários Católicos, iniciados pelo lazarista holandês, Pe. Guilherme Waessem, multiplicaram-se pelo nordeste, principalmente no Ceará;[139] enquanto, na cidade de São

[137] A Igreja tentou substituir os símbolos e datas comemorativas do movimento operário de esquerda por outros símbolos e celebrações cristãos. Por isso, mais tarde, o 1º de maio, data da morte dos trabalhadores de Chicago e proposto em 1890 como feriado mundial pela *American Deferation of Labour*, passou a ser celebrado pela Igreja como dia de "São José Operário" (Vamireh Chacon, *História das idéias socialistas no Brasil*, p. 312).

[138] Rufiro Tavares, "O problema operário e a doutrina social católica", em: *Santa Cruz*, fasc. V, p. 243-245.

[139] Pedro Américo Maia, *Crônica dos jesuítas do Brasil centro-leste*, p. 71.

Paulo, SP, os beneditinos instituíram na sua abadia a Escola Noturna São Miguel para a educação de adultos, acolhendo sobretudo membros do operariado. Nesta mesma perspectiva, em 1908 também seria fundado o Instituto Eduardo Prado, destinado principalmente à instrução dos vendedores de jornais e engraxates.[140]

Em círculos restritos, apareceu também, pela primeira vez, a teoria de um hipotético "socialismo cristão". Um dos primeiros testemunhos que se conhece alinhado com tal novidade é o pronunciamento de Monsenhor Eurípides Calmon Nogueira, que na igreja de São Pedro, no Rio de Janeiro, em 1915, fez uma distinção entre socialismo cristão e socialismo pagão. A idéia encontraria poucos seguidores, mas até que tinha sua lógica: O socialismo anárquico e pernicioso, segundo ele, conduzia ao dilúvio de sangue que então se verificava, e que estava asfixiando os povos modernos, tendo na filosofia gentílica suas raízes e incitamento. Contrapunha a este o socialismo da ordem, da paz e do progresso, "tão magnífica e oportunamente desdobrado pelo imortal Leão XIII".[141] Apesar da sua pouca ressonância, foi sem dúvida uma análise alternativa à problemática, que reapareceria décadas depois.

5.3.4. A renovação litúrgica

Os religiosos europeus logo desejaram adaptar o culto católico no Brasil aos modelos dos seus locais de origem. A religiosidade popular que encontraram lhes causava desconforto, como bem o demonstra o depoimento do redentorista alemão Valentim von Riedl: "Aqui o barulho é contínuo nos ofícios divinos; crianças gritando, música esquisita na igreja e repique extravagante de sinos, conversas em alta voz dentro da igreja dão a impressão de ser tudo, menos uma casa de oração e recolhimento".[142]

Foi então que o espírito do movimento litúrgico, impulsionado na França pelo abade beneditino de Solesmes, Prosper-Louis-Pascal Guéranger (1805-1875), chegou ao Brasil. Os promotores foram seus confrades residentes na América do Sul, no que se destacou Dom Gaspar Lefevre, que atuou de 1906 a 1915 nos mosteiros do Rio de Janeiro e da Paraíba.

[140] Laércio Dias de Moura, *A educação católica no Brasil*, p. 101.
[141] Vamireh Chacon, *História das idéias socialistas no Brasil*, p. 385-402.
[142] Augustin Wernet, *Os redentoristas no Brasil*, vol. I, p. 71.

Sua obra mais conhecida é o *Missal cotidiano*, versão portuguesa. Outro beneditino que deu grande contribuição foi Dom Gerardo van Caloen, abade encarregado pela Santa Sé da restauração da Ordem de São Bento no Brasil, cuja participação naquele movimento foi notável.[143]

O episcopado tampouco descuidou de dar outro rumo à liturgia no país, e vários documentos abordaram o assunto, como a *Pastoral Coletiva* de 1907 que incluiu o tema numa proposta reformadora ampla.[144] Essas iniciativas provocaram verdadeira metamorfose no cerimonial. O ritual austero e solene valorizou a introspecção, substituindo as antigas "missas alegres" (que consentiam até na presença de libretos de ópera e tertúlias durante as celebrações) por eucaristias sóbrias em que as melodias obedeciam às prescrições dos manuais de cantos espirituais. Entre as várias obras até então editadas, devem ser mencionados o livrinho de 39 páginas denominado *Arte do Cantochão ou canto litúrgico*, publicado no Rio em 1896, e as composições dos franciscanos alemães Pedro Sinzig (1876-1952) e Basílio Roower (1877-1958), autores de vários cânticos que seguiam o novo espírito. Fazem parte das criações dessa época o *Benedicte*, manual de cânticos sacros em português e latim (com um apêndice de orações), e o livrinho *Cecília*, em 1910, com texto revisto pelo Conde Afonso Celso, que recebeu aprovação do Núncio Apostólico, do Cardeal Arcoverde e de mais sete bispos.[145]

Ditas inovações eram conduzidas de acordo com as disposições do *Motu Próprio* do Papa Pio X, aprovado aos 22-11-1903. De tudo isso resultaram liturgias com um ar erudito, e o brilho de algumas solenidades passaria à história, entre as quais o *Te Deum* realizado para comemorar a abolição da escravatura, o *Réquiem* de Verdi regido por Cernichiaro nas exéquias pelos mortos do encouraçado brasileiro *Aquidabã* e a *Marcha Triunfal* de Júlio César do Lago Reis para órgão, composta para a festa do jubileu do Papa Leão XIII, que inclusive chegou a ser tocada em Roma.[146]

143 Odilão Moura, *As idéias católicas no Brasil*, p. 101.

144 Joaquim Arcoverde de Albuquerque Cavalcanti et alii, *Pastoral Coletiva dos Srs. Arcebispos e bispos das províncias eclesiásticas de São Sebastião do Rio de Janeiro e Mariana, comunicando ao clero e fiéis o resultado das conferências dos mesmos, no Seminário Arquiepiscopal de Mariana de 2 a 12 de agosto de 1907*, p. 39-40, 44, 47, 55, 57.

145 Américo Jacobina Lacombe et alii, *Brasil 1900-1910*, p. 22-23.

146 Américo Jacobina Lacombe et alii, *Brasil 1900-1910*, p. 23-44.

Os católicos instruídos admiravam a evolução, e Jackson de Figueiredo, numa carta para a sua esposa, escrita em Muzambinho, MG, aos 22-2-1919, diria: "Hoje à tarde fui a um enterro e, na igreja, a música me fez um grande bem. Definitivamente a religião é a chave da vida e a música religiosa fala com uma gravidade tal ao espírito, que não há homem que a ouça sem desejar ser melhor, mais puro, mais elevado".[147] O problema é que, os arranjos instrumentais eruditos não eram acessíveis à maioria dos fiéis que freqüentavam as missas. Coube ao forte apelo emocional das devoções suprir a carência, assumindo uma importância central para a consolidação de uma nova espiritualidade, análoga às suas similares européias. Surgiram centenas de instituições não clericais ou religiosas de cunho meramente devocional, ao lado de outras, de apostolado leigo.[148]

5.3.5. O disciplinamento das irmandades e dos centros de romaria

A problemática das associações leigas, que tanto clamor suscitara nos tempos do Império, ainda não estava completamente superada nas primeiras décadas da República, e a Santa Sé, por meio de um decreto baixado pela Sagrada Congregação do Concílio dirigido especificamente para o Brasil aos 18-8-1894, resolveu encerrar de vez a questão: "Os sodalícios e as outras associações eclesiásticas de qualquer gênero que sejam, por isso mesmo que recebem da Igreja sua vida e sua norma, devem absolutamente estar sujeitos àqueles que foram propostos por instituição divina ao governo da mesma Igreja, e subordinados à sua autoridade".[149]

Na maioria dos casos, a transição foi pacífica, e cada diocese adotou as medidas que julgava convenientes para que as antigas confrarias se organizassem de acordo com os cânones romanos. Resistências, no entanto, houve, e em várias oportunidades o clero teve de entrar em luta aberta com as associações leigas, não só em relação à administração dos bens, como também pela posse dos templos, andamento das solenidades e até mesmo em relação a funções eclesiásticas. Depois da laicização do Estado em

[147] Clélia Alves Figueiredo Fernandes, *Jackson de Figueiredo, uma trajetória apaixonada*, p. 215.

[148] Américo Jacobina Lacombe et alii, *o. c.*, p. 57.

[149] ASV, "suspensão da irmandade", em: *Nunciatura Apostólica no Brasil*, fasc. 424, caixa 86, fl. 81.

1890, e da promulgação da lei n. 173, de 10-9-1893, que regulou as instituições culturais e pias, algumas dentre as referidas associações sagazmente se fizeram registrar como sociedades civis nos registros governamentais, retomando a tradicional independência ou mesmo pretensões de domínio no âmbito das paróquias. Como nos tempos do Império, consideravam o pároco um subalterno seu, do qual acreditavam poderem se desembaraçar quando bem lhes aprouvesse. O problema era sentido sobretudo no Rio de Janeiro, e se arrastou por anos, até se converter numa violenta demanda judiciária. Em meados de 1912, o vigário da freguesia de Nossa Senhora da Glória, monsenhor Luiz Gonzaga do Carmo, imbuído do espírito não menos intransigente dos clérigos zelosos das próprias precedências, reagiu furibundo contra tal situação, declarando que na paróquia comandava ele e não os seculares. O bispo auxiliar do Rio, Dom Sebastião Leme, estimulou-o a resistir, e, com um decreto suspendeu a mesa diretora da irmandade do Santíssimo Sacramento das suas funções, nomeando uma comissão provisória de administradores. A mesa suspensa reagiu violentamente, rejeitando o decreto episcopal e expulsando o pároco. Monsenhor Gonzaga apelou para o tribunal civil, mas o juiz da primeira instância deu sentença favorável à irmandade, atribuindo a ela a propriedade da igreja e dos seus bens. Sem aceitar tal decisão, o pároco recorreu ao Tribunal Superior do Rio de Janeiro, e aos 15-12-1913 a primeira seção do mesmo lhe deu ganho de causa, condenando a irmandade ao pagamento de todas as custas do processo.[150]

Ainda não se dera a última palavra, porque Agenor César Correa e Antônio Joaquim Ferreira, respectivamente provedor e tesoureiro da irmandade em questão, apelaram; mas o desembargador procurador-geral do distrito, Luiz Guedes de Morais Sarmento, encerrou a querela, dando ganho de causa para o padre.[151]

Casos como esse apenas reforçaram a vigilância dos bispos diocesanos; e, por este mister, ao se aproximarem os anos vinte, já haviam desaparecido quase todos os vestígios do modelo antigo. Particular severidade se verificou em São Paulo, em que Dom Duarte Leopoldo e Silva impôs sobre

[150] ASV, "As Irmandades no Brasil, uma sentença contra elas", em: *Nunciatura Apostólica no Brasil*, fasc. 690, caixa 137, docs 1-3, fl. 59-62, 71-72.

[151] *Corte de Apelação – Câmaras Reunidas – Apelação Cível 432*, Tipografia da Revista dos Tribunais, Rio de Janeiro 1916, p. 35-37.

confrarias e irmandades a precedência da autoridade eclesiástica. Ele era tão rígido neste particular que todo ano as obrigava a lhe prestarem contas, e assim, as mantinha "refreadas e submissas".[152]

Fato parecido aconteceu com os santuários e centros de romaria: secularizado o Estado, os administradores leigos nomeados pelo Governo foram prontamente excluídos, e as práticas religiosas "normalizadas". Nem sempre tranqüilamente. Na romaria de Barro Preto, município de Trindade, estado de Goiás, existia uma rústica capela, na qual, cada primeiro domingo de julho, se celebrava a festa do Divino Pai Eterno que durava doze ou mais dias. De 1881 a 1891 a paróquia circunstante ficara vaga, e os leigos da comissão administrativa haviam-se apropriado das festividades. A situação logo se degenerou, pois, juntamente com os milhares de fiéis que lá acorriam, participavam também jogadores, saltimbancos e mulheres de moral duvidosa. Enquanto o Império durou, o clero não pôde tomar nenhuma atitude, porque os juízes de capela de então, em troca de polpudas gorjetas das rendas do evento, aprovavam tudo quanto ditos festeiros organizavam. Com a república, o bispo de Goiás, Dom Eduardo Duarte da Silva, resolveu intervir, tendo pedido e conseguido que os Padres Redentoristas fixassem residência no local aos 20-1-1895. Para seu desgosto, anos depois ele constatou que nem eles nem os dominicanos que também atuaram na região haviam conseguido moralizar a situação. Em 1899 Dom Eduardo tomou então a drástica medida de transferir a data festiva para quinze de agosto, a ser celebrada segundo as rubricas litúrgicas. De novo não foi obedecido, pois os três festeiros levaram a cabo a festa como antes. Dom Eduardo foi até lá, e ouviu dos implicados uma afirmação bem típica dos velhos tempos: que eles eram "católicos não romanos". Sentindo-se particularmente ofendido, ele se retirou, declarando interdita não só a igreja como o inteiro povoado.[153] A punição durou quatro anos, mas o bispo saiu vencedor, pois os implicados, sem pontos de apoio, tiveram de enviar-lhe um súplice pedido de perdão, e aceitar as condições que lhe eram impostas.[154]

[152] ASV, Carta do Núncio Giuseppe Aversa ao Cardeal Secretário de Estado da Santa Sé (20-4-1914), em: *Nunciatura Apostólica no Brasil*, fasc. 734, caixa 146, doc. 29, fl. 64b.

[153] ASV, Carta de Dom Eduardo ao Núncio Giulio Tonti (2-1-1903), em: *Nunciatura Apostólica no Brasil*, fasc. 488, caixa 99, doc. 27, fl. 15.

[154] Cf. ASV, Carta de Dom Eduardo ao Núncio Giulio Tonti (29-10-1903), em: *Nunciatura Apostólica no Brasil*, fasc. 488, caixa 99, doc. 26, fl. 9.

Naquele que viria a ser o santuário nacional – Aparecida, SP –, também houve notáveis mudanças, depois que os redentoristas o assumiram aos 30-10-1894. Três anos mais tarde, no dia 30-4-1897, João Maria observaria triunfante que ali, onde em tempos idos não comungavam cinqüenta pessoas, no último ano haviam comungado sete mil. Quando a notícia da mudança chegou ao conhecimento do bispo diocesano, esta "o alegrou e consolou extraordinariamente".[155]

5.3.6. As associações caritativas e devocionais

O conjunto das medidas disciplinadoras tomadas provocou a morte lenta da maioria das antigas irmandades, motivo pelo qual, em 1903, ao ser celebrada na catedral de Salvador, BA, a eleição do Papa Pio X, as novas associações eram já majoritárias, como se pode verificar nos apelativos daquelas que se apresentaram ao evento: Sociedade de São Vicente de Paulo, Liga Católica das Senhoras Baianas, Damas de Maria Auxiliadora, Liga da Comunhão Freqüente, Associação das Mães Cristãs, Guarda de Honra do Sagrado Coração de Jesus, Filhas de Maria, Associação do Santíssimo Sacramento, Oblatas de São Bento, Confraria da Pia União de Jesus Maria e José, Centro da Pia União de Santo Antônio da Catedral, Associação de São Francisco Régis, Devotos de São Bento, e centro do Apostolado da Oração da Catedral.[156]

O clero era o grande incentivador da tendência, e documentos como o do sínodo da Arquidiocese de Mariana, realizado naquele mesmo ano de 1903, enumeravam de modo inequívoco quais associações religiosas leigas deveriam ser priorizadas, e que eram o Apostolado da Oração, a Conferência de São Vicente de Paulo, o Círculo Católico de São José para moços, a Associação das Filhas de Maria para moças, as Senhoras da Caridade do Sagrado Coração de Jesus e a Irmandade da Sagrada Família.[157]

Dentre as novas, destacaram-se as Associações Vicentinas ou Conferência de São Vicente de Paulo, estabelecidas ainda no tempo do Império

[155] ASV, Carta de João Maria ao encarregado de negócios da Santa Sé no Brasil, Monsenhor Giovanni Battista Guidi (3-4-1897), em: *Nunciatura Apostólica no Brasil*, fasc. 392, caixa 80, doc. 34, fl. 81.

[156] ASV, "Noticiário religioso", em: *Nunciatura Apostólica no Brasil*, fasc. 799, caixa 159, fl. 5.

[157] Silvério Gomes Pimenta, *Primeiro sínodo da diocese de Mariana*, p. 75.

por Dom Romualdo Seixas, no ano de 1849, e que se haviam estendido por todo o país.[158] Constituídas exclusivamente por homens, tiveram dentre os seus colaboradores desde proprietários rurais até elementos da nova burguesia emergente. O objetivo a que se propunham era a assistência aos pobres, enfermos e necessitados, trabalho que desenvolviam com independência, mas em plena colaboração com o clero. Por isso, Dom Antônio de Macedo Costa, em documento datado de 2-8-1890 aconselharia aos párocos fundá-las onde fosse possível, e também presidi-las, dirigi-las, animá-las e coadjuvá-las. Dessas associações participariam alguns leigos célebres, entre os quais Guilherme Morrisy, comerciante inglês radicado no Brasil, Antônio Correia de Melo, e o industrial pernambucano Carlos Alberto de Menezes (1855-1904), que se tornou presidente da entidade e do Conselho Central da Bahia.[159]

Várias ordens terceiras e irmandades também se desdobravam em obras assistenciais junto ao povo, mas o trabalho de renovação e divulgação do Catolicismo foi muito além do aspecto caritativo. Também se organizaram iniciativas de aproximação com o meio acadêmico, através da difusão de novas idéias religiosas, como as de Francisco Ozanan, junto às faculdades. Enquanto isso, após a fundação no Rio de Janeiro da União Popular surgida em Minas Gerais, outras associações se formaram: as Congregações Marianas, em franca expansão a partir de 1909, e que atingiriam notável importância em 1924; a Liga Brasileira das Senhoras Católicas (1910), e a Aliança Feminina (1919).[160] Estas últimas abrangiam um vasto campo de ação, vindo a se constituírem numa das mais extraordinárias forças do apostolado católico,[161] enquanto o Apostolado da Oração e os congregados marianos atuavam como grupos de pressão para trazer de volta a religião à vida pública. Era o que já foi definido como a estratégia da influência através do poder.[162]

Cada organização supracitada tinha a sua devoção, mas uma, certamente, era comum à maioria delas, gozando de particular estima: o Sagra-

[158] Luigi Lasagna, *Epistolario*, vol. II, p. 22.

[159] Antenor de Andrade Silva, *Os salesianos e a educação na Bahia e em Sergipe – Brasil, 1897-1970*, p. 109-110.

[160] Scott Mainwaring, *Igreja Católica e política no Brasil*, p. 46.

[161] Odilão Moura, *As idéias católicas no Brasil*, p. 28.

[162] Pedro Américo Maia, *Crônica dos jesuítas do Brasil centro-leste*, p. 32.

do Coração de Jesus. Sua veneração se expandia sempre mais no Brasil, e alguns prelados, como o de Mariana, fundou pessoalmente a Associação das Damas do Sagrado Coração de Jesus, escrevendo com seu próprio punho os estatutos para regê-la. Além disso, conseguiu – cobiçado privilégio – que a mesma fosse agregada à Congregação do Sagrado Coração ereta em Roma na igreja Santa Maria della Pace, por despacho de 8-11-1916, gozando de "indulgências concedidas pela Congregação Romana".[163]

A embrionária Ação Católica foi outra grande força emergente, e viria a se tornar, nas décadas sucessivas, um dos maiores baluartes da Igreja no Brasil.[164] Ela, ao lado de todo o laicato articulado, consentiria à década de 20 organizar uma ação corporativa católica forte, que contou igualmente com o auxílio do pontificado de Pio XI. Isso porque, através da encíclica *Ubi arcano*, o Pontífice lançou as bases para a formação de uma grande frente unida de combate aos erros sociais e modernos de laicização da sociedade. Também nesse particular Dom Leme se destacou, merecendo ser citado o livro de sua preferência, *Ação Católica – instruções para organização e funcionamento da confederação no Rio de Janeiro*, que lançou em 1923, e que era, como o próprio dizia, um instrumento para viabilizar o propósito de "unir, formar e coordenar para a ação os elementos católicos em geral e de modo particular as associações, e despertar, promover, organizar e intensificar o devotamento a todas as obras católicas de piedade e caridade sociais".[165]

5.4. A "Inteligência Católica" e a religiosidade militante

No primeiro quartel do século XX, a intelectualidade católica, composta de nomes como Carlos de Laet, Eduardo Prado, Antônio Felício dos Santos, Afonso Celso de Assis Figueiredo, Joaquim Nabuco, e mais adian-

[163] Raimundo Trindade, *Arquidiocese de Mariana – subsídios para a sua história*, vol. III, p. 1325.

[164] O início "oficial" da Ação Católica Brasileira (ACB) aconteceu por meio do *Mandamento* dos Bispos do Brasil instituindo-a aos 9-6-1935, festa de Pentecostes. Tratava-se da legitimação pública de uma iniciativa que começou a tomar corpo na Europa ainda durante o pontificado de Papa Leão XIII, a quem geralmente se atribui a primazia de haver sido o primeiro Papa a utilizar a expressão "Ação Católica", ao se referir a determinadas associações laicais católicas. Foi seu sucessor Pio X, no entanto, que, através do *Motu Próprio* aos bispos da Itália sobre a "Ação Popular Católica" de 18-12-1903 assumiu a expressão de forma clara. Para o Papa Sarto, conforme se afirmava nas diretrizes XI e XII do referido documento, tratava-se de uma ação articulada dos leigos visando contribuir para a solução da questão social (Romeu Dale, *A Ação Católica Brasileira*, p. 9-11).

[165] Pedro Américo Maia, *Crônica dos jesuítas do Brasil centro-leste*, p. 131-133.

te também Rui Barbosa, caminhou para a elaboração de um projeto de convivência com o novo sistema, que salvasse as prerrogativas da Igreja.

Carlos de Laet (1847-1927), membro fundador da Academia Brasileira de Letras, aos 15-11-1896, ocupando a cadeira n. 32, e mais tarde a presidência da entidade (1919-1922), foi um dos maiores destaques desse movimento. Tornou-se líder do Círculo Católico, mas se diferia da maioria dos membros da agremiação por manter-se fiel à Monarquia. Corajoso e intrépido, promovia sucessivas conferências sobre temas religiosos que eram assistidas e aplaudidas pelo próprio episcopado. O respeito que o circundava justificava-se: era um monarquista anti-regalista, e opunha-se com vigor ao laicismo da República. Pesava ainda a notável cultura teológica e humanística que tinha, valendo-lhe o epíteto de que sabia teologia e latim como todo um convento junto. Seria ele o tradutor brasileiro da *Rerum Novarum*, e usaria sua erudição para combater sem tréguas os que julgava inimigos da Igreja. Polemista, atacou veemente o pastor presbiteriano Álvaro Emídio Gonçalves dos Reis no livro *Heresia Protestante*, e ridicularizou a chamada Escola do Recife, ao qualificá-la de "teuto-sergipana", em alusão à província de origem de Sílvio Romero e Tobias Barreto, e às idéias germanistas que ambos comungavam. Ao indiferentismo religioso daqueles expunha as teses da "filosofia perene" (entenda-se, escolástica tomista); ao determinismo de Ferri, a defesa do livre-arbítrio; ao agnosticismo de seus contemporâneos, as razões de sua crença; ao postulado de Comte, os ensinamentos da teologia. Clamará pela fundação de um partido católico. Como diria Francisco Leme Lopes, Laet é, antes de mais nada e acima de tudo, o defensor da Igreja. Nenhum católico do seu tempo foi no Brasil tão grande escritor como ele, e nenhum outro literato de sua época se identificou tanto com a causa da religião. Quanto à sua ortodoxia, não havia uma só linha que corrigir nos seus escritos. O mais severo eclesiástico não lhe podia, sem flagrante injustiça, negar o *nihil obstat*. O prestígio de Laet seria reconhecido pelo Papa Leão XIII, que lhe concedeu uma distinção honorífica, enquanto seu sucessor, Pio X, agraciou-o, aos 11-6-1913, com o título de Conde Romano.[166] A honorificência havia sido pedida pelo Cardeal Arcoverde, com o apoio explícito de Dom Leme, que não economizava elogios quando se referia ao bravo militante:

[166] Francisco Leme Lopes, *Carlos de Laet*, p. 4, 7-8, 19-20.

> A meu ver, se no Brasil há quem mereça um título, que signifique a gratidão da Igreja, é o Senhor Laet. É um soldado que não tem substituto no campo de defesa da Igreja. Existem outros, mas nenhum com o valor científico e literário do Laet, nenhum como ele, tão constante. Este homem escreve três artigos por semana: domingos e quintas no *Jornal do Brasil*; quintas no *País*. Nesses dias, esgotam-se as edições dos jornais. Por quê? Porque no Brasil não há homem culto que não leia os artigos do Laet. Pois bem, esses artigos, quase sempre, são ex-professo a defesa e a propaganda da fé. Isto, já há uns quarenta anos.[167]

Eduardo Prado (1860-1901) era o segundo violino dessa afinada orquestra católica, tendo em comum com Carlos de Laet a paixão monarquista e o histórico de membro fundador da Academia Brasileira de Letras, onde ocupou a cadeira número quarenta. Sua mãe era a severa e pia Veridiana Prado, que quando ele era apenas um menino travesso confiara-o a Dom Lino Deodato Rodrigues de Carvalho, por acreditar que precisasse de cuidados especiais. Eduardo foi então matriculado no Ginásio Episcopal, e ao terminar os estudos se matriculou na Academia de Direito. Já casado, detestou tanto a instauração da República, quanto conservou o amor pela Igreja. Esse sentimento católico transpareceria em várias obras apologéticas como *A Igreja e o sofisma contemporâneo*, em que combatia as pretensões da ciência e do positivismo de ignorarem a religião; *O Catolicismo, a Companhia de Jesus e a colonização do Brasil*, em que realçava o valor da obra dos jesuítas; e, a mais famosa e polêmica de todas as suas composições, o livro *A ilusão americana*. Em tal livro, a Igreja não era o argumento central, ainda que considerada indiretamente como uma componente essencial da brasilidade que defendia ardoroso. Algumas das disputas verbais do autor marcaram época, como aquela acontecida em abril de 1900, quando apoiou Dom Miguel Krause na sua querela com Luís Pereira Barreto. O opositor do abade, que estudara e seguia as diretrizes da maçônica universidade de Bruxelas, escrevia artigos violentos contra a Igreja no jor-

[167] ASV, "Honorificências Pontifícias", em: *Nunciatura Apostólica no Brasil*, fasc. 704, caixa 140, doc. 7, fl. 45b-47.

nal *O Estado de São Paulo*, mas era amigo da família Prado. Eduardo não hesitou em criticá-lo quando ele culpou o Catolicismo pela decadência do povo latino. Fez isso em maio daquele ano, por meio de um artigo arrasador intitulado *O Dr. Barreto e a Ciência – Caso Curioso de Intolerância Religiosa no Século XX*. Outras polêmicas se sucederiam, mas seu ímpeto apologético jamais arrefeceu. Quando adoeceu, no leito de morte pediu a confissão, e Pe. Chico, velho amigo, atendeu-o. Ao sair, o padre exclamou: "Foi um dos momentos mais desconsolados de minha vida".[168]

5.4.1. Os triunfos da apologética

Os militantes católicos, via de regra, respeitavam a ordem estabelecida, o que não toleravam era que a sua religião fosse ofendida. A mentalidade defensiva se estendeu pelo país, e, para traçar estratégias comuns de ação, três grandes congressos católicos de projeção nacional seriam organizados, com ampla participação de fiéis de relevo. O primeiro deles aconteceu em Salvador, BA, no ano de 1900, promovido e organizado pelo Pe. Zadder SI, que recebera tal encargo do Arcebispo Primaz. O evento teve um excelente êxito, ao menos quanto às presenças, suntuosidade, ordem e discursos. A abertura solene aconteceu no domingo, dia 6 de junho, contando com a presença do presidente do estado da Bahia, e também de altas autoridades locais que compareceram em peso. Foi ali mesmo que o Primaz expôs uma das suas maiores preocupações, ao se referir "aos inimigos da Igreja que baniram da Constituição da pátria, das escolas, da família, e até dos cemitérios, o amor da religião".[169]

O segundo congresso católico seria levado a cabo no Rio de Janeiro, em julho de 1907, e, como o primeiro, propunha-se a consertar os modos e os meios pelo qual as associações e os indivíduos possam coadjuvar mais eficazmente para a reanimação e o fortalecimento do espírito católico em tudo e sempre, conformemente às prescrições e ensinamentos dos Sumos Pontífices. Para tanto, foi organizada uma comissão preparatória de sete associados do Círculo Católico, presidida pelo Cardeal Arcoverde e auxiliada por 120 conselheiros. Quando a reunião aconteceu, a tônica era

[168] Cândido Motta Filho, *A vida de Eduardo Prado*, p. 23, 37, 50, 52-53, 105, 209-211, 298-299.

[169] ASV, "Primeiro Congresso Católico", em: *Nunciatura Apostólica no Brasil*, fasc. 474, caixa 96, docs. 5, 12, fl. 69, 92.

a luta contra o progresso do que chamava mentalidade ímpia, e isso se refletiu nos variados assuntos discutidos nas sessões, e que versavam sobre obras pias, associações (religiosas leigas), propaganda (imprensa católica e bibliotecas paroquiais), instrução e educação, obras sociais (sindicatos católicos, cooperativas, círculos para operários, casas para proletários, e temas afins), obras de caridade, e estatística (avaliação de todo o movimento católico então realizado no país).[170]

Aos 29-6-1909, no palácio de cristal de Petrópolis, abriria-se, enfim, o terceiro congresso do gênero, sob a presidência do Visconde de Ouro Preto. As discussões girariam em torno de cinco pontos: a questão romana, o repouso dominical, o combate à imoralidade pública, a questão social e a união popular. Foi o último toque para que os católicos se sentissem bastante fortes para os embates públicos que, a bem da verdade, já estavam acontecendo. Isso ficara evidenciado em maio daquele ano, nas manifestações de protesto contra Anatole François Thibault, mais conhecido por Anatole France (1844-1924). Considerado uma sumidade da literatura francesa pelos seus admiradores, ao passar pelo porto de Santos, Anatole recebeu a homenagem de grupo de estudantes, que se diziam representantes da mocidade das escolas superiores. O Centro de Estudantes Católicos de São Paulo reagiu prontamente, tanto contra o ato como contra o homenageado.[171]

No ano seguinte, o fato se repetiria, e com repercussões bem maiores. A causa foi a chegada a São Paulo do político italiano de extrema esquerda Enrico Ferri (1856-1929), genro e famoso discípulo do materialista Cesare Lombroso (1835-1909), que atendendo a pedido de grupos intelectuais agnósticos preparara palestras contra o que dizia ser os fantasmas da crendice e do obscurantismo. A Confederação Católica estava de prontidão e, após a primeira conferência de Ferri, no Politeama, os fiéis da mocidade acadêmica percorreram o triângulo central da cidade (ruas direita, São Bento e XV de novembro) e, acompanhados de grande e rumorosa massa popular, pararam em frente do edifício do seminário central, pedindo uma réplica ao célebre anticlerical. O reitor, Pe. Maximiano aceitou a sugestão e en-

[170] ASV, "Segundo Congresso Católico no Brasil", em: *Nunciatura Apostólica no Brasil*, fasc. 599, caixa 121, doc. 7, fl. 52-63.

[171] Cf. Augustin Werneck, "O Centro de estudantes católicos de São Paulo", em: *Revista Vozes*, tomo III, p. 58-59.

carregou o Pe. João Gualberto do Amaral, professor de dogma e moral, de contrargumentar as acusações. Através de conferências e artigos em jornal, Pe. João Gualberto levou a cabo sua missão com tal brilhantismo, que o próprio Ferri teria de admitir ao visitar a redação da *Fanfulla* que aquele padre era "um savio".[172]

Essa vitória foi decisiva para que os católicos reforçassem seu espírito combativo, coisa que vieram a demonstrar pouco depois, em relação a outro famoso anticlerical, o francês Georges Clemenceau (1841-1929), que também veio expor suas idéias na capital paulista. Era o mais temível opositor da Igreja, depois do seu conterrâneo Émile Combes, mas uma surpresa o aguardava: dessa vez a reação católica não seria intelectual, mas popular, expressada no furor de uma massa devidamente arregimentada pelo clero para protestar.[173] O autor da proeza foi o então Cônego Leme, que visitou paróquia por paróquia da arquidiocese, convocando sacerdotes e fiéis para o protesto. Deu certo: imensa multidão popular formou-se no Largo da Sé, seguindo em passeata de desagravo pelo centro da cidade, numa demonstração de força que obrigou o próprio governo do Estado a pedir ao polêmico francês para que fosse para Santos. O sucesso da iniciativa seria reconhecido até pelos jornais anticlericais, apesar de qualificarem-na com os adjetivos mais duros.[174]

Minas Gerais foi um outro centro da reação católica. A criação de novas dioceses e a reorganização do aspecto institucional deu à Igreja das Gerais condições para mobilizar os leigos, transformando o Estado num campo de provas dos movimentos de ação católica, na linha alemã, francesa e belga. Recristianizada no movimento católico jovem, a geração política de Francisco Campos e Benedito Valadares estava mais solidária às causas da Igreja do que seus pais. Em 1909 surgiu a União Popular, inspirada em organizações similares da Alemanha, e que estabeleceria ramais em todo o estado, controlando a Federação de Associações Católicas. A mesma União Popular organizou operários e estudantes, envolveu-se na questão das escolas e militou a favor da presença dos valores católicos no ensino e no cinema. Patrocinou também congressos leigos católicos, sendo o primeiro em Juiz de Fora, no ano de 1910. Esses congressos encorajaram

[172] Maximiano Carvalho Silva, *Monsenhor Maximiano da Silva Leite*, p. 19.
[173] Laurita Pessoa Raja Gabaglia, *O Cardeal Leme*, p. 38-40.
[174] Laurita Pessoa Raja Gabaglia, *O Cardeal Leme*, p. 41.

a classe média e, em especial, os grupos profissionais a apoiarem ativamente as causas da Igreja.[175] Na capital, os redentoristas que trabalhavam na igreja de São José, preenchendo a lacuna masculina, organizaram associações católicas de homens, como a Liga Católica e a União dos Moços Católicos, que teria grande poder de mobilização. Pode demonstrar sua força em 1913, quando um grupo anticlerical planejou um *meeting* contra padres. Instruídos pelo Pe. Antônio Grypsing, os membros da Liga e da União de Moços se misturaram no meio dos manifestantes, e, a certa altura, o Dr. José Martins pediu a palavra. O surpreendente aconteceu: ele fez um discurso tão brilhante e inflamado, que conseguiu transformar o *meeting* num ato público de apoio ao clero![176]

Iniciativas do gênero se repetiam em várias outras unidades da Federação, graças também ao apoio decisivo da imprensa confessional. Novas revistas mensais surgiram, com destaque para a *Ave Maria*, lançada em São Paulo pelos clarentianos em 1898, seguida da *Santa Cruz* publicada também em São Paulo pelos salesianos a partir de 1900, e a *Vozes de Petrópolis* dos franciscanos, em 1907. Em 1911 os franciscanos criariam ainda a *Editora Vozes*, com publicações das mais variadas para os católicos do Brasil. Ao lado das revistas, os jornais religiosos também se multiplicaram: em 1905, o jornalista Felício dos Santos fundaria, no Rio de Janeiro, o diário *União*, que foi a primeira tentativa da Igreja de editar um periódico nacional. Essa aspiração jamais se concretizou, mas ainda no Rio outra importante publicação – *A Cruz* – funcionaria de 1876 a 1972. Nos mais diversos ângulos do país apareceram jornais religiosos como *Voz do Paraná*; o *Estrela Polar*, de Diamantina (fundado em 1902); *Lar Católico*, de Belo Horizonte (fundado pelos verbitas em 1912), *A cruz*, de Cuiabá (1912), e *Voz de Nazaré*, no Pará (a partir de 1913).[177]

No ano de 1910 seria instituído o Centro da Boa Imprensa sediado em Petrópolis, com o objetivo de coordenar a atividade jornalística católica em nível nacional. A organização não conseguiu realizar todos os objetivos a que se propunha, mas foi por mérito seu que em 1924 já havia 772 afiliados no país. O ponto comum nessas publicações era a apologética, que sabia

[175] John D. Wirth, *O fiel da balança. Minas Gerais na federação brasileira*, p. 181, 271.

[176] Augustin Wernet, *Os redentoristas no Brasil*, vol. I, p. 143-144.

[177] Pontifícia Commissio pro América Latina, *Os últimos cem anos da evangelização na América latina*, p. 1411-1413.

contar com articulistas aguerridos. No afã de prevenir os católicos, ao longo dos anos dez, as revistas religiosas chegaram a publicar listas com os "bons filmes", enquanto que Quim de Cabeçaes denunciava que imprensa, comício e cinema eram os agitadores da opinião pública. O cinema, então, era "tanto mais perigoso e perverso quanto é certo que apenas se dirige a espíritos facilmente sugestionáveis, de perniciosa influência".[178] O cinema, gerava deveras controvérsias, e a Liga da Moralidade da Igreja, ativa em Belo Horizonte a partir de 1920, logo tratou de fazer uma triagem das obras lançadas no mercado nacional. Segundo opinião de D. Wirth, não foi o impacto das idéias estrangeiras que aborreceu os católicos mineiros, foi o temor de que o novo e vasto público pudesse emular o vício e a violência que lhe apetecia tanto nos filmes. Wirth recorda que o próprio governador de Minas, o severo católico Artur da Silva Bernardes, pediu, em 1921, a regulamentação do cinema.[179]

Foi em Minas Gerais que a estratégia católica deu seus primeiros frutos, pois o novo *Regulamento de Ensino do Estado* permitiu o ensino do catecismo no próprio recinto escolar, e os professores foram advertidos que a religião Católica era professada pela maioria do povo mineiro, não lhes sendo permitida qualquer referência menos respeitosa a ela.[180]

5.4.2. A articulação em prol do reconhecimento oficial

A total exclusão da Igreja da vida pública, imposta pelas minorias liberais, maçônicas e positivistas ao se iniciar a República, nunca foi aceita passivamente, e de novo foi Minas Gerais um dos centros da reação. Lá, Silviano Brandão ressuscitou a idéia de formar um partido católico; mas, os republicanos, evitando prudentemente atacar a Igreja, contestaram a proposta nos jornais, sob a alegação de que a agremiação confessional era uma tentativa de usar as bases do clero e de mistificar, já que, segundo eles, não existia o perigo de irreligião no novo governo estadual.[181]

Os mineiros abandonaram momentaneamente a idéia, mas o desejo de opor um dique à política a-religiosa vigente não era uma exclusividade sua.

[178] Quim Cabeçaes, "A moral do cinematógrafo", em: *Vozes de Petrópolis*, p. 1105-1107.
[179] John D. Wirth, *O fiel da balança, Minas Gerais na federação brasileira (1889-1937)*, p. 133-134.
[180] Antônio dos Santos Cabral, *A Igreja e o Ensino*, p. 3-4, 18.
[181] John D. Wirth, *O fiel da balança, Minas Gerais na federação brasileira*, p. 181.

Em São Paulo, aos 11-6-1890, 33 signatários, tendo o Pe. José Camargos de Barros (futuro bispo) à frente, lançaram uma circular-convite para a formação de uma agremiação confessional, e o próprio Dom Antônio Macedo Costa se animou com o projeto. Por isso, ao viajar para Roma no mesmo ano, apresentou-o ao Papa. Leão XIII ouviu-o, mas sua resposta foi negativa, conseguindo dissuadi-lo de dar continuidade a tal idéia.[182]

Por um momento a tendência se retraiu, mas nos anos 10, a idéia de organizar o partido confessional seria retomada. A questão era que um dos mais tenazes defensores da proposta era o jornalista Carlos de Laet, que, como se sabe, continuava a sonhar com a restauração monárquica. Entrevistado sobre o assunto, o Cardeal Arcoverde afirmou que a Igreja se sentia mais livre e se estava desenvolvendo melhor no Brasil republicano, não tendo nenhuma razão para desejar a restauração da monarquia; e que tampouco estava interessada na formação de uma agremiação partidária.[183] Mesmo assim, os defensores do partido católico foram ter com Dom Sebastião Leme, que se mostrou receptivo (não exatamente favorável), mas, sem se esquecer de que era apenas bispo auxiliar, deixou que o titular tomasse a atitude conveniente. O Cardeal foi rude: "Não entro nisso, não digo nada. O bispo auxiliar faça saber que não aprovamos". O grupo não desistiu, e expôs seu propósito diretamente ao prelado, mas este se recusou terminantemente a apoiá-lo.[184]

O pouco interesse da maioria dos bispos decorria do temor de que os padres, que já eram poucos, negligenciassem a pastoral em atividades partidárias. Isso não significa que os prelados tinham se tornado indiferentes; o que mudou foi a estratégia. Isto é, mais que articular uma agremiação própria, a hierarquia já havia adotado como postura o aliar-se à classe política constituída, geralmente agregada em torno dos PRs locais. Outra vez, coube a Minas Gerais – cuja definição de unidade da Federação mais católica do Brasil também é endossada por Scott Mainwaring[185] – a primazia na adoção dessa opção. A arraigada fé dos mineiros era confiável, como bem demonstrava a Constituição estadual, redigida por Afonso Pena (eleito

[182] Carlos Magalhães de Azeredo, *O Vaticano e o Brasil*, 1922, p. 103.

[183] ASV, Carta do Núncio Giuseppe Aversa ao Cardeal Secretário de Estado, em: *Nunciatura Apostólica no Brasil*, fasc. 732, caixa 146, doc. 10, fl. 31.

[184] Laurita Pessoa Raja Gabaglia, *O Cardeal Leme*, p. 56-57.

[185] Scott Mainwaring, *Igreja Católica e política no Brasil*, p. 46.

presidente daquele estado em 1892), que audaciosamente abria suas disposições invocando o nome de Deus: "Em nome de Deus, todo-poderoso – Nós, os Representantes do Povo Mineiro, no Congresso Constituinte do Estado, decretamos e promulgamos esta Constituição, pela qual o Estado Federado de Minas Gerais organiza-se como parte integrante da República dos Estados Unidos do Brasil".[186]

Em 1909 o voto católico mostrou seu peso quando se candidataram à presidência o Marechal Hermes da Fonseca e Rui Barbosa. Hermes era maçom, e Dom Silvério ameaçou com excomunhão todo católico que nele votasse, para alegria dos "civilistas" de Rui, que passaram a explorar o fato. Minas Gerais era então o maior colégio eleitoral do país, e Hermes não demorou a procurar o prelado para confirmar todo o seu Catolicismo essencial. Venceu a eleição.[187]

Os bispos se convenceram de que chegara a hora de orientar a força política das Gerais para os objetivos que julgavam justos, tais como a instituição do ensino religioso nas escolas públicas, e o combate a eventuais iniciativas divorcistas. Assim sendo, em 1914, o documento final do terceiro Congresso Católico Mineiro legitimou o trabalho da União Popular, na época dirigida por José Augusto Campos do Amaral, e fez severas admoestações a respeito da escolha dos representantes políticos, com uma admoestação clara: "Devem ser excluídos dos votos dos católicos os candidatos que uma vez eleitos vão combater nossa crença".[188]

Depois de 1916, sentindo-se já bastante organizado, com estruturas eclesiásticas fortes, o clero entrou numa nova fase, superando as preocupações organizativas internas. O grande ideal passou a estabelecer uma relação legal de favorecimento que o Catolicismo julgava merecer pelo papel que teve na construção histórica do país e pela incontestável maioria de fiéis que sabia possuir. O Estado, é verdade, fez poucas concessões, mas percebendo a vantagem de manter boas relações com a maior e a mais respeitada instituição brasileira da República Velha, manteve uma postura cordial, não perdendo a oportunidade de negociar alguns privilégios, em troca da sanção religiosa. Em função dessa política, os líderes religiosos

[186] *Constituição Federal e constituições dos estados*, tomo II, p. 740.

[187] John D. Wirth, *O fiel da balança, Minas Gerais na federação brasileira*, p. 182.

[188] Silvério Gomes Pimenta et alii, "Circular do episcopado – 3º Congresso Católico Mineiro", em: *Santa Cruz*, fasc. 8, p. 309-311.

trabalharam em contato direto com a administração de Epitácio Pessoa (1918 – 1922), e as concessões recíprocas continuaram.[189]

5.4.2.1. A harmonia na cúpula e a força das bases

O mesmo triunfalismo litúrgico que servira para convencer a República nascente do peso social da Igreja, aliando-se cada vez mais às grandes cerimônias públicas, deu o toque final para que o aparato do sistema reconhecesse no Catolicismo a grande força arregimentadora do país. A hierarquia eclesiástica, da sua parte, não dispensava o apelo patriótico nas grandes ocasiões, e assim, os laços se estreitaram ainda mais. Isso ficou patente durante a comemoração do primeiro centenário da Independência do Brasil em 1922. No dia 4 de junho, faltando três meses para o grande evento, o episcopado lançou uma pastoral com louvores ao momento celebrativo, e aproveitou a ocasião para colocar em evidência a secular e meritória obra da Igreja no processo de construção da brasilidade. A tônica era a harmonia existente entre o espiritual e o temporal, citando já na página de abertura que a Igreja e o Estado se empenhariam, juntos, na comemoração. Esta seria a tônica do inteiro documento, que no final acrescentaria um apêndice ordenando aos párocos e sacerdotes ministrar a "comunhão geral para o dia 7 de setembro, com *Te Deum,* em todas as matrizes das dioceses e noutras igrejas em que for possível".[190]

A referida pastoral teve uma repercussão extraordinária, sobretudo no tocante à arregimentação das massas, e a própria classe política reconheceu sua importância, transcrevendo-a nos Anais do Congresso da República.[191] E foi assim que após cuidadosos preparativos, nas vésperas de 7 de setembro, começaram a chegar as representações diplomáticas. Vinte nações enviaram embaixadores especiais, entre as quais a Santa Sé. Junto com suas credenciais, os embaixadores traziam também ordens honoríficas com que monarcas e chefes de Estado homenageavam o Brasil. Monsenhor Cherubini, representando a Santa Sé, enviou a Epitácio Pessoa o colar da Ordem Suprema de Cristo, cuja investidura ele recebe-

[189] Scott Mainwaring, *Igreja Católica e política no Brasil*, p. 47.

[190] Joaquim Arcoverde de Albuquerque Cavalcanti et alii, *Carta Pastoral do Episcopado Brasileiro ao clero e aos fiéis de suas dioceses por ocasião do centenário da Independência*, p. 3, 127.

[191] Antônio dos Santos Cabral, *A Igreja e o ensino*, p. 8.

ria no Vaticano, um ano depois. A noite do dia 6 foi marcada por apresentações sinfônicas, além das salvas dos navios e fogos de artifício da exposição internacional, que seria aberta pelo Presidente durante a festa oficial. No alvorecer da tão ansiada data, Dom Leme subiu os degraus do altar armado no Largo da Glória para a missa campal, e às 6h, sob o som das salvas das fortalezas e dos vasos de guerra, elevava a Hóstia. Às 10h teve lugar o aparatoso desfile das tropas no Campo de São Cristóvão. Solene *Te Deum Laudamus* foi entoado na catedral metropolitana do Rio de Janeiro, onde esteve presente todo o corpo governativo da República. Os festejos prosseguiram pela noite, e, no dia seguinte, um fato emblemático aconteceu: vários prelados, tendo à frente o Cardeal Arcoverde, Monsenhor Cherubini e Dom Leme, levantaram uma flâmula sobre o Corcovado, no local onde seria erguida a imagem do Cristo Redentor. No dia 9, fechando com chave de ouro o grande evento, realizou-se portentoso banquete de gala no Palácio do Catete. A Igreja mostrou ali que ocupava um lugar de honra no protocolo oficial, pois ao Monsenhor Cherubini foi reservada cadeira ao lado da primeira dama.[192]

Pouco depois, entre os dias 24 do mesmo mês e 3 de outubro seguinte, celebrou-se o Primeiro Congresso Eucarístico Nacional da história do país. Foi um acontecimento apoteótico: tendo à frente o Cardeal Arcoverde, as autoridades do Governo compareceram em peso, bem como representantes do clero de 61 circunscrições eclesiásticas, arquidioceses, dioceses, e inúmeras paróquias de todas as cidades e povoações brasileiras. A abertura foi na igreja de São Francisco de Paula, no Largo de São Francisco. Houve depois sessões de estudo de clérigos e leigos no Colégio Imaculada Conceição, canto coral de mais de 10 mil crianças no Campo de Santana, além de missa pontifical na catedral metropolitana. As solenidades superaram em brilho e participação as do centenário da independência, e o momento alto foi a espetacular procissão eucarística, que excedeu a todas expectativas ao reunir duzentas mil pessoas no cortejo que seguiu o ostensório sacro pelas principais avenidas do Rio. Dom Leme, organizador e animador principal, aproveitou o ensejo para lançar um desafio aos políticos republicanos: "O povo brasileiro já não suporta o peso de uma política agnóstica, sem princípios e sem ideal".[193]

[192] Laurita Pessoa Raja Gabaglia, *Epitácio Pessoa*, vol. II, p. 606-609.
[193] Clélia Alves Figueiredo Fernandes, *Jackson de Figueiredo – uma trajetória apaixonada*, p. 373-375.

Para inverter essa situação, os jesuítas também entraram em cena com uma novidade que seria um sucesso: Os retiros fechados no seu Colégio Anchieta de Nova Friburgo, realizados entre 1923 e 1933, e que tiveram ampla repercussão nas classes influentes do centro-leste do país. Convertidos célebres, que abordaremos adiante, também ali encontrariam seu nutrimento espiritual, entre os quais João Pandiá Calógeras, Jackson de Figueiredo e Alceu Amoroso Lima.[194]

5.4.2.2. A relevância dos "grandes convertidos"

A iniciativa dos jesuítas acontecia no momento certo, pois o árido ceticismo do século precedente parecia haver esgotado seu potencial. Esse período de incertezas encontrou, no vago espiritualismo filosófico professado por Raimundo Farias Brito, uma das suas expressões mais conhecidas. A novidade não fez escola, mas teve certa importância, por haver se tornado uma espécie de fonte aonde os da nova geração iriam necessariamente matar sua sede.[195]

Foi então que um fenômeno bem mais vistoso, e de repercussões muito maiores se tornou de domínio público: a conversão de alguns dos anticlericais mais brilhantes e combativos dos tempos do Império. Dentre estes, merecem menção especial:

a) Joaquim Aurélio Barreto Nabuco de Araújo (1849-1910): um dos primeiros "notáveis" convertidos, Joaquim Nabuco casou-se aos 28-4-1889, e isso parece haver contribuído ainda mais para que se tornasse um católico integral. O enlace matrimonial começou a ser arquitetado quando ele, juntamente com Rui Barbosa e Soares Brandão, assumiu a defesa das Irmãs Vicentinas, numa causa que contra elas levantara em juízo a Sociedade Beneficente Francesa, a mesma que as havia trazido ao Brasil décadas antes. Para realizar seu trabalho, ele passou a freqüentar o Colégio Imaculada Conceição, na praia do Botafogo, que era o pivô da querela judiciária, e um dia, na sala da Madre Superiora, conheceu uma das suas ex-alunas, Evelina Torres Soares Ribeiro, neta do Barão de Inhoã e sobrinha do Barão de Itaboraí, que lhe causou forte impressão. O sentimento foi recíproco e

[194] Pedro Américo Maia, *Crônica dos jesuítas do Brasil centro-leste*, p. 37-39.
[195] Sílvio Rabelo, *Farias Brito ou uma aventura do espírito*, p. 218-219.

os dois acabaram se casando aos 23-4-1889. Depois disso, Joaquim Nabuco levou seu processo de aproximação às últimas conseqüências, e no dia 28 de maio 1892 se confessou na capela Nossa Senhora das Dores, comungando afinal em 22 de dezembro seguinte. Um dos seus rebentos inclusive se tornaria padre: Monsenhor Nabuco, vigário de Santa Teresa.[196]

O casamento e o afastamento da atividade política impeliram Joaquim Nabuco à meditação, que ele próprio, quando atingiu a casa dos cinqüenta anos, descreveu: "Em 1891, minha maior impressão é a morte do Imperador. De 1892 a 1893 há um intervalo: a religião afasta tudo o mais. É o período da volta misteriosa, indefinível da fé, para mim verdadeira pomba do dilúvio universal, trazendo o ramo da vida renascente".[197]

Residindo por algum tempo em Londres, sua fé aprofundou-se ao freqüentar a igreja dos jesuítas, em Farm Street, onde se deixou tocar pelas palavras do Pe. Gallwey. A reaproximação se consumou também graças ao ambiente místico do Oratório de Brompton, no qual, sob as evocações de Faber e Newman, o ex-anticlerical recompôs na sua completeza os sentimentos religiosos perdidos depois da infância. Dotado de fina inteligência, Nabuco foi além: aproximou-se da Companhia de Jesus que tanto combatera, e essa proximidade fê-lo vencer preconceitos e tornar-se de vez freqüentador assíduo da igreja onde os jesuítas trabalhavam, começando inclusive a estudar os ritos litúrgicos. Aceitou as verdades da Igreja, afeiçoou-se à *Imitação de Cristo* e passou a andar com o rosário no bolso.

Uma das demonstrações do seu fervor se encontra na carta que enviou de Roma para sua filha, aos 28-6-1904, recomendando-lhe não ter admiração por ele, mas que tomasse como exemplo o calendário dos santos, em que encontraria modelos para admirar maiores que os heróis que enchiam seus compêndios de história. Também renegou convicto os escritos anticlericais de outrora, declarando sem rodeios: "Escrevi muita coisa de que me arrependo e me envergonho". Católico otimista, tornou-se grande teorizador da fé: "Nessa incapacidade absoluta de conceber um ente ou uma forma de vida fora do que conhecemos, o ateu transforma-a em negação racional, em síntese do universo. É empregar de um modo bastante singular essa incapacidade. Como, perguntará ele, imaginar Deus, se temos essa incapacidade. Imaginar Deus é compreender essa incapacidade". Mesmo

[196] Gérson Brasil, *O Regalismo brasileiro*, p. 268-269.
[197] Joaquim Nabuco, *Minha formação*, p. 255.

sem abandonar as idéias monarquistas, os seus talentos foram reconhecidos pelos republicanos, e o Presidente Campos Sales convidou-o a defender a causa do Brasil contra a Inglaterra, no litígio de fronteira com a Guiana, então arbitrado pelo Rei Vitório Emanuel III. O resultado não foi dos mais felizes, mas a habilidade com que Nabuco atuou no caso fez com que o Governo o nomeasse embaixador nos Estados Unidos, em 1905. Habitava em Washington quando, em 1909, foi atacado pela arteriosclerose. Com admirável resignação declarou: "Minha esperança, minha oração fervorosa, é que, quando eu seja afetado pela doença da velhice, não o seja na parte de mim que Deus criou à sua imagem. O corpo pode ser demolido, não seja nunca o espírito, e, se acaso o for, que eu tenha a doce mania mística e não o esquecimento de Deus". Faleceu no dia 17 de janeiro do ano seguinte, sendo as suas exéquias celebradas sob a cúpula da igreja de São Mateus, em Nova York.[198]

b) José Maria da Silva Paranhos Júnior – Barão do Rio Branco (1845-1912): filho do Visconde homônimo, Paranhos Júnior solidarizou-se com o pai durante a questão religiosa, mas sem jamais cair nos excessos verbais que caracterizaram o período do conflito. Respeitoso para com a religião em que fora educado, mais que uma conversão, seu caso foi uma aproximação. Segundo escreveu seu filho, Raul do Rio Branco, na idade madura o ilustre personagem voltou, com convicção dobrada à religião de sua infância e de seus pais, e tornou-se admirador da obras piedosas como *O Gênio do Cristianismo*, de Chateaubriand. Daí para frente manteve grande deferência ante os membros do clero, e no tempo em que permaneceu na França, nem sempre freqüentava as missas, mas acostumou-se a rezar em igrejas como Saint-Severin, Saint Medard ou na catedral de Notre Dame. Fez também questão de educar as filhas no colégio das *Daimes Dominicaines*, e, nos últimos vinte anos que viveu, pendurou um crucifixo atrás da mesa de trabalho, e adotou a *Imitação de Cristo* como livro de cabeceira. A maior prova de seu apoio à Igreja ocorreu quando defendeu veemente os beneditinos nas polêmicas suscitadas pelo abade Ramos. O Barão fez pública defesa dos monges alemães que chegavam para a refundação, usando seu prestígio para dispersar a multidão, o que afinal acabou conse-

[198] Carolina Nabuco, *A vida de Joaquim Nabuco*, p. 9, 333, 335-342, 508-510.

guindo. Restaram certamente alguns pontos obscuros na sua vida, conforme testemunha uma caricatura da revista pornográfica *O Rio nu* de 1903, retratando-o num baile em que se dançava *maxixe* no bordel de Suzana de Castera.[199] Passados, porém, nove anos da publicação da charge, o Barão se tornara um exemplo perfeito do fiel bem relacionado com a sua Igreja. Quando faleceu, vítima de insuficiência renal, aos 9-2-1912, foi confortado com os últimos sacramentos, sendo colocado sobre o seu peito o crucifixo que fixara à cabeceira do leito. Em seguida, uma solene missa de corpo presente foi celebrada em sufrágio de sua alma no santuário salesiano, anexo ao Liceu Sagrado Coração de Jesus. Era o dia 14 de março, e o ataúde ficou exposto num suntuoso catafalco ao centro do templo, ladeado por círios, tocheiros e flores, numa cerimônia em que compareceram dezenas de autoridades.[200] Após o sepultamento duas outras celebrações solenes seriam ainda realizadas: uma na catedral, e no dia seguinte outra no Mosteiro de São Bento, dado que a Ordem permaneceu sempre grata ao gesto de apoio que dele recebera.[201]

c) Nilo Procópio Peçanha (1867-1923): Nilo Peçanha foi um típico filho das academias imperiais. Havendo estudado direito no Recife, tratava a Igreja como algo absolutamente secundário na sua vida e no cenário político brasileiro. Biógrafos que estudaram a trajetória de Nilo, como Brígido Tinoco, também recordam que quando jovem ele era um apreciador dos favores do belo sexo, das caboclas... Sua vida tornou-se regular depois que se casou, aos 13-12-1895, na igreja de São João Batista, Rio de Janeiro, com Ana de Castro Belizário Soares de Souza ("Anita"). O detalhe é que sua esposa tinha declaradas idéias deístas. Ela não feria o nome de Cristo, mas admirava-o como "filósofo". Além disso, nas circunstâncias da vida preferia substituir o nome de Deus por outras alternativas. No plano político, Nilo Peçanha teve uma ascensão rápida: em 1906 foi eleito vice-presidente da República, e com a morte de Afonso Pena, aos 14-6-1909, tornou-se Presidente, função que exerceu até o final do quatriênio (15-11-1910). Aos 5-5-1917 foi nomeado ministro das relações exteriores do governo de Wenceslau Brás e, finalmente, em 1921, candidatou-se à presidência

[199] Elizabeth de Fiori di Cropani et alii, *Nosso Século*, vol. I, p. 114.

[200] A. I., "José Maria da Silva Paranhos, Barão do Rio Brancos", em: *Santa Cruz*, n. 6, p. 234.

[201] Barão do Rio Branco, *Reminiscências do Barão do Rio Branco*, p. 167-172.

do país. Maçom de alto grau, ainda que mantendo a compostura, manteve inalterada a prevenção em relação à Igreja, motivo pelo qual foi censurado pelo episcopado, vindo a perder a eleição para o religiosíssimo Artur Bernardes. Depois disso, seu nome caiu em desprestígio, e quando, em 1923, foi ao senado discursar contra as arbitrariedades do governo Bernardes, escassos aplausos recebeu. Aproximava-se o crepúsculo, e fortes dores na vesícula o acometeram, manifestando os sintomas de uma enfermidade que o vitimaria pouco depois. Tornou-se arredio, também devido à ingratidão dos correligionários e do próprio irmão, mas reconciliou-se enfim com a Igreja, passando a participar da missa celebrada todas as manhãs de domingo na matriz da Glória, no Largo do Machado. Agravando-se a doença foi submetido a uma intervenção cirúrgica na Casa de Saúde São Sebastião, mas não havia nada a fazer. Na véspera do falecimento pediu à sua esposa que lhe trouxesse um padre, porque queria se confessar e receber a extrema-unção. O arqui-abade do mosteiro de São Bento do Rio, Dom Pedro Eggerarht, satisfez seu desejo, e no conforto da religião se sentiu mais calmo. Quando expirou, o Cardeal Arcoverde cedeu o prédio da igreja matriz que freqüentava para a celebração das exéquias e velório do corpo.[202]

d) Rui Barbosa de Oliveira (1849-1923): Célebre pela erudição e eloqüência, Rui Barbosa, que não obstante todo o seu anticlericalismo jamais fora ateu ou agnóstico, durante o pontificado de Leão XIII mudou paulatinamente de conduta. A figura do novo Pontífice causou nele admiração, tendo manifestado-a num artigo que escreveu aos 31-5-1893:

> Por uma transposição feliz na corrente dos fatos contemporâneos, enquanto as questões sociais, os interesses humanos ardem numa espécie de braseiro violento, iluminando com o clarão turvo de ameaça e tristeza o ocaso do século, principiou a descer de Roma, estes últimos anos, um sopro suave calmo de benevolência e eqüidade, de misericórdia e tolerância. Um Pontífice de rara envergadura moral, não menos político do que as tradições e as esperanças da Santa Sé lhe permitiam, mas embebido numa política benigna e paciente,

[202] BRÍGIDO TINOCO, *A vida de Nilo Peçanha*, p. 56, 81, 250-251, 277-280.

fraternizadora e progressista, compreendeu que o domínio das sociedades modernas estava reservado ao espírito e à liberdade, que o Evangelho abria ainda ao sacerdócio caminhos inexplorados, e que o papel do Catolicismo sobre o destino das nações podia alargar-se por horizontes incomensurados, se ele se elevasse acima dos governos temporais, e, propício a todas as formas regulares da democracia, representasse, entre as paixões terrenas que convulsionam o mundo, o bálsamo universal da paz e caridade.[203]

Estava aberto o caminho para a reconciliação gradual, que culminaria na bênção que ele e sua esposa receberiam do Papa Leão XIII, quando visitaram Roma. Outros episódios parecem haver igualmente contribuído para que a mudança se aprofundasse. Rui tivera o prestígio abalado nos seus tempos de ministro da fazenda, devido ao fracasso da política de crédito para investimentos que adotou, dando grande liberdade aos bancos. Emitira-se fartamente, mas, ao invés do país se industrializar, o que se viu foi a criação de numerosas companhias dedicadas principalmente à exploração dos valores das respectivas ações, provocando desenfreado jogo na bolsa. A certo ponto, fez-se necessário exigir o pagamento dos débitos, o que levou numerosos incautos à bancarrota. Era a crise do "encilhamento", que forçou Rui com todo o ministério a se exonerar, aos 22-1-1891. Floriano Peixoto seria o presidente seguinte, e no seu governo, aos 6-9-1893, eclodiu a Revolta da Armada. Colocado sob suspeição, embora jurasse inocência, Rui viu-se forçado a se refugiar na legação do Chile, de onde se exilou em Buenos Aires, sob ameaça de morte. A bordo do navio *Magdalena*, no dia 19 de novembro, escreveu uma carta emocionada à sua esposa, onde se consolava da própria aflição refugiando-se no misticismo:

Minha adorada Maria Augusta.

Decididamente minha "Cota", não se morre de dor, desde que eu não morri ainda. [...] Quando Deus me acudirá? Como estarás, e os nossos filhinhos? Quem me ampará, meu Deus? Se não fosse a esperança em Deus, e o pensamento em ti, em nossos filhinhos, creio que já me teria suicidado.

[203] RUI BARBOSA, "A ditadura de 1893", em: *Obras completas*, vol. XX, tomo II, p. 97.

> Deus me perdoe esta idéia criminosa. Como se pode deixar de crer em Deus, minha Maria Augusta? E, se não fosse Ele, que seria dos infelizes? Eu confio em Deus, volto-me para Ele, e, acredito que Ele nos há de salvar.[204]

Floriano cassou seu título honorífico de "general", no dia 21 de novembro do mesmo ano, e de Buenos Aires, o ex-ministro seguiu para Lisboa e de lá, para Londres, por sentir-se em perigo, uma vez que o governo português não lhe deu garantias. Só com o governo civil do Presidente Prudente de Morais, iniciado em novembro de 1894, Rui pôde deixar o exílio. Em meio às intempéries, deu início ao seu "ato de contrição". Em 1893, fez uma conferência em benefício dos cinqüenta órfãos do Asilo Nossa Senhora de Lourdes, de Feira de Santana, BA. De volta ao Brasil, ainda teria alguns outros desgostos, e, em 1897 escapou por pouco de ser assassinado pelo jacobinismo, tendo de se refugiar em Nova Friburgo. Lá estava quando, aos 2-4-1898, escreveu uma carta ao Dr. José Eustáquio Ferreira Jacobina, padrinho de sua última filha, expressando profunda decepção pelo meio político-social que até então freqüentara:

> Nunca senti pelas vilanias humanas mais enjôos, e pela sorte de nossa terra, mais desânimo. Felizmente, a fé em Deus se me vai acendendo, à medida que se apaga a confiança nos homens. No meio de tantos desconfortos e iniqüidades, tenho-me entregado nestes dias exclusivamente à leitura do Evangelho, a eterna consolação dos mal-feridos nos grandes naufrágios. Uma excelente edição que eu trouxera comigo do livro divino permitiu-me este recurso reanimador, graças ao qual me sinto, em certos momentos, como que ressuscitar, capaz ainda de servir para alguma cousa aos meus semelhantes.[205]

Como bem analisa Luís Viana Filho, "em 1903 já não havia em Rui qualquer sombra do Rui de 1877".[206] A transformação era realmente fan-

[204] Rui Barbosa, *Mocidade e exílio*, p. 185-188.
[205] Rui Barbosa, *o. c.*, p. 350.
[206] Luís Viana Filho, *Rui & Nabuco*, p. 184-186, 188.

tástica, sobretudo se se recorda que o mesmo Rui, que nos tempos do Império havia qualificado os padres da Companhia de Jesus de "pendão negro de Roma", e "a mais sábia obra das trevas que a perversão da moral cristã podia acabar",[207] não apenas com eles se reconciliou, como passou a devotar-lhes verdadeira amizade. Tanto assim que confiou-lhes a educação do seu filho mais novo, João Barbosa, "a florzinha da alvorada republicana", matriculando-o no internato do Colégio Anchieta, situado na mesma Nova Friburgo, RJ, em que encontrara refúgio.[208]

Ainda em 1903, estando hospedado no referido colégio, proferiu a oração de paraninfo da instituição, em que, depois de reafirmar sua defesa da República, reservou para a religião um papel antes impensável: "A política experimental dos incrédulos ainda não pode agenciar para o grande ensaio, um grêmio da civilização, uma nacionalidade materialista. [...] Porque, nesses povos, a consciência domina todas as instituições e todos os interesses. A religião os fez livres".[209] A amizade com os jesuítas se estreitou, e daí pra frente passou a corresponder com o Pe. José Maria Natuzzi, diretor do referido colégio, e com o Pe. Luís Yabar, membro destacado do corpo docente. Até da Holanda, quando participava da conferência internacional de Haia, no dia 17-7-1907, escreveu ao Pe. Yabar pedindo orações para o êxito da sua missão, terminando a carta com uma frase que dispensa comentários: "Creia-me seu amigo e criado".[210]

A mudança se acentuou, e em 1910, como candidato à presidência da República idealizou uma reforma – não efetivada – da Constituição, em que se estabeleceria o ensino religioso facultativo nas escolas públicas.[211] Terminou derrotado nessa e em outras duas vezes que tentou chegar à presidência da República; mas sua atitude para com a Igreja não foi mercenária, porque a manteve coerentemente. Em 1919, ele se recusou a autorizar uma nova publicação de *O Papa e o Concílio*, e passou a comprar os exemplares que encontrava nos sebos para destruí-los. Fez mais: no jornal *A Imprensa*, retratou-se publicamente do que escrevera no controvertido livro: "O juízo da mocidade cedeu em nós a reflexão da idade madura. Sem nos

[207] Rui de Azevedo Sodré, *Evolução do sentimento religioso de Rui Barbosa*, p. 9.
[208] Raimundo Magalhães Júnior, *Rui, o homem e o mito*, p. 29-30.
[209] Rui Barbosa, *Elogios acadêmicos e orações de paraninfo*, p. 289-290.
[210] Raimundo Magalhães Júnior, *o. c.*, p. 31.
[211] Paulo Bonavides e Pais de Andrade, *História constitucional do Brasil*, p. 235.

desviar dos nossos sentimentos liberais quanto às relações entre a Igreja e o Estado, não hesitamos em rejeitar aquele parecer como exageração lógica e erro de inexperiência, a que nos congratulamos por ver-se opor-se ainda agora, em imponente maioria, a câmara dos deputados".[212]

Em outro discurso, proferido aos 20-3-1919 defenderia também a forma cristã de governo: "Estou, senhores, com a democracia social. Mas, a minha democracia social é a que preconizava o Cardeal Mercier, falando aos operários de Malines, essa democracia ampla, serena, leal, e, numa palavra, cristã". Os momentos derradeiros da vida de Rui dão testemunho de uma conversão sincera. Em Petrópolis, no leito de morte, vítima de um edema pulmonar, no dia 1-3-1922, exclamou: "Meu Deus! Tende compaixão dos meus padecimentos!" Frei Celso, franciscano, ministrou-lhe os últimos sacramentos, permanecendo ao seu lado até que expirou, segurando um crucifixo de marfim sobre o peito. Tornara-se já uma figura de prestígio entre os católicos, e o orador no sepultamento foi o deputado socialista-cristão João Mangabeira. Trinta dias depois seria celebrada missa em sufrágio de sua alma na Candelária, oficiada por Monsenhor Fernando Rangel, admirador seu.[213]

5.4.2.3. O papel dos novos convertidos e a fundação do "Centro Dom Vital"

Concluído o processo de afirmação católica, o período construtivo que se seguiu permaneceu fiel à apologética. Sob o pontificado de Pio XI, a Ação Católica ganhou nova força, apregoando o Reinado de Cristo sobre todas as nações, ao tempo em que se aprofundavam os estudos teológicos e filosóficos. Era o coroamento da revolução no pensamento católico, que em 1908 ganhara um reforço extra, ao ser fundada a faculdade de filosofia e letras do mosteiro de São Bento de São Paulo. O promotor, e ao mesmo tempo destaque, da instituição foi o abade Dom Miguel Krause, notável polemista.[214] O clima era de grande efervescência e, os anos vinte já foram considerados um dos períodos mais frutuosos para a Igreja no Brasil. Uma nova geração de grandes convertidos surgiu, entre os quais se destacam:

[212] Raimundo Magalhães Júnior, *Rui, o homem e o mito*, p. 27.

[213] Osvaldo Melantonio, *Da necessidade do general Ruy Barbosa*, p. 208-210; Luís Viana Filho, *A vida de Ruy Barbosa*, p. 433.

[214] Odilão Moura, *As idéias católicas no Brasil*, p. 61-62.

a) João Pandiá Calógeras (1870-1934): de família grega ortodoxa, a partir de 1926, o engenheiro e historiador Calógeras, que fora ministro da fazenda no governo Afonso Pena, começou a manter contatos com os jesuítas, e após travar amizade com o Pe. Madureira SI aderiu à fé católica. Tornou-se um fiel convicto, e demonstrou-o no congresso nacional, onde foi autor de emendas religiosas à Constituição. Antes de falecer, já bastante enfermo, escreveu, atendendo um pedido de Dom Leme, o *Conceito Cristão do Trabalho*, resumindo as doutrinas da Igreja expostas na encíclica *Rerum Novarum* de Leão XIII. Conhecida foi a sua declaração: "Hoje, em minhas orações, faço o sinal-da-cruz da esquerda para a direita e não em sentido inverso com os três dedos, como faz o ritual grego. Rezo o *Pater Noster* e não o *Pater emün* como fazia".[215]

b) Jackson de Figueiredo Martins (1891-1928): Sergipano, foi matriculado no Colégio Americano de Aracaju, instituição episcopal protestante, sob orientação do pastor W. E. Finley, entrando numa fase de confusão religiosa. Dizendo que não precisava nem de rezar nem dos santos, ao invés de aderir aos princípios da Reforma Protestante, tornou-se ateu. Mudou-se depois para a Bahia, e se tornou um nieztchiano convicto. Matriculou-se na faculdade de direito de Salvador em 1909 e, concluído o bacharelado, partiu para o Rio de Janeiro em março de 1914. Durante os quatro dias da viagem, conheceu e discutiu com frei Agostinho Ben, franciscano culto, que se surpreendeu com o elevado saber histórico-filosófico contra a Igreja professado pelo seu interlocutor. Ao desembarcarem, o frade lhe disse, premonitório: "Deus, em quem você não crê, ainda há de tê-lo um dia como defensor. Crer ou não crer pouco importa; o que vale é ser sincero em face da vida, e isso você é". Jackson sorriu e se despediu, mas o tempo provaria que a previsão era correta.[216]

O ponto de partida da mudança na capital federal foi o conhecimento e a amizade que travou com Raimundo Farias Brito. Sem possuir nenhuma crença definida, Farias Brito respeitava o Cristianismo, a ponto de haver aceitado casar-se religiosamente nos dois matrimônios que contraiu. Tampouco opôs resistência a que os filhos fossem batizados e catequizados

[215] Antônio Gontijo de Carvalho, *Estadistas da República*, vol. I, p. 287-329.

[216] Clélia Alves Figueiredo Fernandes, *Jackson de Figueiredo, uma trajetória apaixonada*, p. 51, 64, 127.

segundo os preceitos da Igreja. Seu lar, em suma, tinha a aparência de uma tranqüila residência cristã, ostentando um quadro do Sagrado Coração de Jesus em plena sala de visitas.[217]

Jackson não se tornou um discípulo do novo amigo, mas deixou-se tocar pela sua atitude de vida, vindo a dar o terceiro passo que aquele não ousara. A transformação foi gradual, a começar pelo casamento com Laura, cunhada de Brito, aos 25-3-1916. Sua consorte era uma moça profundamente religiosa, e ele não se opôs esposar-se em cerimônia celebrada pelo Pe. Antônio Carmelo na igreja de São Cristóvão. As milhares de mortes em decorrência da gripe espanhola, em 1918, também parecem haver contribuído para que refletisse profundamente sobre as idéias que até então professara. Converteu-se de vez naquele ano, e foi levado pela sua esposa, aos 23-3-1919, a confessar-se e a comungar em solene e íntima cerimônia. Confirmou-se a profecia do frei Agostinho Ben: Jackson (que era também literato, poeta e jornalista) tornou-se uma espécie de apóstolo dos intelectuais, sendo um dos mais abnegados leigos empenhados na luta pelos direitos da Igreja e na catolicização da inteligência brasileira. Entre os muitos que reconduziu à prática religiosa encontra-se Hamilton Nogueira. Aconteceu em Muzambinho, interior de Minas Gerais. Hamilton clinicava por lá, quando conheceu Jackson. Moravam na mesma pensão, e este lhe perguntou qual era a sua filosofia. Como o médico não conhecia nenhuma consciente, começou a falar-lhe de Pascal. Hamilton entrou em contato com o valor intelectual do Catolicismo, interessou-se, e por fim se converteu. Houve mesmo um grupo em Muzambinho, ao qual aderiu. Faleceria depois como representante diplomático do Brasil em Liverpool, Inglaterra.[218]

Jackson encerrou sua carreira precocemente, ao morrer afogado na Barra da Tijuca, caindo de um penhasco, enquanto pescava num domingo, 4-11-1928. Os frutos de sua obra, no entanto, permaneceram. Conforme afirma Tasso da Silveira, "ele foi, no Brasil, de fato, como seria ainda em outros países, um homem excepcionalíssimo, e de destino singular. Abriu, para o que se chama de intelectualidade brasileira, os horizontes da crença, que até então tinham estado fechados. Tornou possível pensar-se, no Bra-

[217] Jonathas Serrano, *Farias Brito, o homem e a obra*, p. 261.

[218] Antônio Carlos Villaça, *Místicos, filósofos e poetas*, p. 133.

sil, em função da idéia de Deus, o que significa haver salvo nosso espírito para a obra construtora que lhe está reservada".[219]

c) Alceu Amoroso Lima (1893-1983): Advogado e jornalista, a partir de 1924 começou a se sentir insatisfeito com o estilo de vida que levava, e se interessou por assuntos religiosos. Começou a corresponder-se com Jackson de Figueiredo, que lentamente abriu-lhe uma nova perspectiva. Em 1927 conheceu de perto o Pe. Leonel Franca, SI, e aceitou enfim as verdades da Igreja, vindo a confessar-se e comungar pela primeira vez na vida no dia 15 de agosto do ano seguinte. Ainda neófito, tendo morrido Jackson, sucedeu-o na liderança da intelectualidade católica. A grande atuação que desenvolveu transcende o período aqui abordado, e se estenderia por décadas. Em 1939 conseguiria que também se convertesse Gustavo Corção, outro prestigiado intelectual.[220]

Esse grupo de intelectuais ligado à Igreja deu a ela um respeitável ar erudito, reconhecido até por seus adversários. Sua meta principal era aquela de reforçar a influência católica na sociedade, num momento em que a crescente urbanização, que portava no seu bojo manifestações secularizadoras, propiciava igualmente realidades indesejadas como a articulação daquele que se tornaria pouco depois o Partido Comunista Brasileiro. Em agosto de 1921, Jackson, Hamilton Nogueira, Perilo Gomes e Durval de Morais lançaram o primeiro número de *A Ordem*, revista nacionalista, mas alinhada com os postulados da Santa Sé.[221] No ano seguinte, Jackson de novo à frente, a nata da intelectualidade católica aglutinou-se no Centro Dom Vital, que era tido como uma instituição leiga de corte confessional conservador, razão pela qual, fora dos círculos eclesiásticos, ficaria conhecida como "direita católica".[222] Além de Hamilton Nogueira, que mudara-se com a família para o Rio de Janeiro, a partir de 1921 do Centro participariam ainda Augusto Frederico Schimidt, Alceu Amoroso Lima, Cornélio Pena, Rodrigo Melo Franco de Andrade, José Geraldo Vieira, Vagner Antunes Dutra, Sobral Pinto, Murilo Mendes e Jorge de Lima.[223]

[219] Clélia Alves Figueiredo Fernandes, *Jackson de Figueiredo – uma trajetória apaixonada*, p. 571-585, 593.

[220] Odilão Moura, *As idéias católicas no Brasil*, p. 147-157.

[221] Clélia Alves Figueiredo Fernandes, *Jackson de Figueiredo – uma trajetória apaixonada*, p. 329, 330.

[222] Elizabeth de Fiori di Cropani et alii, *Nosso Século*, vol. II, p. 205.

[223] Antônio Carlos Villaça, *Místicos, filósofos e poetas*, p. 133.

5.4.2.4. O prenúncio da reconciliação final

No dia 1-3-1921, realizou-se a eleição presidencial para o quatriênio de 1922-1926, e, antes do pleito, o jornal católico *A União*, do Rio de Janeiro, enviou um questionário para Artur da Silva Bernardes e outro para Nilo Procópio Peçanha. Artur Bernardes (1875-1955) não titubeou e, além de defender claramente a sua conhecida qualidade de católico, afirmou que o ensino religioso, ou melhor, a liberdade de dar instrução religiosa nas escolas públicas não ofendia o preceito constitucional que estabeleceu ampla liberdade de cultos. Igualmente clara foi sua posição sobre as missões dos religiosos entre os índios, afirmando que elas tinham sido muito úteis à civilização dos índios, como o foram outrora, nos tempos coloniais. Inclusive salientou que o Estado de Minas subvencionava algumas missões, dentro dos seus recursos orçamentários e estava satisfeito com o êxito delas. O mesmo não se verificou com Nilo Peçanha, que sendo maçom, disse textualmente ser um liberal sem medo da liberdade. A Igreja conhecia de perto a interpretação que os maçons dava ao termo liberdade, e se desgostou ante a resposta que recebeu, em relação à implantação do ensino religioso facultativo nas escolas públicas, de que sua posição era aquela da Constituição, que não priorizava nenhuma crença revelada. Mais irritante que isso foi sua posição sobre as missões, por tratar o Catolicismo como toda e qualquer seita: "Dou o devido valor aos serviços que os ministros de Deus prestam nos aldeamentos. De desejar seria que todas as seitas trabalhassem nesse sentido". [224] Como se não bastasse, durante a campanha eleitoral, antes de partir para comícios no Norte, presidiu uma sessão no Grande Oriente do Rio de Janeiro. Por precaução, insistia em declarar-se católico e antidivorcista, mas não convenceu o episcopado, que lançou uma veemente nota de protesto contra sua candidatura: "O Sr. Nilo Peçanha é grão-mestre da maçonaria, é maçom integral, portanto. Aplaudir a candidatura de Nilo Peçanha é prestigiar conscientemente a política sectária de opressão ao Catolicismo, de que é um dos representantes máximos no Brasil o candidato dissidente". [225]

[224] Rufiro Tavares, "Candidatos à futura presidência da República e o Catolicismo nacional", em: *Santa Cruz*, fasc. 7, p. 266-267; Idem, "Ainda a interview da União sobre os candidatos à futura presidência da República", em: *o. c.*, p. 352-353.

[225] Brígido Tinoco, *A vida de Nilo Peçanha*, p. 250-251.

Nilo evitou o confronto com a Igreja; mas, embora a oposição do clero não tenha sido o único fator determinante para o resultado final do pleito, Artur Bernardes o venceu folgadamente, recebendo 466.877 dos sufrágios válidos, contra os 317.714 que lhe foram dados.[226] O novo Presidente tomou posse em dezembro e, até por razões de convicção pessoal, trataria a Igreja com particular atenção. Da sua parte, os bispos tampouco manifestavam desejos exorbitantes, como bem o demonstram uma carta pastoral de Dom Francisco de Campos Barreto, prelado de Campinas, redigida aos 19-3-1922:

> Ninguém suponha que queremos nossa gente no Governo, que precisamos dos favores do tesouro nacional em benefício do culto religioso, aliás, depois da separação, generosamente mantido pela piedade dos fiéis. O que queremos é a liberdade e o respeito à verdade nas eleições e no cumprimento das leis, o que só se conseguirá por uma boa política, ativa, sã e livre das intrigas e dos interesses de campanário.
>
> Respeitamos as leis fundamentais da República, porque não tratamos aqui de formas de governo; não queiramos tampouco a revolução, mas temos o direito de exigir, pelos meios pacíficos, a recristianização de nossas leis, em benefício, não só da família, mas do nosso próprio país, onde vive e trabalha uma imensa maioria de católicos, que, não querendo ver reduzida a escombros a grande obra civilizadora e santificadora do Evangelho, não pode e não deve se conformar com o domínio da impiedade.[227]

O Presidente Bernardes, embora não tenha realizado essas aspirações, colaborou para que o ambiente político se tornasse receptivo a elas, abrindo o caminho para as grandes mudanças que seriam introduzidas na década seguinte. A história da sua vida explica a benevolência que sempre manteve para com a instituição eclesiástica: natural da pacata Viçosa, paróquia da diocese de Mariana, ele era filho de uma típica tradicional família mineira, e possuía um caráter que refletia o que as Gerais possuíam de mais rígido. Segundo o parecer irônico de João Lima, Artur Bernardes nasceu

[226] Fábio Koifman et alii, *Presidentes do Brasil*, p. 245.
[227] Francisco de Campos Barreto, *Pastorais e conferências*, tomo I, p. 48-49.

mais para doutrinar e para mostrar aos que erram o caminho do bem. "Bem educado, fino, sabendo tratar, sentir-se-ia, entretanto, perturbado, diante de uma provocação sentimental fora dos moldes da boa moral doméstica. A virtude sobrepondo-se aos sentidos... "[228]

João Neves da Fontoura deixou uma opinião mais positiva sobre Artur Bernardes, coincidente, entretanto, com o parecer acima, nos aspectos essenciais: "Artur Bernardes, caráter puro, tipo de administrador já revelado. [...] Era um católico praticante, exemplar chefe de família, e conservador obstinado".[229]

Foi no curso de humanidades do Caraça – matriculado que fora no final de 1887, e onde permaneceu por dois anos – que Bernardes moldou seu caráter austero. Convencia, porque seu comportamento religioso era coerente: após concluir o mandato presidencial, continuou católico praticante, e ao se recolher à vida privada, conservou o papel de modelar pai e marido mineiro, daqueles em cujo lar se observa uma atmosfera harmoniosa de bem-estar, de severidade e de família. Pouco saía à rua, a não ser necessariamente pela irrenunciável prática de ir à missa todos os domingos.[230]

Tão verdadeira quanto a boa vontade do Presidente para com a Igreja era a solicitude com que a hierarquia o tratava. A simpatia vinha de longe, e quando Bernardes era ainda candidato uma carta habilmente falsificada, com insultos ao exército, se lhe foi atribuída, alguns prelados ficaram do seu lado. Dom Silvério Gomes Pimenta não hesitou em sair em campo para defendê-lo, levando o assunto a ser minimizado.[231] Chegara para a Igreja a hora de passar à ação concreta a favor do reconhecimento público, e a ocasião surgiu ao final do mês de julho de 1925, quando Artur Bernardes apresentou aos parlamentares um anteprojeto de reforma da Constituição de 1891. Em 1926, no último ano do seu mandato, abriram-se os debates, e os católicos apresentaram duas emendas ao texto constitucional – as assim chamadas emendas religiosas – propondo o seguinte:

- Primeira emenda: modificava o parágrafo 6º do artigo 72 afirmando que "*conquanto leigo, o ensino com caráter obrigatório ministrado nas escolas não exclui das mesmas o ensino religioso facultativo*".

[228] João Lima, *Como vivem os homens que governam o Brasil*, p. 15, 31.
[229] João Neves Fontoura, *Borges de Medeiros e seu tempo*, p. 236, 348.
[230] João Lima, *o. c.*, p. 39.
[231] Alípio Ordier Oliveira, *Traços biográficos de D. Silvério Gomes Pimenta*, p. 108-109.

- Segunda emenda: alterava o disposto no parágrafo sétimo no mesmo artigo 72, acrescentando que, "*conquanto reconheça que a Igreja Católica é a religião do povo brasileiro, em sua quase totalidade, nenhum culto ou Igreja gozará de subvenção oficial, nem terá relações de dependência ou aliança com o Governo da União, ou dos Estados*".[232]

As emendas acabaram não sendo aprovadas, também devido à pressa do Governo Federal em reduzir as propostas apresentadas de 75 para 5. O revés não chegou a ser completo, pois foi restabelecida oficialmente a constitucionalidade da representação diplomática perante a Santa Sé, cujas relações, aliás, nunca haviam sido interrompidas. Com o acréscimo, o novo texto, do artigo 72 § 7, ficou assim: "Nenhum culto ou Igreja gozará de subvenção oficial, nem terá relações de dependência ou aliança com o Governo da União ou dos Estados. A representação diplomática do Brasil junto à Santa Sé não implica violação deste princípio". Foi o embrião do desejado reconhecimento que afinal viria alguns anos depois.[233]

5.5. Grandezas e limites da reestruturação eclesial no Brasil

A reforma, seguida da reorganização da Igreja no Brasil, representou um sincero, e sob muitos aspectos bem-sucedido, empenho em prol da afirmação da identidade católica e da elevação do nível intelectual e moral da hierarquia eclesiástica e de todo o povo fiel no país. Os fatos comprovam os resultados positivos dessa opção: o clero da República Velha, além de moralmente elevado, possuía muitos membros de destacada cultura humanística, entre os quais dois bispos – Dom Silvério Gomes Pimenta, Arcebispo de Mariana, e Dom Aquino Corrêa, bispo de Cuiabá, MT –, que eram membros da Academia Brasileira de Letras. Na posse de Dom Aquino, a exemplo da de Dom Silvério, além do Núncio Apostólico e bispos, compareceram também quase todos os ministros de Estado.[234]

As marcas exteriores do prestígio da hierarquia eram inegáveis, e personagens políticos, incluindo-se ex-anticlericais do calibre de Rui Barbosa, sentiam-se no dever de fazer pública confissão de fé em suas cam-

[232] Jorge Nagle, *Educação e sociedade na Primeira República*, p. 60-61.
[233] Thales Azevedo, *Igreja e Estado em tensão e crise*, p. 83; *REB*, vol. 8, fasc. 4, 1948, p. 844.
[234] Arlindo Drumond Costa, *A nobreza espiritual de Dom Aquino Corrêa*, p. 98-99.

panhas eleitorais. Restava em aberto, porém, um desagradável particular: a erudição pessoal de tantos clérigos não se traduziu em formas sociais correspondentes. Atestam-no a quase total ausência da Igreja na educação universitária do país nos tempos da República Velha; ao que se deve acrescentar um outro agravante: uma das poucas escolas católicas de formação superior no país, a Faculdade de Filosofia Ciência e Letras de São Paulo, que começara a funcionar aos 7-7-1908 num prédio anexo ao seminário diocesano, acabou sendo fechada em 1914.[235]

À deficiência estrutural, deve-se por força acrescentar um outro limite, de natureza pastoral. Ou seja, um clero intelectualizado e cada vez mais urbano, mesmo não negligenciando a cura d'almas, por força das circunstâncias e da própria formação recebida, sentia-se naturalmente mais próximo das pessoas dotadas de certa instrução, que eram justamente aquelas que dispunham de melhores recursos para tanto. Às classes abastadas isso agradava, também porque numa época em que bom gosto e refinamento eram necessariamente europeus, a europeização da Igreja parecia encarnar sob medida o ideal da cultura padrão. Daí que, por mercê da hierarquia eclesiástica, a doutrina e a disciplina se tornaram rigidamente romanas; enquanto o modelo escolástico confessional, o devocionário e a arte sacra sofriam visível influência francesa; sobrando ainda espaço para muitos outros influxos na arquitetura e na piedade, cuja proveniência se estendia da Irlanda ("Legião de Maria", a partir de 1921) à Polônia (devoção a Santo Estanislau, sobretudo em Curitiba). Dois outros fatores também pesaram nesta opção: a maciça imigração de europeus, e a falta de uma compleição madura do clero nacional, o qual, impedido que fora de desenvolver uma tradição própria sob a precedente opressão regalista, tomava de empréstimo, ou estimulava, quase todas as manifestações da Igreja do Velho Mundo. O desprezo pelo passado explica a facilidade com que numerosas construções religiosas coloniais acabaram sendo sumariamente descaracterizadas, ou mesmo destruídas. A matriz de Nossa Senhora da Boa Viagem em Belo Horizonte, por exemplo, erguida em 1765, fora poupada pela comissão construtora que edificou ali a nova capital de Minas Gerais inaugurada em 1897; mas, o clero, em 1911, sob pretexto das torres estarem ameaçadas de ruína, não hesitou em ordenar a sua derrubada, para no lugar começar a construir outra, em estilo gótico lombardo.[236]

[235] Maximiano de Carvalho Silva, *Monsenhor Maximiano da Silva Leite*, p. 13-14.

[236] Abílio Barreto, *Belo Horizonte, memória histórica e descritiva – história média (1893-1898)*, p. 726.

Claro que, em muitos casos, isso também acontecia por motivos práticos. Em São Paulo, o abade Dom Miguel Kruse logo constatou que o velho mosteiro, construção pequena e mal conservada, era impróprio para as atividades que desejava implantar. Ao contrário, porém, de fazer a adaptação possível, no ano de 1911, ele simplesmente ordenou a destruição total do prédio, sem sequer poupar a igreja. No seu lugar seria edificada uma imponente abadia em eclético estilo germânico, projetada pelo Richard Berndl, professor da universidade de Munique.[237] Algo parecido aconteceu com a catedral colonial da mesma São Paulo. Ainda em 1911, ela seria arrasada, para dar espaço a uma maior, neogótica, projetada pelo arquiteto Maximiliano Heckl, professor da Escola Politécnica. Uma pintura da abóbada central, retratando a conversão de São Paulo, foi salva e doada por monsenhor Francisco Rodrigues ao Museu do Estado. O Núncio Giuseppe Aversa, ao ser informado, escreveu ao abade Kruse pedindo explicações, e a resposta que recebeu demonstrava o baixo conceito em que certos europeus tinham a arte nativa:

> É certo que [a doação] foi feita sem licença alguma. Contudo, parece-me que este incidente não deve ser tomado mui tragicamente; pois, como obra de arte, não vale nada. O único valor que tem é o da associação de idéias que a ele se ligam, e porque foi pintado por um brasileiro no século passado; e como para nossa imprensa todo brasileiro *é exímio* (o grifo é do autor), compreende-se que os jornais falaram em grande obra de arte etc.[238]

Como era de se prever, tal europeização gerou numerosas incongruências. Recorda-se, por exemplo, que no pós-Vaticano I a Igreja do Velho Mundo jogou toda a sua força contra as novas ameaças à fé representadas em correntes de pensamento como comunismo, socialismo e secularismo. No Brasil, esses grupos eram apenas grupos, mas as recomendações da Santa Sé a respeito seriam acatadas sem levar em conta as diferenças ob-

[237] Celso Neves, *Mosteiro de São Bento São Paulo*, p. 64.

[238] ASV, Carta do Abade Miguel Kruse ao Núncio Aversa (16-7-1912), em: *Nunciatura Apostólica no Brasil*, fasc. 734, caixa 146, doc. 1, fl. 1.

jetivas. Igual aconteceria ante certas correntes teológicas heterodoxas que pululavam na Alemanha, na Inglaterra, na França e na Itália, ainda que fossem quase completamente ignoradas pelos brasileiros. O resultado final é conhecido: o Papa Pio X, por meio do decreto *Lamentabili sane exitu* (3-7-1907), da encíclica *Pascendi Dominici Gregis* (8-9-1907), de numerosos decretos da Pontifícia Comissão Bíblica e freqüentes condenações da Congregação do Índex, fulminou o *modernismo* (filosófico e teológico). No Brasil, um dos poucos suspeitos de adesão a tal movimento foi o Pe. Júlio Maria, que resultou completamente inocente;[239] mas as vozes alarmadas continuaram. Na longínqua diocese de Teresina, PI, Dom Joaquim d'Almeida, numa veemente Carta Pastoral, tratou o assunto como se fosse uma luta do bem contra o mal, e conclamou os fiéis para que se unissem ao Papa, no combate contra os modernistas, identificados como inimigos de Cristo, do Evangelho e dos seus ministros.[240] O exemplo foi seguido pela confinante diocese de São Luiz do Maranhão, cujo clero, no dia 9-2-1908, também lançou um manifesto atacando o *modernismo*.[241]

Entrementes, questões genuinamente brasileiras como o sincretismo religioso, o crescimento do Espiritismo Kardecista na classe média, a ausência de um (grande) laicato organizado, e a própria dependência econômica, eram deixadas em segundo plano. O pior é que justo naquele momento começava a proliferação das novas seitas no país. A primeira tentativa bem-sucedida teve início aos 8-3-1910, quando dois italianos, Luigi Francescon (ex-valdense) e Giacomo Lombardi, anteriormente arrebanhados às hostes pentecostais nos Estados Unidos, depois de uma breve experiência em Buenos Aires, transferiram-se para o Brasil. Conseguiram conquistar um compatriota de nome Vincenzo Pievani, residente em Santo Antonio da Platina, no Paraná, mas o trabalho não deu os frutos que esperavam e, no dia 18 de abril daquele mesmo ano, os dois se separaram: Giacomo voltou para Buenos Aires e Luigi, dois dias depois, foi para a cidade onde habitava seu primeiro prosélito. Ele regressou a São

[239] Cf. Fernando Guimarães, *Homem, igreja e sociedade no pensamento de Júlio Maria*, p. 34, 37.

[240] Cf. Joaquim Antônio d'Almeida, *Carta Pastoral anunciando o jubileu sacerdotal do S.S.Padre Pio X e apresentando ao clero e fiéis de sua diocese a Encíclica "Pascendi Dominici" sobre o "modernismo" e o Motu Próprio "Praestantia Scripturae Sacrae"*, p. 3, 5-6, 8, 14-15.

[241] Cf. ASV, Manifesto do clero de São Luiz do Maranhão ao Núncio Alessandro Bavona (9-2-1908), em: *Nunciatura Apostólica no Brasil*, fasc. 635, caixa 128, doc. 61, fl. 52.

Paulo no dia 20 de junho do mesmo ano, conseguindo formar um pequeno grupo de sequazes no bairro do Brás. No mês de setembro seguinte regressará para os Estados Unidos; mas, o grupo inicial se manteve, autodenominado-se "Congregação Cristã no Brasil".[242]

Contemporaneamente, dois pregadores suecos, provenientes de Chicago, EUA, Daniel Berg (1885-1963) e Gunnar Vingren (1879-1933), também optaram pelo Brasil, estabelecendo-se em Belém do Pará no dia 19-11-1910. Batistas, mas sob influência do pentecostalismo, ambos tentaram implantar no Brasil práticas típicas de tal movimento, como a glossolalia. A iniciativa provocou dissensões, e, aos 13-6-1911, os dois suecos, juntamente com 18 iniciados foram convidados a se retirar. O grupo, no dia 18 seguinte, reuniu-se na residência de Henrique de Albuquerque, situada à rua Siqueira Mendes, 79, no bairro Cidade Velha e se autodenominou "Missão de Fé Apostólica". Aos 11-1-1918, sabendo que nos Estados Unidos existia uma certa *Assembléia de Deus*, eles decidiram adotar o mesmo apelativo, mas sem nenhuma filiação com a similar norte-americana.[243] O certo é que os "assembleianos" tiveram sucesso entre a população humilde e religiosamente pouco informada, e nos anos trinta a sua denominação já se espalhara pelo norte e nordeste do país, com numerosos templos animados por pastores nativos.[244]

Outros casos se seguiriam: em 1920, alguns tripulantes da Marinha Mercante nacional aderiram à *Sociedade internacional dos Verdadeiros Inquiridores da Bíblia* (que, em 1931, adotará o nome de *Testemunhas de Jeová*), e dois anos depois, o primeiro representante "jeovista" se estabeleceu no país dando início a um agressivo trabalho de propaganda. Um ano mais tarde – 1923 –, seria a vez dos *Mórmons*, implantados no país por obra de Robert Lippelt, que com a mulher e três filhos mudou-se de Hamburgo, Alemanha, para o Brasil, fixando residência em Impoméia, SC. Por seu intermédio, Rheinold Stoof, líder da denominação em Buenos Aires, estabeleceu uma missão em Joinville.[245]

[242] Cf. Francisco Cartaxo Rolim, "Igrejas pentecostais", em: *REB*, vol. 42, fasc. 165, p. 29-31.

[243] Duncan Alexander Reily, *História documental do protestantismo no Brasil*, p. 369-374; Joanyr de Oliveira, *As Assembléias de Deus no Brasil*, pp. 51, 59.

[244] Cf. Humberto Meuwissen, *Cem anos de presença espiritana em Tefé*, p. 39.

[245] Décio Monteiro Lima, *Os demônios descem do norte*, 5ª ed., Francisco Alves, Rio de Janeiro 1991, p. 84-85, 111, 115-117.

Claro que a *formação* de muitos dos ministros desses novos cultos ia pouco além do aprendizado rudimentar e fundamentalista da Bíblia; ainda assim, o contraste em relação aos regulares que também atuavam na área era veemente demais para ser minimizado. Quanto a isso, basta recordar que os espiritanos, depois de décadas de presença, conseguiram ordenar apenas um sacerdote brasileiro![246] Coube a Dom Leme o mérito de ser um dos primeiros a lançar o brado de alerta: "Nossas trincheiras estão sendo invadidas pelo inimigo. [...] Mas... os soldados são poucos, os soldados jazem por terra, sonolentos, feridos de tédio, cheios de torpor..."[247]

Alguns eruditos católicos adotaram posição análoga, mas culpabilizando junto os Estados Unidos. Eduardo Prado, sem excluir a hispanidade da sua crítica, foi um deles, tendo causado sensação em 1893 pelas críticas ferozes que teceu contra a realidade dos "gringos":

> O verdadeiro termômetro da civilização de um povo é o respeito que ele tem pela vida humana e pela liberdade. Ora, os americanos têm pouco respeito pela vida humana. Não respeitam a vida de outrem nem a própria. [...] Os tribunais regulares matam juridicamente com freqüência, os assassinatos criminosos são vulgaríssimos, e os linchamentos crescem em número todos os dias. Tudo isto são formas acentuadas de desprezo pela vida humana. [...] O espírito americano é um espírito de violência.[248]

Excessos verbais à parte, era deveras difícil permanecer impassível ante a política externa estadunidense. Entre as suas tantas proezas, está aquela do governo do Presidente William McKinley (1843-1901) que, em 1898, praticamente transformou Cuba num protetorado dos Estados Unidos. MacKinley morreu assassinado por mão de um anarquista, mas o seu vice e sucessor, o conservador Theodore Roosevelt (1858-1919), que continuaria no cargo após ser reeleito em 1904, deu una interpretação ainda mais restrita ao nascente imperialismo ianque. Ele sustentava o direito de intervenção dos Estados Unidos como "polícia internacional" nas questões

[246] Humberto Meuwissen, *o. c.*, p. 39.
[247] Laurita Pessoa Raja Gabaglia, *O Cardeal Leme*, p. 106.
[248] Eduardo Prado, *A Ilusão americana*, p. 37, 47, 236-239.

latino-americanas e demonstrou irritação ao comprovar que o Catolicismo era um elemento de resistência cultural a tal pretensão. Isso ficou evidente em 1904, quando, ao percorrer a Patagônia Argentina, afirmou: "Será longa e difícil a absorção desses países pelos Estados Unidos, enquanto forem países católicos".[249]

Compreensível, portanto, a defesa apaixonada que certos fiéis fizeram do Catolicismo, ao qual também associavam o papel de baluarte da brasilidade. "A pátria brasileira sem a fé católica é um absurdo histórico", proclamou, portanto, Álvaro Bomilcar, apoiado pela revista *Gil Blas*, fundada em fevereiro de 1919 e dirigida por Alcibíades Delamare Nogueira da Gama.[250] Delamare vislumbraria no nascente fascismo italiano de Benito Mussolini o modelo político que parecia comprovar a viabilidade da sua proposta, pois a defesa da cultura patriótica e o respeito pela religião então alardeados pelo *fascio* lhe causaram grande admiração, por estarem, segundo ele, "redimindo a Itália de todos os erros do passado".[251]

Não era o único a pensar assim: Dom José Pereira Alves, bispo de Natal, observaria satisfeito que "o ministro da educação, do governo Mussolini, afirmou com desassombro que todo o sistema de educação popular repousa no princípio de educação religiosa, e para a Itália, país católico, na educação católica".[252] Por outro lado, a idéia de que a civilização de maioria protestante da América do Norte fosse imperialista, opressora, violenta, racista e bárbara, e de que tinha o seu contraponto no Brasil pacífico, racialmente "harmonioso", e católico, marcaria toda uma geração de escritores, encontrando um dos seus pontos altos na obra *Brado de Alarme* de Soares d'Azevedo, publicada no Rio de Janeiro em 1922:

> O cimento armado não é civilização. Nem arremedo. [...] Existem hoje 12 milhões de negros nos Estados Unidos, todos segregados da sociedade, todos considerados como cancro de difícil extirpação. [...] Isto, frise-se bem, num país trabalhado

[249] Décio Monteiro de Lima, *Os demônios descem do norte*, p. 50.
[250] Lúcia Lippi Oliveira, *A questão nacional na Primeira República*, p. 150-156.
[251] Alcibíades Delamare, *As duas bandeiras – Catolicismo e brasilidade*, p. 112-113.
[252] José Pereira Alves, *A paróquia – Carta Pastoral*, p. 46.

> desde a sua origem pelo protestantismo. [...] Como têm agido no caso os colonizadores latinos? É certo que exploraram o trabalho da raça proscrita, mas fizeram-no mais brandamente, formando por fim um dos enxertos mais afetivos e mais nobres da América. Foi esta mescla que eliminou o conflito entre nós, o que não se dá ao norte, ao protestante norte. [...] O México, as Filipinas, Cuba e Panamá e outros países da América Central podem dar um triste testemunho de quais sejam as intenções daquele povo. E nós também seremos vítimas da sua desmarcada ambição se não nos levantarmos contra essas suas sorrateiras incursões, que denunciamos. [...] Clamamos bem alto: Brasileiros e Católicos, alerta para o trabalho dos norte-americanos entre nós, para trás os inimigos da nossa pátria e da nossa religião.[253]

Sustentados por um bom aparato intelectual de confronto, faltou, contudo, aos católicos uma articulação pastoral à altura do desafio, ou um projeto orgânico de resistência. O que se viam eram ações isoladas, como a Liga de São Pedro, fundada em São Paulo, SP, que, além de contestar publicamente os protestantes, recolhia todas as escrituras reformadas que encontravam, para queimá-las na noite de São Pedro.[254] Somente a partir de 1930, com a posse de Dom Leme, como bispo titular do Rio, é que o "serviço de corpo" ganharia certa organização e consistência.

[253] Soares de Azevedo, *Brado de alarme*, p. 57, 198-203, 218.
[254] Maximiano de Carvalho Silva, *Monsenhor Maximiano de Carvalho e Silva*, p. 168.

CONCLUSÃO

O presente livro, como foi assinalado na introdução, teve como objetivo analisar a complexa transformação pela qual passou a Igreja no Brasil entre os anos de 1844 a 1926, iniciada no contexto da *sui generis* união Trono-Altar do Segundo Império; a mesma que, por causa dos seus excessos, levou a instituição eclesiástica no Brasil a aceitar a laicização da vida pública imposta pela República com uma inédita tranqüilidade.

A bem da verdade, não se tratou de uma condescendência gratuita, pois, como se viu, por detrás da fachada laica, havia um espírito de cordialidade mútua, e fruto de bem-compreendida conveniência. Exemplar foi o caso das missões: os religiosos "salvavam almas", e, através do trabalho deles, o Governo integrava territórios e, por extensão, assegurava fronteiras. Enquanto isso acontecia, também se evidenciou que certos setores da piedade popular, colocados à margem do processo, reagiam de forma violenta contra a desagregação do universo religioso que conheciam, originando movimentos sangrentos como Canudos e a Guerra do Contestado.

Igualmente deve ser salientado que, tão verdadeiro quanto o notável desenvolvimento das estruturas da Igreja no país (crescimento numérico das dioceses, dos seminários e das instituições educacionais e de assistência vária), foi o fato da mesma "europeização", anteriormente citada, haver impedido que o Catolicismo no Brasil se desenvolvesse com características próprias. Apesar de tudo, durante a década de trinta, o prestígio do episcopado em geral, e de Dom Sebastião Leme em particular, que já era notável, cresceria ainda mais. A grande demonstração disso aconteceu em 1931, ao ser inaugurada no Rio de Janeiro, com pompa e circunstância, a monumental estátua do Cristo Redentor no alto do Corcovado. O Presidente Getúlio Vargas, ministros de estado e numerosas autoridades fizeram questão de comparecer ao evento, e a majestosa imagem pôde ser vista como o símbolo máximo de um tempo em que, como nas direções opostas para onde apontavam seus braços, simbolicamente a instituição eclesiástica se propusesse a abraçar todos os segmentos sociais, influenciando-os com a sua doutrina. Afinal, os mesmos simbólicos braços apontavam para o infinito...

Enquanto isso, as boas relações entre o Estado republicano e o clero tinham atingido seu apogeu, e não foi por acaso que o tão desejado reconhecimento oficial se concretizou, enfim, em 1934. Naquele ano, a Nova Constituição Federal, que invocava o nome de Deus no seu preâmbulo, introduziu vários direitos há muito reclamados pela Igreja, selando de vez um comportamento político que se arrastaria por décadas. Nem tudo, entretanto, era monolítico e harmonioso nessa Igreja aparentemente triunfante. Mesmo sem relação com os fatos passados, dissidências haviam, e nem todas seriam superadas. Exemplares foram os casos da "Liga Eleitoral Católica" (LEC) e do próprio "Centro Dom Vital". Apologistas ambos e interligados, ao seu interno paulatinamente se articularam nomes como Alceu Amoroso Lima que descobriam horizontes novos, "à esquerda", enquanto que, "à direita", militantes como Plínio Correia de Oliveira atingiriam o extremo oposto. Tudo isso poderia ter sido uma saudável oportunidade para construtivos debates, mas nem sempre foi o que ocorreu, se se tem presente que movimentos integristas, como a TFP, seriam resultantes das idéias então cultivadas. E essa era uma pendência menor, pois, ao externo, malgrado a oposição cerrada que o clero lhes fazia, os cultos afro-brasileiros tampouco seriam debelados.

Entre tantos problemas, um se destacava: o contínuo assédio das seitas protestantes provenientes dos Estados Unidos e das suas sucedâneas nativas. E, por mais constrangedor que seja admiti-lo, fica o fato: nem o proselitismo delas, nem as questões ligadas ao sincretismo e outras mais encontraram soluções satisfatórias, e isso mesmo depois das sérias tentativas de renovação levadas a cabo no pós-Vaticano II. Quiçá também aí o insucesso se explique por uma razão paradoxal: o segmento do clero que projetou "descer do altar", independentemente de qual tenha sido a sua intenção, em boa parte das vezes, supervalorizou o parecer dos leigos "engajados", minimizando a complexidade da religiosidade popular no país. Na virada do milênio, entretanto, novidades outras, ainda carentes de aprofundamento, se impuseram, como, por exemplo, um promissor florescimento vocacional do clero secular, por meio do qual, progressivamente, o corpo eclesiástico da Igreja no país vai se tornando sempre mais numeroso, mais jovem e mais nativo. O interessante e questionador no caso é que a novidade tem sua fonte primeira nos novos movimentos de espiritualidade, cuja expansão, não programada e nem sempre compreendida pelo clero, rompeu com perspectivas que se acreditavam sólidas. Por outro lado, é justamente na faixa mais jovem da hierarquia eclesiástica que se verificam iniciativas de grande impacto, como a presença nos meios de comunicação. Uma nova reforma eclesiástica pode estar sendo lentamente articulada, com desfechos imprevisíveis. A história julgará.

Apêndices

I

Alvará de proscrição da Companhia de Jesus do reino português

(Dom José I, 3 de setembro de 1759)

Dom José, por graça de Deus Rei de Portugal e dos Algarves, daquém e dalém mar, em África senhor de Guiné e da Conquista, navegação e comércio da Etiópia, Arábia, Pérsia e da Índia. Faço saber, que havendo sido infatigáveis a constantíssima benignidade e religiosíssima clemência, com que desde o tempo em que as operações que se praticaram para a execução do tratado de limites das conquistas; sobre as informações e provas mais puras e atendíveis, e sobre a evidência dos fatos mais notáveis, não menos que a três exércitos procurei aplicar todos quantos meios a prudência e a moderação podiam sugerir, para que o governo dos regulares da Companhia chamada de Jesus, das províncias destes reinos e seus domínios, se apartasse do temerário e façanhoso projeto com que havia intentado, e clandestinamente prosseguido a usurpação de todo o Estado do Brasil, com um tão artificioso e tão violento progresso, que, não sendo pronto e eficazmente atalhado, se faria dentro no espaço de menos de dez anos, inacessível e insuperável a todas as forças da Europa unidas; havendo [em ordem a um fim de tão indispensável necessidade], exaurido todos os meios que podiam caber na mão das supremas jurisdições Pontifícia e Régia, por uma parte reduzindo os sobreditos regulares à observância do seu Santo Instituto, por um próprio e natural efeito de reforma, à minha instância ordenada pelo Santo Padre Benedito XIV, de feliz recordação; e pela outra parte, apartando-os da ingerência nos negócios temporais, como eram; a administração secular nas aldeias; e o domínio das pessoas, bens e comércio dos índios daquele continente, por outro igualmente próprio e natural efeito das saudáveis leis que estabeleci e exerci a estes sapientíssimos respeitos: havendo por todos estes modos procurado que os sobreditos regulares, livres da contagiosa corrupção com que os tinha contaminado a hidrópica sede de governos profanos, de aquisições de terras e estados, e de interesses mercantis, servissem a Deus, e aproveitassem ao próximo como bons e verdadeiros religiosos e ministros da Igreja de Deus, antes que pela total depravação de seus costumes, viesse a acabar necessariamente nos mesmos reinos e seus domínios numa sociedade que neles entrava dando exemplos, e que havia sempre sido tão distintamente protegida pelos senhores reis, meus gloriosíssimos predecessores, e pela minha real e sucessiva piedade: e havendo todas as minhas sobreditas diligências, ordenadas à conservação da mesma sociedade, sido por ela contestadas, e invalidados os seus pios e naturais efeitos, por tantos, tão estranhos e tão inauditos atentados, como foram por exemplo: o com que à vista e face de todo o universo, declararam e perseguiram contra mim nos meus mesmos domínios ultramarinos, a dura e aleivosa guerra que tem causado tão geral escândalo; o com que dentro do meu mesmo reino suscitaram também contra mim as sedições intestinas com que armaram para a última ruína de minha Real Pessoa, os meus mesmos vassalos, em quem acharam disposições para os corromperem, até os precipitarem no horroroso insulto perpetrado na noite de 3 de setembro do ano próximo precedente, com abominação nunca imaginada entre os portugueses; e o com que depois que erraram o fim daquele execrando golpe contra a minha Real Vida, que a Divina Providência preservou com tantos e tão decisivos milagres, passaram a atentar contra a minha fama a cara descoberta, maquinando e difundindo por toda a Europa [em causa comum com os seus sócios de outras regiões] os infames agregados de disformes e manifestas imposturas, que contra os mesmos regulares tem retorquido a universal e prudente indignação da mesma Europa: nesta urgente e indispensável necessidade de sustentar minha Real Reputação, em que consiste a alma vivificante de toda a Monarquia, que a Divina Providência me devolveu para conservar indene e ilesa a Autoridade que é inseparável da sua independente soberania; de manter a paz pública dos meus reinos e domínios; e de conservar a tranqüilidade e interesses de meus fiéis e louváveis vassalos, fazendo cessar neles tantos e tão extraordinários escândalos; e protegendo-os e defendendo-os contra as intoleráveis lesões de todos os sobreditos insultos, e de todas as funestas conseqüências que a impunidade deles não poderia deixar de trazer por si; depois de ter ouvido os pareceres de muitos ministros doutos, religiosos, e cheios de zelo da honra de Deus, do meu Real serviço e decoro, e do bem comum dos meus reinos e vassalos, que houve por bem consultar, e com os quais fui servido conformar-me: Declaro os sobreditos regulares na referida forma corrompidos, deploravelmente alienados de seu santo instituto; e manifestamente indispostos com tantos, tão abomináveis, tão inveterados e tão incorrigíveis vícios para voltarem à observância dele, por notórios rebeldes, traidores, adversários e agressores, que têm sido e são atualmente contra a minha Real Pessoa e Estado, contra a paz pública de meus reinos e domínios, e contra o bem comum de meus fiéis vassalos; ordenando que, como tais sejam tidos, havidos e reputados. E os hei desde logo, em efeito desta presente lei, por desnaturados, proscritos e exterminados; mandando que efetivamente sejam expulsos de todos os meus reinos e domínios para neles mais não poderem entrar. E estabelecendo debaixo de pena de morte natural e irremissível, e de confiscação de todos os bens para o meu fisco e Câmara Real, que nenhuma pessoa de qualquer estado e condição que seja, dê nos mesmos reinos e domínios, entrada aos sobreditos regulares ou qualquer deles, ou que com eles, junta ou separadamente, tenha qualquer correspondência verbal ou por escrito, ainda que hajam saído da referida sociedade, e que sejam recebidos ou professos em quaisquer outras províncias de fora de meus reinos e domínios; a menos que as pessoas que os admitirem ou praticarem, não tenham para isso imediata e especial licença minha. Atendendo, porém, a que aquela deplorável corrupção dos ditos regulares [com diferença de tantas outras ordens religiosas, cujos comuns se conservaram sempre em louvável e exemplar observância] se acha infelizmente no corpo que constitui o governo e o comum da mesma sociedade; e havendo a ser muito verossímil que nela possa haver alguns particulares indivíduos daqueles que ainda não haviam sido admitidos à profissão solene, os quais sejam inocentes; por não terem ainda feito as provas necessárias para se lhes confiarem os horríveis segredos de tão abomináveis conjurações e infames delitos: nesta consideração, não obstante os direitos comuns da guerra e da represália universalmente recebidos, e quotidianamente observados na praxe de todas as nações civilizadas; segundo os quais direitos, todos os indivíduos da sobredita Sociedade, sem exceção dalgum deles, se acham sujeitos aos mesmos procedimentos acima declarados, pelos insultos contra Mim e contra os meus reinos e vassalos, cometidos pelo seu pervertido governo; contudo, refletindo a minha benigníssima clemência na grande aflição que hão de sentir aqueles dos referidos particulares, que havendo ignorado as maquinações dos seus superiores, se virem proscritos e expulsos, como partes daquele corpo infecto e corrupto, Permito que todos aqueles ditos particulares, que houverem nascido nestes reinos e seus domínios, ainda não solenemente professos, os quais apresentarem ao Cardeal Patriarca, visitador e reformador geral da mesma Sociedade, para que lhes relaxe os votos simples que nela houverem feito; possam ficar conservados nos mesmos reinos e seus domínios, como vassalos deles, não tendo aliás culpa pessoal provada que os inabilite. Para esta minha lei tenha toda a sua cumprida e inviolável observância, e se não possa nunca relaxar pelo lapso do tempo em comum prejuízo essa tão memorável e necessária disposição: estabeleceu que as transgressões dela fiquem sendo casos de devassa para delas inquirirem presentemente todos os ministros civis e criminais nas suas diversas jurisdições, conservando sempre abertas as mesmas devassas, a que agora procederem, sem limitação de tempo, e sem determinado número de testemunhas; perguntando depois de seis em seis meses pelo menos o número de dez testemunhas, e dando conta de assim o haverem observado, e do que resultar de suas inquirições ao ministro juiz da inconfidência, sem que aos sobreditos magistrados se possam dar por correntes as suas residências, enquanto não apresentarem certidão do referido juiz da inconfidência.

E esta se cumprirá como nela se contêm. Pelo que mando à Mesa do Desembargo do Paço, regedor da Casa de Suplicação, ou quem seu cargo servir, conselheiro de minha real fazenda e dos meus domínios ultramarinos, Mesa de Consciência e Ordens, Senado da Câmara, Junta do Comércio destes reinos e seus domínios, Junta do Depósito Público, capitães generais, governadores, desembargadores, corregedores, juízes e mais oficiais de justiça e guerra, a quem o conhecimento desta pertencer, que a cumpram e guardem, e façam cumprir e guardar tão inteiramente como nela se contém, sem dúvida ou embargo algum, e não obstante quaisquer leis, regimentos, alvarás, disposições ou estilos contrários; que todas e todos hei por revogados, como se deles fizesse individual e expressa menção para este efeito somente, ficando aliás sempre em seu vigor. E ao Doutor Manuel Gomes de Carvalho, desembargador do Paço, do meu Conselho, chanceler-mor destes meus reinos, mando que a faça publicar na chancelaria; e que dela se remetam cópias a todos os tribunais, e cabeças de comarca e vilas destes reinos, registrando-se em todos os lugares onde se costumam registrar semelhantes leis, e mandando o original para a Torre do Tombo.

Dada no Palácio de Nossa Senhora da Ajuda, aos 3 de setembro de 1759.

Rei.

Conde de Oeiras.

[Lei que Sua Majestade há servido exterminar, proscrever e mandar expulsar dos seus reinos, domínios, os regulares da Companhia denominada de Iesu, e proibir que com eles se tenha qualquer comunicação verbal ou por escrito, pelos justíssimos e urgentíssimos motivos acima declarados, e debaixo das penas nela estabelecidas.

Para Vossa Majestade ver.

Felipe José da Gama a fez.]

(Fonte: Arquivo da Torre do Tombo, coleção de leis originais, maço 6, documento n. 20.)

II

Documentos relativos à Questão Religiosa

2.1. Breve *Quamquam Dolores*
(*Pio IX, Roma, 29 de maio de 1873*)

Venerável irmão, Saúde e Bênção Apostólica.

Conquanto exacerbasse nossas mágoas o que nos expusestes a cerca do vírus maçônico por aí de tal sorte derramado, que até as próprias irmandades religiosas têm invadido e algumas delas corrompido completamente; não podemos, todavia, deixar de louvar a confiança com que depositastes em Nosso coração a dor pungente que por este motivo experimentais, bem como o zelo com que procurastes e ainda procurais em obviar a tão grande mal. É essa peste antiga, e a seu tempo já foi profligada pela Igreja e denunciada, ainda que sem fruto algum, aos povos e aos seus imperantes, que por causa dela corriam perigo. Já desde o ano de 1728, Clemente XII, de veneranda memória, lastimou, em sua Encíclica – *In Eminenti*, de 28 de abril, "progredissem por toda parte algumas sociedades, vulgarmente chamadas – dos *Franco-Maçons*, nas quais homens de todas as religiões e seitas, contentando-se com fementida aparência de honestidade, coligam-se em estreita e impérvia aliança", e devendo-se empregar toda vigilância "para que semelhante gente, quais ladrões, não arrombe as portas da casa, e à maneira de raposas, não tente estragar as vinhas", proibiu tais conventículos, qualquer que fosse seu nome, mandando a todo e qualquer fiel deles se afastasse, sob pena de excomunhão *incurrenda ipso facto*, sem mais declaração alguma, da qual não se possa ser absolvido senão pelo Romano Pontífice, salvo em artigo de morte.

Esta Constituição, Bento XV, seu sucessor, depois inseriu-a e mais amplamente explicou-a em sua Encíclica – *Providas*, de 16 de março de 1751, confirmando as penas e decretos estatuídos pelo seu Predecessor. Não obstante, essa ímpia sociedade, dividida em várias seitas, diversamente denominadas, unidas porém pela mesma idéia e pela mesma iníqua maldade, foi sempre crescendo ocultamente até que, largamente propagada, e sobremodo aumentadas as suas forças, rebentando de seus antros, pôde patentear-se e mostrar aos homens assisados com quanta razão fora condenada pelos Atalaias de Israel.

Tornou-se, pois, patente, pelos seus catecismos, suas constituições e suas obras, que é propósito seu acabar com a Religião Católica; e por isso mover guerra à Cátedra Apostólica, centro de toda autoridade humana, constituir o homem autônomo, independente de qualquer lei, desligado de todo vínculo de família, e unicamente escravo de suas paixões. Bem revelaram este satânico espírito da seita as truculentas revoluções da França que, no fim do século passado, abalaram o mundo inteiro e manifestaram como inevitável a completa dissolução da sociedade humana, se não fossem enfraquecidas as forças dessa tão ímpia seita.

Pelo que Pio VII, de santa memória, com sua Encíclica – *Ecclesiam*, expedida a 13 de setembro de 1821, não só tornou evidente aos olhos de todos a índole, a malícia, o perigo de tais sociedades, como até reiterou, e com maior gravidade, a condenação e as penas espirituais, contra os membros delas, cominadas pelos seus antecessores. Tudo isto foi depois confirmado, já por Leão XIII, de feliz memória, em suas Letras Apostólicas *Quo Graviora* de 13 de março de 1826, já por Nós mesmo na Encíclica – *Qui pluribus* de 9 de novembro de 1846.

Portanto, depois de tão repetidos decretos da Igreja, munidos de gravíssimas sanções, depois de manifestados os atos dessas ímpias sociedades, os quais revelaram os verdadeiros intentos das mesmas, depois das desordens, calamidades e inúmeras carnificinas perpetradas por elas em toda parte e de que insolente e impudentemente gloriam-se em escritos públicos; por certo que nenhuma desculpa pareceria aproveitar àqueles que lhe são filiados. Todavia, considerando Nós que estas malvadas seitas não revelam seus mistérios senão àqueles que, por sua impiedade, se mostram aptos e capazes de recebê-los, exigindo, em conseqüência, de seus adeptos, severíssimo juramento, pelo qual prometam nunca e em caso algum descobrir, aos não filiados à sociedade, cousa alguma concernente a ela;

e assim também comunicar aos graus inferiores aquilo que pertence aos graus superiores; cobrindo-se ordinariamente com a capa de beneficência e auxílio mútuo, sendo os incautos e inexpertos facilmente iludidos com a aparência de fingida honestidade: julgamos, Venerável irmão, que se deve usar de misericórdia com esses filhos pródigos, cuja ruína deplorais, a fim de que, atraídos pela suavidade dela, deixem os seus péssimos caminhos e voltem ao grêmio da Santa Madre Igreja, do qual vivem separados.

Portanto, lembrando-nos que Nós fazemos as vezes d'Aquele que não veio chamar os justos, senão os pecadores, assentamos seguir os passos do nosso já citado Predecessor Leão XII, e por isto suspendemos, por espaço de um ano, depois que forem conhecidas estas Nossas Letras, a reservação das censuras em que incorreram os que deram o seu nome a estas seitas, podendo serem absolvidos por qualquer confessor, aprovado pelo Ordinário do lugar onde se achem. Mas, se este remédio de clemência não servir para afastar os culpados de sua nefanda empresa e retrai-los de seu gravíssimo crime, é nossa vontade que, passado o referido prazo de um ano, imediatamente reviva a reservação das censuras que por Nossa Autoridade Apostólica de novo confirmamos; e formalmente declaramos que nenhum, absolutamente, dos adeptos dessas sociedades, fique imune dessas penas espirituais, sob qualquer pretexto, quer de sua boa fé, quer da extrínseca aparência de probidade que as referidas seitas soem ostentar, e, por conseguinte, ficam todos no mesmo perigo de eterna condenação enquanto a elas aderirem.

Além disso, vos concedemos pleno poder para procederdes com a severidade das leis canônicas contra aquelas irmandades que, por essa impiedade tão torpente, viciaram a sua índole, dissolvendo-as completamente e criando outras que correspondam ao fim de sua primitiva instituição. Praza a Deus que a consideração da perversidade das seitas nas quais não coram de inscrever-se tantos homens que arrogam-se o nome de cristãos; a lembrança dos anátemas com que repetidas vezes foram feridas pela Igreja; a notícia da clemência desta Santa Sé para com os enganados, chegando por meio destas Letras aos ouvidos das ovelhas tresmalhadas, reconduza-as ao caminho da salvação, evite a ruína de tantas almas e vos poupe a necessidade de usar de rigor. É o que Nós, com fervorosas preces, pedimos a Deus; é o que ardentemente desejamos ao vosso zelo pastoral; é o que rogamos a todos esses nossos Filhos iludidos.

E, porque os mesmos votos estendemos a todas as demais Dioceses desse Império, onde grassam os mesmos males, desejamos comuniqueis estas Letras aos vossos Veneráveis Irmãos, a fim de que cada um deles entenda ser dito a si e a seu povo tudo quando ora vos escrevemos. E ao mesmo tempo que rogamos à Divina Clemência digne-se favorecer os nossos desejos e solicitudes, como presságio do auxílio divino e de todos os dons celestes, e juntamente em penhor de Nossa Benevolência, vos lançamos com toda efusão de nosso amor a vós, Venerável Irmão, e a toda vossa Diocese, a Bênção Apostólica.

Dado em Roma, em São Pedro, aos 29 de maio de 1873, vigésimo sétimo ano de Nosso Pontificado.

Pio PP. IX

(Fonte: Vital Maria Gonçalves de Oliveira, *Carta Pastoral do Bispo de Olinda publicando o Breve de Pio IX de 29 de maio de 1873*, p. 8-13.)

2.2. Sentença condenatória de Dom fr. Vital M. Gonçalves de Oliveira

(21 de fevereiro de 1874)

N. 163. – Examinados e relatados estes autos crimes entre partes: Denunciante, o Promotor da Justiça, e denunciado o Bispo de Olinda: feito o relatório da lei e observadas as suas disposições:

Atendendo que as Irmandades são instituições de natureza mista, para cuja existência concorre o Poder Temporal e o Espiritual, sendo os respectivos compromissos organizados pelos fundadores, aprovados pelos Prelados na parte espiritual e confirmados pelo Governo ou pelas Assembléias Provinciais (lei de 22 de agosto de 1828, art. 2º § 11), e assim são sujeitos à jurisdição eclesiástica na parte espiritual e à civil e temporal em todas as outras disposições;

Atendendo que os requisitos que devem ter as pessoas para poderem pertencer a tais associações, não fazem objeto da natureza espiritual;

Atendendo que sendo indispensável, além da vontade dos fundadores, o concurso dos dois poderes para a decretação da lei que tem de reger tais instituições e marcar direitos e obrigações de seus membros, não podem elas ser reformadas ou alteradas só por um dos dois poderes sem o concurso do outro e intervenção da Irmandade. (Resolução de Consulta de 15 de janeiro de 1867);

Atendendo que a declaração de incapacidade de certa classe ou indivíduos de pertencerem a tais associações por motivos não declarados nos respectivos compromissos importa reforma ou alteração deles;

Atendendo a que o acusado ordenou à Mesa da Irmandade do Santíssimo Sacramento da Freguesia de Santo Antônio, que expelisse do seu grêmio um indivíduo certo e determinado por pertencer à sociedade maçônica, permitida pelas leis do Império e bem assim, todos os mais irmãos que estivessem no mesmo caso;

Atendendo que, recusando-se a Irmandade a cumprir tal ordem, por contrária ao compromisso, o acusado fulminou contra a mesma a pena de interdito, sem proceder a quaisquer informações e sem mesmo ouvir os interessados;

Atendendo que assim procedendo, o acusado usurpou a jurisdição e Poder Temporal, e mais, usou de notória violência no exercício do Poder Espiritual, postergando, na imposição da gravíssima pena de interdição, o direito natural e os cânones recebidos na Igreja brasileira, que não consentem que alguém seja condenado sem ser ouvidos e observados os termos da defesa;

Atendendo que, interposto o recurso à Coroa, autorizado pelo Decreto n. 1911 de 28 de março de 1857, em conformidade com a legislação anterior, o acusado recusou responder a ele, desconhecendo sua legalidade, e sendo decidido o mesmo recurso, e transmitida ao acusado a Resolução Imperial para cumpri-la, não só o deixou de fazer, como também incitou os vigários a que igualmente deixassem de cumpri-la, amedrontando-os com a pena de suspensão *ex informata conscientia*, de que fora vítima um que se mostrou hesitante;

Atendendo que o acusado, como empregado público (Ato Adicional à Constituição do Império, artigo 10 § 7º em sua elevada posição devera ser pronto e solícito em cumprir e fazer cumprir pelos seus subordinados as leis do país, mais grave se tornou a sua formal recusa e obstinação à ordem legal, chegando até a considerar como herética a matéria do recurso à Coroa e o placet (seu ofício de 6 de junho de 1873).

Atendendo, finalmente, que, pelas razões expostas, a presente causa é d alçada do Tribunal, e que o acusado com seu procedimento impediu e obstou os efeitos da determinação do Poder Executivo contidos naquelas Resoluções, como se acha plenamente provado dos autos, julgam que o Bispo Dom Vital Maria Gonçalves de Oliveira tem incorrido na pena do artigo 96 do Código Criminal e o condenam a quatro anos de prisão com trabalhos e custas.

Rio de Janeiro, 21 de fevereiro de 1874

Brito, Presidente. – *Veiga*. – *Villares*. – *Valdetaro*. – *Barão de Montserrate*. – *Costa Pinto*. Votei por estes fundamentos e por outros deduzidos na discussão. – *Barão de Pirapama*. Julguei não só nulo o processo pela incompetência para julgar a causa puramente espiritual, como é expresso na Lei de 28 de agosto de 1851, como também por não se achar prescrita e regulada a forma do processo para o julgamento dos Bispos. Mas como isto não se venceu, absolvo o acusado, por não haver lei alguma penal aplicável à espécie em questão. – *Albuquerque*. Votei pela pena de desobediência do artigo 128 do Código Criminal, por dever de cumprir a decisão do recurso, matéria principal do Aviso que determinou a denúncia.

(Fonte: Antônio Manuel dos Reis, *O bispo de Olinda, D. Frei Vital Maria Gonçalves de Oliveira perante a história*, p. 271-273.)

2.3. Sentença condenatória contra Dom Antônio de Macedo Costa

(*Proferida em 1 de julho de 1874*)

N. 164 – visto e relatados etc.

Atendendo às bulas do Sumos Pontífices, excomungando, entre outras sociedades secretas, a maçonaria, não tiveram beneplácito régio na monarquia portuguesa, de que era parte integrante o Brasil; e que tornando-se independente este país, e jurando sua Constituição política, que no artigo 102, § 14, prescreve, sem restrição, que uma das principais atribuições do Poder Executivo é conceder ou negar beneplácito dos decretos dos concílios e letras apostólicas e quaisquer outras constituições eclesiásticas, que não se opuserem à Constituição do Império, atribuição que jamais fora exercida com relação a bulas pontifícias condenando sociedades secretas;

Atendendo que, depois da promulgação de leis as mais severas contra essa sociedade, o código criminal do Império, revogando-as, permite a sua existência nos termos dos artigos 282, 283 e 284, de sorte que a ela não se opõe embaraço algum de natureza assim espiritual como temporal;

Atendendo que, quando não se dessem os motivos que foram expressados, os quais seriam terminantes para não se levantarem dúvidas sobre a capacidade, que tem qualquer indivíduo, seja ou não maçom, de fazer parte das irmandades, confrarias e ordens terceiras, uma vez que tenha os requisitos exigidos nos compromissos; sendo elas de natureza mista, por dependerem de concurso para tanto do Poder Espiritual, como do Temporal, suficiente fora, para que um deles não decretasse a expulsão de qualquer de seus membros sem o assentimento do outro, que fossem por ambos observadas as regras prescritas nos estatutos ou compromissos da respectiva associação religiosa, o que é conforme ao que dispõem a lei de 22 de setembro de 1818, art. 2º, § II e a resolução da consulta de 15 de janeiro de 1867;

Atendendo que o acusado, não se fundando em disposição alguma dos compromissos, ordenou a diversas irmandades, confrarias e ordens terceiras que expelissem de seu grêmio os associados que fossem maçons, não refletindo que estes, quando conhecidos, têm ainda a proteção das leis, e que a ele faltava jurisdição e autoridade para assim proceder, visto que as bulas e letras apostólicas, que fulminaram até ao presente com excomunhão maior a maçonaria, nunca tiveram o beneplácito imperial;

Atendendo que as sobreditas associações religiosas, negando-se a cumprir as ordens do Prelado para se conformarem com as disposições dos compromissos, que sem violação das leis, não podem ser alteradas, senão em sua letra, indubitavelmente em seu espírito, sem o concurso do Poder Temporal, foram por isso arbitrariamente punidas com a pena de interdito, que tanto as devia mortificar em sua consciência isenta de culpa;

Atendendo que, na situação desmoralizada a que ficaram elas reduzidas por não inspirarem mais confiança, nem gozarem de estabilidade como corporações regularmente organizadas, era isso mesmo que inibir-lhes o serem beneficiadas com a deixa dos legados, contraírem empréstimos e firmarem outros contratos para reparos, acabamento e conservação das matrizes e capelas, aquisição de paramentos e objetos de decoração e outros, todos os meios materiais de facilitar e manter a celebração do culto e o conseguimento dos fins espirituais, aspiração tão natural de populações sinceramente religiosas, o que tudo se transformou com resoluções menos bem pensadas e caprichosas;

Atendendo que outros venerandos Bispos do Império, virtuosos, discretos e ilustrados, não têm provocado pelo mesmo motivo, o que revela sua improcedência, conflitos com o Estado, ameaçadores da ordem social e pública tranqüilidade, procedendo porém em contrário o acusado, de cujas reconhecidas luzes era de esperar que o contivessem em seu ardente zelo, não o impelindo a lançar-se em uma carreira deplorável;

Atendendo que, arrogando o acusado, clara e manifestamente, jurisdição e poder temporal, era isso suficiente para se fazer efetiva sua responsabilidade, quanto mais que, usando de notória violência no exercício do poder espiritual, impôs pena de interdito sem ouvir os supostos desobedientes, sem forma ou figura de juízo, postergando os princípios de direito natural, pátrio e canônico; censura esta que importa, não reforma de suas decisões legais, mas a repressão de excessos e arbitrariedades praticadas contra cidadãos brasileiros sob pretextos religiosos;

Atendendo que, interpondo as associações religiosas oprimidas, recurso à Coroa, de conformidade com o decreto n. 1911 de 28 de março de 1857, e obtendo provimento, não foi esse cumprido pelo acusado, não tanto por ser inaplicável aos casos controvertidos, mas sobretudo por não reconhecer ele a legitimidade da instituição, nem a do beneplácito, como a si tanto se pudesse arrogar um cidadão brasileiro no exercício do seu emprego;

Atendendo finalmente, que a desobediência do réu não pode ser desclassificada no artigo 128 do código criminal, que refere-se a simples empregados públicos, mas o artigo 96, que pune o que, por qualquer maneira, scilicet a desobediência, obstar ou impedir o efeito das determinações do Poder Moderador e Executivo, que forem conformes à Constituição e às leis, como demonstrou que eram.

Portanto, pelos precedentes fundamentos, e o mais que dos autos consta, havendo o réu Dom Antônio de Macedo Costa, Reverendo Bispo do Grão Pará, como incurso na sanção penal do artigo 96 do código criminal, o condenaram a quatro anos de prisão com trabalho, grau médio do citado artigo. E bem assim nas custas.

Rio de Janeiro, em 1º de julho de 1874 – Britto, Presidente – Villares, Relator, sem voto – Barão de Montserrate – Costa Pinto – Cerqueira Leão – Mariani. – Impus no grau máximo a pena do artigo 128 do código penal criminal, vencido. Votei pela absolvição do acusado. – Coito.

(Fonte: João Alfredo Corrêa de Oliveira, *Anexo E do Relatório do Ministério do Império do ano de 1874, apresentado à Assembléia Geral Legislativa na quarta sessão da décima quinta legislatura, publicado em 1875*, microfilme 071.382 do Arquivo Nacional, Rio de Janeiro, p. 31-32.)

2.4. Missiva do Papa Pio IX a Dom Pedro II

(9 de fevereiro de 1875)

A Sua Majestade
Pedro II, Imperador do Brasil.

Majestade.

Insinuou-me o Ministro de V. Majestade junto à Santa Sé, que escrevesse a V. M. sobre o caso dos Bispos, súditos seus, e dos maçons, que igualmente o são.

Não posso, entretanto, escrever no sentido insinuado pelo Sr. Ministro, uma vez que os Bispos, ainda pelos mais recentes relatórios que tenho à vista, conduziram-se perfeitamente bem, de conformidade com as leis canônicas; como todavia, não estão de acordo as leis civis com as leis canônicas, não podia deixar de surgir um dissídio. Em substância, pede o Ministro a reabertura das igrejas interditas e semelhante ordem não creio eu possa dá-la, enquanto não virem restituídos à antiga liberdade os bispos que, de acordo com as leis canônicas, se acham injustamente encarcerados. Aliás, a soberana prerrogativa de conceder indulto está sempre ao arbítrio de V. M. que pode fazer o que lhe apraz. Concedida essa graça, é certo que as igrejas, ora em parte fechadas, serão imediatamente reabertas, contanto, porém, que se afastem os maçons dos cargos que exercem nas irmandades. Os maçons do Brasil – dirá o Sr. Ministro – são diferentes da Europa. Bem sei, porém, que absolutamente não diferem dos que por cá existem e que têm as mesmas tendências, as mesmas regras, o mesmo objetivo: e assim, como estão condenadas pela Igreja os maçons da Europa, não resta dúvida que incidamos maçons da América nesta mesma condenação.

Majestade! Rogo-lhe que reflita que devemos todos comparecer perante o tribunal de Deus e que quanto mais alto estiver alguém, mais severo há de ser o ajuste de contas; razão pela qual, enquanto vivos peregrinarmos por este mundo, é mister que façamos tudo quanto se acha ao nosso alcance, para prevenirmos um juízo severo e sem apelação.

Oro por V. M., suplicando humildemente a Deus, queira conceder-lhe, pela intercessão da Virgem Santíssima, salutares conselhos e a graça necessária para traduzi-los em obra. *Liberte os Bispos e ponha termo a essa dolorosa história*. É o que espero do generoso coração de V. M. a quem concedo, bem como à Augusta Família, a Bênção Apostólica.

Do Vaticano – 9 de fevereiro de 1875

(ass.) Pio PP. IX

(Fonte: ASV, Carta do Papa Pio IX a Dom Pedro II, em: *Nunciatura Apostólica no Brasil*, doc. 13, fasc. 216, caixa 47, fl. 32./ Tradutor: Félix Olívola, *Dom Frei Vital Gonçalves de Oliveira*, p. 193-195.)

2.5. Carta Encíclica *Exortae in Ista Ditione*

(*Pio IX, 29 de abril de 1876*)

Veneráveis Irmãos, saúde e Bênção Apostólica.

As perturbações que nestes últimos anos apareceram nesse Império, provocadas pelos sectários da Maçonaria, que se haviam introduzido nas pias irmandades cristãs, assim como vos arrastaram, Veneráveis irmãos, a um grave conflito, particularmente nas dioceses de Olinda e Belém do Pará, assim também, como sabeis, sobremodo nos magoaram e afligiram o coração. Pois, não era possível víssemos sem dor aquela perniciosa e pestífera seita, corrompendo as referidas irmandades de modo que institutos criados para desenvolver o verdadeiro espírito de fé e piedade, por esta funesta cizânia largamente neles semeada, caíram em mísera condição.

Por isso, pelo amor paternal que votamos a essa porção do rebanho do Senhor, entendemos que, sem demora, era mister acudir com o remédio a esse mal, e assim, por Nossas letras de 29 de maio de 1873, dirigidas ao Venerável Irmão, Bispo de Olinda, levantamos a voz profligando tão deplorável perversão nas irmandades cristãs, usando todavia de tal brandura e clemência para com os membros enganados e iludidos da seita maçônica, que, por tempo conveniente, suspendemos a reserva das censuras em que haviam incorrido, e isto a fim de que, aproveitando-se eles da Nossa Benignidade, detestassem os seus erros, e abandonassem as condenadas reuniões de que faziam parte. Ademais, ordenamos ao nosso Venerável Irmão, Bispo de Olinda, que se, passado aquele prazo, se não houvessem eles arrependido, suprimisse e declarasse supressas as referidas irmandades, e as restaurasse inteiramente conforme o fim primitivo de sua instituição, admitindo novos, imunes de toda o vírus maçônico.

Além disso, tendo Nós, em desempenho de Nosso Cargo, procurado na Carta-Encíclica de 1º de novembro de 1873, dirigida a todos os Bispos do orbe católico, premunir todos os fieis contra as artes e insídias dos sectários, claramente lembramo-lhes, por essa ocasião, que as Constituições Pontifícias atingem não só as associações maçônicas estabelecidas na Europa, senão também todas quantas existem na América e nas demais regiões do orbe.

Não foi sem grande admiração, Veneráveis Irmãos, que vimos ao serem levantados por autoridade Nossa, na esperança de obter a salvação dos transviados, os interditos impostos nesse país a algumas igrejas e irmandades compostas em grande parte de membros da maçonaria, tornar-se daí ocasião para divulgar que a sociedade maçônica existente nessas regiões estava excluída das condenações Apostólicas, e que, por conseguinte, podiam tranqüilamente os membros sectários fazer parte das pias irmandades cristãs.

Quanto, porém, tais asserções distam da verdade e da Nossa intenção, bem claro o estão demonstrando não só os atos que acima temos relatado, senão também a Carta que em data de 9 de fevereiro de 1875 escrevemos ao Sereníssimo Imperador dessa nação, na qual lhe prometemos Nós que seria tirado o interdito lançado a algumas igrejas dessas dioceses, logo que os Veneráveis Irmãos Bispos do Pará e Olinda, então detidos em injusto cárcere, fossem restituídos à liberdade; contudo ajuntamos esta reserva e condição, a saber, que os membros da maçonaria seriam removidos dos cargos que ocupam nas irmandades.

Quanto, porém, tais asserções distam da verdade e da Nossa intenção, bem claro o estão demonstrando não só os atos que acima temos relatado, senão também a Carta que, em data de 9 de fevereiro de 1875, escrevemos ao Sereníssimo Imperador desse Estado, na qual prometemos-lhe Nós que seria tirado o interdito lançado a algumas igrejas dessas dioceses, logo que os veneráveis Irmãos, Bispos do Pará e Olinda, então detidos em injusto cárcere, fossem restituídos à liberdade; contudo, ajuntamos esta reserva e condição, a saber que os membros da maçonaria seriam removidos dos cargos que ocupam nas irmandades.

Com este Nosso modo de providenciar não podemos, nem podíamos ter outro propósito, senão satisfeitos nesta parte os desejos do Imperador e restabelecida a tranqüilidade dos ânimos, oferecer ao Governo Imperial a oportunidade de restituir ao antigo estado as pias confrarias, expurgandoas da infecção maçônica, e de concorrer assim para que os membros da seita condenada, movidos pela Nossa Clemência para com eles, tratassem de se apartar dos caminhos da perdição.

Entretanto, para que em assunto tão grave não possa restar dúvida alguma nem haver lugar a algum engano, Nós não omitimos nesta ocasião, novamente declarar e confirmar as sociedades maçônicas, quer as que existam nesse país, quer em qualquer outra parte do mundo, sociedades que muitos, ou enganados ou enganadores, afirmam só terem em mira a utilidade e o progresso social, e o exercício da mútua beneficência, são proscritas e fulminadas pelas constituições e condenações apostólicas; e que todos os que desgraçadamente se alistarem nas mesmas seitas, incorrem ipso facto em excomunhão maior reservada ao Romano Pontífice.

Desejamos porém, vivamente, Veneráveis Irmãos, que por vós mesmos, ou por vossos cooperadores, admoesteis os fiéis a respeito de tão perniciosa peste, e vos esforceis por conservá-los imunes da influência dela, lançando mão de todos os meios a vosso alcance. E com não menor solicitude recomendamos ao Vosso zelo que, pela pregação da palavra de Deus e por oportunas instruções, e cuidadosamente se ensine a esse povo cristão a doutrina religiosa; pois bem sabeis a grande utilidade que desta parte do sagrado ministério, quando bem desempenhada, resulta para o rebanho cristão, e, quando negligenciada, os gravíssimos danos que daí procedem.

Além de quanto temos até aqui tratado, somos ainda forçados a deplorar o abuso de poder da parte daqueles que presidem às referidas irmandades, pois, como chegou ao Nosso Conhecimento, tomando eles tudo à sua conta, atrevem-se a usurpar um direito indébito sobre todas as coisas e pessoas sagradas, e sobre o que é de origem espiritual, de modo que os Sacerdotes e os próprios Párocos, no exercício de suas funções, ficam totalmente sujeitos ao poder deles. Fato este que não só se opõe às leis eclesiásticas, senão à própria ordem constituída em sua Igreja por Nosso Senhor Jesus Cristo, pois não foram os leigos postos por Jesus Cristo para reitores das coisas eclesiásticas, mas devem, por utilidade e salvação estar sujeitos a seus legítimos pastores, lembrando-se cada um, conforme o seu estado, de coadjuvar o Clero, sendo-lhe vedado ingerir-se naquelas coisas que foram Jesus Cristo confiadas aos sagrados Pastores.

Assim, pois, nada reconhecemos mais necessário do que reformarem-se devidamente os estatutos das ditas irmandades, e que tudo o que nelas há de irregular e incongruente nesta parte se conforme convenientemente às leis da Igreja e à disciplina canônica.

Para atender esse fim, Veneráveis Irmãos, atendendo Nós às relações que existem entre as mesmas irmandades e o poder civil relativamente à constituição e administração delas na parte temporal, havemos oportunamente ordenado ao Nosso Cardeal Secretário de Estado que se entenda com o Governo Imperial; e de acordo com ele se esforce por conseguir os desejados efeitos. Confiamos que sobre este assunto o poder civil há de unir cuidadosamente os seus esforços aos Nossos, e com instâncias suplicamos a Deus, de quem procedem todos os bens, se digne promover e auxiliar esta obra que interessa à paz da Religião e da sociedade civil.

A fim de vermos realizados estes votos, juntais vós também, veneráveis irmãos, as vossas preces às Nossas, e em penhor de Nosso sincero amor, recebei a Bênção Apostólica que a vós, ao Clero e fiéis confiados a cada um de vós, afetuosamente vos outorgamos no Senhor.

Dada em Roma, junto a São Pedro, aos 29 de abril de 1876, ano 30º do Nosso Pontificado.

Pio IX, Papa.

(Fonte: Pius IX, *Acta Pii IX – pars prima VII*, Akademische Druck – u. Verlagsanstalt, Graz – Áustria 1971, p. 210-214 / Tradutor: Antônio de Macedo Costa, *A questão religiosa do Brasil perante a Santa Sé*, p. 291-301).

III

Decreto de separação da Igreja do Estado

(Decreto n. 119-A, de 7 de janeiro de 1890, de autoria de Rui Barbosa de Oliveira, após entendimentos com Dom Antônio Macedo Costa)

O Marechal Manoel Deodoro da Fonseca, Chefe do Governo Provisório da República dos Estados Unidos do Brasil, constituído pelo Exército e Armada, em nome da Nação decreta:

Artigo 1º – É proibido à autoridade federal, assim como a dos Estados federados, expedir leis, regulamentos, ou atos administrativos, estabelecendo alguma religião, ou vedando-a, e criar diferenças entre os habitantes do país, ou nos serviços sustentados à custa do orçamento, por motivos de crenças, ou opiniões filosóficas ou religiosas.

Artigo 2º – A todas as confissões religiosas pertence por igual a faculdade de exercerem o seu culto, regendo-se segundo a sua fé e não serem contrariadas nos atos particulares ou públicos, que interessem o exercício deste decreto.

Artigo 3º – A liberdade aqui instituída abrange não só os indivíduos nos atos individuais, senão também as igrejas, associações e institutos em que se acharem agremiados; cabendo a todos o pleno direito de se constituírem e viverem coletivamente, segundo o seu credo e a sua disciplina, sem intervenção do poder público.

Artigo 4º – Fica extinto o padroado com todas as instituições, recursos e prerrogativas.

Artigo 5º – A todas as igrejas e confissões religiosas se reconhece a personalidade jurídica, para adquirirem bens e administrarem, sob os limites postos pelas leis concernentes à propriedade de mão morta, mantendo-se cada uma no domínio de seus haveres atuais, bem como dos seus edifícios de culto.

Artigo 6º – O governo federal continua a prover a côngrua-sustentação dos atuais serventuários do culto católico e subvencionará por um ano as cadeiras dos seminários; ficando livre a cada Estado o arbítrio de manter os futuros ministros desse ou de outro culto, sem contravenção do disposto nos artigos antecedentes.

Artigo 7º – Revogam-se disposições em contrário.

Sala das sessões do Governo Provisório da República dos Estados Unidos do Brasil, 7 de janeiro de 1890, 2º da República – Manoel Deodoro da Fonseca – Aristides da Silva Lobo – Ruy Barbosa – Benjamim Constant Botelho de Magalhães – Eduardo Wandenkolk – Manoel Ferraz de Campos Salles – Demétrio Nunes Ribeiro – Quintino Bocaiúva.

(Fonte: Deodoro da Fonseca et alii, *Decretos do Governo Provisório da República dos Estados Unidos do Brasil*, 1º fascículo, Imprensa Nacional, Rio de Janeiro 1890, p. 10.)

FONTES E BIBLIOGRAFIA

I – FONTES

1.1. – Arquivos

1.1.1 – ASV: Archivio Segreto del Vaticano – Roma

Arquivo da Nunciatura Apostólica no Brasil:
- Fasc. 10 (caixa 3): Governo imperial (1822).
- Fasc. 13 (caixa 3): Secretaria de Estado e outros dicastérios (caso da nomeação de Moura).
- Fasc. 18 (caixa 4): Sobre a nomeação episcopal do cônego Antônio Maria de Moura.
- Fasc. 29 (caixa 7): Governo imperial (1839-1840).
- Fasc. 71 (caixa 16): São Paulo – Discussões na câmara no ano de 1836.
- Fasc. 73 (caixa 17): Processo de Monsenhor Antônio Maria de Moura, bispo do Rio de Janeiro.
- Fasc. 131 (caixa 29): Diocese de São Paulo.
- Fasc. 142 (caixa 32): Dioceses do Ceará, Cuiabá e Goiás.
- Fasc. 145 (caixa 32): Dioceses de Mariana, Pará e Rio Grande do Sul.
- Fasc. 183 (caixa 40): Correspondência com Roma.
- Fasc. 185 (caixa 41): Diocese de São Paulo.
- Fasc. 189 (caixa 41): Rio de Janeiro: Dom Pedro Maria de Lacerda, novo bispo.
- Fasc. 192 (caixa 42): Pernambuco.
- Fasc. 193 (caixa 42): Diocese de Olinda/ PE, Dom Francisco Cardoso Aires – novo bispo.
- Fasc. 198 (caixa 43): Missionários Capuchinhos.
- Fasc. 208 (caixa 45): Sagrada Congregação dos Negócios Eclesiásticos e a questão religiosa.
- Fasc. 210 (caixa 45): Questão D. fr. Vital – sede de Olinda.
- Fasc. 222 (caixa 48): Dioceses de São Paulo, Pará, Diamantina, Rio Grande do Sul e Goiás.

- Fasc. 226 (caixa 48): Dioceses de São Paulo e Ceará.
- Fasc. 234 (caixa 50): Dioceses de Salvador, Diamantina, Pará e Ceará.
- Fasc. 235 (caixa 50): Dioceses de Olinda/ PE, Cuiabá/ MT, Mariana/ MG, São Luiz/ MA, Goiás/ Go, Diamantina/ MG, Rio de Janeiro, Porto Alegre/ RS, e missionários Capuchinhos.
- Fasc. 236 (caixa 50): Comunidades religiosas, prefeitos de missões, conferências de São Vicente de Paolo e outros assuntos.
- Fasc. 243 (caixa 52): Candidatos episcopais (Dom Vital).
- Fasc. 251 (caixa 53): Dioceses de São Paulo e Olinda.
- Fasc. 318 (caixa 65): Dioceses de São Paulo e Olinda.
- Fasc. 321 (caixa 66): Religiosos: carmelitas (1884-1887).
- Fasc. 322 (caixa 66): Religiosos; missionários.
- Fasc. 329 (caixa 68): Governo imperial e republicano.
- Fasc. 330 (caixa 68): Corpo diplomático – separação do Estado da Igreja, liberdade de culto.
- Fasc. 344 (caixa 71) Correspondência interna de Monsenhor Francesco Spolverini; episcopados *in genere*.
- Fasc. 345 (caixa 71): Relações sobre o estado das dioceses; religiosos *in genere*.
- Fasc. 346 (caixa 71): Novo jornal católico, matrimônios mistos, projeto de reforma na Igreja do Brasil.
- Fasc. 353 (caixa 72): Dioceses (Salvador da Bahia, Goiás, Ceará e outras); religiosos.
- Fasc. 355 (caixa 73): Circular ao episcopado, assuntos diversos.
- Fasc. 377 (caixa 77): Reforma geral; impressos.
- Fasc. 378 (caixa 77): Ordem de São Bento.
- Fasc. 379 (caixa 78): Ordem Franciscana Menor Observante.
- Fasc. 381 (caixa 78): Religiosos (Dominicanos, Jesuítas, Verbitas e outros).
- Fasc. 384 (caixa 79): Dioceses do norte (Salvador da Bahia, Olinda, Fortaleza, Paraíba, São Luiz do Maranhão, Belém do Pará, Goiás, Amazonas).
- Fasc. 392 (caixa 80): Congregações religiosas masculinas (Companhia de Jesus, Carmelitas, Santíssimo Redentoristas, e Beneditinos).
- Fasc. 419 (caixa 85): Carmelitas: vinda dos religiosos espanhóis.
- Fasc. 424 (caixa 86): Congregações religiosas.
- Fasc. 430 (caixa 87): Naturalização de religiosos estrangeiros e a sua incorporação nas províncias.
- Fasc. 432 (caixa 88): Estatutos das várias ordens.

- Fasc. 433 (caixa 88): Condição jurídica das ordens religiosas e dos seus bens no Brasil.
- Fasc. 437 (caixa 89): Pos. 42 - Diocese de Mariana; Pos. 44 – Pe. Júlio Maria e as suas conferências.
- Fasc. 469 (caixa 95): Elevação da Internunciatura à categoria de Nunciatura.
- Fasc. 474 (caixa 96): Pos 102 – Primeiro Congresso Católico Brasileiro.
- Fasc. 488 (caixa 99): Pos. 2, 5b – Palácio episcopal em Uberaba.
- Fasc. 520 (caixa 105): Pos. 14 – *Sobre o Motu Próprio Inter Multíplices.*
- Fasc. 521 (caixa 106): Projeto para uma sede cardinalícia no Brasil.
- Fasc. 531 (caixa 108): Congregações religiosas.
- Fasc. 545 (caixa 110): Publicações dos jornais do Rio sobre a questão do mosteiro de São Bento.
- Fasc. 599 (caixa 121): Coisas várias.
- Fasc. 625 (caixa 126): Tit. XV - A cerca do clero secular e paroquial.
- Fasc. 627 (caixa 127): Religiosos (Beneditinos).
- Fasc. 633 (caixa 128): Religiosos (Carlistas, Lazaristas, Redentoristas, e Salesianos).
- Fasc. 634 (caixa 128): Religiosos (diversos).
- Fasc. 635 (caixa 128): Religiosos (diversos).
- Fasc. 653 (caixa 132): Irmandades, imprensa, e legação do Brasil junto à Santa Sé.
- Fasc. 656 (caixa 133): Documentos do Tribunal Arbitral brasileiro-peruano e brasileiro-boliviano.
- Fasc. 690 (caixa 137): Irmandades.
- Fasc. 694 (caixa 138): Seminários; condições religiosas e civis da República.
- Fasc. 701 (caixa 140): Conferências dos bispos do norte e do sul; retorno do crucifixo nos tribunais, escolas e municípios.
- Fasc. 704 (caixa 140): Honorificências Pontifícias.
- Fasc. 723 (caixa 144): Diocese de Mariana.
- Fasc. 732 (caixa 146): Diocese do Rio de Janeiro.
- Fasc. 734 (caixa 146): Diocese de São Paulo.
- Fasc. 737 (caixa 147): Prefeituras Apostólicas da Amazônia (Rio Negro, Rio Branco, Alto Solimões, Araguaia e Santarém).
- Fasc. 744 (caixa 148): Prelatura do Registro do Araguaia.
- Fasc. 774 (caixa 154): Salesianos.
- Fasc. 786 (caixa 156): "Italiafobia" dos bispos brasileiros.

- Fasc. 799 (caixa 159): Morte do Papa Pio X.
- Fasc. 827 (caixa 165): O Brasil na guerra, circulares.
- Fasc. 837 (caixa 165): Prelazias (Amazônia).

1.1.2 – AAEESS: Affari Ecclesiastici Straordinari (Roma)

América I (Brasil):
- Fasc. 837 (caixa 165): Prelazias (Amazônia).
- Fasc. 155, pos. 36: Pedido de um episcopado *in partibus* em favor do Pe. Antônio Maria de Moura;/ Pos. 37: Notícias sobre diversos assuntos do Brasil.
- Fasc. 157, pos. 43: Sobre o assassinato do padre-senador José Bento Ferreira de Melo.
- Fasc. 170, pos. 103: Escandaloso conflito entre o bispo de São Paulo, D. Antônio Joaquim de Melo e o seu Cabido; / Pos106: Gravíssimas desordens no episcopado e no clero brasileiro, especialmente na diocese do Rio de Janeiro.
- Fasc. 175, pos. 121: Breves notícias sobre a diocese de São Paulo, especialmente da contrariedade do Cabido em relação ao bispo, Dom Antônio Joaquim de Melo, e a dois religiosos capuchinhos que lá ensinavam filosofia e teologia. Providências relativas.
- Fasc. 182, pos. 141: Desordens na Arquidiocese da Bahia, sob a administração do vigário capitular D. Rodrigo Ignácio de Souza Meneses.
- Fasc. 184, pos. 153: Rio de Janeiro (1869 – 1870) – Observações sobre a obra intitulada *Elementos de Direito Eclesiástico* do falecido bispo do Rio de Janeiro, Dom Manuel do Monte Rodrigues Araújo, e da obra do mesmo autor intitulada *Compêndio de Teologia Moral*;/ pos. 156: Olinda (1872 – 1873) – Conflito surgido entre Dom Vital M. Gonçalves de Oliveira e o Governo imperial do Brasil a causa de alguns atos emanados pelo bispo contra a maçonaria.
- Fasc. 185, pos. 156: *Memorandum* (do Barão de Penedo).

América I (Paraguai):
- Fasc. 135, pos. 9: 9: Relação atinente à assunção do Pe. Fidel Maiz como administrador da diocese do Paraguai.

BRASIL:

- Fasc. 9, pos. 192: Ofício do Intenrnúncio Ângelo di Pietro ao Cardeal L. Nina, relatando o colóquio que tivera com Dom Pedro II (13-2-1880).
- Fasc. 11, pos. 214: Monsenhor Mario Moceni, Internúncio Apostólico dá boas notícias sobre o estado da diocese de Diamantina, e louva a conduta do bispo Dom João Antônio dos Santos (28-6-1882).
- Fasc. 13, pos. 224: Relatório de Dom Cláudio Ponce de Leão a Monsenhor Mário Mocenni sobre a diocese de Goiás (7-12-1882);/ pos. 225: Exposição do Pe. Tommaso Ghetti SI, reitor do Colégio Pio Latino-americano de Roma ao Papa Leão XIII (1882);/ pos. 227: Escola Doméstica Nossa Senhora do Amparo, de Petrópolis.
- Fasc. 15, pos. 236: Monsenhor Adriano Felici, encarregado interino dos negociasse relata as hostilidades do Governo para com a Igreja, manifestada também contra os párocos e com os bispos.
- Fasc. 18, pos. 259: Monsenhor Rocco Cocchia, Internúncio Apostólico se refere a respeito do deplorável estado de relaxamento das ordens religiosas em todo o Império brasileiro. [...] Noutro despacho relata a vinda de dois religiosos brasileiros, Che, por não encontrarem vida regular nos mosteiros do Brasil, pediram de poder regressarem para Portugal.
- Fasc. 21, pos. 279: Comunicação da Superiora Geral das Irmãs de *Notre Dame de Sio*n a respeito da oferta de abrir uma casa no Rio de Janeiro (14-7-1888).
- Fasc. 23, pos. 297: Protesto da maçonaria brasileira.
- Fasc. 24, pos. 298: Ofício do Internúncio Francesco Spolverini ao Cardeal Mariano Rampolla participando a deposição da monarquia no Brasil (3-12-1889); IDEM, pos. 300: “Separação da Igreja do Estado”.
- Fasc. 27, pos. 304: Pontos do projeto da nova Constituição Federal brasileira que se referem à religião.
- Fasc. 29, pos. 308: Conferências dos bispos brasileiros.
- Fasc. 75, pos. 476: Sobre o movimento anti-religioso de bandos de fanáticos no estado da Bahia (1897).
- Fasc. 101, pos. 578: carmelitas;/ pos. 580: nota diplomática (1901).
- Fasc. 127, pos. 658: Proposta de desmembramento da diocese do Amazonas (1905).
- Fasc. 134, pos. 676: Regulamento para os religiosos nas missões brasileiras (1906).
- Fasc. 145, pos. 22: Resumo histórico da introdução da religião católica no Brasil (1834).

1.1.3 - ASPF: Archivio Storico di Propaganda Fide (Roma)

AMÉRICA MERIDIONAL – "SCRITTURE RIFERITE NEI CONGRESSI" (1886 – 1889):

- Cód. 6 (1826 - 1842): "Parecer da Comissão Eclesiástica sobre as Bulas Pontifícias com as quais o S. Padre Leão XII erigiu em bispados as prelazias de Goiás e Mato Grosso".
- Cód. 9 (1854 – 1856): "Estado da missão de 1840 a 1847"; / "Estado da missão de 1847 a 1854".
- Cód. 15 (1886 – 1889): "Sucinta relação feita pelos Capuchinhos do Brasil em 1887"; / Relatório apresentado por frei Serafim e frei Ângelo ao Cardeal Prefeito de *Propaganda Fide* (30-1-1889); / "*Missão dos Padres Capuchinhos junto ao rio Itambacuri no Brasil*";/ Carta de frei Luigi de Parma ao Cardeal Pio Simeoni, Prefeito da *Propaganda Fide* (12-7-1890);/ Carta de frei Raffaele ao Cardeal Prefeito de *Propaganda Fide* (24-11-1889).

RUBRICA – NOVA SÉRIE:

- vol. 151 (1913): Prelazia de Rio Branco; Prefeitura Apostólica do Alto Solimões.
- vol. 551 (1914): Relatório da Prefeitura Apostólica do Alto Solimões ao Cardeal Prefeito de *Propaganda Fide* (3-7-1914).
- vol. 581 (1916): Relatório inicial da prefeitura de Rio Negro.
- vol 596 (1917): Prefeitura do Alto Solimões (relatório de 1-11-1915).
- vol. 671 (1920): "instruções da Sagrada Congregação de *Propaganda Fide* ao Núncio Apostólico no Brasil".

1.1.4 - ACPLA: Arquivo do Pontifício Colégio Pio Latino-americano - Roma

- Catálogo (manuscrito), C.19/2.
- Pedro Maina – *Memórias del Pontifício Colégio Pio Latino-americano* (1858 – 1958), tomo I, B2/1, fl. 107.

1.1.5 - AGOSM: Arquivo Geral da Ordem dos Servos de Maria - Roma

- Pasta 24 (colocação provisória): Ata da primeira sessão para se tratar da criação do Bispado do Acre" (16-4-1910), em: (colocação provisória);/ Ata da segunda sessão a propósito do Bispado do Acre (17-4-1910);/ "La festa del Papa nell'Acre" (folha avulsa).

1.1.6 - ASNA: Archivio di Stato di Napoli - Nápoles

Reale Segreteria e Ministero degli Affari Esteri:

- Caixa ("busta") 178 (Brasile): *Rapporto sul Brasile.*
- Caixa 178: Cartas ("lettere") n. 43 (5-1-1830) e n. 10 (30-7-1829).
- Caixa 178 II: Carta n. 8, Rio de Janeiro 11-2-1842.

1.1.7 – ATT: Arquivo da Torre do Tombo – Lisboa

Leis originais

- maço seis, n. 20.

Leis (impressas)

- *Leis* – livro n. 11.

Coleção de livros e impressos – série preta

- n.º 3560.

1.1.8 – AN: Arquivo Nacional – Rio de Janeiro

Ministério do Império

- Nomeação do Padre Sebastião Dias Laranjeira para Bispo do Rio Grande do Sul, códice 507, folha 11.
- Nomeação do Padre Antônio de Macedo Costa para Bispo de Belém do Pará, códice 507, folha 11.
- Códice 507, folha 11.

Seção de Microfilmes

- N.º 071.382: *Ministério do Império. Relatório ao ano de 1874, apresentado à Assembléia Geral Legislativa na 4ª sessão da 15ª legislatura, publicado em 1875.*
- N. 071.582: *Relatório à Assembléia Legislativa, primeira sessão da 15ª legislatura, pelo Secretário de Estado dos Negócios do Império, Conselheiro José Bento da Cunha Figueiredo, 1877.*
- N. 008.1.78/ PH 34: *Quebra-Kilos – Relatório do comandante das forças imperiais estacionadas na Província da Paraíba do Norte.*
- N. 008.1.78/ PH 34: "*Questões Religiosas*".

Diversos

- Ligeiros apontamentos sobre a Questão Religiosa no Pernambuco", n. topográfico 02631, pacote 1, documento 16, Caixa S/n., 1874.

1.1.9 – AHI: Arquivo Histórico do Itamarati – Rio de Janeiro.

Legação Nápoles,

- seção ofícios (1827-1844), *Ofício n. 4 de Antônio Meneses Vasconcelos de Drumonnd a Gustavo Adolfo d'Aguilar Pantoja (18-3-1837)*, 228, 4, 1.

Missão especial a Roma

- *Ofício n.º 1 do Barão de Penedo ao Visconde de Caravelas*, Londres 30-9-1873, 272, 4, 4.
- *Ofício n. 2 do Barão de Penedo ao Visconde de Caravelas(27-10-1873)*, 272.4.4.
- *Ofício (reservado) n. 4 do Barão de Penedo ao Visconde de Caravelas (20-12-1874)*, 272.4.4.
- *Ofício n. 5 do Barão de Penedo ao Visconde de Caravelas (16-1-1874)*, 272.4.4.
- *Despacho do Visconde de Caravelas ao Barão de Penedo (21-8-1873)*, 272.4.4.
- *Carta do Barão de Alhambra a Penedo (9-3-1874)*, 272.4.4.

1.1.10 – AEAM: Arquivo Eclesiástico da Arquidiocese de Mariana – Minas Gerais

Governos episcopais

- N.: 2.2.2.*Carta Pastoral de Dom Fr. José da Santíssima Trindade (19-4-1831).*
- N.: 2.1.3: Circular de Dom Viçoso.
- N. 16.1.3: Carta de Dom Antônio de Macedo Costa a Dom Antônio Ferreira Viçoso (governo episcopal de Dom Viçoso).

1.1.11 – ACMSP: Arquivo da Cúria Metropolitana de São Paulo – São Paulo.

Governos Episcopais

- Antônio Joaquim Mello, *Carta pastoral dando um regulamento da conduta externa do clero*, São Paulo 23-11-1852.

1.1.12 – Biblioteca Nacional – Rio de Janeiro Seção de manuscritos

N. I – 31, 33, 4 – *Ofício de Rodrigo José Ferreira Lobo dirigido a SM em que acusa ao Governador Caetano Pinto de Miranda Montenegro, de não*

ter providenciado para evitar a revolução, e roga que seja impedida a volta do Bispo de Olinda àquela capital (27-5-1817).
N. I – 31, 24, 14 – *Apontamentos biográficos sobre o Padre Manoel do Rego de Medeiros pelo Dr. Antônio Manoel de Medeiros.*

1.2 - Fontes Publicadas

1.2.1 - Documentos Pontifícios, Conciliares e Curiais

Bullarium Romanum, tomo 17, Rainaldi Segreti, Romae, 1855.
Coleção das Letras Apostólicas em forma de Breves dos Sumos Pontífices Benedito XIV e Clemente XIV expedidas para o Reino de Portugal desde 23 de agosto de 1756 até 22 de abril de 1774 e das Pastorais que o Eminentíssimo Cardeal Patriarca de Lisboa e Excelentíssimos Arcebispos e Bispos do Reino de Portugal têm publicado nas suas dioceses desde 24 de fevereiro de 1770 até 13 de setembro de 1774 (miscelânea), Régia Oficina Tipográfica, Lisboa 1775.
Conciliorum Oecumenicorum Decreta, Edizioni Dehoniane, Bologna 1996.
Denzinger, Heinrich, *Enchiridion Symbolorum*, Edizioni Dehoniane, Bolonha 1995.
Leão XIII, *Carta Encíclica Da constituição cristã dos Estados* (tradução), Tipografia Nacional, Lisboa 1885.
________, "Ad universas orbis ecclesias", em: *Acta*, vol. XII, Tipografia Vaticana, Roma 1893.
Pontifícia Comissio pro America Latina, *Os últimos cem anos de evangelização na*
América Latina, Libreria Editrice Vaticana, Città del Vaticano 2000.
____________ , *História da evangelização da América – trajetória, identidade e esperança de um continente*, Libreria Editrice Vaticana, Città del Vaticano 1992.
Sacra Congregazione degli Affari Ecclesiastici Straordinari, *Circa lo smembramento della diocesi delle Amazzoni o Manaus delle Amazzoni e l'erezione di una Prelatura "Nullius"* (13-7-1905), sessione 1059, SNT.

1.2.2 - Documentos Episcopais

Aires, Francisco Cardoso, *Circular do Ex.mo Bispo Dom Francisco Cardoso Aires aos Veneráveis e Reverendos Párocos desta diocese*, Tipografia de Santos e Companhia, Pernambuco 1869.

ALVES, JOSÉ PEREIRA, *A Paróquia – Carta Pastoral*, Editora Vozes, Petrópolis 1923.

ARAÚJO, HUGO BRESSANE DE, *Pastoral – Centenário do Apostolado da Oração, devoção à Santíssima Virgem, centenário de Dom Vital*, Editora Vozes, Petrópolis [1944].

BARRETO, FRANCISCO DE CAMPOS, *Pastorais e conferências*, tomo I, Tipografia Casa Mascote, Campinas 1923.

BARROS, JOSÉ DE CAMARGO, *Carta Pastoral de Dom José de Camargo Barros, Bispo de São Paulo publicando a encíclica de S. S. Pio X sobre o ensino da doutrina cristã e outros documentos*, Tipografia Andrade & Melo, São Paulo 1905.

BARROS, JOSÉ PEREIRA DA SILVA, *Carta Pastoral do Bispo de Olinda saudando aos seus diocesanos depois de sua sagração*, Tipografia de Jorge Seckler, São Paulo 1881.

___________, *Carta Pastoral do Bispo de São Sebastião do Rio de Janeiro saudando aos seus diocesanos*, Tipografia da Companhia Industrial de São Paulo, São Paulo 1891.

___________, *Carta de despedida do bispo Dom José Pereira da Silva Barros ao clero e ao povo do antigo bispado de São Sebastião do Rio de Janeiro*, Oficinas Salesianas, São Paulo 1894.

___________, *Carta ao Ex.mo Sr. Deputado Federal Dr. Thomaz Delfino*, Tipografia a vapor Espíndola, Siqueira & Companhia, São Paulo 1895.

CABRAL, ANTÔNIO DOS SANTOS, *A Igreja e o Ensino*, Imprensa Diocesana, Belo Horizonte 1925.

CARVALHO, LINO DEODATO RODRIGUES DE, *Carta Pastoral do Ex.mo e Rev.mo Sr. Bispo de São Paulo anunciando ao Reverendo Clero e a todos os fiéis, seus jurisdicionados, a solene consagração da diocese ao Sagrado Coração de Jesus, e designando o dia 8 de setembro do corrente ano de 1884, para esse ato na igreja catedral e na capela do mesmo Sagrado Coração na sede do Bispado*, Tipografia do Tabor, São Paulo 1884.

CAVALCANTI, JOAQUIM ARCOVERDE DE ALBUQUERQUE. ET ALII, *Pastoral Coletiva dos Srs. Arcebispos e Bispos das Províncias eclesiásticas de São Sebastião do Rio de Janeiro e Mariana comunicando ao clero e aos fiéis o resultado das conferências dos mesmos no Seminário Arquiepiscopal de Mariana de 2 a 12 de agosto de 1907*, Tipografia Leuzinger, Rio de Janeiro 1907.

___________, *Pastoral Coletiva dos Srs. Arcebispos e Bispos das províncias eclesiásticas de São Sebastião do Rio de Janeiro, Mariana, São Paulo, Cuiabá e Porto Alegre*, Tipografia Leuzinger, Rio de Janeiro 1911.

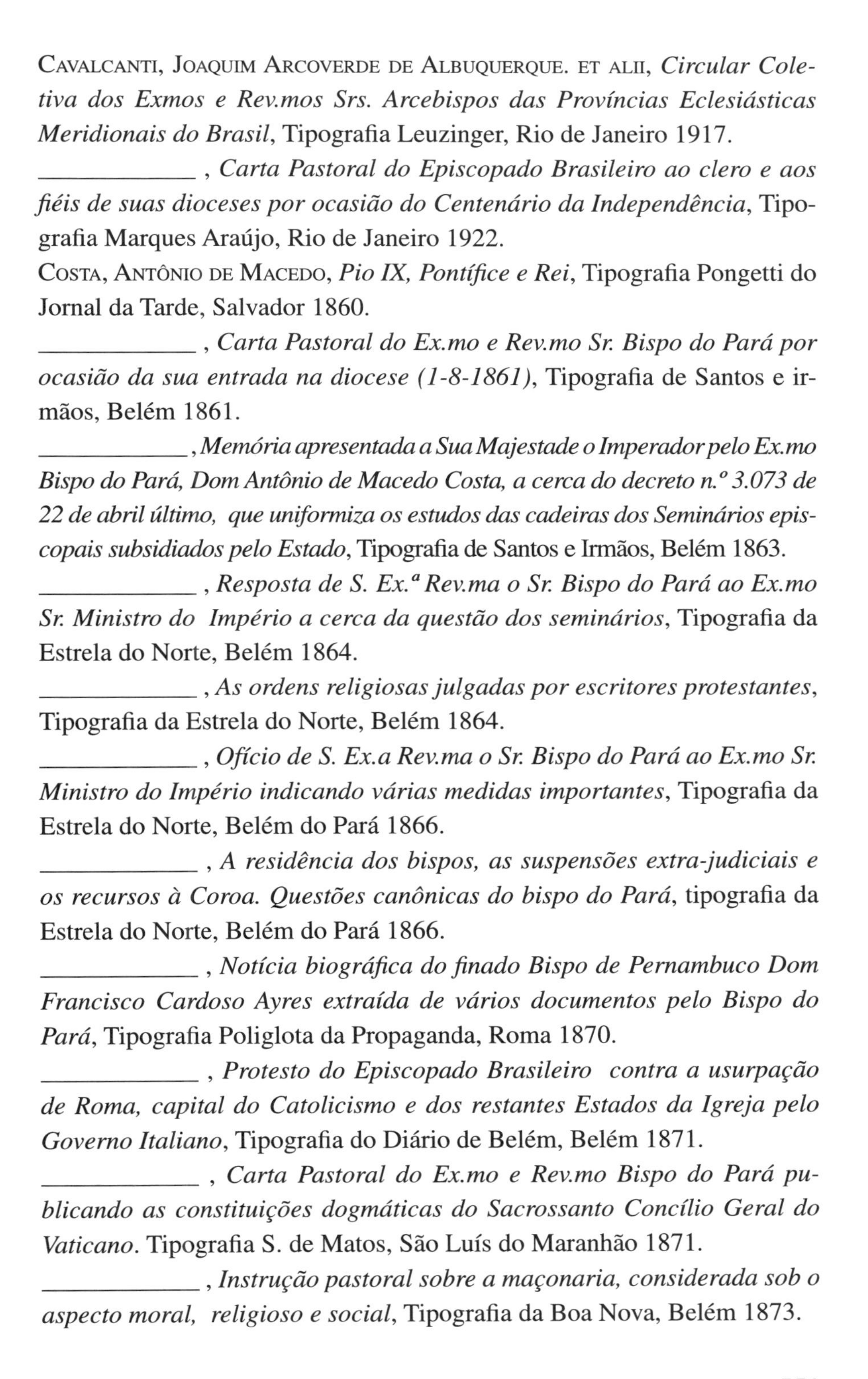

Cavalcanti, Joaquim Arcoverde de Albuquerque. et alii, *Circular Coletiva dos Exmos e Rev.mos Srs. Arcebispos das Províncias Eclesiásticas Meridionais do Brasil*, Tipografia Leuzinger, Rio de Janeiro 1917.

___________ , *Carta Pastoral do Episcopado Brasileiro ao clero e aos fiéis de suas dioceses por ocasião do Centenário da Independência*, Tipografia Marques Araújo, Rio de Janeiro 1922.

Costa, Antônio de Macedo, *Pio IX, Pontífice e Rei*, Tipografia Pongetti do Jornal da Tarde, Salvador 1860.

___________ , *Carta Pastoral do Ex.mo e Rev.mo Sr. Bispo do Pará por ocasião da sua entrada na diocese (1-8-1861)*, Tipografia de Santos e irmãos, Belém 1861.

___________ , *Memória apresentada a Sua Majestade o Imperador pelo Ex.mo Bispo do Pará, Dom Antônio de Macedo Costa, a cerca do decreto n.º 3.073 de 22 de abril último, que uniformiza os estudos das cadeiras dos Seminários episcopais subsidiados pelo Estado*, Tipografia de Santos e Irmãos, Belém 1863.

___________ , *Resposta de S. Ex.ª Rev.ma o Sr. Bispo do Pará ao Ex.mo Sr. Ministro do Império a cerca da questão dos seminários*, Tipografia da Estrela do Norte, Belém 1864.

___________ , *As ordens religiosas julgadas por escritores protestantes*, Tipografia da Estrela do Norte, Belém 1864.

___________ , *Ofício de S. Ex.a Rev.ma o Sr. Bispo do Pará ao Ex.mo Sr. Ministro do Império indicando várias medidas importantes*, Tipografia da Estrela do Norte, Belém do Pará 1866.

___________ , *A residência dos bispos, as suspensões extra-judiciais e os recursos à Coroa. Questões canônicas do bispo do Pará*, tipografia da Estrela do Norte, Belém do Pará 1866.

___________ , *Notícia biográfica do finado Bispo de Pernambuco Dom Francisco Cardoso Ayres extraída de vários documentos pelo Bispo do Pará*, Tipografia Poliglota da Propaganda, Roma 1870.

___________ , *Protesto do Episcopado Brasileiro contra a usurpação de Roma, capital do Catolicismo e dos restantes Estados da Igreja pelo Governo Italiano*, Tipografia do Diário de Belém, Belém 1871.

___________ , *Carta Pastoral do Ex.mo e Rev.mo Bispo do Pará publicando as constituições dogmáticas do Sacrossanto Concílio Geral do Vaticano*. Tipografia S. de Matos, São Luís do Maranhão 1871.

___________ , *Instrução pastoral sobre a maçonaria, considerada sob o aspecto moral, religioso e social*, Tipografia da Boa Nova, Belém 1873.

___________, *Instrução pastoral sobre a maçonaria considerada sob o aspecto moral, religioso e social*, Tipografia da Boa Nova, Belém 1873.

___________, *Memória dirigida a S. M. o Imperador pelo Ex.mo e Rev. mo Bispo do Pará, a cerca do recurso interposto para o Governo civil por parte de algumas irmandades suspensas das funções religiosas*, Tipografia da Boa Nova, Belém 1873.

___________, *A razão do atual conflito*, Tipografia do Apóstolo, Rio de Janeiro 1874.

___________, *Direito contra o Direito ou o Estado contra tudo*, Tipografia do Apóstolo, Rio de Janeiro 1874.

___________, *Sobre a Igreja Católica*, Tipografia Moreira, Maximino & Cia, Rio de Janeiro 1875.

___________, *A questão religiosa perante a Santa Sé*, Lallemant Fréres, Lisboa 1886.

___________, *A liberdade de Cultos – Representação à Assembléia Geral Legislativa*, Editora Vozes, Petrópolis 1956.

___________, "Memória sobre a situação presente da Igreja no Brasil", em: *Cadernos de história da Igreja no Brasil*, n. 1, Edições Loyola, São Paulo 1982.

COSTA, ANTÔNIO DE MACEDO ET ALII, *Reclamação do episcopado brasileiro dirigida ao chefe do governo provisório*, Tipografia Salesiana do Liceu Sagrado Coração, São Paulo 1890.

COUTINHO, JOSÉ JOAQUIM DA CUNHA D'AZEREDO, *Estatutos do seminário episcopal de Nossa Senhora da Graça da cidade de Olinda de Pernambuco, ordenados por Dom José Joaquim da Cunha de Azeredo Coutinho*, Tipografia da Academia Real das Ciências, Lisboa 1798.

DUPANLOUP, FÉLIX-ANTOINE-PHILIBERT, *Carta do Ex.mo e Rev.mo Bispo de Orleans ao clero de sua diocese sobre a escravidão*, Tipografia Universal de Laemmert, Rio de Janeiro 1865.

GERLACHE, BARON DE ET ALII, *Assemblée générale des catholiques en Belgique*, Victor Devaux, Bruxelles 1865.

GOMES, ORLANDO, *Carta Pastoral – centenário do Seminário da Conceição de Cuiabá, Mato Grosso*, Escolas Profissionais Salesianas, São Paulo 1958.

LACERDA, PEDRO MARIA DE, *Carta Pastoral do Bispo de São Sebastião do Rio de Janeiro anunciando o jubileu concedido pelo Santo Padre o Papa Pio IX por ocasião do Concílio Ecumênico que deve ser celebrado em*

Roma em São Pedro do Vaticano a 8 de dezembro de 1869, Tipografia do Apóstolo, Rio de Janeiro 1869.

____________, *Carta Pastoral do Bispo de São Sebastião do Rio de Janeiro anunciando a suspensão do Concílio Vaticano por ocasião da tomada de Roma a 20 de setembro de 1870 e pedindo esmola para o Santo Padre Pio IX*, Tipografia do Apóstolo, Rio de Janeiro 1870.

____________, *Carta Pastoral do Bispo de São Sebastião do Rio de Janeiro anunciando a lei n. 2.040 de 28 de setembro de 1871*, Tipografia do Apóstolo, Rio de Janeiro 1871

____________, *Pastoral anunciando a exaltação do SS. Padre o Papa Leão XIII anunciando a união e obediência à Santa Sé Apostólica*, Tipografia do Apóstolo, Rio de Janeiro 1878.

LASAGNA, LUIGI, *Carta circula do Ex.mo e Rev.mo Sr. D. Luiz Lasagna*, Oficinas Salesianas, São Paulo 1895.

LEME, SEBASTIÃO, *Carta Pastoral saudando os diocesanos de Olinda*, Tipografia Vozes, Petrópolis 1916.

MASSA, PIETRO, *Às margens do Amazonas – carta pastoral*, Escolas Profissionais Salesianas, Niterói 1941.

MELO, ANTÔNIO JOAQUIM DE, *Carta Pastoral do Ex.mo e Rev.mo Bispo de São Paulo dando um regulamento ao clero da sua diocese*, Tipografia Liberal de J. R. de A. Marques, São Paulo 1852.

NERY, JOÃO BATISTA CORREIA, *Carta Pastoral despedindo-se da diocese do Espírito Santo, seguida de algumas notícias sobre a mesma diocese*, Tipografia da Casa Vapor Azul, Campinas 1901.

OLIVEIRA, VITAL MARIA GONÇALVES DE, *Carta pastoral do bispo de Olinda premunindo os seus diocesanos contra as ciladas e maquinações da maçonaria*, Tipografia da União, Recife 1873.

____________, *Carta Pastoral do Bispo de Olinda aos seus diocesanos, sobre os desacatos do dia 14 de maio*, Tipografia Clássica de I. F. dos Santos, Recife 1873.

____________, *Carta Pastoral que o Bispo de Olinda publicando o Breve de S.S. o Papa Pio IX, de 29 de maio de 1873*, Tipografia Clássica de I. F. dos Santos, Recife 1873.

____________, *Resposta do Bispo de Olinda ao Aviso de 12 de junho de 1873*, Tipografia Clássica de I. F. dos Santos, Recife 1873.

____________, *Carta Pastoral dirigida do cárcere da Fortaleza de São João aos seus diocesanos em 25 de março de 1874*, Tipografia Clássica I. F. dos Santos, Recife 1874.

___________, *Carta Pastoral anunciando o termino da reclusão e a sua próxima viagem ad limina Apostolorum*, Tipografia Clássica de J. F. dos Santos, Recife 1875.

___________, *Abrégé Historique de La question Religieuse du Brésil*, Imprimerie de la Propagande, Rome 1875.

___________, *Pastorais e discursos*, Imprensa Oficial, Recife 1942.

PACCA, BARTOLOMEO, *Notizie sul Portogallo con una breve relazione della Nunziatura di Lisbona, dall'anno 1795 fino all'anno 1802*, Tipografia de Domenico Ercole, Velletri 1855.

PIMENTA, JOÃO ANTÔNIO, *Carta Pastoral de D. João Antônio Pimenta, Bispo de Montes Claros, saudando a seus diocesanos*, Livraria do Globo, Porto Alegre 1911.

PIMENTA, SILVÉRIO GOMES, *Primeiro Sínodo da Diocese de Mariana*, Tipografia Episcopal, Mariana 1903.

SANTOS, LUIZ ANTÔNIO DOS ET ALII, *O Episcopado brasileiro ao clero e aos fiéis da Igreja do Brasil*, Tipografia Salesiana do Liceu do Sagrado Coração, São Paulo 1890.

SEIXAS, ROMUALDO ANTÔNIO DE, *Memórias do Marquês de Santa Cruz*, Tipografia Nacional, Rio de Janeiro 1861.

___________, *Coleção das obras do Excelentíssimo e Reverendíssimo Senhor Dom Romualdo Antônio de Seixas*, tomos I - III, Tipografia de Santos e Companhia, Pernambuco 1839.

SILVA, DUARTE LEOPOLDO, *Pastoral de saudação aos diocesanos de Curitiba*, Escolas Profissionais do Liceu Salesiano do Sagrado Coração de Jesus, São Paulo 1921.

___________, *Pastorais*, Escolas Profissionais do Liceu Sagrado Coração de Jesus, São Paulo 1921.

SILVA, EDUARDO DUARTE, *Sobre o culto interno e externo e regulamento para as festividades e funções religiosas*, Scuola Tipografica Salesiana, Roma 1899.

1.2.3 – Fontes jurídicas, parlamentares, constitucionais e diplomáticas

AUTOR IGNORADO, *Reflexões imparciais sobre a Fala do Trono e as Respostas das Câmaras Legislativas de 1836 na parte relativa ao Bispo eleito desta diocese e à Santa Sé Apostólica.*

ABRANCHES, DUNSHEE DE, *Atas e Atos do Governo Provisório*, Imprensa Nacional, Rio de Janeiro 1907.

Almeida, Cândido Mendes de, *Direito civil e eclesiástico brasileiro antigo e moderno em suas relações com o direito canônico* (três tomos), Garnier, Rio de Janeiro 1866, 1873.
Anais do Parlamento Brasileiro – Câmara dos Deputados, – Assembléia Constituinte – 1823, tomos I e V, Tipografia Imperial do Instituto Artístico, Rio de Janeiro 1874.
– *Sessão de 1827*, tomo V, Tipografia de Hipólito José Pinto e Cia, Rio de Janeiro 1876.
– *S*essão de 1835, tomo I, Tipografia da viúva Pinto e Filho, Rio de Janeiro 1887.
– *Sessão de 1836*, Tipografia da viúva Pinto e Filho, Rio de Janeiro 1887.
– *Sessão de 1873*, tomos I e III, Tipografia Imperial e Constitucional de J. Villeneuve, Rio de Janeiro 1873.
– *Sessão de 1874*, tomos I e IV, Tipografia Nacional, Rio de Janeiro 1876.
– *Sessão extraordinária de 1875*, tomos I – III, Tipografia Imperial e Constitucional de J. Villeneuve e Cia, Rio de Janeiro 1875.
Barbosa, Rui, *O Divórcio*, Gráfica Clélio da Câmara, Rio de Janeiro 1957.
Barcelos, Alfredo, *Pela República – refutação do manifesto político do Sr. D. João Esberard, Arcebispo do Rio de Janeiro*, H. Lombaerts e Cia, Rio de Janeiro 1894.
Código Criminal do Império do Brasil, Tipografia Imperial e Constitucional de Émile Seignot-Plancher, Rio de Janeiro 1831.
Coleção das leis e decisões do Governo do Império do Brasil – Coleção das leis do Império do Brasil de 1824, parte 1ª, Imprensa Nacional, Rio de Janeiro 1886.
– *Coleção das decisões do Império do Brasil de 1827*, parte segunda, Tipografia Nacional, Rio de Janeiro 1878.
– *Coleção das leis do Império do Brasil de 1831*, primeira parte, Tipografia Nacional, Rio de Janeiro 1875.
– *Coleção das leis do Império do Brasil de 1838*, tomo 1, partes 1 e 2, Tipografia Nacional, Rio de Janeiro 1863.
– *Coleção das leis do Império do Brasil de 1841*, segunda parte - aditamento, Tipografia Nacional, Rio de Janeiro 1875.
– *Coleção das Leis do Império do Brasil de 1846*, tomo VII, parte I, Tipografia Nacional, Rio de Janeiro 1847.
– *Coleção das leis do Império do Brasil de 1857*, Tipografia Nacional, Rio de Janeiro 1857.

– *Coleção das leis do Império do Brasil de 1860*, vol. II, Tipografia Nacional, Rio de Janeiro 1860.
– *Coleção das leis do Império do Brasil de 1875,* parte II, Tipografia Nacional, Rio de Janeiro 1876.
– *Coleção dos negócios de Roma no reinado de El-Rei Dom José I*, Imprensa Nacional, Lisboa 1874.
Constituição política do Império do Brasil (1824), seguida do Ato Adicional (1834), Eduardo Henrique e Laemmert Editores, Rio de Janeiro 1863.
Constituição de 24 de fevereiro de 1891 e constituições dos estados (dois tomos), F. Brugiet e Cia Editores, Rio de Janeiro 1911.
Consulta do Conselho de Estado sobre negócios eclesiásticos, compilada por ordem de Sua. Ex.a, o Sr. Ministro do Império, Tipografia Nacional, Rio de Janeiro 1870.
Consulta do Conselho de Estado Pleno sobre o recurso interposto pela Irmandade do Santíssimo Sacramento da Igreja Matriz da Freguesia de Santo Antônio, da cidade do Recife, na Província de Pernambuco contra o ato pelo qual o Rev. Bispo de Olinda a declarou interdita, Tipografia Nacional, Rio de Janeiro 1873.
Corte de Apelação – Câmaras Reunidas – Apelação Cível 432, Tipografia da Revista dos Tribunais, Rio de Janeiro 1916.
Decretos do Governo Provisório da República dos Estados Unidos do Brasil, 1° fascículo, Imprensa Nacional, Rio de Janeiro 1890.
Documentos Parlamentares – Mensagens Presidenciais (1891 – 1910), Tipografia do Pregresso, Rio de Janeiro 1912.
*Fala com que Sua Majestade o Imperador, o Senhor Dom Pedro II, abriu a primeira sessão da quinta legislatura da Assembléia Geral legislativa no dia 1-1-1843,*Tipografia Nacional, Rio de Janeiro 1843. *Fala com que Sua Majestade o Imperador abriu a 4ª sessão da 20ª legislatura da Assembléia Geral no dia 3 de maio de 1889*, Imprensa Nacional, Rio de Janeiro 1889.
Falas do Trono desde o ano de 1823 até o ano de 1889, Companhia Melhoramentos, São Paulo 1977.
Ferreira, Fileto Pires, *A verdade sobre o caso do Amazonas*, Tipografia do "Jornal do Comércio" de Rodrigues & Companhia, Rio de Janeiro 1900.
Ordenações e Leis do Reino de Portugal, confirmadas e estabelecidas pelo Senhor Rei Dom João IV, livro primeiro, Mosteiro de São Vicente de Fora, Câmara Real de Sua Majestade, Lisboa 1747.

Morais et alii, Prudente de, *Antigos conventos e seus bens em face da Constituição de 24 de fevereiro de 1891 e da lei de 10 de setembro de 1893*, Tipografia Brasil de Carlos Gerke e Cia, São Paulo 1902.

Sales, Manuel Ferraz de Campos, *Atos do Governo Provisório*, Imprensa Nacional, Rio de Janeiro 1890.

___________, *Casamento Civil – Discursos pronunciados no Senado Federal*, Imprensa Nacional, Rio de Janeiro 1891.

Silva, Firmino Rodrigues, *Discurso sobre a questão religiosa pronunciado pelo Senador Firmino Rodrigues Silva na sessão de 5 de julho de 1883*, Tipografia do Apóstolo, Rio de Janeiro 1873.

Silva et alii, Francisco de Lima e, *Proclamação* (página única), Tipografia de Thomaz B. Hunt, Rio de Janeiro 1833.

Tratado de Limites das Conquistas entre os muito Altos e Poderosos Senhores Dom João V Rei de Portugal e Dom Fernando VI de Espanha, Oficina de José da Costa Coimbra, Lisboa 1750.

Tratado de 8 de setembro de 1909 entre os Estados Unidos do Brasil e a República do Peru completando a determinação das fronteiras entre os dois países e estabelecendo princípios gerais sobre o seu comércio e navegação da bacia do Amazonas, Imprensa Nacional, Rio de Janeiro 1910.

Vasconcelos, Zacarias de Góis e Antônio Ferreira Viana, *Discursos proferidos no Supremo Tribunal de Justiça na sessão de 1 de julho 1874 pelos Srs. Conselheiro Zacarias de Góis e Vasconcelos e Dr. Antônio Ferreira Viana, por ocasião do julgamento do Ex.mo e Revmo Sr. Dom Antônio de Macedo Costa, Bispo do Pará, precedidos da acusação feita pelo procurador da Justiça, Dr. Baltazar da Silveira*, Tipografia do Apóstolo, Rio de Janeiro 1874.

Viana, Luiz, *Mensagem do Governador da Bahia ao Sr. Presidente da República sobre os antecedentes e ocorrências das expedições contra Antônio Conselheiro e seus sequazes*, Tipografia do "Correio de Notícias", Bahia 1897.

1.2.4 - Fontes "ultramontanas" e apologéticas (não episcopais)

Autor Ignorado, *Exposição franca sobre a maçonaria por ex-maçom que abjurou à sociedade*, Tipografia Imperial e Nacional, Rio de Janeiro 1826.

A.I., *O assassínio dos Távora*, Tipografia Portuguesa, Lisboa 1882.

Almeida, Cândido Mendes de, *Resposta ao protesto da maçonaria da Bahia*, Tipografia Americana, Bahia 1873.

CARNEIRO, JÚLIO CÉSAR DE MORAIS, *Apóstrofes*, Escola Tipográfica Salesiana, Niterói 1897.

CARNEIRO, JÚLIO CÉSAR DE MORAIS, *O Catolicismo no Brasil (memória histórica)*, Livraria Agir Editora, Rio de Janeiro 1950.

DELAMARE, ALCIBÍADES, *As duas bandeiras – Catolicismo e brasilidade*, Anuário do Brasil, Rio de Janeiro 1924.

DIAS, ANTÔNIO, *Dictame ou parecer sobre os dois papéis públicos dados à luz pelos Reverendos Senhores Padres Luiz Gonçalves dos Santos e Diogo Antônio Feijó, nos quais se defende o celibato clerical e religioso de uma parte, e se impugna pela outra*, Tipografia de Torres, Rio de Janeiro 1827.

FILIPPO, JOÃO, *Justificação da crença católica contra o "Brasil mistificado"*, Tipografia de Jorge Secker, São Paulo 1880.

LAET, CARLOS DE, *O frade estrangeiro e outros escritos*, Edição da Academia Brasileira de Letras, Rio de Janeiro 1953.

LISBOA, JOSÉ DA SILVA, *Causa da religião e disciplina eclesiástica do celibato clerical defendida da inconstitucional tentativa do Padre Diogo Antônio Feijó*, Imperial Tipografia de Pedro Plancher Seignot, Rio de Janeiro 1828 .

PINHEIRO, JOAQUIM CAETANO FERNANDES, *Apontamentos religiosos*, Tipografia do Diário de A. & L. Navarro, Rio de Janeiro 1854.

SANTOS, LUIZ GONÇALVES DOS, *Desagravo do clero e do povo católico fluminense*, Imprensa Americana, Rio de Janeiro 1837.

SOUZA, BRÁS FLORENTINO

Esperança, Recife 1867.

1.2.5 – fontes regalistas, maçônicas, positivistas e anticlericais

AUTOR IGNORADO, *O Papa e a maçonaria – Resposta à alocução de Pio IX proferida no Consistório de 26 de setembro de 1865*, Tipografia da Biblioteca Clássica (local de publicação não citado) 1865.

BARBOSA, RUI, *O Papa e o Concílio*, Brown e Evaristo Editores, Rio de Janeiro 1877.

BARBOSA, RUI, *Centenário do Marquês de Pombal*, Tipografia Leuzinger e filhos, Rio de Janeiro 1882.

BASTOS, AURELIANO CÂNDIDO TAVARES, *Cartas do Solitário*, 2.ª ed., Tipografia da Atualidade, Rio de Janeiro 1863.

BUENO, PIMENTA JOSÉ ANTÔNIO, *Beneplácito e recurso à Coroa em matérias de culto*, Tipografia Nacional, Rio de Janeiro 1873.

CANECA, JOAQUIM DO AMOR DIVINO RABELO E, *Obras políticas e literárias*, Tipografia Mercantil, Recife 1875.

FEIJÓ, DIOGO ANTÔNIO, *Resposta às parvoíces, absurdos, impiedades e contradições do Sr. Pe. Luiz Gonçalves dos Santos na sua intitulada defesa do celibato clerical contra o voto separado do Pe. Diogo Antônio Feijó, Membro da Comissão Eclesiástica da Câmara dos Deputados*, Imprensa Imperial e Nacional, Rio de Janeiro 1827.

__________________, *Demonstração da necessidade de abolição do celibato clerical pela Assembléia Geral do Brasil e da sua verdadeira e legítima competência nesta matéria*, Tipografia Imperial e Nacional, Rio de Janeiro 1828.

FONTOURA, UBALDINO DO AMARAL, *Segunda conferência no Grande Oriente Unido do Brasil*, Tipografia de Hipólito José Pinto, Rio de Janeiro 1877.

__________________, *Joaquim Saldanha Marinho – esboço biográfico*, Dias da Silva Júnior Tipógrafo Editor, Rio de Janeiro 1878.

GURGEL, MANOEL JOAQUIM DO AMARAL, *Análise da resposta do Ex.mo Arcebispo da Bahia sobre a questão da dispensa do celibato, pedida pelo Conselho Geral de São Paulo*, Tipografia Ambrosiana, Rio de Janeiro 1834.

LEMOS, MIGUEL, *Artigos episódicos publicados durante o ano de 1891*, Apostolado Positivista do Brasil, Rio de Janeiro 1892.

LIMA, JOSÉ INÁCIO DE ABREU, *Bosquejo histórico, político e literário do Brasil ou análise crítica do projeto do Dr. A. F. França, oferecido em sessão de 16 de maio último à Câmara dos Deputados, reduzindo o sistema monárquico constitucional que felizmente nos rege, a uma República democrática, seguida de outra análise do projeto do deputado Rafael de Carvalho, sobre a separação da Igreja Brasileira da Santa Sede* Apostólica, Tipografia Nictheroy, Niterói 1835.

[MARINHO, JOAQUIM SALDANHA], *Manifesto da maçonaria do Brasil*, Tipografia do Grande Oriente do Brasil, Rio de Janeiro 1872.

MARINHO, JOAQUIM SALDANHA, *A Igreja e o Estado*, vol. I, Tipografia de J. C. de Villeneuve, Rio de Janeiro 1873.

___________, *Estado da questão religiosa*, tomos I, II, IV, Tipografia do Diário do Rio de Janeiro, Rio de Janeiro 1874.

__________, *O julgamento do bispo de Olinda*, vol. III, Tipografia do Diário do Rio de Janeiro, Rio de Janeiro, 1874.

__________, *A execução da sentença do bispo de Olinda*, Tomos II-III, Tipografia do Diário do Rio de Janeiro, Rio de Janeiro 1874.

_________ , *O confessionário*, tomo II, Tipografia do Diário do Rio de Janeiro, Rio de Janeiro 1874.

_________ , *Discursos proferidos e projetos apresentados na Câmara dos Senhores Deputados na sessão de 1879*, Tipografia Perseverança, Rio de Janeiro 1880.

_________ , *A questão religiosa no Brasil*, Tipografia Perseverança, Rio de Janeiro 1880.

MARTINS, GASPAR DA SILVEIRA, Discursos parlamentares, publicações da Câmara dos Deputados, Brasília 1979.

MENDES, RAIMUNDO TEIXEIRA, *Em defesa dos selvagens brasileiros*, Apostolado Positivista, Rio de Janeiro 1910.

MENDES, RAIMUNDO TEIXEIRA, *A comemoração cívica de Benjamim Constant e a liberdade religiosa*, Tipografia do Apostolado Positivista no Brasil, Rio de Janeiro 1892.

[MONTE CARMELO, JOAQUIM], *Ordens religiosas*, Tipografia do Correio Mercantil, Rio de Janeiro 1868.

_______________ , *O Arcipreste da Sé de São Paulo Joaquim Anselmo de Oliveira e o clero do Brasil*, (editora não citada) Rio de Janeiro 1873.

_______________ , *O Brasil mistificado na questão religiosa*, Tipografia da Reforma, Rio de Janeiro 1875.

_______________ , *Carta à Sereníssima Princesa Regente*, 1ª parte, Tipografia Parlamentar, Rio de Janeiro 1876.

_______________ , *O Brasil e a Cúria Romana ou análise e refutação do Direito contra direito do Sr. Dom Antônio de Macedo Costa*, Tipografia Universal de E. & H. Laemmert, Rio de Janeiro 1876.

MONTEIRO, LUIZ, *Oração fúnebre nas exéquias do augusto e poderoso senhor Dom José I Rei Fidelíssimo*, Oficina de João Zempel, Roma 1777.

NABUCO, JOAQUIM, *O Partido Ultramontano e suas invasões, seus órgãos e seu futuro*, Tipografia da Reforma, Rio de Janeiro 1873.

__________, *A invasão ultramontana*, Tipografia Franco-Americana, Rio de Janeiro 1873.

__________, *Discursos parlamentares (1879 – 1889)*, Instituto do Progresso Editorial, São Paulo 1949.

__________, *O Abolicionismo*, Tipografia de Abraham Kingdom, Londres 1883.

OTONI, CRISTIANO BENEDITO, *A liberdade de cultos no Brasil*, Brown & Evaristo Editores, Rio de Janeiro 1877.

Reis, Clímaco dos, *Carta ao Bispo Diocesano D. Pedro Maria de Lacerda*, Tipografia Franco-americana, Rio de Janeiro 1871.

1.2.6 – Fontes gerais publicadas

Abreu, João Capístrano de et alii, *Livro de ouro comemorativo do Centenário da Independência do Brasil e da Exposição Internacional do Rio de Janeiro*, Edições do Anuário do Brasil, Rio de Janeiro 1923.

Agassiz, Louis e Elizabeth Cary Agassiz, *Viagem ao Brasil (1865 – 1866)*, Companhia Editora Nacional, São Paulo 1938.

Albera, Paolo e Calogero Gusmano, *Lettere a don Giulio Barberis durante la loro visita alle case d'America (1900-1903)*, Libreria Ateneo Salesiano, Roma 2000.

Amado, Gilberto, *Minha formação no Recife*, José Olympio, Rio de Janeiro 1955.

Barbosa, Rui, *Elogios acadêmicos e orações de paraninfo*, Edição da Revista de Língua Portuguesa, Rio de Janeiro 1924.

__________, *Mocidade e exílio*, Companhia Editora Nacional, São Paulo 1934.

__________, *Obras Completas*, tomos VII, XVI e XX, Ministério da Educação e Saúde, Rio de Janeiro 1947.

Burton, Richard, *Viagem do Rio de Janeiro a Morro Velho*, Itatiaia, Belo Horizonte 1976.

Cunha, Euclides da, *Os Sertões*, Editora Paulo de Azevedo, Rio de Janeiro 1968.

Debret, Jean-Baptiste, *Viagem pitoresca e histórica ao Brasil*, vol. I e II, Itatiaia, Belo Horizonte 1978.

Denis, Jean Ferdinand, *Brasil* (tradução), Itatiaia, Belo Horizonte 1980.

D'orbigny, Alcide, *Viagem pitoresca através do Brasil*, Itatiaia, Belo Horizonte 1976.

Ewbank, Thomas, *Vida no Brasil* (tradução), Itatiaia, Belo Horizonte 1976.

Graham, Mary, *Diário de uma viagem ao Brasil e de uma estada neste país durante parte dos anos de 1821, 1822, 1823*, Companhia Editora Nacional, São Paulo 1956.

Kidder, Daniel Parish, *Reminiscências de viagens e permanências no Brasil*, Livraria Martins Editora, São Paulo 1972.

LASAGNA, LUIGI, *Epistolario* (três tomos), Libreria Ateneo Salesiano, Roma 1995.

MACCHETTI, GESUALDO, *Relazione della Missione Francescana di Manaus*, Tipografia Editrice Romana, Roma 1886.

MARCIANO, JOÃO EVANGELISTA DO MONTE, *Relatório apresentado pelo Reverendo frei João Evangelista do Monte Marciano ao Arcebispo da Bahia sobre Antônio Conselheiro e seu séqüito no arraial de Canudos*, Tipografia do "Correio de Notícias", Bahia 1895.

MAWE, JOHN, *Viagens ao interior do Brasil* (tradução), Itatiaia, Belo Horizonte 1978.

MESSINA, PLÁCIDO DE, *Trabalhos apostólicos dos Missionários Capuchinhos italianos da Província de Messina no Império do Brasil*, vol. I, Tipografia de M. F. de Faria, Recife 1846.

NABUCO, JOAQUIM, *Minha Formação*, Instituto do Progresso Editorial, São Paulo 1949.

___________, *Escritos e discursos literários*, H. Garnier, Rio de Janeiro 1901.

___________, *Um Estadista do Império*, tomos I-III, Instituto do Progresso Editorial, São Paulo 1949.

PORTUGAL, PEDRO DE ALMEIDA, *As prisões da Junqueira durante o ministério do Marquês de Pombal*, Tipografia de Silva, Lisboa 1857.

PRADO, EDUARDO, *A Ilusão americana*, Livraria e Oficinas, Livraria e Oficinas Magalhães, São Paulo 1917.

RIBEYROLLES, CHARLES, *Brasil Pitoresco*, vol. I, Itatiaia Belo Horizonte 1980.

RIO BRANCO, BARÃO DO, *Reminiscências do Barão do Rio Branco*, José Olympio Editora, Rio de Janeiro 1942.

___________, *Efemérides brasileiras*, Imprensa Nacional, Rio de Janeiro 1956.

RITZLER REMIGIUS E PIRMINUS SEFRIN, *Hierarchia catholica medii et recentioris Aevi*, vols. VII – VIII, Tipografia "Il Messagero di S. Antonio", Padova 1948.

RUGENDAS, JOHANN MORITZ, *Viagem pitoresca e histórica através do Brasil*, Livraria Martins, São Paulo 1940.

SAINT-HILAIRE, AUGUSTE DE, *Segunda viagem do Rio de Janeiro a Minas Gerais e a São Paulo (1822)*, 2ª ed., Companhia Editora Nacional, São Paulo 1938.

Santa Maria, Agostinho, *Santuário mariano e história das imagens milagrosas de Nossa Senhora*, tomo IX, Oficina de Antônio Pedroso Galram, Lisboa 1722.

Simonton, Ashbel Green, *Diário, 1852-1867*, Casa Editora Presbiteriana, São Paulo 1982.

Spix, Johann Baptist von e Carl Friedrich Philipp von Martius, *Viagem pelo Brasil (1817-1820)*, vol. I, Edições Melhoramentos, São Paulo SD.

Suzannet, Conde de, *O Brasil em 1845*, Livraria Editora da Casa do Estudante do Brasil, Rio de Janeiro 1954.

Taunay, Alfredo D'Escragnolle, *A retirada de Laguna*, 18.ª ed., Edições Melhoramentos, São Paulo 1975.

Tollenare, François Louis, *Notas dominicais* (tradução), Secretaria de Educação e Cultura do Pernambuco, Recife 1978.

Walsh, Robert, *Notícias do Brasil*, vol. I, Itatiaia, Belo Horizonte 1985.

Watts, Marta Hite, *Evangelizar e civilizar*, Editora UNIMEP, Piracicaba, São Paulo 2001.

II – BIBLIOGRAFIA

2.1 - Dicionários e Enciclopédias

AZEVEDO, CARLOS MOREIRA ET ALII, *Dicionário de história religiosa de Portugal*, vol. II-III, Printer Portuguesa, Rio de Mouro 2000.
BLAKE, AUGUSTO VITORINO ALVES SACRAMENTO, *Dicionário bibliográfico brasileiro*, vols. I, V, VII, Tipografia Nacional, Rio de Janeiro 1883.
PACOMIO, LUCIANO ET ALII, *Dizionario dei teologi dal primo secolo ad oggi*, Edizioni Piemme, Casale Monferrato 1998.
VAINFAS, RONALDO ET ALII, *Dicionário do Brasil Imperial (1822 – 1889)*, Editora Objetiva Ltda, Rio de Janeiro 2002.
VELHO SOBRINHO, JOÃO FRANCISCO, *Dicionário biobibliográfico brasileiro*, Gráfica Irmãos Pongetti, Rio de Janeiro 1937.

2.2 - Obras Gerais

ALBERA, PAOLO, *Monsignore Luigi Lasagna*, Scuola Tipografica Libreria Salesiana, Torino 1900.
ALMEIDA, FRANCISCO JOSÉ DE LACERDA, *A Igreja e o Estado – suas relações no direito brasileiro*, Tipografia da Revista dos Tribunais, Rio de Janeiro 1924.
ALMEIDA, FRANCISCO RANGEL RAPOSO DE, *Biografia do Marquês de Santa Cruz*, Tipografia Camilo de Lellis Masson, Salvador 1863.
ALMEIDA, MANUEL ANTÔNIO DE, *Memórias de um sargento de milícias*, Tipografia do Diário do Rio de Janeiro, Rio de Janeiro 1863.
ALTOÉ, VALERIANO, *A Igreja e a abolição – uma posição conservadora*, Universidade Federal do Rio de Janeiro 1987.

ALVARENGA, MANUEL, *O Episcopado Brasileiro*, A. Campos Propagandista Católico, São Paulo 1915.

ALVES, MÁRCIO MOREIRA, *A igreja e a política no Brasil*, Editora Brasiliense, São Paulo 1979.

ANDRADE, MÁRIO DE, *Padre Jesuíno do Monte Carmelo*, Publicações do Serviço do Patrimônio Histórico e Artístico Nacional, Rio de Janeiro 1945.

ARAÚJO, ANDRÉ M. E VALCYR J. TABORDA, *Antologia ilustrada do folclore brasileiro*, tomo I, Gráfica e Editora Edigraf, São Paulo SD.

ASCENSIO, LUIS MEDINA, *Historia del Colégio Pio Latino Americano*, Editorial Jus, México 1979.

AUTOR IGNORADO, *História de Portugal nos séculos XVIII e XIX*, vol. I, Lallemant Frères, Lisboa SD.

AUTOR IGNORADO, *Poliantéia comemorativa do 75º aniversário da chegada das Irmãs Franciscanas no Rio Grande do Sul*, Gress, Trein e Cia ltda, Porto Alegre 1947.

AUTOR IGNORADO, *Missioni di Alto - Solimões affidata ai Minori Cappuccini umbri*, Cooperativa Tipografica Manuzio, Roma 1914.

AZEREDO, CARLOS MAGALHÃES DE, *O reconhecimento da independência e do Império do Brasil pela Santa Sé*, Indústria Tipográfica Romana, Roma 1932.

___________ , *Dom Pedro II – traços de sua fisionomia moral*, Anuário do Brasil, R. de Janeiro 1923.

___________ , *O Vaticano e o Brasil*, Edição "O Dia", Rio de Janeiro 1922.

AZEVEDO, JOSÉ LÚCIO DE, *O Marquês de Pombal e sua época*, 2.ª ed., Anuário do Brasil, Rio de Janeiro 1922.

AZEVEDO, SOARES DE, *Brado de alarme*, Tipografia Desembargador Lima Drumond, Rio de Janeiro 1922.

AZEVEDO, THALES, *Igreja e Estado em tensão e crise*, Editora Ática, São Paulo 1978.

BANDECCHI, BRASIL, *A Bucha, a maçonaria e o espírito liberal*, Editora Parma, São Paulo 1982.

BARATA, ALEXANDRE MANSUR, *Luzes e sombras. A ação da maçonaria brasileira (1870-1910)*, Oficinas Gráficas da Universidade Estadual de Campinas, Campinas 1999.

BARATTA, JOSÉ DO CARMO, *História eclesiástica de Pernambuco*, Imprensa Industrial, Recife 1922.

Barbosa, Manuel, *A Igreja no Brasil*, Editora e Obras Gráficas A Noite, Rio de Janeiro 1949.

Barquilla, José Barraldo e Santiago Rodríguez, *Los Dominicos y el Nuevo Mundo – Siglos XIX-XX. Actas del V Congreso Internacional Querétaro* (4-8 septiembre 1995), Editorial San Esteban, Salamanca 1997.

Barreto, Abílio, *Belo Horizonte, memória histórica e descritiva – história média (1893-1898)*, Edições Livraria Rex, Belo Horizonte 1936.

Basbaum, Leôncio, *História sincera da República*, vol. I, Edições LB, São Paulo 1962.

Bastian, Jean-Pierre, *Le protestantisme en Amérique latine*, Éditions Labor et fides, Bensançon 1994.

Bastide, Roger, *Il Brasile*, Garzanti, Milano 1960.

Bello, José Maria, *História da República (1889-1902)*, Civilização Brasileira, Rio de Janeiro SD.

Belza, Juan E., *Luis Lasagna, el obispo misionero*, Instituto Salesiano de Artes Gráficas, Buenos Aires 1969.

Benassi, Vincenzo et alii, *Breve história da Ordem dos Servos de Maria*, Tipografia Città Nuova, Roma 1990.

Bonavides, Paulo e Pais de Andrade, *História Constitucional do Brasil*, Paz e Terra, Brasília 1990.

Bofanda, Genésio, *Os palotinos no Rio Grande do Sul*, Gráfica Editora Pallotti, Porto Alegre 1991.

Bongioanni, Marco, *Don Bosco nel mondo*, vol. II, Industrie Grafiche Mariogros, Torino 1968.

Bortoluzzi, Otávio Cirillo, *Documentário*, 2.ª ed., Gráfica Dom Bosco, São Paulo 1996.

Bovo, Luís Sartorelli, *Desafios ao trono*, Editora Resenha Universitária, São Paulo 1975.

Brasil, Gérson, *O Regalismo brasileiro*, Livraria Editora Cátedra, Rio de Janeiro 1978.

Bruneau, Thomas Charles, *O Catolicismo brasileiro em época de transição*, Loyola, São Paulo 1974.

Butiña, Francisco, *Vida del Padre Gabriel Malagrida de la Compañia de Jesús, quemado como hereje por el Marqués de Pombal*, Imprenta de Francisco Rosal, Barcelona 1886.

Cabral, Osvaldo Rodrigues, *João Maria*, Companhia Editora Nacional, São Paulo 1960.

CAGGIANI, IVO, *Igreja Episcopal do Brasil*, Edigraf, Livramento 1988.
CALMON, PEDRO, *História do Brasil*, vol. IV, Companhia Editora Nacional, São Paulo 1943.
__________, *O Rei filósofo – vida de Dom Pedro II*, Companhia Editora Nacional, São Paulo 1939.
__________, *A Princesa Isabel, "A Redentora"*, Companhia Editora Nacional, São Paulo 1941.
__________, *O Rei filósofo – vida de Dom Pedro II*, Companhia Editora Nacional, São Paulo 1938.
CALÓGERAS, JOÃO PANDIÁ, *Formação Histórica do Brasil*, Pimenta Melo e Cia, Rio de Janeiro SD.
CAMARGO, PAULO FLORÊNCIO DA SILVEIRA, *A Igreja na história de São Paulo*, vol. III, VII, Indústria Gráfica José Magalhães, São Paulo 1953.
CARNÁXIDE, ANTÔNIO DE SOUZA PEDROSO, *O Brasil na administração Pombalina*, Companhia Editora Nacional, São Paulo 1940.
CARNEIRO ÉDSON, *Religiões negras, negros bantos*, 3ª ed., Civilização brasileira, Rio de Janeiro 1991.
CARONE, EDGARD, *A República Velha*, 2ª ed., Difusão Européia do Livro, São Paulo 1974.
CARRATO, JOSÉ FEREIRA, *Igreja, Iluminismo, e escolas mineiras coloniais*, Companhia Editora Nacional, São Paulo 1968.
CARRETERO, ISMAEL MARTÍNEZ., *Exclaustración y restauración del Carmen em España (1771-1910)*, Edizioni Carmelitane, Roma 1996.
CARVALHO, ANTÔNIO GONTIJO DE, *Estadistas da República*, vol. I, Empresa Gráfica da Revista dos Tribunais, São Paulo 1940.
CARVALHO, CARLOS DELGADO DE, *História diplomática do Brasil*, Companhia Editora Nacional, São Paulo 1959.
CASCUDO, LUIZ DA CÂMARA, *Geografia dos mitos brasileiros*, José Olympio, Rio de Janeiro 1976.
CASIMIRO, ACÁCIO, *Fastos da Companhia de Jesus restaurada em Portugal*, Tipografia Porto Médico, Porto 1930.
CASTELLANI, JOSÉ, *Os maçons e a questão religiosa*, Editora Maçônica "A Trolha", Londrina 1996.
__________, *Os Maçons que fizeram a história do Brasil*, 2ª ed., Editora A Gazeta Maçônica, São Paulo 1991.
CASTILHO, MARIA AUGUSTA, *Os índios Bororo e os Salesianos na missão de Tachos*, Editora UCDB, Campo Grande 2000.

Castro, Olegário Herculano de Aquino e, *O Conselheiro Manoel Joaquim do Amaral Gurgel*, Tipografia Universal de Laemmert, Rio de Janeiro 1871.

Ceron, Ida Teresa, *Consciência viva*, Editora Pallotti, Santa Maria 1987.

Chacon, Vamireh, *História dos partidos brasileiros*, Editora Universidade de Brasília, Brasília 1981.

_________, *História das idéias socialistas no Brasil*, Civilização Brasileira, Rio de Janeiro 1965.

Corrêa, Viriato, *História da liberdade no Brasil*, Civilização Brasileira, Rio de Janeiro 1974.

_________, *Xica Da Silva e outras histórias*, Civilização Brasileira, Rio de Janeiro 1955.

Costa, Arlindo Drumond, *A nobreza espiritual de Dom Aquino Corrêa*, Livraria Teixeira, São Paulo 1962.

Costa, Francisco de Macedo, *Lutas e Vitórias*, Estabelecimento dos Dois Mundos, Bahia 1916.

Costa, João da Cruz, *O Positivismo na República*, Companhia Editora Nacional, São Paulo São Paulo 1956.

Costa, Rovílio e Luís A. de Boni, *Os Capuchinhos do Rio Grande do Sul*, Est edições, Porto Alegre 1996.

Cropani, Elizabeth de Fiori di et alii, *Nosso Século*, vols. I-II, Abril Cultural, São Paulo 1980.

Dale Romeu, *A Ação Católica Brasileira*, Edições Loyola, São Paulo 1985.

da Nembro, Metódio, *I Cappuccini nel Brasile*, Centro Studi Cappuccini Lombardi, Milano 1957.

Delgado, José de Medeiros, *Memórias da graça divina*, Loyola, São Paulo 1978.

Dornas Filho, João, *O Padroado e a Igreja brasileira*, Companhia Editora Nacional, São Paulo 1938.

Edmundo, Luiz, *O Rio de Janeiro do meu tempo*, vol. II, 2ª ed., Gráfica Elite, Rio de Janeiro 1957.

__________ , *Recordações do Rio Antigo*, 2ª ed., Gráfica Elite, Rio de Janeiro 1956.

Egas, Eugênio, *Galeria dos Presidentes de São Paulo – Período Monárquico*, vol. I, Publicações Oficiais do Estado de São Paulo, São Paulo 1926.

Ellis Júnior, Alfred, *Feijó e sua época*, Universidade de São Paulo, São Paulo 1940.

ENDRES, LOHR JOSÉ, *Catálogo dos Bispos, Gerais, Provinciais, Abades e mais cargos da Ordem de São Bento do Brasil (1582-1975)*, Editora Beneditina, Salvador 1976.

FARIA, CARLOS COELHO, *Vida e obra de Madre Teodora*, Gráfica Editora Bisordi, São Paulo SD.

FAUSTO, BÓRIS ET ALII, *O Brasil Republicano*, vol. II, 3ª ed., Difel, São Paulo 1985.

FERNANDES, CLÉLIA ALVES FIGUEIREDO, *Jackson de Figueiredo, uma trajetória apaixonada*, Forense Universitária, Rio de Janeiro 1989.

FERREIRA FILHO, ARTHUR, *História Geral do Rio Grande do Sul*, Editora Globo, Rio de Janeiro 1958.

FERREIRA, JÚLIO ANDRADE, *Galeria evangélica*, Casa Editora Presbiteriana, São Paulo 1952.

FINZI, MARISA VITA, *Figlie di Paola, figlie della Chiesa*, Pubblicazioni della Curia Generalizia, Roma 2002.

FLESCH, BENÍCIA, *Seguindo passo a passo uma caminhada*, vol. I, 2ª ed., Editora Gráfica Metrópole, Porto Alegre SD.

FONTOURA, EZEQUIAS GALVÃO DA, *Vida do Ex.mo e Rev.mo D. Antônio Joaquim de Melo*, Escola Tipográfica Salesiana, São Paulo 1898.

FONTOURA, JOÃO NEVES, *Borges de Medeiros e seu tempo*, Editora Globo, Porto Alegre 1969.

FREITAS, DÉCIO., *Escravos e senhores de escravos*, Mercado Aberto Editora, Porto Alegre 1983.

FRIEIRO, EDUARDO, *O Diabo na livraria do Cônego*, Itatiaia, Belo Horizonte 1981.

GABAGLIA, LAURITA PESSOA RAJA, *O Cardeal Leme*, Livraria José Olympio Editora, Rio de Janeiro 1962.

______________, *Epitácio Pessoa (1865-1942)*, vols. I-II, Livraria José Olympio Editora, Rio de Janeiro 1951.

GREVE, ARISTIDES, *Subsídios para a história da restauração da Companhia de Jesus no Brasil*, Oficinas gráficas Siqueira, São Paulo 1942.

GUERRA, FLÁVIO, *A questão religiosa do Segundo Império brasileiro*, Irmãos Pongetti, Rio de Janeiro 1952.

GUIMARÃES, BERNADO DA SILVA, *O seminarista*, B. L. Garnier, Rio de Janeiro [1872].

GUIMARÃES, FERNANDO, *Homem, Sociedade e Igreja no pensamento de Júlio Maria*, Editora Santuário, Aparecida 2001.

Guisard Filho, Félix, *Dom José Pereira da Silva Barros*, Empresa Editora Universal, São Paulo 1945.

Hahn, Carl Joseph, *História do culto protestante no Brasil*, ASTE, São Paulo 1989.

Hastenteufel, Zeno, *Dom Feliciano na Igreja do Rio Grande do Sul*, Livraria Editora Acadêmica, Porto Alegre 1987.

______________, *História dos cursos de teologia no Rio Grande do Sul*, EDIPUCRS, Porto Alegre 1995.

Holanda, Sérgio Buarque, *História geral da civilização brasileira*, Difusão Européia do Livro, São Paulo 1960.

________________________, *O Brasil monárquico*, vol. IV e V, 4ª ed., Difel, São Paulo 1985.

Huckelmann, Theodoro, *Dom Francisco Cardoso Aires*, Universidade Federal do Pernambuco, Recife 1970.

Huckelmann, Theodoro et alii, *Dom Vital in memoriam*, Companhia Editora de Pernambuco, Recife 1979.

Iglesias, Francisco, *História política de Brasil*, Editorial Mapfre, Madrid 1992.

Kloppenburg, Boaventura, *A Maçonaria no Brasil*, Vozes, Petrópolis 1961.

Koifman, Fábio et alii, *Presidentes do Brasil*, Editora Rio, Rio de Janeiro 2002.

Krischke, Paulo José, *A Igreja e as crises políticas no Brasil*, Vozes, Petrópolis 1979.

Lacombe, Américo Jacobina et alii, *Brasil, 1900 – 1910*, Gráfica Olímpica Editora, Rio de Janeiro 1980.

Leite, Serafim, *História da Companhia de Jesus no Brasil*, tomo VII, Livraria Portugália, Lisboa 1949.

Lemos, Jerônimo, *Dom Pedro Maria de Lacerda, último bispo do Rio de Janeiro no Império (1868-1890)*, Edições Lúmen Christi, Rio de Janeiro 1985.

Léonard, Émile G., *O Protestantismo no Brasil*, ASTE, São Paulo 1963.

Lima, Décio Monteiro de, *Os demônios descem do norte*, 5.ª ed., Francisco Alves, Rio de Janeiro 1991.

Lima, Heitor Ferreira, *Perfil político de Silva Jardim*, Companhia Editora Nacional, São Paulo 1987.

Lima, Hermes, *Tobias Barreto*, Companhia Editora Nacional, São Paulo 1939.

LIMA, JOÃO, *Como vivem os homens que governam o Brasil*, Tipografia Batista de Souza, Rio de Janeiro SD.

LIMA, MANOEL DE OLIVEIRA, *O Império brasileiro*, 2ª ed., Edições Melhoramentos, São Paulo, SD.

LOPES, FRANCISCO LEME, *Carlos de Laet*, Livraria Agir Editora, Rio de Janeiro 1958.

LOPES, MARIA ANTONIETA BORGES E MÔNICA M. TEIXEIRA VALE BICHUETTE, *Dominicanas: cem anos de missão no Brasil*, Editora Vitória, Curitiba 1986.

LUNA, JOAQUIM G. DE, *Os monges Beneditinos no Brasil*, Edições Lúmen Christi, Rio de Janeiro 1947.

LYRA, HEITOR, *História de Dom Pedro II*, vol. II, Companhia Editora Nacional, São Paulo 1939.

___________, *História da queda do Império*, tomo 1, Companhia Editora Nacional, São Paulo 1964.

MACHADO FILHO, AIRES DA MATA, *O negro no garimpo em Minas Gerais*, Itatiaia, Belo Horizonte 1985.

MACUA, JOSÉ ALVAREZ, *Efemérides da Prelazia de Lábrea*, Editora Santa Rita, Franca SD.

MAGALHÃES, BRUNO DE ALMEIDA, *O Visconde de Abaeté*, Companhia Editora Nacional, São Paulo 1939.

MAGALHÃES JÚNIOR, RAIMUNDO, *Deodoro, a espada contra o Império*, vols. I-II, Companhia Editora Nacional, São Paulo1957.

___________, *Artur Azevedo e sua época*, 2ª ed., Livraria Martins Editora, São Paulo 1955.

___________, *Rui, o homem e o mito*, 3ª ed., Civilização Brasileira, Rio de Janeiro 1979.

MAIA, PEDRO AMÉRICO, *Crônica dos Jesuítas do Brasil centro-leste*, Edições Loyola, São Paulo 1991.

MAINWARING, SCOTT, *Igreja Católica e política no Brasil*, Brasiliense, São Paulo 1989.

MANZANO FILHO, GABRIEL ET ALII, *100 anos de República*, vols. I - II, Nova Cultural, São Paulo 1989.

MARCIGAGLIA, LUIZ, *Os Salesianos no Brasil*, Escolas Profissionais Salesianas, São Paulo 1955.

MARTINELLO, PEDRO, *Os Servos de Maria na Missão do Acre e Purus (1920-1975)*, Secretaria Provincial OSM, São Paulo 1986.

MARZANO, LUIGI, *Coloni e missionari italiani nelle foreste del Brasile*, Tipografia Barbéria, Firenze 1904.

MASCARENHAS, NELSON LAGE, *Um jornalista do Império*, Companhia Editora Nacional, São Paulo 1961.

MASSA, PIETRO, *Missões Salesianas no Amazonas*, Oficinas Gráficas A Note, Rio de Janeiro 1928.

MATOS, EDUARDO SILVEIRA ET ALII, *Arte no Brasil*, Abril Cultural, São Paulo 1980.

MATTOS ODETTE, *História da Sociedade do Sagrado Coração de Jesus no Brasil*, 2ª ed., Publicações da RSCJ, Curitiba 1996.

MEIRA, SÍLVIO, *Teixeira de Freitas, o jurisconsulto do Império*, José Olympio Editora, Rio de Janeiro 1979.

MELANTONIO, OSVALDO, *Da necessidade do General Ruy Barbosa*, Editora Soma, São Paulo 1981.

MENDES JÚNIOR, ANTÔNIO e RICARDO MARANHÃO, *República* Velha, Hucitec, São Paulo 1989.

MENEZES, JOSÉ RAFAEL DE, *Jackson de Figueiredo*, Agir, Rio de Janeiro 1958.

MEUWISSEN, HUMBERTO, *Cem anos de presença espiritana em Tefé*, SNT.

MONTEIRO, DOUGLAS TEIXEIRA, *Os errantes do novo século*, Livraria Duas Cidades, São Paulo 1974.

MONZA, BARTOLOMEO da, *Massacro di Alto Alegre*, Tipografia Fratelli Lanzani, Milano 1908.

MOORE, ROBERTO CECIL, *Los evangélicos en marcha... en América latina*, Editoriales Evangélicas Baustistas, Santiago [1959].

MORAIS, EUGÊNIO VILHENA DE, *O Gabinete de Caxias e a anistia aos bispos na "questão religiosa"*, F. Briguiet & Cia, Rio de Janeiro 1930.

MOREL, EDMAR, *Padre Cícero, o santo de Juazeiro*, Civilização Brasileira, Rio de Janeiro 1966.

MOTTA FILHO, CÂNDIDO, *A vida de Eduardo Prado*, Livraria José Olympio Editora, Rio de Janeiro 1967.

MOURA, LAÉRCIO DIAS DE, *A educação católica no Brasil*, Edições Loyola, São Paulo 2000.

MOURA, ODILÃO, *As idéias católicas no Brasil*, Editora Convívio, São Paulo 1978.

NABUCO, CAROLINA, *A vida de Joaquim Nabuco*, Companhia Editora Nacional, São Paulo 1928.

NAGLE, JORGE, *Educação e sociedade na Primeira República*, Editora Pedagógica e Universitária, São Paulo 1974.

NAPOLEÃO ALUISIO, *O segundo Rio Branco*, Editora A Noite, Rio de Janeiro 1941.

NEEDELL JEFFREY D, *Belle Époque tropical*, Companhia das Letras, São Paulo 1993.

NOGUEIRA, OCTACIANO E JOÃO SERENO FIRMO, *Parlamentares do Império*, Centro Gráfico do Senado Federal, Brasília 1973.

OLIVEIRA, ALÍPIO ORDIER, *Traços biográficos de Dom Silvério Gomes Pimenta*, Escolas Profissionais Salesianas, São Paulo 1940.

OLIVEIRA, JOANYR, *As Assembléias de Deus no Brasil*, Casa Publicadora das Assembléias de Deus no Brasil, Rio de Janeiro 1997.

OLIVEIRA, LÚCIA LIPPI, *A questão nacional na Primeira República*, Editora Brasiliense, São Paulo 1990.

OLIVEIRA, MIGUEL DE, *História eclesiástica de Portugal*, 2ª ed., Publicações Europa-América, Mira-Sintra 2001.

OLIVEIRA, JOANYR DE, *As Assembléias de Deus no Brasil*, Casa Publicadora das Assembléias de Deus no Brasil, Rio de Janeiro 1997.

OLIVEIRA, RAMOS DE, *O conflito religioso-maçônico de 1872*, Vozes, Petrópolis 1952.

OLÍVOLA, FÉLIX, *Dom Frei Vital Gonçalves de Oliveira*, Escola Industrial Dom Bosco, Niterói 1944.

ORICO, OSVALDO, *O demônio da regência*, Companhia Editora Nacional, São Paulo 1930.

PACE, CARLO, *Resumo histórico*, Companhia Tipográfica do Brasil, Rio de Janeiro 1896.

PALÁCIOS, SÍLVIO E ENA ZOFFOLI, *Gloria y tragedia de las misiones guaranies*, Ediciones Mensajero, Bilbao 1991.

PALAZZOLO, JACINTO, *Crônica dos Capuchinhos do Rio de Janeiro*, Vozes, Petrópolis 1966.

___________, *Nas selvas dos vales do Mucuri e do Rio Doce*, Companhia Editora Nacional, São Paulo 1973.

PENNA, LINCOLN ABREU, *Uma história da República*, Nova Fronteira, Rio de Janeiro 1989.

PEREIRA, CELESTINO DE BARROS, *Traços biográficos de Monsenhor Lourenço Maria Giordano*, Escolas Profissionais Salesianas, São Paulo 1979.

PEREIRA, JOSÉ DOS REIS, *História dos Batistas no Brasil (1882 – 1982)*, JUERP, Rio de Janeiro 1985.

Pereira, Nilo, *Dom Vital e a questão religiosa no Brasil*, Imprensa Universitária, Recife 1966.

Peres, Damião, *História de Portugal*, vol. VI, Portucalense Editora, Barcelos 1934.

Piazza, Walter F., *A Igreja em Santa Catarina, notas para sua história*, Edição do Governo do Estado de Santa Catarina, Florianópolis 1977.

Pimenta, Silvério Gomes, *Dom Antônio Ferreira Viçoso*, Tipografia Arquiepiscopal, Mariana 1920.

Pinheiro, José Feliciano Fernandes, *Anais da Província de São Pedro*, 4.ª ed., Vozes, Petrópolis 1978.

Pires, Heliodoro, *A paisagem espiritual do Brasil no século XIX*, São Paulo Editora Ltda, São Paulo 1937.

___________ , *Temas de história eclesiástica do Brasil*, São Paulo Editora, São Paulo 1946.

Porto, Aurélio, *História das missões orientais do Uruguai*, Imprensa Nacional, Rio de Janeiro 1943.

Prien, Hans-Jürgen, *La historia del Cristianismo em América latina*, Ediciones Sígueme, Salamanca 1985.

Primério, Fidélis Mota de, *Capuchinhos em terras de Santa Cruz*, Cruzeiro do Sul, São Paulo 1956.

Rabelo, Sílvio, *Farias Brito ou uma aventura do espírito*, Livraria José Olímpio, Rio de Janeiro 1941.

Reily, Duncan Alexander, *História documental do protestantismo no Brasil*, 3ª edição, ASTE, São Paulo 2003.

Reis, Antônio Manuel dos, *O bispo de Olinda, D. Frei Vital Maria Gonçalves de Oliveira perante a história* (documentário), Tipografia da Gazeta de Notícias, Rio de Janeiro 1878.

Reis, Artur César Ferreira, *A conquista espiritual da Amazônia*, Escolas Profissionais Salesianas, São Paulo 1941.

Renaud, Marcello et alii, *Semana Pedagógica*, Tipografia Brasil, São Paulo 1921.

Ribas, Antônio Joaquim, *Perfil biográfico do Dr. Manoel Ferraz de Campos Sales, Ministro da Justiça do Governo Provisório, Senador federal pelo Estado de São Paulo*, Tipografia Leuzinger, Rio de Janeiro 1896.

Ribeiro, Boanerges, *Protestantismo no Brasil Monárquico*, Livraria Pioneira Editora, São Paulo 1973.

Ribeiro, Maria Amélia Ferreira et alii, *150 anos de presença das Filhas da caridade de São Vicente de Paulo no Brasil*, Artes Gráficas Formato, Belo Horizonte 1999.

RICHETTI, GENTILA, *História da aprovação da Congregação das Irmãs do Imaculado Coração de Maria e "aggiornamento"*, Estudos Preparatórios da Cúria Generalícia à causa de beatificação da Madre Fundadora Maria Bárbara da Santíssima Trindade, Roma 2002.

RIO, MARIE-BENEDICTE, *Storia e Spiritualità delle Orsoline*, Pubblicazioni della Casa Generalizia OSU, Roma 1989/1990.

ROCHA POMBO, JOSÉ. FRANCISCO DA, *História do Brasil*, vol. III, Benjamim Águila, Rio de Janeiro SD.

RODRIGUES, JOSÉ CARLOS, *Idéias filosóficas e políticas em Minas Gerais no século XIX*, Itatiaia, Belo Horizonte 1986.

RODRIGUES, JOSÉ HONÓRIO, *A Assembléia Constituinte de 1823*, Vozes, Petrópolis 1974.

RODRIGUES, LEDA BOECHAT, *História do Supremo Tribunal Federal*, vol. II, Civilização Brasileira, Rio de Janeiro SD.

RODRIGUES, MANUEL AUGUSTO, *A universidade de Coimbra e os seus reitores – para uma história da instituição*, Imprensa de Coimbra e Simão Guimarães, filhos, Ltda, Coimbra 1990.

RÖWER, BASÍLIO, *A Ordem Franciscana no Brasil*, Vozes, Petrópolis 1942.

________, *História da Província Franciscana da Imaculada Conceição do Brasil*, Vozes, Petrópolis 1951.

RUBERT, ARLINDO, *A Igreja no Brasil*, vol. I, IV, Livraria Editora Pallotti, Santa Maria 1981/1993.

SANTOS, ANTÔNIO ALVES FERREIRA, *A arquidiocese de São Sebastião do Rio de Janeiro*, Tipografia Leuzinger, Rio de Janeiro 1914.

SANTOS, MANOEL ISAÚ SOUZA PONCIANO, *Luz e sombras*, Salesianas, São Paulo 2000.

SÁ, ANTÔNIO SECIOSO MOREIRA DE, *A sombra de Lutero alarma a Igreja Brasileira Católica Apostólica Romana*, Tipografia do Apóstolo, Rio de Janeiro 1869.

SCHERER, MICHAEL EMÍLIO, *Frei Domingos da Transfiguração Machado*, Edições Lúmen Christi, Rio de Janeiro 1980.

SCHUBERT, GUILHERME, *A província eclesiástica do Rio de Janeiro*, Livraria Agir Editora, Rio de Janeiro 1948

SERRANO, JONATHAS, *Farias Brito, o homem e a obra*, Companhia Editora Nacional, São Paulo 1939.

SERRÃO, JOAQUIM VERÍSSIMO, *História de Portugal*, vol. VI, Editorial Verbo, Lisboa 1982.
SGANZERLA, ALFREDO, *A presença do Frei Mariano de Bagnaia na Igreja do Mato Grosso no século XIX,* Gráfica Rui Barbosa, Campo Grande 1992.
SILVA, ANTENOR DE ANDRADE, *Os Salesianos e a educação na Bahia e em Sergipe – Brasil, 1897-1970*, Tipografia Abigraf, Roma 2000.
SILVA, MAXIAMIANO DE CARVALHO, *Monsenhor Maximiano da Silva Leite*, Casa Cardona, São Paulo 1952.
SILVA NETO, BELCHIOR J., *Dom Viçoso, Apóstolo de Minas*, Imprensa Oficial, Belo Horizonte 1965.
SILVA, HÉLIO, *Deodoro da Fonseca*, Editora Três, São Paulo 1983.
SILVA, MANOEL ALTENFELDER, *Brasileiros heróis da fé*, Tipografias Salesianas do Liceu Coração de Jesus, São Paulo 1928.
SMET, JOAQUIM, *Los Carmelitas*, Biblioteca de Autores Cristianos, Madrid 1995.
SOARES, TEIXEIRA, *História da formação das fronteiras do Brasil*, Conquista, Rio de Janeiro 1975.
SODRÉ, NELSON WERNECK, *Panorama no Segundo Império*, Companhia Editora Nacional, São Paulo 1939.
SODRÉ, RUI DE AZEVEDO, *Evolução do sentimento religioso de Rui Barbosa*, Gráfica Sangirard, São Paulo 1975.
SOMMARIVA, TERESA E MARIA MARGUERITE MASYN, *Memórias da venerável Serva de Deus Paula Frassinetti e do instituto por ela fundado*, Gráfica Almondina, Torres Novas 1998.
SOUTO MAIOR, ARMANDO, *Quebra-Quilos*, Companhia Editora Nacional, São Paulo 1978.
SOUZA, JOSÉ EVANGELISTA DE, *Província Brasileira da Congregação da Missão*, Santa Clara, Contagem 1999.
SOUZA, JOAQUIM SILVÉRIO DE, *Vida de Dom Silvério Gomes Pimenta*, Escolas Profissionais do Liceu Sagrado Coração de Jesus, São Paulo 1927.
SOUZA, LAURA DE MELO E, *O diabo e a terra de Santa Cruz*, Editora Schwarcz, São Paulo 1987.
SOUZA, OTÁVIO TARQUÍNIO DE, *A vida de Dom Pedro I,* vol. II, Itatiaia, Belo Horizonte 1988.
_____________ , *Bernardo Pereira de Vasconcelos e seu tempo*, José Olympio Editora, Rio de Janeiro 1937.
___________, *Diogo Antônio Feijó*, Itatiaia, Belo Horizonte 1988.
TALASSI, LUÍS, *A doutrina do Pe. Feijó e suas relações com a Sé Apostólica*, Oficinas da Empresa Gráfica Revista dos Tribunais, São Paulo 1954.

TAUBATÉ, MODESTO REZENDE DE E FIDÉLIS MOTTA DE PRIMERIO, *Os missionários capuchinhos no Brasil*, Tipografia do semanário "La Squilla", São Paulo 1929.

TEIXEIRA, JOSÉ CÂNDIDO, *A República brasileira*, Imprensa Nacional, Rio de Janeiro 1890.

TINOCO, BRÍGIDO, *A vida de Nilo Peçanha*, Livraria José Olympio Editora, Rio de Janeiro 1962.

TORRES, JOÃO CAMILO DE OLIVEIRA, *O Positivismo no Brasil*, Editora Vozes, Petrópolis 1957.

___________, *História das idéias religiosas no Brasil*, Editorial Grijalbo, São Paulo 1968.

TRINDADE, RAIMUNDO, *Arquidiocese de Mariana – subsídios para a sua história*, vol. I,

Escolas Profissionais Salesianas do Liceu Coração de Jesus, São Paulo 1928.

VASCONCELOS, DIOGO, *História do bispado de Mariana*, Edições Apolo, Belo Horizonte 1935.

VIANA, HÉLIO, *Estudos de história Imperial*, Companhia Editora Nacional, São Paulo 1950.

VIANA FILHO, LUÍS, *Rui & Nabuco*, José Olympio Editora, Rio de Janeiro 1949.

___________, *A vida de Ruy Barbosa*, Companhia Editora Nacional, São Paulo 1952.

VIEIRA, DAVID GUEIROS, *O protestantismo, a maçonaria e a questão religiosa no Brasil*, 2ª ed., Editora Universidade de Brasília, Brasília 1980.

VILLAÇA, ANTÔNIO CARLOS, *Místicos, filósofos e poetas*, Imago Editora, Rio de Janeiro 1976.

___________, *História da questão religiosa no Brasil*, Livraria Francisco Alves Editora, Rio de Janeiro 1974.

WENNINK, HENRIQUE, *Os Espiritanos no Brasil*, Promoção da Boa Família Editora, Belo Horizonte 1985.

WERNET, AUGUSTIN, *A Igreja paulista no século XIX*, Ática, São Paulo 1987.

___________, *Os Redentoristas no Brasil*, vols. I - II, Editora Santuário, Aparecida 1996.

WILLEKE, VENÂNCIO, *Missões franciscanas no Brasil (1500 – 1975)*, Vozes, Petrópolis 1974.

WIRTH, JOHN D., *O fiel da balança, Minas Gerais na Federação brasileira (1889-1937)*, Paz e Terra, Rio de Janeiro 1982.

ZAGONEL, CARLOS ALBINO ET ALII, *Capuchinhos no Brasil*, Edições Est, Porto Alegre 2001.
ZAGONEL, CARLOS ALBINO, *Igreja e imigração italiana*, Tipografia e Editora La Salle, Porto Alegre 1975.
ZAPLER, BALFOUR ET ALII, *História da música popular brasileira – Lamartine Babo*, Abril Cultural, São Paulo 1976.
ZICO, JOSÉ TOBIAS, *Caraça: ex-alunos e visitantes*, Editora São Vicente, Belo Horizonte 1979.
____________, *Congregação da Missão no Brasil*, Lithera Maciel Editora Gráfica, Belo Horizonte 2000.

2.3 - Artigos e similares

AGUIAR, BRUNO, "Doutor Afonso Pena", em: *Santa Cruz*, n. 2, Escolas Profissionais Salesianas, São Paulo, 1906.
ALVES, JOSÉ LUIZ, "Notícia sobre os Núncios, internúncios e Delegados Apostólicos que desde o ano de 1808 até hoje representaram a Santa Sé no Brasil Reino Unido, no 1º e 2º reinados e na República Federal", em: *Revista do Instituto Histórico Geográfico Brasileiro*, tomo LXII, parte 1, Imprensa Nacional, Rio de Janeiro 1900.
AUTOR IGNORADO, (artigo sem título), em: *O Carijó* (29-3-1833), n.º 45, Tipografia Fluminense, Rio de Janeiro1833.
AUTOR IGNORADO, (artigo sem título), em: *O Par de Tetas* (17-4-1833), Tipografia de R. Ogier, Rio de Janeiro 1833.
AUTOR IGNORADO, "A missão salesiana em Mato Grosso", em: *Santa Cruz*, n. 10, Escolas Profissionais Salesianas, São Paulo 1906.
AUTOR IGNORADO, "José Maria da Silva Paranhos, Barão do Rio Brancos", em: *Santa Cruz*, n. 6, Escolas Profissionais Salesianas, São Paulo 1912.
AUTOR IGNORADO, "Missões Salesianas de Mato Grosso", em: *Santa Cruz*, fasc. V, Escolas Profissionais Salesianas, São Paulo 1918.
AUTOR IGNORADO, "Religione e civiltà nel Rio Negro del Brasile", em: *Bollettino Salesiano* (julho de 1921), n. 7, Scuola Tipografica Salesiana, Torino 1921.
BEUWER, BARTOLOMEU, "As ordens religiosas e as leis de mão morta na República brasileira", em: *REB*, vol. 9, fasc. 1, Vozes, Petrópolis 1949.
CABEÇAES, QUIM DE, "A moral do cinematógrafo", em: *Vozes de Petrópolis*, Tipografia das Vozes de Petrópolis 1913.

CASCUDO, LUIZ DA CÂMARA, "Um amigo de Dom Vital", em: *A Ordem*, vol. XVI, Centro Dom Vital, Rio de Janeiro 1936.

CASTRO, EMÍLIO SILVA, "A Ordem das Mercês no Brasil (1639 – 1965)", em: *Analecta Mercedária*, Tipografia Dom Bosco, Roma 1993.

CAVALCANTI, MANOEL TAVARES, "Relações entre o Estado e a Igreja – a fórmula da República", em: *Revista do Instituto Histórico e Geográfico Brasileiro*, (tomo especial – 1922) vol. VI, Imprensa Nacional, Rio de Janeiro 1928.

GRANDE ORIENTE DO LAVRADIO, "Círculo Beneditinos", em: *Boletim do Grande Oriente do Brasil*, n. 4 (março), Tipografia do Grande Oriente e da Luz, Rio de Janeiro 1872.

___________ , "Sessão extraordinária n. 686 (16-4-1872), em: *Boletim do Grande Oriente do Brasil*, n. 6 (maio) Tipografia do Grande Oriente e da Luz, Rio de Janeiro 1872.

___________ , "O Grande Oriente Unido do Brasil", em: *Boletim do Grande Oriente do Brasil*, n. 7 (junho), Tipografia do Grande Oriente Unido do Brasil, Rio de Janeiro 1872

GUIMARÃES, FRANCISCO PINHEIRO, "Discurso na Assembléia Provincial Legislativa" 23-11-1864), em: *Jornal do Comércio*, n. 330, Tipografia do Jornal, Rio de Janeiro, 28-11-1864.

LASAGNA LUIGI, "Lettera brasiliana", em: *Bollettino Salesiano* (agosto 1882), n. 8, Scuola Tipografica Salesiana, Torino 1882.

MADUREIRA, JOSÉ MANUEL DE, "A Companhia de Jesus", em: *Revista do Instituto Histórico Geográfico Brasileiro*, vol. IV, Imprensa Nacional, Rio de Janeiro 1927.

NICOLETTI, GIOVANNI, "Da Porto Velho", em: *Bollettino Salesiano* (outubro 1928), n. 10, Scuola Tipografica Salesiana, Torino 1928.

NÓBREGA, APOLÔNIO, "Dioceses e bispos do Brasil", em: *Revista do Instituto Histórico Geográfico Brasileiro*, vol. 222, Departamento de Imprensa Nacional, Rio de Janeiro 1954.

PERALTA, MIGUEL ANGEL, "Misión de Labrea (Brasil)", em: *Recolllectio*, Institutum Historicum Augustinianorum Recollectorum, vol. XV, Roma 1992.

PEREIRA, EPONINA DA CONCEIÇÃO, "Commemorazione del 150.º anniversario dell'arrivo delle Figlie della Carità in Brasile", em: *Echi della Compagnia*, n. 6, Officine Grafiche Napoletane, Napoli 2000.

PIMENTA, SILVÉRIO GOMES ET ALII, "Circular do episcopado – 3.º Congresso Católico Mineiro", em: *Santa Cruz*, fasc. 8, Escolas Profissionais Salesianas, São Paulo 1914.

PINHEIRO, JOAQUIM CAETANO FERNANDES, "Os padres do patrocínio ou o Porto Real de Itu", em: *RIHGB*, Tomo XXXIII, Rio de Janeiro 1870.
ROLIM, FRANCISCO CARTAXO, "Igrejas pentecostais", em: *REB*, vol. 42, fasc. 165, Editora Vozes, Petrópolis 1982.
RUBERT, ARLINDO, "Os bispos do Brasil no Concílio Vaticano I" (1869-1870), em: *REB*, vol. 29, fasc. 1, Vozes, Petrópolis 1969.
SCHMIDT, EUGÊNIO, "Rui Barbosa e o decreto de separação", em: *REB*, vol. 14, fasc. 2, Vozes, Petrópolis 1954.
SILVA, DUARTE LEOPOLDO, "Mandamento", em: *Boletim Eclesiástico da Diocese de Curitiba*, edição de janeiro e fevereiro (editora não citada), Curitiba 1905.
[SILVA, JOSÉ BONIFÁCIO DE ANDRADA E], (artigo sem título), em: *A Arca de Noé* (13-4-1833), Tipografia do Diário, Rio de Janeiro 1833.
SOUZA, JOAQUIM SILVÉRIO DE, "O Pe. João Gualberto Chanavat", em: *Revista do Instituto Histórico Geográfico Brasileiro*, parte 1, tomo LXII, imprensa nacional, Rio de Janeiro 1900.
TAPAJÓS, JÚLIO, "A situação no sul – os fanáticos", em: *Vozes de Petrópolis*, vol. I, Tipografia das Vozes de Petrópolis, Petrópolis, 1915.
TAVARES, RUFIRO, "A legação brasileira junto à Santa Sé", em: *Santa Cruz*, escolas profissionais salesianas, São Paulo 1910.
_________ , "O problema operário e a doutrina social católica", em: *Santa Cruz*, fasc. V, Escolas Profissionais Salesianas, São Paulo 1918.
_________ , "O problema da catequese no Brasil – falência do laicismo nessa obra evangélica", em: *Santa Cruz*, fasc. VII, São Paulo, junho 1919.
_________ , "Candidatos à futura presidência da República e o Catolicismo nacional", em: *Santa Cruz*, fasc. 7, Escolas Profissionais Salesianas, São Paulo 1921.
_________ , "Ainda a interview da União sobre os candidatos à futura presidência da República", em: *Santa Cruz*, fasc. 7, Escolas Profissionais Salesianas, São Paulo 1921.
TIACCI, ENNIO ET ALII, "I Cappuccini umbri in Amazzonia", em: *Voci Serafica di Assis*, n. 3-5, Todi 1985.
WERNECK, AUGUSTIN, "O Centro de estudantes católicos de São Paulo", em: *Revista Vozes*, tomo III, Tipografia da Escola Gratuita São José, Petrópolis 1909.
ZICO, JOSÉ TOBIAS, "Os Lazaristas do Caraça", em: *REB*, vol. 41, fasc. 163, vozes, Petrópolis 1981.

ÍNDICE